청소년심리학의 이론과 쟁점

김청송 저

학지사

머 • 리 • 말

저자는 2001년부터 경기대학교 청소년학과 교수로 재직하면서 지금까지 청소년심리를 강의하고 있다. 그러나 매년 새로운 학기가 시작될 때마다 '이번 학기에는 학생들에게 청소년심리, 무엇을 가르쳐야 하는가?'를 고민하여 왔다. 또한 청소년심리에 관한 학문적 관점과 실용적 측면을 어떻게 하면 효율적으로 전달할 수 있는지를 고민하여 왔다. 이에 나름대로 틈틈이 원고를 모으고 꾸준하게 강의안을 만들어 왔다. 하지만 많은 부분에서 어려움이 있었다. 그 이유에는 여러 가지가 있겠으나, 우선 저자의 능력이 부족하기 때문이었고, 한편으로는 청소년학의 역사가 비교적 짧기 때문이었다. 그리고 특히 청소년심리와 관련된 이론 및 쟁점의 원고 자료를 찾고 읽는 데 많은 시간을 보내야만 했기 때문이었다. 그러나 가장 중요한 이유는 마음속 깊이 이 책의 원고를 보다 충실하게, 보다 정확하게, 오로지 과학적인 사실만을 기술하고 싶었기 때문이었다. 하지만 집필을 하면서 한 권의 좋은 책을 출간한다는 것이 얼마나 어렵고 힘든 일이며 저자에게 더욱 많은 노력과 열정을 요구한다는 사실을 통감하게 되었다. 많은 아쉬움이 남는다. 그럼에도 불구하고 이 책을 흔쾌하게 출간해 준 학지사에 깊은 감사를 표한다.

2009년 2월

저 자

청•춘•예•찬

청춘! 이는 듣기만 하여도 가슴이 설레는 말이다. 청춘! 너의 두 손을 가슴에 대고, 물방아 같은 심장의 고동을 들어 보라. 청춘의 피는 끓는다. 끓는 피에 뛰노는 심장은 거선의 기관과 같이 힘 있다. 이것이다. 인류의 역사를 꾸며 내려온 동력은 바로 이것이다. 이성은 투명하되 얼음과 같으며, 지혜는 날카로우나 갑 속에 든 칼이다. 청춘의 끓는 피가 아니라면 인간이 얼마나 쓸쓸하랴? 얼음에 싸인 만물은 죽음이 있을 뿐이다.

…………

…………

석가는 무엇을 위하여 설산에서 고행을 하였으며, 예수는 무엇을 위하여 황야에서 방황하였으며, 공자는 무엇을 위하여 천하를 철환하였는가? 밥을 위하여서, 옷을 위하여서, 미인을 구하기 위하여서 그리하였는가? 아니다. 그들은 커다란 이상, 곧 만천하의 대중을 품에 안고 그들에게 밝은 길을 찾아 주며, 그들을 행복스럽고 평화스러운 곳으로 인도하겠다는 커다란 이상을 품었기 때문이다.

…………

…………

보라, 청춘을! 그들의 몸이 얼마나 튼튼하며, 그들의 피부가 얼마나 생생하며, 그들의 눈에 무엇이 타오르고 있는가? 우리 눈이 그것을 보는 때에 우리 귀는 생의 찬미를 듣는다. 그것은 웅대한 관현악이며 미묘한 교향악이다. 뼈끝에 스며 들어가는 열락의 소리다. 이것은 피어나기 전인 유소년에게서 구하지 못할 바이며, 시들어 가는 노년에게서 구하지 못할 바이며, 오직 우리 청춘에게서만 구할 수 있는 것이다.

청춘은 인생의 황금시대다. 우리는 이 황금시대의 가치를 충분히 발휘하기 위하여, 이 황금시대를 영원히 붙잡아 두기 위하여, 힘차게 노래하며 힘차게 약동하자.

『한국명수필선』(1930) 중 민태원의 '청춘예찬' 에서 일부 인용

차 • 례

▪ 머리말/3

▪ 청춘예찬/5

제1부 청소년심리학의 기초

제1장 ●●● 청소년기의 정의 — 13

1. 청소년기를 연구하는 이유 13
2. 청소년기의 시작과 끝 18
3. 청소년현장 27
4. 한국 대학의 청소년 관련 학과의 설치 35
5. 청소년지도자 39

제2장 ●●● 청소년연구의 접근 — 57

1. 국내외 전문학술지 58
2. 청소년연구의 문제점 61
3. 청소년심리학의 연구방법 69

제3장 ●●● 청소년의 신체특성과 스트레스 — 97

1. 성장의 급등 97
2. 심리적 영향 103
3. 조숙과 만숙 104
4. 사회문화적 고려 107
5. 청소년과 스트레스 109

제2부 청소년기에 대한 각 이론의 관점

제4장 청소년기에 대한 고대의 관점 121

1. 플라톤(B.C. 427~347) 124
2. 아리스토텔레스(B.C. 384~322) 133
3. 중세의 기독교(500/600~1500) 143
4. 코메니우스(1592~1670) 147
5. 로크(1632~1704) 154
6. 루소(1712~1778) 159

제5장 청소년기의 생물학적 관점 171

1. 홀(1844~1924) 172
2. 게젤(1880~1961) 179
3. 바커(1903~1990) 186
4. 맥켄들리스(1915~1975) 190

제6장 청소년기의 정신분석학적 관점 197

1. 프로이트(1856~1939) 198
2. 안나 프로이트(1895~1982) 223
3. 블로스(1904~1997) 232

제7장 청소년기의 심리사회적 관점 237

1. 설리번(1892~1949) 238
2. 헤비거스트(1900~1991) 244
3. 에릭슨(1902~1994) 249
4. 마르샤(1937~) 259

제8장 청소년기의 사회인지적 관점 265

1. 피아제(1896~1980) 266
2. 콜버그(1927~1987) 282
3. 길리건(1936~) 290
4. 셀먼(1942~) 298

제 9 장 청소년기의 문화인류학적 관점 307
1. 베네딕트(1887~1948) 308
2. 미드(1901~1979) 316

제10장 청소년기의 인본 및 실존주의적 관점 325
1. 로저스(1902~1987) 326
2. 프랑클(1905~1997) 335
3. 매슬로(1908~1970) 343

제11장 청소년기의 맥락적 또는 생태학적 관점 363
1. 레빈(1890~1947) 364
2. 브론펜브레너(1917~) 374
3. 엘더(1934~) 379
4. 러너(1946~) 391

제12장 청소년기의 학습이론적 관점 401
1. 파블로프(1849~1936) 402
2. 스키너(1904~1990) 417
3. 반두라(1925~) 438

제13장 청소년기에 대한 그 외의 관점들 453
1. 로빙거(1918~) 454
2. 엘킨드(1931~) 461
3. 파울러(1940~) 469
4. 데이비스(1908~1997) 480

- 참고문헌/493
- 찾아보기/498

Part 01 청소년심리학의 기초

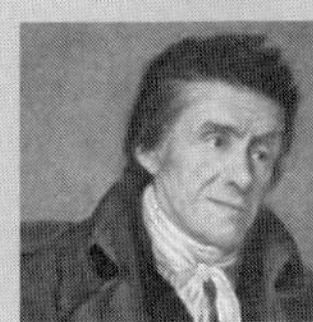

제 ① 장 • 청소년기의 정의

제 ② 장 • 청소년연구의 접근

제 ③ 장 • 청소년의 신체특성과 스트레스

제 1 장

청소년기의 정의

1. 청소년기를 연구하는 이유

▸▸ 청소년인구

우리나라의 청소년인구를 살펴보면, 2007년 7월 현재 청소년기본법에서 정한 9～24세의 청소년인구는 1,066만 명으로 전체인구의 22.0%를 차지하고 있다. 성별로는 남자가 560만 명이고 여자가 506만 명이다. 1960년에 청소년인구가 전체인구의 31.8%인 796만 명을 기록한 이래 계속 증가하여 1980년에는 36.8%인 1,401만 명으로 가장 높은 수준을 기록하였다. 그 후 서서히 감소하기 시작하여 2007년 7월 현재 전체인구의 22.0%인 1,066만 명에 이르고 있다. 그러나 향후에도 서서히 감소하는 추세를 유지하여 2010년에는 전체인구의 21.1%(1,029만 명), 2020년에는 16.5%(812만 명), 그리고 2030년에는 13.0%(633만 명)가 될 것으로 예측되고 있다. 청소년인구의 연평균 증가율은 1985년부터 처음으로 마이너스 증가율을 기록하고 있으며, 우리나라의 전체인구가 마이너스 증가율을 보이는 것은 2025년부터 시작될 것으로 전망되고 있다. 〈표 1-1〉은 통계청의 과거 및 장래 인구추계(2006년)에 대한 집계이다.

〈표 1-1〉 총인구와 청소년인구 전망

(단위: 명, %)

연도	총인구	연평균 증가율	청소년인구	구성비	연평균 증가율
1960	25,012,374	-	7,956,903	31.8	
1965	28,704,674	2.79	9,120,576	31.8	2.77
1970	32,240,827	2.35	11,329,714	35.1	4.43
1975	35,280,725	1.82	12,885,563	36.5	2.61
1980	38,123,775	1.56	14,014,932	36.8	1.69
1985	40,805,744	1.37	13,974,697	34.2	-0.06
1990	42,869,283	0.99	13,553,357	31.6	-0.61
1995	45,092,991	1.02	12,751,383	28.3	-1.21
2000	47,008,111	0.84	11,501,436	24.5	-2.04
2005	48,138,077	0.48	11,027,943	22.9	-0.84
2010	48,874,539	0.30	10,288,487	21.1	-1.38
2015	49,277,094	0.16	9,426,011	19.1	-1.74
2020	49,325,689	0.02	8,121,776	16.5	-2.93
2025	49,107,949	-0.09	6,945,297	14.1	-3.08
2030	48,634,571	-0.19	6,326,204	13.0	-1.85
2035	47,734,323	-0.37	5,994,622	12.6	-1.07
2040	46,343,017	-0.59	5,722,657	12.3	-0.92
2045	44,520,935	-0.80	5,388,875	12.1	-1.19
2050	42,342,769	-1.00	4,911,792	11.6	-1.84

한편, 2006년 7월 현재 초등학교에서 대학교까지의 교육단계별 인구수를 추산해 보면 6～11세 초등학교 인구는 392만 3,000명, 12～14세의 중학교 인구는 209만 3,000명, 15～17세의 고등학교 인구는 190만 8,000명, 그리고 18～21세의 대학교 연령에 해당하는 인구는 약 254만 1,000명으로 총 1,046만 5,000명으로 추정되고 있다. 연령대별로 예외적인 구간이 있기는 하지만, 학령인구는 1980년대 이후 지속적으로 감소하고 있다. 2006년 현재 학령인구는 1970년대 이전 수준으로 떨어지고 있다. 우리의 미래는 이들 학령인구에 해당되는 청소년들이 자신의 청소년기를 어떻게 지내는가에 따라 크게 달라지게 될 것이다. 참고로 〈표 1-2〉는 통계청의 「장래인구 특별추계 결과」에 있는 학령인구를 제시해 놓은 것이다.

〈표 1-2〉 학령인구

(단위: 명)

연도	계	6~11세	12~14세	15~17세	18~21세
	6~21세	초등학교	중학교	고등학교	대학교
1960	8,553,000	3,629,000	1,566,000	1,417,000	1,941,000
1970	12,604,000	5,711,000	2,574,000	2,101,000	2,218,000
1980	14,401,000	5,499,000	2,599,000	2,671,000	3,632,000
1990	13,361,000	4,786,000	2,317,000	2,595,000	3,663,000
1995	11,918,000	3,901,000	2,443,000	2,349,000	3,225,000
2000	11,383,000	4,073,000	1,869,000	2,166,000	3,275,000
2005	10,573,000	4,018,000	2,064,000	1,840,000	2,615,000
2006	10,465,000	3,923,000	2,093,000	1,908,000	2.541,000

출처: 통계청(2006). 장래인구 특별추계 결과.

한편, 2006년 현재 초등학교 수는 총 5,733개교, 중학교 수는 총 2,999개교이고, 고등학교 수는 총 2,144개교로 이 중 실업계 고등학교가 707개교를 차지한다. 전문대학은 총 152개교, 대학교는 총 186개교이다. 그리고 각종 특수학교는 2006년 현재 143개교이다(청소년백서, 2007).

▸▸ 청소년기의 연구

외국의 청소년기는 물론 우리나라의 청소년기를 연구하고 또 연구해야만 하는 이유는 그 수를 헤아릴 수 없을 정도로 많을 것이다. 청소년들을 바라보는 시각과 관점의 차이 때문에, 청소년기의 중요성을 강조하는 사람들의 학문적 배경이나 입장에 따라서 큰 차이가 있을 것이다. 굳이 전문가들의 견해를 빌리지 않더라도, 우리 부모 모두는 자녀들이 잘 성장해서 좋은 사람이 되어 줄 것을 간절히 바라고 있다. 그리고 그렇게 하려면 어떻게 가르치고 어떻게 교육시켜야 하는가를 고민하게 될 것이다. 더 나아가 이러이러한 방법이 좋고 저러저러한 방법이 좋다는데 어떤 것을 선택하는 것이 옳을까 하는 고민에도 빠지게 될 것이다. 그런데 분명한 사실은 그에 대한 명확한 대답이 없다는 것이다. 단지 그렇게 하면 좋지 않겠는가 하는 지침만이 있을 뿐이다. 마찬가지로 청소년기를 연구하는 이유도 분명하게 정립된 것은 없다. 그러나 지금까지 나와 있는 여러 학자들의 주장이나 기타 이유를 정리하면 다음과 같다.

- 청소년은 '완성된 존재(being)' 가 아니라 '되어 가는 상태(becoming status)' 이기 때문에 마땅히 연구되어야 한다. 즉, 청소년은 아동과 성인의 중간적 지위에서 자신이 추구하는 이상적인 성인이 되기 위해서 끊임없이 자기를 만들어 가는 상태에 놓여 있기 때문이다.
- 청소년들이 올바른 사회의 일원으로 성장할 수 있도록 이끌어 주어야 하기 때문이다.
- 청소년기는 미래를 준비하는 시기이기 때문이다.
- 청소년기는 성장과정에 놓여 있기 때문이다. 즉, 청소년기는 하나의 고립된 발달단계가 아니며, 그 이전 단계로부터 독특한 영향을 받아 생성된 것이고 그다음에 올 여러 단계들에도 결정적인 영향을 주는 아주 중요한 중간 단계이기 때문이다.
- 아동기 발달의 결과를 토대로 독립적인 성인으로 성장해 가는 중간과정의 시기이기 때문이다.
- 청소년기는 독특한 발달과업을 갖는 하나의 인생단계이기 때문이다. 즉, 청소년기는 인생주기(life cycle)의 한 축을 이루고 있기 때문이다.
- 청소년기는 하나의 독립된 발달단계로서 성인의 행동은 청소년기의 인생 경험을 통하여 발달하기 때문이다.
- 청소년기는 그 시기가 갖는 하나의 독특한 과도기적 특성을 지니고 있기 때문에 그들의 역할과 위치 및 방향에 대하여 충분한 과학적 지식을 축적할 필요가 있기 때문이다.
- 청소년들은 지속적인 정신적, 육체적 성장과정에 놓여 있기 때문에 그들의 발달단계에 대응하는 특유한 고민들과 정서적 능력을 계발하도록 도와주어야 하기 때문이다.
- 청소년이 사회 구성원으로서 정당한 대우와 권익을 보장받음과 아울러 스스로 생각하고 자유롭게 활동할 수 있도록 하며, 보다 나은 삶을 누리고 유해한 환경으로부터 보호될 수 있도록 함으로써 국가와 사회가 필요로 하는 건전한 민주시민으로 자랄 수 있도록 하기 위함이다(청소년기본법 제2조 제2항).
- 청소년기는 미래의 거울이기 때문이다.
- 청소년들이 어떻게 자라느냐에 따라 우리의 미래가 달라지기 때문이다.
- 청소년기는 자신의 존재를 발견하고 확인함으로써 올바른 가치관과 세계관을 설정하는 결정적인 시기이기 때문이다. 더불어 그들의 가치관과 세계관은 인류 보편적 사회발전의 토대가 되기 때문이다.

▸▸ 청소년학의 정의

많은 사람들이 청소년학을 연구하고 있지만, 청소년학이 무엇이냐는 질문을 받게 되면 선뜻 대답하지 못하고 망설이게 된다. 왜냐하면 그에 대한 뚜렷한 답변이 없기 때문이다. 대학에서 청소년학을 깊이 있게 전공하고 있는 전공 학생들조차도 자신들의 청소년학 전공 학술제를 통하여 '청소년학의 정의는 무엇인가?' '청소년학의 정체성은 무엇인가?'와 같은 의문을 던지며 많은 고민에 빠지게 된다. 그러나 결론적으로 말한다면 이것에 대한 답변 또한 쉽지 않다. 그 이유는 여러 가지가 있겠지만, 가장 그럴듯한 대답은 청소년학의 연구가 다차원적인 학문적 배경에 토대를 두고 있기 때문이다. 만약 저자의 입장에서 나름대로 청소년학의 정의를 내린다고 한다면, 저자 역시 심리학을 전공한 사람이기 때문에 "청소년학은 청소년들을 대상으로 그들의 행동과 마음을 과학적으로 연구하고, 이를 청소년들의 현실 세계에 적용함으로써 청소년들이 바람직하고 건강한 사람으로 성장할 수 있도록 도움을 주는 과학이다."라고 말하고 싶다. 청소년학의 정체성은 청소년학의 이러한 정의가 발전되어 나갈 때 점진적으로 구축될 수 있을 것으로 생각된다.

청소년학은 지금까지의 청소년학의 전개과정 현황을 일부 살펴본다면 '청소년학'이라고 명명할 정도로 아직까지 학문적 체계가 이루어진 상태는 아니다. 다만 그동안 축적된 연구들을 바탕으로 청소년학연구를 하나의 분과학문으로 정립하려는 시도가 20세기 후반 들어 나타나기 시작했다. 서구사회에서는 1980년대부터 북유럽을 중심으로 청소년학이라는 개념이 나타나기 시작했고, 국내에서는 1990년대부터 출현하였다. 스웨덴 스톡홀름 대학교의 저널리즘과 미디어 및 커뮤니케이션 학과의 교수였던 포내스(Johan Fornas, 1989)는 청소년연구(youth study)를 일러 청소년과학(youth science) 또는 청소년학(juventology)이라고 표현하면서 "단일 분과학문으로는 정립되지 않았지만 다양한 관심과 학문의 집합체로 광범위한 영역을 갖는 다학문 분야"라고 정의하였고, 청소년학을 'juventology'로 규정하였다. 한편, 핀란드 헬싱키대학교의 헬브(Helve, 2002, 2005)도 juventology는 사회과학의 한 분과학문으로서 "청소년 및 청소년과 세계 간의 다양한 현상을 이해하기 위해 탐구하는 학문"으로 정의하였다. 그러므로 juventology는 1980년대 중후반부터 아이슬란드, 핀란드, 노르웨이, 덴마크, 스웨덴의 북유럽 5개 국가를 중심으로 청소년연구에 관심 있는 다양한 분야의 인적 네트워크를 통해 청소년연구가 축적되면서 자연스럽게 탄생하게 된 신조어이다. 특히, 이들 북유럽 5개 국가 청소년연구자들이

1993년부터 발간한 청소년연구 학술지 『*YOUNG: Nordic Journal of Youth Research*』는 유럽 청소년연구에 있어 다양한 분과학문 간 매개와 다양한 연구결과 발표 및 정보 교류의 장 역할을 수행함으로써 juventology의 산실 기능을 하였다.

청소년학을 청소년 또는 청년을 의미하는 영어 youth와 학문을 의미하는 접미사 ology를 결합하여 'youthology'의 영어식 표현을 사용하자는 주장이 국내에서도 제기되었다. 왜냐하면 앞의 juventology의 경우 서구에서 사용하는 juvenile이 20세 이하의 연령세대를 의미하기 때문에 다소 아동 중심적인 뉘앙스가 강하다면, youth는 청년계층을 포함하여 오늘날 9~24세의 청소년계층을 모두 포함하는 의미가 있다는 것이다. 국내에서 청소년학을 'youthology'로 표현한 최초의 글은 한국청소년연구원(1992)의 기획논문집 『청소년연구의 동향과 과제』 편집후기에 실려 있다. 쪽번호도 명기되어 있지 않은 이 편집후기는 당시 청소년학을 영문으로 표기하는 것에 대하여 청소년연구에 관심 있는 여러 학자들이 고민한 모습이 고스란히 실려 있다. 이들 연구자들은 청소년학을 어떻게 표현해야 할지 난감해하면서 youthology라는 새로운 용어를 만들자는 의견도 있었지만, 결국 'youth study' 또는 'youth science'로 하자는 안이 지배적이었음을 토로하고 있다. 그러나 이러한 용어의 선택은 단순히 여러 용어에서 하나를 선택하는 문제라기보다는 현재의 청소년학연구에 대한 수준과 고민을 반영하는 것으로 볼 수 있다(김민, 2007).

2. 청소년기의 시작과 끝

청소년이라는 개념을 한마디로 정의하는 것은 쉬운 일이 아니다. 청소년이라는 용어 자체가 변환하는 개념이자 생물학적, 심리학적, 문화적, 인류학적, 시회학적, 정치경제학적 관점 등에 따라 다양하게 정의될 수 있기 때문이다. 그러므로 청소년기는 언제 시작하여 언제 끝나는가에 대한 물음 또한 한마디로 대답할 수 없다. 왜냐하면 청소년기를 청소년들의 생리학적 변화 특징으로 구분하기도 하고, 인지적 특성이 발달해 가는 기준으로 보기도 하고, 법률적인 측면에서 해석하기도 하고, 교육과정이나 연령 또는 사회학적 측면과 같이 다양한 입장에서 구분하고 있기 때문이다. 더 나아가 한 나라의 문화적 특성이나 정치적 목적 또는 사회적 분위기에 따라서 청소년기의 연령 또한 저마다 다르게 규정되고 있기 때문이다.

청소년기를 영어로 표기하면 adolescence다. 청소년이란 말은 라틴어의 'adolescere' 에서 온 것으로 '성숙한 사람으로 성장해 간다(to grow or to grow into maturity)' 는 뜻이 내포되어 있다. 그러므로 이 시기가 성인으로 급격하게 성장하는 변화의 시기임을 짐작할 수 있다. 청소년초기(early adolescence)는 보통 11～14세의 청소년들을, 그리고 청소년중기 또는 후기(middle or late adolescence)는 15～19세의 청소년들을 나타낼 때 사용된다. 그러나 이러한 구분은 어디까지나 청소년기를 임의적인 측면에서 구분할 때 도움을 얻고자 하는 방법이다.

영어의 youth는 청춘남녀 또는 청소년기나 청춘기를 의미하는 것으로 영어의 adolescence보다는 연령적으로 좀 더 성숙한 사람을 나타내는 것으로 보인다. 성숙은 영어로 maturity이다. 이는 신체적, 정서적, 사회적, 지적, 그리고 정신적으로 충분히 발달된 상태를 나타낼 때 사용된다. 사춘기는 영어로 puberty인데, 그 어원은 'pubertas' 라는 라틴어에서 찾을 수 있다. 그 뜻은 '성년이 되는 나이' '성인다운 연령' 혹은 '모발의 성장' 으로, 성인이 되기 위해서는 아동기에서 볼 수 없었던 모발이 발생하면서 새로운 변화를 맞이하는 시기임을 나타내고 있다. 음모를 뜻하는 영어 pubescence는 성적 성숙이 나타나는 전체 기간을 의미하는 puberty와 동의어로 사용된다. 그러나 문자 그대로 음모는 신체에 털이 생기는 것을 의미하며, 사춘기에 나타나는 중요한 신체적 변화들 중의 하나를 기술할 때 사용되고 있다.

엄격한 의미에서 10대, 즉 teenager라는 용어는 13세부터 19세까지의 연령에 해당하는 사람들에게만 적용된다. 영어에서는 13부터 19까지의 수에만 teen이 사용된다. 그러나 아동들, 특히 소녀들은 13세 이전에도 신체적으로 성숙하기 때문에 10대를 teen이 붙는 연령에만 국한시키는 것도 문제가 있다. 11세 소녀가 10대로 보이는가 하면, 성적으로 아직 성숙되지 않은 15세 소년이 아이처럼 행동하고 아이처럼 보이기도 한다. 때때로 나이로는 아직 10대가 아니지만 이미 사춘기에 들어선 아이들을 지징하기 위해 예비 10대(preteen)라는 용어가 사용되기도 한다. 그리고 젊음 또는 소년소녀를 뜻하는 영어 juvenile은 일반적으로 법률적 의미에서 아직 성인이 되지 않은 사람을 지칭할 때 사용되는 것으로 보통 18세 이전의 청소년들을 뜻한다(Kimmel & Weiner, 1995; Rice, 1999). 이를 정리하면 〈표 1-3〉과 같다.

〈표 1-3〉 청소년기를 뜻하는 영어 표기

adolescence	청소년기	성숙한 사람으로 성장해 간다는 의미를 내포하고 있음
early adolescence	11～14세	청소년초기
middle or late adolescence	15～19세	청소년중기 또는 청소년후기
youth	청년기	청춘남녀를 의미하며 adolescence보다 연령적으로 더 성숙한 사람을 뜻함
maturity	성숙	신체적, 정서적, 사회적, 지적 및 정신적으로 충분히 발달된 상태를 뜻함
puberty	사춘기	성적 성숙이 나타나는 전체 기간을 의미
pubescence	음모	사춘기(puberty)에 나타나는 중요한 신체적 변화들 중의 하나를 기술할 때 사용
teenager	10대	13～19세의 연령을 지칭할 때
preteen	예비 10대	10대는 아니지만 이미 사춘기에 들어선 아이를 뜻할 때
juvenile	청소년	주로 18세 이전의 청소년을 법률적 의미에서 사용

결론적으로 청소년기의 시작과 끝은 학자, 사회문화적 규준, 생리적 특징이나 호르몬의 변화, 시대적 상황, 인지적 발달이나 도덕적 수준의 향상 등에 따라 다르게 규정되는 특징이 있으나, 지금까지 통용되고 있는 청소년기의 기준을 살펴보면 다음과 같이 정리할 수 있다(장휘숙, 2000). 그러나 이 또한 어디까지나 임의적인 구분이지 절대적인 구분이 아니라는 사실을 고려해야 한다.

▸▸ 생리학적 기준

청소년기는 생식기관과 2차적인 성 특징들이 나타날 때 시작하여 생식체계가 완전히 성숙되면 끝난다는 입장이다. 따라서 음모와 골격 성숙의 전조인 고환의 성장이 남성의 청소년기 시작을 나타내고, 수정란의 규칙적인 생산과 생리주기의 확립은 여성의 청소년기 종결을 나타낸다. 그러나 생리학적 정의의 문제점은 청소년기의 시작 시기가 신체변화를 확인할 수 있기 약 2년 전에 일어나는 호르몬 변화의 시작 시점을 의미하는지, 2차적 성 특징이 나타나는 시점을 이야기하는지가 분명하지 않다는 것이다. 남녀의 생식능력 획득 시기도 외부적으로 확인될 수 없기에 청소년기의 종결 시점으로 타당성을 입증받지 못하고 있다.

▸▸ 인지적 기준

추상적 사고와 논리적 추리가 나타나기 시작하여 상위인지(metacognition) 능력을 갖기 시작할 때 청소년기가 시작되고, 생활의 모든 영역에서 그것들을 사용할 수 있을 때 청소년기가 끝난다는 입장이다. 즉, 형식적 조작 사고의 출현과 완전한 획득을 기준으로 삼고 있다. 그러나 개인의 인지발달은 점진적으로 이루어지기 때문에 형식적 조작 사고의 시작 시기와 종결 시기를 확인하기 어렵고, 전체 성인의 단지 30% 정도만이 완전한 형식적 조작 능력을 획득할 수 있으므로 문제가 있다.

▸▸ 사회학적 기준

청소년기는 사춘기의 출현으로 시작되며 사회적 요구에 대한 일관성 있는 대처양식이 확립되어 사회가 그들의 성인됨을 인정할 때 종결된다고 본다. 여기서 사회적 인정이란 법적 규정을 의미하는데, 우리나라는 만 20세를 법률상의 성인으로 인정하고 있다. 그러나 대처능력의 획득과 사회적 인정은 동시에 일어나지 않을 수 있으며, 대처능력의 획득 없이도 사회적 인정을 받을 수 있다는 것이 문제이다. 예를 들면, 법적으로 성인인 25세 청소년이 아직도 부모에게 경제적으로 의존하고 어려움이나 문제가 발생할 때마다 부모가 해결해 주기를 기다린다면 그를 성인이라고 부르기는 어려울 것이다. 또한 결혼한 18세 소녀를 성인으로 보기도 어려울 것이다. 청소년기는 사춘기의 시작에서 출발한다고 하지만, 사춘기의 종결과 함께 청소년기도 종결되는 것은 아니다. 특히, 사춘기의 시작이나 성인기의 시작은 사회나 시대에 따라 달라질 수 있으므로 청소년기의 시작과 종결의 정의를 내리기는 매우 어렵다.

▸▸ 연령에 따른 기준

개인의 연령을 기준으로 10세부터 19세까지의 10대를 청소년기로 분류하는 사람들도 있다. 즉, 10세에 청소년기가 시작되어 19세에 끝난다는 것이다. 그러나 10세에도 사춘기가 시작되지 않는 사람이 있는가 하면, 20세 이후에도 부모와 함께 생활하면서 부모의 재정적 지원을 받는 사람이 있기 때문에 이 정의 또한 수용되기 어렵다.

▸▸ 교육단계에 따른 기준

청소년초기는 중학교 시기, 청소년중기는 고등학교 시기, 그리고 청소년후기는 대학교, 기술학교 및 군복무 기간이 모두 포함될 수 있다. 또 청소년초기와 중기에 해당되는 사람들은 청소년으로, 그리고 청소년후기에 해당되는 젊은이들은 청년으로 명명할 수 있다. 물론 대학 졸업 이후에도 성인으로서의 권리와 의무를 다하지 못하고 전문학위를 취득하기 위하여 혹은 직업훈련 때문에 경제적으로 부모에게 의존하는 사람들 모두 아직 청소년후기에 있는 청소년들이 될 것이다. 그런데 교육단계는 중·고등학교 시기에서 대학졸업 시기까지로 구분하고 있다. 이는 그 나라의 특성과 청소년계층의 사회활동 등에 따라 다르게 나타날 수 있다.

▸▸ 짐링의 기준

미국의 법학자 짐링(Franklin E. Zimring, 1942~)은 청소년기는 사회적 자유가 허용될 때 시작되고 연령의 대다수가 법적, 경제적, 도덕적 책임을 질 수 있을 때 끝난다고 제안하고 있다. 즉, 청소년기는 아동에게 주어지지 않았던 자유가 주어지기 시작할 때 시작되고, 그 자유에 대한 책임을 질 수 있을 때 끝난다는 것이다. 현실적으로 중학교 과정에서 교과과정의 일부를 선택할 수 있고 과외활동의 폭이 약간 넓어진다면 자유가 허용되기 시작하였다고 말할 수 있다. 이와 같은 자유는 고등학교, 대학교, 직업훈련학교 등을 거쳐 가면서 확대된다. 물론 운전면허를 획득하고 유흥업소에 출입하고 부모의 승인 없이 결혼할 수 있다는 것은 자유를 허용받았다는 것을 의미한다. 그러나 사람에 따라서 10대 후반에 가정을 떠나고 직업을 갖고 결혼하여 부모가 됨으로써 청소년기를 종결짓는 사람이 있는가 하면, 20대 후반까지 부모에게 경제적으로 의존하여 학업을 계속함으로써 아직도 청소년기에 머무르는 사람이 있기 때문에, 성인의 지위 획득 시기에는 큰 차이가 있다는 점이 지적되고 있다. 그러므로 짐링의 정의는 사람에 따라 성인의 지위 획득 시기에는 차이가 있다는 것을 시사하고 있다.

▸▸ 한국의 법률적 기준

외국에서 청소년기를 법률적으로 정의하고 있듯이, 한국에서도 청소년기의 연령을 정의하는 법률들이 있다. 넓게 보면 일반 사람들도 청소년기의 시기를 어렴풋이 나름대로 짐작하고 있기는 하나, 이렇게 법률에서도 조금씩 다르게 규정되고 있는 것을 보면 그 법의 특징과 강조점에 따라 차이가 있는 것으로 생각된다. 한편, 우리나라의 경우 청소년단체의 회원가입 연령 자격은 수련활동을 스스로 할 수 있는 만 9세 이상으로 정해 놓고 있다. 〈표 1-4〉는 우리나라 법률상 청소년의 명칭 및 연령 구분을 요약 · 정리해 놓은 것이다.

〈표 1-4〉 우리나라 법률상 청소년연령(2008년 11월 현재)

법률 명칭	연령 기준	청소년 명칭	제정 연도	시행 연도	제정 목적	비고
청소년 기본법	9세 이상 24세 이하	청소년	1991. 12. 31	1993. 1. 1	청소년의 권리 및 책임과 가정, 사회, 국가 및 지방자치단체의 청소년에 대한 책임을 정하고, 청소년 육성정책에 관한 기본적인 사항을 규정함을 목적으로 함	2005년 개정
청소년 보호법	연 19세 미만	청소년	1997. 3. 7	1997. 7. 1	청소년에게 유해한 매체물과 약물 등이 청소년에게 유통되는 것과 청소년이 유해한 업소에 출입하는 것 등을 규제하고, 청소년을 청소년 폭력 · 학대 등 청소년 유해행위를 포함한 각종 유해 환경으로부터 보호 · 구제함으로써 청소년이 건전한 인격체로 성장할 수 있도록 함을 목적으로 함(청소년 유해 매체물 판매 금지)	1997년 제정: 18세 미만 1999년 제정: 19세 미만 2001년 개정: 연 19세 미만
청소년활동 진흥법	9세이상 24세 이하	청소년	2004. 2. 9	2005. 3. 9	청소년기본법(제47조 제2항) 규정에 따라 다양한 청소년 활동을 적극적으로 진흥하기 위하여 필요한 사항을 정함을 목적으로 함	2006년 개정
청소년복지 지원법	9세이상 24세 이하	청소년	2004. 2. 9	2005. 3. 9	청소년기본법(제49조 제4항) 규정에 따라 청소년복지 증진에 관한 사항을 정함을 목적으로 함	2005년 개정
청소년의 성보호에 관한 법률	연 19세 미만	청소년	2000. 2. 3	2000. 7. 1	청소년의 성을 사거나 알선하는 행위, 청소년을 이용하여 음란물을 제작 · 배포하는 행위 및 청소년에 대한 성폭력행위 등 성적 착취 · 학대 행위로부터 청소년을 보호 · 구제하여 그들의 인권을 보장하고 건전한 사회 구성원으로 성장할 수 있도록 함을 목적으로 함	2005년 개정

성매매알선 등 행위의 처벌에 관한 법률	연 19세 미만	청소년	2004. 3. 22	2004. 9. 22	성매매 · 성매매 알선 등 행위 및 성매매 목적의 인신매매를 근절하고, 성매매 피해자의 인권을 보호함을 목적으로 함	2005년 개정
성매매 방지 및 피해자보호등에 관한 법률	연 19세 미만	청소년	2004. 3. 22	2004. 9. 22	성매매를 방지하고 성매매 피해자 및 성을 파는 행위를 한 자의 보호와 자립의 지원을 목적으로 함	2005년 개정
윤락행위 등 방지법	만 20세 미만	소년	1961. 11. 9	1961. 11. 9	선량한 풍속을 해치는 윤락행위를 방지하고 윤락행위를 하거나 할 우려가 있는 자를 선도함을 목적으로 함	성매매알선 등 행위의 처벌에 관한 법률에 의해 폐지(2004. 3. 22)
음반 · 비디오물 및 게임물에 관한 법률	18세 미만	청소년 (고등 학생 포함)	1999. 2. 8	1999. 5. 8	음반, 비디오물, 게임물의 질적 향상을 도모하고 관련 산업의 진흥을 촉진함으로써 국민의 문화적 삶의 질을 높이고 국민경제의 발전에 이바지함을 목적으로 함	음반에 관한 법률(1967년 제정) → 음반 및 비디오물에 관한 법률(1991년 제정)
영화 및 비디오물의 진흥에 관한 법률	18세 미만	청소년 (고등 학생 포함)	2006. 4. 28	2006. 10. 29	영화 및 비디오물의 질적 향상을 도모하고 영상산업의 진흥을 촉진함으로써 국민의 문화생활 향상과 민족문화의 창달에 이바지함을 목적으로 함	영화진흥법, 영화 및 비디오물의 진흥에 관한 법률
공연법	18세 미만	연소자 (고등 학생 포함)	1961. 12. 30	1961. 12. 30	예술의 자유를 보장함과 아울러 건전한 공연활동의 진흥을 위하여 공연에 관한 사항을 규정함을 목적으로 함	2006년 개정
소년법	20세 미만	소년	1958. 7. 24	1958. 7. 24	반사회성 있는 소년에 대하여 그 환경의 조정과 성행의 교정에 관한 보호처분을 행하고 형사처분에 관한 특별조치를 행함으로써 소년의 건전한 육성을 기함을 목적으로 함	1995년 개정
	19세 미만			2008. 6. 22 시행	촉법소년: 10～13세 우범소년: 10～18세 범죄소년: 14～18세	2007.12.21 일부개정
근로기준법	18세 미만	소년 (미성 년자)	1997. 3. 13	1997. 3. 13	헌법에 의하여 근로조건의 기준을 정함으로써 근로자의 기본적 생활을 보장 · 향상시키며 균형 있는 국민경제의 발전을 도모함을 목적으로 함	15세 미만 근로자사용금지

미성년자 보호법	만 20세 미만	미성년	1961. 12. 13	1961. 12. 13	미성년자의 흡연, 음주 및 선량한 풍속을 해하는 행위를 금지하고, 아울러 미성년자의 보호에 필요한 사항을 규정함으로써 미성년자의 건강을 보호하며 그들을 선도 · 육성함을 목적으로 함	청소년보호법에 의해 폐지 (1999. 2. 5)
아동복지법	18세 미만	아동	1961. 12. 30	1962. 1. 1	아동이 건강하게 출생하여 행복하고 안전하게 자라나도록 그 복지를 보장함을 목적으로 함	아동복리법 (1961)에서 아동복지법으로 개정(1981)
민법	만 20세 미만	미성년자	1958. 2. 22	1960. 1. 1	일정하에 의용되던 일본 민법전에 대체하여 재산관계와 가족관계를 규율할 새로운 민법을 제정함으로써 국민의 기본적인 법생활의 안정을 기하려는 것임	2005년 개정
형법	14세 미만	형사 미성년자	1953. 9. 18	1953. 10. 3	범죄의 요건과 그 범죄에 대한 처벌에 관한 사항을 규정함을 목적으로 함	2005년 개정

〈참고사항〉

구분	해당 연령	해당 법령	법 제정	비고
대통령 및 국회의원 선거권 부여	19세 이상	공직선거법	1994. 3. 16	공직선거 및 선거부정방지법(대통령선거법, 국회의원선거법, 지방의회의원선거법, 지방자치단체의장선거법을 하나의 단일 법으로 통합한 법) → (2005. 8. 4 개정)
약혼 연령 및 혼인 적령	남녀 모두 18세 이상	민법	1958. 2. 22	2006년 10월에 법무부는 2007년부터 남녀 모두 18세가 되면 결혼이 가능하도록 법령 개정을 추진하고 있음. 그러나 개정 법률이 발효되더라도 현행 민법에 성년이 만 20세로 규정되어 있기 때문에 10대에 결혼하려면 이전과 마찬가지로 부모 또는 후견인의 동의를 얻어야 함→ (2007. 12. 21 일부개정 및 시행)
제1 국민역 (현역, 보충역 등) 편입	남자 18세 이상	병역법	1949. 8. 6	• 제1 국민역은 병역의무자로서 현역, 예비역, 보충역 또는 제2 국민역이 아닌 사람 • 징병검사 19세, 병역의무 이행 20세
주민등록증 발급	17세 이상	주민등록법	1962. 5. 10	• 18세 이상: 1968. 5. 29 신설 • 17세 이상: 1970. 1. 1 신설
운전면허증	18세 이상	도로교통법	1961. 12. 31	4륜 자동차
	16세 이상			2륜 원동기장치
청소년증 발급	9세 이상 18세 이하	청소년 복지지원법	2004. 2. 9	

▶▶ 외국의 법률적 기준

외국에서 정해 놓은 청소년기의 법령상 연령 또한 매우 다양한 것이 특징이다. 따라서 이와 같은 차이는 그 나라의 사회문화적 특성이나 국가적 고려가 반영된 것으로 해석될 수 있다. 한편, 국제연합(United Nations: UN)에서는 청소년기의 연령을 15~24세 이하로 정하고 있다. 이와 같은 UN의 연령 규준은 1945년 6월 26일 제정되었고, 같은 해 10월 24일부로 시행되었다. 제정 목적은 청소년의 권리를 신장하는 것에 있었으며, 우리나라는 1991년 9월 18일에 161번째로 가입국이 되었다. 마찬가지로 아동의 권리를 신장하기 위하여 UN은 1989년 11월 20일에 아동의 연령기준을 18세 미만으로 제정하였고, 이를 1990년 9월 2일부로 시행하였다. 이것이 바로 아동권리에 대한 국제협약인데, 우리나라는 1991년 12월 20일에 협약 당사국이 되었다.

국제식량농업기구(Food and Agriculture Organization: FAO)는 연합식량농업기구라고도 하는데, 이 기구는 식량과 농업에 관한 UN 기구로 환경 관련 국제 기구 중의 하나다. 1945년 설립되어 본부는 이탈리아 로마에 있고, 농민의 생활, 노동 등의 조건을 개선하고 농촌 개발을 촉진하며 기아를 근절하려는 목적을 가지고 매년 10월 16일을 세계식량의 날(World Food Day)로 제정하고 있다. 그런데 이 기구에서는 청소년기의 연령기준을 만 10~24세 사이로 규정하고 있다. 〈표 1-5〉는 각국의 청소년기 연령을 몇 가지 소개한 것인데, 자료의 신뢰도가 불완전하므로 그냥 참고만 하면 된다.

▶▶ 일반적 논의

이렇게 청소년기를 언제로 볼 것인가에 대한 견해는 연령, 신체성장의 특징과 속도, 학자들의 학문적 배경과 입장, 사회문화적 환경, 정치적 목적, 시대적 배경 및 법률상에 따라, 그리고 각 나라마다 강조하는 분위기와 특성이 다양하게 구분되고 있기 때문에 일률적인 기준을 적용하기보다는 융통성을 가지고 청소년기의 시작과 끝을 고려해 볼 필요가 있다.

〈표 1-5〉 각국의 청소년연령 정의

아태 지역	청소년 연령 정의	기타 지역	청소년 연령 정의	선진국	청소년 연령 정의
중국 (청소년연구원 규정)	여 20세 이하 / 남 22세 이하	가봉	7～14세	캐나다	15～24세
방글라데시	15～30세	그리스	13～30세	오스트레일리아	15～25세
인도	15～35세	르완다	7～24세	네덜란드	24세 미만
말레이시아	15～40세	불가리아	14～35세	미국	16～24세
뉴질랜드 (청소년국 규정)	12～25세	시리아	15～24세	스위스	15～34세
파키스탄	15～29세	요르단	15～24세	영국	14～21세로 보는 지방이 많음
필리핀	15～30세	에티오피아	14～30세	프랑스	13～20세
사모아	15～35세	이란	15～30세	독일 (소년원법 제1조 규정)	14～18세
싱가포르	15～29세	이집트	18～35세	스웨덴	7～24세
베트남	15～35세	자메이카	15～25세	일본	0～24세
태국 (청소년육성 및 조정법)	25세까지	핀란드 (2006년 3월 청소년법 개정)	29세 미만	덴마크 (틴에이지의 개념)	13～18세 미만
네팔 (청소년연구원 규정)	40세 이하	헝가리	15～35세	이탈리아	14～18세 미만
				벨기에	26세까지
				스페인	30세까지

출처: 인력자원부 청소년국 및 인터넷, 청소년국제교류네트워크 참조.

3. 청소년헌장

▸▸ 세계인권선언

세계인권선언(Universal Declaration of Human Rights)은 1948년 12월 10일 제3차 UN 총회에서 채택된 선언이다. 이는 제2차세계대전 전야의 인권 무시, 인권의 존중과 평화 확보 사이의 깊은 관계를 고려하여, 기본적인 인권 존중을 그 중요한 원칙으로 하는 UN헌장의 취지에 따라 보호해야 할 인권을 구체적으로 규정할 것을 목적으로 하고 있다. 세계인권선언은 명확하고 간결한 30개 조항으로 다양한 인권 영역을 다루고 있는데, 처음의 두 조항은 인권에 대한 보편적인 토대를 제공하고 있다.

제1조는 모든 인간은 태어날 때부터 평등한 존엄과 권리를 갖는다. 인간은 천부적으로 이성과 양심을 부여받았으며 서로 형제애의 정신으로 행동해야 한다고 선언하고 있다.

제2조는 차별로부터 자유로운 삶의 보편적 존엄성을 확인하고 있다. 모든 사람은 인종, 피부색, 성, 언어, 종교, 정치적 또는 기타의 견해, 민족적 또는 사회적 출신, 재산, 출생 또는 기타의 신분 등 어떠한 종류의 차별이 없이 이 선언에 규정된 모든 권리와 자유를 향유할 자격이 있다.

제3조에서 제21조까지는 모든 사람에게 부여된 시민 · 정치적 권리를 규정하고 있다. 제3조에서 인정하고 있는 생명권, 신체의 자유와 안전에 대한 권리는 공정한 재판, 언론의 자유와 이전의 자유, 사생활에 대한 권리뿐만 아니라 노예, 고문, 자의적인 체포로부터의 자유도 포함하는 등 모든 정치적 권리와 시민적 자유의 바탕이 된다.

제22조에서 제27조까지는 모든 사람에게 부여된 경제 · 사회 · 문화적 권리를 규정하고 있다. 제22조는 이 권리들의 시금석으로서, 모든 사람은 사회 구성원으로서 사회보장을 받을 권리를 가지며, 따라서 자신의 존엄과 자유, 개인적인 발전에 '불가결한' 경제 · 사회 · 문화적 권리를 실현할 자격이 있다는 것을 인정한다. 나머지 5개 조항에서는 직업, 정당한 보수, 여가와 관련된 경제적 권리, 건강, 복지와 교육을 위한 적절한 생활 수준에 관한 사회적 권리, 공동체의 문화생활에 참가할 권리를 포함하고 있는데, 사회보장을 위한 근본적인 권리 등을 향유하게 하기 위해 필요한 권리를 구체화하였다.

제28조에서 제30조까지는 보편적으로 향유될 수 있는 모든 인권에 대해 더 큰 보호틀을 제공한다. 제28조는 인권과 기본적인 자유가 실현될 수 있도록 사회적, 국제적 질서에 대한 권리를 인정한다. 제29조는 모든 사람은 사회 속에서 자유롭고 완전하게 개인의 잠재력을 개발할 수 있는 권리뿐 아니라 의무도 갖고 있다는 것을 인정한다. 마지막으로 제30조는 어떤 외부적인 간섭에 의해 이 선언의 조항이 UN의 목적과 원칙에 반하여 해석되는 것을 막고 있다. 이것은 어떤 국가, 집단 또는 개인도 이 선언에 근거하여 그에 규정된 어떠한 권리와 자유를 파괴하기 위한 활동에 가담하거나 또는 직접 파괴할 수 있는 권

리를 요구할 수 없음을 명백히 하고 있다. 다음은 세계인권선언의 전문을 제시한 것이다.

세계인권선언

전문

인류사회의 모든 구성원의 고유한 존엄성과 평등하고 양도할 수 없는 권리를 인정하는 것이 전 세계의 자유와 정의와 세계평화의 기초이며,

인권에 대한 무시와 경멸이 인류의 양심을 짓밟는 야만적인 행위로 귀착되었으며, 인류가 언론 자유와 신앙 자유를 누리고 공포와 궁핍으로부터 자유로운 세상이 도래하는 것이 보통 사람의 지고한 열망임이 천명되어 왔으며,

인간이 폭정과 억압에 대항하는 마지막 수단으로서 반란에 호소하도록 강요받지 않으려면 인권이 법에 의한 통치에 의해서 보호되어야 함이 필수적이며,

국가 간에 우호관계의 발전을 촉진하는 것이 절대 필요하며,

국제연합의 제 국민은 그 헌장에서 기본적인 인권과 인간의 존엄성과 가치와 남녀의 동등한 권리에 대한 신념을 재확인하였으며, 또한 더 넓은 자유 속에서 사회적 진보와 생활 수준의 개선을 촉진할 것을 다짐하였고,

회원국은 국제연합과 협력하여 인권과 기본자유에 대한 보편적 존중과 준수의 신장을 성취할 것을 서약하였으며,

이러한 권리와 자유에 대한 공통적인 이해는 이 서약을 충실히 이행하는 데 가장 중요한 것이므로,

이제 국제연합총회는 모든 개인과 사회의 각 기관은 세계인권선언을 항상 마음속에 간직한 채 교육과 학업을 통하여 이러한 권리와 자유에 대한 존중을 신장시키기 위하여 노력하고, 점진적인 국내적 및 국제적 조치를 통하여 회원국 국민 및 회원국 관할하의 영토의 국민들 양자 모두에게 권리와 자유의 보편적이고 효과적인 인정과 준수를 보장하기 위하여 힘쓰도록, 모든 국민들과 국가에 대한 공통의 기준으로서 본 세계인권선언을 선포한다.

제1조 모든 사람은 태어날 때부터 자유롭고 존엄성과 권리에 있어서 평등하다. 사람은 이성과 양심을 부여받았으며 서로에게 형제의 정신으로 대하여야 한다.

제2조 모든 사람은 인종, 피부색, 성, 언어, 종교, 정치적 또는 그 밖의 견해, 민족적 또는 사회적 출신, 재산, 출생, 기타의 지위 등에 따른 어떠한 종류의 차별도 없이 이 선언에 제시된 모든 권리와 자유를 누릴 자격이 있다.

나아가 개인이 속한 나라나 영역이 독립국이든 신탁통치 지역이든, 비자치 지역이든 또는 그 밖의 다른 주권상의 제한을 받고 있는 지역이든, 그 나라나 영역의 정치적, 사법적, 국제적 지위를 근거로 차별이 행하여져서는 아니 된다.

제3조 모든 사람은 생명권과 신체의 자유와 안전을 누릴 권리가 있다.

제4조 어느 누구도 노예나 예속 상태에 놓이지 아니한다. 모든 형태의 노예제도 및 노예매매는 금지된다.

제5조 어느 누구도 고문이나, 잔혹하거나, 비인도적이거나, 모욕적인 취급 또는 형벌을 받지 아니한다.

제6조 모든 사람은 어디에서나 법 앞에 인간으로서 인정받을 권리를 가진다.

제7조 모든 사람은 법 앞에 평등하고, 어떠한 차별도 없이 법의 평등한 보호를 받을 권리를 가진다. 모든 사람은 이 선언을 위반하는 어떠한 차별에 대하여도, 또 어떠한 차별의 선동에 대하여도 평등한 보호를 받을 권리를 가진다.

제8조 모든 사람은 헌법 또는 법률이 부여하는 기본권을 침해하는 행위에 대하여 담당 국가법원에 의하여 효과적인 구제를 받을 권리를 가진다.

제9조 어느 누구도 자의적인 체포, 구금 또는 추방을 당하지 아니한다.

제10조 모든 사람은 자신의 권리와 의무 그리고 자신에 대한 형사상의 혐의를 결정함에 있어서, 독립적이고 편견 없는 법정에서 공정하고도 공개적인 심문을 전적으로 평등하게 받을 권리를 가진다.

제11조 1. 형사범죄로 소추당한 모든 사람은 자신의 변호를 위하여 필요한 모든 장치를 갖춘 공개된 재판에서 법률에 따라 유죄로 입증될 때까지 무죄로 추정받을 권리를 가진다.
2. 어느 누구도 행위 시의 국내법 또는 국제법상으로 범죄를 구성하지 아니하는 작위 또는 부작위를 이유로 유죄로 되지 아니한다. 또한 범죄가 행하여진 때에 적용될 수 있는 형벌보다 무거운 형벌이 부과되지 아니한다.

제12조 어느 누구도 자신의 사생활, 가정, 주거 또는 통신에 대하여 자의적인 간섭을 받지 않으며, 자신의 명예와 신용에 대하여 공격을 받지 아니한다. 모든 사람은 그러한 간섭과 공격에 대하여 법률의 보호를 받을 권리를 가진다.

제13조 1. 모든 사람은 각국의 영역 내에서 이전과 거주의 자유에 관한 권리를 가진다.
2. 모든 사람은 자국을 포함한 어떤 나라로부터도 출국할 권리가 있으며, 또한 자국으로 돌아올 권리를 가진다.

제14조 1. 모든 사람은 박해를 피하여 타국에서 피난처를 구하고 비호를 향유할 권리를 가진다.
2. 이 권리는 비정치적인 범죄 또는 국제연합의 목적과 원칙에 반하는 행위만으로 인하여 제기된 소추의 경우에는 활용될 수 없다.

제15조 1. 모든 사람은 국적을 가질 권리를 가진다.
2. 어느 누구도 자의적으로 자신의 국적을 박탈당하거나 그의 국적을 바꿀 권리를 부인당하지 아니한다.

제16조 1. 성년에 이른 남녀는 인종, 국적 또는 종교에 따른 어떠한 제한도 받지 않고 혼인하여 가정을 이룰 권리를 가진다. 이들은 혼인 기간 중 및 그 해소 시 혼인에 관하여 동등한 권리를 가진다.
2. 결혼은 양 당사자의 자유롭고도 완전한 합의에 의하여만 성립된다.
3. 가정은 사회의 자연적이며 기초적인 구성단위이며, 사회와 국가의 보호를 받을 권리를 가진다.

제17조 1. 모든 사람은 단독으로는 물론 타인과 공동으로 자신의 재산을 소유할 권리를 가진다.
2. 어느 누구도 자신의 재산을 자의적으로 박탈당하지 아니한다.

제18조 모든 사람은 사상, 양심 및 종교의 자유에 대한 권리를 가진다. 이러한 권리는 자신의 종교 또는 신념을 바꿀 자유와 선교, 행사, 예배, 의식에 있어서 단독으로 또는 다른 사람과 공동으로, 공적 또는 사적으로 자신의 종교나 신념을 표명하는 자유를 포함한다.

제19조 모든 사람은 의견과 표현의 자유에 관한 권리를 가진다. 이 권리는 간섭받지 않고 의견을 가질 자유와 모든 매체를 통하여 국경에 관계없이 정보와 사상을 추구하고 접수하고

전달하는 자유를 포함한다.

제20조 1. 모든 사람은 평화적 집회와 결사의 자유에 관한 권리를 가진다.
2. 어느 누구도 어떤 결사에 소속될 것을 강요받지 아니한다.

제21조 1. 모든 사람은 직접 또는 자유롭게 선출된 대표를 통하여 자국의 통치에 참여할 권리를 가진다.
2. 모든 사람은 자국의 공무에 취임할 동등한 권리를 가진다.
3. 국민의 의사는 정부의 권위의 기초가 된다. 이 의사는 보통 및 평등 선거권에 의거하며, 또한 비밀투표 또는 이와 동등한 자유로운 투표 절차에 따라 실시되는 정기적이고 진정한 선거를 통하여 표현된다.

제22조 모든 사람은 사회의 일원으로서 사회보장제도에 관한 권리를 가지며, 국가적 노력과 국제적 협력을 통하여 그리고 각국의 조직과 자원에 따라 자신의 존엄성과 인격의 자유로운 발전을 위하여 불가결한 경제적, 사회적 및 문화적 권리의 실현에 관한 권리를 가진다.

제23조 1. 모든 사람은 근로의 권리, 자유로운 직업 선택권, 공정하고 유리한 근로조건에 관한 권리 및 실업으로부터 보호받을 권리를 가진다.
2. 모든 사람은 어떠한 차별도 받지 않고 동등한 노동에 대하여 동등한 보수를 받을 권리를 가진다.
3. 모든 근로자는 자신과 가족에게 인간적 존엄에 합당한 생활을 보장하여 주며, 필요할 경우 다른 사회적 보호의 수단에 의하여 보완되는 정당하고 유리한 보수를 받을 권리를 가진다.
4. 모든 사람은 자신의 이익을 보호하기 위하여 노동조합을 결성하고 가입할 권리를 가진다.

제24조 모든 사람은 근로시간의 합리적 제한과 정기적인 유급휴일을 포함한 휴식과 여가에 관한 권리를 가진다.

제25조 1. 모든 사람은 식량, 의복, 주택, 의료, 필수적인 사회 역무를 포함하여 자신과 가족의 건강과 안녕에 적합한 생활 수준을 누릴 권리를 가지며, 실업, 질병, 불구, 배우자와의 사별, 노령, 그 밖의 자신이 통제할 수 없는 상황에서의 다른 생계 결핍의 경우 사회보장을 누릴 권리를 가진다.
2. 모자는 특별한 보살핌과 도움을 받을 권리를 가진다. 모든 어린이는 부모의 혼인 여부에 관계없이 동등한 사회적 보호를 향유한다.

제26조 1. 모든 사람은 교육을 받을 권리를 가진다. 교육은 최소한 초등기초 단계에서는 무상이어야 한다. 초등교육은 의무적이어야 한다. 기술교육과 직업교육은 일반적으로 이용할 수 있어야 하며, 고등교육도 능력에 따라 모든 사람에게 평등하게 개방되어야 한다.
2. 교육은 인격의 완전한 발전과 인권 및 기본적 자유에 대한 존중의 강화를 목표로 하여야 한다. 교육은 모든 국가들과 인종적 또는 종교적 집단 간에 있어서 이해, 관용 및 친선을 증진시키고 평화를 유지하기 위한 국제연합의 활동을 촉신시켜야 한다.
3. 부모는 자녀에게 제공되는 교육의 종류를 선택함에 있어서 우선권을 가진다.

제27조 1. 모든 사람은 공동체의 문화생활에 자유롭게 참여하고, 예술을 감상하며, 과학의 진보와 그 혜택을 향유할 권리를 가진다.
2. 모든 사람은 자신이 창조한 모든 과학적, 문학적, 예술적 창작물에서 생기는 정신적, 물질적 이익을 보호받을 권리를 가진다.

제28조 모든 사람은 이 선언에 제시된 권리와 자유가 완전히 실현될 수 있는 사회적 및 국제적

질서에 대한 권리를 가진다.
제29조 1. 모든 사람은 그 안에서만 자신의 인격을 자유롭고 완전하게 발전시킬 수 있는 공동체에 대하여 의무를 부담한다.
2. 모든 사람은 자신의 권리와 자유를 행사함에 있어서 타인의 권리와 자유에 대한 적절한 인정과 존중을 보장하고, 민주사회에서의 도덕심, 공공질서, 일반의 복지를 위하여 정당한 필요를 충족시키기 위한 목적에서만 법률에 규정된 제한을 받는다.
3. 이러한 권리와 자유는 어떤 경우에도 국제연합의 목적과 원칙에 반하여 행사될 수 없다.
제30조 이 선언의 그 어떠한 조항도 특정 국가, 집단 또는 개인이 이 선언에 규정된 어떠한 권리와 자유를 파괴할 목적의 활동에 종사하거나 또는 그와 같은 행위를 행할 어떠한 권리도 가지는 것으로 해석되지 아니한다.

▸▸ 청소년헌장

국제사회에서 청소년의 권리와 책임에 대한 논의가 세계인권선언(1948년)을 바탕으로 UN 관련 기구나 국제단체에 의하여 발의되었고, 국제회의를 통하여 결의안, 성명서, 서약, 선언 등의 형태로 채택되어 왔다. 1980년대 이후 좀 더 충실한 국제적 동의안들이 출현되었다. 예를 들면, 1990년 UN의 아동 권리에 관한 국제협약, 1995년 UN 창설 50주년 기념, 청소년을 위한 2000년대 정책과 사업을 위한 계획, 그리고 1998년 8월 세계청소년장관회의에서 채택한 세계청소년포럼, 청소년 정책과 활동을 위한 리스본선언(Lisbon Declaration on Youth Policies and Programmes) 등을 들 수 있다.

우리나라에서도 1957년 어린이헌장을 제정하였고, 1991년 아동의 권리에 관한 국제협약에 가입하였으며, 1998년 청소년육성 5개년계획의 수립 · 시행을 통하여 청소년의 인권과 책임을 실현하기 위한 작업을 추진해 왔다. 〈표 1-6〉은 1990년 5월 12일 당시 체육청소년부가 처음으로 제정 · 선포한 청소년헌장을, 〈표 1-7〉은 1998년 10월 25일 문화관광부가 시대와 사회의 변화에 부응하고 청소년의 권익을 신장하여 새롭게 개정 · 선포한 청소년헌장을 보여 주고 있다.

▸▸ 어린이헌장

어린이헌장은 아동의 복지 증진을 위해 국가, 사회, 가정이 책임져야 할 기본 요건을 성문화한 것이다. 원래 1957년 2월 한국동화작가협회의 마해송, 방기환, 강소천 등 7명이 기초한 것을 보건사회부가 아동 및 모자관계 단체, 관련 전문가들과 함께 심의 · 보완한

〈표 1-6〉 체육청소년부가 처음으로 제정 · 선포한 청소년헌장

청소년헌장

청소년은 새 시대의 주역이다. 뜨거운 정열을 가슴에 품고 자연과 학문을 사랑하며 한 마음으로 굳게 뭉쳐 조국발전의 일꾼이 되어 세계와 우주로 힘차게 나아가 인류의 자유와 행복을 이룩한다.

여기에 우리 모두가 나아갈 길을 밝힌다.

1. 청소년은 출생, 성별, 학력, 직업 그리고 신체적 조건에 따른 어떠한 차별도 받지 않는다. 모든 청소년은 적성과 능력을 갈고 닦아 스스로 어려움을 헤쳐 나아가는 슬기와 용기를 갖춘다.
1. 가정은 청소년의 정서를 가꾸고 애정과 대화를 나누는 곳이다. 어버이는 올바른 삶의 본을 보이며 자녀는 어른을 공경하는 몸가짐과 밝은 성품을 익힌다.
1. 학교는 청소년이 조화로운 배움을 통하여 교양과 지식과 체력을 기르는 곳이다. 자질을 존중하고 자아실현을 통하여 삶을 윤택하게 하는 길을 가르치며 문화의식과 민주 시민정신을 높인다.
1. 사회는 청소년이 즐겁게 일하며 보람 있게 봉사하는 곳이다. 성장과 발달을 도와주며 더불어 사는 기쁨과 여가 선용의 마당을 제공하고 건전한 환경을 만든다.
1. 국가는 청소년을 사랑하고 이들을 위한 정책에 최대의 노력을 기울인다. 배움터와 일터를 고루 갖추고 도움을 필요로 하는 청소년 개개인을 각별히 보호하여 적응하고 자립하도록 이끈다.

1990년 5월 12일

〈표 1-7〉 문화관광부의 청소년헌장의 개정 및 선포

청소년헌장

청소년은 자기 삶의 주인이다. 청소년은 인격체로서 존중받을 권리와 시민으로서 미래를 열어 갈 권리를 가진다. 청소년은 스스로 생각하고 선택하며 활동하는 삶의 주체로서 자율과 참여의 기회를 누린다. 청소년은 생명의 가치를 존중하며 정의로운 공동체의 성원으로 책임 있는 삶을 살아간다.

가정, 학교, 사회 그리고 국가는 위의 정신에 따라 청소년의 인간다운 삶을 보장하고 청소년 스스로 행복을 가꾸며 살아갈 수 있도록 여건과 환경을 조성한다.

청소년의 권리

1. 청소년은 생존에 필요한 기본적인 영양 · 주거 · 의료 · 교육 등을 보장받아 정신적 · 신체적으로 균형 있게 성장할 권리를 가진다.
1. 청소년은 출신 · 성별 · 종교 · 학력 · 연령 · 지역 등의 차이와 신체적 · 정신적 장애 등을 이유로 차별받지 않을 권리를 가진다.
1. 청소년은 물리적 폭력뿐만 아니라 공포와 억압을 포함하는 정신적 폭력으로부터 보호받을 권리를 가진다.

1. 청소년은 사적인 삶의 영역을 침해받지 않을 권리를 가진다.
1. 청소년은 자신의 생각과 느낌을 자유롭게 펼칠 권리를 가진다.
1. 청소년은 자유로운 의사에 따라 건전한 모임을 만들고 올바른 신념에 따라 활동할 권리를 가진다.
1. 청소년은 배움을 통해 진리를 추구하고 자아를 실현해 갈 권리를 가진다.
1. 청소년은 일할 권리와 직업을 선택할 권리를 가진다.
1. 청소년은 여가를 누릴 권리를 가진다.
1. 청소년은 건전하고 다양한 문화 · 예술 활동에 자유롭게 참여할 권리를 가진다.
1. 청소년은 다양한 매체를 통하여 자신의 삶에 필요한 정보에 접근할 권리를 가진다.
1. 청소년은 자신의 삶과 관련된 정책결정 과정에 민주적 절차에 따라 참여할 권리를 가진다.

청소년의 책임

1. 청소년은 자신의 삶을 소중히 여기며 자신이 선택한 삶에 책임을 진다.
1. 청소년은 앞 세대가 물려준 지혜를 시대에 맞게 되살려 다음 세대에 물려줄 책임이 있다.
1. 청소년은 가정, 학교, 사회, 국가, 인류공동체의 성원으로서 자기와 다른 삶의 방식도 존중할 줄 알아야 한다.
1. 청소년은 삶의 터전인 자연을 소중히 여기고 모든 생명들과 더불어 살아간다.
1. 청소년은 통일 시대의 주역으로서 평화롭게 공존하는 방법을 익힌다.
1. 청소년은 남녀평등의 가치를 배우고 이를 모든 생활에서 실천한다.
1. 청소년은 가정에서 책임을 다하며 조화롭고 평등한 가족문화를 만들어 간다.
1. 청소년은 서로에게 정신적 · 신체적 폭력을 행사하지 않는다.
1. 청소년은 장애인을 비롯한 소외받기 쉬운 사람들과 더불어 살아간다.

1998년 10월 25일

뒤, 1957년 5월 5일 제35회 어린이날을 기하여 내무부 · 법무부 · 문교부 · 보건사회부의 4부 장관 명의로 발표한 것이다. 1988년에 보건사회부는 어린이헌장이 시대에 맞지 않고 피상적이라며 헌장을 개정하여 1988년 5월 5일 제66회 어린이날을 맞이하여 전문과 11개 항으로 된 본문을 공포하였다. 개정된 어린이헌장은 인간의 존엄성을 가지는 민주사회 시민으로서의 어린이상을 구체화하였으며, 어린이의 건전한 출산과 건강 · 교육 · 레크리에이션 · 노동 등에 대한 사회의 보호를 규정하고 어린이로 하여금 미래사회가 요구하는 한국 시민과 세계인으로서의 진취적 기상을 갖추도록 할 것을 명시하였다. 어린이헌장은 어린이를 내일의 민족과 국가의 주체로 보고 그들의 교육 및 건강을 보살피고자 하는 목적에서 제정되었다. 이는 〈표 1-8〉과 같다.

〈표 1-8〉 보건사회부의 어린이헌장의 개정 선포

어린이헌장

대한민국 어린이헌장은 어린이날의 참뜻을 바탕으로 하여, 모든 어린이가 차별 없이 인간으로서의 존엄성을 지니고, 나라의 앞날을 이어 나갈 새 사람으로 존중되며, 바르고 아름답고 씩씩하게 자라도록 함을 길잡이로 삼는다.

1. 어린이는 건전하게 태어나 따뜻한 가정에서 사랑 속에 자라야 한다.
2. 어린이는 고른 영양을 취하고, 질병의 예방과 치료를 받으며, 맑고 깨끗한 환경에서 살아야 한다.
3. 어린이는 좋은 교육시설에서 개인의 능력과 소질에 따라 교육을 받아야 한다.
4. 어린이는 빛나는 우리 문화를 이어받아, 새롭게 창조하고 널리 펴 나가는 힘을 길러야 한다.
5. 어린이는 즐겁고 유익한 놀이와 오락을 위한 시설과 공간을 제공받아야 한다.
6. 어린이는 예절과 질서를 지키며, 한겨레로서 서로 돕고, 스스로를 이기며, 책임을 다하는 민주시민으로 자라야 한다.
7. 어린이는 자연과 예술을 사랑하고 과학을 탐구하는 마음과 태도를 길러야 한다.
8. 어린이는 해로운 사회환경과 위험으로부터 먼저 보호되어야 한다.
9. 어린이는 학대를 받거나 버림을 당해서는 안 되고, 나쁜 일과 힘겨운 노동에 이용되지 말아야 한다.
10. 몸이나 마음에 장애를 가진 어린이는 필요한 교육과 치료를 받아야 하고, 빗나간 어린이는 선도되어야 한다.
11. 어린이는 우리의 내일이며 소망이다. 나라의 앞날을 짊어질 한국인으로, 인류의 평화에 이바지할 수 있는 세계인으로 자라야 한다.

4. 한국 대학의 청소년 관련 학과의 설치

1990년 한국청소년기본계획 수립을 위한 공청회에서 청소년전문가의 배출이 필요하다는 의견에 따라 당시 체육청소년부가 공문서로 문교부에 청소년 관련 학과의 개설을 요청하게 되었디. 그 후 1991년 명지대학교에 청소년지도학과가 처음 설치되었고, 이후 1994년 중앙대학교, 1995년 대구한의대학교, 1996년 경기대학교에 개설되는 등 청소년 관련 학과는 꾸준히 증가하여 2008년 11월 현재 총 33개의 대학에서 학부 및 석 · 박사과정을 두고 있다. 그중 2년제 전문대학이 총 5개교, 사이버상의 온라인대학이 총 3개교, 학부과정은 없고 대학원과정에서만 청소년 관련 학과를 두고 있는 대학이 총 9개교, 그리고 학부과정에 청소년 관련 학과를 두고 있는 대학교가 총 17개교이다. 특히, 일반대학원에서 청소년학전공의 박사학위 과정을 두고 있는 대학은 현재 총 5개교이다. 중앙대학교는 사회복지학과에서 청소년학전공을 두고 있으며, 순천향대학교는 교육과학과에서 청소년교육전공을 두고 있으며, 가톨릭대학교 역시 사회복지학과에서 청소년복지전공을 두고 있다. 이렇게 보면 일반대학원의 순수 청소년학과에서 청소년학전공 박사학위과정을 밟을 수 있는 곳은 현재 명지대학교와 경기대학교밖에 없다. 경기대학교에서는 청소년학석사(M.A. in Youth Studies), 청소년학박사(Ph.D. in Youth Studies)의 학위명을 수여하고 있다.

많은 대학에 청소년학과, 청소년지도학과, 청소년교육상담학과 등의 명칭으로 청소년 관련 학과 또는 청소년 관련 전공이 개설되어 있다. 전공학생들에게는 대학 및 대학원의 전공 특성에 따라 청소년에 관한 여러 가지 학문을 가르치면서 역사성과 사회적 요청을 살려 청소년 심리 및 상담, 활동, 그리고 청소년정책 등을 뒷받침할 수 있는 이론체계를 정립하고자 노력하고 있다. 이와 함께 청소년학의 학문적 틀은 물론 실천적 활동을 체계화하기 위하여 한국청소년정책연구원(1989년), 한국청소년상담원(1990년), 한국청소년학회(1991년), 미래청소년학회(2004년) 등의 설립을 통하여 청소년학에 관한 이론의 연구와 청소년지도사 및 청소년상담사의 양성을 위해 지속적으로 노력하고 있다. 〈표 1-9〉는 2008년 8월 현재 전국적으로 청소년 관련 학과를 설치 · 개설 · 운영 중인 대학을 정리한 것이다.

〈표 1-9〉 전국 대학의 청소년 관련 학과 개설 현황(2008년 11월 현재)

학교	학과(전공명)	과정	주/야 계절	설치 연도
명지대학교 서울특별시 서대문구 남가좌동 50-3	• 학부: 청소년지도학과	학사과정	주간	1991
	• 일반대학원: 청소년지도학과	석사과정 ◆ 박사과정	주간 주간	1996 1996
	• 사회교육대학원: 청소년지도학과	석사과정	주간	1992
중앙대학교 서울특별시 동작구 흑석동 221번지	• 학부: 청소년학과	학사과정	주간	1994
	• 사회개발대학원: 청소년학과	석사과정	야간	1997
	• 일반대학원: 사회복지학(청소년전공)	◆ 박사과정	주간	2004

대구한의대학교 경상북도 경산시 유곡동 290번지	• 학부: 청소년복지상담학과	학사과정	주간	1995
경기대학교 경기도 수원시 영통구 이의동 산 94-6	• 학부: 청소년학과	학사과정	야간	1996
	• 일반대학원: 청소년학과	석사과정 • 박사과정	주간 주간	2000 2003
	• 교육대학원: 청소년지도상담교육전공	석사과정	야간	1994
순천향대학교 충청남도 아산시 신창면 읍내리 646번지	• 학부: 청소년교육상담학과	학사과정	주간	1996
	• 일반대학원: 교육과학과(청소년교육)	석사과정 • 박사과정	야간 주간	2000 2002
영산선학대학교 전라남도 영광군 백수읍 길룡리 20-2번지	• 학부: 원불교학과(부전공 청소년학)	학사과정	주간	1997
한국체육대학교 서울시 송파구 오륜동 88-15	• 학부: 사회체육학부 스포츠청소년지도전공	학사과정	주간	1998
호서대학교 충청남도 천안시 안서동 산 120-1	• 학부: 청소년문화상담학과	학사과정	주간	1998
백석대학교 충청남도 천안시 안서동 115번지	• 학부: 청소년학과	학사과정	주간	1998
한서대학교 충청남도 서산시 해미면 산 360번지	• 학부: 아동청소년복지학과	학사과정	주간	1998
서울여자대학교 서울시 노원구 공릉동 126번지	• 학부: 청소년학과(복수부전공)	학사과정	주간	1999
평택대학교 경기도 평택시 용이동 산 4번지	• 학부: 청소년복지학과	학사과정	주간	2000
	• 사회복지대학원: 청소년복지학과	석사과정	야간	2000
동서대학교 부산 사상구 주례2동 산 69-1	• 학부: 사회복지학부(청소년상담심리)	학사과정	주간	2004
극동대학교 충청북도 음성군 감곡면 왕장리 산 5번지	• 학부: 청소년학과	학사과정	주간	2004
나사렛대학교 충남 천안시 쌍용동 456번지	• 학부: 사회복지학부(청소년복지)	학사과정	주간	2005
목포대학교 전라남도 무안군 청계면 도림리 61번지	• 학부: 아동청소년 · 주거학전공	학사과정	주간	2005
명신대학교 전남 순천시 별량면 금치리 산 212-1	• 학부: 청소년복지학과	학사과정	주간	2007

• 대학원과정에만 설치된 학교

학교	학과(전공명)	과정	주/야 계절	설치 연도
가톨릭대학교 경기도 부천시 원미구 역곡2동 산 43-1	• 특수대학원: 청소년복지학과	석사과정	야간	1996
	• 일반대학원: 사회복지학과(청소년복지)	• 박사과정	주간	1998
우석대학교 전라북도 완주군 삼례읍 삼례로 333번지	• 교육대학원: 청소년지도전공	석사과정	주간	1996
성산효도대학원대학교 인천광역시 남구동 간석 4동 614-6번지	• 일반대학원: 청소년지도학과	석사과정	주간	1999
전주대학교 전라북도 전주시 완산구 효자동 3가 1200번지	• 상담대학원: 아동 · 청소년상담학과	석사과정	야간	2000
광운대학교 서울특별시 노원구 월계동 447-1	• 정보복지대학원: 사회복지학과(청소년지도복지학과)	석사과정	야간	2001
전북대학교 전라북도 전주시 덕진구 덕진동 1가 664-14번지	• 교육대학원: 청소년교육전공	석사과정	야간	2001
동아대학교 부산시 사하구 하단 2동 840번지	• 교육대학원: 청소년사회교육전공	석사과정	야간	2001
서남대학교 전라북도 남원시 광치동 720번지	• 교육대학원: 청소년지도 및 상담전공 -계절제 운영	석사과정	계절 (주간)	2001
서경대학교 서울특별시 성북구 정릉동 16-1	• 산업대학원 청소년학과	석사과정	야간	2003

• 2년제 전문대학

학교	학과(전공명)	과정	주/야 계절	설치 연도
주성대학 충청북도 청원군 내수읍 덕암리 산 4번지	• 학부: 청소년문화복지과	학사과정	주간	1997
동아인재대학 전남 영암군 학산면 독천리 산 22-1	• 학부: 복지관광학부(청소년교육상담)	학사과정	주간	2004
창원전문대학 경상남도 창원시 두대동 196번지	• 학부: 아동청소년복지과	학사과정	주간	2005
명지전문대학 서울시 서대문구 홍은3동 356-1	• 학부: 인문사회계열 청소년교육복지과	학사과정	주간 야간	2006
목포과학대학 전남 목포시 상동 525번지	• 학부: 케어복지학과 아동청소년복지전공	학사과정	야간	2008

• 4년제 온라인대학 및 대학교

학교	학과(전공명)	과정	주/야 계절	설치 연도
한국방송통신대학교 서울특별시 종로구 동숭동 169번지	• 학부: 교육과(청소년교육전공)	학사과정	온라인	2006
한국디지털대학교 서울특별시 종로구 계동 1-21	• 학부: 청소년학과	학사과정	온라인	2006
세계사이버대학 경기도 광주시 오포읍 신현리 376-2	• 학부: 사회복지계열 청소년복지과	학사과정	온라인	2007

5. 청소년지도자

▸▸ 청소년지도사

청소년지도자라 함은 청소년기본법에 의한 청소년지도사 및 청소년상담사, 그리고 청소년시설, 청소년단체, 청소년 관련 기관 등에서 청소년육성 및 지도 업무에 종사하는 자를 총칭한다. 국가공인자격증인 청소년지도사자격증 소지자는 전국적으로 2만 8,700여 명 이상이 활동하고 있으며, 청소년상담사자격증 소지자도 2,100여 명을 넘어서고 있다. 청소년지도자의 체계적이고 전문적인 양성을 위해 청소년기본법에서는 청소년지도사의

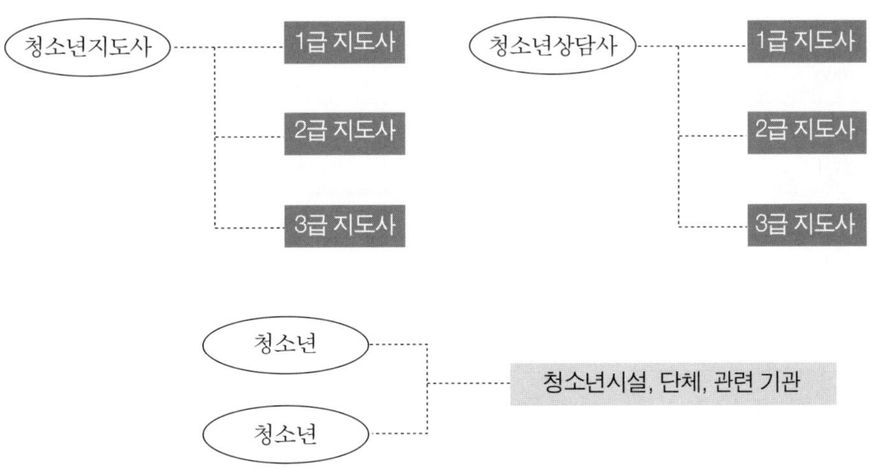

[그림 1-1] 청소년지도자의 분류

양성 및 배치에 관한 내용을 규정하여 1993년부터 국가공인 청소년지도사를 양성해 오고 있다. [그림 1-1]은 청소년지도자를 분류해 놓은 것이다.

현재 우리나라에서 청소년 관련 학과를 전공하였거나 또는 일정한 자격 경력을 인정 받게 되면 누구나 국가고시인 청소년지도사자격증에 응시하여 취득할 수 있다. 이 자격증이 의사나 약사 또는 변호사와 같은 경쟁력 있는 자격증이라고 말할 수는 없지만, 청소년 전문가로 활동하거나 활동하고 싶은 사람들은 자격증을 취득해 놓는 것이 보다 발전적이고 학문적 성취도 느낄 수 있을 것으로 생각된다. 2008년 현재 청소년지도사의 배출 현황은 〈표 1-10〉과 같다.

한편, 청소년지도사의 자격검정 응시자격 기준 및 검정과목을 살펴보면 〈표 1-11〉 및 〈표 1-12〉와 같다. 이는 청소년기본법 제21조, 동법 시행령 제20조 및 부칙 제1항, 동법 시행규칙 제4조 등의 규정에 의거하여 보건복지가족부의 위탁을 받아 한국청소년정책연

〈표 1-10〉 청소년지도사의 배출 현황(2008년 8월 현재)

(단위: 명)

연도	급수			합계
	1	2	3	
1993	-	485	228	713
1994	96	375	237	708
1995	101	361	253	715
1996	47	193	101	341
1997	131	314	190	635
1998	120	280	193	593
1999	128	530	210	868
2000	113	585	290	988
2001	97	990	496	1,583
2002	117	837	475	1,429
2003	90	700	580	1,370
2004	74	663	580	1,317
2005	31	456	905	1,392
2006	90	792	366	1,248
2007	31	701	183	915
합 계	1,266	8,262	5,287	14,715

〈표 1-11〉 청소년지도사 자격검정의 등급별 응시자격 기준

<table>
<tr><th>등급</th><th>응시자격 기준</th></tr>
<tr><td>1급</td><td>2급 청소년지도사 자격 취득 후 청소년활동 등 청소년 육성업무 종사경력이 3년 이상인 자</td></tr>
<tr><td>2급</td><td>1. 대학 졸업(예정)자 또는 이와 동등 이상의 학력이 있는 자로서 2급 청소년지도사 자격검정에 필요한 과목 모두를 전공과목으로 이수한 자
1-2. 2005년 12월 31일 이전에 대학을 졸업하였거나 이와 동등 이상의 학력을 취득한 자로서 별표1의 2 규정에 의한 과목을 이수한 자
2. 대학원의 학위과정 수료(예정)자로서 2급 청소년지도사 자격검정에 필요한 과목 모두를 전공과목으로 이수한 자
2-2. 2005년 12월 31일 이전에 대학원의 학위과정을 수료한 자로서 별표1의 2 규정에 의한 과목 중 필수영역 과목을 이수한 자
3. 대학 졸업 또는 이와 동등 이상의 학력이 있다고 다른 법령에서 인정받은 후 청소년활동 등 청소년 육성업무 종사경력이 2년 이상인 자
4. 전문대학 졸업 또는 이와 동등 이상의 학력이 있다고 다른 법령에서 인정받은 후 청소년활동 등 청소년 육성업무 종사경력이 3년 이상인 자
5. 3급 청소년지도사 자격 취득 후 청소년활동 등 청소년 육성업무 종사경력이 2년 이상인 자
6. 고등학교 졸업 또는 이와 동등 이상의 학력을 인정받은 후 청소년활동 등 청소년 육성업무 종사경력이 8년 이상인 자</td></tr>
<tr><td>3급</td><td>1. 전문대학 졸업(예정)자 또는 이와 동등 이상의 학력이 있는 자로서 3급청소년지도사 자격검정에 필요한 과목 모두를 전공과목으로 이수한 자
1-2. 2005년 12월 31일 이전에 전문대학을 졸업하였거나 이와 동등 이상의 학력을 취득한 자로서 별표1의 2 규정에 의한 과목을 이수한 자
2. 전문대학 졸업 또는 이와 동등 이상의 학력이 있다고 다른 법령에서 인정받은 후 청소년활동 등 청소년 육성업무 종사경력이 2년 이상인 자
3. 고등학교 졸업 또는 이와 동등 이상의 학력이 있다고 다른 법령에서 인정받은 후 청소년활동 등 청소년 육성업무 종사경력이 3년 이상인 자</td></tr>
</table>

구원에서 매년 청소년지도사 자격검정을 시행하고 있다. 2급 청소년지도사자격증을 소지하고 대학원에서 1급 자격검정에 필요한 과목을 전공과목으로 이수하고 석사학위 또는 박사학위를 소지한 자는 각각 2년 또는 3년의 경력으로 인정한다. 각 급별 연수시간은 보통 연중 11월 말~12월 중 3박 4일의 일정으로 연수를 실시하고 있다. 그러나 청소년기본법 시행령 제20조 제3항에 의거, 2008년 1월 1일부터는 각급 학교에서 검정과목을 모두 이수하게 되면 지금까지 의무적으로 치뤄 왔던 필기시험을 면제받고 면접만을 통하여 청소년지도사자격증을 취득할 수 있게 되었다. 그러나 1급 응시자의 경우에는 필기시험을 계속 보아야만 한다. 참고로 〈표 1-13〉은 청소년지도사의 배치기준을 보여 준다. 보다 자세한 세부

〈표 1-12〉 청소년지도사 자격검정의 과목 및 방법

구분	검정과목	검정방법	
1급	청소년연구방법론, 청소년인권과 참여, 청소년정책론, 청소년기관운영, 청소년지도자론	주·객관식 필기시험 (단답형, 4지선다형)	
2급	청소년육성제도론, 청소년활동, 청소년지도방법론, 청소년심리 및 상담, 청소년문화, 청소년복지, 청소년프로그램 개발과 평가, 청소년문제와 보호	객관식 필기시험 (4지선다형)	면접 (3급 청소년지도사자격증 소지자는 면접시험 면제)
3급	청소년육성제도론, 청소년활동, 청소년지도방법론, 청소년심리 및 상담, 청소년문화, 청소년프로그램 개발과 평가, 청소년문제와 보호	객관식 필기시험 (4지선다형)	면접

〈표 1-13〉 청소년지도사 배치기준

배치 대상		배치기준
청소년 수련시설	청소년 수련관	• 1급 청소년지도사 1인, 2급 청소년지도사 1인, 3급 청소년지도사 2인 이상을 두되, 수용정원이 500인을 초과하는 경우에는 500인을 초과하는 250인마다 1급, 2급 또는 3급 청소년지도사 중 1인 이상을 추가로 둔다.
	청소년 수련원	• 2급 청소년지도사 및 3급 청소년지도사를 각각 1인 이상을 두되, 수용정원이 500인을 초과하는 경우에는 1급 청소년지도사 1인 이상과 500인을 초과하는 250인마다 1급, 2급 또는 3급 청소년지도사 중 1인 이상을 추가로 둔다. • 지방자치단체에서 폐교시설을 이용하여 설치하고 특정 계절에만 운영하는 경우에는 청소년지도사를 두지 아니할 수 있다.
	유스 호스텔	• 청소년지도사를 1인 이상 두되, 숙박정원이 500인을 초과하는 경우에는 2급 청소년지도사 1인 이상을 추가로 둔다.
	청소년 야영장	• 청소년지도사를 1인 이상 둔다. 다만 설치 · 운영자가 동일 시 · 도 안에 다른 수련시설을 운영하면서 청소년야영장을 운영하는 경우로서 다른 수련시설에 청소년지도사를 둔 때에는 그 청소년야영장에 청소년지도사를 별도로 두지 아니할 수 있다. • 국가 · 지방자치단체 그 밖에 공공법인이 설치 · 운영하는 청소년야영장으로서 청소년 수련거리의 실시 없이 이용의 편의만 제공하는 경우에는 청소년지도사를 두지 아니할 수 있다.
	청소년 문화의집	• 청소년지도사를 1인 이상 둔다.
	청소년 특화시설	• 2급 및 3급 청소년지도사를 각각 1인 이상 둔다.
청소년단체		• 청소년회원 수가 2,000인 이하인 경우에는 1급 또는 2급 청소년지도사 1인 이상을 두되, 청소년회원 수가 2,000인을 초과하는 경우에는 그 초과하는 2,000인마다 1급 또는 2급 청소년지도사 1인 이상을 추가로 두며, 청소년회원 수가 1만 인 이상인 경우에는 청소년지도사 수의 5분의 1 이상은 1급 청소년지도사로 두어야 한다.

※ 청소년수련시설은 청소년활동진흥법 제10조의 규정에 의한 청소년수련시설을 말한다.

자격검정 일정 및 내용은 한국청소년정책연구원의 자격검정 공고에서 확인할 수 있다.

▶▶ 청소년상담사

청소년상담사는 청소년상담 관련 분야의 상담실무 경력 및 기타 자격을 갖춘 자로서 검정에 합격하고, 100시간의 연수를 이수한 자에게 보건복지가족부 장관이 부여하는 국가 자격증이다. 2001년 12월 31일 개정된 청소년기본법 제22조, 제23조, 제24조 등에 따라 청소년상담의 전문적 자질과 능력을 갖춘 인재를 양성할 목적으로 도입되었다. 2003년 4월 제1회 자격검정이 실시된 이후 매년 1회씩 자격검정이 실시되고 있다. 국가자격제도의 운영은 1999년 출범한 한국청소년상담원이 보건복지가족부 장관의 위탁을 받아 시행하고 있다. 필기시험 합격 후 연수기간은 몇 주 동안 오전부터 오후까지 계속 집중되어 있기 때문에 혹시 개인적인 사정으로 당해 연도에 연수를 받지 못한다면 다음 해로 연기하여 연수를 이수할 수 있다. 연수목표는 청소년상담의 전문화와 상담자 자질 향상, 일반상담과 차별화된 청소년상담 전문인력 양성 및 청소년상담의 활성화를 통한 건강한 청소년 육성 기반 확대에 있다. 또한 청소년상담자로서의 직무수행 능력 및 자질 향상을 위한 체계적 · 전문적 교육연수를 실시하고 있다.

청소년상담사의 주요 역할은 변화하는 사회에서 청소년이 능동적으로 자신의 삶을 실현하고 주체적으로 성장할 수 있도록 전방위적으로 돕는 것이다. 세부 목적은 청소년 문제에 대해 현실적으로 대처할 수 있는 전문적인 상담인력 양성, 분산되어 있는 청소년상담 활동의 구심점 마련, 효과적인 청소년상담 활동체계 확립 및 전문인력 확보, 청소년 선도 효과의 극대화 및 질 높은 상담 서비스의 제공 등이다. 활동 분야로는 한국청소년상담원과 같은 국가 차원의 청소년상담, 초 · 중 · 고 교사, 상담교사, 보건교사 및 대학학생상담소와 같은 교육 차원의 청소년상담, 그리고 청소년수련관, 청소년문화관, 사회복지관 등 사회 차원의 청소년상담 등에서 일할 수 있다. 한편, 〈표 1-14〉는 청소년상담사의 배출 현황을, 〈표 1-15〉는 청소년상담사 자격검정의 등급별 응시자격 기준을, 〈표 1-16〉은 청소년상담사 자격검정의 과목 및 방법을, 〈표 1-17〉은 청소년상담사의 배치기준을, 그리고 〈표 1-18〉은 청소년상담사의 예상 활동분야를 나타낸 것이다. 보다 자세한 세부 자격검정 일정 및 내용은 한국청소년상담원의 자격검정 공고에서 확인할 수 있다.

〈표 1-14〉 청소년상담사의 배출 현황(2008년 8월 현재)

구분	1급		2급		3급		계
	남	여	남	여	남	여	
2003	7	96	22	264	36	246	671
2004	4	17	6	84	11	92	214
2005	5	16	21	150	19	132	343
2006	6	24	17	154	10	196	407
2007	0	1	11	166	17	279	474
계	22	154	77	818	93	945	2,109
	176		895		1,038		

〈표 1-15〉 청소년상담사의 응시자격 기준(2008년 8월 현재)

등급	응시자격 기준
1급	1. 대학원에서 청소년(지도)학, 교육학, 심리학, 사회사업(복지)학, 정신의학, 아동(복지)학 분야 또는 그 밖의 청소년위원회규칙이 정하는 상담 관련 분야(이하 '상담 관련 분야' 라 한다)를 전공하고 박사학위를 취득한 자 2. 대학원에서 상담 관련 분야를 전공하고 석사학위를 취득한 후 상담 실무경력이 4년 이상인 자 3. 2급 청소년상담사로서 상담 실무경력이 3년 이상인 자 4. 제1호 및 제2호에 규정된 자와 동등 이상의 자격이 있다고 청소년위원회규칙이 정하는 자
2급	1. 대학원에서 상담 관련 분야를 전공하고 석사학위를 취득한 자 2. 대학 및 다른 법령의 규정에 의하여 이와 동등한 학력을 인정받는 기관에서 상담 관련 분야를 전공하고 학사학위를 취득한 후 상담 실무경력이 3년 이상인 자 3. 3급 청소년상담사로서 상담 실무경력이 2년 이상인 자 4. 제1호 내지 제3호에 규정된 자와 동등 이상의 자격이 있다고 청소년위원회규칙이 정하는 자
3급	1. 대학 및 평생교육법에 의한 학력이 인정되는 평생교육시설의 상담 관련 분야 졸업(예정)자 2. 전문대학 및 다른 법령의 규정에 의하여 이와 동등한 학력을 인정받는 기관에서 상담 관련 분야를 전공하고 전문학사를 취득한 자로서 상담 실무경력이 2년 이상인 자 3. 대학 및 다른 법령의 규정에 의하여 이와 동등한 학력을 인정받는 기관에서 상담 관련 분야가 아닌 분야를 전공하고 학사학위를 취득한 후 상담 실무경력이 2년 이상인 자 4. 전문대학 및 다른 법령의 규정에 의하여 이와 동등한 학력을 인정받는 기관에서 상담 관련 분야가 아닌 분야를 전공하고 전문학사를 취득한 후 상담 실무경력이 4년 이상인 자 5. 고등학교를 졸업하고 상담 실무경력이 5년 이상인 자 6. 제1호 내지 제4호에 규정된 자와 동등 이상의 자격이 있다고 청소년위원회규칙이 정하는 자

〈표 1-16〉 청소년상담사 자격검정의 과목 및 방법

등급	검정과목		검정방법	
1급	필수	상담자교육 및 사례지도, 청소년관련법과 행정, 상담연구방법론의 실제	필기시험(4지선다형)	면접
	선택	비행상담, 성상담, 약물상담, 위기상담 중 2과목		
2급	필수	청소년상담의 이론과 실제, 상담연구방법론의 기초, 심리측정평가의 활용, 이상심리	필기시험(4지선다형)	면접
	선택	진로상담, 집단상담, 가족상담, 학업상담 중 2과목		
3급	필수	발달심리, 집단상담의 기초, 심리측정 및 평가, 상담이론, 학습이론	필기시험(4지선다형)	면접
	선택	청소년이해론, 청소년수련활동론 중 1과목		

※ 각 등급 모두 100시간의 실무연수를 이수하도록 되어 있다.

〈표 1-17〉 청소년상담사의 배치기준

배치 대상	배치기준
지방청소년종합상담센터	• 1급 또는 2급 청소년상담사 3인 이상을 두고, 3급 청소년상담사 1인 이상을 둔다.
지방청소년상담센터	• 2급 또는 3급 청소년상담사 1인 이상을 둔다.
청소년쉼터	• 청소년상담사 1인 이상을 둔다.

※ 청소년쉼터는 청소년복지지원법 제14조의 규정에 의한 청소년쉼터를 말한다.

〈표 1-18〉 청소년상담사의 예상 활동분야

구분	활동분야
국가 차원의 청소년상담	한국청소년상담원, 시 · 도 청소년종합상담실, 시 · 군 · 구 청소년상담실, 경찰청 · 법무부 등 청소년업무 지원부서, 사회복지관
사회 차원의 청소년상담	청소년수련관, 청소년문화관, 청소년쉼터, 청소년 관련 복지시설, 사설청소년상담실, 아동 · 청소년 대상 병원, 일반청소년 관련 사업체, 근로청소년 관련 사업체
교육 차원의 청소년상담	학교 청소년상담사, 초 · 중 · 고등학교 상담교사, 대학의 학생상담소 등

▸▸ 청소년단체 및 청소년 관련 기관

광의적 의미의 청소년단체는 청소년이 청소년 간의 상호작용을 통하여 개인적 성장을 이룩하는 동시에 미래의 건전한 사회 일원으로 성장하는 데 필요한 태도와 능력을 키울 수 있는 사회단체를 총칭한다. 2008년 현재 약 350여 개의 청소년단체가 국내에서 활동

중이며, 청소년단체 간의 정보 교환 및 상호 협력을 도모하고 청소년 관련 행정부처와 유관 사회단체, 각급 학교, 그리고 세계의 청소년기구와 연계적인 협력체계를 구축하는 기능을 수행하는 한국청소년단체협의회가 그 중심적 역할을 담당하고 있다.

우리나라는 지난 1960년대부터 청소년단체 활동이 활발하게 추진되었으며, 1965년도에 창립한 한국청소년단체협의회가 청소년단체 활동의 구심점 역할을 수행하면서 범사회적 청소년운동 체계를 구축하였다. 이후 1985년 '세계청소년의 해' 를 기점으로 1987년 청소년육성법 제정, 1990년 청소년헌장 선포, 1991년 한국청소년기본계획과 청소년기본법 제정, 1992년 청소년의 해 운영, 1993년 청소년육성 5개년계획 등 청소년 분야에서 중요한 역할을 수행하여 왔다. 이후 2004년에 청소년기본법과 청소년활동진흥법, 청소년복지지원법의 제·개정이 이루어지고, 다음 해에 문화관광부 청소년 육성업무와 국무총리실 청소년 보호업무가 국가청소년위원회로 일원화되었다. 2005년도에 들어서는 한국청소년단체협의회가 특수법인화되었고, 여러 청소년단체들이 활발한 활동을 전개하는 가운데 회원단체를 확대하여 청소년 육성을 위한 공동 노력을 새롭게 모색하고 있다.

청소년단체의 활동은 크게 청소년수련활동, 지도자연수활동, 연구활동, 상담활동, 지역사회 개발활동, 자원봉사활동, 사회교육 및 체육활동, 국제교류활동, 홍보 및 출판활동, 문예 및 취미 등 여가활동, 장학 및 포상활동, 유해환경 민간 감시활동, 그리고 조직강화활동을 비롯하여 부모, 지역사회 인사, 청소년지도자를 대상으로 교육인력 확보를 위한 프로그램 등의 사업을 실시하고 있다. 청소년단체는 각 단체의 특성에 따라 활동 프로그램을 계획·시행·평가하는 과정에서 크고 작은 차이가 발생하고 있으나, 이러한 청소년활동은 주로 한국청소년단체협의회 회원단체 위주로 비교적 원만하고 활발하게 이루어지고 있다.

청소년단체는 각기 고유의 설립 목적에 따라 여러 가지 유형이 있으며, 국가 및 지방자치단체는 청소년단체의 조직과 활동에 필요한 행정적인 지원을 할 수 있고, 운영 및 활동 등에 필요한 경비의 일부를 보조할 수 있다. 또한 개인과 법인 및 단체는 청소년단체의 시설 및 운영을 지원하기 위하여 금전 이외의 재산을 출현할 수 있다. 그러나 대부분의 우리나라 청소년단체는 재정상의 영세성으로 청소년활동에 과감한 투자를 하지 못하고 있기 때문에 청소년활동이 활발하게 이루어지지 못하고 있다. 최근에 와서는 주 5일 근무(수업)제의 시행으로 체험학습 중심의 새로운 청소년교육에 대한 요청이 증가하고 있으며, 이에 따라 지역사회 중심의 청소년단체의 역할 및 기능 확대가 증대되고 있다. 또한 각 청소년단체 간의 연계활동을 통한 지속적인 프로그램 개발과 범국민적인 청소년 육성운동을 확산시켜 청소년단체 활동의 새로운 전환점이 마련되기를 기대하고 있다(청소년백서, 2007).

▸▸ 한국청소년단체협의회

청소년단체의 중심적 역할을 하고 있는 한국청소년단체협의회(약칭: 청협)는 1965년 12월 8일 국내 15개 민간 청소년단체들의 자발적인 협의체로 창설되었다. 1966년 8월 10일에는 세계청소년단체협의회(World Assembly of Youth: WAY)에 가입하였고, 1972년 8월 15일 아시아청소년단체협의회(Asian Youth Council: AYC)의 창설 멤버로 가입하였다. 그리고 2008년 8월에는 아시아청소년단체협의회 총회의 한국 개최의 성과를 이끌어 내었다. 이러한 노력은 우리나라에서 청소년육성법과 청소년헌장의 제정 등 청소년정책을 추진하는 데 기여하였다. 한국청소년단체협의회는 청소년육성법에 따라 1988년 11월 11일 사단법인으로서의 조직과 기능을 새롭게 정립하였고, 현재는 특수법인으로 전환하여 우리나라 청소년단체들의 협의체 역할 및 기능 수행을 위한 활동을 해 나가고 있다. 또한 현재 6개의 지방청소년단체협의회를 회원단체로 두고 있다. 지방청소년단체협의회의 경우 시 · 도지사의 인가를 받아 설립할 수 있으며, 이 경우 지방자치단체는 예산의 범위 안에서 경비의 전부 또는 일부를 지원할 수 있다. 2008년 현재 한국청소년단체협의회는 210만여 명의 청소년회원과 18만여 명의 청소년지도자 등 총 300만여 명이 각 회원단체에서 활동하고 있다.

▸▸ 한국청소년정책연구원

한국청소년정책연구원은 청소년육성법을 근거로 1989년 7월 1일 한국청소년연구원으로 처음 설립되어 청소년정책 관련 국가 전문연구기관으로 운영되어 왔다. 1991년 12월 31일에 제정 · 공포된 청소년기본법 제50조에 의거하여 1993년 1월 1일에 한국청소년개발원으로 확대 · 개편되었고, 1999년 1월 29일부로 정부출연기관 등의 설립 · 운영 및 육성에 관한 법률이 시행됨에 따라 국무총리 산하 인문사회연구소에 소속되었다. 그리고 2005년 국무총리 산하 인문사회연구회와 경제사회연구회가 통합됨에 따라 국무총리 산하 경제 · 인문사회연구소로 소속이 이관되었고, 2007년 5월 정부출연 연구기관 등의 설립 · 운영 및 육성에 관한 법률 개정에 따라 한국청소년개발원에서 한국청소년정책연구원으로 그 명칭이 변경되었다.

한국청소년정책연구원은 1990년에 청소년헌장을 제정하는 데에 크게 기여하였고, 제1차 청소년육성 5개년계획 수립에 참여하였으며, 청소년지도사 자격검정을 실시하게 되었다. 1997년에는 세계청소년연구개발협의회(World Association of Research and Development Youth: WARDY)을 창립하였고, 1998년에는 제2차 청소년육성 5개년계획 수립에 참여하였다. 그리고 2003년에도 제3차 청소년육성 기본계획 수립에 참여한 바 있다. 또한 청소년지도사의 자격검정 실시, 자격검정에 합격한 자에 대한 소정의 의무연수 실시, 이후 훈련시설 및 청소년단체에 배치 · 활용하는 것을 위탁받아 실시하고 있는 곳이 현재 한국청소년정책연구원이다.

한국청소년정책연구원의 주요 기능은 (1) 청소년 생활환경, 의식, 여가, 청소년활동 등의 실태와 변화 양상에 대해 종합적으로 연구 · 개발하는 기초 통계자료의 구축을 위한 기초조사 기능, (2) 청소년 육성에 대한 장단기 국가 기본계획을 수립하는 데 필요한 정책 연구를 수행하고, 현장 실천에 필요한 청소년정책 및 주요 시책과 관련 프로그램을 개발하는 정책 연구 및 개발 기능, (3) 청소년정책의 효과 분석 및 평가를 지원 · 자문하며, 지방자치단체의 청소년 육성사업 기반 조성을 위해 청소년 관련 업무의 종합적인 평가 · 분석 및 청소년 수련시설의 평가모형 등을 개발하는 정책 평가 및 자문 기능, (4) 청소년 관련 전문가, 학계, 기관과의 협력사업과 외국 청소년 전문기관 및 관련 기관과의 교류사업을 통해 대내외적인 협력체계와 정보교류 체계를 구축하는 대외 교류 및 협력 기능, (5) 청소년 연구 및 정책 개발의 방향 제시 및 의견 수렴을 위한 세미나, 정책협의회, 정보 서비스 사업을 통한 연구자료 및 정책 관련 정보 제공 등 정책 및 연구 자료 제공 기능, (6) 청소년활동 프로그램의 개발 · 보급, 청소년 정보 데이터베이스 개발 및 정보 서비스를 통한 청소년 관련 정보 제공, 청소년 자원봉사 활성화를 위한 사업을 지원하는 수련활동 지원 기능 등이 있다.

이와 같은 노력에도 불구하고 향후 청소년정책연구원은 디지털 · 글로벌 시대에 청소년의 창의력과 도전정신 계발을 지원하는 대한민국 청소년 관련 중심기관으로서의 위상을 더욱 정립해 나가야 할 것이다. 이를 위해 연구기획의 체계화, 과학적 연구관리 체계 확립, 연구 성과의 정책 반영과 사회적 확산을 통한 전문적 연구 역량 강화, 그리고 경영 목표의 체계적 추진, 합리적 · 효율적 조직 구성 및 운영, 객관적이고 공정한 인사관리, 투명하고 적정한 예산관리, 기관경영과 조직운영의 합리화와 효율화를 도모하는 데 힘을 쏟아야 할 것이다.

▸▸ 한국청소년상담원

한국청소년상담원은 1990년 체육부에서 '청소년종합상담실' 을 설치한 이후 1991년 체육청소년부에서 '청소년대화의 광장' 으로 확대 개편되었다. 그리고 청소년기본계획에 따른 청소년기본법이 제정되면서 한국청소년상담원의 설립 근거를 마련하게 되었다. 1993년에는 재단법인 '청소년대화의 광장' 이 개원되었고, 1999년에는 한국청소년상담원으로 출범하게 되었다. 2002년에는 '한국청소년상담원' 특별법인화가 추진되었고, 2003년도에는 마침내 제1회 청소년상담사 국가자격 검정 및 연수를 실시하게 되었다. 2004년에는 학교 밖 청소년지원센터 '해밀' 이 개원되었고, 청소년용 소식지 『유스피아』가 창간되었다. 한국청소년상담원은 전국 청소년상담기관을 총괄하는 중추기관으로서 청소년상담 정책의 연구 개발, 청소년상담 프로그램의 개발 보급, 청소년상담 전문인력의 체계적 연수교육, 전문상담을 통한 청소년 문제의 예방 및 해결, 그리고 보건복지가족부 장관의 위탁에 따른 청소년상담사 국가자격제도의 운영을 수행하고 있다.

▸▸ 한국청소년진흥센터

한국청소년진흥센터는 2004년 2월에 공포된 청소년 관련 3법, 즉 청소년기본법, 청소년활동진흥법, 청소년복지지원법을 기반으로 2005년 3월 11일 설립되었다. 주로 청소년 수련활동인증제 시행, 청소년 활동 및 복지, 보호에 관한 종합적인 정보 안내 및 서비스 제공, 청소년복지 지원을 위한 사업 및 서비스 영역 개발과 보급 등의 업무를 담당하고 있다. 특히, 2007년부터는 전국의 청소년 방과후아카데미의 현장 운영을 지원하기 위한 운영지원단 사업도 수행하고 있다. 또한 청소년기본법에 따라 범정부적 차원의 청소년 육성 정책 과제의 설정, 추진 및 점검을 위해 매년 개최되는 청소년특별회의를 주관하는 업무도 한국청소년진흥센터의 주요 기능 중의 하나로 볼 수 있다. 그러나 2008년 2월 새로운 정부 조직인 아동청소년정책실이 생기면서 이 기관의 명칭을 한국아동청소년활동진흥원(가칭)으로 개정하려는 움직임이 나타나고 있다.

▶▶ 세계청소년연구개발협의회

세계 각국의 청소년에 대한 연구 및 개발 관련 기관 간의 협의체로 세계청소년연구개발협의회(WARDY)가 구성되어 운영 중에 있다. 이 협의회의 설립 목적은 세계 각국의 청소년연구 개발기관 간의 정보와 학술 교류 확대를 통하여 서로 협조함으로써 청소년 건전 육성 및 연구에 도움이 될 뿐만 아니라 21세기에 추구되어야 할 지구촌 공동체의 이상을 실현하는 데 크게 기여하는 것이다. 추진 경과를 살펴보면, 1995년 11월 24일 한국청소년정책연구원, 일본청소년연구소, 중국사회과학원(청년사회학연구회)은 이러한 취지의 세계 협의기구 구성에 원칙적인 합의를 하였고, 이를 기점으로 1997년 10월 7일 중국, 독일, 일본, 한국, 영국, 미국의 6개국의 8개 기관 대표들이 한국에 모여 세계청소년연구개발협의회를 창립하였다. 그리고 창립기념으로 '청소년폭력의 국제비교'에 관한 국제 학술회의

〈표 1-19〉 세계청소년연구개발협의회의 회원 현황

국가명	기관명
한국	• 한국청소년정책연구원(National Youth Policy Institute)
중국	• 중국사회과학원(Chinese Academy of Social Science)
독일	• 독일청소년연구소(Germany Youth Institute)
일본	• 일본청소년연구소(Japan Youth Research Institute)
영국	• 국립청소년청(The National Youth Agency)
미국	• 아이오와대 가족자원연구소(National Resource Center for Family Centered Practice, University of Iowa) • 동아시아 · 태평양연구소(Center for East Asian and Pacific Studies, University of Illinois at Urbana-Champaign) • 미국청소년정책연구소(Youth Policy Institute) • 미국청소년활동센터(American Youth Work Center) • 총기폭력예방교육재단(The Educational Fund to End Handgun Violence) • 하와이대 청소년연구센터(Center for Youth Research in Hawaii University)
싱가포르	• 국립청소년청(National Youth Council)
오스트리아	• 국제청소년정책위원회(International Council on National Youth Policy)
프랑스	• 중국청소년 · 아동연구센터(China Youth and Children Research Center) • 미디피레네 지역청소년센터(Centre Regionnal de la Jeunesse de la Region Midi-Pyrenness • 대중교육연구소(Institute National de la Jeunesse et de L' Education Populaire)
핀란드	• 청소년연구회(The Finnish Youth Research Society)
호주	• 호주청소년연구센터(Youth Research Centre)

를 개최하여 국제 비교연구를 통한 해결방안을 모색하고자 하였다. 1998년 9월 23일에는 '21세기 새로운 청소년정책 방향 모색' 이란 주제로 서울에서 한 · 중 · 일 국제 심포지엄이 개최되었다. 1999년 10월 11일에는 중국 북경에서 '21세기를 지향한 청소년과 청소년연구'란 주제로 WARDY 국제학술회의가 개최되었다. 2000년 10월 10일에는 제3차 WARDY 국제학술회의가 서울에서 개최되었는데, 주제는 '새로운 밀레니엄 시대의 사회변화와 청소년 육성정책 수립의 과제－청소년의 권리와 사회참여 증진을 중심으로' 였다. 2002년 6월 20일에는 서울에서 '글로벌 시대 청소년의 생활 실태와 미래 전망'이란 주제로 국제 심포지엄이 개최되었으며, 2004년 11월 11일에는 '동북아의 미래와 청소년 역할' 이란 주제로 역시 서울에서 국제 심포지엄이 개최되었다. WARDY는 1997년 6개국 8개 기관이 가입한 이후 2007년 현재 11개국 18개 기관이 세계청소년연구개발협의회에 참여하고 있다. 이를 살펴보면 〈표 1-19〉와 같다.

▶▶ 청소년정책의 변천

청소년정책의 변천과정은 정부의 청소년정책 담당부서의 변천과 맥을 같이하고 있다. 청소년정책 기구의 변천과정은 일반적으로 다음 5단계로 구분할 수 있다. 1단계인 1948년 8월부터 1964년까지는 청소년정책을 조정하는 기구도 없고 전담하는 행정기구도 없었던 시기이다. 이 시기의 청소년정책은 각 부처별로 청소년 관련 정책을 산발적으로 추진하는 것이 전부였다.

2단계는 1964년 10월부터 1977년까지의 13년간이다. 청소년정책은 1964년 내무부 및 무임소장관실(또는 정무장관실)의 '청소년보호대책위원회' 설치 · 운영과 함께, '청소년지도 · 육성 · 보호 및 교정에 관한 종합시책'의 수립 · 시행을 필두로 청소년정책 활성화를 위한 기반을 조성해 왔으며 다양한 청소년 인프라 구축 등이 시도되었다. 그러나 주요 업무로는 문제청소년에 대한 규제 및 보호 위주의 정책이 추진되었다. 이 시기의 청소년정책의 특징은 부처 차원의 조정과 보호 위주의 정책추진으로 요약될 수 있다.

3단계는 1977년 8월부터 1988년까지이다. 이 시기의 청소년정책은 2단계의 부처 차원에서 보이는 조정의 한계를 극복하기 위하여 정부 차원의 조정을 시작하게 되었다. 국무총리실에 '청소년대책위원회' 를 설치하여 범정부적 조정을 시작하였다. 1983년 4월부터 1985년 1월까지는 청소년 관련 정책이 문교부 소관으로 이관되었다가, 다시 1985년 2월 국무총리실로 이전하였다.

4단계는 청소년정책 발전의 모태라고 할 수 있는 청소년육성법이 시행된 1988년 7월 1일부터 2005년 4월까지로 볼 수 있다. 청소년육성법이 시행되면서 청소년 관련 전담조직이 설치·운영되기 시작하였는데, 전체 청소년에 대한 종합적인 장기적 정책을 수립하고 추진하기 위해 체육부가 관장하는 '청소년육성위원회' 가 설치되었고, 체육부 내에 '청소년국' 이 신설되었다. 이는 곧 '청소년정책조정실' 로 확대되었으며, 이 시기에 청소년헌장이 제정(1990년 5월 12일)되었다. 그리고 1990년 체육부의 명칭이 체육청소년부로 바뀌면서 청소년 업무의 영역이 확장되었고 청소년정책이 활성화되기 시작하였다. 이 시기에 우리나라 청소년정책의 근간이 되는 한국청소년기본계획이 1991년 6월 27일 수립되었고, 청소년육성법을 대체하는 청소년기본법이 1991년 12월 제정되었다. 이후 1993년 문화체육부로 통합되면서 청소년정책조정실은 '청소년정책실' 로 그 명칭이 변경되었다. 이 시기에 1998년부터 2002년까지의 청소년육성 5개년계획이 수립되었으며, 1998년 10월 25일에는 새로운 청소년헌장이 제정되었다. 이와 함께 청소년정책 기구 조정도 함께 단행되었는데, 문화체육부 청소년정책실 산하에 '청소년보호위원회' 를 따로 두게 되었다. 이후 청소년보호위원회가 1998년 2월 국무총리 산하로 이관됨에 따라, 청소년정책은 청소년 육성을 전담하는 문화관광부와 청소년 보호를 전담하는 청소년보호위원회로 분리되었다.

5단계는 2005년 4월 청소년정책 조직의 통합과 단일 청소년 전담조직이 출범한 이후부터 현재까지를 말한다. 그동안 이원화된 청소년 중앙행정 조직은 체계적·종합적 정책 수행의 곤란, 새로운 청소년정책 환경 변화에 대한 능동적 대처의 미비, 각 부처에 산재한 청소년정책의 총괄 및 조정 역할의 어려움 등의 문제를 지니고 있었다. 따라서 2004년 12월 17일 정부혁신지방분권위원회에서는 청소년 육성 및 보호로 분리되어 있는 정부의 청소년 기능을 통합하기 위하여 국무총리 소속으로 '청소년위원회' 의 설치를 확정·발표하였다. 2004년 12월 20일에는 청소년위원회의 설립추진단을 구성·운영하였으며, 2005년 4월 27일 국무총리 소속하의 청소년위원회를 공식적으로 발족하였다. 그리고 청소년기본법의 개정에 따라 2006년 3월 30일 청소년위원회는 '국가청소년위원회' 로 명칭을 변경하였다.

2008년 2월부터는 새로운 정부가 출범하면서 청소년을 다루는 정부조직이 국가청소년위원회에서 보건복지가족부로 이관되고, 아동과 청소년이 합쳐져서 아동청소년정책실로 바뀌게 되었다. 그리고 아동정책과 청소년정책의 통합을 위한 '통합적 아동청소년정책

추진을 위한 법률 정비' 가 추진 중에 있다. 이를 위해 아동청소년정책기본법(안), 아동청소년활동진흥법(안), 아동청소년복지법(안), 아동청소년보호법(안), 아동청소년성보호법(안)의 법률체계 개편이 논의 중에 있다. 전담기관 조직도 중앙에는 아동청소년복지진흥원(가칭)과 아동청소년활동진흥원(가칭)을 두고, 시 · 도에는 복지진흥센터(가칭)와 활동종합센터(가칭)를 두고 있다. 그리고 시 · 군 · 구에는 아동청소년종합지원센터(가칭)의 설치가 논의되고 있다. 국가고시 전문자격증인 청소년지도사와 청소년상담사자격증의 명칭은 그대로 유지하는 것으로 방향을 잡고 있다. 또한 한국청소년단체협의회, 한국아동단체협의회 등과 같은 민간 네트워크에 대한 법적 지원규정을 삭제할 것인가 말 것인가의 문제도 거론되고 있다.

이와 같은 정부조직의 개편에 따라 아동 · 청소년정책의 통합 방향이 건설적으로 논의되고 있는 것과는 달리, 실제로는 아동계와 청소년계의 견해가 상당히 다르게 나타나고 있고, 또 청소년계 내에서도 기관이나 시설의 설립 목적과 상황에 따라 입장의 차이가 큰 것으로 나타나고 있다. 한편에서는 그동안에 추진되어 오던 고유한 청소년정책이 위축될 것이라는 우려와 함께 아동 · 청소년계의 새로운 전기가 될 수 있다는 견해도 일부 존재한다. 그러나 현재로서는 아동정책과 청소년정책의 통합 자체를 부정하는 견해라면 더 이상의 발전적 논의가 어려울 것으로 생각되며, 설령 그렇다 하더라도 아동정책과 청소년정책은 그 가치와 역사성이 인정되고 독자성이 훼손되지 않는 방향, 특히 청소년학계의 정체성이 훼손되지 않는 방향에서 그 모든 것이 이루어져야 할 것으로 생각된다. 〈표 1-20〉은 지금까지의 내용을 간략하게 정리한 것이다.

한편, '청소년정책 관계기관협의회' 는 청소년기본법 제10조에 규정된 기구로, 청소년정책에 관한 관계기관 간의 연계 및 조정과 상호 협력을 위하여 '국가청소년위원회'에 두도록 되어 있다. 청소년정책 관계기관협의회의 주요 기능은 (1) 2개 이상의 행정기관에 관련되는 청소년정책의 조정에 관한 사항, (2) 여러 부처가 협력하여 추진하여야 하는 청소년정책에 관한 사항에 대한 협의에 관한 것이다. 청소년정책 관계기관협의회는 위원장을 포함한 15인 이내의 위원으로 구성된다. 위원장은 청소년기본법 시행령 제3조 규정에 의하여 국가청소년위원회의 위원장이 되고, 협의회의 위원은 교육인적자원부(현 교육과학기술부) · 법무부 · 행정자치부(현 행정안전부) · 문화관광부(현 문화체육관광부) · 정보통신부(현 지식경제부) · 보건복지부(현 보건복지가족부) · 노동부 · 여성가족부(현 여성부) · 기

〈표 1-20〉 청소년정책의 변천

단계	시기	기간	특성	명칭	주무부처
1단계	1948. 8. ~ 1964. 9	16년	부처별 산발 추진	• 부처별 관련업무 추진	- 각 부처
2단계	1964. 10~ 1977. 8	13년	부처 차원의 조정	• 청소년보호대책위원회	- 내무부 - 무임소장관실
3단계	1977. 8~ 1988. 6	11년	정부 차원의 조정	• 청소년대책위원회	- 국무총리실 - 문교부
4단계	1988. 6~ 2005. 4	17년	정부 차원의 조정, 부처 차원의 총괄 집행	• 청소년육성위원회 • 청소년국 • 청소년정책조정실 • 청소년정책실 • 청소년보호위원회	- 체육부, 체육청소년부 - 문화체육부, 문화관광부 - 국무총리실
5단계	2005. 4~ 2008. 2	3년	청소년조직 통합, 단일 청소년 전담조직 출범	• 청소년위원회 • 국가청소년위원회	- 국무총리실
현재	2008. 3~ 현재		- 아동청소년활동정책관 - 아동청소년복지정책관 - 보육정책관	• 아동청소년정책실	- 보건복지가족부

출처: 청소년백서(2007).

획예산처(현 기획재정부) · 경찰청 등 관계 중앙행정기관 소속의 3급 공무원 또는 이에 상당하는 특정직 공무원 중에서 당해 기관의 장이 지명하는 자로 구성된다. 협의회 회의는 위원장이 소집하고 재적위원 과반수의 출석과 출석위원 과반수의 찬성으로 의결한다. 또한 청소년정책에 관한 전문적인 사항을 조사 · 연구하기 위하여 협의회에 5인 이내의 전문위원을 둘 수 있다. 그리고 협의회의 사무를 처리하기 위하여 협의회에 간사 1인을 둘 수 있는데, 간사는 국가청소년위원회 소속 공무원 중에서 협의회의 위원장이 지명한다. 그동안 협의회는 2005년 6월에 최초의 회의 개최를 시작으로 2005년에 총 2회, 2006년에 총 2회, 그리고 2007년에는 5월과 12월 총 2회를 개최하였다.

그러나 앞서 설명한 바와 같이 2008년 2월 새로운 정부가 출범되면서 보건복지가족부의 아동청소년정책실이 등장하게 되었고, 아동정책조정위원회(아동) 및 청소년정책 관계기관협의회(청소년)의 통합도 추진 중에 있다. 즉, 이를 하나로 합쳐 아동청소년정책위원회(가칭)로 통합하고, 구성 또한 보건복지가족부 장관이 위원장을 맡고 관계부처 차관급 및 민간 전문가들을 위원으로 하는 개정이 추진되고 있다. 기능은 종전 아동정책조정위원회에서 하던 일과 청소년정책 관계기관협의회에서 하던 일을 통합 조정하여 아동 · 청소년 정책을 전개해 나갈 것으로 생각된다.

참고사항

❖ 청소년기본법

청소년의 권리 및 책임과 가정, 사회, 국가와 지방자치단체의 청소년에 대한 책임을 정하고, 청소년 육성정책에 관한 기본적 사항을 규정하기 위하여 제정된 법이다. 1991년 청소년육성법을 대체하여 1991년 12월 31일 법률 제4477호로 제정된 뒤 2008년 2월 29일 법률 제8852호로 지금까지 총 22차례 일부개정이 되었다. 9세 이상 24세 이하를 청소년으로 규정하고, 그들이 사회구성원으로서 정당한 대우와 권익을 보장받고 건전한 민주시민으로 자랄 수 있도록 장기적인 종합적 육성정책을 추진하는 것을 기본 이념으로 하고 있다. 제1장 총칙, 제2장 청소년 육성정책의 총괄 조정, 제3장 삭제 〈2008. 2. 29〉, 제4장 청소년시설, 제5장 청소년지도자, 제6장 청소년단체, 제7장 청소년 활동 및 복지 등, 제8장 청소년 육성기금, 제9장 보칙, 그리고 제10장 벌칙으로 나누어져 있으며 시행령과 시행규칙이 있다.

❖ 리스본선언(1998. 8. 세계청소년장관회의 채택)

UN과 협력하고 있는 포르투갈 정부가 세계청소년장관회의를 소집하였고, 이에 각국의 청소년 관련 장관들이 정부를 대표하여 1998년 8월 8일부터 12일까지 포르투갈의 수도 리스본에 모여서 청소년의 참여, 개발, 평화, 교육, 고용, 건강, 약물남용 등의 국가적 청소년정책에 대하여 헌신한다는 결의문을 발표하였다. 세계청소년장관회의 자료의 영어 전문은 한국청소년정책연구원(1998)에서 편역하였다.

참고인물

❖ 민태원(1894~1935): 호는 우보 또는 부춘산인이다. 1894년 충남 서산에서 출생하였고, 일본 와세다대학교 정경과를 졸업하였다. 초기 신소설기와 현대소설기에 걸쳐 작품활동을 하였다. 동아일보 사회부장을 지냈고, 조선일보 및 중외일보 편집국장을 역임하였다. 1918년 프랑스의 대문호 빅토르 위고(Victor Marie Hugo, 1802~1885)의 장편소설 『레미제라블(*Les Misérables*)』(1862)을 '애사' 라는 제목으로 번안하여 매일신보에 연재하였다. 작품으로는 번안소설집 『부평초』(1925), 『어느 소녀』(1920), 『갑신정변과 김옥균』(1947) 등이 있다. 서산 음암휴게소 옆 대로변에 민태원 문학비가 세워져 있는데, 두 면의 화강석에 검은 돌을 붙여 한 면에는 초상과 약력을, 그리고 다른 면에는 '청춘예찬' 을 새겨 놓았다.

❖ 짐링(Franklin E. Zimring, 1942~): 캘리포니아 주 로스앤젤레스에서 출생하였다. 1963년 미시간 주 디트로이트의 웨인주립대학교(Wayne State University)를 졸업하였고, 1967년 시카고대학교에서 법학박사학위를 취득하였다. 그 후 시카고대학교의 법학부 교수로 재직하였으며 범죄정의연구소의 책임자로 봉직하였다. 짐링은 얼워렌 법학연구소(Earl Warren Legal Institute)의 책임자로서 1985년 볼트 법학부(Boalt Faculty)에 합류하였다. 2006년에는 처음으로 '울펜 석학학자(Wolfen Distinguished Scholar)' 로 지명되었다. 짐링의 주요 관심 분야는 범죄정의와 가족법인데, 법률정책을 위한 경험적 연구에 큰 역점을 두고 있었다. 그는 폭력행위에 의한 사망률, 범죄정의와 처벌에 대한 연구로 잘 알려져 있다. 짐링은 펜실베이니아대학교와 예일대학교의 방문교수, 행동과학연구소 연구원, 미국범죄학회와 미국학술원 회원, 1998년부터는 교육부와 약물중독재활 학교위원, 국립청소년범죄연구소의 전문위원을 역임하였고, 현재는 캘리포니아대학교, 버클리법과대학에서 활동하고 있다. 짐링은 범죄억제대책, 극형에 대한 견해, 투옥률, 약물 통제 등의 주제들을 다룬 많은 책들을 출간하였다. 주요 저서로는 『청소년들의 변화하는 법률 세계(*The Changing Legal World of Adolescence*)』(1982), 『미국의 청소년 폭력(*American Youth Violence*)』(1998) 등이 있다.

제 2 장

청소년연구의 접근

다른 학문 분야에서도 그렇듯이, 청소년학을 공부하고 연구하는 사람들에게는 매우 엄격한 과학적 지식이 요청되고 있다. 과학에 맞지 않는 연구결과는 그것이 아무리 훌륭해 보일지라도 한낱 공허한 메아리로만 들릴 뿐이다. 그러므로 장차 청소년학을 공부하겠다고 마음먹은 사람들은 물론 청소년학을 배경으로 보다 심도 깊은 연구를 계획하고 진행하는 사람들, 그리고 청소년지도자 및 청소년전문가를 자처하는 사람들은 반드시 과학적 사실에 입각하여 자신의 연구결과를 발표해야 할 것이다. 그래야만 그렇게 축적된 지식을 바탕으로 후학 사람들이 청소년학을 공부하고 눈을 뜨는 데 많은 도움을 줄 수 있기 때문이다. 더 나아가서 청소년들을 선도 지도하고 정책적 방향을 결정하는 데 과학적 사실의 근거가 매우 결정적인 역할을 하기 때문이다. 과학적 사실의 근거는 주로 외국 또는 국내 학술지를 통하여 발표되어야 한다.

1. 국내외 전문학술지

지금까지 청소년학 관련 국내외 학술지는 그리 많지 않았다. 국내 학술지의 경우, 〈표 2-1〉에서 2008년 11월 현재 한국학술진흥재단의 등재지 또는 등재후보지를 살펴보았고, 참고로 〈표 2-2〉에서는 청소년학 관련 전국규모 학술지를 알아보았다. 한편, 〈표 2-3〉은 국외 전문학술지를 정리한 것이다.

한편, 저자는 2001년 3월 1일부로 경기대학교 사회과학대학 청소년학과 교수로 임용되면서 지금까지 청소년심리학을 강의하고 있다. 경기대학교 청소년학과는 학부의 경우

〈표 2-1〉 한국학술진흥재단 등록 학회지

학술지명	발행기관	최초 발행연도	발행 횟수	한국학술진흥재단	등재후보 및 등재지 선정 시기
한국청소년연구	한국청소년정책연구원	1990	연 2회	등재 후보지	2003년 하반기
			연 3회	등재지	2006년 하반기
청소년상담연구	한국청소년상담원	1993	연 2회	등재 후보지	2000년 하반기
청소년학연구	한국청소년학회	1993	연 4회	등재 후보지	1999년 하반기
			연 6회	등재지	2006년 하반기
청소년복지연구	한국청소년복지학회	1999	연 4회	등재 후보지	2007년 하반기
청소년시설환경학회	한국청소년시설환경학회	2003	연 4회	등재 후보지	2006년 하반기
미래청소년학회지	미래를여는청소년학회	2004	연 4회 (예정)	등재 후보지	2007년 하반기

※ 참고로 설립 및 창립 연도를 살펴보면, 한국청소년정책연구원은 1989년, 한국청소년상담원은 1990년, 한국청소년학회는 1991년 창립되었고, 한국청소년복지학회는 1998년, 한국청소년시설환경학회는 2002년, 그리고 미래를여는청소년학회는 2004년에 창립되었다.

〈표 2-2〉 전국규모 학술지

학술지명	발행기관	최초 발행연도	발행 횟수	비고
소아청소년의학	대한소아청소년정신의학회	1987	연 2회	신경정신과 전문의 대상
청소년보호연구	재)한국소년보호협회 소년보호학회	1999	연 4회	홈페이지 구축 전화 변경 연락 불가능
한국청소년정책연구	사)한국청소년정책학회	2000	연 2회	홈페이지 없음 현재 2호 발간

※ 참고로 이 외에도 한국청소년보호지도학회와 한국청소년체육학회가 활동하고 있다.

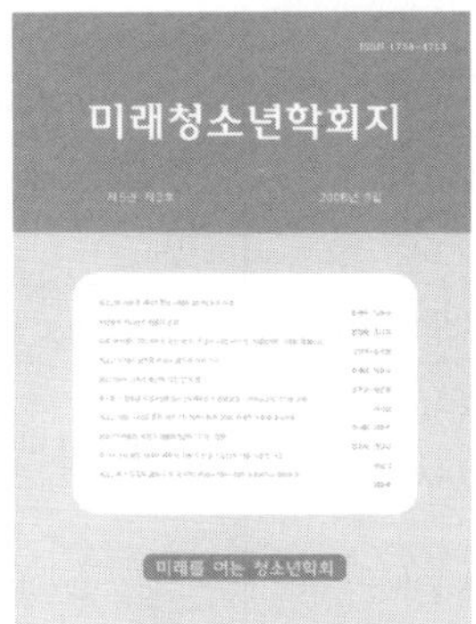

〈표 2-3〉 청소년 관련 국외 전문학술지

학술지명	발행기관	발행 국가	최초 발행 연도	발행 횟수	비고
Adolescence	Libra Publishers, Inc.	미국	1966	연 4회	
Adolescent & Family Health	The Institute for Youth Development	미국	2000	연 4회	
Adolescent Psychiatry	ASAP(American Society for Adolescent Psychiatry)	미국	2000	연 4회	
Child & Youth Services Review	Elsevier Science	미국	1979	연 10회	
Child & Youth Service	Haworth Press, Inc.	미국	2001	연 4회	
Children, Youth and Environments	Boulder, CO.	미국	2003	연 2회	
Crime & Delinquency	NCCD(National Council on Crime and Delinquency)	미국	1992	연 4회	

International Journal of Adolescence and Youth	Aba Academic Publishers	영국	1987	연 1회	
International Journal of Children and Adolescents	Mississauga Publishers	캐나다	1997	연 4회	
Journal of Adolescence	Academic Press Inc.	영국	1980	연 12회	
Journal of Adolescent Health	Elsevier Science	미국	1980	연 12회	
Journal of Adolescent Health Care	Elsevier Inc. Society for Adolescent Medicine(SAM)	미국	1980	연 6회	
Journal of Adolescent Research	Sage Publications	미국	1986	연 6회	
Journal of Child and Adolescent Mental Health	SAACAPAP(South African Child and Adolescent Psychiatry and Allied Professions)	남아공	1978	연 2회	
Journal of Child and Adolescent Substance Abuse	Binghamton, NY: Haworth Press	미국	1994	연 4회	
Journal of Early Adolescence	Sage Publications	미국	1981	연 4회	
Journal of Research on Adolescence	Blackwell Publishing Ltd	영국	2001	연 4회	
Journal of Youth & Adolescence	Plenum Press	네덜란드	1972	연 6회	
Journal of Youth Development	Bridging Research and Practice	미국		연 2회	
Journal of Youth Studies	Carfax Publishing Company	영국	1998	연 4회	2006년부터 연 5회
Youth and Society	Sage Publications	미국	1995	연 4회	

1996년에 야간으로 설치 · 인가되어 1997년 3월 처음으로 40명 규모의 신입생을 받아들였다. 그리고 현재 1학년부터 4학년까지의 청소년학전공 학생 수는 160명에 이른다. 2009학년도부터 청소년학과가 야간에서 주간으로 바뀌고 신입생도 주간으로 선발하게 되면, 향후 3년 정도는 학부의 경우 주간과 야간이 함께 병행되는 체계가 될 것이다. 대학원 석사과정은 주간으로 2000년 2학기, 박사과정 역시 주간으로 2003년 1학기에 각각 설치 · 인가되어 신입생을 선발하기 시작하였다. 그 결과, 2008년 8월 현재 박사과정을 수료 또는 재학 중인 학생 수는 20여 명, 석사과정을 수료하였거나 재학 중인 학생 수는 13명, 그리고 석사학위를 취득 · 졸업하고 학교를 떠나 사회에서 활동하고 있는 사람들은 17명에 이른다. 특히, 박사과정 학생의 경우 박사학위청구논문을 제출하기 전에 각 지도교수의 책임하에 한국학술진흥재단 등재지 또는 등재후보지에 적어도 1편 이상의 부논문을 의무적으로 발표하기로 되어 있기 때문에 앞으로 청소년학과 관련된 과학적인 연구논문들의 발표가 많아질 것으로 기대되고 있다. 현재까지 저자를 지도교수로 신청하여 석사학위를 취득한 학생 수는 9명이고, 수료생 3명, 석사 재학생 2명, 박사학위 취득생 1명, 그리고 박사과정 수료 및 재학생이 11명이다. 이 외에도 경기대학교 교육대학원 청소년지도상담교육전공에 재학 중인 학생으로서 저자의 지도하에 석사학위논문을 신청하여 논문작성을 진행 중인 사람들의 과학적인 연구결과 발표가 기대되고 있다.

2. 청소년연구의 문제점

우리의 사회 현실에서는 청소년들의 특성을 좋은 쪽으로 해석하는 경우도 있고 매우 거친 방향으로 해석하는 경우도 있다. 왜냐하면 우리 사회는 청소년들을 미래의 기둥으로 보면서도 동시에 그들이 잘못되지 않을까 하는 우려와 불안을 늘 함께 가지고 있기 때문이다. 그러나 넓게 보면 대다수의 청소년들은 매우 건전하고 건강하게 성장하기 때문에 이러한 우려와 걱정은 하나의 기우일 수 있고, 또 청소년들의 양면적 특성을 구분하기보다는 그 둘을 함께 가지고 있는 쪽으로 보는 것이 더욱 타당할 것이다. 그러나 어느 이유에서든 우리 사회에서 청소년학을 공부하는 데 있어 때로는 방해가 되고 있는 생각들이 있는데, 이를 정리하면 다음과 같다(장휘숙, 2000).

▸▸ 부정적 고정관념

- 청소년들은 자신의 주장이 매우 강하고 굽힐 줄 모르는 아이들이다.
- 청소년들은 다루기 힘든 괴물 같은 존재이다.
- 청소년기는 질풍노도의 시기로서 갈등과 혼란에 놓여 있다.
- 청소년들은 으레 반항하는 것이 특징이다.
- 청소년들은 어디로 튈지 모르는 탁구공과 같다.

이와 같은 청소년들에 대한 부정적인 시각이나 고정관념은 청소년들에 대한 연구결과를 보다 바람직하지 않은 방향으로 왜곡시킬 가능성이 있다. 동일한 결과를 보다 부정적으로 해석할 수도 있고, 정상적 청소년보다는 일탈행동을 일삼는 문제청소년들만을 연구하게 하는 결과를 초래할 수도 있다. 더 큰 문제는 청소년들을 사회의 고정관념에 일치되게 행동하도록 자극할 가능성이 있다는 것이다. 즉, 청소년들 스스로 '청소년들은 으레 반항을 하니까.' 라고 보면서 부모나 교사에 대한 자신의 반항행동을 정당화하는 것이다.

▸▸ 비교문화적 조망의 결여

청소년기의 특성들은 서구사회, 특히 미국 청소년들을 대상으로 연구된 결과를 바탕으로 하는 것이 많다. 따라서 그것이 미국문화에 적합한 것인지 한국문화에 적합한 것인지를 판단하는 데 많은 시간이 소요될 수 있다. 그러나 청소년기는 사회문화적 발달의 소산이기 때문에 문화에 따라 서로 다른 유형의 청소년들이 존재한다는 사실을 인식해야 한다. 그러므로 비교문화적 연구(cross-cultural studies)에서는 서구사회에서 이루어진 연구결과를 수정하여 우리 문화의 청소년들에 대한 유용한 조망을 갖도록 노력할 필요가 있다.

▸▸ 연구대상자의 문제

학술지에 발표되고 있거나 진행되고 있는 연구보고서들의 청소년대상자들이 학교에 재학하고 있는 중류계층의 청소년들만을 표집하고 있는 경우가 많기 때문에 일반화의 문제가 있을 수 있다. 또한 청소년기의 경험을 기술하는 많은 이론들이 남성의 심리학적 발달을 기초로 하기 때문에 여성에 대한 기술이 자주 왜곡되는 문제점이 있다. 그리고 청소년기에 관한 연구들이 주로 설문조사에만 의존하고 있기 때문에 심층적인 자료를 얻지 못하는 경우가 많다. 즉, 실험연구가 크게 부족한 실정이다. 왜냐하면 대부분의 연구들이 양적 연구방법에 의존하면서도 실험적 접근방법을 활용하지 못하고 있기 때문이다. 그러므로 많은 사례연구가 요청되고 있다.

▸▸ 청소년연구의 윤리지침

2002년 미국심리학회(American Psychological Association: APA)는 심리학자들의 연구 관련 윤리강령을 발표하였는데, 이것은 이미 오래전부터 계속하여 개정되어 온 것이다. 미국심리학회는 심리학자들의 윤리기준을 1953, 1959, 1963, 1968, 1977, 1979, 1981, 1990, 1992년 등에 출간해 왔다. 그 골격을 살펴보면 크게 네 가지 분야, 즉 소개 및 적용(Introduction and Applicability), 서문(Preamble), 다섯 가지의 일반 원리(Five General Principles), 그리고 특정 윤리기준(Specific Ethical Standards)으로 구성되어 있다. 이를 간단하게 정리하면 〈표 2-4〉와 같다.

한국심리학회 또한 미국심리학회의 윤리강령과 독일심리학회와 심리사협회의 윤리요강을 참고하여, 한국심리학회 상벌 및 윤리위원회에서 2003년 8월 제정하고 2004년 8월 재수정하여 심리학자들의 윤리규정을 마련하고 있다. 서문에서는 심리학자는 언제나 최대한의 윤리적 책임을 지는 행동을 하도록 노력할 의무가 있고, 전문적이고 과학적인 기초 위에서 활동함으로써 자신의 지식과 능력의 범위를 인식할 의무가 있으며, 이를 남용하거나 악용하게 하는 개인적, 사회적, 경제적, 정치적 영향으로부터 벗어나도록 노력해야 할 의무가 있다고 제시하고 있다. 〈표 2-5〉는 서문 및 제1장 윤리규정의 시행에 관한 지침부터 제6장 치료 관련 윤리까지 한국심리학회의 윤리요강 목차를 정리한 것이다.

한편, 청소년학을 전공하고 공부하는 학생들 중 청소년상담사 또는 상담심리사 등의 자격을 취득하여 상담장면에 종사하고 있거나 혹은 장차 종사하고자 하는 사람들이 많이 늘어나고 있다. 이에 한국상담심리학회에서는 그들을 위한 일정한 윤리강령을 제시하고 있다. 한국상담심리학회는 학회 회원들이 모든 인간의 존엄성과 가치를 존중하고 다양한 조력활동을 통해 인간 개개인의 잠재력과 독창성을 신장하여 저마다 자기를 실현하는 건전한 삶을 살도록 돕는 데 헌신하도록 규정하고 있다. 상담심리사는 전문적인 상담활동을 통해 내담자의 개인적인 성장과 사회공익에 기여하는 데 최선을 다하고 상담심리사로서 자신의 행동에 책임을 진다. 이를 위하여 상담심리사는 〈표 2-5〉와 같은 윤리강령을 숙지

〈표 2-4〉 미국심리학회의 윤리강령

소개 및 적용	심리학자들에 대한 미국심리학회의 윤리강령은 …… 이하 생략
서문	Psychologists are committed to increasing scientific and professional knowledge of behavior and people's understanding of themselves and others and to the use of such knowledge to improve the condition of individuals, organizations, and society. Psychologists respect and protect civil and human rights and the central importance of freedom of inquiry and expression in research, teaching, and publication. …… 이하 생략
일반원리	• 원리 A: 선행의 원칙과 악행금지(무해성)의 원칙(Beneficence and Nonmaleficence) • 원리 B: 의무엄수(성실)의 원칙과 책임성의 원칙(Fidelity and Responsibility) • 원리 C: 청렴, 정직성의 원칙(Integrity) • 원리 D: 정의의 원칙(Justice) • 원리 E: 인간의 권리와 존엄의 존중(Respect for People's Rights and Dignity)
윤리기준	1. 윤리적 문제의 해결(Resolving Ethical Issues) 2. 권한(Competence) 3. 인간관계(Human Relations) 4. 사생활과 비밀보장(Privacy And Confidentiality) 5. 광고와 다른 대중매체(Advertising and Other Public Statements) 6. 기록보존과 비용(Record Keeping and Fees) 7. 교육과 훈련(Education and Training) 8. 연구와 출판(Research and Publication) 9. 평가(Assessment) 10. 치료(Therapy)

하고 준수할 것을 다짐하도록 되어 있다. 부칙으로는 (1) 본 윤리강령은 2003년 5월 17일부터 시행한다, (2) 본 윤리강령은 학회 명칭과 상담전문가 명칭을 변경함에 따라 해당되는 용어를 수정하여 2004년 4월 17일자부터 시행한다고 되어 있다. 윤리강령의 목차는 〈표 2-6〉과 같다.

미국심리학회 및 학국심리학회의 심리학자 윤리규정은 물론 청소년학연구에 있어서의 연구자 윤리규정도 엄격하게 지켜져야 할 필요가 있다. 청소년학연구는 청소년의 삶의 질을 향상시키고 보다 가치 있는 인격체로 성장할 수 있도록 필요한 제반 요인들을 과학적으로 탐구하는 과정이다. 그러나 청소년연구자가 과학적 지식을 얻기 위한 연구의 과정에서 자칫 청소년의 잠재력을 파괴시키거나 정서적 결함을 자극하는 모순을 범한다면, 이는 연구를 위해 청소년을 이용하는 결과를 초래하게 되며 연구를 위한 연구에 그치고 말

〈표 2-5〉 한국심리학회의 윤리규정

서문	……심리학자는 언제나 최대한의 윤리적 책임을 지는 행동을 하도록 노력할 의무가 있다. 심리학자는 전문적이고 과학적인 기초 위에서 활동함으로써 자신의 지식과 능력의 범위를 인식할 의무가 있으며, 이를 남용하거나 악용하게 하는 개인적, 사회적, 경제적, 정치적 영향으로부터 벗어나도록 노력해야 할 의무가 있다.
제1장 윤리규정의 시행에 관한 지침	제1조 윤리규정 서약 제2조 윤리규정과 현행법과의 갈등 제3조 윤리규정과 조직 요구와의 갈등 제4조 윤리위반의 보고 제5조 상벌 및 윤리위원회와의 협조 제6조 소명 기회의 보장 제7조 징계심사 대상자에 대한 비밀 보호 제8조 윤리규정의 수정
제2장 일반적 윤리	제9조 심리학자의 기본적 책무 제10조 전문성 제11조 업무위임 제12조 업무와 관련된 인간관계 제13조 착취관계 제14조 다중관계 제15조 이해의 상충 제16조 성적 괴롭힘 제17조 비밀 유지 및 노출 제18조 업무의 문서화 및 문서의 보존과 양도 제19조 공적 진술 제20조 광고
제3장 연구 관련 윤리	제21조 학문의 자유와 사회적 책임 제22조 기관의 승인 제23조 연구참여자에 대한 책임 제24조 연구참여에 대한 동의 제25조 연구를 위한 음성 및 영상 기록에 대한 동의 제26조 내담자/환자, 학생 등 연구자에게 의존적인 참여자 제27조 연구 동의 면제 제28조 연구참여에 대한 보상 제29조 연구에서 속이기 제30조 연구참여자에 대한 사후 보고 제31조 동물의 인도적인 보호와 사용

	제32조 연구결과 보고 제33조 표절 제34조 출판 업적 제35조 연구자료의 이중 출판 제36조 결과 재검증을 위한 연구자료 공유 제37조 심사
제4장 교육 및 수련 관련 윤리	제38조 교육자로서의 심리학자 제39조 교육 내용의 구성 제40조 교육 내용에 대한 기술 제41조 정확한 지식 전달 제42조 학생 및 수련생에 대한 수행평가 제43조 개인치료 및 집단치료의 위임 제44조 학생 및 수련생과의 성적 관계 제45조 학생 및 수련생의 개인 정보 노출 요구 제46조 학생 및 수련생의 개인 정보에 대한 비밀 유지
제5장 평가 관련 윤리	제47조 평가의 기초 제48조 평가의 사용 제49조 검사 및 평가 기법 개발 제50조 평가에 대한 동의 제51조 평가결과의 해석 제52조 무자격자에 의한 평가 제53조 사용되지 않는 검사와 오래된 검사결과 제54조 검사채점 및 해석 서비스 제55조 평가결과 설명 제56조 평가서, 검사보고서 열람 제57조 검사자료 양도
제6장 치료 관련 윤리	제58조 치료 절차에 대한 설명과 동의 제59조 집단치료 제60조 내담자/환자와의 성적 친밀성 제61조 치료의 중단 제62조 치료 종결하기 제63조 다른 기관에서 서비스 받고 있는 사람에게 서비스 제공하기 제64조 치료에 관한 기록 제65조 치료비

〈표 2-6〉 상담심리사 윤리강령(2006. 4. 16 개정, 한국상담심리학회)

전문	한국상담심리학회는 학회 회원들이 모든 인간의 존엄성과 가치를 존중하고 다양한 조력활동을 통해, 인간 개개인의 잠재력과 독창성을 신장하여 저마다 자기를 실현하는 건전한 삶을 살도록 돕는 데 헌신한다.
1. 전문가로서의 태도	가. 전문적 능력 나. 성실성 다. 상담심리사 교육과 연수 라. 자격증명서
2. 사회적 책임	가. 사회와의 관계 나. 고용기관과의 관계 다. 상담기관 운영자 라. 다른 전문직과의 관계 마. 자문 바. 홍보
3. 인간권리와 존엄성에 대한 존중	가. 내담자복지 나. 다양성 존중 다. 내담자의 권리
4. 상담관계	가. 이중관계 나. 성적 관계 다. 여러 명의 내담자와의 관계
5. 정보의 보호	가. 사생활과 비밀보호 나. 기록 다. 비밀보호의 한계 라. 집단상담과 가족상담 마. 기타 목적을 위한 내담자 정보의 사용
6. 상담연구	가. 연구계획 나. 책임 다. 연구대상자의 참여 및 동의 라. 연구결과 및 보고
7. 심리검사	가. 기본사항 나. 검사를 사용하고 해석하는 능력 다. 사전 동의 라. 유능한 전문가에게 정보 공개하기 마. 검사의 선택

	바. 검사시행의 조건 사. 검사 점수화와 해석, 진단 아. 검사의 안전성
8. 윤리문제 해결	가. 윤리위원회와의 협력 나. 위반

것이다. 청소년연구는 궁극적으로 청소년을 위한 것이어야 한다. 따라서 모든 연구가 그러하듯이 청소년연구에 있어서도 연구의 윤리적인 문제와 연구자의 책임은 매우 중요하고 민감한 문제이다. 특히, 청소년기는 감수성이 예민하고 모방적이고 도전적이며 자기중심성이 강하면서도 아직 충분한 자아의식이 확립되어 있지 못한 상태이므로, 연구를 위한 외적 자극 및 요인들이 그들의 행동에 크게 영향을 미칠 수 있음을 고려해야 한다. 연구자가 반드시 지켜야 할 의무는 연구의 대상이 되는 모든 청소년들에게 그들의 복지와 품위와 권위를 지켜 주는 것이다. 미국심리학회에서는 많은 윤리적 문제를 검토하여 윤리적 규약을 제정하였고, 청소년연구에서의 윤리적 규약을 다음과 같이 제시하였다(한상철, 2004; 장휘숙, 2000).

- 연구자는 자신의 권리보다 청소년의 권리를 우선적으로 생각해야 한다. 이를 위해 연구참여를 강요하는 행위, 특정한 행동이나 언어를 강요하는 행위, 신체적·정서적으로 해가 되는 자극제를 투여하는 행위 등을 금하여야 하며, 그들의 자발적 참여 의사와 사전 합의가 연구에 선행되어야 한다. 또한 연구를 계획하는 단계에서부터 결과를 평가하는 데 이르기까지 청소년의 권리가 존중되도록 하여야 한다.
- 연구자는 연구참여 청소년들에게 연구의 의도와 절차 및 참여자로서의 역할 등에 대해 사전에 충분한 정보를 제공하여야 한다. 연구의 사전 정보 누출이 연구결과에 해가 되거나 연구의 목적과 불일치할 경우에는 이러한 사실을 대상 청소년들에게 알려 줌과 동시에, 연구의 과정에서 인권이 침해당한다고 생각될 경우에는 언제든지 참여를 포기할 수 있음을 분명히 알려 주어야 한다.
- 연구자는 육체적으로나 심리적으로 해를 줄 수 있는 조작은 하지 말아야 한다. 확실하게 심리적인 해가 무엇인지에 대해서는 정의하기가 어렵지만, 연구자의 책임에 의해 규정되어야

할 것으로 생각된다.

- 연구자는 연구결과의 학문적 가치와 관계없이 그것이 청소년의 성장과 실제 행동에 나쁜 영향을 미칠 수 있다고 판단될 경우 이를 대중에 발표하지 말아야 한다. 물론 어떠한 연구결과가 청소년에게 해가 되는가를 판단하는 것은 연구자 자신의 책임과 윤리적 기준에 의존할 수밖에 없다. 그러나 자신의 연구가 청소년들에게 나쁜 영향을 주는 것이 확실한데도 이를 대중에 공표한다면 윤리적인 문제로 제재를 받아 마땅할 것이다.
- 청소년학의 연구자는 과학적인 태도와 더불어 도덕적 성실성, 정직성, 타인의 권리에 대한 존경심 등을 갖추어야 한다. 이는 모든 연구자에게 공통적인 기준이겠지만, 특히 청소년연구자에게 강조되어야 할 요소이다. 도덕적 성실성이나 정직성, 타인에 대한 존경심 등을 구체적인 수량으로 명시할 수 없다는 것이 가장 큰 문제점이지만, 연구자의 이러한 태도는 연구의 각 단계에 함축되어 나타나게 될 것이다.
- 연구자는 청소년 스스로 연구에 참여하거나 거부할 수 있는 자유를 보장해 주어야 한다. 10대 청소년의 경우에는 청소년을 책임 맡은 사람(부모나 교사)에게 연구의 목적과 실시방법을 설명하고 동의를 얻어야 한다. 연구대상 청소년들이 연장자인 연구자에게 죄책감을 느끼지 않고 참여를 거부할 수 있는 권리가 보장되어야 한다.
- 연구과정 속에 속임이나 숨김이 포함될 때는 연구자는 연구대상 청소년이나 청소년들에게 그 이유를 설명해 줄 의무가 있다. 연구대상자의 사전 허락 없이 그들에게 손상을 주는 어떤 절차도 용납될 수 없다.
- 연구가 끝난 후 연구자는 수행된 모든 절차에 대해 연구대상 청소년이나 청소년들에게 설명해 줄 의무가 있으며, 어떤 후유증도 없이 실험 장소를 떠날 수 있도록 도와주어야 한다
- 연구대상 청소년이나 청소년들에 관해 수집된 정보는 비밀이 보장되어야 한다. 자료는 익명으로 보관되어야 하고, 특정 개인의 반응을 확인할 수 없도록 부호화되어야 한다. 연구자와 연구대상 청소년이나 청소년들 사이의 신뢰관계가 유지될 수 있도록 수집된 개인정보는 유출되지 않아야 한다.

3. 청소년심리학의 연구방법

외국의 사정은 좀 다르겠지만, 국내에서의 청소년학전공은 여러 문제점들이 내포되

어 있다. 무엇보다도 먼저 청소년학의 전공 특성 분야를 어느 단과대학에 포함시킬 것이냐의 문제다. 예를 들어, 심리학의 경우 문과대학, 사회과학대학, 인문대학 또는 외국의 경우 이과대학에도 포함시키고 있다. 그러나 청소년학의 경우 주변의 여러 학문적 특성들이 복합적으로 작용하여 탄생하였기 때문에 심리학, 교육학, 사회학, 인류학, 사회복지학, 행정학, 법학, 상담학 등의 기초 지식이 요청될 뿐만 아니라 청소년학을 사회과학대학, 법정대학, 인문대학, 아니면 어느 대학 또는 어느 학부로 결정할 것인가는 아직까지 합의가 이루어지지 않고 있다. 학문적 합의보다는 그 전공을 가지고 있는 학교 당국의 사정에 따라서, 그리고 청소년학을 전공한 학자들의 학문적 배경에 따라서 청소년학의 소속 대학이나 소속 학부의 결정은 물론 청소년학의 연구 접근방식도 매우 다르게 나타날 것이다. 그러나 이러한 문제들을 차치하더라도 가장 기본적으로는 청소년학, 특히 청소년의 특징적인 심리적 상태와 발달 상태를 보다 잘 이해하기 위해서 수행되는 연구는 크게 세 가지 기준을 적용하여 분류해 볼 필요가 있다. 첫째는 연구대상집단과 연구기간에 의한 분류이다. 둘째는 연구유형에 의한 분류이다. 셋째는 자료수집방법에 의한 분류이다. 이와 함께 과학과 과학적 연구의 단계를 살펴보는 것도 큰 도움이 될 것이다(김병선, 이윤옥, 김청송, 2000; 김청송, 2006).

연구대상집단과 기간에 의한 분류

연구대상 및 기간에 의한 분류는 청소년발달연구 특유의 것으로 일종의 연구설계라고 볼 수 있다. 청소년발달연구는 그 목적이 특정한 연령 또는 발달단계에 있는 청소년의 발달적 특징들을 이해하고, 동시에 그러한 특징들이 연령에 따라 변화해 가는 과정과 그 기제들을 밝히고자 하는 것이다. 발달은 전생애에 걸쳐서 일어나는 일련의 변화를 의미한다. 그러므로 발달 또는 발달적 변화를 연구하는 발달심리학 등의 분야에서는 긴 기간에 걸친 변화과정에 관심을 두게 되므로 이 분야에서의 접근방법은 다른 학문 분야에서 사용하는 연구방법과는 차이가 있게 되는 것이다. 다른 분야에서와는 달리 시간 경과에 따른 변화도 고려해야 하기 때문에 연령변인을 고려할 수 있는 연구설계가 필요하다. 이를 위한 연구설계로 횡단적 연구, 종단적 연구, 그리고 횡단적 연구와 종단적 연구를 결합한 계열연구방안을 알아보고자 한다.

▸▸ 횡단적 연구

횡단적 연구(cross-sectional research)는 연령이 다른 여러 청소년집단을 동시에 표집하여 연구를 실시하고 이들 집단으로부터 얻은 자료의 차이를 발달적 변화의 지표로 간주하는 방법이다. 즉, 출생연도가 서로 다른 사람들을 일시에 표집하고 각 집단의 평균치를 계산하여 발달곡선을 추정하는 연구방법이다. 예를 들면, [그림 2-1]과 같이 청소년들의 자아정체감 발달에 어떤 차이가 있는지를 알아보기 위하여 10, 15, 20세의 청소년들을 각각 100명씩 표집하여 그들을 대상으로 자아정체감의 발달 수준을 측정한다. 그리고 그 결과로 연령집단 간에 차이가 있었다면 그 차이를 연령에 따른 자아정체감의 변화로 간주하는 것이다.

횡단적 연구는 종단적 연구와는 달리 여러 연령층의 청소년들을 대상으로 단기간 내에 시행되므로 비용과 시간이 적게 드는 장점이 있다. 또한 연구 대상자 탈락이 크게 없으며, 동일한 연구요원들이 모든 연구 대상자들에 대한 검사를 실시할 수 있기 때문에 있을 수 있는 오류를 최소화시킬 수 있다. 이러한 이유로 대부분의 발달연구가 횡단적 연구로 진행되고 있기는 하지만, 이 방법은 엄밀하게 말해서 발달적 변화과정을 정확하게 보여 주지는 못한다. 예를 들어, 10세 청소년집단에 비해 15세 청소년집단의 자아정체감 발달의 평균점수가 높았다고 해서 그 차이가 10세에서 15세로 나이가 들어 가면서 증가하는 자아정체감 발달의 정도로 해석하기가 어렵다. 그러므로 횡단적 연구는 연령에 따른 변화라기보다는 단순히 연령집단 간의 차이를 반영하는 것으로 해석하는 것이 옳다. 왜냐하면 청소년집단의 자아정체감 발달 수준의 측정에서 연령집단들의 출생연도가 각각 다르고, 성장경험도 서로 다른 사람들로 구성되기 때문에 단지 각 연령집단 간의 차이만을 보여 줄 수 있기 때문이다.

출생연도	측정연도		
	1995	2000	2005
1980		20세	20세
1985		15세	15세
1990		10세	10세

[그림 2-1] 횡단적 연구

▸▸ 종단적 연구

종단적 연구(longitudinal research)는 동일한 청소년집단을 표집하고 장기간 동안 그 집단을 반복하여 연구함으로써 연령의 증가에 따라 일어나는 발달적 변화를 연구하는 방법이다. 예를 들어, 10세에서 20세 사이 청소년의 자아정체감 발달 수준을 종단적으로 연구하기 위해 10세 청소년을 표집하여 자아정체감을 측정한 다음, 매년 일정한 시기에 그들의 자아정체감 발달 수준을 측정하는 절차를 10년간 반복한다. 이 예에서는 매년 자아정체감 발달 수준을 측정하였지만, 그 간격은 연구주제에 따라 길어지거나 짧아질 수 있으며 전체적인 연구기간도 증감될 수 있다. 종단적 연구방식은 [그림 2-2]처럼 1995년에 10세의 청소년집단을 대상으로 자료를 수집한 다음, 그 청소년들이 15세가 되는 2000년과 20세가 되는 2005년에 자료를 수집하는 방식을 취한다.

종단적 연구는 연령 증가에 따른 청소년들의 발달적 변화의 양상을 횡단적 연구보다 정확하게 밝혀낼 수 있다는 장점이 있으나 몇 가지 단점도 있다. 우선 연구기간이 길어지기 때문에 많은 비용과 노력이 들게 된다. 또한 연구가 진행되는 동안에 피험자들이 사망하거나 다른 지역으로 이사하는 경우 더 이상 피험자를 추적 연구하기가 어렵다. 그 외에 최초에 사용했던 측정도구를 계속해서 적용해야 하므로 연구가 진행되는 동안에 보다 새롭고 정확한 측정도구가 개발되었다 하더라도 그것을 적용하지 못하는 문제점이 있다. 또한 특정 집단을 대표하는 소수의 대상에게서 얻은 자료를 일반화해야 한다는 어려움이 있다. 예를 들면, 연구가 장기간에 걸쳐 이루어지기 때문에 아무리 동일한 출생동시집단을 사용했다고 하더라도 측정시기의 상황 조건이 연구결과에 영향을 줄 수 있다. 즉, 연구자가 순수한 연령변인의 효과라고 생각하는 결과가 측정시기에 기인된 사회문화적 환경의 영향일 수 있다. 따라서 종단적 연구는 연령 효과와 측정시기의 효과가 혼동될 가능성을

출생연도	측정연도		
	1995	2000	2005
1980			
1985	10세	15세	20세
1990			

[그림 2-2] 종단적 연구

내포하고 있으므로 하나의 출생동시집단에서 발견된 결과를 전집에 일반화시켜서는 안 된다. 한편, 반복 측정에 따른 연습의 효과도 있을 수 있는데, 예를 들어 능력검사를 실시했을 경우 해를 거듭할수록 검사 점수는 높아지는 경향이 있다.

▸▸ 계열설계법

계열설계법(sequential design)이란 하나의 연구 속에 횡단적 접근법과 종단적 접근법을 모두 포함시키는 연구방법이다. 계열설계법은 두 가지 접근법의 단점을 보완하기 위하여 설계되었으며, 순수한 연령효과와 출생동시집단 효과 및 측정시기의 효과를 분리해 낼 수 있다. 연령효과란 단순히 연령이 증가함으로써 나타나는 효과이다.

출생동시집단의 효과(cohert effect), 즉 동시대 출생집단의 효과는 같은 시대에 태어나서 같은 역사적 환경에서 성장함으로써 나타나는 효과이다. 예를 들어, 1960년생, 1970년생, 1980년생은 각각 서로 다른 출생동시집단을 이루고 있으며 현재의 40세는 20세보다 나이가 더 많을 뿐만 아니라 상이한 출생동시집단에 속하는 사람들이다. 출생동시집단 효과는 연령집단 간의 차이를 나타낼 뿐 연령 변화에 따른 효과는 제시하지 못한다.

측정시기의 효과(time of measurement)는 자료가 수집될 당시 상황의 효과다. 이는 자료가 수집되는 시기의 사회적 사건이나 역사적 환경이 연구결과에 영향을 주기 때문이다. 예를 들어, 의학의 발달과 영양 상태의 호전으로 현재 우리 사회에서 사람들의 평균수명이 많이 늘어났다고 하면, 그것은 65세 이후의 노인들보다 젊은 층의 평균 예상수명이 더 크게 늘어났음을 뜻하는 것으로 볼 수 있다. 즉, 의학의 발달과 영양 상태의 호전 등으로 인해 평균수명이 연장된다 하더라도 그 효과는 노인들보다 젊은이에게서 더 크게 나타나게 될 것이다. 이렇게 보면 역사적 시기의 영향이 각 연령집단에게 각기 다르게 작용하기 때문에 발달(연령 증가)에 따른 변화는 출생동시집단(출생시기)의 효과와 살고 있는 역사적 시기(측정검사의 시기)의 효과가 서로 상호작용하여 혼합되어 나타남을 알 수 있다.

만약 연구자가 성개방에 대한 10대 청소년들의 태도를 5년 전의 10대 청소년들과 비교하는 경우를 생각해 보자. 즉, 5년 전의 10대 청소년들에 비해 현재의 10대 청소년들이 성의 개방에 대하여 보다 허용적이라면 그 결과는 측정시기의 효과나 출생동시집단의 효과를 나타내는 것으로 해석할 수 있다. 또한 연구자가 18세 청소년들에 대한 지능의 분포를 알아보려고 한다면 우선 할 수 있는 방법은 현재 18세에 해당하는 전집으로부터 적절히

〈표 2-7〉 각 계열설계법의 특징

	종단적 계열법 (또는 출생동시집단-계열설계법)	횡단적 계열법	시기-계열설계법
연령에 따른 변화 효과	○	×	○
출생동시집단의 효과	○	○	×
측정시기의 효과	×	○	○

표본을 추출하여 지능을 측정하는 것이다. 이는 흔히 검사의 연령기준(age norm)을 설정하기 위한 방법인데, 이것이 보편적인 규준이 되기 위해서는 10년이나 20년 전의 18세 청소년들의 지능분포와 비교해서 차이가 없어야 한다. 만약 측정연도를 달리한 18세 청소년들이 서로 다른 분포를 나타낸다면 그 원인은 그들의 출생연도 또는 측정연도가 달랐기 때문으로 해석할 수 있다. 그러므로 이와 같이 연령의 효과, 출생동시집단의 효과, 그리고 측정시기의 효과라는 세 가지 변인들의 혼입문제를 해결하기 위하여 샤이에(K. Warner Schaie, 1965, 1977)는 계열연구방안 또는 계열연구설계법을 제안하게 되었다. 여기에는 〈표 2-7〉과 같이 종단적 계열법, 횡단적 계열법, 그리고 시기-계열설계법이 있다.

- 종단적 계열법(longitudinal-sectional sequence): 두 개 이상의 출생동시집단을 대상으로 종단적 연구를 수행하는 방법이기 때문에 출생동시집단-계열설계법(cohort-sequential design)이라고도 한다. 이 설계법은 연령에 따른 변화와 출생동시집단의 효과만 고려할 뿐 측정시기의 효과를 무시하는 것이므로 사회문화적 영향 또는 시대적 영향을 받지 않는 변인을 측정할 때 주로 이용된다. 그러므로 개인의 지적 능력과 같이 특정한 환경조건과 관련이 없다는 전제가 성립될 수 있는 주제에 적합하다. 예를 들어, 10세에서 20세 사이의 언어성 지능지수의 변화 상황을 알아보기 위하여 1990년부터 10년마다 한 번씩 측정한다고 하자. 그러면 2000년에 와서 새로운 10세 집단을 표집해서 종단적 연구를 실시한다. 그렇게 되면 2000년에는 10세, 20세의 두 집단에 대해서 횡단적 연구자료를 동시에 얻을 수 있다. 또 가령 10세와 15세 사이의 청소년발달의 어떤 측면을 연구하려고 할 때, 1990년에 10세인 청소년을 대상으로 검사를 실시하고 그들이 15세가 되는 1995년에 다시 검사를 실시한다. 이들 15세 청소년들과 함께 1995년에 10세가 되는 새로운 청소년집단에게 검사를 실시하고, 다

시 5년 후인 2000년에 1995년에 표집된 15세 청소년들에 대한 검사를 실시하면 된다.

- 횡단적 계열법(cross-sectional sequence): 이 분석방법에서 관심이 있는 것은 출생동시집단의 효과와 측정시기의 효과이다. 연령에 대한 차이는 없는 것으로 전제된다. 통계적 검증은 변량분석 방법을 사용하여 출생동시집단과 측정시기라는 주 효과를 계산해 낸 후 이 두 가지 변인 간의 상호작용도 검증하게 된다. 따라서 이러한 두 가지 주 효과를 고찰하려면 적어도 두 개의 출생동시집단을 두 번 이상의 시기에 측정하여 비교해야 한다. 즉, 두 개의 단기 횡단연구를 하게 되는데, 꼭 같은 두 연령 범위를 대상으로 두 번 또는 그 이상 측정하는 경우이다. 예를 들어, 20세 집단과 30세 집단의 어떤 가치관 및 태도를 측정·비교하려고 하는 경우 이를 1990년에 한 번 측정하고, 10년 후인 2000년에 다시 새로운 20세 집단과 30세 집단을 표집하여 측정하는 방법이다. 이 방법을 쓸 때 특히 관심이 있는 것은 두 개의 측정시기 사이에 어떤 시대적인 정치적, 경제적 변혁이 일어났을 경우 그 변혁이 개인의 가치관이나 태도에 어떤 영향을 주었는가이다. 즉, 어떤 시대적 변혁에 대하여 연구대상이 된 두 출생동시집단이 서로 다르게 반응하게 되는가를 보고자 하는 것이다. 이 방법은 연령에 따른 변화는 없는 것으로 간주하기 때문에 출생동시집단과 측정시기의 효과만을 보는 데 적합하다.
- 시기-계열설계법(time-sequential design): 이 방법의 주요 관심은 연령에 따른 변화와 측정시기의 효과이기 때문에 출생동시집단의 효과가 무시될 수 있을 때 사용이 가능하다. 통계적 검증은 변량분석을 통하여 연령과 측정시기라는 두 가지 변인에 대한 주 효과를 먼저 계산하고 그다음 연령과 측정시기의 상호작용을 계산하면 된다. 그러므로 두 개 이상의 출생동시집단(예: 20세와 30세의 두 집단)을 두 번 이상의 다른 시기(예: 1990년대와 2000년대)에 검사하고 매 검사 시 새롭게 추출된 표본집단을 사용하는 특징이 있다. 예를 들어, 1990년에 10세와 20세 집단을 표집하여 검사하고 2000년에 다시 새로운 10세와 20세를 표집하여 검사함으로써 횡단적 연구를 반복 실시하는 것과 동일하다. 이 설계법은 측정시기의 사회적 상황 조건에 예민한 청소년들의 태도나 가치관의 변화를 연구하기에 적합하다. 연구결과 얻어지는 연령집단 간의 차이는 곧 연령 증가에 따른 변화로 해석될 수 있다.

연구유형에 의한 분류

연구유형에 의한 분류방법은 학자들마다 그 기준과 적용에 많은 혼란이 있다. 왜냐하면 대부분의 학자들이 연구의 목적이나 연구설계를 고려하여 분류를 시도하지만, 분류된 내용들 간에 중복되는 부분이 있기 때문이다. 우선 연구의 목적을 포괄적으로 한다면 기초연구(basic research)와 응용연구(applied research)로 구분할 수 있다. 기초연구는 지식의 탐구 자체 또는 이론체계의 확장에 목적이 있는 반면, 응용연구는 현장에서의 실질적인 문제에 대한 해결책을 찾는 것이 주목적인 연구를 말한다. 그러나 이와 같은 분류는 크게 의미가 없다. 왜냐하면 기초연구가 축적되면 그것이 곧 현장에 응용 가능한 내용이 되며, 현장에서 제기되는 문제의 궁극적인 해답은 이론적인 탐구와 체계 속에서 발견되기 때문이다.

연구의 또 다른 목적을 고려한다면 인과관계의 파악을 위한 연구인가, 아니면 단순 관계성 또는 현상 파악을 위한 연구인가로 나눌 수 있다. 인과관계를 파악하기 위한 연구를 실험연구라 할 수 있는데, 이는 다시 연구자가 독립변인을 조작하는가의 여부에 따라 실험(experiment), 준실험(quasi-experiment)으로 나눌 수 있다. 단순 관계성 파악을 위한 연구는 비실험적(non-experimental) 또는 상관연구라고 한다. 그 외에 실험실 실험, 현장 실험, 현장연구, 조사연구 등으로 나누는 학자도 있다. 이러한 것은 어느 것도 명확하게 구분할 수 있는 기준을 적용시키는 것이 아니다. 따라서 여기서는 대략적인 기준을 적용하여 인과관계의 파악을 위한 실험연구, 관계성 파악을 위한 상관연구, 그리고 소수의 인원을 대상으로 하는 사례연구로 나누어 간략하게 살펴보도록 한다.

▸▸ 실험연구

실험연구는 인과관계를 밝히기 위한 연구이다. 연구자는 특정 결과(현상)에 영향을 미칠 것으로 판단되는 독립변인을 인위적으로 조작한 뒤, 그 결과가 변화되는지를 살펴봄으로써 인과관계를 파악하게 된다. 여기서 연구자가 인위적으로 조작한 변인을 독립변인(원인)이라고 하며, 독립변인의 변화에 의해 나타나는 결과를 종속변인(결과)이라고 한다. 실험연구는 독립변인의 처치 조건을 다양하게 함으로써 여러 형태의 인과관계를 밝혀 볼 수 있는 장점이 있다. 예를 들어, 청소년연구 분야에서 공격적 행동이 담긴 필름의 내용을 시청하는 시간을 여러 조건으로 나누어 보거나, 성인모델의 성별을 달리하거나 청소년의 성별을 구분함으로써 필름 시청과 관련되는 제반 요인들이 청소년의 공격적 행동발달에 미치는 영향을 면밀하게 검토해 볼 수 있다.

실험연구는 청소년발달에 관여되는 변인들 간의 인과적 관계를 보여 주는 가치 있는 방법이기는 하지만, 실험조건의 인위성으로 인하여 많은 문제를 노출시키기도 한다. 그것은 가령 청소년들이 공격적 필름이 담긴 내용을 본 후 곧바로 그 필름에서 본 것과 똑같은 인위적인 실험실로 들어가서는 특정 행동을 취하게 되지만 실제 상황에서는 그러한 경우가 매우 드물기 때문이다. 즉, 청소년들이 실제 상황에서 그와 유사한 필름이나 유사한 행동을 보게 될지라도 상당한 시일이 지난 후에야만 또는 기억에서 많은 내용이 사라진 후에야만 필름에서 본 것과 같은 동일하거나 비슷한 물건을 보는 경우가 더 많기 때문이다. 또 한편으로는 비록 청소년들이라 할지라도 자신들이 관찰대상이라는 사실을 알게 되면 그것만으로도 결과에 영향을 미치게 된다. 이와 같은 문제점을 해소하기 위하여 실험실에서 실시하는 실험 대신 흔히 유치원, 학교, 가정 등 피험자의 일상생활 속에서 실험을 실시하는 현장실험 또는 자연적 실험이 실시되고 있다. 그러나 현장실험의 경우에는 실험실만큼 엄격하게 통제하는 것이 불가능하므로 어느 정도 환경적 변인이 개입되어 명확한 인과적 관계를 파악하는 데 어려움이 있다.

▸▸ 상관연구

상관연구(correlational study)는 청소년발달에 영향을 미치는 여러 변인들 간의 상호 관련성을 밝히기 위한 연구이다. 이러한 유형의 연구에서는 실험연구와는 달리 변인들 간의 단순 관계성을 파악하는 것으로 만족해야 하는 경우가 대부분이다. 왜냐하면 상관연구는 실험연구를 실시하기 불가능하거나 여러 가지 이유로 실험이 어려운 경우 또는 인과관계를 파악하기 위한 연구의 탐색적인 연구로 행해지기 때문이다. 상관연구의 예로는 청소년의 TV 시청시간과 사회성 발달 수준 간의 관계, 부모의 훈육방식과 청소년의 공격적 행동 간의 관계, 사회경제적 수준과 청소년의 지능발달 수준 간의 관계에 관한 연구 등이 있을 것이다.

상관연구는 단순히 변인들 간에 관계성이 있다는 사실만을 보여 줄 뿐 인과적 관계를 보여 주는 것은 아니다. 예를 들어, 상관연구를 통해 청소년의 TV 시청시간이 길어질수록 청소년의 사회성이 낮다는 결과를 얻었다면, 이는 TV 시청시간이 길어서 사회성이 낮아질 수도 있지만 반대로 사회성이 낮기 때문에 TV 시청시간이 길어질 수도 있기 때문이다. 이와 같이 상관연구는 변인 간의 양방적인 관계를 알려 주기는 하지만, 일방적인 인과관계를 밝혀 주지는 못하는 한계가 있다. 그러나 반드시 상관연구에서 단순 관계성만으로 만족해야 하는 것은 아니다. 실험연구가 어렵거나 불가능하지만 이론적 또는 논리적 근거가 있다면 인과관계의 파악을 위해 보다 접근할 수 있다. 그와 같은 연구를 회귀연구(regression study)라고 한다. 회귀연구에서는 독립변인(들)에 의해 종속변인이 설명 또는 예언되는 정도를 추정한다. 그러나 회귀연구 역시 단순 관계성을 근거로 하는 통계적인 추정이기에 그 인과적인 해석에 주의해야 한다.

▸▸ 사례연구

사례연구(case study)란 한두 명의 청소년을 대상으로 얻은 연구결과를 바탕으로 청소년발달의 일반적인 양상을 추론하는 연구를 말하기 때문에 질적 연구방법이라고도 한다. 여기에는 실험연구나 상관연구가 포함될 수 있다. 그러나 이러한 차이가 명확한 기준에 의해 구분되는 것은 아니다. 사례연구는 통상적으로 한두 명의 청소년을 대상으로 비교적 장기간 동안 진행되는 것이 특징이고, 사례연구를 수행하기 위해서는 사례사(case history)를 수집하게 된다. 사례연구의 한 형태로 연구대상이 하나인 경우는 단일사례연구(single case study), 즉 N=1이라고 한다. 단일사례연구는 일반적으로 한 청소년이 가지고 있는 장애나 문제행동의 교정을 목표로 진행된다. 따라서 연구자는 한 개인의 증상에 초점을 맞추어 그 증상을 어떤 방식으로 개선 또는 치유할 수 있는가에 집중하므로 그 결과의 일반화에는 그다지 관심이 없다. 사례연구는 관찰, 실험, 면접 등 다양한 기법을 한 청소년에게 동시에 그리고 집중적으로 사용하여 개인의 발달과정을 면밀히 분석해 낼 수 있는 장점이 있으나, 소수의 사례를 전체적인 발달과정에 일반화하는 데에는 문제가 있을 수 있다. 또한 사례연구가 청소년연구에서 중요한 위치를 차지하고 있긴 하지만, 보편타당성 있는 원리를 추구하는 과학이라는 목적에 비추어 보았을 때 그다지 적합한 연구 형태는 아닐 것이다.

자료수집 방법에 의한 분류

연구자는 연구문제를 경험적으로 해결하기 위하여 여러 가지 사항을 결정해야만 한다. 예를 들어, 연구문제와 시간, 비용, 인력 등의 제반 사항들을 고려해야 하고, 연구기간과 연구대상의 수, 즉 종단적이냐 횡단적이냐를 결정해야 하고, 또 인과관계의 파악을 중심으로 진행해야 하는지 단순 관계성의 파악에 만족해야 하는지를 결정해야 한다. 그와 같은 결정이 이루어진다 해도 모든 형태의 연구에서는 실제로 자료를 수집하는 구체적인 절차가 필요하다. 청소년연구 분야에서는 관찰, 조사, 검사 등 다양한 자료수집 방법이 사용되고 있다. 여기에서는 이들 방법에 대해 간단하게 살펴보고자 한다.

▸▸ 관찰

관찰(observation)은 사실상 모든 과학의 기초가 되는 자료수집 방법이다. 연구자가 연구자료를 수집하고자 할 때에는 어떤 방식으로든 그 대상을 관찰해야 하기 때문이다. 과학의 역사를 달리 보면 인간의 감각으로 감지되지 않는 현상을 감지되도록, 즉 객관적으로 관찰 가능하도록, 그리고 보다 정확하게 측정되도록 만드는 과정이었다고 볼 수 있다. 관찰은 모든 연구활동에 포함되지만, 여기에서는 관찰을 자료수집과 직접적으로 관련이 있는 좁은 의미에서만 살펴보고자 한다.

관찰장면에 가해지는 통제의 유무에 따라 자연적 관찰(naturalistic observation)과 통제된 관찰(controlled observation)로 나눌 수 있다. 자연적 관찰은 말 그대로 자연스러운 상황에서 관찰이 이루어지며, 관찰장면에서 일어나는 제반 현상에 아무런 제한을 가하지 않고 있는 그대로를 관찰한다. 자연적 관찰은 연구문제의 탐색적인 과정에서 많이 사용되고 있지만, 전반적으로 관찰 내용의 신뢰도 검증에 어려움이 있다. 통제된 관찰은 관찰장면에 일종의 실험적 조작을 가하거나 관찰할 행동과 시간에 대하여 미리 계획하여 구조화된 방식으로 진행되는 관찰을 말한다. 즉, 관찰하고자 하는 행동이 나타날 수 있는 상황을 인위적으로 만들어 놓고 그 상황에서의 행동을 관찰하는 것을 통제된 관찰이라 한다. 이는 실험실뿐만 아니라 유치원이나 학교 등의 현장에서 많이 활용하고 있는 방법이다.

한편, 관찰자가 관찰 대상(집단)의 일원으로 현장에 참여하는가에 따라서 참여관찰(participant observation)과 비참여관찰(non-participant observation)로 구분한다. 참여관찰은 관찰자가 관찰하는 대상집단의 한 구성원으로서의 역할을 수행하면서 관찰하는 방법을 말한다. 예를 들어, 한 고등학교 학급의 교사가 수업을 진행하면서 청소년들의 태도를 관찰하고 기록하는 것을 들 수 있다. 참여관찰은 일상생활 맥락 속에서의 행동발달을 있는 그대로 연구할 수 있는 이점이 있지만, 관찰자가 관찰장면에 참여함으로써 객관적인 자료의 수집에 문제가 있을 수 있다. 비참여관찰은 관찰자가 현장에는 있으나 그 장면에서 일어나는 행동에 전혀 개입하지 않고 단지 관찰만 하는 경우를 말한다. 그러나 자신들이 관찰 대상이라는 사실을 청소년들이 알고 있을 때는 부자연스럽거나 가식적인 행동을 하게 된다는 문제점이 발생한다. 따라서 이러한 문제점을 없애면서 관찰할 수 있는 방법을 찾아야 한다. 이를 위해 최근에는 학원이나 학교 등 청소년들의 일상적인 환경에 여러 대의 폐쇄회로 카메라나 비디오카메라를 설치하여 청소년들의 행동을 비디오테이프에 녹화하고 그 테이프를 보고 평가 · 기록하는 방법을 쓰기도 한다.

▸▸ 조사

조사는 사회조사(social survey) 또는 조사연구(survey research)를 지칭하는 것으로 흔히 표본조사(sample survey)를 의미한다. 표본조사는 그 용어에서 알 수 있듯이 전체 연구 대상자 중의 일부(즉, 표본)를 대상으로 실시하는 연구를 말한다. 즉, 연구 대상자들을 상대로 알고 싶은 내용을 직접 질문함으로써 자료를 얻어 내는 방법을 의미하는 것으로 사용되고 있다. 연구 대상자에게 필요한 내용을 직접 질문하기 위해서는 글이나 말을 이용하게 된다. 이때 글을 이용하는 방식이 질문지(questionnaire)이며, 직접 말을 이용하여 질문하는 방식은 면접(interview)이 된다. 질문지든 면접이든 연구자가 질문할 내용뿐만 아니라 예상되는 답변을 미리 준비해 두고 자료수집을 시작하는 구조화된 방식과 질문만 준비하거나 시작하는 질문만 준비하는 비구조화된 방식으로 나눌 수 있다.

조사는 어떠한 방식이든 대부분의 경우 여러 문항으로 구성되어 있다. 문항이 여럿인 경우, 특히 구조화된 방식을 이용하는 경우에는 문항들을 어떤 순서로 배열할 것인지를 결정해야 한다. 질문의 순서는 응답자로 하여금 조사에 자발적으로 응하도록 하는 데 매우 중요한 영향을 미친다. 잘 배열되지 않은 질문들로는 소기의 목적을 성공적으로 달성할 수 없게 된다. 문항들을 어떻게 배열할 것인가는 조사연구의 내용과 대상자의 성격에 따라 달라질 수 있겠지만 일반적인 지침은 다음과 같다.

- 시작하는 질문은 응답자의 흥미를 유발하고 쉽게 대답할 수 있는 것으로 한다. 응답자로 하여금 조사에 응할 마음가짐을 갖도록 하는 것이 중요하기 때문에 앞부분의 질문이 위협적이거나 깊이 생각해야 하는 질문들이어서는 안 된다.
- 개인의 사생활에 대한 것이라든가 민감한 질문은 가급적 뒤로 돌린다. 수입(소득)이나 성행위 또는 개인이 평소에 밝히기 꺼리는 내용들을 앞부분에서 묻게 되면 조사연구 자체에 대하여 경계하게 되고 답변에 흥미를 잃게 된다. 거의 대부분의 조사에서는 나이, 성별, 거주

지 등의 인구통계학적인 질문이 포함되는데, 이와 같은 질문들은 뒤에 위치하는 것이 좋다.

- 질문을 자연스러우면서도 논리적인 순서에 따라 배열함으로써 응답자 자신도 조사의 의미를 찾을 수 있도록 한다. 생활사를 알아보고자 한다면 이를 시간의 순서에 따라 질문해야 할 것이며, 하나의 내용이 끝난 후에 그다음으로 넘어가도록 해야 한다. 질문에 어떠한 흐름이 없이 이것저것 두서없이 묻게 되면 응답자는 조사의 의도를 파악하지 못하고 쉽게 혼돈하게 된다.
- 일반적인 것, 전반적인 것을 먼저 묻고 그다음에 특수한 것, 구체적인 것을 질문한다. 일반적인 것을 질문하여 알고자 하는 내용의 전체적인 윤곽을 설정한 후 보다 세부적인 사항을 질문하는 것이 순서이다. 차후의 질문에서 필요한 정보는 앞에서 미리 질문해 두는 것이 좋다.
- 비슷한 형태로 질문을 계속하게 되면 응답에 정형이 생길 수 있으니 피하도록 한다.
- 개방형 질문(open-ended question: 응답자가 자유로이 답변할 수 있는 질문)과 폐쇄형 질문(closed-ended question: 사지선다형 문항처럼 준비된 보기 중에서 선택할 수 있는 질문)이 섞여 있다면 개방형 질문을 먼저 하고 폐쇄형 질문을 나중에 하는 것이 좋다.
- 선호도를 물어야 하는 경우에는 인지도를 먼저 물어야 한다. 'A를 좋아하는가?' 라는 질문을 하기 전에 먼저 'A를 아는가?' 라는 질문이 있어야 한다.

한편, 연구 대상자와의 직접적인 질문을 조사라고 정의하였지만, 여기에 간접적인 접촉을 포함시킨다면 질문지법에는 우편조사나 컴퓨터 통신을 이용한 조사를 포함시킬 수 있고, 면접조사에는 전화를 이용한 전화면접도 포함시킬 수 있다.

▸▸ 검사

심리학이나 교육학에서 사용하는 검사(test)라는 용어는 주로 심리검사(psychological tests)를 의미한다. 심리검사는 인간의 심리적 특성을 측정하고자 특별히 구성된 측정도구를 말한다. 자연과학에서는 어떤 물체의 무게나 길이를 알고자 할 때 저울이나 자를 이용하여 직접적으로 물체의 특성을 파악할 수 있다. 그러나 한 개인이 갖는 심리적 특성은 직접적인 관찰이 불가능하므로 간접적인 방법, 즉 심리검사를 통하여 그 특성을 알게 되는 것이다. 심리검사의 예로는 지능검사나 성격검사를 들 수 있다.

심리검사가 한 개인의 특정한 심리적 특성을 간접적인 방식으로 측정하는 도구라고 하지만, 그 원리와 지향하는 바는 자연과학에서의 측정도구와 기본적으로 동일하다. 심리검사는 한 개인의 심리적인 특성을 양적 혹은 질적으로 표현하고자 하며, 그 과정이 객관적이고 타당한 방법일 때 의미가 있다. 현재 국내외적으로 수많은 심리검사가 있고 계속적으로 개발되고 있지만, 그다지 신뢰할 수 없는 것도 많기 때문에 이처럼 많은 검사들 중에서 어떤 검사를 사용할지는 연구자가 결정해야 할 몫이다. 또한 연구에 검사를 사용할 때 연구 목적이나 대상, 비용, 인력 등의 문제를 고려해 어떤 검사를 이용해야 하는가를 결정해야 한다. 어떤 검사가 적절한지를 결정하였다 하더라도 그 검사의 실시 매뉴얼을 따로 공부해야만 한다. 때로는 자격이 필요한 경우도 있다. 여기서 좋은 심리검사를 선정하기 위한 기준을 간단히 제시해 본다면, (1) 심리검사는 한 가지 속성을 측정하기 위한 여러 개의 문항들로 구성되어 있다는 점, (2) 좋은 심리검사는 신뢰도(reliability)가 높다는 점, (3) 좋은 심리검사는 타당도(validity)가 있다는 점, 그리고 (4) 좋은 심리검사는 객관성이 있다는 점이다.

과학에 관하여

▸▸ 관계성의 추구

인간은 살아가면서 끊임없이 관계성을 추구한다. 길을 걷다가 누군가가 내 이름을 부르면 소리 나는 쪽을 바라보게 된다. 약속시간이 지나도록 나타나지 않는 친구를 기다리면서 왜 늦는가를 생각한다. 다른 사람과 대화를 할 때나 또는 머릿속에서 생각이 진행될 때에도 특정 사건과 다른 사건 간의 관계성을 생각하게 된다. 이렇게 과학에서 중요한 것은 특정 현상에 대한 지식이 아니라 현상 간의 관계성에 대한 지식이다. 사람들은 큰 사물을 그보다 작은 사물과 비교해 봄으로써 비로소 크다는 것을 알 수 있다. 그리하여 '보다 큰' '보다 작은' 이라는 관계성을 설정할 수 있다.

과학자들이 하는 작업은 일반인들이 일상생활에서 행하는 일과 크게 다르지 않다. 다만 그들은 일반인보다 더욱 객관적이고 체계적이며 합리적인 방식으로 관계성을 추구한다. 만약 지능의 남녀 차이에 관심이 있는 과학자라면 다양한 연령층의 남녀를 무선 표집하여 표준화된 지능검사를 실시하고 그 차이를 비교할 것이다. 이 연구자는 결국 일련의 연구를 수행한 다음에야 비로소 남성과 여성의 지능은 그 평균에 차이가 없다는 결론에 도달할 것이다. 그리고 남성과 여성의 지능지수(intelligence quotient: IQ)는 평균 100으로 동일하지만 남성은 고득점자나 저득점자가 여성에 비해 많은 반면, 여성은 남성보다 평균에 더 많은 수가 몰려 있다는 남녀별 분포상의 차이를 들어 일반인이 갖고 있는 모순된 결론을 설명할 수도 있을 것이다.

그렇다면 관계성이라는 개념은 청소년연구와 어떤 관련이 있으며 얼마나 중요한가? 결론부터 말하자면, 관계성은 청소년을 대상으로 하는 연구뿐만 아니라 자연과학을 포함하여 모든 과학적 활동의 핵심이며 기초가 된다. 과학의 목적은 현상이나 사실을 설명(explanation)하고 예언(prediction)하고 통제(control)하는 데 있다. 일반적으로 어떤 현상을 설명할 수 있다면 예언이 가능하고 더 나아가 통제가 가능할 것이다. 과학의 궁극적인 목적은 결국 인류의 복지를 위해 주어진 현상을 통제하는 데 있다고 볼 수 있다. 이들 과학의 세 목표 중 어느 것을 추구하든 현상에서의 관계성이 바로 그 기초가 되는 것이다.

▸▸ 과학과 상식

과학에서 관계성을 추구한다는 것은 현상의 예언이나 통제를 목표로 하는 한 원인을 추구한다는 말과도 같다. 그렇다면 과학과 상식은 어떤 점이 유사하고 또 어떻게 다른가? 어떤 면에서 보면 과학과 상식은 유사하다. 이러한 관점에서는 과학이 상식을 체계적으로 통제하여 확대시킨 것이라고 할 수 있다. 그러나 상식은 종종 상호 모순된 결론을 내리거나 올바른 지식을 평가하는 데 저해요인이 되기도 한다. 예를 들어, 19세기의 많은 교육학자들은 교수법의 기본적인 수단으로서 학생들에게 처벌을 가하는 것을 당연시하였는데, 지금에 와서 그와 같은 생각은 단지 상식이었을 뿐이다. 현재는 처벌 및 학습 동기에 관한 과거의 상식적인 관점이 잘못되었다는 심리학적 또는 교육학적 증거가 많이 제시되고 있다. 즉, 처벌에 비해 칭찬 또는 보상이 학습을 촉진시키는 데 효과적인 것으로 밝혀지고 있다. 과학과 상식은 다음의 측면에서도 구별될 수 있다.

- 개념과 이론을 사용하는 방식에서 차이가 난다. 일반인들은 이론과 개념을 사용하더라도 대개 허술하게 사용한다. 그들은 종종 자연과 인간의 현상에 대한 기묘한 설명을 쉽사리 받아들인다. 예를 들면, 질병을 죄에 대한 벌이라 생각하기도 하고 문제아는 부모 탓이라고 생각하기도 한다. 반면에 과학자는 체계적으로 이론을 구성하고 그 이론의 일관성을 검토하고 실험을 통하여 구체적인 측면까지 검증한다. 또 과학자들은 자신들이 사용하는 개념이 실

제와 밀접한 관련이 있을 수도 있고 없을 수도 있는 인위적인 용어라는 것을 인식하고 있다.

- 과학자는 자신의 이론과 가설을 체계적이고 실험적으로 검증한다. 물론 과학자가 아닌 일반인들도 자신의 가설을 검증하지만 주로 선택적인 방식으로 검증한다. 즉, 흔히 어떤 증거가 자신의 가설과 일치한다는 이유만으로 그 증거를 채택하기도 한다. 예를 들어, 남성의 지능이 여성의 지능보다 우수하다고 믿고 있는 사람은 신문에 실린 대입 수능시험 고득점자의 남녀별 분포에 관한 기사 내용을 자신의 생각을 지지하는 증거로 채택할 수 있다. 실제로 대입 수능시험의 고득점자는 여학생에 비해 남학생이 월등하게 많다. 그러나 그 반대의 생각을 지지하는 증거 역시 있다. 여성의 지능이 남성의 지능보다 우수하다고 믿는 사람은 정신지체아의 남녀별 분포를 그 증거로 제시할 수 있다. 정신지체아의 남녀별 분포를 살펴보면 남성이 여성에 비해 월등하게 많으며, 따라서 남성의 지능이 여성에 비해 열등하다는 증거가 된다. 일반인은 이처럼 제한된 범위의 현상에 주목하고 자신의 생각을 지지하는 증거로 삼는 주관적인 과정을 거쳐 결론을 얻는다. 그러나 이러한 선택 경향이 공통된 심리적 현상이라는 것을 알고 있는 사회과학자는 자신의 연구에서 선입관과 편견, 그리고 가설의 선택적 지지를 철저하게 배제한다. 나아가 그는 가만히 앉아서 관계성을 탐구하는 것에 만족하지 않고 실험실이나 현장에서 그 관계성을 검증하려고 한다. 예를 들어, 사회과학자는 교수법과 성적, 지능과 창의성, 양육방식과 청소년의 성격 등 둘 이상의 개념들 간의 관계성을 추정하는 데 만족하지 않고, 이러한 관계성에 대한 체계적이고 통제된 실험적 검증을 하는 데 관심을 둔다.
- 과학과 상식의 차이는 통제에 대한 개념에 있다. 과학적 연구에서의 통제는 크게 두 가지의 의미를 지닌다. 하나는 실험자가 원하는 일을 발생시키는 것을 말한다. 예를 들어, 콜레라 증상의 원인이 콜레라균인가를 알아보기 위하여 콜레라균을 실험용 토끼에게 주사하고 증상을 관찰해 보는 과정이 통제이다. 다른 하나는 연구자가 연구를 할 때 원인이라고 가정한 변인 이외의 원인이 될 수 있는 다른 변인들을 체계적으로 배제하는 것을 의미한다. 콜레라균이 콜레라 증상을 일으키는가를 알아보기 위해서는 콜레라균만을 주사해야 한다. 만일 다른 병원균, 예를 들어 장티푸스균까지 그 주사약에 포함되어 있다면 증상의 원인이 무엇인지를 정확하게 알 수 없게 된다. 보통사람들은 관찰된 현상에 대한 설명을 하기 위해 체계적으로 통제하려고 하지 않는다. 그들은 자신의 선입관이나 편견과 일치하는 설명만을 받아들이는 경향이 있다. 만일 그들이 결손가정이라는 가정환경 때문에 범죄가 발생한다고 믿는다면 결손가정이 아닌 가정의 자녀가 저지르는 범죄는 문제시하지 않는 경향이 있다.

반면에 과학자는 여러 유형의 가정에서 발생하는 범죄 사례를 찾아보고 통제하고자 한다.

- 과학자는 현상들 간의 관계성을 규명하기 위해 끊임없이 몰두한다. 과학자는 보통사람보다 더 의식적이며 체계적으로 관계성을 추구한다. 보통사람들은 관계를 규명함에 있어서 집중적이지 못하고 비체계적이며 제대로 통제하지 않는다. 이를테면 일반인들은 종종 우연히 발생한 두 가지 현상을 발견하고는 그것을 즉시 원인과 결과로서 연결지어 버리는 경향이 있다. 예를 들어, 경제가 불황일 때 미니스커트가 유행한다면 경제와 여성의 치마 길이가 관련이 있는 것처럼 믿어 버린다. 또 다른 극단적인 예로, 항상 부모의 사랑을 독차지하는 동생이 미워서 '내일 아침에 동생이 죽었으면 좋겠다.' 라고 생각한 어느 형이 있었는데 다음 날 아침에 동생이 교통사고로 죽게 되었다면, 그 형은 자신의 나쁜 생각 때문에 동생이 죽게 되었다고 결론지을 수 있으며, 어쩌면 그는 평생을 죄책감에 살게 될지도 모를 일이다.
- 상식과 과학 간의 차이점은 관찰된 현상을 다르게 설명한다는 것이다. 관찰된 현상 간의 관계를 설명하고자 할 때 과학자들은 추상적 설명을 배제한다. 왜냐하면 추상적 설명은 간단히 검증될 수 없는 명제이기 때문이다. 예를 들어, 사람이 가난하고 배고픈 것은 하느님의 뜻이라든지, 권위주의자가 되는 것은 나쁘다고 하는 것이 바로 추상적 설명이다. 이러한 명제는 추상적이므로 검증될 수 없다. 과학에서는 이와 같이 추상적인 것을 다루지 않는다. 그렇다고 해서 반드시 그러한 주장을 일축해 버려야 하고, 그것들이 옳지 않으며 의미가 없다고 주장해야 한다는 의미는 아니다. 이는 단지 과학자로서 그것들을 다루지 않는다는 뜻이다. 간단히 말해서, 과학은 모든 사람이 관찰할 수 있고 검증할 수 있는 내용만을 다룬다. 만약 명제나 질문이 공적인 관찰과 검증의 의미를 내포하지 않으면 그것은 과학적 명제 혹은 질문이 아니라고 할 수 있다.

이처럼 과학적 방법에서는 문제 해결이나 지식의 근거를 객관적 사실에 둔다. 요약하자면, 과학은 객관성과 경험적 증명 가능성을 추구하며, 자체 수정(self-correction)을 인정한다. 자체 수정이란 과학의 역동성을 의미하는 것이다. 마치 물리학에서 영국의 물리학자 뉴턴(Sir Isaac Newton, 1642~1727)의 이론이 독일의 물리학자 아인슈타인(Albert Einstein, 1879~1955)의 이론으로 대체되었듯이, 현재 제시한 설명이나 이론이 언제나 진리라는 것을 고집하지 않고 다른 설명이나 이론으로 대체될 가능성을 겸허하게 수용하고 받아들인다는 것을 말한다. 과학자는 현재 제시된 설명이나 이론이 현 상황에서 연구자가 제시할 수 있는 최선의 방법이라는 점을 인정한다.

▸▸ 사회과학

과학이라는 용어는 특정 학문 분야라기보다는 접근방법이나 태도로서 생각될 수 있다. 물리학이나 생물학에서 사용되는 체계적 관찰과 분석의 엄격한 통제를 과학의 정의에 적용한다면 사회과학은 인류에 대한 발전된 지식 그 자체이다. 심리학, 교육학, 인류학, 경제학 등의 분야는 많은 사람에 의해 과학으로 인정받고 있다. 이들 분야의 연구에서 과학적 방법론을 적용하는 한 그것들은 과학이다. 그러나 사회과학, 특히 인간행동을 대상으로 하는 과학은 물리과학에서 연구하는 것처럼 과학적 방법을 적용하고 있지만 인간이 매우 복잡하기 때문에 물리적 세계에서의 이론을 개발하는 것에 비해 인간행동에 관한 훌륭한 이론을 개발하는 것은 매우 어려운 일이다. 사회과학 또는 행동과학의 어려움은 다음과 같이 요약될 수 있다.

- 수많은 인간 중에서 감정, 욕구 또는 정서에서 동일한 사람은 없다. 한 사람에게 합당한 예언은 다른 사람에게는 그다지 유용하지 않을 수도 있다.
- 시간의 흐름에 따라 완전히 일관된 사람은 없다. 인간의 행동은 환경에 따라, 그리고 예측하기 어렵게 변화하는 다양한 요소와 개인 간의 상호작용에 의해 영향을 받는다.
- 인간은 연구과정 자체에 의해서도 영향을 받는다. 인간은 그들에게 초점을 맞춘 연구 상황에 주의를 집중하게 되는 경향이 있으며, 나아가 그 상황 속에서 자신의 행동이 관찰되고 있다는 인식에 의해서도 영향을 받는다.
- 사회과학 또는 행동과학은 연구되는 대부분의 변인에 대하여 적절한 정의를 내리기 어렵다는 점에서 제약을 받는다. 정확한 정의는 과학의 발전에 필수적이다. 그러나 행동과학에서 사용하는 지능, 학습, 적개심, 불안, 동기, 마음, 성격 등과 같은 인간의 특질 또는 개념들은 대부분 직접 관찰할 수 없는 것들이다. 이들은 구성개념(constructs)으로서만 가정할 수 있으며 보고 듣거나 만질 수가 없기 때문에 검사 점수나 관찰된 적개심, 공격적인 행동, 피부반응, 맥박, 과제의 지속성 등의 간접적인 자료에 의한 추론만이 가능할 뿐이다. 또 사회과학이나 행동과학에서 사용하고 있는 측정도구들은 자연과학에서의 그것들보다 즉각적이지 못하고 가시적이지 못하기 때문에 일반인들에게 그 해석이 어려워 보이게 된다.

• 물리과학에서 무게는 저울로 측정될 수 있고 키는 자로 측정될 수 있으나, 사회과학에서 사용하는 측정도구나 측정결과는 일반인들이 쉽게 사용할 수 없고 또 즉각적이지도 못한 경우가 많다. 예를 들어, 일반인들은 저울이나 줄자처럼 지능검사를 쉽게 사용할 수 없으며, 그 결과가 정확히 어떤 의미를 내포하고 있는지를 알 수 없다. 더 나아가서 지능을 측정할 수 있는 여러 가지의 지능검사가 있기 때문에 혼란스러울 뿐만 아니라 검사들 간에도 어느 정도의 차이가 있다.

▸▸ 이론과 그 역할

이론은 현상을 설명하고 예측하려는 목적으로 변인들 간의 원인과 효과의 관계성을 확립하는 것을 말한다. 순수 연구에 몰두하는 사람들은 그들의 에너지를 이론의 구성에 투여하며 그 실제적인 적용이나 응용에는 관심이 없을지도 모른다. 그러나 훌륭한 하나의 이론이 성립되고 나면 이는 실제적인 가치를 지닌 많은 응용을 시사한다. 미국의 철학자이며 교육학자인 듀이(John Dewey, 1859~1952)는 훌륭한 이론만큼 좋은 실제는 없다고 말하였다. 가스의 움직임에 관한 이론은 냉장고와 에어컨의 개발에 필수적이다. 마찬가지로 국가의 백년대계라고 하는 교육에 있어서 교육이론은 필수적이다. 과학적 방법의 진정한 목표는 예언이나 특정 이론의 발견 또는 미래에 대한 최대의 발생 가능성을 예기하는 데 있다.

청소년연구를 논의하는 현 시점에서 보다 실질적인 관점을 갖고 살펴보면, 이론은 연구의 주제와 방향을 인도하는 역할을 한다. 예를 들어, 스위스의 심리학자 피아제(Jean Piaget, 1896~1980)가 발표한 인지발달이론은 연구자들이 그 이론을 지지하든 반대하든 간에 이후 수많은 연구들을 이끌었으며 지금까지도 관련 연구가 계속되고 있다. 좋은 이론은 많은 연구가 이루어지도록 만들며, 사실상 그 연구들의 기반이 된다. 이와 같은 측면에서 보면, 이론은 연구의 기본 틀이며 출발점이라고 할 수 있다. 그러나 지금 이론이 반드시 연구에 선행한다는 점을 말하려는 것은 아니라는 점에 주의해야 한다. 사실상 연구가 축적되어 이론이 만들어지는 경우도 많다. 실제로 피아제의 인지발달이론은 그가 자신의 세 딸을 체계적으로 관찰하고 실험한 연구결과로부터 나왔다고 할 수 있다.

이론은 반드시 필요한가? 반드시 그렇다고 대답할 수는 없다. 예를 들어, 잘못된 이론은 많은 잘못된 연구를 유도하고 학문의 발전에 저해요소로 작용하기도 한다. 이론은 마치

경마에 출전한 경주마의 눈가리개처럼 단지 연구자의 시야를 한쪽 방향으로 집중하도록 만드는 역할을 하는 것으로 생각해야 한다. 특정한 이론에 지나치게 의존하다 보면 올바른 길이 보여도 그것을 무시하거나 과소평가하는 오류를 범하게 된다. 특히, 사회과학에서는 자연과학에서와 달리 동일한 현상을 설명하는 여러 가지 이론이 동시대에 공존할 수 있으므로 더욱 많은 혼란과 어려움이 있다. 그렇다 하더라도 또 인간의 행동에 관한 이론을 발견하는 문제가 어렵다 하더라도, 행동과학자들은 그들의 연구를 자연과학자들이 하는 것처럼 매우 주의 깊고 엄밀하게 수행해 나갈 필요가 있다. 과학적 방법이 더욱 활기차게 적용되어야 하고, 과학적 방법이 우리들 문화의 행동적인 측면에 대한 상상 속에 더욱 많이 적용되어야 한다. 왜냐하면 행동과학의 발달과 이를 교육이나 다른 인간 활동의 측면에 적용하는 것은 다음 세기 동안에 맞게 될 최대의 도전이 될 것이기 때문이다.

과학적 연구의 단계

객관적 세계의 다양한 현상들은 서로 간에 밀접하게 관련되어 있는데, 그중의 하나가 바로 인과적 관계이다. 사회과학에서 행해지는 많은 연구는 인과적 관계를 파악하기 위한 것이다. 모두 그런 것은 아니지만, 많은 과학적 연구에서 기본적으로 채택하고 있는 연구단계가 있다. 그러나 이것이 단일한 방법이나 접근을 암시하는 것은 아니라는 점에 주의해야 한다. 과학적 연구는 여러 가지 기술, 접근방법, 전략, 연구설계, 그리고 논리의 법칙들로 구성된다. 이러한 것들은 연구문제에 따라, 연구자가 받은 훈련에 따라 또는 연구가 진행될 여건에 따라 달라질 수 있다. 다음에 제시하는 연구단계는 과학적 연구에서의 기본적 단계를 확인하는 데 도움이 되는 한 연구 형태를 제시한 것이다.

- 연구문제를 확인하고 정의한다.
- 연구가설을 설정하거나 예언, 가정 혹은 지적인 추정을 한다.
- 자료를 수집하고 분석한다.
- 결론을 도출하고 그 결론을 특정한 상황에 일반화한다.
- 연구보고서를 작성하여 보고한다.

▸▸ 연구문제의 확인

연구문제를 발견하고 확인하는 과정은 연구의 시작단계이다. 그러나 무엇을 연구할 것인지를 발견하는 일은 쉽지 않으며, 실제로 많은 연구자들이 어려움을 겪고 있는 문제일지도 모른다. 그러나 연구의 특징으로 볼 때 독창성은 좋은 연구의 기본 조건이 된다. 독창적인 연구를 하기 위해서는 좋은 주제, 즉 아이디어가 필요하지만 좋은 주제를 찾는 일도 쉽지 않다. 때로는 이미 많은 연구가 이루어져서 더 이상 새로운 좋은 주제가 없을 듯한 분야인 것처럼 느껴질 수도 있다. 그렇다면 연구문제를 어떻게 발견할 것인가?

연구문제는 여러 가지 경로를 통하여 이루어진다. 일반적으로 자신의 관심 분야가 정해지고 그 분야에 대하여 공부를 하게 되면 그 분야에서의 문젯거리나 미해결 과제를 알 수 있게 된다. 그것은 현장에서의 경험에서 올 수도 있고, 깊고 오랜 사색에서 올 수도 있으며, 다른 연구자의 이론에서 암시를 받을 수도 있다. 또는 다른 연구자의 논문이나 저서를 읽는 중에 좋은 아이디어가 떠오를 수도 있다. 거의 대부분의 학술논문에는 이후의 연구를 위한 제언이 포함되어 있으므로 때로는 아주 쉽게 연구문제를 발견할 수도 있다. 어쩌면 일상생활 속에서 이루어지는 우연한 관찰을 통해서도 아이디어가 나올지도 모른다.

일반적으로 연구자가 연구의 초기단계에 제기한 문제는 막연하고 추상적이어서 연구를 진행하기에 부적합한 경우가 많다. 예를 들어, '폭력에 대한 관찰 경험이 청소년에게 나쁜가' 라는 질문 자체는 연구문제로 부적당하다. 문제 자체가 애매하게 제시되었기 때문이다. 우선 '폭력' 에 관해서 정의해야 하고, '나쁘다' 는 점에 관해서도 확실하게 해야 하고, '관찰 경험' 역시 광범위하기 때문에 실제로 경험적인 연구를 수행하는 데 어려움이 있을 수 있기 때문이다. 그러므로 관련된 연구를 수행하기 위해서는 문제를 더욱 세련되게 만들 필요가 있다. 이 과정에서는 통상적으로 연구자가 제기한 문제의 영역을 보다 핵심적인 것으로 그 범위를 좁혀 나가야 한다. 이때 객관적이고 과학적인 방법으로 문제의 해답을 구할 수 있도록 문제를 정의해야 한다. 물론 그 연구문제는 연구자가 자신의 능력으로 해결 가능해야 하며 현실적으로 실현 가능해야 할 것이다. 실제로 연구를 수행하는 데에는 비용, 시간, 인력 등이 들기 때문에 이를 반드시 고려해야 하며 윤리적, 도덕적 문제가 발생하지 않도록 해야 한다. 위의 '폭력에 대한 관찰 경험이 청소년에게 나쁜가' 라는 질문 자체의 연구문제보다는 '폭력 비디오의 시청이 청소년의 공격적 행동을 증가시키는가' 라는 연구문제가 보다 적절하게 정의된 것으로 볼 수 있다.

연구문제를 확인하는 과정에서 가장 고려해야 할 점이 있다면 '그것을 연구하여 무엇을 밝히고자 하는가?' 와 '그것은 무엇에 대하여 어떤 의의를 갖는가?'이다. 이는 그 문제가 해결되었을 때 사회나 학문적 발전에 또는 현실적인 문제 해결에 어떤 도움이 되는가를 고려해야 한다는 것을 의미한다. 어떤 연구문제가 해결되었을 때 이론적으로나 현실적으로 아무런 기여를 하지 못한다면 그 연구는 별로 가치가 없는 연구가 된다. 예를 들어, '정상적인 인간은 100일을 굶으면 죽는가' 라는 문제는 연구할 가치조차 없는 것이다. 또는 연구를 수행하는 중에 연구대상이 되었던 청소년에게 영구적인 장애를 남기거나 해가 된다면 그 연구는 수행되어서는 안 된다.

어느 정도 연구문제가 구체화되었다면, 가능한 한 그 문제와 관련된 이론이나 선행연구가 있는지를 확인해 보아야만 한다. 이와 같은 과정은 주로 관련 문헌들을 고찰함으로써 이루어진다. 문헌고찰을 통하여 자신이 설정한 연구문제와는 다른 새롭고 더욱 흥미로운 문제를 발견할 수도 있고, 연구하고자 선정해 놓은 문제를 포기하거나 변경해야 할 경우도 있다. 이미 다른 연구자가 그와 동일한 연구를 수행하였고 이론으로 확립되어 있는 상태라면 연구를 통하여 얻을 수 있는 것이 그다지 많지 않기 때문에 이 경우에는 연구문제를 포기하거나 변경해야 할 것이다. 그러나 경우에 따라서는 이미 여러 차례 연구된 문제라 할지라도 다시 실시해 볼 필요가 있는 연구문제도 있다. 예를 들면, 외국에서 다른 결과를 낼 가능성이 있다면 그 연구는 수행되어야 한다. 또는 주변 상황이 큰 영향을 미치거나 세월에 따라 변화 가능성이 큰 연구문제라면 반복 연구되어도 좋을 것이다. 그러나 문헌고찰을 하는 주된 목적은 연구의 근거를 찾고 연구방법이나 결과의 해석에 도움이 될 만한 내용과 자료를 얻는 데 있다. 이러한 목적 가운데는 연구문제에 관한 학계의 경향을 파악하는 것도 포함된다.

▸▸ 연구가설의 설정

문제가 확인된 후에는 가설의 형태로 연구문제에 대한 특정한 답변이나 해결책이 구성되어야 한다. 가설이란 이미 알고 있는 사실 또는 현상에 대해 추측을 통하여 가정적 해석을 가하는 것을 말한다. 달리 표현한다면, 연구의 결과를 미리 예측해 놓은 일종의 진술문이라고 할 수 있다. 이와 같은 추정, 추측 또는 예측은 과거의 경험이나 비공식적 관찰 또는 다른 연구자들로부터 입수한 정보에 기초할 수 있다.

가설이란 아직 과학적으로 검증받지 않았거나 확인되지 않은 연구자의 아이디어를 지칭한다. 즉, 연구가설 또는 과학적 가설은 단일 연구의 결과를 예언하는 공식적인 단정적 진술로서 둘 이상의 변인들 간의 관계성에 관한 잠정적인 설명이다. 연구자는 가설을 진술함으로써 연구의 초점을 명확한 목표에 맞추게 하며, 어떠한 관찰이나 실험이 이루어져야 하는가를 결정하게 만든다.

가설은 사태 또는 현상에 대한 추측이지만 아무런 근거도 없이 허무맹랑하게 설정해서는 안 된다. 가설은 반드시 과학적 지식과 사실적 재료에 기초하여 제기되어야 하며 윤리적 또는 실제적 문제점들을 피할 수 있는 형태가 취해져야 한다. 오직 충분한 사실적 근거만 있다면 현존하는 이론을 부정하는 새로운 가설도 제기할 수 있다. 폴란드의 천문학자 코페르니쿠스(Nicolaus Copernicus, 1473~1543)의 지동설(태양 중심설)은 발표된 지 300년이 지나서야 인정을 받을 수 있었다. 영국 진화론의 주창자인 다윈(Charles Darwin, 1809~1882)은 진화론을 발표할 당시 종교계로부터 수많은 비난과 모욕을 감수해야 했다. 또 다른 예로, 오래전에 흡연이 관상성 심장질환의 발생에 정적으로 관련되어 있을 것이라는 가설이 제기되었다. 이 가설은 잠정적 설명을 제공하여 흡연자와 비흡연사의 관상성 심장질환의 발생을 비교하는 많은 연구를 이끌어 낸 바 있다. 이들 확장된 연구결과를 통하여 이제 의학전문가들은 일반적으로 흡연과 관상성 심장질환 간의 관계성을 확실한 것으로 받아들이게 되었으며, 담배 포장에 그와 관련된 경고문을 인쇄하게 되었다.

행동과학에서 다루는 대부분의 변인들은 직접적으로 관찰할 수 없는 추상적 개념들이다. 따라서 이들 변인들은 조작적으로 정의되어야 한다. 조작적 정의(operational definition)란 연구자가 관심을 가지고 있는 변인을 직접적으로 관찰할 수 있을 정도로 구체적인 사건이나 실제 행동의 표본을 통하여 기술하는 것을 말한다. 예를 들어, 심리학자들이 흔히 사용하는 지능이니 성격이니 하는 변인 또는 용어는 모든 심리학자에게 같은 의미로 사용되어야 한다. 또한 하나의 변인이나 개념을 관찰 가능한 것과 연관시켜 정의했다고 하는 것은 그것이 측정 가능하고 관찰 가능하게 정의되었다는 의미다. 심리학자들은 지능과 같은 추상적 개념을 정의하기 위하여 특정 검사를 하고 거기서 나온 점수를 가지고 지능을 말하는데, 이것이 곧 지능에 대한 조작적 정의이다. 이와 같은 조작적 정의는 곧 과학적 의사소통을 위한 중요한 매체가 된다. 이렇게 해서 얻어진 지능지수를 가지고 지능을 논할 때 여러 사람이 서로 같은 의미로 해석할 수 있다. 그러므로 '체중' 이라는 변인이

'체중계의 바늘이 가리키는 숫자' 로 정의될 수 있듯이, '지능' 이라는 변인은 '타당한 지능검사의 점수' 로 정의될 수 있다. 이와 같이 직접적이고 경험적으로 검증할 수 있게 가설을 진술하고 나면 비로소 본격적으로 연구를 실행하게 된다. 이들 관찰 가능한 사건들 간의 관계성은 가설로 예측한 결과와 일관되거나 일관되지 않게 나타날 것이다. 다시 말해서, 가설은 '참' 또는 '거짓' 으로 판단될 것이다. 이 말의 의미는 연구자가 가설을 증명하려고 노력해야 한다는 것이 아니라 검증하려고 노력해야 한다는 것이다.

연구문제와 연구가설이라는 용어의 사용에 대하여 간단히 살펴보도록 하자. 연구의 절차를 다루고 있는 문헌 중에는 연구문제와 연구가설을 개념적으로 동일하게 취급하는 것도 있다. 또 연구문제와 연구가설을 같이 진술한 것과 둘 중의 하나만을 진술한 것을 발견하게 되므로 혼란이 야기되고 있다. 결론부터 말하자면, 인과관계를 강조하는 학문 영역에서는 '연구문제' 라는 용어보다는 '연구가설 또는 가설' 을 더 선호하는 경향이 있다. 따라서 어떤 용어를 사용할 것인가는 연구자의 판단에 따르지만, 연구의 목적이 인과관계의 파악에 있다면 연구가설을 사용하는 것이 바람직할 것이다. 또한 질문 형식과 서술 형식이라는 외형상의 차이를 갖게 된다. 예를 들어, '무엇이 청소년을 공격적으로 만드는가?' 에 관심이 있는 연구자라면 개략적인 연구문제, 즉 연구의 아이디어를 설정한 것이 된다. 그리고 그 연구자가 여러 가지 요인들 중에서 'TV 폭력물의 시청' 에 관심이 있었고, 이를 'TV 폭력물의 시청이 청소년의 공격성을 증가시킬 것이다.' 로 표현하게 되었다면 연구가설을 진술한 것이 된다. 그러나 연구자가 'TV 폭력물의 시청이 청소년의 공격성을 증가시킬 것인가?' 로 제기했다면 '무엇이 청소년을 공격적으로 만드는가?' 보다는 좀 더 구체적인 연구문제를 제시한 것이 될 것이다. 그러므로 좀 더 파고 들어간 연구문제는 곧 연구가설을 일의적인 질문 형태로 제기한 것이 된다.

▸▸ 자료의 수집과 분석

연구가설이 진술되고 나면 그 가설을 검증할 수 있는 세부적인 연구절차를 계획해야 한다. 여기에는 연구대상, 표집방법, 연구의 실시방안, 연구의 시기와 기간, 측정도구, 자료의 수집방법과 분석방법 등에 관한 구체적이고 실질적인 계획이 포함되어야 하는데, 이를 연구설계라 한다. 연구설계는 마치 집을 지을 때의 설계도면과 같아서, 적절한 연구방법이 없거나 실행 가능성이 적다면 가설을 변경하거나 연구를 포기해야 하는 경우도 생긴다. 따라서 연구자는 가설을 진술할 때 연구설계도 함께 고려해야 한다. 사실상 연구가설은 연구계획을 시사해 준다. 예를 들어, '부모의 양육방식이 청소년의 친구관계에 영향을 미칠 것이다.' 라는 가설은 실험보다는 조사를 통하여 연구가 실시될 것을 암시한다. 왜냐하면 '부모의 양육방식' 과 '청소년의 친구관계' 는 연구자가 통제할 수 없거나 통제가 어려운 변인(윤리적 문제로 인해)이기 때문이다.

연구설계는 가설을 검증하기 위해 자료를 수집하는 전반적인 계획이라고 할 수 있다. 자료를 수집하는 방법은 연구가설 및 연구가설에 포함된 변인에 따라 달라진다. 어떤 변인을 어떤 방법으로 측정하여 자료를 수집할 것인가는 실제 연구를 실행하는 단계의 핵심이 된다. 예를 들어, '여자청소년의 지능이 남자청소년의 지능보다 우수할 것이다.' 라는 가설을 설정하였다면 청소년의 성별과 지능검사 점수라는 한 쌍의 점수가 기록되어야 할 것이다. 이때 지능을 측정하기 위하여 적절한 지능검사가 사용되어야 하며, 남자청소년과 여자청소년을 표집할 때에 모집단을 대표할 수 있도록 표집되어야만 한다. 그러므로 연구가설을 검증하기 위해서는 논리적으로 합당한 방법이 사용되어야 하며, 각각의 변인을 적절하게 점수화하는 것이 바람직하다. 그리고 경우에 따라서는 이와 같은 결정을 하기 위하여 본격적인 연구를 수행하기 이전에 예비조사를 시행해야 할 경우도 있다. 적절한 자료를 수집하기 위해서는 다음을 고려해야 한다.

- 누구를 대상으로 할 것인가?
- 연구시기는 어떻게 결정할 것인가?
- 무엇으로 측정할 것인가?

수집된 자료는 지능검사 점수처럼 숫자일 수도 있고 성별처럼 문자일 수도 있다. 또한 자료가 어떤 수준의 척도로 측정되었는가에 따라 그 자료가 내포하고 있는 의미나 사용할 수 있는 통계분석 방법이 달라지게 된다. 예를 들어, 성별을 남아는 1로, 여아는 2로 기록할 수 있다. 물론 남아는 '남' 또는 'M' , 여아는 '여' 또는 'F' 로 표시할 수도 있지만, 컴퓨터를 이용하여 통계처리를 할 경우 주민등록번호에서 생년월일을 표시하는 여섯 자리 숫자 다음의 숫자가 남성은 1로, 여성은 2로 시작된다는 점에서 이렇게 기록하는 것이 관례로 되어 있다.

수집된 자료는 대부분 통계방법을 통해서 분석된다. 어떤 통계방법을 통하여 자료를 분석할 것인가는 연구가설, 연구설계, 자료의 측정 수준 등에 따라 달라지게 된다. 그러므로 어떤 통계방법이 가장 적절한가에 대한 단일화된 지침은 없으며, 연구자의 주관에 따라 연구가설을 검증하기 위한 논리적으로 타당하다고 판단되는 통계방법을 이용하여 자료를 분석하게 된다. 예를 들어, 연구자의 관심이 앞의 남녀별 지능의 차이처럼 두 집단의 평균 간 차이에 있다면 두 집단 간 평균의 차이 검증을 할 수 있는 통계방법이 사용되어야 할 것이다.

▸▸ 결론의 도출 및 일반화

사용된 통계방법은 결국 연구가설이 통계적으로 지지되었는가의 여부를 객관적으로 보여 주게 된다. 즉, 통계처리 결과에 의해 가설의 지지 여부를 결정하고 연구의 결론을 이끌어 내게 된다. 더 나아가서 연구가설이 지지되었다면 연구자는 연구결과의 일반화를 시도하게 된다. 왜냐하면 일반적으로 대부분의 연구는 그 연구결과를 연구에 참여한 대상에게만 한정시킬 목적으로 실시하지는 않기 때문이다. 연구자는 자신의 연구결과를 어느 정도까지 일반화할 것인지에 대해서도 고려해야만 한다.

▸▸ 연구보고서의 작성 및 보고

연구의 마지막 단계는 무엇이 행하여졌으며 무엇이 밝혀졌는지를 학계에 보고하는 단계이다. 연구결과는 발표될 때까지는 발견이라고 할 수 없으며 이론적이든 실질적이든 기여하는 바가 매우 적을 것이다. 따라서 연구의 내용과 결과를 논문 형식으로 작성하여 전문학술지를 통하여 발표해야 한다. 이렇게 발표된 연구보고서는 다른 연구자의 평가를 받게 되며 새로운 연구를 촉진시키는 역할을 하게 된다.

참고인물

❖ 샤이에(K. Warner Schaie, 1928~): 독일에서 출생하였다. 제2차세계대전이 도래하기 전에 가족들과 함께 중국 상하이에 머물렀으며, 1947년 미국 캘리포니아에 이주하여 미국 시민이 되었다. 1951년 샌프란시스코의 시립대학에서 전문대학 졸업자에게 수여하는 준학사학위(Associate's Degree)를 받았고, 1952년 버클리 소재 캘리포니아대학교에서 학사학위를 취득하였다. 1953년 시애틀의 워싱턴대학교에서 석사학위 및 1956년에는 철학 박사학위를 취득하였다. 1957~1964년까지는 네브래스카대학교의 심리학과 조교수, 1964~1973년까지는 웨스트버지니아대학교의 심리학과 부교수, 그리고 1973~1982년까지는 서던캘리포니아대학교의 심리학과 교수로 재직하였다. 1981년부터는 펜실베이니아주립대학교의 개인 및 가족연구학과의 교수 등을 역임하다가, 1992년부터는 워싱턴대학교의 정신의학 및 행동과학 협력교수로 활동하고 있다. 주로 자신의 연구에 종단적 · 횡단적 연구방법 등을 적용 · 분석하였으며, 전생애 발달심리학의 형성, 성인발달 및 노화심리학의 발달 등에 많은 기여를 하였다.

❖ 듀이(John Dewey, 1859~1952): 4장의 아리스토텔레스의 '참고인물'을 참조할 것.

❖ 피아제(Jean Piaget, 1896~1980): 8장의 피아제를 참조할 것.

❖ 코페르니쿠스(Nicolaus Copernicus 1473~1543): 지구와 다른 행성들이 태양 주위를 돈다는 지동설을 제창한 폴란드의 천문학자.

❖ 다윈(Charles Darwin, 1809~1882): 5장의 홀의 '참고인물'을 참조할 것.

제 3 장

청소년의 신체특성과 스트레스

1. 성장의 급등

청소년기에는 성장급등(growth spurt) 현상이 나타난다. 즉, 청소년들의 신체발달 변화의 속도와 폭이 매우 급격하게 나타나기 시작한다. 신체 내부기관의 급격한 발달 때문에 생식기와 생식기능이 발달하고, 그 결과 2차 성 특징(secondary sex characteristics)의 변화가 생기게 된다. 난소와 고환의 성장은 물론 체모, 변성, 가슴발육 등이 나타난다. 키, 몸무게, 근육, 그리고 신체 비율에서 현저한 변화가 생기면서 동시에 성적 성숙도 촉진되기 시작한다.

성장급등 현상은 보통 2.53년 정도 지속되며, 일반적으로 여자들의 성장이 남자보다 2년 정도 더 일찍 시작된다. 대부분의 여자들은 10～11세에 성장급등 현상이 나타나는 반면, 남자들은 12～13세 이후에 시작되는 편이다. 성장급등 현상이 끝날 무렵, 청소년들의 신체적 외모와 운동능력은 거의 성인과 같은 수준에 도달하게 된다. 이 시기에 발달한 신체 및 운동능력, 성적 발달은 인간의 모든 활동에 있어서 기반이 된다. 그리고 이러한 급격한 신체발달을 통하여 청소년들은 새로운 자아개념을 형성하게 되고 지적, 정서적, 사회적인 여러 면에서도 급격한 변화를 일으키게 된다. 신체의 건강 여부, 신체결함의 유무, 운동능력의 우열 등은 지적, 정서적, 사회적 모든 활동에 직·간접적인 영향을 주게 되고, 아울러 청소년기의 성적 발달 또한 그들의 정신생활에 큰 영향력을 미치게 된다. 사춘기의 신체변화는 누구에게나 일어나는 보편적 현상이지만, 그 변화가 너무나 급속하고 개인차와 남녀차가 크기 때문에 변화를 경험하는 청소년들은 매우 당황하고 불안해하며, 따라서 심리사회적 발달에 어려움을 겪기도 한다(허혜경, 김혜수, 2002). [그림 3-1]은 사춘기의 신체변화가 청소년들의 적응에 영향을 미치는 매개변인(mediator 또는 mediating variable: Me)과 중재변인(moderator 또는 moderating variable: Mo)의 효과를 보여 주고 있다. 여기서 매개변인이란 독립변인에 의해 발생하며, 한 개인 안에서 다양한 변환과정에 의해 종속변인에 영향을 미치는 독립변인의 효과를 변환시키는 변인이다. 반면에 중재변인은 독립변인과의 상호작용에 의해 독립변인과 종속변인 사이의 관계의 강도 또는 방향에 영향을 주는 변인이다. 즉, 매개변인은 독립변인에 의해 파생되는 변인이고, 중재변인은 독립변인과 무관한 변인이다.

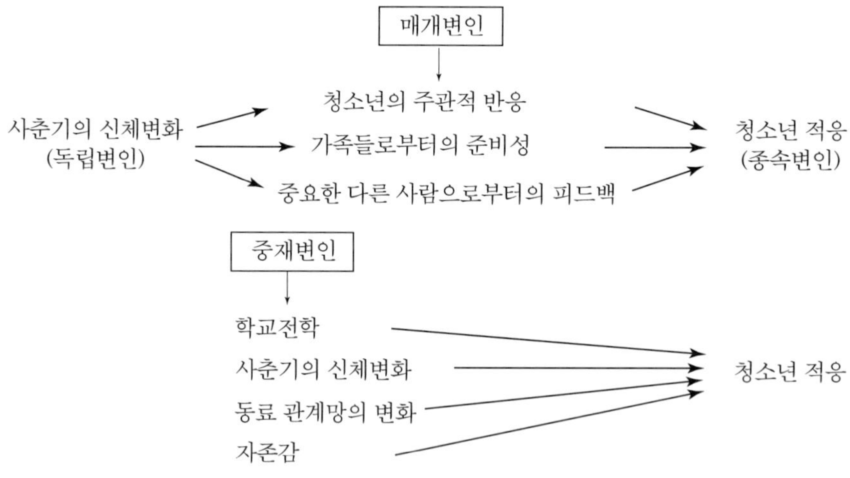

[그림 3-1] 사춘기의 신체변화와 청소년 적응 간의 관계에 대한 변인들의 효과

출처: Jaffe, M. L. (1998). *Adolescence*. New York: John Wiley & Sons, Inc.

▸▸ 신장

신장의 성장급등은 사춘기의 가장 특징적인 신체발달 현상이다. 성장급등기의 신장 성장 비율은 이전 시기에 비해 두 배가량 된다. 아동기 동안 남녀의 신장은 매년 평균 5cm 정도 성장하지만, 성장급등기 동안에는 남자의 경우 매년 10cm, 여자는 매년 8cm 정도 성장한다. 〈표 3-1〉은 6세부터 17세까지 한국의 남자와 여자의 평균신장에 대한 것이다(청소년백서, 2007).

〈표 3-1〉 청소년의 신장

(단위: cm)

	6세		7세		8세		9세		10세		11세	
	남	여	남	여	남	여	남	여	남	여	남	여
2005년	120.6	119.3	126.5	125.3	132.0	131.0	137.3	137.1	143.0	143.7	149.1	150.3
	12세		13세		14세		15세		16세		17세	
2005년	156.4	154.9	163.2	157.9	168.5	159.3	171.6	160.2	172.8	160.7	173.6	161.0

출처: 교육인적자원부, 한국교육개발원, 교육통계연보, 각 연도.

▸▸ 몸무게

청소년기의 몸무게 급증 현상은 신장이 급격히 증가하는 시기와 비슷하다. 초기에는 여자의 몸무게가 더 무겁다가 남자들이 사춘기에 도달하게 되면 다시 남자가 더 무겁게 된다. 신장과 몸무게가 증가한다는 것은 신체적인 힘도 커진다는 사실을 의미한다. 이는 주로 근육의 발달 때문인데, 실제로 5세 때와 16세 때를 비교하면 남자가 행사할 수 있는 신체적인 힘은 14배, 여자의 경우는 10배 정도 증가한다는 보고가 있다. 〈표 3-2〉는 한국의 남자와 여자의 평균체중에 대한 것이다(청소년백서, 2007).

〈표 3-2〉 청소년의 몸무게

(단위: kg)

	6세		7세		8세		9세		10세		11세	
	남	여	남	여	남	여	남	여	남	여	남	여
2005년	24.0	22.9	27.3	26.0	31.0	29.4	34.8	33.4	39.4	38.1	44.5	43.6
	12세		13세		14세		15세		16세		17세	
2005년	50.2	47.8	55.7	51.0	61.0	53.1	64.1	54.4	66.1	55.2	68.1	56.1

출처: 교육인적자원부, 한국교육개발원, 교육통계연보, 각 연도.

신체 내외부의 변화 및 뇌의 발달

청소년들은 성장하는 신체를 유지하기 위하여 소화기관, 심장 및 폐의 크기가 크게 증가한다. 이에 따라 보다 유능한 소화와 호흡 및 순환이 이루어지고 신진대사도 훨씬 더 원활해진다. 남자들은 여자들보다 심장과 허파가 더 크고 혈액의 양이 더 많으며 혈압도 높다. 여자들은 사춘기 동안 계속적으로 신체의 지방질이 증가되기 때문에 둥근 외모를 갖게 되는 반면, 남자는 일반적으로 체지방을 잃게 되기 때문에 보다 모가 난 외모를 지니게 된다. 남자는 고환의 기능으로 끊임없이 정자를 생산하고 안드로겐(androgen)이라는 일종의 남성호르몬을 분비한다. 안드로겐의 주축을 이루는 것이 테스토스테론인데, 이 호르몬의 분비가 증가되면서 어깨뼈가 커지고 엉덩이에 비해 어깨가 넓어지며 몸통에 비해 다리가 길어진다. 반면, 여자들은 에스트로겐(estrogen)의 증가로 인해 골반부위가 넓어진다. 그리고 남녀 모두 어깨가 좁고 엉덩이가 넓어지며 몸통에 비해 다리가 짧아진다. 이마는 더 넓어지고 높아지며 두개골은 어른다운 모습을 갖게 된다. 아래턱과 코가 길어지고 입은 커지며 입술은 도톰해진다. 또한 피부 피지선의 증가된 활동으로 여드름이 돋아나게 되고, 겨드랑이, 유방, 생식기 및 항문 주위의 한선의 확대 때문에 땀을 많이 분비하게 된다. 뇌의 발달과 관련해서는 연상사고 및 언어 등과 관계 있는 부분의 성장이 13~15세 무렵 최고조에 이르게 된다. 10대 중반쯤 되면 뇌의 회백질이 일부 부위에서 배로 늘어나게 되면서 신경단위가 급격하게 서로 연결되는 현상을 보이게 된다.

▸▸ 운동능력의 발달

청소년기에 나타나는 급격한 신체발달에 따라서 운동능력도 현저하게 발달한다. 운동능력의 발달은 근육 및 신경계의 발달과 밀접한 관련이 있으며, 인간의 구체적인 생활과 활동의 기초가 된다. 신체발달의 차이에서 오는 운동능력의 차이는 행동발달의 차이는 물론 성격발달에도 영향을 준다. 예를 들어, 운동능력이 잘 발달된 청소년은 자신감을 가지고 활동할 수 있으므로 성취감이 높고 건전한 성격을 형성하는 데 보다 유리하다. 이에 비해 운동능력의 발달이 늦은 청소년은 스스로 위축될 가능성이 있고 열등감이 높기 때문에 건전한 성격을 형성하는 데 방해를 받을 수 있다. 운동능력 발달의 성차를 보면 일반적으로 남자가 여자보다 더 우세하게 나타나고, 이러한 경향성은 청소년전기보다 청소년후기에 더욱 큰 것이 특징이다. 남녀차이의 원인을 살펴보면, (1) 2차 성 특징에 수반하는 신체상의 차이, (2) 골격, 근육, 체격의 조직학적 차이, (3) 내장의 여러 기관의 기능상 차이, (4) 성적, 사회적 존재로서 자기에 대한 지각 혹은 남녀의 사회적 역할의 차이 등을 들 수 있다. 신체적 수행능력은 대체로 19～26세 사이에 정점에 도달한다. 운동선수들의 기록을 보면, 일반 운동은 25세 전후, 마라톤은 27세 전후, 그리고 수영은 18～20세 사이에 가장 많은 챔피언이 배출되는 것으로 알려져 있다.

▸▸ 성적 성숙

성적 성숙에 가장 큰 영향을 미치는 것은 호르몬의 변화이다. 호르몬의 변화는 외부적으로 드러나는 실제 사춘기보다 앞서 시작되는 것이 특징인데, 여자의 경우는 7～11세, 남자의 경우 8～12세 동안 일어나기 시작한다. [그림 3-2]와 〈표 3-3〉은 사춘기의 변화를 초래하는 주요 내분비선의 위치와 호르몬에 관한 것이다.

▸▸ 여자의 성적 성숙

여자의 경우 생식기능의 성숙을 알려 주는 것이 난소의 성숙을 의미하는 월경이다. 첫 월경인 초경은 최근 들어 조금씩 빨라지는 경향이 있으나, 초경이 나타나는 평균연령은 대략 12세 안팎이다. 여자의 성적 성숙은 초경 외에도 외형적으로 유방과 음모의 성장이라는 두 가지 신호로 나타난다. 유방은 10세경에 발육하기 시작하여 계속적으로 확대되고 원추형으로 변화하며, 개인차가 있긴 하지만 약 13～17세경에 이르면 가슴발육으로 끝이 난다. 유방의 발육과 함께 음모와 겨드랑이의 체모도 발달한다. 시기적으로 여자들은 성장급등 현상 직후에 2차 성 특징의 발달 현상을 경험하는 반면, 남자들은 성장급등 현상이 나타나기 1년 전쯤에 성적 성숙을 경험하는 차이가 있다. 여자의 주요 변화로는 (1) 가슴이 부풀어 오르는 것 및 생리의 시작, (2) 여자의 성장급등기가 2년 정도 빠르기 때문에 이 시기의 여자가 같은 또래의 남자보다 키가 크게 되어 당황하는 경우가 있음, (3) 살이 찌는 것, (4) 자신의 신체가 둥글게 되어 가는 것에 대한 자각, (5) 이상적 여자상에 접근하기 위한 화장품의 사용, (6) 성 특징의 발현(얼굴이나 신체의 체모 및 면도행위)으로 인한 심리적 영향을 들 수 있다.

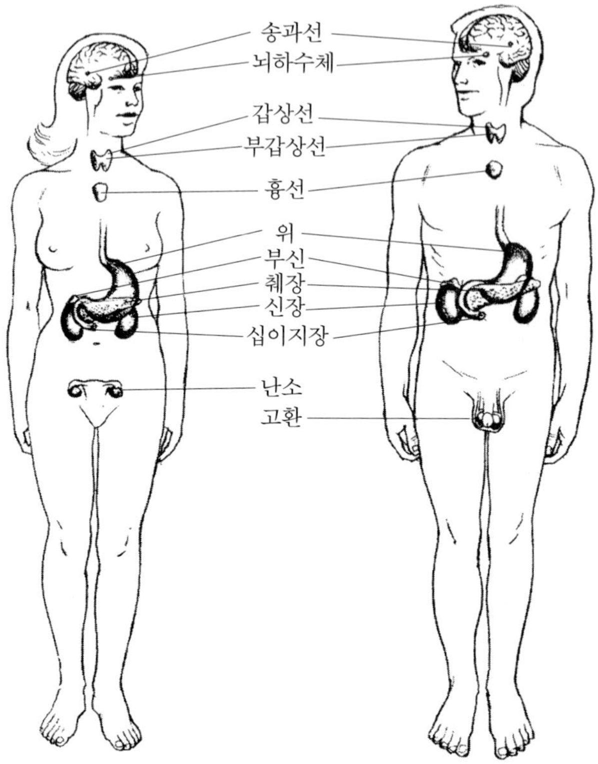

[그림 3-2] 주요 내분비선의 위치
출처: Thompson, R. F. (1975). *Introduction to Physiological Psychology*. New York: Harper & Row.

▸▸ 남자의 성적 성숙

남자의 성적 성숙은 남자의 생식선인 고환의 성장으로부터 시작된다. 고환은 음낭 속에 들어 있는 두 개의 달걀 모양의 기관으로서 신체 외부에 노출되어 있는 구조물이다. 정자를 생성하는 세포들은 정상 체온에서는 정자 생산이 불가능하므로 고환을 신체 외부에 노출시킴으로써 다른 부분보다 2℃ 정도 낮은 체온을 유지하게 된다. 고환은 사춘기까지는 기능하지 않고 잠재해 있다가 성선자극 호르몬인 난포자극 호르몬과 황체 호르몬의 출현에 의해 활동하기 시작한다. 고환의 주요 기능은 여자의 난자와 수정할 수 있는 성숙한 정자를 만드는 것과 남성호르몬인 테스토스테론을 분비하는 일이다. 테스토스테론은 남자 특유의 성적 발달을 유발하며 음경과 음낭을 확대시키고 어깨뼈를 발육시킨다. 또한 목소리의 저음화와 성적 충동의 발달을 가져온다. 시기적으로는 대략 11세경에 고환의 확대가 시작되고, 12세경에 음모가 나타나기 시작하며, 13세경에는 사정할 수 있고, 16세경에

〈표 3-3〉 주요 호르몬의 요약

<table>
<tr><th colspan="2">내분비선</th><th>호르몬</th><th>주요 기능</th></tr>
<tr><td colspan="2">시상하부</td><td>옥시토신</td><td>뇌하수체후엽 참조</td></tr>
<tr><td rowspan="5">뇌
하
수
체</td><td rowspan="3">전엽</td><td>성장 호르몬</td><td>성장, 유기대사</td></tr>
<tr><td>프로락틴</td><td>유방(유즙 형성)</td></tr>
<tr><td>성선자극 호르몬: 남녀 모두에게 난포자극호르몬과 황체 호르몬을 혈류로 분비시킴</td><td>남자의 경우 난포자극 호르몬과 황체 호르몬은 고환의 세포에 있는 수용기에 전달되어 테스토스테론이 고환에서 혈류에 분비되도록 만듦
여자의 경우 난포자극 호르몬과 황체 호르몬은 난소에 작용하여 에스트로겐과 프로게스테론이 분비되도록 만듦</td></tr>
<tr><td rowspan="2">후엽</td><td>옥시토신</td><td>유즙 분비, 자궁 수축</td></tr>
<tr><td>항이뇨 호르몬</td><td>수분 배출</td></tr>
<tr><td rowspan="3">생
식
선</td><td>고환(남성)</td><td>안드로겐(테스토스테론이 주축을 이룸)</td><td>남자의 2차 성 특징 발현시킴</td></tr>
<tr><td rowspan="2">난소(여성)</td><td>에스트로겐</td><td>여자의 2차 성 특징 발현시킴</td></tr>
<tr><td>프로게스테론</td><td>배란 억제, 임신 지속</td></tr>
</table>

출처: 김기석 역(1989). 뇌-신경과학입문-. 양서원.

이르면 거의 성인 크기의 고환에 도달하게 된다. 남자의 주요 변화로는 (1) 신장의 급성장이나 근육의 발달, (2) 급격한 신체적 성장, (3) 고환과 음경의 성장 및 사정, (4) 성 특징의 발현(얼굴이나 신체의 체모 및 면도행위)으로 인한 심리적 영향을 들 수 있다.

2. 심리적 영향

사춘기의 급격한 신체변화는 청소년들의 심리 상태에 많은 변화를 가져온다(Alsaker, 1992). 자신이 마치 어른이 된 것처럼 느껴지기도 하고, 무엇이든지 다 해낼 수 있는 자신감을 느끼기도 하고, 또 자신의 힘을 과시하고 싶은 마음을 갖기도 한다. 실제적으로도 신체의 성장급등은 자신이 해야 할 과제를 수행하는 데 보다 많은 변화와 향상을 가져올 수 있다. 그리고 자기 자신에 대한 지각은 물론 타인을 보는 관점의 지각 방식에도 변화가 온다. 특히, 자신의 신체적 변화에 민감해지면서 스스로의 신체상(body image)을 형성하게 된다. 자신의 신체와 외모에 대하여 어떤 기대와 바람을 형성하게 되는데, 이때 신체적 매력을 바라보는 가족들의 요구, 또래집단의 평가, 부모의 기대 수준, 더 나아가서 사회문화적 규준이 많은 영향을 미치게 된다. 청소년들의 자기 신체상에 대한 관심은 청소년초기에 가장 높게 나타나면서 청소년기 내내 지속된다. 이 시기 동안 자신의 신체상에 대하여 긍정적으로 평가하는 청소년은 다른 면에서도 보다 긍정적인 자긍심을 가질 확률이 높다. 청소년기의 신체적 변화는 여러 가지 심리적 영향을 초래하게 되는데, 가장 대표적인 것들을 살펴보면 다음과 같다.

- 청소년으로 하여금 성인으로서의 이미지를 갖게 해 준다.
- 각각 성역할 정체감을 강화하는 작용을 한다.
- 급격한 신체적 변화의 반동으로서 보다 자기도취적인 욕구를 해소하려는 경향이 있다.
- 신체적 발달의 각 측면은 양가 감정을 불러일으키는 경향이 있다.
- 고립의 욕구가 증대된다. 10대 청소년들은 가족이나 또래집단으로부터 떨어져 혼자 있기를 원할 때가 많다. 그들은 프라이버시를 중요시하고 때때로 백일몽을 꿈꾼다.
- 정서성이 증대된다. 격정적이 되어 쉽게 노하거나 삐치거나 울기를 잘한다. 사랑은 쉽게 증오로 변화되고, 자랑스러움은 수치심으로 급변한다.
- 지나치게 수줍어한다. 급격한 신체적 변화 때문에 자신의 신체에 대하여 민감하게 반응하고 조그만 일에도 쉽게 당황한다.
- 불안감이 증대된다. 불안이 증가하면서 자신감이 떨어진다.
- 때로는 권위에 대한 반항적 감정이 드러나면서 부모들을 당황하게 만들고, 자기 스스로도 힘든 날이 시작되었다고 생각한다.

3. 조숙과 만숙

또래의 청소년들에 비해 보다 빨리 신체가 성장하는 청소년들을 조숙한(early maturation) 청소년이라고 하고, 반대로 다른 청소년들에 비해 느리게 성장하는 청소년들을 만숙한(late maturation) 청소년들이라고 한다. 즉, 조숙한 청소년들이란 자신들과 같은 나이 또래 중에서 대개 성장 속도가 빠른 상위 20% 정도의 청소년을 뜻하고, 만숙한 청소년들이란 자신들과 같은 나이 또래 중에서 성장 속도가 느린 하위 20%에 속하는 청소년들을 뜻한다(한상철, 조아미, 박성희, 1999). 모든 청소년들이 같은 나이 때에 사춘기를 시작하고 끝내는 것이 아니기 때문에 자기 또래에 비해 먼저 성숙하게 되거나 또는 뒤늦게 성숙하기도 한다. 성장하는 청소년들에게 이러한 신체 성장 속도의 변화 차이는 매우 자연스러운 하나의 개인차 현상이다. 그러나 조숙한 청소년들이든 만숙한 청소년들이든 나중에는 평균적인 신체적 크기의 차이가 사라지게 되지만, 문제는 성장기의 청소년들에게는 이것이 하나의 민감한 사실로 작용하면서 크고 작은 심리적 반응을 야기할 수 있다는 점이다. 이를 성숙일탈가설과 조기성숙가설로 설명하기도 한다. 전자는 발달이 또래보다 늦거나 빠른 청소년들이 스트레스를 많이 경험한다는 가설이며, 후자는 조숙아의 경우 일찍 성숙하게 되면 아동기가 짧아져서 아동기의 즐거움을 제대로 느끼지 못하는 데 문제가 있음을 지적하고 있다.

조숙과 만숙의 심리적 효과는 분명하게 작용하고 있다. 조숙한 남자청소년들의 경우 심리적인 준비가 되지 않은 상태에서 어른과 유사한 신체 모양을 갖춤으로써 받게 되는 부담 때문에 심리적 건강이 악화될 가능성이 있다. 예를 들면, 청소년기 동안 자아발달을 확고히 하기에는 그 기간이 만숙아들보다 짧기 때문에 자아정체감의 혼란을 보다 크게 경험한다. 음주, 흡연, 성관계 등과 같은 성인의 행동에 대해서도 더 많은 유혹을 받게 된다. 그러나 늦게 성숙하는 또래 청소년들에 비해 유리한 위치에 서기도 하는데, 또래 청소년들과 어른들에게 보다 매력 있게 보일 수도 있고, 유능한 것으로 지각되기도 하며, 스스로를 더 긍정적으로 지각하기도 한다. 특히, 운동능력에 관련되는 일이거나 신체적인 힘에 직접적으로 연결되는 일에 대해서는 보다 유리한 입장에 설 수 있다. 나아가서 만숙아들과의 신체적 성숙도의 차이가 없어진 지 오래되었지만, 이러한 혜택이 어느 정도는 성인기까지 지속되는 것으로 보고되기도 한다. 이에 비해 만숙한 남자청소년은 긴장되어 있고 말이 많으며 나서기를 좋아하는 것으로 평가된다. 사고의 유연성이 많고 직관적이며 새로운 상황에서의 모호함을 견디는 능력이 더 큰 것으로 나타나는데, 이는 성인기에 대한 심리적인 준비를 할 여유가 그만큼 많았기 때문일 것이다.

조숙한 여자청소년들의 경우에는 조숙한 남자청소년들에 비해 얻는 혜택이 별로 없다. 또래 여학생들과 잘 어울리지 못하고 일탈청소년들과 어울릴 가능성이 높다. 또래 여학생들과 다르다는 이유만으로 심리사회적 스트레스에 노출되고, 그로 인해 정서적인 문제에 대응하는 능력이 상대적으로 약할 수 있다. 지난 10년 동안의 많은 연구들을 볼 때 조숙한 여자청소년들은 만숙한 여자청소년들에 비해 담배와 술을 하고, 우울하고, 섭식에 문제가 있고, 부모로부터 일찍 독립하려고 하고, 나이가 많은 친구를 가질 가능성이 높다. 그들의 신체적 성장은 남자들과 일찍 데이트를 하게 만들고 일찍 성 경험을 하게 한다. 또 조숙한 여자청소년들은 성인이 되었을 때 교육적·직업적 성취가 떨어진다는 연구결과도 있다. 조숙한 여자청소년들은 일찍 성숙하지만 사회적으로나 인지적으로 미성숙하기 때문에 자신의 발달에 미치는 장기적 영향을 인식하지 못한 채 보다 쉽게 문제행동에 빠져든다는 것이다(Santrock, 2005). 〈표 3-4〉는 조숙과 만숙의 남녀청소년의 차이이다.

〈표 3-4〉 조숙과 만숙

	남자청소년	여자청소년
조숙	• 보다 남성답고 매력적으로 여겨진다. • 보다 인기 있고 자신감이 많다. • 학교에서 문제행동을 보일 가능성은 다소 높다. • 연령에 맞는 적극성과 호기심이 더 적을 수 있고 보다 복종적일 수 있다.	• 보다 인기 있고 보다 일찍 더 자주 데이트를 한다. • 또래 압력에 보다 취약하다. • 학교에서 이른 성 경험 등의 문제를 일으킬 가능성이 더 높다. • 학교성적이 좋지 않다. • 정서적 고통을 더 많이 경험한다. • 긍정적인 신체 이미지가 더 적다.
만숙	• 보다 부자연스럽고 어린애 같으며 관심 추구를 더 많이 하는 것으로 여겨진다. • 고집이 보다 센 것으로 여겨지며 의존적이다. • 성인기에 보다 단호하며 융통성이 있고 통찰적이다.	• 반사회적 행동의 참여 압력을 덜 경험한다. • 보다 균형 있고 단호하다. • 현재의 시대 경향에 보다 부합되는 신체 이미지를 갖는다. • 부모와의 문제가 더 적다. • 변화와 도전에 적응할 수 있는 시간이 더 많다.

출처: Kaplan, P. S. (2004). *Adolescence*. New York: Houghton Mifflin Company.

4. 사회문화적 고려

▸▸ 사회문화적 측면

청소년의 신체특징에 대해서는 사회문화적 측면을 고려해야 한다. 신체적 매력의 측면에서 볼 때 비만 체형인 사람들은 보통 체형의 또래들보다 더 부정적인 평가를 받을 뿐만 아니라 그 평가는 대인 간 상호작용의 질에도 실제적인 영향을 미친다. 동일한 결과가 남녀 모두에게 사실로 판명되었다. 실제 상황에서 사회적으로 반응할 때에도 보통 체형의 사람들에게 더 잘 접근하는 경향이 있었던 반면, 비만 체형의 아동 및 청소년들은 회피되는 경향이 있었다. 또 외모에서 낮은 평가를 받은 아동 및 청소년들은 좀 더 매력적인 급우들보다 선생님에게 대들거나 소리까지 질러대는 부적응적인 행동을 더 많이 보여 주고 있다. 덜 매력적인 학생들의 또래들은 그들을 지도자로 선정하지 않으려는 경향이 있고, 자신들의 활동에서 그들을 제외하는 경향이 있다. 반면, 매력적인 아동들의 행동은 학교적응과 더 일치하는 것으로 평가되고, 신체적으로 매력적인 여성은 긍정적인 행동 속성에서 덜 매력적인 여성들보다 높은 평가를 받고 있다. 그러나 신체적인 매력은 역사적으로 또 문화권에 따라서 달라질 수 있다. 서로 다른 문화적 맥락에서 그러한 기준은 엄청날 정도로 차이가 난다. 미국의 문화인류학자 베네딕트(Ruth Fulton Benedict, 1887~1948)가 지적한 것처럼 사회적 통념이 뚱뚱함에 대하여 좀 더 인내적이며 수용적일 수 있고, 또 중앙아프리카의 일부 지방에서는 비만이 이상적인 여성미일 수 있다(정옥분 외 공역, 1999).

외모가 매력적이지 않은 청소년의 경우 주위로부터 부정적 평가로 이루어진 피드백을 자주 받게 된다. 표적이 된 청소년은 부정적 반응과 부정적 자기 충족 예언(self-fulfilling prophecy)으로 반응할 수 있다. 외모의 매력이 낮은 수준으로 평가되거나 신체적으로 미성숙했다고 평가되는 만숙 청소년들은 사회, 학업, 그리고 대인 적응을 빈약하게 하고 자신의 자아개념을 낮추거나 스스로에게 부정적 감정을 발달시키는 것으로 반응할 수 있다. 이러한 순환적 상호작용의 최종 결과는 청소년기 동안의 행동 및 적응 문제를 일으키게 된다. 비행청소년들은 그렇지 않은 청소년들보다 신체 매력에서 낮은 평가를 받았다는 연구결과가 이를 뒷받침하고 있다. 즉, 신체적으로 매력적이지 않은 것이 사회적 거부를 초래하고, 이러한 결과가 비행에 기여하는 환경맥락의 한 요인이 된다.

▶▶ 환경맥락 요인

청소년기의 조숙과 만숙 변화에 관한 연구들을 볼 때 마찬가지로 환경맥락 요인이 고려되어야 한다. 사춘기 동안 신체성숙 상태는 (1) 개인의 신체발달 시기가 다른 사람에게 어떻게 영향을 주는가, (2) 청소년의 신체성숙 정도에 대한 타인의 반응에 따라 그 사람의 미래발달이 어떻게 달라지는가와 같은 환경 맥락적 변인이 고려되어야 한다. 또래와 성인 모두 조숙과 만숙 두 집단에 대해 매우 다른 평가를 내린다. 만숙 청소년들은 특히 덜 긍정적인 평가를 받는다. 만숙 청소년들은 사춘기가 연장되기 때문에 잠복기를 더 장기간 경험한다. 그들은 의존 욕구를 보이며 사회적 지위와 사회적 수용 수준이 낮다. 부모에 대해서는 부정적인 태도를 보이며 낮은 자아개념을 갖는 경향이 있다. 이 과정에서 그들은 자원이 더 많아지며 문제처리에 대해 융통성을 더 기르게 된다. 이와는 달리 성인과 더 비슷하게 보이는 조숙한 청소년들은 타인으로부터 더 긍정적인 평가를 받으며 좀 더 긍정적인 적응 형태를 보인다. 더 운동선수답고 흔히 사회적으로 더 성공적이다. 장기 종단연구에서 밝혀진 바에 따르면, 조숙 효과의 일부는 청소년기 이상으로 연장되어 실제 성인기 적응과 장래 관계에 영향을 미친다. 그러나 조숙에도 부정적인 측면이 있다. 성인이 되었을 때 더 엄격하고 도덕적이며 동조적이 되는 경향이 있다. 반면, 만숙 청소년들은 모호함과 새로운 문제처리에 있어 생애 후반기에 적응을 더 잘한다.

조숙과 만숙의 의미는 사회문화적 맥락 안에 새겨져 있다. 즉, 조숙과 만숙의 의미는 문화적 패턴, 문화적 맥락에 따라 수정될 수 있고 달라질 수 있다. 조숙과 만숙의 청소년들은 서로 다른 역할모델, 또래 친구나 데이트 상대자들을 추구할 수 있다. 같은 연령의 소년에 비해 성적으로 외모가 더 성숙하고 신체발달이 훨씬 더 조숙한 소녀들은 자신과 사회환경 간에 독특한 양방향적 관계를 유도할 수 있다. 예를 들면, 그들은 더 일찍 데이트를 하고 성적으로 활발해지며 결혼 및 이혼 확률은 더 높아진다. 소녀의 생물학적 특징이 사회적 평가, 사회적 기대, 그리고 사회적 행동과 상호작용하는 것은 분명하다. 그러므로 사춘기 도래 시점에 따라 서로 다른 인생과정과 패턴이 작동되는 경향이 있다. 다시 말해, 개인의 특성과 사회 압력 간의 상호 관련성이 서로 다른 발달결과를 가져오게 된다.

이러한 사례들은 체형, 신체적 매력, 조숙과 만숙 등의 신체적 특성이 사회에서 어떻게 달리 평가되며, 청소년이 사회환경 맥락 내의 여러 다른 사람들로부터 다양한 반응을 이끌어 낼 수 있음을 보여 준다. 청소년기 동안 이루어지는 이러한 평가들은 의미 있는 중요성을 갖는다. 왜냐하면 청소년들은 사회적 피드백이면 어떠한 종류일지라도 매우 민감하게 되지만, 그 자신이 그러한 부정적이고 부적절하며 악의적인 평가를 무시하는 데 필요한 확고한 정체감을 아직 갖추고 있지 못하기 때문이다. 의미 있는 다른 사람들로부터 오는 이러한 평가와 반응은 사회적 배경을 구성하게 되고, 표적이 된 사람의 장래발달에 영향을 줄 강력한 피드백이 된다. 생애 초기에서 의미 있는 다른 사람, 나중에는 그들의 행동과 그에 대한 그 사람의 반응, 그리고 일반화된 다른 사람이 끊임없이 그 사람을 수정한다는 생각은 사회적 상호작용주의 이론의 또 다른 주요 구성성분이 되고 있다(Muuss, 1996).

5. 청소년과 스트레스

▸▸ 청소년비행

2006년 현재 우리나라에서 학교를 다니고 있는 학생은 초등학교 392만 5,043명, 중학교 207만 5,311명, 일반계 고등학교 128만 1,508명, 전문계 고등학교 49만 4,349명, 전문대학 81만 7,994명, 교육대학교 2만 5,881명, 특수학교 2만 3,394명, 그리고 종합대학교 188만 8,436명이다. 이들을 모두 합친다면 재학생 인원은 총 1,053만 1,916명이다. 물론 청소년기본법에서 정한 9세 이상 24세 미만에 포함되지 않은 8세의 초등학교 학생 수도 포함된 숫자이다. 그리고 15~24세의 청소년 경제활동인구는 2006년 현재 180만 7,000명이다. 이 중 남자청소년이 24.3%, 여자청소년이 35.5%로 군입대 등의 영향으로 여자청소년의 경제활동 참가율 수치가 높게 나타나고 있다. 2006년 15~24세 청소년 비경제활동인구는 417만 6,000명으로 이들 중 87%는 정기적으로 학교 또는 학원을 다니고 있는 경우이다. 한편, 19세 미만의 2006년 현재 청소년비행의 동향을 살펴보면, 소년범죄는 9만 2,643명, 학생범죄는 5만 8,463명이다. 이 중 절도, 횡령, 사기 등의 재산범이 38.1%, 폭행, 공갈, 상해 등의 폭력범이 23.9%, 교통방해, 도주차량 등의 교통사범이 21.2%, 살인, 강도, 강간 등의 강력범이 2.7%이다. 그리고 청소년 마약류사범은 7,711명, 환각물질 흡인사범 683명이다(청소년백서, 2007).

국가청소년위원회(2006)의 조사에 따르면 청소년의 대부분을 차지하고 있는 학교 청소년들은 44.2%가 일상생활 스트레스를 경험하고 있고, 고등학생(47.7%)이 중학생(40.9%)보다 더 많이 일상생활 스트레스를 경험하고 있다. 초등학교 학생들도 여러 가지 이유 때문에 크고 작은 스트레스를 경험하고 있는 것으로 나타나고 있다. 청소년들이 발달상의 스트레스를 보편적으로 받고 있음을 감안할 때, 이러한 수치는 청소년들 중 절반 이상은 스트레스 문제로 어려움을 겪고 있는 것으로 판단된다. 스트레스의 종류도 매우 다양해서 학업 스트레스, 부모 스트레스, 물질 스트레스, 외모 스트레스, 과외 스트레스, 친구 스트레스 등 그 가짓수가 매우 많다. 한편, 우리 주변에서 일어나고 있는 주요 생활사건의 속성이 스트레스를 유발한다는 관점에서 생활사건의 스트레스가 개인생활에 미치는 영향을 고려하여 스트레스의 양을 〈표 3-5〉와 같이 평가한 척도도 있다(Holmes & Rahe, 1967).

〈표 3-5〉 홈스와 라헤의 사회재적응 평가척도

생활사건(요인 항목)	평가척도	생활사건(요인 항목)	평가척도
1. 배우자 사망	100	23. 자식들의 출가	29
2. 이혼	73	24. 법적 분쟁	29
3. 별거	65	25. 큰 성과의 획득	28
4. 교도소 수감	63	26. 아내의 직장 근무 혹은 퇴사	26
5. 가까운 가족의 사망	63	27. 입학 또는 졸업	26
6. 큰 부상의 질병	53	28. 생활 조건의 변화	25
7. 결혼	50	29. 개인 습관의 변화	24
8. 직장에서의 해고	47	30. 보스와의 다툼	23
9. 별거 중 재결합	45	31. 작업시간 조건의 변화	20
10. 정년퇴직	45	32. 주거지의 변경	20
11. 가족 건강의 변화	44	33. 학교의 변동	20
12. 임신	40	34. 레크리에이션의 변화	19
13. 성적인 문제	39	35. 교회활동의 변화	19
14. 새 가족이 생김	39	36. 사회활동의 변화	18
15. 사업상의 재적응	39	37. 1만 달러 이하의 저당	17
16. 재무 상태의 변동	38	38. 수면 습관의 변화	16
17. 친한 친구의 죽음	37	39. 가족 구성원 수의 변화	15
18. 직장을 옮김	36	40. 식생활의 변화	15
19. 배우자와의 불화	35	41. 휴가	13
20. 1만 달러 이상의 저당	31	42. 크리스마스	12
21. 저당권의 처리	30	43. 경범죄	11
22. 직책의 변화	29		

이 검사는 지난 한 해 동안 어떤 생활사건이 자신에게 일어났는지를 살펴보고 그에 대한 평가척도 점수를 합산하여 스트레스의 양을 측정하는 것이다. 예를 들어, 어떤 한 해 220점 이상의 생활 변화를 경험하였다면 다음 해에 심각한 건강문제를 초래할 확률은 50%이고, 300점 이상의 변화를 경험하였다면 그 확률은 75%가 된다는 것이다. 이 척도에는 매우 긍정적인 사건도 스트레스가 될 수 있다는 점을 지적하고 있는데, 긍정적인 사건조차도 어느 정도의 재적응과 조정을 요구하기 때문이다. 예를 들어, 결혼은 일상적인 생활에서 여러 가지 절충과 변화를 요구하고 있고, 이것은 긍정적인 사건과 연합되어 있다 하더라도 항상 그 대가를 반영하게 된다.

▸▸ 학업 스트레스

한국의 청소년들에게 가장 큰 고민거리는 공부와 진학이다(장휘숙, 2000). 대학진학이 출세의 필수조건으로 인식되면서 부모나 교사들은 공부하라는 소리로 하루를 시작하고 하루를 끝낸다. 중학생의 65.5%와 고등학생의 72.2%가 공부문제로 스트레스를 받고 있다. 이에 따라 그들의 주관적 행복도 낮을 수밖에 없고, 고등학생들이 모든 연령층에서 가장 낮은 행복도를 보인다. 한국과 중국 및 일본의 중학교 1학년부터 고등학교 3학년까지의 청소년들을 고르게 표집한 결과, 3개국의 청소년들 모두 공부와 성적 및 진학이 가장 걱정된다고 응답하였다(청소년백서, 1997). 그러나 세 나라 가운데 일본의 응답률이 한국이나 중국에 비해 20% 정도 낮게 나타나 일본청소년들이 공부에 대한 중압감을 보다 적게 느끼고 있음을 보여 주었다. 삶에 대한 인식을 묻는 질문에서도 일본청소년들은 '장래를 생각하기보다는 현재를 즐겁게 보내는 것이 좋다.' 는 응답을 많이 하여 그들이 미래보다는 현재 지향적 태도를 지니고 있음을 보여 주었다. 대학연령에 해당하는 18세부터 24세까지의 한국, 중국, 일본 청소년들의 고민과 걱정거리를 비교한 결과에서도 한국청소년들의 가장 큰 스트레스는 여전히 공부문제임을 보여 주었다.

▸▸ 스트레스의 정의

스트레스라는 말은 수세기 전 라틴어의 '팽팽하게 죄다(stringer)' 의 뜻에서 유래하였다. 이후 string, strest, straisse 등으로 쓰이다가, 17세기에는 어려움, 역경, 고생, 고난이나 궁핍 혹은 고통의 의미로 쓰였고, 18~19세기에는 물질, 사람 혹은 사람의 힘이나 압

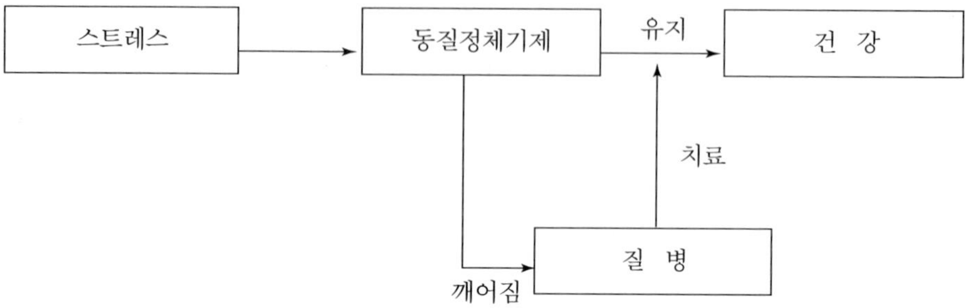

[그림 3-3] 스트레스와 동질정체기제

력, 물리적 압박의 의미로 쓰이다가, 19세기 말부터 의학에서 인간의 질병기제를 설명하기 위해 스트레스 용어가 도입되었다. 그리고 19～20세기 초에는 생물학적 과정을 기술하기 위하여 스트레스라는 용어가 사용되었다. 스트레스는 [그림 3-3]과 같이 유기체의 내적 동질정체기제(homeostasis mechanism)를 파괴하는 정신적 · 신체적 자극으로 규정하기도 한다. 즉, 스트레스는 개인의 심리적 · 생리적 동질정체를 깨트리는 어떤 혼란스러운 사건이며, 스트레스에 대한 반응은 동질정체를 다시 확립하도록 도움을 주는 심리적, 신경학적 및 내분비선적 적응 세트(adaptive set)라는 것이다. 또 스트레스원이나 환경적 욕구에 대한 유기체의 반응을 스트레스로 규정하기도 하고, 자극욕구 수준과 사태의 자극치 사이에 큰 차이가 있을 때 이를 스트레스로 보기도 한다. 스트레스란 적응하기 어려운 상태에 처할 때 느끼는 심리적 · 신체적 긴장 상태를 뜻하기도 한다. 즉, 어떤 개인에게 주어지는 자극이 적절한 긴장 수준에서 지나치게 이탈할 때 스트레스를 경험하게 된다는 것이다.

▸▸ 자극-반응으로서의 스트레스

환경은 크게 물리적 자극(physical stimulus)과 심리적 자극(psychological stimulus)으로 구분된다. 스트레스는 유스트레스(eustress)과 디스트레스(distress)로 구분할 수 있다. 전자는 양성 또는 순기능적 스트레스이며 업리프트(uplift)를 포함하고 있다. 업리프트란 일상생활에서 사소하지만 기분 좋은 일들을 뜻한다. 후자는 악성 또는 역기능적 스트레스이며 커다란 생활사건의 변화를 겪게 되는 거시적 스트레스(life big event)와 일상생활에서 사소하지만 짜증을 불러일으키는 미시적 스트레스인 헤슬(hassles)로 구별된다. 헤슬은 우리들의 일상생활 속에서 사소하지만 기분을 불쾌하게 하고 짜증을 불러일으키는 사건들을 뜻한다. 이를 모두를 합쳐 자극으로서의 스트레스라고 칭한다.

자극으로서의 스트레스는 일종의 외적 자극이다. 그러나 비슷한 강도의 외적 스트레스라고 하더라도 이를 잘 극복하는 청소년들이 있는가 하면 잘 견뎌 내지 못하고 힘들어하면서 적응 수준이 크게 떨어지는 청소년들도 있다. 이는 모두 객관적인 스트레스 자극 사태에 대하여 서로 다르게 반응하기 때문이다. 심지어 동일한 사람이 겪는 스트레스도 장소와 시간에 따라 서로 다르게 경험되는 것이 특징이다. 이를 반응으로서의 스트레스라고 한다. 따라서 스트레스에 대하여 어떻게 반응하느냐가 연구의 초점이 되고 있다. 반응으로서의 스트레스는 여러 가지가 있지만 통제 가능성 여부, 예측 가능성, 스트레스 평가 태도, 극복책략, 학습과정, 성격 등에 따라 스트레스에 대한 경험은 크게 달라진다. 즉, 스트레스를 주는 것 자체가 문제가 되는 것이 아니고 심리적으로 어떻게 지각하고 평가하느냐, 어떻게 극복하느냐, 어떤 결과를 기대하느냐, 그리고 그에 대해 어떤 감정을 갖느냐에 따라 서로 다르게 나타난다. 그러므로 청소년 자신의 스트레스 조절능력이 보다 중요하다 하겠다.

▸▸ 스트레스와 부적응행동

스트레스를 받았을 때 TV를 시청한다든지 맛있는 음식을 먹는 것 등이 스트레스에 적응하는 방법이고, 이와는 달리 스트레스원을 변화시킨다든지 그에 대한 반응을 달리하는 것이 극복이다. 그러나 지금까지의 연구결과 TV를 보는 것이나 맛있는 음식을 먹는 것이 스트레스의 긴장에서 벗어나는 데 별 효과가 없는 것으로 알려지고 있다. 피로하고 우울할 때 잠을 자는 것도 스트레스로부터 해방되는 한 가지 좋은 방법이지만, 지나친 수면은 건전한 치유방법이 될 수 없다. 스트레스를 받게 되면 술, 담배, 그리고 커피를 찾는 사람이 있는데 이는 스트레스에 순응하는 것이다. 석 잔, 넉 잔의 커피를 마시면 사람은 그 때문에 더욱 긴장하게 된다. 담배를 피우면 심장박동이 높아지며 아침에 잠자리에서 일어나기가 어렵다. 더욱 불안해지면 그것을 극복하기 위하여 다시 담배를 피우게 된다. 일시적으로 그리고 비교적 쉽게 긴장을 해소시키는 것이 술이다. 그러나 이를 과다하게 섭취하면 그것이 곧 스트레스를 증대시키는 결과를 가져온다. 진정제, 마리화나, 코카인은 긴장을 이완시키는 데 매우 큰 효과가 있으나, 그에는 무서운 부작용이 따른다. 즉, 현실적인 결심이 불가능해지며 심한 스트레스만 증대시키는 결과를 가져오게 된다(이현수, 1996).

▶▶ 스트레스와 질병

스트레스를 받게 되면 흔히 병이 생긴다. 그러나 스트레스 자체가 병을 유발하는 직접적 원인은 될 수 없다. 직면한 스트레스를 극복하기 위해 적절하지 못한 극복책략을 사용할 때 그것이 질병을 유발하는 직접적인 원인이 된다. 스트레스를 받은 사람이 그것을 효과적으로 극복하게 되면 정복감을 느끼지만, [그림 3-4]와 같이 실패하게 되면 피로가 오고 조직이 손상되기도 하는데, 그 상태가 곧 질병이다. 특히, 스트레스에 직면하였을 때 그에 대한 극복책략이 머리에 떠오르지 않게 되면 심한 불안감과 공허감을 느끼는데, 이것이 신체적 조직 상실의 원인으로 작용한다. 그리고 생리적 과정에는 특정한 이상반응이 오는데, 이것이 곧 질병이다. 스트레스는 전염병을 유발하는 원인으로 작용한다. 사람이 스트레스를 받게 되면 호르몬이 분비되어 면역기능 조절을 한다. 카테콜아민(catecholamine), 에피네프린(epinephrine), 노르에피네프린(norepinephrine), 코르티솔(cortisol), 성장 호르몬(growth hormone: GH), 엔도르핀(endorphin) 같은 것들이 면역기능 조절을 한다. 그런데 우리가 스트레스를 받게 되면 여러 가지 행동을 하게 되는데, 이것이 곧 면역기능을 손상시켜 신체적 질병을 유발하는 일차적 원인이 된다. 예를 들어, 우리가 스트레스를 받게 되면 그것을 극복하기 위해 술을 마시기도 하고, 커피를 마시기도 하고, 담배를 피우기도 하고, 많은 수면을 취할 수도 있다. 그러나 이러한 행동은 모두 부적응적 행동 습관으로 자신의 면역기능을 크게 떨어뜨리는 결과를 가져오게 된다(이현수, 1995).

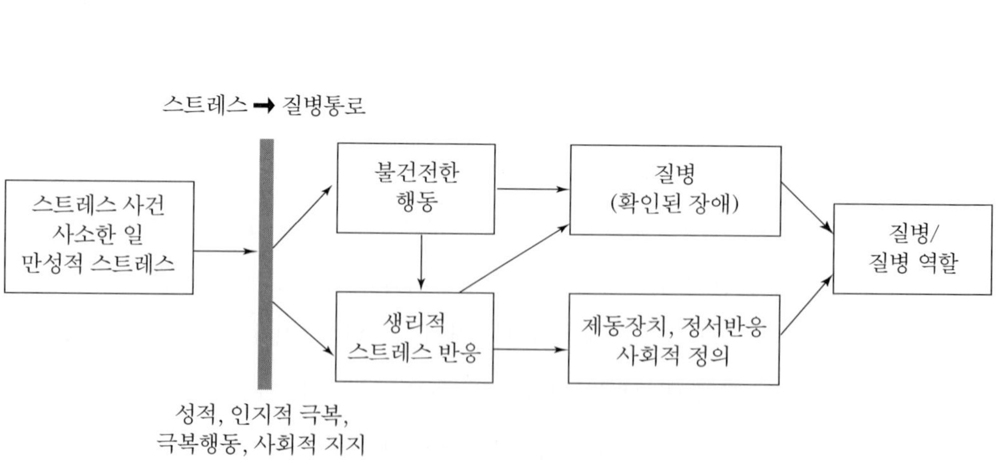

[그림 3-4] 스트레스와 질병경로

▸▸ 스트레스의 심리적 요인

스트레스에 관하여 강조할 점은 스트레스가 신체적인 것이라기보다는 심리적인 것이라는 사실이다. 몸에 난 상처가 스트레스를 주는 것이지만, 불확실성은 그보다 더한 스트레스를 줄 수 있다. 예를 들어, 처음으로 헌혈을 할 때는 혈중 코르티솔 수준이 급격히 상승하여 명백한 스트레스를 보이지만, 같은 사람이 헌혈을 두 번째 하는 경우에는 그 수준이 거의 증가하지 않는다. 두 경우 모두 동일한 양의 혈액이 손실되었으나 두 번째 헌혈 시에 코르티솔 증가의 차가 나타난 것은 헌혈에 따르는 불확실성이 첫 번째보다 두 번째 헌혈 시에 줄었기 때문이다. 또 공군의 낙하산 훈련병의 코르티솔 수준은 첫 번째 낙하 후에는 매우 높았으나 두 번째 낙하 후에는 전혀 증가하지 않는다는 사실이나, 스트레스를 통제하지 못하는 사람은 스트레스를 통제할 수 있었던 사람보다 위궤양이 더 많이 발생한다는 실험연구 결과를 볼 때, 스트레스는 심리적 요인이 크게 작용하고 있음을 알 수 있다.

스트레스의 통제 가능성에 따라 스트레스의 수준도 크게 달라진다. 즉, 자기가 어떤 스트레스를 받았을 때 그것을 스스로 원만하게 통제 가능하다고 인지하였을 때에는 통제가 불가능하다고 인지하였을 때보다 강도가 약할 뿐만 아니라 보다 효과적으로 적응할 수 있다. 통제 수준은 사태에 대한 성공적 극복의 지표가 될 수 있고, 사태의 중요성에 대한 평가의 결과로 볼 수도 있다. 스트레스에 대한 예언 가능성의 정도에 따라 스트레스를 인지하는 수준은 달라진다. 즉, 스트레스의 예언 가능성이 높을 때에는 예언 가능성이 낮을 때보다 혐오감이나 불쾌감을 적게 느낀다. 스트레스의 평가태도에서 스트레스를 비관적으로 평가하고 그 결과를 부정적으로 평가하게 되면 스트레스의 강도는 커질 뿐만 아니라 그 영향도 장기간 지속된다. 예를 들면, 암과 같은 만성적 질병을 앓고 있는 사람은 감기와 같이 급성적 질병을 앓고 있는 사람과 비교할 때, 전자는 후자에 비해 자기의 질병을 비관적으로 지각하고 치료에 대한 부정적 결과를 기대하는 경향이 있다. 따라서 보다 심한 스트레스를 받게 되고 그 지속기간은 더 길어진다. 그뿐만이 아니라 그들은 우울증이나 무기력감과 같은 부정적 정서를 경험하는 일이 많다.

▸▸ 스트레스 극복책략

스트레스의 본질을 평가하고 나면 그것을 어떤 방법으로 극복할 것인가, 또 어떻게 대처할 것인가를 결정하게 된다. 극복책략이란 어떤 스트레스에 직면하여 그것이 자신에게 손상을 준다고 평가하였을 때 그것을 효율적으로 관리하는 방법을 모색하게 되는 수단을 지칭한다. 그 수단에는 몇 가지가 있다. 첫째, 문제 중심의 극복책략이다. 이 책략은 스트레스 자극의 변화를 시도하거나 또는 그것을 보다 효과적으로 관리하려고 시도하는 것이다. 예를 들어, 자신에게 어떤 신체적 증상이 나타났을 때 그 증후의 정체가 무엇이며 그 증상을 유발한 원인은 무엇인가를 보다 적극적으로 탐색해 본다. 또 자신이 졸업에 필요한 과목에서 낙제하게 될 것이라는 경고를 받았을 때, 담당교수와 상의하고 그 요구들을 충족시키는 공부 스케줄을 세우고 실천하는 것이다. 만약 남은 시간에 담당교수의 요구를 모두 다 충족시킬 수 없다면 계절학기에서 재수강할 수 있다. 이들 두 가지 사례는 모두 문제에 초점을 둔 대처방법들이다.

둘째, 정서 중심의 극복책략이다. 이 책략은 자신이 자극에 직면하기가 매우 어렵거나 거의 불가능하다는 판단이 섰을 때 또는 어떤 문제가 통제 불가능하고 판단되었을 때 그것을 거부하는 경향이 있는데, 이를 통하여 자신은 불안에서 벗어나게 된다. 정서 중심의 극복책략은 행동적 책략들과 인지적 책략들로 구분되기도 한다. 전자는 문제에 대해 마음을 쓰지 않기 위해서 신체적 운동을 하는 것, 알코올이나 기타 약물을 사용하는 것, 분노를 터트리는 것, 그리고 친구들로부터 정신적 지원을 구하는 것을 포함한다. 후자는 문제에 대한 생각들을 일시적으로 밀쳐 두거나 상황의 의미를 변화시킴으로써 위협을 감소시키는 것이다. 예를 들면, 문제를 걱정할 가치가 없다고 작정하거나, 애인의 배신이 자신에게 매우 중요하지는 않다고 작정하거나 또는 심장발작 증후군을 경험한 사람이 일단 자기 자신의 심장이 발작을 일으켰다는 사실을 부정하고 이를 통해서 불안에서 벗어나고자 하는 것이다. 물론 이 때문에 치료가 지연된다. 그러나 어떤 인지적, 행동적 책략들은 적응적일 수 있지만, 심하게 술을 마시는 것과 같은 책략은 개인에게 더 많은 스트레스를 일으킬 뿐이다. 정서 중심적 책략들은 위험의 객관적 조건을 변경시키지 못하며, 단지 그 사람이 위험에 대해서 지각하거나 생각하는 방식만을 변화시키기 때문에 자기기만의 요소를 내포하고 있다. 정신분석에서는 이러한 책략들을 방어기제라는 용어로 설명하였다.

효과적인 스트레스 극복을 위해서는 감내성과 같은 성격특성이 필요하다. 신념이나 생각만으로는 효과적인 극복을 기대할 수 없다. 감내성을 가진 사람은 자기 생활주변의 사건은 스스로 효과적으로 통제할 수 있다는 강한 신념을 가지고 있을 뿐만 아니라 실제 적극적으로 관여해서 해결해 보려고 한다. 그들은 또 환경 변화에 보다 효율적으로 적응할 수 있다. 그들은 인지적 통제기능 수준이 높아 스트레스 사태에서 새로운 의미를 찾기 위한 노력을 한다. 이러한 특징을 가지면 효과적으로 스트레스를 극복할 수 있고, 또 거기에서 오는 질병 및 피로도 효과적으로 치유하고 극복할 수 있다.

사회적 지지는 스트레스 극복에 큰 도움이 된다. 사회적 지지는 몇 가지 측면에서 생각해 볼 수 있다. 자신이 남의 사랑을 받고 있으며 남이 자기를 보살펴 주고 있다고 믿는 것은 정서적 지지이며, 자신이 직접 도움을 받고 남들이 자기에게 봉사하고 있다고 생각하는 것은 신체적 지지이다. 또 남들이 자신의 잠재적 가능성이나 문제에 대해 충고나 정보를 보내 주고 있다고 믿는 것은 정보적 지지이다. 이러한 것들 모두를 포함하는 사회적 지지는 스트레스 반응과 밀접한 관련이 있다. 예를 들어, 사회적 지지를 받을 수 있고 남편의 도움을 충분히 받을 수 있다고 생각하는 산모의 경우 분만에 대한 두려움은 적다. 남편이 분만과정을 지켜보는 데서 분만하는 산모는 심한 진통을 겪지 않는다. 사회적 지지 수준이 높은 사람일수록 건강 상태가 좋다. 왜냐하면 그들의 정신생리적 반응이 매우 활발하기 때문이다. 이것들은 모두 사회적 지지가 인간행동에 직접 영향을 준다는 사실을 입증하는 것이다.

▸▸ 마음가짐

결과적으로 우리는 스트레스의 늪 속에서 생활하고 있다. 언제 어디를 가나 우리 주위에는 수많은 스트레스가 있다. 따라서 우리는 스트레스에서 완전히 해방될 수 없다. 가능하다면 그것은 진공상태의 환경이다. 그게 아니면 죽음만이 스트레스에서 완전히 벗어나는 길이 될 것이다. 그러므로 우리가 할 수 있는 것은 지혜를 모아 그것을 적절하게, 즉 자기 특유의 방법으로 조절해 나가는 것뿐이다. 이것이 효과적으로 수행되면 학교생활과 가정생활 및 사회생활은 즐거울 것이다. 우리는 스트레스에 순응하기보다는 그것을 극복해야 한다. 스트레스를 주는 근본 원인을 제거한다든지, 스트레스원이 뜻대로 조절되지 않지만 그 반응은 자기의 뜻에 따라 조절 가능하기 때문에 '실망하지 않는다' '절대로 포기하지 않는다' '나는 외롭지 않다' 는 등과 같이 적절한 정서반응으로 대처한다든지, 견고한 사회적 지지기반의 활동에 참여한다든지, 명상, 심상, 심호흡법, 적극적 주의집중 훈련법, 바이오피드백 훈련법 등과 같은 긴장이완의 기술을 습득한다든지, 자신의 건강을 스스로 관리하여 마음의 스트레스를 치유하는 적절한 운동습관을 길러 나간다든지 하는 식의 적극적인 스트레스 극복책략이 필요하다.

참고사항

❖ 베네딕트(Ruth Fulton Benedict, 1887～1948): 9장의 베네딕트를 참조할 것.

Part
02
청소년기에 대한 각 이론의 관점

제 ④ 장 • 청소년기에 대한 고대의 관점

제 ⑤ 장 • 청소년기의 생물학적 관점

제 ⑥ 장 • 청소년기의 정신분석학적 관점

제 ⑦ 장 • 청소년기의 심리사회적 관점

제 ⑧ 장 • 청소년기의 사회인지적 관점

제 ⑨ 장 • 청소년기의 문화인류학적 관점

제 ⑩ 장 • 청소년기의 인본 및 실존주의적 관점

제 ⑪ 장 • 청소년기의 맥락적 또는 생태학적 관점

제 ⑫ 장 • 청소년기의 학습이론적 관점

제 ⑬ 장 • 청소년기에 대한 그 외의 관점들

제 4 장

청소년기에 대한 고대의 관점

ㅁ **플라톤**(Platon, B.C. 427～347)

- 아동은 서로 다른 능력을 가지고 태어나기 때문에 자신의 적성에 맞는 활동에 종사하도록 지도되어야 한다.
- 6세가 되면 성에 따른 구분을 해야 한다. 남자 아이들은 남자 아이들끼리 놀게 하고, 여자 아이들은 여자 아이들끼리 놀게 하라.

ㅁ **아리스토텔레스**(Aristoteles, B.C. 384～322)

- 청소년들의 욕망은 가변적이고 변덕스러우며, 그것이 지속되는 동안에는 격렬하지만 이내 잠잠해진다. 그들이 지닌 충동은 강렬하지만 뿌리는 깊지 않다. 그들은 사랑과 명예 때문에 얕보임을 참지 못하고, 자신이 불공평하게 대우받는다고 생각하면 격분하게 된다.

ㅁ **중세 기독교**(500/600～1500)

- 아동은 성인의 축소판으로 세상에 오는 것이다. 따라서 아동은 발달하는 것이 아니고 이미 형성되어 있는 것이다.

▫ **코메니우스**(John Amos Comenius, 1592～1670)

- 교육이 바로 전 인류를 구원하는 길이다.
- 아동은 발달의 각 단계마다 고유한 특징, 곧 가르칠 수 있는 순간을 가지고 있다. 따라서 아동의 이해 수준에 맞는 교육절차, 즉 교육하기에 적합한 시기가 올바로 선정되어야 하고, 교육과정의 내용 순서는 쉬운 단계에서 어려운 단계로 조직화되어야 한다. 그리고 교사는 아동에게 엄격하기보다는 친절해야 한다.

▫ **로크**(John Locke, 1632～1704)

- 태어날 때 아동의 마음은 백지 상태와 같다. 그러므로 인간의 선과 악은 경험과 환경에서 기인하는 것이다.
- 자연 상태에서 만인은 평등하다.

▫ **루소**(Jean Jacques Rousseau, 1712～1778)

- 자연으로 돌아가라.
- 자연은 아동을 성인이기 이전에 아동이게 한다. 만일 우리가 이 질서를 가로막는다면 우리는 익지도 않고 맛도 없으며 순식간에 시들고 마는 설익은 과일을 만들 수밖에 없을 것이다. 즉, 철없는 젊은 교사들과 겉늙은 아이들이 만들어질 것이다
- 우리는 두 번 태어난다. 한 번은 생존(육체의 탄생)을 위해, 또 한 번은 생활(정신의 탄생)을 위해 …… 청소년기는 제2의 탄생기이다.

고대 청소년연구의 특징을 이해하기 위해서는 플라톤과 아리스토텔레스의 청소년 관련 사상을 이해하는 것이 중요하다. 그러나 그들이 살았던 시대보다 앞선 시대의 학자들도 많이 있는데, 그중에서도 그들의 사상에 직·간접적인 영향을 미친 철학자들의 생애와 사상을 간단히 정리해 볼 필요가 있다. 이를 정리하면 〈표 4-1〉과 같다.

〈표 4-1〉 플라톤과 아리스토텔레스보다 앞선 시대에 살았던 학자들

철학자	주요 사상 특징
탈레스(Thales, B.C. 640~550)	고대 그리스의 철학자로 만물의 근원을 추구한 철학의 창시자다. 만물의 근원은 물이며, 대지는 물 위에 떠 있는 것으로 생각하였다. 물의 철학자로 불렸다.
피타고라스(Pythagoras, B.C. 580~550)	그리스의 철학자 및 수학자로 우주는 수리관계의 지배를 받으며, 이것이 물질세계에 있는 사상의 원인이 된다고 주장하였다. 피타고라스는 만물의 근원을 수로 보았다.
엠페도클레스(Empedoklés, B.C. 490~430)	고대 그리스의 철학자로 만물의 근원은 흙, 공기, 물, 불이라는 4원소설을 주장하였다. 수흡기(Klepsydra)를 고안하여 공기의 무게를 최초로 측량하여 그 물질성을 나타내 보이기도 하였다.
소크라테스(Socrates, B.C. 470~399)	고대 그리스의 철학자로 인간문제에 깊은 관심을 가지고 청소년들 또는 마을 사람들을 대상으로 행복하게 하는 것은 무엇인가, 착하다는 것은 무엇인가, 용기란 무엇인가 등에 관하여 대화와 문답을 하면서 철학적 대화를 나눈 것으로 유명하다. 또 자신에 대한 물음은 자기를 지탱하고 있는 보이지 않는 것(초월)에 대한 물음이라는 의미에서 형이상학의 시조로 기록되고 있다.

플라톤(Platon, B.C. 427~347)은 그리스 아테네에서 출생하였고, 그리스의 철학자이자 교육자이며 심리학자였다. 그는 오랜 전통과 뿌리를 가진 아테네의 귀족으로 태어났고, 체육과 시문에 능하였다. 플라톤은 기골이 장대하고 운동선수와 같은 튼튼한 체격을 가지고 있었다. 또 실제 플라톤이라는 말은 그리스어로 '넓다'라는 의미를 가지고 있다. 플라톤은 20세 무렵

소크라테스의 제자가 되어 수학하였으나, 그의 제자가 된 지 10년도 안되어 그의 스승은 독배를 마시고 사망하였다. 이 역사적 사건을 계기로 플라톤은 정치에 대한 미련을 버리고 남부 이탈리아 등지로 유랑을 떠나게 되었다. 그때부터 플라톤은 인간존재의 참뜻이 될 수 있는 것을 추구하면서 철학(philosophia)을 탐구하기 시작하였다. 플라톤은 이때 남부 이탈리아를 유랑하면서 피타고라스(Pythagoras, B.C. 582~497)의 영향을 받게 되었다. 피타고라스 학파는 우주가 수리관계의 지배를 받으며 이것이 물질세계에 영향을 미친다고 보았다. 즉, 피타고라스 학파는 감각을 통해 경험할 수 있는 질료(matter)와 경험할 수 없는 숫자(number)로 구성된 이원론적 우주론을 주장하였는데, 플라톤은 이런 이원론에 많은 영향을 받아 그 자신도 이원론을 주장하게 되었다. 플라톤은 귀국 후 아테네에 정착해서 영웅 아카데모스를 모신 신역에 아카데미아(Akademeia)를 설립하였다. 아카데미아는 이후 그리스의 지적인 중심부가 되었고 아리스토텔레스와 같은 후학들을 길러내는 산실이 되었다.

플라톤은 많은 저작들을 남겼으나 그것이 저술된 실제적인 연대는 추측에 머물고 있다. 단지 기원전 약 399~387년 사이에 초기 대화편이 작성되었고, 약 387~367년 사이에 중기 대화편이 작성되었으며, 그리고 약 365~347년 사이에 후기 대화편이 저작되었을 것으로 추론되고 있다. 특히, 초기 대화편은 플라톤이 소크라테스의 영향을 가장 많이 받은 대화편이며, 그중의 하나가 소크라테스의 재판장면을 묘사한 『소크라테스의 변명(*Apologia de Socrates*)』이다.

1. 플라톤

"아동은 서로 다른 능력을 가지고 태어나기 때문에 자신의 적성에 맞는 활동에 종사하도록 지도되어야 한다."

"6세가 되면 성에 따른 구분을 해야 한다. 남자 아이들은 남자 아이들끼리 놀게 하고, 여자 아이들은 여자 아이들끼리 놀게 하라."

▸▸ 생득론

플라톤은 물질세계에 있는 모든 대상은 질료(matter)와 형상(form)으로 구분된다는 이원론(dualism)을 주장하면서 우리가 경험하는 것은 형상인 추상적 관념(idea)이라고 보았다. 형상을 질료로 환원해서 해석하려고 하면 그 실체를 잃어버리게 된다. 따라서 감각을 통해 경험하는 것을 검토함으로써 지식을 얻으려고 한다면 그 자체가 잘못이다. 감각적 정보는 의견을 제공해 주는 수단일 뿐이며 추상적인 관념, 즉 현상만이 진정한 지식의 근거라고 주장하였다. 플라톤은 인간이 감각을 통해 이데아를 경험할 수 없기 때문에 마음의 눈을 통해서만 그것을 경험할 수 있다고 주장하였다. 모든 인간들은 이 세상을 만들고 있는 이데아에 대한 완전한 지식을 자기 마음속에 가지고 있기 때문에 진정한 지식은 내성, 즉 자기 분석에서 나온다고 하였다. 그에 따르면 이러한 이데아에 대한 지식은 생득적이고, 지식의 습득이 선천적인 사고에 의해 설명될 수 있다. 또한 선천적인 사고는 아직 개발이 덜 되었고 분명하지 못하며 막연하기는 해도 태어날 때부터 존재한다고 보았다. 플라톤은 지식이 생득적이라고 생각했기에 생득론자(nativist)였으며, 지식이 이성을 통해서만 사용 가능하다고 보았기에 이성주의자(rationalist)로 불린다.

▸▸ 심신이원론

플라톤은 정신물리학적인 심신이원론을 주장하였다. 인간활동은 정신과 신체라는 두 개의 실체로 구성되어 있다. 진정한 지식은 합리적 영혼이나 정신에 의해서만 이루어질 수 있다. 그에 비해 신체는 감각이라는 불완전한 것에 한정되어 있다. 따라서 플라톤은 인간의 본성을 영혼과 육체라는 두 가지 측면으로 구분하였고, 육체와 영혼은 서로 다른 영역이며 양자 간에 다소의 상호작용이 있다 하더라도 영혼은 그 자체가 하나의 실체로서 자신의 정체를 상실함 없이 육체를 떠날 수 있다고 생각하였다. 영혼은 육체로부터 자유로워질 때 보다 분명하게 인식될 수 있고 이상 현실에 도달할 수 있다고 생각하여, “육체는 영혼의 무덤이다(soma sema).” 라고 밝혔다. 플라톤은 감지할 수 없는 사고의 영역에 도달하는 정신을 높이 평가하였으나 육체는 가볍게 평가하였다. 육체와 감각은 영혼이 이상 현실에 도달하는 것을 가로막는 속박이며, 육체는 물질이고 물질은 모든 결함을 가지고 있다고 보았다. 이러한 육체와 영혼에 대한 이원론적 견해는 이후 기독교 신학에서도 다시 등장하였고, 17세기의 철학적 사고, 특히 데카르트(René Descartes, 1596~1650), 라이프니츠

(Gottfried Wilhelm von Leibniz, 1646~1716), 그리고 스피노자(Baruch Spinoza, 1632~1677)에게 가장 중요한 화두가 되었다.

▸▸ 영혼의 세 가지 수준

플라톤의 사상, 즉 플라토니즘은 관념적이며 현상주의를 택하고 있다. 플라톤의 사상은 30여 편의 저서에 남아 있다. 한 편을 제외하고는 거의 모두 희곡작품이고, 여러 가지 논제를 둘러싸고 철학적인 논의가 오간 것이기 때문에 그가 남긴 얘기를 대화편이라고 부른다. 플라톤은 대화편인 『파이돈(*Phaedo*)』에서 영혼의 하위 구조에 대하여 언급하였다. 영혼은 세 부분 또는 층이나 수준으로 구분된다고 하면서 영혼의 최하위층을 인간의 욕망과 욕구로 묘사하였다. 이 수준은 오늘날 일종의 충동, 본능, 욕구로 표현될 수 있으며 프로이트의 원초아 개념과도 유사하다. 플라톤에 의하면 이 부분은 육체의 낮은 부분에 위치해 있으며 신체적인 욕구을 만족시키는 데 일차적인 관심이 있다. 여기에는 애정, 욕망, 공포, 온갖 종류의 망상, 끝없이 계속되는 어리석은 행위 등으로 가득 차 있으며 분별력은 찾아볼 수 없다는 것이다. 영혼의 두 번째 층은 용기, 신념, 절제, 인내, 그리고 담력을 포함하는 정신으로 공격성과 맹렬함도 여기에서 비롯된다. 인간이 가진 첫 번째 층과 두 번째 층은 동물에게서도 공유되는데, 이 두 층은 육체에 속해 있으며 육체와 함께 소멸된다. 세 번째 층은 신성하고 초자연적이며 영원한 것으로 우주의 본질을 이룬다. 이것이야말로 진정한 의미의 영혼이라 할 수 있는데, 플라톤은 이를 이성으로 표현하고 육체 안에 잠시 머무를 뿐이라고 하였다. 그의 이 같은 주장은 후에 성격의 층화라는 가정 위에 발전된 성격이론에 반영되기도 하였고, 인간이 성장함에 따라 먼저 성숙되었던 하위층이 상위층으로 대체되는 과정이 발달이라는 용어로 사용되기도 하였다(Muuss, 1996).

청소년과 관련된 이론 및 주장

▸▸ 행동통제

플라톤은 대화편, 특히 『법률(*Laws*)』과 『국가(*The Republic*)』에서 아동과 청소년의 행동통제에 관한 조언뿐만 아니라 그들에 대한 묘사와 설명을 여러 군데에서 기술하였다. 플라톤은 "유아기는 그 어느 시기보다도 습관에 의해 성격이 뿌리를 내리게 된다."고 하였으며, 이것이 아이를 망치게 할 것이라고 주장하였다. 청소년들은 아주 어렸을 때의 습관을 통해 성격이 형성된다고 보았다. 플라톤은 사고의 일부는 타고나는 것이며 경험하기에 앞서 이미 마음속에 존재한다고 생각하였다. 3~6세 유아의 경우 그들의 고집을 없애기 위해서는 스포츠라든가 또래와의 사회적 접촉이 필요하다고 보았다. 그는 아이들을 벌하는 것은 찬성했으나 모멸감을 주는 것은 반대하였다. 이 연령에서는 사회성 발달이 고려되어야 하고, 유아원 같은 곳에서 보모의 관리하에 또래들과 어울리는 것을 배워야 한다고 하였다. 그러나 그 나이에 맞는 자연스러운 오락방식을 그들 스스로 찾아야 한다고 하였다. 또 6세가 되면 성에 따른 구분을 해야 한다고 주장하였다. "남자 아이들은 남자 아이들끼리 놀게 하고, 여자 아이들은 여자 아이들끼리 놀게 하라." 남자 아이는 승마, 궁도, 투석을 배워야 한다. 18세까지는 술을 마시지 못하도록 해야 하는데, 그 이유는 쉽게 흥분하기 때문에 '불 위에 불을 더하지 말라.' 는 것이다. "청소년기는 그들의 열정 때문에 온갖 것에 간섭하고자 할 것이고, 이제 막 지혜의 맛을 보기 시작한 기쁨으로 모든 사람을 논쟁에 휘말리게 할 것이다." 라고 하였다.

▸▸ 교육철학

플라톤은 대화편 『국가』에서 자신의 교육철학을 전개하였다. 그는 환경의 영향을 받아 영혼이 발달되는 것이 교육이라고 생각하였고, 이를 '육체를 위한 체육과 영혼을 위한 음악' 으로 구분하였다. 어려서는 이성이 발달되지 않지만 감수성이 예민하므로 "마음속에 받아들인 것은 무엇이든 지울 수 없고 바꿀 수 없는 것이 되기 쉬워서…… 어린아이가 처음 듣는 말은 도덕적 사고의 모범이 되어야 하므로" 작가의 검열이 있어야 한다고 주장하였다. 이성적 사고와 비판적 사고는 주로 청소년기에 발달한다. 아동기에 음악, 체육과 함께 시작된 훈련은 수학이나 과학 공부와 함께 청소년기 동안 지속된다. 이러한 훈련을 거치면서 아이들은 진리를 발견하고 진리와 견해를 구분하게 된다. 플라톤은 대화편 『법률』에서 교육을 "아동기 동안 최초의 도덕적 본능에 적절한 습관을 형성함으로써 얻게 되는 훈련이다. 즉 기쁨, 우정, 고통, 그리고 증오는 그 본질을 이해할 수 없는 영혼에 뿌리박고 있지만, 이성에 도달하여 그들을 발견하면 이성과 조화를 이루게 된다." 라고 주장하였다. 또 아동은 서로 다른 능력을 가지고 태어나기 때문에 자신의 적성에 맞는 활동에 종사하도록 지도해야 한다고 보았다(정옥분 외 공역, 1999).

▸▸ 교육내용과 과정

7세 이전	• 가정에서 교육을 받되 동화와 신화를 중시
7～15세(제1 도야기)	• 국가에서 운영하는 학교교육을 받게 됨 • 음악과 체육을 중시 • 문예교육
15～20세(제2 도야기)	• 체육과 군사훈련을 받게 됨. 체육 전수기
20 ～30세(제3 도야기)	• 10년간 네 가지 자유교육(산수, 기하, 천문, 음악)을 받게 됨 → 교육이 끝남과 동시에 군인계급이 된 청년들은 여기서 교육을 끝마치게 됨
30～35세(제4 도야기)	• 선택된 통치자 계급이 될 청년 • 변증법과 형이상학을 중심으로 한 철인교육을 받고 치자가 될 준비 • 철학적 도야기
35～50세(제5 도야기)	• 풍부한 실제 경험 계속 • 정치, 군사의 실천 공부
50세 이후	• 지도자가 됨

▸▸ 인간의 본성

플라톤은 인간의 본성을 사람 몸의 세 부분, 즉 머리, 가슴, 배와 관련시켜 설명하고자 하였다. 머리 부분은 이성적 기능, 가슴 부분은 패기, 정력적 기백, 야망 등과 같은 기개의 기능, 그리고 배 부분은 성욕, 식욕 등과 같은 욕망의 기능을 갖고 있다고 하였다. 따라서 바람직한 인간이란 이 세 가지 기능이 갖고 있는 고유한 특성을 그대로 살리면서 머리 부분인 이성이 나머지 두 가지 기능을 적절히 조정・통제하도록 하는 사람이라는 것이다. 여기서 플라톤은 세 가지 기능 중 어느 하나도 소홀히 하지 않았고, 단지 세 가지 기능 중에 특히 이성의 역할을 강조하여 그것이 지혜를 발휘하여 가슴과 배의 기능을 조화롭게 조종하는 것을 매우 중요시하였다.

▸▸ 비판점

플라톤은 최초로 공교육을 주장하였다. 그러나 서민교육의 불필요성을 주장하였고, 교육 기회의 균등을 무시한 귀족적인 교육사상을 전개했다는 점에서 비판을 받고 있다. 또한 이상 국가를 실현하기 위해서는 완전무결한 철인 통치자들이 절대 정치권력을 가져야만 하고 철학자들은 진리를 사랑하는 사람들이기 때문에 결코 권력을 남용하지 않는다는 플라톤의 견해는 지나친 낙관론에 근거하고 있다. 아무리 교육과정이 잘 계획되고 잘 실행된다고 하더라도 완전무결한 인간을 만들어 낼 수는 없으며, 현실에 입각한 정치제도라면 이상적인 인간으로서가 아니라 실제 있는 그대로의 인간에게 관심을 더욱 두어야 할 것이다. 플라톤은 국가의 구성원인 개개인의 행복보다는 국가 전체의 질서와 안전에 더 관심을 쏟았기 때문에 자신의 이상에 합당한 안정된 국가를 세우기 위해서는 개인의 행복에 반드시 필요한 조건들의 희생을 어느 정도 요구하고 있다.

참고사항

❖ 남녀칠세부동석

남녀칠세부동석은 『예기』의 내칙편에서 그 유래를 찾아볼 수 있다. 여기서는 우선 아이가 여섯 살이 되면 '수와 방향' 의 이름을 가르쳤고, 일곱 살이 되면 '자리' 를 같이 하지 않고, 여덟 살이 되면 '소학' 에 들어간다고 되어 있다. 『예기』는 오경의 하나로 『주례』 『의례』와 함께 삼례라고 한다. 『의례』가 예의 경문이라면 『예기』는 그 설명서에 해당된다. 그 성립에 대하여는 분명하지 않으나, 전한의 대성인 공자(B.C. 552∼449)의 제자를 비롯하여 한시대의 유학자들의 손에 편찬된 것으로 알려지고 있다. 과거 조선시대에서도 남녀칠세부동석이라고 하여 일곱 살이 되면 남녀는 자리를 함께하지 못하게 한다는 예절상의 '내외법' 이라는 이름하에 법률화되고 강제되었다. 그러나 '자리 석(席)' 은 원래 '석(蓆)' 에서 나왔는데, 석은 깔개나 돗자리 까는 요를 말하는 것이므로 부동석은 한 자리에 앉지 않는다는 말이 아니고 한 이불에 잠을 재우지 않는다는 의미로 볼 수 있다. 또 남녀칠세부동석이라는 말 다음에 불공식이라는 말이 나오는 것으로 볼 때 이는 함께 앉아서 밥을 먹지 않는다는 뜻으로 유추된다. 한편, 『예기』가 편찬된 시기는 중국 한시대(B.C. 202∼A.D. 220)로 추정되기에, 플라톤(B.C. 427∼347)이 "6세가 되면 성에 따른 구분을 하여야 한다. 남자 아이들은 남자 아이들끼리 놀게 하고, 여자 아이들은 여자 아이들끼리 놀게 하라." 는 말보다 약 200년 이상 먼저 언급된 것으로 볼 수 있다.

❖ 초등학교의 남녀합반 수업

2007년 4월 1일 현재 우리나라의 전국 초등학교 수는 5,756개교이다(교육인적자원 통계서비스). 서울특별시 초등학교 수는 2008년 4월 1일 현재 신설학교 3개교를 포함하여 총 575개교이다(서울시교육통계연보, 2008. 4. 1).

1895년 7월 19일 소학교령이 공포되면서 소학교가 설립되었다. 1941년 3월 31일에 국민학교령이 공포되었고 1995년에는 초등학교로 개칭되었다. 소학교령에 명기되었던 남녀 아동의 공학은 1908년에 이르러서야 실현되었다. 정부는 1908년에 관·공립 보통학교에 대하여 지방 사정과 재정이 허락하는 한 여학급을 두도록 지시하였다. 남녀칠세부동석의 엄격한 유교 전통을 깨트리고 1909년 4월 1일 경상우도 소학교(현 진주 중안초등학교)는 여학급을 설치함으로써 우리나라 역사상 최초의 남녀공학이 되었다. 또 목포 공립 보통학교도 1909년부터 여학생이 입학하였다. 미군정은 1945년 9월 17일 일반명령 제4호로서 남녀공학을 원칙으로 하는 6-3-3-4년제를 기본 학제로 발동하였다. 1948년 7월 17일에 제정된 헌법 제16조에서 초등교육의 무상의무교육을 규정한 것과 함께, 교육법 제96조에서 "모든 국민은 그 보호하는 자녀가 만 6세가 된 다음 날 이후의 최초 학년으로부터 만 12세가 되는 날이 속하는 학년 말까지 취학시킬 의무가 있다." 고 하여 모든 국민이 6년간의 초등교육을 받을 의무와 권리가 있음을 규정하였다. 이에 따라 1953년에는 학령아동의 약 73%가 취학하였고, 1960년에는 95.3%로 취학률이 증가하였다. 광복 이후 남녀공학에 대해서는 특별한 규정이 없다.

❖ 남녀공학제도의 장단점

초등학교 남녀공학제도의 장점은 가장 먼저 남녀평등의 실현을 꼽을 수 있다. 어렸을 때부터 남자와 여자의 구분과 편견 없이 모두가 친구가 될 수 있다는 인식을 심어 줄 수 있다. 특히, 현대사회 가정에서 점점 늘어나고 있는 형제자매가 없는 외동아이 및 형제만 있거나 자매만 있는 아이들에게 다른 이성과 함께 교육을 받고 생활하면서 자연스럽게 이성 친구와의 대화 등으로 남녀 간의 사고 차이를 좁혀 나갈 수 있다. 이와 반대로 남녀의 생물학적 차이 때문에 교육을 할 때 남녀 각각에 맞는 심도 있는 교육을 하기가 어려운 경우가 많다. 예를 들어, 체육시간에 남자 아이들은 축구를 선호하고 여자아이들은 줄넘기를 선호하는 경우이다. 이 외에도 남자가 여자보다 상대적으로 성장이 느리다는 조사결과도 있다. 이 때문에 여자 아이들의 성적이 남자 아이들보다 높은 경우가 많은데, 이때 남자 아이들이 심리적으로 위축되고 부정적인 사고를 가지는 경우가 있게 된다.

❖ 교육의 헌법정신

현재 대한민국 대부분의 모든 초등학교는 남녀공학이다. 중학교나 고등학교는 남학교와 여학교로 분리된 곳도 있으나 대부분이 남녀공학이다. 우리나라 헌법 제31조는 모든 국민이 균등하게 중학교까지의 교육을 무상으로 받을 수 있도록 보장되어 있다. 중학교 무상의무교육이 전면적으로 실시된 것은 2002년이다. 그러므로 초등학교와 중학교는 헌법으로 규정된 의무교육으로서 국가에서 지원하여 의무적으로 교육을 받아야 하며, 고등학교는 아직 의무교육이 아니기 때문에 학교마다 전통과 환경에 따라서 자율적으로 남녀를 분리하거나 공학으로 할 수 있다. 초등학교는 유아기에서 청소년기로 가는 교육의 첫 시작점이다. 이때 성격 형성에 필요한 기본적인 교육과 대인관계 형성 등의 사회교육을 받게 된다. 그러므로 초등학교에서의 양성평등교육으로 남녀는 생물학적 차이만 있을 뿐 같은 인간이며 다 함께 살아가는 구성원이라는 것을 배우는 것이 중요할 것이다. 참고로 헌법 제31조를 살펴보면, 제1항은 모든 국민은 능력에 따라 균등하게 교육을 받을 권리를 가진다. 제2항은 모든 국민은 그 보호하는 자녀에게 적어도 초등교육과 법률이 정하는 교육을 받게 할 의무를 진다. 제3항은 의무교육은 무상으로 한다. 제4항은 교육의 자주성 · 전문성 · 정치적 중립성 및 대학의 자율성은 법률이 정하는 바에 의하여 보장된다. 제5항은 국가는 평생교육을 진흥하여야 한다. 제6항은 학교교육 및 평생교육을 포함한 교육제도와 그 운영, 교육재정 및 교원의 지위에 관한 기본적인 사항은 법률로 정한다로 되어 있다.

참고인물

❖ 피타고라스(Pythagoras, B.C. 580?~500?): 그리스의 철학자 및 수학자로 우주는 수리관계의 지배를 받으며, 이것이 물질세계에 있는 사상의 원인이 된다고 주장하였다. 피타고라스는 만물의 근원을 수로 보았다. 따라서 모든 자연과 우주를 수로 설명할 수 있다고 믿고 있었다. 피타고라스는 수학문명에 지대한 영향을 미쳤으며, "모든 직각삼각형에서 빗변의 제곱은 다른 두 변의 제곱의 합과 같다."라는 유명한 수학명제 및 $a^2+b^2=c^2$ 등을 발견하였다. 이는 오늘날 피타고라스 정리(Pythagorean theorem)

로 알려져 있다.

❖ 데카르트(René Descartes, 1596～1650): 데카르트는 플라톤의 전통을 이어받아 마음과 신체의 심신이원론을 주장하면서 정신은 사고를 구성하고 육체는 감각에 기여한다고 보았다. 그리고 인간의 신체를 예측 가능한 방향으로 움직여 가는 기계와 같은 것으로 보았으며, 마음은 인간의 특유한 속성이고 자유로우며 신체의 행위를 결정할 수 있다고 주장하였다. 데카르트는 인간의 신체를 기계에 비유함으로써 인간의 신체를 과학적으로 연구할 수 있게 하는 데 도움을 주었다. 특히, 신체라는 기계를 좀 더 잘 이해하기 위해서는 심리학자들이 해부학의 방법을 써야 한다고 독려하였다. 데카르트는 인간과 동물은 생리적으로 유사하다고 믿고 있었기 때문에 인간에 대하여 배우기 위해 동물을 연구하는 것을 존중하였다. 그리고 데카르트의 이러한 견해는 생리 및 비교심리학의 길을 개척하는 데 크게 공헌하게 되었다. 데카르트는 인간의 행동이 생득적 관념(innate idea)에 의해서 움직인다는 관점에서 플라톤의 전통을 따르고 있지만(생득론), 인간행동이 감각적 경험에 의해서 움직인다는 관점(경험론)에서는 아리스토텔레스의 전통을 따르고 있다. 데카르트는 모든 철학적 탐구를 철저한 의심의 태도를 가지고 접근하려고 하였다. "나는 한 가지를 제외하고는 모든 것을 의심할 수 있으니, 그것은 바로 내가 의심한다는 사실이다. 그러나 내가 의심할 때 나는 사고하며, 내가 사고할 때 나는 존재한다."라고 주장하였다. 그리고 데카르트는 "나는 생각한다. 고로 나는 존재한다."라는 유명한 말을 남겼다.

❖ 라이프니츠(Gottfried Wilhelm von Leibniz, 1646～1716): 독일의 철학자 및 수학자로 아리스토텔레스에게 견줄 만큼 폭넓은 연구를 한 학자이다. 20세에 법학박사가 되었고, 외교관으로서 파리에 갔으며, 그곳에서 수학을 배우고 데카르트 등의 많은 책을 읽었다. 1686년에는 곡선의 성질이나 도형의 넓이를 쉽게 알 수 있도록 하였고 미적분법을 편리하게 적용하였는데, 이는 물리학이나 천문학의 발전에 새로운 영향을 주었다. 베를린학사원을 만들고, 유럽 각지에도 학사원을 세울 것을 장려하여 학문의 발전에 힘을 기울였다.

❖ 스피노자(Baruch Spinoza, 1632～1677): 네덜란드의 철학자로 데카르트 철학으로부터 결정적인 영향을 받았다. 이 학설에 의거하여 성전과 조상의 학문을 대담하게 비판하였기 때문에 유대인들의 미움을 샀으며, 이로 인해 각지를 전전하면서 고립된 생활을 계속하였다. 1673년 하이델베르크대학교에 철학 정교수로 초청되었으나, 자신의 저서 일명 『에티카』인 『기하학적 질서에 따라 증명된 윤리학(*Ethica Ordine Geometrico Demonstrata*)』의 완성을 생각하여 이를 거절하였다. 이 해에 『신학정치론(*Tractatus Theologico-Politicus*)』을 익명으로 출판하였으나, 이것이 신을 모독하는 책이라고 비난당하는 고초를 겪었다. 이 때문에 스피노자는 15년의 세월을 들여 마침내 1675년에 완성한 주 저서 『에티카』를 생전에 출판하는 것이 불가능해졌을 뿐만 아니라 그외 철학 자체가 사후 100년 동안 무용지물로 매장되게 되었다. 스피노자는 평생 결혼하지 않았고, 명성을 추구하지 않았으며, 『국가론(*Tractatus Politicus*)』(1677)을 마지막 저작으로 남기고 폐결핵으로 사망하였다. "비록 내일 지구의 종말이 온다 하여도 나는 오늘 한 그루의 사과나무를 심겠다."는 말을 남긴 바 있다.

2. 아리스토텔레스

"청소년들의 욕망은 가변적이고 변덕스러우며, 그것이 지속되는 동안에는 격렬하지만 이내 잠잠해진다. 그들이 지닌 충동은 강렬하지만 뿌리는 깊지 않다. 그들은 사랑과 명예 때문에 얕보임을 참지 못하고, 자신이 불공평하게 대우받는다고 생각하면 격분하게 된다."

아리스토텔레스(Aristoteles, B.C. 384~322)는 플라톤의 제자였다. 그는 흑해와 에게해 사이에 있는 그레시아의 북방 스타게이로스에서 태어났다. 그의 어버지는 마케도니아 왕의 궁중의사였다. 아리스토텔레스는 어릴 때 양친을 여의고 친척집에서 성장하였으며, 18세 때 전문교육을 받기 위해 아테네로 가서 플라톤의 아카데미아에 입학하였다. 그곳에서 플라톤이 죽을 때까지 20여 년 동안 플라톤으로부터 교육을 받았다. 플라톤은 그를 학

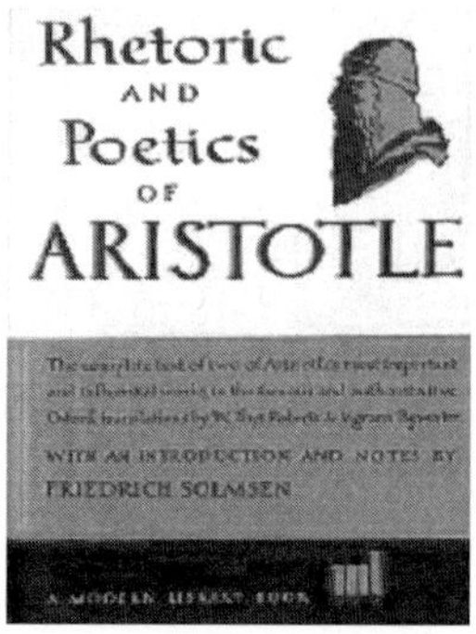

원의 두뇌라고 불렀으며, 공부벌레여서 부지런한 독서가라는 별명도 붙여 주었다. 아리스토텔레스는 비록 스승과 학풍은 달랐으나 평생 동안 플라톤을 존경하였다. 플라톤이 죽은 후 아리스토텔레스는 마케도니아의 왕 필립포스의 초청을 받아 4년 동안 14세 소년 알렉산더 대왕의 선생이 되었다. 그 후 알렉산더의 지원을 받아 아테네 교외에 철학과 수사학 연구를 위한 뤼케이온이라는 학교를 설립하고 대화식의 강의를 하게 되었다. 그 학교는 아름다운 숲으로 둘러싸여 있었는데, 아리스토텔레스는 그 숲을 산책하며 학생들을 지도하는 일이 많았다. 그래서 아리스토텔레스의 학파를 소요학파(peripatetics)라고 일컫게 되었다. 아리스토텔레스는 알렉산더 대왕이 죽자 아테네의 고등법원으로부터 사형선고를 받았고, 아테네를 빠져나와 카루키스에서 망명생활을 하다가 장티푸스에 걸려 62세로 생을 마감하였다.

▶▶ 경험론

아리스토텔레스는 스승 플라톤의 가르침을 충실하게 따랐지만, 나중에는 거의 완전히 결별하였다. 그에게 경험적 정보는 모든 지식의 기본이었다. 플라톤이 생득론의 입장을 취하고 있는 데 반해 경험을 중시한 아리스토텔레스는 경험론(empiricism)의 입장을 취하고 있었다. 따라서 아리스토텔레스를 경험주의자라고 한다. 그러나 아리스토텔레스는 플라톤이 주장한 이성의 생득론적인 관점에는 동의하지 않았어도, 이성의 존재와 가치, 그리고 이성의 역할에 대해서는 플라톤의 관점을 수용하고 있었다. 아리스토텔레스는 플라톤의 질료와 형상의 이원론적 관점과는 달리 신체와 생명이 하나라는 일원론(monism)의 관점을 취하면서 신체와 영혼의 분리에 반대하였고, 육체와 정신세계가 일치한다고 생각하고 있었다. 육체와 영혼은 그 구조와 기능 면에서 서로 관련되어 있으며 육체와 영혼의 관계는 질료와 형상의 관계와 같다고 보았다. 즉, 육체가 질료라면 영혼은 형상인 것이다.

▶▶ 현실의 추구

아리스토텔레스는 인간에게 감각되는 자연물을 존중하고 이를 지배하는 원인들의 인식을 구하는 현실주의 입장을 취하였다. 아리스토텔레스는 실재하는 것은 오직 현실의 사실세계뿐이라고 주장하였다. 특히, 그는 인간의 존재 규명에 있어서도 인간을 사회적 동물

〈표 4-2〉 이성주의와 경험주의의 요약

	이성주의(이원론)	경험주의(일원론)
	마음을 지식의 원천으로 본다.	감각을 지식의 원천으로 본다.
학자	• 플라톤(Platon, B.C. 427～347) • 데카르트(René Descartes, 1596～1650) • 스피노자(Baruch Spinoza, 1632～1677) • 라이프니츠(Gottfried Wilhelm von Leibniz, 1646～1716) • 칸트(Immanuel Kant, 1724～1804) • 헤겔(Georg Wilhelm Friedrich Hegel, 1770～1831)	• 아리스토텔레스(Aristoteles, B.C. 384～322) • 홉스(Thomas Hobbes, 1588～1579) • 로크(John Locke, 1632～1704) • 버클리(George Berkeley, 1685～1753) • 흄(David Hume, 1711～1776) • 루소(Jean Jacques Rousseau, 1712～1778) • 페스탈로치(Johann H. Pestalozzi, 1746～1827) • 벤담(Jeremy Bentham, 1748～1832) • 밀(John Stuart Mill, 1806～1873) • 듀이(John Dewey, 1859～1952)

또는 정치적 동물이라고 함으로써 인간의 현실세계에 대한 인식을 새롭게 하고자 하였다. 따라서 플라톤을 관념적 이상론자라고 한다면 아리스토텔레스는 보다 현실적인 실증주의적 경험론자라고 말할 수 있다. 〈표 4-2〉는 이성주의와 경험주의의 학자들을 요약 정리한 것이다.

청소년과 관련된 이론 및 주장

▸▸ 발달론

아리스토텔레스는 발달 시기를 7년씩 3단계로 구분하였다. 태어나서 7세까지를 유아기로, 7세에서 사춘기까지를 소년기로, 그리고 사춘기로부터 21세까지를 청소년기로 지칭하였다. 아동들은 어느 정도 동물과는 별반 다를 것이 없지만, 아동들을 동물과 구별하는 것은 그들이 동물보다 높은 수준의 발달을 할 수 있는 잠재력을 가지고 있기 때문이라고 보았다. 그리고 선택을 할 수 있는 능력을 발달시키는 것이 청소년기의 특성이라고 주장하였다. 청소년이 자발적으로, 그리고 신중하게 선택을 해야만 올바른 습관이 형성되고 마침내 올바른 성격이 형성된다는 것이다. 청소년은 선택을 함으로써 자신의 성격 형성에 능동적으로 참여하게 된다. 따라서 자발적이고 신중한 선택은 아리스토텔레스의 발달이론에서 중요한 측면을 이루고 있다.

▶▶ 성격론

아리스토텔레스의 『수사학(*Rhetorica*)』을 보면, 청소년기 성격 유형이 자세하게 기술되어 있다. "젊은이들은 강한 욕정을 가지고 있으며, 이를 분별없이 충족시키려는 경향을 보인다. 육체적 욕망 중에서 그들을 가장 동요시키고 자기 통제력을 잃게 하는 것이 성욕이다." 아리스토텔레스는 청소년을 묘사하면서 그들의 불안정성에 대해 논의하였다. "그들의 욕망은 가변적이고 변덕스러우며, 그것이 지속되는 동안에는 격렬하지만 이내 잠잠해진다. 그들이 지닌 충동은 강렬하지만 뿌리는 깊지 않다." "그들은 사랑과 명예 때문에 얕보임을 참지 못하고, 자신이 불공평하게 대우받는다고 생각하면 격분하게 된다." 그리고 아리스토텔레스는 청소년의 성공욕, 낙관주의, 신뢰, 과거보다 미래에 대한 관심, 용기, 동조, 이상주의, 우정, 공격성, 우직함을 논의하였는데, 이 모두는 현대 청소년심리학의 쟁점으로 남아 있으며 그중 일부는 매우 광범위하게 연구되고 있다(Muuss, 1996).

▶▶ 교육목적

아리스토텔레스는 교육의 궁극적인 목적은 행복한 생활을 영위할 수 있는 인간의 육성이며, 행복을 최고선이라고 보았다. 최고선으로서의 행복을 실천하기 위하여 그는 중용의 덕을 지키는 이성적 삶을 요구하고 있는데, 이성적 생활은 과학과 철학을 통한 이성의 훈련을 통하여 가능하다는 것이다. 그의 교육방법은 논리학을 기초로 하고 있으며, 한 사물을 다루는 데 있어서 귀납적인 방법을 사용하여 객관적이면서 과학적인 결론을 도출하고자 함으로써 전통적인 논리학의 창시자가 되었다.

▶▶ 교육구조

아리스토텔레스의 교육의 기본 구조는 세 가지 요소로 조직된다. 즉, 자연(physis), 습관(etos), 그리고 이성(logos)이다. 이를 통해 인간은 선하고 귀하게 된다고 보았다. 아리스토텔레스는 또한 교육의 공공성을 강조하였다. 교육은 공공정책 사항이 되어야 하며, 아동의 양육은 국가가 구제하고 또 모든 아동에게 같은 교육을 시켜야 한다고 보았다. 교육과정은 인간의 성장·발달의 형태에 따라야 한다고 생각하였다. 그에 따르면 유아에게는 놀이와 육체적인 활동의 기회와 준비의 기회가 주어져야 하며 적절한 가치관과 도덕적 성향을 계발해 주어야 한다. 그리고 연령에 따라 다음과 같은 교육이 이루어져야 함을 강조하였다.

- 14세 이전: 셈하기, 읽기, 쓰기
- 12~21세: 산수, 기하, 천문학, 음악, 문법, 문학, 시, 수사학, 윤리, 정치학
- 21세 이후: 보다 전문화되고 세분화된 과목. 생물학, 심리학, 논리학, 형이상학, 우주론 등

▸▸ 교육의 공공성

아리스토텔레스는 7세까지는 가정에서 어머니의 양육을 받아야 하며, 유아기에도 동화나 놀이를 감시하고 이것이 도덕적인 미래의 시민으로 성장하는 데 적절한 것인지를 확인해야 한다고 하였다. 또 5세까지는 신체적인 면을 강조하고 있다. 팔다리운동, 충분한 영양 섭취, 건강과 군사훈련 등이 중요시된다. 또한 모범적인 말을 들려주는 것, 적절한 처벌 등이 필요하다고 보았다. 더불어 실제 생활에서 얻는 경험의 중요성을 크게 강조하였다.

▸▸ 비판점

아리스토텔레스가 교육의 분야를 구분한 것은 보다 전문적인 교육을 할 수 있는 길을 열어 주었다는 점에서 긍정적이라고 할 수 있다. 그러나 어려서는 '신체단련' 만 하고, 그것이 끝나면 '좋은 습관' 만 형성시키고, 마지막에 가서는 '지성을 도야' 시킨다는 것은 매우 인위적이고 개념적인 주장에 불과할 뿐이라는 비판이 있다. 왜냐하면 실제에 있어서는 모든 연령에서 이 세 가지 교육이 병행되고 있기 때문이다. 단지 그 단계와 수준이 연령에 따라 다를 뿐이다.

참고사항

❖ 귀납법과 연역법

귀납법(induction)은 개별적으로 확인된 사실이나 경험적 예를 전제로 하여 그것을 조합한 개연성 있는 결론을 이끌어 내는 추론방식이다. 반면, 연역법(deduction)은 보편적 법칙이나 일반적 원리를 전제로 하여 개별적인 사실에 대한 결론을 이끌어 내는

추론방식이다. 즉, 이미 알고 있는 하나 또는 둘 이상의 일반적인 명제를 기초로 하여 새로운 명제를 이끌어 내는 것이다. 연역법은 전제의 참, 거짓을 어렵지 않게 확인할 수 있으므로 추론의 형식적 조건만 알 수 있다면 곧 결론을 내릴 수도 있고 그 결론의 참, 거짓을 판별할 수 있다. 그러므로 연역법에서 추론의 결과를 따지는 데 가장 중요한 것은 형식의 타당성이다. 그러나 귀납법은 일정한 형식이 주어지더라도 전제가 참일 때 결과가 참이 된다는 필연성은 없다. 그러므로 귀납법에서는 형식의 타당성보다 전제의 신뢰성을 높이는 게 더욱 결정적이다.

참고인물

❖ 홉스(Thomas Hobbes, 1588~1579): 영국의 철학자인 홉스는 생득적 관념이 지식의 원천이란 생각에 반대하였다. 그는 감각인상이 모든 지식의 원천이라 주장하였다. 홉스는 또한 자극은 신체의 생명기능을 도울 수도 있고 방해할 수도 있다고 믿었다. 신체의 생명기능을 돕는 자극은 쾌감을 일으키기 때문에 사람들은 그것을 다시 경험하려고 애쓴다고 보았다. 그리고 신체의 생명기능을 방해하는 자극은 혐오감정을 일으키며, 그래서 사람들은 그로부터 벗어나려고 한다고 하였다. 홉스는 이러한 인간행동을 '욕망(appetites)' 과 '혐오(aversions)' 에 의하여 통제되는 것으로 보고 있었다. 따라서 사람들이 접근해 가는 사상을 '선' 이라 부르고 피하는 것을 '악' 이라 부르면서, 선악의 가치는 개인적으로 결정되는 것이지 절대적인 것이 아님을 주장하였다. 후에 벤담(Jeremy Bentham, 1748~1832)은 사람의 행동은 쾌락원리(pleasure principle)에 의해서 지배된다고 하였으며, 이러한 생각은 프로이트(Sigmund Freud, 1856~1939)에 의하여 재조명되었고, 그리고 후에는 학습의 강화이론가들에 의하여 채택되었다.

❖ 버클리(George Berkeley, 1685~1753): 아일랜드의 철학자인 버클리는 물리적 환경에 대해 알 수 있는 것은 아무것도 없으며, 우리가 경험할 수 있는 것은 이차적 특성, 즉 관념일 뿐이라고 주장하였다. 따라서 지각되지 않으면 어떤 것도 존재할 수 없다는 것이다. 그러므로 존재한다는 것은 지각되는 것이고, 우리가 일차적 특성이라고 부르는 모양이나

크기와 같은 것도 실제로는 이차적 특성, 즉 관념일 뿐이라고 주장하였다. 관념은 우리가 직접적으로 경험하는 유일한 것이다. 그러므로 그것은 우리가 확실히 알 수 있는 유일한 것이라고 주장하였다. 그러나 버클리 역시 마음의 내용은 외적 현실의 경험에서 도출된다고 믿고 있었기 때문에 경험주의자로 분류되고 있다.

❖ 흄(David Hume, 1711～1776): 스코틀랜드 태생의 철학자였던 흄은 버클리의 주장에서 한 걸음 더 나간 사람이다. 즉, 물리적 환경에 대해서 알 수 있는 것은 아무것도 없다는 버클리의 주장을 받아들이면서, 더 나아가 관념에 대해서도 우리가 확실히 알 수 있는 것은 아무것도 없다는 생각을 첨가하였다. 따라서 우리가 확신할 수 있는 것은 아무것도 없다는 것이다. 마음이란 관념, 기억, 심상, 결합 및 감정의 흐름 그 이상의 아무것도 아니라는 것이다. 인간의 지식이란 관념들로 구성되고, 그러한 관념은 어떻든 경험으로부터 나오며, 유사성과 인접의 원리에 따라 결합된다고 강하게 믿고 있었다. 그리고 우리는 우리들의 관념을 통하여 경험적 세계를 간접적으로 경험한다고 하였다. 또 심지어 자연의 법칙, 즉 자연의 질서성도 인간의 머리에 있는 것이지 자연에 있는 것이 아니라고 하면서, 모든 지식이란 주관적 경험의 해석에 기초하고 있기 때문에 우리가 확실히 알 수 있는 것은 아무것도 없다고 보았다. 흄의 이러한 사상은 많은 사람들의 분노를 불러일으켰는데, 왜냐하면 흄의 이론을 받아들인다는 것은 곧 이성적 사고, 과학, 심리학, 그리고 종교의 기초를 의심하게 되는 것이었기 때문이다.

❖ 칸트(Immanuel Kant, 1724～1804): 독일의 철학자이며 과학자로 1740년 쾨니히스베르크대학교(University of Königsberg)에 입학하여 신학과 철학을 공부하였다. 1755년 이 대학의 형이상학 · 논리학 담당강사로 있다가 1770년 교수가 되었으며, 1796년 은퇴까지 다섯 차례 대학 학부장을 역임하였다.

의학의 아버지(father of medicine)로 불리는 그리스의 의학자인 히포크라테스(Hippocrates, B.C. 460～377)는 인체의 생리나 병리 현상을 체액이론에 근거하여 사고하였다. 그리고 '병을 낫게 하는 것은 자연이다.'라는 학설을 치료 원칙으로 삼으면서 인간의 성격특질은 중요한 네 가지 체액, 즉 혈액, 흑담즙, 황담즙,

점액의 비율에 따라 결정된다는 인과적 설명을 하였다. 이 주장을 계승한 사람이 그리스의 철학자 클라디우스 게이린(Cladius Galen, 130~200)이다. 게이린은 사람의 성격특질을 (1) 다혈질(sanguine), (2) 흑담즙질 또는 우울질(melancholia), (3) 담즙질(cholerics), (4) 점액질(phlegmatics)로 분류하였다. 다혈질은 혈액이 많다. 정이 많으며 정서적 흥분이 빠르다. 항상 유쾌하고 사교적이며, 정서적 반응이 빠르나 오래 지속되지는 않는다. 가슴이 넓다. 흑담즙질 혹은 우울질은 흑담즙이 많다. 쉽게 우울해지며 정서반응이 느리다. 항상 불쾌하며 조용하다. 보수적이며 신경반응이 느리고 약하다. 몸이 약하다. 담즙질은 황담즙이 많다. 쉽게 노하며 정서적 흥분이 빠르고 강하다. 불쾌하다. 용감하며 반응이 빠르고 강하여 쉽게 소실되지 않는다. 성미가 급하다. 몸이 가늘고 상지가 길다. 마지막으로 점액질은 점액이 많다. 냉담하고 정서반응이 느리며 약하다. 유쾌하고 조용하며 둔감하다. 인내심이 강하다. 반응은 느리고 강하다. 그리고 둔한 비만형이다.

게이린의 성격특질이론을 충실하면서도 정확하게 계승 · 발전시킨 사람이 바로 칸트이다. 칸트는 1798년 자신의 저서 『인류학(*Anthropologie*)』에서 4대기질이론을 중심으로 철학자, 의사, 신학자는 물론 현대 성격연구에 관심을 가진 사람에게 공감을 주는 새로운 성격이론을 체계적으로 다루었다. 이 저서에서 밝힌 4대 기질은 (1) 다혈질, (2) 흑담즙질 또는 우울질, (3) 담즙질, (4) 점액질이다. 다혈질은 근심걱정이 없고 낙천적이다. 매사에 태평하며 희망에 부풀어 있다. 자기가 하는 일은 높이 평가하나 곧 잊어버린다. 깊이 생각하는 일이 없이 아무렇게나 약속을 하고는 그것을 이행하지 않는다. 남을 도와주면 그 보답이 곧 있기를 기대한다. 사교적이어서 사귀는 친구가 많다. 자기의 잘못을 뉘우칠 줄 모른다. 심덕이 나쁘지 않다. 후회하는 일이 없다. 그리고 기분의 변화가 심하다. 흑담즙질 또는 우울질은 불안이 심하고 적응하기가 퍽 어렵다. 섣불리 약속하는 일이 없고, 일단 약속한 것은 잘 지킨다. 담즙질은 쉽게 흥분하기도 하고 쉽게 진정되기도 한다. 행동은 민첩하나 지속성이 부족하다. 항상 분주하다. 한 가지 일을 꾸준히 해 나가지 못한다. 명랑하지 못하다. 공개적으로 칭찬받기를 원한다. 자만심이 강하고 자기 멋에 도취한다. 마지막으로 점액질은 충동적으로 행동하는 일이 없고 심사숙고한 후 행동한다. 대인관계가 합리적이다. 행동에 일관성이 있다. 정서표현이 결여되어 있다. 칸트는 모든 사람은 이러한 네 가지 기질 유목 가운데 어느 한 유목으로만 분류되며 그 위치도 변동될 수 없다고 하였다. 또 하나의 기질과 다른 기질의 중간에 속하는 기질은 존재할 수 없고, 서로 다른 기질이 통합되어 새로운 또 하나의 기질이 형성될 수 없다고 하였다. 그러므로 칸트의 주장은 순수한 유목적 유형론(categorical typology)이라고 한다. 히포크라테스, 게이린, 그리고 칸트가 말하고 있는 주장은 모두 성격 특징이 혈액 내에서 일어나는 화학적 변화와 밀접한 관계가 있다는 점을 기초로 하고 있다(이현수, 1989).

칸트는 또한 이성주의와 경험주의가 가지고 있는 비실제적인 면들을 모두 고치려고 하였고, 이들 두 가지 견해를 융합시키려고 하였다. 그리고 우리가 의식적으로 경험하는 것은 경험적 세계에 의하여 일어나는 감각적 경험과 생득적으로 가지고 태어난 마음의 기능 모두의 영향을 받는다고 주장하였다. 또한 지식의 성질을 알아보려는 노력은 어떠한 것이라도 마음의 적극적인 공헌을 고려해야 한다면서, 마음이 지식의 원천임을 보여 주려고 노력함으로써 이성주의를 부활시켰다. 더불어 대부분의 지식은 타고난 것이라는 생득론을 취함으로써 데카르트 시대 이후 기반을 잃고 있던 플라톤의 견해를 부활시키는 데 많은 공헌을 하였다.

❖ 페스탈로치(Johann H. Pestalozzi, 1746~1827): 스위스의 교육자였던 페스탈로치는 고아원을 세워 전쟁고아들을 돌보기도 하였고, 빈민학교를 세워 교육에 힘을 기울였으며, 특히 청소년의 교육에 많은 노력을 투자하였다. 인간의 도덕교육의 근원은 가정에서 어머니와 자녀 사이에 오가는 사랑과 신뢰에 있다고 주장하면서 자신의 교육이념을 실천하고자 하였다. 또 이를 반영하는 많은 저서를 출간하고 사랑을 바탕으로 한 참다운 교육을 추구하려고 노력하였기에, 페스탈로치는 '근대교육의 아버지'로 회자되고 있다.

❖ 벤담(Jeremy Bentham, 1748~1832): 영국의 철학자이며 법학자였던 벤담은 "공리주의, 즉 옳고 그름의 판단기준은 최대다수의 최대행복이다."라는 공리의 원리를 주창하였다. 그러므로 인생의 목적은 '최대다수의 최대행복'의 실현에 있으며 쾌락을 조장하고 고통을 방지하는 능력이야말로 모든 도덕과 입법의 기초 원리임을 강조하였다. 또한 행복을 증대시키기 위해서는 경제적으로 자유방임을 채택해야 한다고 주장하였다.

❖ 헤겔(Georg Wilhelm Friedrich Hegel, 1770∼1831): 독일의 철학자인 헤겔은 칸트 철학을 계승한 독일 관념론의 대성자로서 변증법과 이성주의를 주창하였다. 즉, 세계를 현실과 이성의 일치로 보았고, 절대적이고도 유일한 방법인 변증법에 의하여 전개되는 세계를 이성적으로 추구하였다. 그에 의하면 절대자는 이성이고 그 본질은 자유임을 주장하고 있다. 헤겔의 사상은 국내외에 널리 전파되었으며 그를 추종하는 헤겔학파가 형성되었으나, 1831년 헤겔은 콜레라에 걸려 사망하였다.

❖ 밀(John Stuart Mill, 1806∼1873): 영국의 경제학자이며 철학자인 밀은 복잡한 관념이란 단순한 관념들의 조합 그 이상의 아무것도 아니라는 주장을 크게 못마땅하게 생각하였다. 밀은 경험주의자 및 결합주의자로 남아 있으면서도 다른 결합주의자들이 취하였던 입장에 중요한 수정을 가하였다. 즉, 복잡한 관념이란 단순한 관념들로 구성되어 있다는 사실을 수용하면서도 단순한 관념은 새로운 전체로 조합되는데, 이 조합된 전체는 부분들과는 아주 다를 수 있다는 생각을 더하였다. 예를 들면, 붉은색, 푸른색, 초록색을 조합하면 흰색이 만들어진다는 것이다. 그러므로 어떤 관념들을 조합시키면 거기서 새로운 관념이 생성되는데, 그 관념은 조합시킨 어떤 요소의 관념과도 같지 않다고 주장하였다. 밀은 전체란 그 부분들의 합 이상의 것이라고 믿고 있었다.

❖ 듀이(John Dewey, 1859∼1952): 미국의 철학자이며 교육학자인 듀이는 윌리엄 제임스(William James, 1842∼1910)에 의해 발전된 프래그머티즘을 바탕으로 보편적 교육학설을 세워 세계 사상계에 큰 공헌을 하였으며, 과거의 개념적인 철학용어를 씻어내고 시민의 경험으로부터 나온 풍부한 철학 내용을 쌓고자 하였다. 동시에 지식을 과학과 기술에 연결시킴으로써 사회와 인생 속에 살아 있는 지식을 불어넣으려는 합리주의적 입장을 추구하였다. 그의 철학은 인간의 인식을 환경에 적응시키는 과정으로 파악하며 개념 · 판단 · 추론을 그 과정의 도구 혹은 기구로 보는 실험주의적 논리를 기반으로 하였는데, 자신의 그와 같은 입장을 도구주의(instrumentalism)라고 칭하였다. 듀이는 사회에 관한 지식을 철학에서 찾고, 경험을 통한 관념의 갱신을 찾는 실험주의 원칙을 교육이론에 적용하고자 하였다. 또한 훌륭한 이론만큼 좋은 실제

는 없다고 주장하였다.

3. 중세의 기독교

"아동은 성인의 축소판으로 세상에 오는 것이다. 따라서 아동은 발달하는 것이 아니고 이미 형성되어 있는 것이다."

[그림 4-1] 아동은 성인의 축소판

출처: Jaffe, M. L. (1998). *Adolescence*. New York: John Wiley & Sons, Inc.

중세기는 5세기 로마제국의 몰락과 함께 대략 500년 또는 600년부터 1500년에 이르는 기간을 의미한다. 중세를 암흑기라고 하는 부정적 시대의 규정은 르네상스(Renaissance)의 영향 때문이다. 중세기의 특징은 기독교적 왕국, 교회에 의한 권력싸움과 전쟁, 그리고 봉건사회의 형성으로 집약될 수 있다. 중세의 시기를 조금 더 살펴보면 크게 중세 초기, 중세 전성기 및 중세 후기로 구분된다. 중세 초기는 불안정이 특징인 과도기적 시기며 변화의 시기이고, 암흑기라는 명칭에 부합되는 시기이다. 중세 전성기는 12~13세기로 독창적인 개성을 확보하고 안정과 번영을 추구했던 시기이다. 그리고 중세 후기는 14~15세기로서 르네상스와 종교개혁이 사회와 문명의 대변혁을 초래한 중세의 쇠퇴기를 의미한다.

특히, 중세, 곧 초기 종교개혁의 시대에 발견되는 인간의 본성에 대한 신학적 견해는 여러 가지가 있었다. 그러나 일반적으로 (1) 신의 형상으로 창조된 인류가 우주에서 차지하는 고유한 위치, (2) 아담의 원죄에서 비롯되는 인간의 죄악, (3) 정신적인 불멸의 영혼과 물질적이고 죽음을 면할 수 없는 운명의 육체를 지니고 있는 인간의 이중적 속성, (4) 성경을 통하여 신으로부터 인간에게 전달된 지식, (5) 인간은 순간적인 창조의 산물이라는 정자 속의 축소인간(homunculus idea of instantaneous creation)에 대한 전성설(preformation)의 견해를 내포하고 있다. 인간의 본성에 대한 견해도 인간은 선천적으로 사악하고 죄 많은 성향을 지니고 있으며 기본적으로 악하기 때문에 엄격한 훈련으로 바로 잡지 않으면 나이가 들면서 점점 더 악이 강해지는 것으로 여기고 있었다. 앞쪽의 그림은 아동을 성인의 축소판으로 보고 있었기 때문에 아동과 청소년은 성인과 같은 신체비율로 그려져 있고, 크기만 조금 다를 뿐 성인과 같은 옷을 입고 있는 것을 보여 주고 있다.

▸▸ 엄격한 훈련

중세 암흑기 동안에는 아동이 성인의 축소판으로 세상에 온다고 믿어지고 있었다. 어른과 아동의 차이는 질적인 것이 아닌 오로지 양적인 차이로만 간주되고 있었다. 아동과 성인의 생리적 기능에도 차이가 없는 것으로 받아들여졌다. 신체의 형성과 기능, 그리고 정신적인 능력에 있어서 질적인 차이는 무시되었다. 성장이라는 개념은 인간의 육체적, 정신적 특성의 질적 증대가 아닌 양적 증대로만 이해되었다. 또 전성설에서는 아동이 성인과 같은 관심사를 가지고 있으므로 그에 상응하는 취급을 받아야 한다고 보았는데, 이는 성인에 대한 요구가 아동에게 똑같이 부과되었고 엄격한 훈련을 통하여 강행되었음을 의미한다.

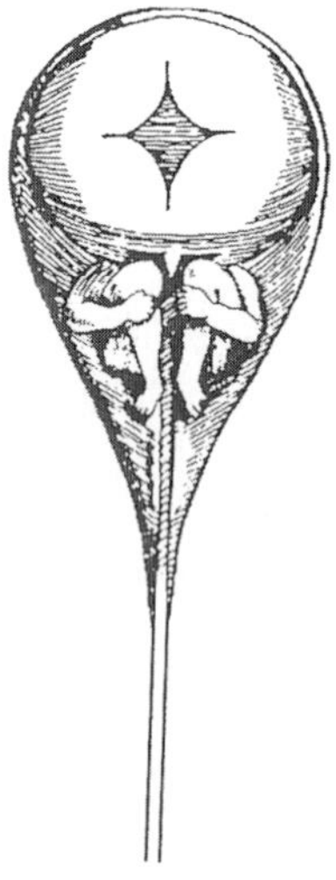

[그림 4-2] 인간의 정자 속에 들어 있는 축소인간의 그림
출처: Muuss, R. E. (1996). *Theories of Adolescence*. New York: McGraw-Hill.

▸▸ 축소인간

인간발달의 중세적인 견해는 아동이 발달하는 것이 아니고 이미 형성되어 있는 것으로 보고 있었다. 특히, 16세기는 물론 17세기의 과학자들도 축소인간의 개념을 설명하면서 정자 안에 '축소인간'이 이미 만들어져 있다고 생각하였다. 즉, [그림 4-2]처럼 작지만 완전히 형성된 작은 인간이 정자 속에 있다가 자궁에 착상

되면, 만 9개월이 되어 아이가 달수를 다 채우고 태어날 때까지 조직이나 기관은 분화되지 않고 단지 크기만 자란다고 믿고 있었다. 그러나 이는 플라톤과 아리스토텔레스의 논리적인 이론과 비교해 볼 때 사고의 퇴보라고 할 수 있다(Muuss, 1996).

청소년과 관련된 이론 및 주장

▶▶ 교육의 목적

아동은 물론 청소년들에 대한 교육의 목적은 신이 부여한 선천적인 사고, 즉 신의 법도와 명령에 대한 지식을 가르치는 것이었다. 엄격한 훈련에 기초한 이 교육 방침은 가톨릭의 신앙 및 고대 그리스의 철학, 특히 아리스토텔레스의 이론이 결합한 스콜라철학(12~13세기), 프랑스의 종교개혁자였던 칼뱅(John Calvin, 1509~1564)에 의해 발달한 개신교의 칼뱅주의, 그리고 이 사상을 이어받은 16~17세기 영국 및 미국 뉴잉글랜드의 청교도의 영향하에 널리 보급되기에 이르렀다. 정신의 특성은 모든 개인에게 동일한 것으로 생각되었으므로 개인차의 여지가 거의 없었고, 학습에 실패한 아동과 청소년들은 교사의 노력에 대해 고의적으로 저항하는 것으로 간주되었다. 교사의 권위와 학습은 처벌에 의해 촉진될 수 있다는 신념에 따라 교사의 역할이 정의되었다. 그리고 아동과 청소년의 역할은 복종으로 규정되었다.

▶▶ 비판점

축소인간에 대한 견해는 현대 과학의 출현과 의학 분야의 발전으로 도전을 받게 되었다. 아동들은 그들만의 질적·양적 특성을 가지고 있으며, 성인의 축소판이 아니라는 사실이 밝혀지게 되었다. 홀(Granville Stanley Hall, 1844~1924) 이전의 학자들이 사춘기에 발생하는 기본적인 생리적 변화에 대해 별로 관심을 기울이지 않았던 이유도 아동을 성인의 축소판으로 본 이론적인 견해에 기인한 것으로 볼 수 있다. 철학계에서 "자연은 아동을 성인이기 이전에 아동이게 한다. 만일 우리가 이 질서를 가로막는다면 우리는 익지도 않고 맛도 없으며 순식간에 시들고 마는 설익은 과일을 만들 수밖에 없을 것이다. 즉, 젊은 교사들과 겉늙은 아이들이 만들어질 것이다."라고 루소(Rousseau, 1712~1778)는 말한 바 있다(정옥분 외 공역, 1999).

참고사항

❖ 스콜라철학

8~17세기에 걸친 유럽 중세기의 신학 중심 철학을 총칭하며, 그 전성기는 13세기로 기록되고 있다. 스콜라철학은 중세에 행하여진 신학 및 철학 연구 전반을 총괄하는 것으로, 공통된 몇 가지 특징은 우선, 중세의 학문연구는 성서인데 성서는 신의 말을 전하는 것으로서 가장 중시되었다(성서의 권위). 둘째, 신의 말은 신앙에 의해 인간에게 받아들여지는데, 신앙은 곧 인간이 거기에 내포된 신의 가르침을 이해하여 새 사람으로 다시 태어나기 위한 것이었다. 그러므로 신앙의 이해는 스콜라철학이 지향하는 목표였다. 이때 신앙과 이해(또는 이성)는 서로 한쪽이 다른 쪽을 요구하면서도 한쪽이 다른 쪽에 용해되어 없어지는 것을 허용하지 않는 긴장관계에 있었다. 이것은 중세 철학을 구성하는 두 가지 요인이 되었다. 셋째, 교부와 철학자의 저서는 이를 위해 사용되었는데, 이탈리아의 철학자이며 신학자였던 아퀴나스(Saint Thomas Aquinas, 1225~1274)의 『신학대전(*Summa Theologiae*)』은 그 가운데 가장 유명한 것으로 손꼽히고 있다.

참고인물

❖ 칼뱅(John Calvin, 1509~1564): 프랑스의 종교개혁자로 스위스의 제네바에서 주로 활동하였으며, 루터의 교리를 발전시켜 예정설을 주장하였다. 즉, 인간의 구원은 신이 미리 예정해 놓았다는 주장을 하였고, 선택되었다는 확신을 가지고 직업에 전념할 것을 강조하였다. 이와 같은 예정설은 근면을 중시하는 도시 상공 시민층의 큰 환영을 받았으며, 프랑스, 네덜란드, 영국 등 서유럽에 크게 전파되었다.

- 홀(Granville Stanley Hall, 1844~1924): 5장의 홀을 참조할 것.
- 루소(Jean Jacques Rousseau, 1712~1778): 이 장의 루소를 참조할 것.

4. 코메니우스

"교육이 바로 전 인류를 구원하는 길이다."

"아동은 발달의 각 단계마다 고유한 특징, 곧 가르칠 수 있는 순간을 가지고 있다. 따라서 아동의 이해 수준에 맞는 교육절차, 즉 교육하기에 적합한 시기가 올바로 선정되어야 하고, 교육과정의 내용 순서는 쉬운 단계에서 어려운 단계로 조직화되어야 한다. 그리고 교사는 아동에게 엄격하기보다는 친절해야 한다."

코메니우스(John Amos Comenius, 1592~1670)는 1592년 3월 현재의 체코인 동부 모라비아에서 출생하였고, 1670년 암스테르담에서 사망하였다. 코메니우스의 부모는 경건을 중시하는 신교인 모라비아 형제교회(Moravia Bretheren Church)의 교인이었다. 그는 30년전쟁(1618~1648)에서 신교의 패배로 모라비아 교도들에 대한 박해가 시작되자, 1628년 모라비아 교도들과 함께 종교의 자유를 찾아 망명의 길을 떠났다. 그리고 자신의 교육사상을 통해 전 인류를 구원하는 길은 오직 교육, 특히 지적 및 영적 교육임을 강조하였고, 또 르네상스의 영향을 받아들여 심리학적 가정에 기초한 발달 중심의 교육이론을 발전시켰다. 여성의 공식적인 교육을 주창하기도 하면서 여성교육을 옹호하기도 하였다. 1657년 『위대한 교육(*Great Didactic*)』을 통하여 발달이론에 입각한 학교조직을 제시하였고, 발달의 시기를 6년씩 4단계로 나누고 각 단계에 맞는 적합한 학교를 제안하였다. 특히, 교육과정의 내용 순서는 쉬운 단계에서 어려운 단계로 조직화되어야 한다고 보았다. 교사는 아동에게 엄격하기보다는 친절해야 한다고 주장하면서, 아동의 심리발달에 적합한 것, 즉 "어떻게 기능이 차례대로 개발되는지를 관찰하고, 이러한 순서의 원리에 입각한 방법을 마련하기 위하여 모든 면에서 학습의 단계에 따르는 일에 최선을 다해야 한다."라고 하였다. 그리고 학습은 흥미가 있어야 하고 극적이며 자극적이어야 한다고 믿었다.

코메니우스는 생전에 154권의 저서를 출간하였는데, 대부분은 교육철학 및 종교와 관련이 있었다. 그는 미국 하버드대학교의 첫 번째 총장으로 요청받기도 하였다. 체코슬로바키아에서는 코메니우스의 생일인 3월 28일을 교사의 날(Teacher's Day)로 기념하고 있으며, 화폐에는 그의 얼굴이 들어 있다. 또한 코메니

우스는 교육체계를 개정하고 현대 교육방법을 개척했다는 점에서 오늘날 '현대교육의 아버지(father of modern education)'로 알려져 있다.

▸▸ 르네상스의 영향

중세기의 교육관은 르네상스의 운동으로 변화되기 시작하였다. 르네상스는 교회와 학교, 사회의 권위주의에 대한 저항운동이었다. 보편적인 사고를 전제로 한 아리스토텔레스의 논리와 스콜라철학은 에라스무스(Desiderius Erasmus, 1466~1536)와 비베스(Juan Luis Vives, 1492~1540)의 도전을 받게 되었다. 특히, 비베스는 개개의 경험적인 사실에서 출발하여 그로부터 벗어나 정신의 자연적인 논리에 의하여 사고에 도달하여야 한다고 주장하면서, 학습은 더 이상 연역적인 과정이 아니고 경험과 함께 시작되는 귀납적인 과정이라고 하였다. 또 학습과정에 대한 이해가 심리학으로부터 온다고 주장하였다. 그는 학습자의 마음에 따라 학습이 결정된다고 믿었으므로 학생들의 개인차가 교육적 관심으로 부상하게 되었다. 또한 축소인간에 대한 견해도 많은 도전을 받게 되었다. 즉, 아동들은 그들만의 질적·양적 특성을 가지고 있으며 성인의 축소판이 아니라는 사실이 인정받기 시작하였다(Muuss, 1996).

▸▸ 교육적 관심

코메니우스는 30년전쟁의 참상에 대해 "마을은 약탈당했다. 나는 공포로 비틀거렸다. 무기로 찌르고, 절단하고, 자르고, 부수고, 난도질하고, 잡아 뜯고, 불을 질렀다. 사지가 절단되어 피가 솟고…… 전능하신 하나님, 무슨 일이 일어나고 있나요? 온 세상이 멸망해야 합니까?"라고 기술하면서, 전쟁 경험을 토대로 전쟁의 방지와 평화를 위해 지적 교육과 영적 교육을 동시에 강조하고 전 인류를 구원하는 길은 지적·영적 교육이라고 생각하였다. 그리고 자신의 교육사상을 통하여 궁극적으로 하나님 나라를 실현하려고 하였고, '교육은 전 인류를 구원하는 길'이라는 교육철학을 주장하였다.

▸▸ 교육절차

코메니우스는 아동의 이해 수준에 맞는 교육절차를 강력히 주창하였다. 그에게 발달은 축소인간과 같이 획일적인 것이 아니라 발달의 각 단계마다 고유한 특징, 곧 '가르칠 수 있는 순간'을 갖고 있다. 그는 발달을 지적인 기능이 영혼의 다른 영역에 대한 통제력을 점진적으로 더 많이 갖게 되는 과정으로 생각하였다. 그리고 각 기능마다 교육하기에 적합한 시기가 올바로 선정되어야 하고, 교육과정 내용의 순서는 자연으로부터 착안되어야 할 것이라고 하였다. 즉, 아동의 기능이 어떻게 차례대로 개발되는지를 관찰하고, 이러한 순서의 원리에 입각한 방법을 마련하기 위해 모든 면에서 자연의 지도에 따르는 일에 최선을 다해야 한다는 것이다. 코메니우스는 발달단계마다 아동이 할 수 있는 것과 알고 있는 것, 그리고 관심을 가지고 있는 것에 지속적으로 초점을 맞추었다는 점에서 아동 중심 교육이론의 역사적 기원을 이룬 것으로 평가되고 있다.

청소년과 관련된 이론 및 주장

▸▸ 발달이론

코메니우스는 12~18세의 청소년들은 라틴학교에서의 교육이 실시되는 기간으로 보았다. 이 시기 학교교육의 심리학적 목표는 이성적 기능의 훈련이다. 학생들은 감각을 통하여 수집한 정보를 이해하고 판단하는 것을 배워야 한다. 여기서 이해란 인과관계의 원리를 이용하는 것을 의미하는데, 지각하고 상상하며 기억한 것들의 관계에 대한 판단을 배우는 것이다. 학교의 교육과정은 6년으로 구분하였고, 그 내용은 다시 문법, 자연철학, 수학, 윤리, 변증법, 수사학의 여섯 가지로 구분하였다. 한편, 18~24세의 청소년들의 대학교육은 의지의 기능, 즉 자신의 인생에 대한 선택, 자기 결정, 자발성과 같은 사고를 훈련하고 함양해야 함을 크게 강조하고자 하였다. 〈표 4-3〉은 코메니우스가 주장한 6년씩 4단계의 발달이론이다(Muuss, 1996).

▸▸ 비판점

코메니우스는 150권이 넘는 저서를 통하여 자신의 교육철학을 주장했음에도 직접 교육철학을 가르쳐 본 적이 없었다. 또 자신의 교육사상을 통해 궁극적으로 하나님의 나라를

〈표 4-3〉 6년씩 4단계의 발달이론

연령 구분	학교	특징
1～6세	무릎학교	• 어머니의 무릎에서부터 배움이 시작된다. • 외부 감각기능을 연마해야 하고 주위의 여러 대상들을 식별하는 것을 배워야 한다. • 학습과 발달의 기초로서 초기 감각운동 경험의 중요성이 강조되어야 한다.
6～12세	향토학교	• 빈부와 남녀차이에 관계없이 모든 아동에게 제공되는 균형 잡힌 초등교육이 이루어져야 한다. • 모국어의 올바른 사용, 사회적 습관, 종교적 훈련이 교육과정에 포함되어야 한다. • 기억은 연습에 의해 개발되기 때문에 어려서부터 훈련이 필요하므로 가능한 한 많은 연습을 하도록 고려되어야 한다. 어렸을 때는 이것이 별로 힘들지 않게 느껴지므로 별 문제없이 기억이 발달되고 보존되기도 쉽다.
12～18세	라틴학교	• 학교교육의 심리학적 목적은 이성적 기능을 배우는 것이다. • 학생들은 감각을 통해 수집한 정보를 이해하고 판단하는 것을 배워야 한다. 여기서 이해란 인과관계의 원리를 이용하는 것이다. • 학교의 교육과정에는 문법, 자연철학, 수학, 윤리, 변증법, 수사학이 있어야 한다.
18～24세	대학교육	• 의지의 기능을 훈련하여야 한다. 즉, 자신의 인생에 대한 선택, 자기 결정, 자발성과 같은 사고를 함양하여야 한다.

실현하려고 하였으나, 이것은 비기독교 교육자에게는 배타적이고 하나의 공상적인 것처럼 보이게 되었다. 즉, 코메니우스는 교육의 전반적인 목적을 현실세계의 범위나 내용을 넘어서 영생의 차원에서 파악하려고 하였다. 따라서 그는 비현실적인 공상가라는 비판을 받고 있다. 만약 코메니우스가 크롬웰(Oliver Cromwell, 1599～1658)의 도움을 받아들여서 영국으로 피신을 했거나 또는 모라비아 형제교회의 감독직을 떠나 하버드대학교의 총장직을 받아들였다면 '교육은 전 인류를 구원하는 길' 이라는 자신의 철학을 실천할 수 있었을 것이다. 이를 통해 그는 최소한 비현실적인 공상가라는 비판을 어느 정도 면할 수 있었을 것이다. 또한 도식적으로 연령을 구분하고 획일적 · 기계적으로 구분함으로써 개인차를 고려하지 않았으며, 시기를 놓쳤다고 배울 수 있는 가능성까지 무시했다는 점에서 비판을 받고 있다.

참고사항

❖ 30년전쟁(1618~1648)

제1기, 즉 전쟁의 발단은 독일의 남부 뵈멘(보헤미아)에서 1618년 신교도들이 반란을 일으켰으나, 1920년 황제군에 의해서 진압되고 반란의 주동자들은 철저히 보복을 당하였다. 제2기는 이에 불안을 느낀 루터파의 신교 국가인 덴마크가 영국, 네덜란드, 프랑스의 지원을 약속받고 1625년 독일에 출정했으나, 독일 황제군에게 밀려 1629년 뤼벡조약을 맺고 소득 없이 전쟁에서 손을 떼었다. 제3기는 발트해의 패권을 노리고 있었던 스웨덴의 국왕이 신교 국가의 연합세력을 구축하고 1630년 독일에 침입하여 일진일퇴의 공방전을 계속하다가, 스웨덴 국왕이 전사하고 신교연합이 무너지면서 1635년 구교의 승리로 끝났다. 제4기는 구교 국가이면서도 이해관계 때문에 배후에서 독일의 신교를 원조하고 있었던 프랑스가 스웨덴과 연합하여 1635년 독일을 침입하자, 독일이 스페인의 지원을 받고 전쟁을 수행하고 일진일퇴를 반복하다가, 결국 프랑스, 스웨덴, 스페인, 네덜란드 등과 독일 내의 제후들이 참가하여 지루한 협상 끝에 휴전에 조인하고 1648년 베스트팔렌조약으로 독일이 불리한 가운데 전쟁이 종결되었다. 30년전쟁은 독일에서 신구교 간의 종교적 갈등이 표출되어 내전으로 시작되었으나, 시간이 지남에 따라 주변 각국이 종교를 빙자하여 개입하고 여기에 정치적, 경제적 이해관계가 얽히고 복잡한 국제전의 양상을 띠게 된 것이었다.

❖ 르네상스

14~16세기의 문예부흥기로 르네상스(renaissance)라는 말은 이탈리아어에서 그 어원을 찾을 수 있으며 재생과 부활을 의미한다. 이러한 재생과 부활은 고대 그리스와 로마 문화를 부흥하는 운동을 의미한다. 르네상스의 근본적 이념은 인문주의이다. 인문주의는 고대 그리스와 로마 학문을 통하여 인간의 가치와 존엄성을 확인하고 인간 중심에서 사고한다는 의미이다. 르네상스는 보통 두 가지 분류로 나누어지는데, 이탈리아의 르네상스와 알프스 이북의 르네상스이다. 르네상스가 먼저 발생한 지역은 이탈리아이다. 문학에서는 최초의 인문주의자이며 시인인 이탈리아의 페트라르카(Francesco Petrarca, 1304~1374)의 서정시집인 『칸초니에레(*Canzoniere*)』(1342년부터 집필 시작)가 있고, 근대소설의 선구자로 칭송되는 이탈리아의 소설가 보카치오(Giovanni

Boccaccio, 1313~1375)의 『데카메론(*Decameron*)』(1351)이 있다. 미술에서는 르네상스의 3대 거장, 즉 이탈리아의 레오나르도 다빈치(Leonardo da Vinci, 1452~1519)의 〈모나리자〉(그림, 1503~1506년 제작)와 〈최후의 만찬〉(그림, 1495~1498년 제작), 이탈리아의 화가이며 조각가인 미켈란젤로(Michelangelo di Lodovico Buonarroti Simoni, 1475~1564)의 〈천지창조〉(벽화, 1508~1512년 제작)와 〈최후의 심판〉(벽화, 1535~1541년 제작) 및 〈다비드상〉(조각, 1501~1504년 제작), 그리고 이탈리아의 화가이며 건축가인 라파엘로(Sanzio Raffaello, 1483~1520)의 〈아테네 학당〉(그림, 1509~1510년 제작)과 〈성모상〉(그림, 1504~?)이 있다.

알프스 이북의 르네상스는 현실사회와 종교비판적 특징을 가지고 있는데, 에라스무스(Desiderius Erasmus, 1466~1536)의 『우신예찬(*Encomium Moriae*)』(1511), 영국 출신의 국외 정치인이었던 토마스 모어(Thomas More, 1477~1535)의 『유토피아(*Utopia*)』(1516), 영국이 낳은 세계 최고의 시인 겸 극작가인 셰익스피어(William Shakespeare, 1564~1616)의 『햄릿(*Hamlet*)』(1601)과 『베니스의 상인(*The Merchant Of Venice*)』(1596), 에스파냐의 소설가이자 극작가인 세르반테스(Miguel de Cervantes, 1547~1616)의 『돈키호테(*Don Quixote*)』(1605) 등이 있다.

참고인물

❖ 에라스무스(Desiderius Erasmus, 1466~1536): 에라스무스는 르네상스 시대 네덜란드의 인문학자로서 성직자인 아버지와 의사의 딸 사이에서 둘째 아들로 태어난 사생아였다. 에라스무스는 교회의 타락을 준엄하게 비판하였으며, 성서의 복음정신으로의 복귀를 역설하였으므로 그의 제자들 가운데서 많은 종교개혁자가 나오게 되었다. 교육사상으로는 (1) 지성을 갖춘 인간성 계발에 교육 목적을 두고 자연, 훈련, 실천이라는 인간 개인의 발달원리를 제시하였고, (2) 실용을 위한 학문과 사물을 통한 학습, 아동에 관한 연구, 개별적 지도 및 조기교육의 필요성 및 교사의 중요성을 강조하였고, (3) 중세의 기독교 지배하에 있던 교육을 인간주의적인 세속교육으로 변화시켜야 한다고 주장하였다. 그의 저서 『소년교육론(*De Pueris Instituendis*)』(1529)은 교육

의 힘에 대한 확신을 가장 분명하게 주장한 글로 손꼽히고 있다. 유명한 풍자적 소설인 『우신예찬(*Moriae Encomium*)』(1511)은 에라스무스가 잉글랜드로 돌아가는 길에 알프스 산맥을 넘으면서 구상하여 토머스 모어의 집에서 집필한 책인데, 전혀 다른 분위기를 나타내고 있다. 에라스무스는 처음으로 다른 사람의 작품만이 아니라 자신의 작품도 보편적인 풍자의 대상으로 삼았고, 이 풍자에서는 어리석은 정열이 승리를 거두는 것으로 되어 있다. 에라스무스는 "현명한 사람조차도 자식을 낳고 싶으면 바보짓을 해야 한다."라고 밝히고 있다.

❖ 비베스(Juan Luis Vives, 1492～1540): 에라스무스의 제자로서 교육학, 철학, 심리학에서 뛰어난 능력을 발휘한 스페인의 철학자이며 인문주의자였다. 종교재판을 피하기 위하여 17세에 스페인을 떠났고, 1509～1512년까지 파리에서 공부를 마친 뒤 1519년 벨기에 중부의 루뱅에서 인문학 교수가 되었다. 1522년 성 아우구스티누스(Aurelius Augustinus, 354～430)의 『신국(*De Civitate Dei*)』에 대한 주석을 영국의 헨리8세에게 헌정한 뒤, 1523년 영국으로 건너가 왕녀 마리아의 교사로 일하면서 옥스퍼드대학교에서 철학을 강의하였다. 헨리8세는 딸은 낳았으나 아들을 낳지 못한 왕비 캐서린(Queen Katherine)과의 이혼을 위하여 로마교황과 대립하게 되었고, 헨리8세의 이혼을 반대하였던 비베스는 1527년 왕의 신임을 잃고 6주 동안 감옥에 갇혔다. 풀려나온 후에는 저술에 전념하기 위해서 영국을 떠나 네덜란드로 가게 되었다. 한편, 『유토피아』로 유명한 토마스 모어 또한 헨리8세의 이혼을 허락하지 않는 교황청과의 정치적인 싸움에 휘말리게 되었다. 토마스 모어는 1529～1532년까지 대법관을 역임하였는데, 결국 헨리8세의 명을 거역하고 이혼을 인증하지 않게 되었다. 이에 격분한 헨리8세는 1534년 토마스 모어를 런던탑에 유폐한 후 이듬해 단두대에서 처형하였다. 비베스는 영혼의 본질이 아닌 그 기능을 연구하여야 한다고 주장하면서, 자신의 교수론에서 (1) 학교의 완전한 공영제도를 주장하였고, (2) 문법의 형식적 교수보다 실용적 견지에서 국어교육을 존중하였고, (3) 자연과학의 교수를 중시하였으며, (4) 심리학적 방법의 도입 등을 주장하며, 영국 중세의 신학자이며 철학자인 베이컨(Roger Bacon, 1214～1294)이나 코메니우스에게 많은 영향을 주었다. 비베스는 교육학 분야에서 『어린이 교육의 올바른 방법(*De Ratione Studii Puerilis*)』(1523)이라는 저서를 통하여

명성을 얻게 되었다. 또 이 저서에서 비베스는 학교에서 모국어를 쓰자고 주장하였고, 대학을 세울 것을 역설하였으며, 여성에 대한 교육을 지지하였다. 또한 에라스무스가 성서와 언어연구에 사용하자고 주장한 개인적 탐구와 경험을 바탕으로 하는 귀납의 원리를 아동의 자연연구에 적용하자고 제안한 것은 그의 가장 위대한 혁신으로 꼽힌다.

❖ 크롬웰(Oliver Cromwell, 1599~1658): 영국의 왕 찰스1세(1599~1658)를 죽인 장본인으로

왕이 죽은 뒤 호국경이라는 요즘의 대통령과 비슷한 관직에 올랐다. 크롬웰 군대가 이길 수 있었던 원인은 아주 혹독한 훈련으로 길들여진 막강한 군대 철기병이 있었기 때문이었다. 영국 사람들은 크롬웰이 지배함으로써 평화가 올 것이라고 믿고 있었으나, 엄격한 청교도였던 크롬웰은 지나친 탄압정책과 욕구 억제를 강요하여 인기를 잃게 되었다. 크롬웰이 55세의 나이로 죽게 되자, 영국 국민들은 다시 왕을 모시기를 원하였고, 그래서 찰스2세가 프랑스에서 오게 되었다. 찰스2세는 자신의 아버지를 죽인 크롬웰과 그를 따르던 의원들의 시신을 꺼내 그들을 다시 죽인 후에 참수시켜 사형장의 교수대 밑에 매장하였다.

5. 로크

"태어날 때 아동의 마음은 백지 상태와 같다. 그러므로 인간의 선과 악은 경험과 환경에서 기인할 것이다."

"자연 상태에서 만인은 평등하다."

로크(John Locke, 1632~1704)는 봉건사회로부터 근대사회로 옮아가는 17세기의 대변혁기에 영국이 낳은 위대한 사상가이다. 그는 인식론철학의 분야에서는 '영국 경험주의 철학의 아버지'로서, 법철학의 분야에서는 위대한 자연법 사상가로서, 그리고 정치이론과 정치철학의 분야에서는 근대 정치이론의 확립자 및 위대한 민주주의의 사상가로서 높이 평가되고 있다. 존 로크는

1632년 영국 브리스톨 근교의 링튼에서 출생하였다. 어려서 어머니를 잃고 시골 변호사였던 아버지 밑에서 성장하였다. 1652년에 옥스퍼드대학교의 크라이스트처치칼리지에 입학하였고, 1656년에 학사학위를, 2년 뒤에는 석사학위를 취득하였다. 1683년에는 네덜란드로 망명하였다가 1689년 사면되어 다시 영국으로 돌아올 수 있었다. 이 망명생활 동안 로크는 각지를 전전하면서 여러 학자들과 친교를 맺고, 귀국 후 여러 저서를 통해 국내외에 명성을 떨치게 되었다. 특히, 1688년 명예혁명 후 종교적 관용과 정치적 자유주의를 옹호하는 최고의 철학적 기수로서 널리 알려지게 되었고, 1690년에는 『인간 이해에 관한 에세이(*Essay Concerning Human Understanding*)』를 통해 우리가 어떻게 생각을 습득하게 되는가의 문제를 심도 깊게 논의하였다. 그는 일생을 독신으로 살다가 1704년 에식스의 하이 레이버에서 사망하였다.

▸▸ 경험론

중세기의 전성설을 강조한 축소인간론과 스콜라철학의 기본 원리인 플라톤의 본유관념(innate ideas)은 로크에 의해 강력한 도전과 반대에 부딪히게 되었고, 출생 시의 아동은 성인과 양적으로 다를 뿐만 아니라 질적으로도 다르다는 사실이 강조되기 시작하였다. 로크는 인간의 육체와 정신은 모두 자연질서의 일부라는 홉스의 사상에 영향을 받았다. 또한 인간의 타고난 사고(본유 관념), 즉 생득적 관념은 없으며, 태어날 때 개인은 백지 상태이므로 모든 사고와 지식은 경험으로부터 유래된 것이라고 주장하였다(Muuss, 1996). 의식세계에서 발견되는 사고도 우리의 감각을 통해서 직접 얻어지는 것이거나 혹은 이전에 감각을 통해 습득된 사고로부터 온 것이기 때문에 모든 지식은 감각으로부터 파생된다고 보았다. 로크는 마음이 관념으로 이루어져 있고, 관념은 경험에서 오며, 간단한 관념은 감각 경험에서 직접 오고, 복잡한 관념은 간단한 관념의 조합에서 온다고 하였다. 그러므로 로크는 관념이란 마음을 구성하고 있는 요소이고, 우리는 마음의 요소를 분석함으로써 마음을 이해할 수 있다고 주장하였다.

▸▸ 타불라 라사

로크는 초기 경험이 일생에 중요한 영향을 미친다는 생각을 강하게 제기하였다. 그는 아동들은 보편적으로 수용받고 있는 대다수의 진리조차 인식하지 못하며, 그들이 믿는 바도 문화집단에 따라 현저하게 다를 수 있음을 지적하였다. 그리하여 로크는 자신의 저서 『인간 이해에 관한 에세이』에서 출생 시의 아동의 마음은 '타불라 라사(tabula rasa)', 즉 '깨끗한 백지'와 같으며, 그 위에다 경험이 글을 쓰는 것이라고 주장하였다. 마음은 그것이 경험하는 대로의 것이 된다는 것이다. 그러므로 우리의 정신이 오로지 경험에 의해서만 형성된다면, 아동이 '선하게' 또는 '악하게' 되는 것은 환경적인 경험에서 기인한다고 하였다. 로크의 심리학은 천성(nature)보다 양육(nurture)을 강조하고 있다.

▸▸ 환경과 교육

로크의 이러한 생각은 사회이론은 물론 현대 심리학의 행동주의(behaviorism) 학파에도 많은 영향을 주게 되었다. 사람들 간에 존재하는 차이와 불평등도 환경과 경험에서 기인하는 것이지 출생 시에는 전적으로 동등하다는 것이다. 그리고 세상에 존재하는 인간의 불행은 열악한 교육적, 사회적 환경과 같은 환경 조건 때문이라고 보고, 좋지 못한 환경에서 살고 있는 아이들에게 새로운 희망을 심어 주었다. 그것은 환경을 변화시킴으로써 인간의 본성이 바뀔 수 있다는 새로운 희망이었다. 로크는 또한 보상과 벌, 모방, 그리고 자극들 사이의 연합(associations)들이 정신을 형성하는 중요 요소라고 보았다. 그의 저서 『교육에 관한 몇 가지 생각(*Some Thoughts Concerning Education*)』(1963)에서 로크는 아동의 훈련에 관한 자신의 철학을 더욱 심도 있게 논의하면서 공리주의적 학습과 실용주의적 학습을 제안하였다. 교육은 한 사람의 삶을 형성하는 강력한 힘이 될 수 있으므로, 훌륭한 교육은 사회적, 정치적, 경제적 업무를 실용적으로 처리할 수 있는 능력을 배양시켜 주어야 한다고 하였다.

▸▸ 인간에 대한 관점

로크의 인간상을 살펴보면 '잘못을 저지를 수 있는 인간'으로 집약될 수 있다. 즉, 생각하는 인간은 유한하며 허약한 존재다. 인간은 다른 동물과는 달리 이성을 포함하는 지성을 갖고 있지만 그 지성도 결코 절대적일 수 없으며 언제나 잘못되기 쉽다는 것이다. 그러나 인간은 아무리 허약할지라도 언제나 자기 자신의 발로 서서 자기 자신의 눈으로 바라보며 자기 자신의 발로 걸어가지 않으면 안 된다고 하였다. 인간은 잘못을 저지를 수 있는 유한하고 허약한 존재이기는 하지만, 이성과 지성의 힘으로써 능히 자기의 잘못을 스스로 수정해 갈 수 있다는 것을 굳게 신뢰하였다. 로크는 자기 자신을 포함하여 바로 그와 같은 인간을 너그러운 마음으로 사랑했으며, 그런 인간의 어려운 문제를 합리적으로 해결하려는 데 일생을 바치게 되었다.

청소년과 관련된 이론 및 주장

▸▸ 교육사상

로크는 인간의 본성은 출생 시에 이미 결정되어 있는 것이 아니라 백지 상태와 같으며, 유기체에 환경을 자극하여 만들어진 산물로써 인간의 본성이 형성된다고 보았다. 인간은 본질적으로 백지와 같으나 외부 세계로부터 자극들을 아주 예민하게 받아들일 수 있는 종이라는 백지설을 주장하면서 교육만능설을 피력하였다. 즉, 인간의 지식 획득은 아동의 외부 세계인 물리적, 사회적 환경으로부터 오는 것이기 때문에 선천적인 정신이나 영혼으로부터 유래되지 않는다고 보았다. 그러므로 그는 환경의 중요성을 강조하면서 아동들의 주변에는 항상 성실하고 친절하며 근면하고 지혜롭고 절제력이 있는 인물들을 두어 본보기가 되도록 해야 한다고 주장하였다.

▸▸ 교육목적

로크는 교육의 목적을 품성도야, 유용한 신사의 양성에 두었다. 신사가 구비해야 할 기본적인 요소는 신체적, 도덕적, 지적인 면을 갖추는 것이었다. 즉, 지덕체가 조화된 전인 교육을 역설하면서 교육의 형식을 지육, 덕육, 체육의 셋으로 구분하였다. 첫째, 지육론에서는 주지주의를 반대하고 서적의 학습을 거부하였다. 학식이 풍부한 사람이라도 덕이 없으면 사회적으로 존경을 받지 못하기 때문이었다. 둘째, 덕육론에서 덕육의 목적은 자신의 욕망을 억제하고 이성에 따라 행동하는 데 있다고 보았다. 셋째, 체육론에서는 인간의 행복을 위해서는 무엇보다 먼저 체육이 필요하다고 하면서 체육을 교육에 있어서 가장 기본으로 중시하였다. 로크는 이를 위해 기본적으로 교육의 주요 목표를 자기 통제에 두었다. 자기 훈련을 몸에 배게 하기 위해서는 신체적 건강에 유의해야 한다. 신체가 병들고 약하면 인간은 욕구를 통제할 능력이 거의 없기 때문이다. 따라서 로크는 아동에게 많은 운동을 시켜서 그들의 신체를 단련시키고 사철 내내 밖에서 놀게 하여 어떤 종류의 날씨에도 잘 견뎌 내는 것을 배우도록 해야 한다고 주장하였다.

▸▸ 교육방법

로크의 교육방법은 학생이 바르게 생각하고 행동하는 습관을 만들어 주기 위한 것이었다. 지식의 획득은 외부 세계의 자극들을 지각하고 받아들이는 것으로부터 이루어진다고 보았으며, 교육에서 아동의 모든 감각들을 개발시키는 교육방법을 제시하였다. 그리고 학습과정을 감각, 기억, 추리의 3단계로 생각하고 이 세 가지 능력을 오로지 훈련으로 발달시킬 수 있다고 믿고 있었다. 학습지도는 학생이 유쾌하게 학습할 수 있게 해야 하고, 너무 엄격한 훈련은 반대하였다. 상벌을 겸용하되, 상은 공공연히 이를 표창하고 벌은 일반인에게 나타내지 않도록 해야 한다. 특히, 체벌은 부득이한 경우에만 한해야 한다. 체벌은 적절하지 못한 교육방법이기 때문에 수치심을 이용하여 교화하는 것이 좋고, 정신적 위엄으로 지도하면 아동은 성장 후 스스로를 지배할 수 있는 신사가 될 것이라고 보았다. 잘한 일에 대한 최상의 보상은 칭찬이나 추켜 주는 말이고 최선의 벌은 비난이기에, 아동이 잘할 때에는 자부심을 느낄 수 있도록 찬사를 보내야 하고, 잘못할 때에는 부끄러움을 느끼도록 차가운 시선을 보내야 한다. 아동은 부모나 그들이 의존하고 있는 사람들로부터 받는 칭찬이나 비난에 매우 민감하기 때문에 합리적이고 도덕적인 행동이 스며들게 하기 위해서는 이러한 방법을 이용해야 한다고 하였다. 그리고 이를 위한 교육기관으로는 가정교사에 의한 자녀교육이 가장 바람직하다고 주장하였다.

▸▸ 비판점

"자연 상태에서 만인이 평등하다."는 전제에서 출발하는 로크의 이론은 적지 않은 문제점을 가지고 있다. 특히, 태어나면서부터 모든 사람이 평등하다는 것은 일종의 이상론에 가까우며, 실제로는 모든 사람들이 다양하게 불평등한 조건을 안고 출발하고 있다. 인간사회에 사회적인 불평등 조건이 그 얼마나 많은가? 따라서 자신의 노력에 의한 자연물의 소유권리 사상도 크게 보면 부의 집중과 불평등을 정당화하는 논리로 이용될 소지가 있다. 그러므로 로크의 사상은 자유와 평등의 이념 중에서 자유 쪽에 상대적으로 큰 비중을 두고 있으며, 현실적으로 존재하는 불평등에 대한 고려가 부족한 것으로 비판받고 있다. 또한 그는 인간 본성에 대해 많은 중요한 사고를 발전시켰지만, 이는 인간발달에 관한 특정 이론을 발달시켰다기보다는 오히려 발달이론의 전조가 된 것으로 볼 수 있다. 교육기관과 관련하여서는 가정교사에 의한 자녀교육이 중요하다고 하였으나, 이러한 그의 견해는 원칙적으로 귀족층의 자녀를 전제로 한 것이었기 때문에 일반 서민 자녀의 경우 공장이나 도제제도에 의해 단련함으로써 기술을 습득시킬 필요가 있다고 생각하였다. 따라서 로크는 귀족 자녀와 서민 자녀의 교육기관을 분리한 것으로 이해되고 있다.

참고인물

❖ 홉스(Thomas Hobbes, 1588～1679): 이 장의 아리스토텔레스의 '참고인물'을 참조할 것.

6. 루소

"자연으로 돌아가라."

"자연은 아동을 성인이기 이전에 아동이게 한다. 만일 우리가 이 질서를 가로막는다면 우리는 익지도 않고 맛도 없으며 순식간에 시들고 마는 설익은 과일을 만들 수밖에 없을 것이다. 즉, 철없는 젊은 교사들과 겉늙은 아이들이 만들어질 것이다."

"우리는 두 번 태어난다. 한 번은 생존(육체의 탄생)을 위해, 또 한 번은 생활(정신의 탄생)을 위해 …… 청소년기는 제2의 탄생기이다."

루소(Jean Jacques Rousseau, 1712~1778)는 스위스의 제네바에서 가난한 시계공의 둘째 아들로 출생하였다. 어머니는 루소를 낳다가 세상을 떠났고 아버지에 의해 양육되었다. 10세에 아버지마저 집을 나가 숙부에게 맡겨졌으며, 공장의 시계 세공업에서 심부름 따위를 하면서 소년기를 보내게 되었다. 16세에는 제네바를 떠나 청소년기를 방랑생활로 보냈는데, 이 기간에 와랑 남작부인의 집사로 일하면서 공부할 수 있는 기회를 얻게 되었다. 1742년에는 파리로 나와 음악공부에 전념하였고, 1749년에는 신문광고에 난 디종의 아카

Herrn Johann Jacob Rousseaus,
Bürgers zu Genf,
Aemil,
oder
Von der Erziehung.
Aus dem Französischen übersetzet,
und
mit einigen Anmerkungen versehen.
Erster Theil.

Sanabilibus aegrotamus malis; ipsaque nos in rectum genitos natura, si emendari velimus, juvat.
SENECA, de ira, L. II. c. 13.

Berlin, Frankfurt und Leipzig,
1762.

데미 현상논문에 『예술과 과학론(*Discours sur les sciences et les arts*)』으로 응모하여 당선되면서 이름이 널리 알려지게 되었다. 루소는 다시 서간체 연애소설 『신 엘로이즈(*la nouvelle Héloise*)』(1761), 인간의 자유와 평등을 논한 『민약론(*Du Contrat Social*)』(1762), 그리고 소설 형식의 교육론 『에밀(*Emile*)』(1762) 등의 대작을 차례로 출판하였다. 그러나 『에밀』이 출판되자 파리 대학 신학부가 이를 고발하고 파리 고등법원은 그에 대한 유죄 판결과 함께 체포령을 내려, 루소는 스위스 및 영국 등지로 도피하게 되었다. 그리고 다시 프랑스로 돌아와 각지를 전전하면서 자전적 작품인 『고백록(*Les Confessions*)』을 집필하였다. 1768년에는 1745년부터 함께 지내 온 문맹의 하녀였던 테레즈 르바쇠르와 정식으로 결혼하여 다섯 명의 자녀를 두게 되었다. 그 후 파리에 정착한 루소는 피해망상으로 괴로워하면서 자기를 변호하는 저서를 쓰기 시작하였으나 완성하지 못하고 파리 북쪽의 에르므농빌에서 생을 마감하였다. 그 후 11년 후에 프랑스혁명이 일어났는데, 루소의 사상은 혁명지도자들의 사상적 지주가 되었다. 1794년 루소의 유해는 위인들을 합장하는 파리의 성당 팡테옹으로 옮겨져 볼테르(François-Marie Arouet, 1694~1778)와 나란히 묻히게 되었다.

▸▸ 성선설

루소는 부분적으로는 로크의 사상으로부터 영향을 받았지만, 인간의 본성에 관한 자신의 견해를 발달시켰다. 로크가 인간 본성의 가장 중요한 측면으로 이성을 생각했다면, 루소는 인간 본성이 일차적으로 감정이라고 생각하였다. 로크가 입헌정치에 관심을 가지고 있었다면, 루소는 개인주의와 개인의 자유에 관심을 두고 사회와 사회제도에 대하여 비판적인 공격을 가하였다. 루소는 인간이 선하게 태어난다는 굳은 신념을 토대로 한 자신의 주장을 바탕으로 교육에 있어서의 개인적 특성과 발달의 정서적 측면을 강력하게 주장하였다. 또한 축소인간의 견해를 반대하였으며, 어른이 되기 전에 놀고 생활하며 아이답게 행동하는 것이 자연의 계획이라고 주장하였다. 루소는 "아동기만의 보고 느끼고 생각하는 방식이 있으므로 그것을 어른의 것으로 대체시키려는 것보다 더 어리석은 짓은 없다."라고 하면서, 교사와 부모들에게 "아이들에게 푹 빠져야 한다. 아이들을 관찰하고 쉬지 말고 지켜보며 드러나지 않게 그들의 감정을 예견하라."고 충고하였다. 또 교사는 무엇을 직접 가르치기보다는 안내자로서 선도자의 역할을 해야 하며, 아동 자신이 스스로 무엇인가를 발견할 수 있도록 유도해 주는 역할에 머물러야 한다고 하였다(Muuss, 1996).

▸▸ 자연주의

루소 사상의 근본을 이루고 있는 것은 자연주의이다. 인간의 자연성을 존중하고 모든 인간 문화와 도덕을 자연에서 이끌어 내려고 하였다. 그는 자유가 인간의 특징이며, 그것은 인간이 자연 가운데 새겨져 있기 때문에 인간의 본질적인 권리를 이룬다고 보았다. 따라서 루소의 평생 동안 일관된 주장은 바로 인간 회복이었고, 인간의 본성을 자연 상태에서 파악하고자 하였다. 즉, 인간은 자연 상태에서는 자유롭고 행복하고 선량하였으나 자신의 손으로 만든 사회제도나 문화에 의하여 부자유스럽고 불행한 상태에 빠졌으며, 사악한 존재가 되었기 때문에 다시 참된 인간의 모습을 발견하여 인간을 회복하지 않으면 안 된다고 하였다. 그리고 인간 본래의 모습을 손상시키고 있는 사회나 사회제도에 대하여 통렬한 비판을 가하였다.

▸▸ 교육적 견해

루소는 인간발달의 본질에 관한 사고에 혁신적인 변화를 초래하였다. 이러한 그의 사상은 저서 『에밀』(1780)를 통해 잘 나타나고 있다. 아동발달과 교육에 관하여 루소는 구속과 제약이 없는 자유로운 상태에서 아동은 조화롭고 건강하게 성장한다는 교육철학을 제시하였다. 루소의 이론은 성숙이론에서 출발하였다. 성숙이론은 인간의 발달이 유전적으로 예정되어 있다고 주장한다. 따라서 환경이 아동발달에 주도적인 영향을 미치지 못하기 때문에 아동을 교육할 때 그들이 지닌 능력 이상을 강요하면 아동은 좌절하고 저항한다. 그러므로 루소를 비롯한 성숙이론을 주장한 학자들은 아동 자신의 발달 속도에 따라 발달할 수 있도록 아동 중심의 양육환경을 제공할 것을 강조하였다. 이러한 성숙주의 이론을 바탕으로 전개된 루소의 이론은 인간의 본성을 자연 상태에서 파악하고자 하였으며, 인간발달은 성인의 가르침이나 사회적 강요와 같은 외적인 힘보다는 내부의 생물학적 시간표에 의해 진행된다고 설명하였다. 이러한 루소의 이론은 내적인 시간표와 단계이론을 바탕으로 '아동 중심 철학' 이라는 기틀을 마련하였다. 즉, 아동은 특정 단계에 맞추어 교육하면 그들 나름대로의 검증과 이해력에 따라 문제를 이해할 수 있다는 것이다.

루소는 아동들이 그들의 고유한 방식으로 보고 듣고 느끼지만, 우리들은 그에 대하여

아는 것이 전혀 없기 때문에 우리 자신의 생각을 아동들에게 심어 주려는 경향을 삼가고, 있는 그대로 그들을 관찰하고 그들이 말하는 바에 귀 기울임으로써 아동들의 독특한 특성들이 나타나도록 내버려 두어야 한다고 주장하였다. 그러므로 루소는 아동을 성인의 관점에서 바라보는 것은 위험할 수 있다고 경고하였다. 그는 아동의 욕구와 흥미로부터 출발하였고, 발달을 사전에 계획된 자연적인 과정으로 보았다. 만일 아이들을 구속이라든가 자연스럽지 못한 제약, 성인세계의 엄격한 규율로부터 벗어나게 한다면, 자연은 아동들에게 조화롭고 건강한 발달을 보장할 것이라고 하였다. 아동은 선천적으로 선하게 태어나지만, 성인사회의 구속과 열악한 교육 때문에 타락하기 쉽고, 이를 막기 위해서는 특별히 첫 12년 동안에는 거의 규제가 따르지 않는 건전하고 건강한 환경 속에서 자연스럽게 발달하도록 할 것을 주장하였다. 따라서 루소는 아동이 성인의 지배에서 벗어나 세상을 자연스럽게 경험해야 한다는 새로운 견해를 주창하였다.

청소년과 관련된 이론 및 주장

▸▸ 발달론

루소는 그의 저서『에밀』에서 "발달이란 정해진 스케줄에 따라 전개된다."고 하면서 인간발달의 자연적 단계를 5단계로 구분하였고, 각 시기의 양육방법은 자연질서를 따라야 함을 강조하였다. 그리고 교육과정은 이들 단계별 발달 특성과 조화를 이루어야 한다고 보았다. 첫 번째 단계인 유아기는 인생의 첫 4～5년에 해당된다. 아이들은 쾌락과 고통의 감정에 의해 지배된다. 이 시기는 신체적 욕구나 미분화된 감정의 측면에서 동물과 유사하기 때문에 동물의 단계로 불린다. 운동협응 훈련, 감각 지각, 감정과 같은 교육은 일차적으로 육체적인 것이다. 루소는 모든 면에서 자연의 방법을 따라야 한다고 주장하면서, "자연을 관찰하고 자연의 이치에 따라라. 자연은 언제나 아이들을 활동하게끔 자극한다. 자연은 온갖 시련을 통해 체력을 단련시킨다. 자연은 일찌감치 고통과 괴로움이 무엇인지를 가르쳐 준다."라고 밝혔다.

두 번째 단계는 루소가 야만인의 단계로 특징지은 시기로 5～12세가 해당된다. 감각능력이 이 단계의 두드러진 특성이다. 놀이와 운동, 게임을 통해서 감각 경험이 습득되는데, 이러한 감각을 훈련하는 것이 주된 교육과정이 된다. 이 단계에서는 자의식과 기억이 발달하고 인간에게 필요한 감각을 활용하는 생활이 시작된다. 이 시기에는 아직 이성적으로 사고할 수 있는 능력이 없고 도덕적 사고도 충분히 깨우치지 못한다. 이 단계에서의 교육은 외적, 사회적, 도덕적 통제로부터 자유로워야 한다. 독해와 작문을 통한 공식 훈련은 해가 될 수 있으므로 세 번째 단계가 시작될 때까지 미루어야 한다. 그러므로 첫 12년간의 교육에 대해 루소는 "완전히 소극적이어야 한다. 교육은 선행이나 진리를 가르치는 것이 아니고 악행과 실수로부터 정신을 보호하는 것이다. 만일 당신이 아무것도 할 수 없고 아무것도 하지 않는다면, 학생들이 열두 살이 되도록 왼손과 오른손을 구별하지 못해도 올바르고 튼튼하게 기를 수만 있다면 당신의 첫 번째 교훈으로부터 아이들은 이성을 향한 이해의 눈을 뜨게 될 것이다."라고 하였다.

세 번째 단계는 12~15세에 이르는 시기로 이성과 자의식을 비롯한 이성적 기능의 각성을 특징으로 하고 있다. 즉, 이 시기는 이성의 시기로서 호기심과 개인적 실리가 행동의 주된 원인이 된다. 이 단계의 청소년은 엄청난 육체적 에너지와 힘을 소지하고 있다. 호기심을 유발하기도 하는 에너지의 과잉은 학교의 교육과정을 통해서 탐색적 행동이라든가 세상에 대한 진리를 발견하고자 하는 욕구를 격려함으로써 적절히 활용되어야 한다. 루소는 학습의 결과보다 과정을 더 강조하면서, "학생들은 과학을 배워야 하는 것이 아니라 스스로 문제를 해결해야 한다."라고 주장하였다. 또한 이 시기에는 사회적 양심과 정서는 여전히 발달되지 않았지만, 루소는 인간의 정서발달에 큰 가치를 부여하였다(정옥분 외 공역, 1999).

네 번째 단계는 청소년기에 해당되는 것으로 15~20세가 해당된다. 루소는 15세에 사춘기가 시작된다고 보았다. 정서기능이 절정에 달하고 이기심에서 벗어나 사회적인 이해와 자존감을 발달시키는 변화가 나타난다. 청소년은 더 이상 이기주의에 의해 지배되지 않으며 다른 사람에 대한 강한 관심과 진실한 애정에 대한 욕구를 보여 준다. 이 단계는 루소가 제2의 탄생으로 간주한 성충동의 출현이 특징적이다. 따라서 루소는 "우리는 두 번 태어난다. 한 번은 생존을 위해, 또 한 번은 생활을 위해, 즉 한 번은 종을 위해, 또 한 번은 성을 위해서다("We have two births, so to speak—one for existing and the other for living: one for the species and the other for the sex.")."라고 하였다. 이 시기는 양심이 습득되고 도덕과 선행이 가능하다고 보았다. 그러나 신체가 변화함으로써 열정이 내부로부터 용솟음치고, 기분의 변화에 따른 빈번한 분노 표출, 끊임없는 마음의 동요 등으로 거의 제멋대

〈표 4-4〉 인간발달의 자연적 단계에 따른 교육이론

1단계(0～5세, 유아기의 교육)	신체발육기. 자연질서에 따른 양육방법 강조. 자연적 자유
2단계(5～12세, 아동기의 교육)	자연에 의한 교육. 감각기관의 훈련이 신체적 발달에 중요한 역할을 한다는 이론 제시
3단계(12～15세, 소년기의 교육)	신체적 · 감각적 발달에 기초를 두고 지적 발달 도모. 이성의 힘에 의지하여 적극적으로 학습하는 시기
4단계(15～20세, 청소년기의 교육)	본격적인 지적 교육 실시－역사, 문학, 철학, 법률 등 성선설에 입각한 종교관. 도덕적 가치판단/이성발달 시기
5단계(20세 이후, 여성교육론)	결혼기. 여자교육론 포함. 남녀의 상호 협력 강조. 여성의 수동적인 가정 중심 사상 내포. 남성 중심/가정 중심

로 행동하게 된다. 청소년들은 성적 감정을 자각하고 있기 때문에 이성 앞에서 얼굴을 붉히기 시작한다. 이런 점에서 청소년들은 더 이상 자족적이지 못하고, 다른 사람들에게 매력을 느끼며, 그들을 필요로 하게 된다. 청소년들은 또한 인지적으로도 발달하기 때문에 추상적 개념들을 다룰 수 있으며, 과학이나 도덕의 이론적인 문제들에 대해서도 흥미를 갖기 시작한다.

다섯 번째 단계는 결혼기로 이성에 대한 사랑과 결혼을 위한 목적으로 쓰인 여성교육론을 주장하였다. 그는 여성은 남성과 종으로서는 동등한 인간이나 성이 다르기 때문에 역할이 다를 수밖에 없다고 하였다. 여자는 과학이나 물리학 또는 사변적 학문에 맞지 않다고 보고, 가정생활에 필요한 지식과 기술이 있고, 남자에 대한 내조자로서 현숙한 여자가 여성교육의 목표라고 보았다. 그의 남성 중심, 가정 중심, 그리고 교육이 여성교육의 기초를 이룬 것을 부정할 수는 없으나 여자를 남자의 소유물 혹은 노예와 같다고 생각하지는 않았다. 〈표 4-4〉는 루소의 교육관계이론을 나타낸 것이다.

▸▸ 비판점

루소의 교육론은 아동존중 사상과 자연주의 사상을 핵심으로 사회개조를 목표로 한 교육사상이라고 할 수 있다. 그러나 루소의 이론에 대한 비판은 우선 실행되기 어려운 교육론이라는 점이다. 특히, 루소 자신이 연구에 방해가 된다고 하여 자기의 다섯 아이들을 모두 고아원에 보냈다는 사실 때문에 많은 비판을 받았으며, 그의 이론을 탁상공론으로 보는 사람들이 있다. 아이들 모두를 고아원에서 자라게 한 것에 대해 루소 자신도 무척 고민하였는데, 아버지의 의무와 권리에 대해 언급하면서 이를 실행하지 못했을 때 받는 고통이 크다고 술회한 바 있다.

둘째, 루소의 모순된 논리로서 그가 주장하고 있는 자연주의의 개념을 파악하기 어렵다는 점이다. 예를 들면, 『에밀』에서는 개인주의를 주장하고, 『사회계약론(*Du Contrat Social*)』(1762)에서는 사회주의를 내세우며 사유재산제를 부정하면서도, 『정치경제론(*De L'économie Politique*)』(1755)에서는 소유권을 긍정하는 등의 모순된 논리를 가지고 있다는 것이다. 또한 루소가 주장하는 자연주의도 분명한 개념 파악을 어렵게 만든다.

셋째, 루소 자신은 공교육문제를 생각하고 이상적인 공교육제도를 제시해 보기도 하였으나 결국 학교교육이 이상적인 교육을 실시하기는 어렵다고 생각하였고, 진정한 의미의 교육은 한 인간이 쏟는 정열과 정성으로 이루어진다는 것을 강조하였다. 그러나 이는 너무 이상적이기 때문에 현대사회에 적용하기에는 비현실적이라는 것이다. 즉, 한 아이에 한 교사가 늘 같이하면서 교육을 실시하는 일은 현실사회에서는 불가능하다. 그리고 루소의 교육론은 훌륭한 교육이 왜 중요하며 당대의 학교교육이 어떻게 나쁜지에 대해서는 구체적으로 밝히지 못하였다. 이러한 점에서 루소의 교육론은 일반론에 머물고 있을 뿐 구체적인 측면에 대해서는 심도 있는 논의를 전개하지 못하였다. 또한 상류계급의 자제를 위한 교육을 강조하면서도 하류계급의 아동에 대해서는 관심을 크게 두지 않았다.

넷째, 남녀의 성차별이 지적되고 있다. 루소는 남녀의 차이를 당시의 사회문화적 상황에 근거하여 과학적으로 분석하지 못하고, 자신의 개인적 경험을 근거로 분석하고 있다. 그리고 결국 남녀 간의 차이를 시대와 사회에 따라서, 그리고 교육의 양과 질에 의해서 변화될 수 있는 가변적인 속성으로 파악하지 못하고 불변의 특징으로 고정화시키게 되었다. 또한 루소는 발달단계에 따른 성숙주의 이론과 함께 개인의 자유와 인간발달의 정서적 측면을 지나치게 강조함으로써 교육과 사회, 문화의 중요성을 무시하였다는 지적을 받고 있다. 특히, 내재되어 있는 유전으로 인한 인간발달의 믿음 때문에 인간이 문화적 · 사회적 환경과 상호작용하면서 받게 되는 영향의 중요성을 간과하고 있다는 비판을 받고 있다.

참고사항

❖ 『신 엘로이즈(*la nouvelle Héloise*)』(1761)

서간체 연애소설로 전체 6부로 구성되어 있는 장편이다. 프랑스와 국경을 이루고 있는 호수 스위스의 레만호를 무대로 가정교사인 생프레와 그의 제자인 쥘리 사이의 열렬한 사랑이 줄거리를 이루고 있다. 특히, 외부세계의 자연 묘사가 뛰어나 독자의 감성에 호소하는 바가 컸다는 점에서 낭만주의 문학의 선구적 작품으로 꼽히기도 한다.

❖ 이상행동의 문헌

역사와 문학에 기록된 이상행동을 살펴보면 고대 중국, 이집트, 유대 및 그리스의 역사에는 정신장애자의 사례사가 많이 남아 있다. 기원전 11세기 이스라엘의 초대왕 사울(Saul)은 심한 우울증으로 고생하다가 조증 상태에 빠지면 대중 앞에서 발가벗기도 하였다. 또 기원전 6세기 페르시아의 왕 캄비세스(Cambyses)는 역사에 기록된 최초의 알코올중독자로 유명하다. 과음하였을 때에는 자신의 분노를 통제하지 못한 나머지 의식을 잃고 광인과 다름없이 행동하는 것이 보통이었다. 그는 병사들에게 아무것도 먹이지 않고 에티오피아의 군대와 싸우도록 명령한 일도 있었다. 그는 어느 날 친구의 아들을 과녁 목표물로 삼아 활로 쏘아 죽이고 매우 만족해하기도 하였다.

그리스의 신화에도 수많은 정신장애자에 대한 기록이 수록되어 있다. 그리스 신화의 영웅 헤라클레스(Hercules)의 사례를 보면, 그는 주피터(Jupiter)의 아들이며 열두 가지의 어려운 일을 무사히 해치울 수 있는 강력무쌍한 영웅으로 알려져 있다. 그런데 그는 경련발작이 일어나면 살인을 하는 일이 많았다. 그리스의 비극시인으로 널리 알려진 유리피데스(Euripides, B.C. 480～406)는 헤라클레스의 살인 전후에 나타나는 행동 특징을 이렇게 적어 놓았다. "눈이 빙빙 돌며, 의식이 흐려지고, 입에 거품을 품으며, 열이 높아지고, 사람을 마구 때려 눕혀 끈으로 묶어 놓고 깊은 잠을 잔다. 그러나 잠에서 깨어나면 발작 때 있었던 일을 전혀 기억하지 못한다. 헤라클레스는 두 아들과 두 조카를 비롯해서 친한 친구와 자기의 은사까지도 살해하였다."

소크라테스(Socrates, B.C. 469～369), 알렉산더 대왕(Alexander the Great, B.C. 356～323) 및 시저(Julius Caesar, B.C. 100～44)와 같이 그리스와 로마의 위대한 인물들이 정신장애자의 특징을 가졌다는 것은 너무도 유명한 사실이다. 동방의 정복자로 알려진 몽고의 왕 타머레인(Tamerlane, 1336～1405)은 사람의 두개골을 모아 피라 미드를 쌓아 올리는 것이 취미인데, 4만 개의 두개골을 모아 만든 건축작품이 널리 알려져 있다. 프랑스의 철학자 루소는 말년에 가서 비밀 적에 대한 강박관념에서 잠시도 해방되지 못하였다. 그는 많은 사람들이 자기에게 도전해 오지나 않을까 몹시 두려워하였다. 또 자신의 소화기능이 좋지 않은 것과 설사가 나는 것도 모두 이 보이지 않은 비밀 적군이 조작한 소행으로 생각하였다. 심지어는 자신이 신선한 야채를 쉽게 구해 먹을 수 있는 것도 비밀 적군의 뇌물을 받은 야채장수의 농간이라고 생각하였다. 오스트리아의 작곡가 모차르트(Wolfgang Amadeus Mozart, 1756～1791)는 독살당할 기분에 잠겨 있을 때 작곡을 하는 버릇이 있는데, 대표적인 것이 그의 미사곡들이다. 영국의 시인 키츠(John Keats, 1795～1821)는 언제나 심한 긴장 속에서 생활하였고, 즐거운 감정이나 슬픈 감정을 자의로 억제하지 못하였다. 그리고 웃음과 슬픔을 뜻대로 통제하지 못하였다. 네덜란드의 화가인 반 고흐(Vincent Van Gogh, 1853～1890)는 간질발작으로 의식이 흐리멍덩할 때 자기 귀를 잘라서 매춘부에게 보내 준 일도 있었다. 독일의 철학자인 쇼펜하우어(Arthur Schopenhauer, 1788～1860), 폴란드 태생인 프랑스의 피아니스트이며 작곡가인 쇼팽(Frédéric François Chopin, 1810～1849), 영국의 경제학자이며 철학자인 밀(John Stuart Mill, 1806～1873) 등은 심한 우울증으로 고생한 인물들이다. 그들의 위대한 작품이나 저술은 모두 우울한 상태에서 이루어졌다.

프랑스의 풍자작가인 레버레이(François Rubelais, 1494～1553), 스코틀랜드의 시인 번스(Robert Burns, 1759～1796), 영국의 시인 바이런 경(Lord Byron, 1788～1824) 및 미국의 단편작가이며 시인인 포(Edgar Allan Poe, 1809～1849) 등은 모두 정도가 심한 알코올중독자로 이름이 높았다. 그들은 알코올에 취한 상태에서 작품을 쓰고 시를 썼다. 한편, 정신성욕 장애자 가운데에는 매우 창조적 작업을 남긴 사람도 많이 있다. 예를 들면, 루소 같은 사람은 성 혐오자였고, 스윈번(Algernon Charles Swinburn, 1837～1909)은 가학-피가학자였다. 이탈리아의 조각가이며 화가, 건축가 및 시인이었던 미켈란젤로와 프랑스의 소설가이며 비평가로 1947년 노벨문학상을 수상하였던 지드(André Paul Guillaume Gide, 1869～1951)는 동성애자였다. 그리고 모차르트는 호색적 편지를 잘 쓰는 사람으로 유명하였다.

❖ 이상행동의 고대 관점

그리스 시대에 발간된 아리스토파네스(Aristophanes, B.C. 448～385)의 희곡집에는 정신병의 치료에 대한 기록이 실려 있다. 그들은 정신병 치료를 위해 환자로 하여금 억압된 무의식적 경험을 자유롭게 회상하게 하였는데, 이것이 오늘날 정신분석자들이 사용하는 자유연상법의 효시라고 볼 수 있다. 히포크라테스는 질병의 원인을 신에서 찾는 것을 완강히 부정하였고, 피타고라스가 이미 주장한 바와 같이 지적 활동의 중심부는 뇌이며, 뇌의 질병은 정신적 장애의 원인으로 작용한다는 점을 확고하게 신봉하였다. 소크라테스는 환자를 편안한 침상 위에 눕게 하고 치료하였다는 사실이 고대 그리스 시대의 치료방법으로 기록되고 있다. 『투스크럼 토론집(*Tascularum Disputationum*)』에는 시세로(Marcus Tullium Cicero, B.C. 143~106)가 같은 방법으로 분노와 공포 때문에 괴로워하는 사람을 치료했다는 기록이 있다. 정신장애자의 범법행위에 수반되는 문제를 집중적으로 다룬 사람은 플라톤이었다. 그는 정신장애자의 범법행위는 정상적인 것과 동일하게 처벌되어서는 안 되며, 그들에게 그 책임도 물을 수 없다는 것을 강조하였다. 그는 정신장애자의 행동에는 가족이나 친척들의 감시가 필요하다는 점을 주장하였다. 또한 정신장애자에 대한 인도적 대우의 필요성도 역설한 바 있다. 공상과 꿈이 대상적 만족 수단으로서 활용될 수 있다고 본 사람이 플라톤이다. 그는 고등정신 기능이 제지 작용을 하지 않으면 인간의 욕망 같은 것은 공상에 의해서 대상적으로 충족될 수밖에 없을 것이라고 보았다. 그는 인간의 지적 수준이나 능력에는 큰 개인차가 있다는 것을 인정하고, 개인의 사고와 행동은 사회문화적 영향을 크게 받는다고 주장하였다. 플라톤은 정신적 장애의 원인을 기질적인 면, 도덕적인 면, 그리고 신적인 면에서 찾을 수 있다고 확신하였다. 욕구좌절이나 갈등은 정신장애와 무관하다는 주장을 최초로 편 사람은 아리스토텔레스다. 그는 플라톤의 제자였지만, 정신적 장애에 대한 견해는 히포크라테스와 더 가까웠다. 그의 주장에 따르면 뜨거운 담즙이 작용하면 식욕이 왕성해지고, 말을 많이 하게 되며, 자아충동까지 발동된다.

고대 중국의학은 2세기에 이미 상당히 높은 수준까지 발달하였다. 중국의 히포크라테스로 불리는 중경(Chung Ching)은 기원전 2세기에 논문 두 편을 발표하였는데, 여기서 그는 현대적 감각을 지닌 문제들을 현대적 방법으로 치료한 결과를 언급하였다. 그는 히포크라테스와 같이 임상적 관찰결과를 바탕으로 사람의 질병을 신체적 질병과 정신적 질병으로 나누고, 정신적 질병의 1차적 원인으로 기질적 손상을 들고 있다. 또 그는 스트레스와 같은 심리적 요인이 질병을 유발하는 주요 원인으로 작용한다는 점도 주장하였다. 더불어 정신장애의 치료에는 약물치료에 못지않게 환자의 정서적 균형 회복도 중요하다는 것을 주장하였는데, 이는 히포크라테스가 이미 오래전에 주장했던 바다 (이현수, 1990).

참고인물

❖ 볼테르(본명 François-Marie Arouet, 1694~1778): 18세기 프랑스의 작가이며 대표적인 계몽사상가인 볼테르는 유복한 공증인의 아들로 파리에서 출생하였다. 계몽사상은 절대주의 정치가 가장 심했던 프랑스를 중심으로 발전하였고, 프랑스혁명의 정치적 이념이 되었다. 볼테르는 영국의 자유주의에서 깊은 영향을 받고 이상적인 자연법칙을 중시하여 당시의 프랑스 사회를 맹렬히 비판하였고, 크리스트교 및 그 교회를 비판하고 순수한 윤리와 이성에 입각한 사회개혁을 주장하였다. 1717년에는 정부의 섭정을 비방하는 시를 썼다가 투옥되었는데, 이때 비극 『오이디푸스(*Oedipus*)』를 옥중에서 완성하고, 이를 1718년에 상연하여 성공을 거둔 다음 볼테르라는 필명으로 바꾸었다. 그 후 한 귀족과의 싸움으로 억울하게 다시 투옥되었으며, 국외망명을 조건으로 석방되었다. 볼테르는 제정치하의 불평등에 환멸을 느끼고 1726년에 영국으로 건너갔다가 1729년에 귀국하였다. 귀국하기 전인 1728년에는 30년간의 종교전쟁을 끝나게 한 프랑스의 왕 앙리4세(Henri IV, 1553~1610)를 찬양하는 서사시 『앙리아드(*Henriade*)』를 출간하였고, 귀국 후 1732년에는 셰익스피어극의 영향을 받은 사상극 『자이르(*Zaïre*)』를 발표하였다. 이어 1734년에는 『철학서간(*Lettres philosophiques ou Lettres sur les anglais*)』을 통하여 영국을 이상화하고 프랑스 사회를 비판하였기 때문에 정부로부터 노여움을 불러일으켰다. 1750년에는 베를린에 갔고, 그 후 수년 동안 제네바에 있다가, 1761년에 스위스 국경에 가까운 지역에 머물게 되었다. 1778년에 다시 파리에 갔다가 병사하기까지 약 20년 동안 이곳에 정착하였다. 볼테르는 생전에 많은 비극작품으로 17세기 고전주의의 계승자로 인정되었고, 철학소설 및 문명사적 관점에 따른 역사작품이 높이 평가되고 있다. 한편, 루소 등과 함께 백과전서운동을 지원하기도 하였다.

제 5 장

청소년기의 생물학적 관점

ㅁ **홀**(Granville Stanley Hall, 1844～1924)

- 청소년기는 질풍노도의 시기이다.
- 청소년들은 성숙하는 것이 아니라 도약하는 것이다. 질풍과 노도는 불안을 유발한다.

ㅁ **게젤**(Arnold Lucius Gesell, 1880～1961)

- 사람이 씨앗을 심었을 때 그 씨앗이 자라서 나중에 무엇이 될 것인가는 결국 심은 씨앗이 무슨 씨앗이었는가에 달려 있다.

ㅁ **바커**(Roger Garlock Barker, 1903～1990)

- 청소년들의 비동시적 성장, 즉 신체부위에 따른 성장 비율과 성장 시기에서의 차이가 청소년기의 혼란과 동요를 초래한다. 그러므로 청소년들의 신체발달의 개인차와 사회적 행동 간의 관계가 하나의 중요한 요인이 될 것이다.

ㅁ **맥켄들리스**(Boyd Rowden McCandless, 1915～1975)

- 추동은 청소년들의 행동을 수행하게 하는 중요한 요소이며, 추동수준은 청소년기에 접어들면서 크게 증가하게 된다.
- 청소년비행은 하류계층 특유의 현상이다.

1. 홀

"청소년기는 질풍노도의 시기이다."
"청소년들은 성숙하는 것이 아니라 도약하는 것이다. 질풍과 노도는 불안을 유발한다."

홀(Granville Stanley Hall, 1844~1924)은 1844년 미국 매사추세츠 주 애쉬필드의 한 작은 농가마을에서 출생하였다. 홀은 목사가 되기 위하여 1863년 윌리엄스대학(Williams College)에 입학하여 1867년에 졸업하였다. 그리고 뉴욕에 있는 연합신학교(Union Theological Seminary)에 입학하여 학교장학금을 받고 독일에 가서 신학과 철학을 공부할 수 있는 기회를 얻게 되었다. 그러나 그곳에서 박사학위를 받지 못하고 다시 미국으로 돌아온 홀은 오하이오 주의 앤티오크대학(Antioch College)에서 강의자리를 얻게 되었다. 이때 분트(Wilhelm Wundt, 1832~1920)의 저서 『생리심리학의 원리(*Principles of Physiological Psychology*)』를 감명 깊게 읽게 되었다. 그리고 1876년 하버드대학교로 가서 제임스(William James, 1842~1910)를 만나 철학박사학위를 취득하게 되었는데, 이 학위는 미국 최초의 심리학박사학위로 기록되고 있다. 홀은 다시 독일로 건너가 생리학과 실험심리학을 공부하였고, 라이프치히대학교(Universitát Leipzig)에 있는 분트의 영향을 받게 되었다. 그 후 미국으로 돌아와서 존스홉킨스대학교에서 교수직을 얻게 되었고, 1883년에는 미국 최초의 심리학실험실을 설립하였다. 4년 뒤인 1887년에는 미국 최초의 심리학잡지인 『*American Journal of Psychology*』를 창간하였고, 심리학자들의 학술단체인 미국심리학회(American Psychiatric Association: APA, 1891)를 창립하였다. 1889년부터 1920년까지는 매사추세츠 주의 클라크대학교(Clark University)에서 교수와 총장을 역임하였다. 1892년에는 미국심리학회의 초대회장이 되었고, 미국심리학의 초창기 개척자로 많은 활동을 하였다. 1909에는 프로이트(Sigmund Freud, 1856~1939)와 융(Carl Gustav Jung, 1875~1961) 등을 클라크대학교로 초청하여 강의를 개최한 적도 있었다.

홀은 『아동 마음의 내용(*Contents of Children' s Minds*)』(1883), 『청소년기(*Adolescence*)』(1904) 등의 대표적인 저서를 출간하였고, 말년에는 『노후: 인생의 후반기(*Senescence: The Last Half of Life*)』(1922)를 집필하였다. 홀은 청소년기를 하나의 독립적인 발달단계로 규정하였고, 교육자, 철학자, 그리고 심리학자로서 일생을 보내게 되었다. 또한 홀은 아동연구의 관

ADOLESCENCE

PSYCHOLOGY

PHYSIOLOGY, ANTHROPOLOGY, SOCIOLOGY
SEX, CRIME, RELIGION

EDUCATION

G. STANLEY HALL, Ph.D., LL.D

VOLUME I

NEW YORK
D. APPLETON AND COMPANY

심에 불을 붙이고 그것을 커다란 불꽃으로 승화시킨 사람이었으나, 제1차세계대전 당시부터 아동연구에 대한 회의를 스스로 가지게 되었다. 그것은 자신의 아동연구에 대한 지금까지의 성과에 수많은 비조직적 관찰과 주관적 해석이 포함되어 있다는 사실이 마음에 걸렸기 때문이었다. 게다가 자신의 여러 가지 발견이 발달연구의 진보에 연결되어 가지 못한 것에 대한 실망감도 들어 있었다. 그러나 홀은 지금까지 '아동연구운동의 선구자' 또는 '청소년심리학의 아버지'로 불리고 있다.

▸▸ 청소년과 생물학적 힘

19세기 후반의 산업화된 서구사회는 처음으로 아동기가 인생의 독특하고 중요한 시기라는 것을 공식적으로 인정하였으며, 아동에 대한 법적 · 사회적 지위를 부여하기 시작하였다. 이러한 사회적 변화와 더불어 아동의 연령별 차이에 관한 모든 정보를 모으려는 아동연구운동(child-study movement)의 새로운 과학적 연구가 미국에서 일어나게 되었다. 홀은 그 선봉장에 서게 되었다. 그리고 『아동 마음의 내용』에 이어서 『청소년기』라는 저서를 출간하였다. 따라서 청소년기에 관한 과학적인 연구는 홀의 『청소년기』라는 책이 발간되면서부터 시작되었다고 볼 수 있다. 참고로 〈표 5-1〉은 두 권으로 되어 있는 『청소년기』의 목차를 나타낸 것이다. 홀은 독자적인 청소년심리학을 발전시키고 과학적인 청소년기 연구방법을 사용한 최초의 심리학자로 꼽힌다. 특히, 다윈(Charles Darwin, 1809~1882)의 생물학적 진화론의 개념을 심리학적 반복이론으로 확장하였다(정옥분 외 공역, 1999). 즉, 아동의 발달과정은 동물과 같이 원시적이고 야만적인 시대를 거쳐 성숙으로 특징지어지는 보다 최근의 문명화된 생활양식에 이르기까지 인류의 발달을 재현한다고 보았다. 홀은 생리적 변화에 의해 발달이 초래되고, 이러한 생리적 요인이 유전적으로 결정되기 때문에 내적 성숙요인의 발달과 성장 및 행동을 전적으로 통제하고 감독한다고 주장하였다. 홀의 이론은 청소년발달의 이론적 접근을 생물학적 관점에서 바라보았고, 발달의 신체적인 변화에 초점을 맞추었으며, 청소년기에 나타나는 신체적 변화가 아동기를 지나 청소년기로 진입하였음을 알려 주는 하나의 지표로 생각하였다.

〈표 5-1〉 홀의 『청소년기』(1904)의 목차

제1권
제1장 신장과 체중의 성장
제2장 청소년의 신체기관 및 조직의 성장
제3장 운동의 힘과 기능의 성장
제4장 신체와 마음의 질병
제5장 청소년 과실, 부도덕성, 범죄
제6장 성적 발달: 그 위험과 소년의 위생
제7장 주기성(periodicity)
제8장 문학, 생물학, 역사 속의 청소년
제2권
제9장 감각 및 목소리의 변화
제10장 진화와 감정 및 본능, 정상적인 청소년의 특성
제11장 청소년의 사랑
제12장 자연에 대한 청소년의 감정과 새로운 과학교육
제13장 미개인의 성년식(savage public initiations), 전통적 관념과 관습, 교회 견진성사(church confirmation)
제14장 개종(conversion)의 청소년심리학
제15장 사회적 본능과 제도
제16장 지적 발달과 교육
제17장 청소년기 여성과 교육
제18장 인종심리학과 교육학 또는 청소년들과의 치료

출처: Hall, G. S. (1904). *Adolescence* (2 Volumes). New York: Appleton.
Jaffe, M. L. (1998). *Adolescence*. New York: John Wiley & Sons, Inc., p. 17에서 재인용.

청소년과 관련된 이론 및 주장

▸▸ 반복이론

홀의 반복이론(recapitulation theory) 또는 재현이론에서는 개인의 발달은 인류의 발달 역사를 재현한다고 보고 발달단계를 유아기, 아동기, 소년기, 그리고 청소년기로 구분하였다. 홀은 사회적으로 수용될 수 없는 행동 유형도 사회성 발달에 필요한 단계이므로 부모와 교사가 이를 감내해야 한다고 주장하였다. 그는 관대하고 수용적인 자녀양육법을 주창하였는데, 어떠한 교정적인 교육이나 훈육을 실시하지 않더라도 용납될 수 없는 행동

〈표 5-2〉 홀의 반복이론

발달단계	연령	발달적 특징
유아기	0~4세	이 시기의 유아가 걸어다니는 것은 인류가 네 다리를 사용했을 때의 동물단계를 반복하는 것이다. 즉, 유아가 동물적이고 원시적인 발달을 재현하는 시기다. 이 시기 동안 아동은 자신의 생존에 필요한 감각운동 기술을 습득한다.
아동기	4~8세	사냥이나 낚시가 인간의 주요 활동이던 시대를 반복한다. 아동의 술래잡기, 장난감 무기 놀이, 새총놀이는 과거 인류의 동굴생활과 수렵, 어획 활동을 재현하는 것이다.
청소년전기 또는 소년기	8~12세	인류가 인간으로서의 특징과 야만적인 특성을 동시에 가지고 있었던 시기로 아동이 야영시대의 삶을 재현한다. 이 시기에 연습과 훈련을 통하여 읽고 쓰고 말하는 기술을 획득한다. 이 시기는 아동이 훈련과 규율을 잘 받아들이기 때문에 일상적인 훈련과 연습을 실시하기에 가장 적합하다.
청소년후기 또는 청소년기	13~22 또는 25세	질풍노도의 시기. 인류가 야만적인 생활에서 문명시대로 접어드는 시기다. 청소년기는 인류가 소용돌이치는 과도기적 단계에 있었을 때에 해당된다. 홀은 청소년기를 새로운 탄생으로 묘사하며 "보다 높고 보다 완전한 인간의 특성이 이제 새롭게 태어난다."라고 보았다. 홀은 청소년기를 급진적이고 변화가 많으며 안정적이지 못한 시기로 보았다.
성인기	25세 이후	인류의 문명적인 생활

은 이후의 발달단계에서 사라질 것이라고 하여 부모와 교육자들을 안심시키기도 하였다. 특히, 홀은 청소년교육을 강조하면서 사회에서 청소년의 요구에 대해 어떻게 반응하느냐에 따라 인류의 미래가 달라질 수 있다고 경고하였다. 그의 이러한 주장은 청소년들의 본능적인 욕구를 사회적으로 바람직한 방향으로 발산시키기 위한 YMCA와 스카우트 등 성인의 지원이 있는 청소년조직을 구성하는 데 많은 영향을 주게 되었다. 〈표 5-2〉는 홀의 반복이론을 정리한 것이다.

▸▸ 질풍노도

홀은 청소년기를 '질풍노도의 시기(a period of storm and stress)' 로 묘사하면서 청소년의 감성적인 삶을 모순된 성향들 간의 심한 동요로 인식하였다. 그리고 청소년기는 인류가 소용돌이치는 과도기적 단계에 있었을 때에 해당한다. 청소년기를 새로운 탄생으로 묘사하면서 "보다 높고 보다 완전한 인간의 특성이 이제 새롭게 태어나는 것"이라고 주장하였다. 홀의 이러한 견해는 청소년기에 나타나는 생물학적인 성숙은 불안정과 혼란을 일으킨다는 19세기의 사회적 시각을 반영하고 있는 것으로, 그는 청소년기는 급격한 변화를 다시 겪게 되는 시기로 혼란이 불가피하다고 생각하였다.

▸▸ 비판점

첫째, 홀의 이론은 청소년발달에 있어서 사춘기의 호르몬과 같은 생물학적 요인을 지나치게 강조함으로써 가족 및 친구의 영향과 같은 환경적 요인을 너무 과소평가하였다는 비판을 받고 있다. 즉, 사춘기의 생리적 변화와 성적 성숙만이 청소년기 문제의 절대적인 원인이 될 수는 없으며 사회적 압력, 사회적 기대, 그리고 문화적, 교육적, 가족적 및 개인적 불안과 불안감 모두가 청소년들의 혼란과 갈등에 기여한다는 것이다. 둘째, 비정상적이고 문제 있는 행동에 대해서도 부모나 성인의 간섭은 오히려 문제를 악화시킨다는 잘못된 견해를 피력하였기 때문에 많은 혼란을 가져다주었다. 셋째, 홀은 청소년기를 질풍노도의 시기로 보면서 이 시기의 혼란은 불가피한 것이라고 주장하였지만, 여러 연구들은 청소년기가 다른 발달 시기에 비해 특별히 질풍노도와 같이 혼란스럽지 않다는 견해를 제시하고 있다.

그러나 많은 사람들은 청소년기를 급진적이고 변화가 많은 질풍노도의 시기로 생각하고 있다. 그 이유는 우선 많은 부모들은 자녀들이 자기에게서 독립하는 것에 대해 어느 정도의 심리적 저항을 느끼고 있기 때문이다. 부모들은 자녀와의 관계에서 경험하는 갈등이나 혼란스러움을 자신의 탓이 아니라 자신들에게서 독립하려는 청소년 자녀의 탓으로 간주하려고 하기 때문에 청소년기를 혼란스러운 시기로 생각한다는 것이다. 둘째, 일반적으로 청소년기를 혼란스럽다고 묘사하는 대중매체의 시각이 일반인들에게 많은 영향을 미치고 있기 때문이다. 청소년들의 가출, 약물, 폭력 등의 문제행동을 극적으로 다루고 있고 청소년문제의 심각성과 그에 대한 대책이 필요하다는 것을 알려 주고 있지만, 이것은 일부 청소년들에게 나타나는 문제를 대다수 청소년들의 문제로 잘못 일반화시켜서 청소년기를 혼란과 갈등의 시기로 몰아가고 있다는 것이다.

참고인물

❖ 제임스(William James, 1842∼1910): 제임스는 뉴욕에서 출생하였으며 미국에 심리학이 보급될 수 있도록 기여한 미국 심리학의 제창자였다. 이에 제임스를 '미국심리학의 아버지' 라고 부른다. 제임스는 독일의 실험심리학을 미국 학계에 도입시켰고, 1880년 하버드대학교의 철학과 조교수가 되면서 하버드대학교에 실험실을 창립하기 위하여 노력하였다. 제임스는 자신의 생의 후반 20년 동안 심리학에서 철학으로 전환하였지만, 『심리학의 원리(*The Principles of Psychology*)』(1890)와 같은 유명한 저서를 출간함으로써 미국 심리학계에 많은 영향을 미친 사람 중의 한 명이었다. 또한 프래그머티즘(pragmatism), 즉 실용주의에 뿌리를 둔 미국심리학인 기능주의(functionalism) 심리학을 제안하였다. 1884년에는 최초로 정서연구, 즉 "울기 때문에 슬프고, 떨기 때문에 무섭다." 라는 이론을 발표하였다. 이 이론은 1885년 덴마크의 심리학자 랑게(Karl Lange, 1834∼1900)가 비슷한 학설을 독립적으로 발표하였기 때문에 이를 묶어서 제임스-랑게 이론(James-Lange theory)이라고 부른다. 제임스는 1907년 심장병 때문에 하버드대학교를 사임하였고, 1910년에 사망하였다.

❖ 분트(Wilhelm Wundt, 1832∼1920): 분트는 1832년 독일의 남서부에 위치한 만하임 교외의 네카라우에서 목사의 아들로 출생하였다. 그는 1852년 하이델베르크대학교에서 의학박사학위를 취득하였다. 그러나 의사가 되는 것이 싫어 생리학을 배우려고 베를린대학교로 갔고, 24세 때 그곳에서 심한 중병을 앓고 난 다음 철학, 종교, 그리고 심리학에 몰두하였다. 특히, 생리학으로부터 감각과 지각의 심리학에 대한 문제를 다루었으며, 1875년에는 라이프치히대학교의 철학과 교수로 재직하게 되었다. 그 당시 라이프치히대학교에는 나중에 '베버의 법칙' '페히너의 법칙' 등으로 널리 알려지게 된 베버(Ernst Heinrich Weber, 1795∼1878)와 페히너(Gustav Theodor Fechner, 1801∼1887)가 각각 활동하고 있었다. 분트 역시 1879년에 라이프치히대학교에 세계 최초로 심리학실험실을 개설하였는데, 이 해를 철학으로부터 독립한 과학적 심리학의 원년으로 보고 있으며 그를 '과학적 심리학의 아버지' 로 부르고 있다.

분트는 구성주의(structuralism) 심리학을 제안하면서 심리학의 연구방법으로 내성법(introspective method)를 주장하였다. 그는 인간의 정신현상도 화학요소와 같이 환원될 수 있다고 주장하였기 때문에 분트의 심리학을 정신적 화학(mental chemistry) 또는 환원주의(reductionism)라고도 부른다. 한편, 칸트가 4대기질이론의 유목적 유형론을 체계화한 것과는 대조적으로, 분트는 현대차원적 유형론(dimensional typology)을 체계화하였다. 분트의 차원적 유형론은 게이린-칸트의 유목적 기질이론을 계승・보완한 것이다. 그의 저서 『생리심리학의 원리』(1874)에서, 분트는 성격의 특징이 완전히 독립된 유목으로 분류될 수 있는 것이 아니라 서로 연속성을 이루는 정서반응의 강도차원(strength dimension)과 정서 변화의 속도차원(speed dimension)의 축이 교차되는 점에 의해서 결정된다고 주장하였다. 이를 나타내면 [그림 5-1]과 같다.

이 그림을 정서변화의 속도차원에서 볼 때, 담즙질과 다혈질은 빠르나 흑담즙질 또는 우울질과 점액질은 느리다. 그래서 담즙질과 다혈질을 가변성차원(changeable dimension), 그리고 흑담즙질 또는 우울질과 점액질은 불가변성차원(unchangeable dimension)이라고 부른다. 정서반응의 강도차원에서 볼 때, 흑담즙질 또는 우울질과

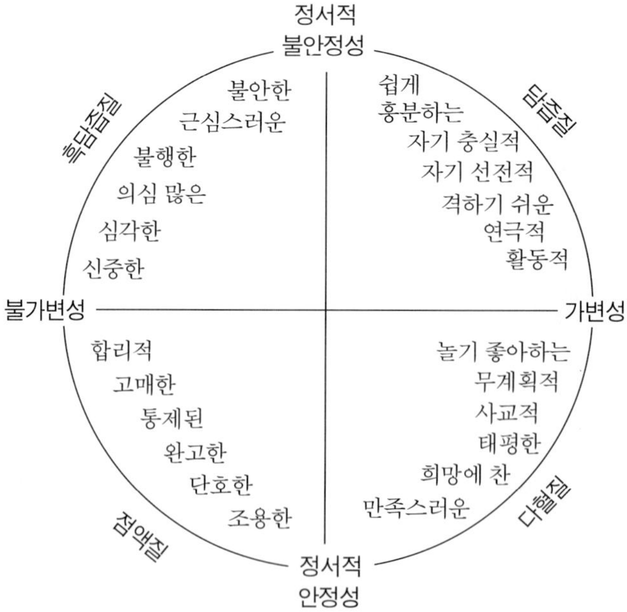

[그림 5-1] 칸트-분트의 4대기질 모델

점액질은 강하지만 점액질과 다혈질은 약하다. 흑담즙질 또는 우울질과 점액질은 정서적으로 불안정하기 때문에 정서적 불안정성 차원 혹은 정서성 차원(emotionality dimension)이라고 부르고, 점액질과 다혈질은 정서적으로 안정되어 있기 때문에 정서적 안정성 차원(unemotional dimension)이라고 부른다. 이와 같은 분트-융의 차원이론은 후에 아이젱크(Hans Jurgen Eysenck, 1916~1997)에게 계승되었다. 분트는 1920년 자신의 마지막 저서인 자서전을 8월 23일 완성하였고, 8일 후 88세의 일기로 사망하였다.

❖ 다윈(Charles Robert Darwin, 1809~1882): 영국 진화론의 주창자였던 찰스 다윈은 자신의 저서 『종의 기원(*Origin of Species*)』(1859)를 통해 유기체의 성장과 발달은 보다 단순한 형태에서 보다 복잡한 형태로 이루어지고, 단세포의 유기체로부터 더 높은 발달단계를 거쳐 인간 심신의 복잡성에 이르기까지 생물학적 삶의 진화가 연속적이라고 주장하였다. 다윈은 각 종의 자손의 양적 과잉생산이 종의 생존능력을 위협한다고 주장하고, 그 결과는 '생존경쟁' 으로 나타난다고 보았다. 이 생존경쟁에서 일부가 선택되고 일부가 제거되는 '자연도태과정' 이 발생하고, 적응력이 떨어지는 종은 소멸하는 반면에 강하고 잘 적응하는 종은 생존하고 번성하게 된다. 그런데 시간이 흐르면 이는 '적자생존' 의 결과를 가져온다는 것이다. 그리고 적자생존의 원인으로 작용했던 자질은 자손에게 유전되며, 이 생물학적 진화의 마지막 고리가 인간이지만, 이 역시 적자생존의 결과로 인구의 증가가 억제될 것이라고 주장하였다. 다윈의 진화론은 인류의 신성한 창조설과 완전히 대비되는 주장으로서 세계적으로 큰 반향을 불러일으켰다.

2. 게젤

"사람이 씨앗을 심었을 때 그 씨앗이 자라서 나중에 무엇이 될 것인가는 결국 심은 씨앗이 무슨 씨앗이었는가에 달려 있다."

게젤(Arnold Lucius Gesell, 1880~1961)은 미국 미시시피강 상류 기슭의 작은 도시인 위스콘신 주 앨마에서 출생하였다. 자서전에서 게젤은 거의 목가적인 중서부에서의 아동기를 묘사하고 있으며, "언덕, 계곡, 물, 그리고 기후가 모두 내 작은 마을의 계절을 확실하게 해 주었다. 변화무쌍하면서도 한편으로는 꾸준히 흐르는 강에 의해서 각 계절은 고유의 시련과 즐거움을 주고 있었다."라고 쓰고 있다. 게젤은 1903년 위스콘신대학교를 졸업하고, 1906년 클라크대학교에서 철학박사학위를 취득하였다. 그리고 심리학자로서 충실히 활동하고 있었던 30세에 새로이 의과대학에 진학하여 1915년 예일대학교에서 의학박사학위를 받았다. 예일대학교의 교육학 조교수와 아동위생학 교수를 거쳐 1911년 아동발달연구소를 설립하였다. 심리학과 의학을 합한 정신발달의 실증적 연구에 전념하여 많은 업적을 남겼으며, 1960년에는 예일대학교에서 물러나고 게젤발달연구소를 창립 · 주관하였다.

게젤은 아동발달연구에 발생학적 모델을 적용시켰으며, 주로 관찰을 통하여 아동발달을 연구하였다. 아동이 알지 못하게 그의 행동을 관찰하는 기구인 일방경(one-way mirror)을 개발하였고, 처음으로 광범위한 필름 관찰, 즉 사진 및 영화에 의한 아동들의 행동분석을 통하여 심리적 발달의 기준과 원리를 확립하였다. 아동발달 연구기관인 예일진료소에서 50대의 게젤은 아동의 운동신경 발달에 관한 연구를 시작하였다. 연구결과에서 제시한 행동규준은 너무나 완벽하여 아직까지도 소아과의사와 심리학자들을 위한 기본 정보자료로 사용되고 있다. 게젤은 유아지능검사를 개발하였으며, 아동양육에 대한 글을 쓰면서 아동중심 접근법을 주창하였다. 또 1940년대에는 유명한 소아과의사로서 자리 잡게 되었다. 게젤이 전생애를 통해서 목적으로 한 임상적 목표는 발달병리의 진단이었다. 그리고 자신이 작성한 발달예정표가 발달 진단으로서 유효하다는 사실에 지나친 자부심을 가지고 있었다. 실제 게젤의 발달예정표는 발달장애아의 진단을 위해서 유용한 것으로서 소아과학 영역에서 여전히 주요한 위치를 차지하고 있다.

게젤은 말년에 가서는 『소아행동의 계통발생(*The Ontogenesis of Infant Behavior*)』(1954)이라는 연구논문을 통하여 발달형태학의 다섯 가지 원리를 제창하였다. 그것은 (1) 발달방향에 관한 원리, (2) 기능적 비대칭에 관한 원리, (3) 혼합조직의 원리, (4) 성숙 특징지움의 원리, (5) 자기 조정을 위한 동요의 원리였는데, 이들 원리는 생리학적 내지 행동적으로 유기체의 성장을 결정하는 조직화의 원리를 이해하려는 의도를 보여 준 것이었다. 게젤은 1961년 코네티컷 뉴헤이번에서 81세의 일기로 사망하였다. 『성숙과 영아의 행동 패턴(*Maturation and Infant Behavior Patterns*)』(1929) 등의 주요 논문이 있고, 저서로는 『생의 최초 5년(*The First Five Years of Life*)』(1940), 『발달적 진단(*Developmental Diagnosis*)』(1941), 『행동발생학(*The Embryology of Behavior*)』(1945) 등이 있다.

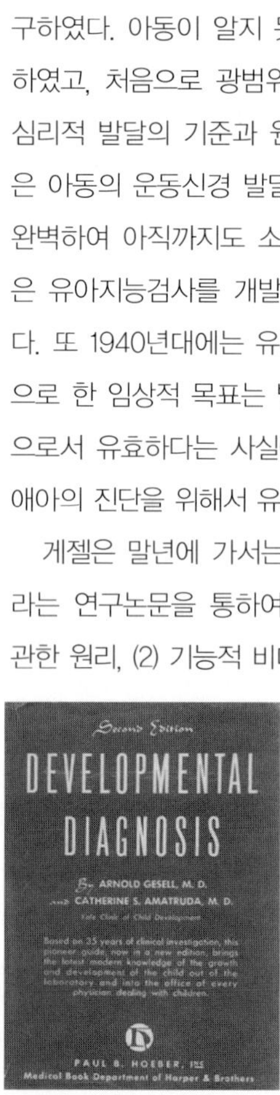

▸▸ 순서적 발달

루소의 "발달이란 정해진 스케줄에 따라서 전개된다."라는 말은 단지 추측에 불과했다. 그 당시에는 이러한 입장을 지지할 만한 과학적 증거도 거의 없었고, 루소 자신 역시 과학적 증거들에 관하여 알고 있는 바도 없었기 때문이었다. 그러나 발달이 순서적인 성장이라는 것에 대한 첫 번째 증거는 18세기 태생학 또는 발생학(embryology)에서부터 나오게 되었다. 새롭고 성능 좋은 현미경을 사용하게 되면서 과학자들은 유기체가 완전히 형성된 채로 정자 또는 난자 속에 있는 것이 아니라 일련의 단계를 거쳐 발생학적으로(epigenetically) 발달하며 항상 같은 순서로 발달한다는 것을 발견하였기 때문에, 출생 후에도 이와 마찬가지로 구조가 순서적으로 전개되는지를 살펴볼 수 있게 되었다(서봉연 역, 1996).

▸▸ 발생학적 모델

아동발달 연구에서 가장 철저하게 발생학적 모델을 적용시킨 사람이 게젤이다. 게젤은 발달의 방향이 특수한 순서로 진행되도록 성숙에 의해서 지속적으로 지시받는다고 하였다. 예를 들어, 출생 전의 태아 초기에 머리가 발달하는 것과 마찬가지로 출생 후의 발달 초기에도 머리가 먼저 발달하게 된다. 처음에 아기는 자신의 혀와 입술을 통제하게 되며, 그러고 나서 눈운동에 대한 통제를 하게 되고, 다음으로 목, 어깨, 팔, 손, 손가락, 몸통, 다리, 발 등의 순서로 통제할 수 있게 된다. 즉, 태내발달과 출생 후 발달 모두가 머리에서 발쪽으로의 발달 경향이 있다. 그러므로 아이들은 성장함에 따라 특정한 순서로 자신들의 능력을 지속적으로 발달시켜 간다. 예를 들어, 서기 전에 앉으며 걷기 전에 서게 된다. 이러한 능력들은 신경계의 성장과 함께 발달하는데, 이 신경계의 성장은 유전자의 의해 중재된다. 물론 아동들의 발달 속도는 차이가 있으나, 모두 같은 순서를 거쳐 발달하게 된다. 그러나 이러한 개인차도 주로 내적 유전기제에 의해 통제된다.

▸▸ 성숙이론

게젤의 이론은 기본적으로 생물학적 이론인데, 그 중심 개념은 '성숙'이다. 성숙은 유전자와 생물학적 원리에 의해 매개되고, 발달은 개인차가 있지만 대개 같은 단계를 거쳐 같은 순서로 행동발달이 이루어진다. 즉, 아동의 타고난 유전적 요인에 의해 성장과 발달이 결정된다. 준비도(readiness)란 이러한 개념의 중심 견해로서, 게젤은 아동의 행동은 배워서 한다기보다는 내재적인 성숙의 결과라는 성숙이론을 주장하였다. 성숙이론에 의하면 발달에 있어서 성숙은 교육이나 연습의 효과와는 대조적이다. 즉, 어떤 기술이 성숙에 의해 좌우된다면 그 기술을 성숙상의 스케줄보다 앞서 가르치려고 노력할 필요가 없다는 것이다. 예를 들어, 아동의 신경계가 충분히 성숙하게 되어 준비가 완료된 후에야 앉고 걷고 말할 수 있기 때문이다. 그리고 어떤 순간에 이르면 아동이 자신의 내적 충동에 의해서 과제를 쉽게 숙달하기 시작할 것이기에 그때까지는 교육이 별 가치가 없다는 것이다. 그러므로 아동 스스로가 어떤 통제를 견디어낼 수 있는 능력이 성숙될 때까지 관심을 기울이면 아동은 자신을 통제하는 것을 가장 잘 학습한다고 하였다.

▸▸ 생물학적 기본 계획

게젤은 우리들이 미리 설계해 놓은 틀에 아동들을 맞추려고 강요해서는 안 되며, 그들이 성장의 기본적인 힘을 표현할 때 거기에서 나오는 단서들에 따라야 한다고 주장하였다. 즉, 아동들에게서 나타나는 단서와 성향은 내적인 생물학적 계획에 따르는 것이므로 그에 대하여 반응해 주는 것이 바람직하다고 하였다. 한 예로 부모들이 아이들의 울음에 즉각적으로 반응하는 것(아이가 언제 우는 것이 올바른 시기인가에 대한 부모 나름대로의 생각에서 행동하기보다는)이 좋은가 나쁜가의 의문점에 대해, 부모의 즉각적인 반응이 아이를 망치지 않았다는 연구결과가 게젤의 후속 연구자들에 의해 지지되기도 하였다. 부모들이 즉각적인 반응을 해 준 아이들이 덜 반응적인 부모를 둔 아이들에 비해, 1세경에 이르렀을 때 더 적게 울었으며 더 독립적이라는 것이다. 또 수유문제에 있어서도 어떤 미리 결정된 계획에 따라 수유하는 것보다 아이가 준비되어 있음을 나타날 때 수유하는 요구수유(demand feeding)를 강력히 옹호하였다. 그러므로 아이들의 신호에 주의를 기울여 주면, 그들이 필요할 때는 언제든지 도움을 받을 수 있다고 믿게 되어 편안해질 수 있고 스스로 자기 일을 해 나갈 수 있다는 것이다.

게젤은 또한 특정 기술을 같은 연령이나 같은 학년에게 똑같이 가르치는 것은 충분하지 않다고 보았다. 왜냐하면 아동들은 그들의 특수한 재능에서뿐만 아니라 성장 속도에서도 매우 다르기 때문이다. 그러므로 게젤은 "교사들은 아동 개인의 준비 상태와 특수한 능력에 맞추어 가르칠 필요가 있다. 학교는 표준적인 문화적 기술을 가르칠 필요는 있지만,

민주주의에서 학교의 최우선 과제는 아동들이 자신의 개성을 충분히 발달시키도록 도움을 주는 데 있다. 이렇게 하기 위해서는 아동들이 스스로 자신을 이끌도록 내버려 두어야 한다. 이는 마치 아동들 자신이 적절한 성장을 위해서 생물학적 기본 계획에 따라 인도되는 것과 같기 때문이다."라고 주장하였다. 그러나 현재 대부분의 학교에서는 이렇게 하지 못하고 있고, 일률적인 성취기준만을 강조하고 있기 때문에 아동들이 그들 스스로의 시간에 따라 성장하고자 하는 욕구와 자신들의 독특한 잠재력을 발달시키고자 하는 욕구를 무시하고 있다고 비판하였다.

청소년과 관련된 이론 및 주장

▸▸ 유전의 힘

게젤은 발달이란 타고난 유전적 요인의 결과로 이루어진다고 보았다. 이는 "사람이 씨앗을 심었을 때 그 씨앗이 자라서 나중에 장미가 될 것인지, 아니면 야생들풀이 될 것인지는 그 씨앗을 심은 사람이 어떤 노력을 하더라도 바꿀 수 없으며, 결국 심은 씨앗이 무슨 씨앗이었는가에 달려 있다."로 비유할 수 있는 개념이다. 그래서 아이 자신이 준비되지 않았다면 어떤 훈련이나 지시도 도움이 되지 않을 뿐더러 오히려 해로울 수도 있다고 보았다.

▸▸ 발달의 시간표

게젤은 발달이 생물학적 시간표에 따라 나타난다고 보았다. 그는 개개인의 발달 속도와 시기는 차이가 나지만, 발달의 순서는 모든 사람에게서 동일하다고 주장하였다. 즉, 모든 개인은 발달의 시간표를 가지고 있기 때문에 새로운 행동이나 능력이 언제 나타날 것인가가 이미 결정되어 있다는 것이다. 또 환경적 영향을 무시할 수는 없지만, 이 역시 생물학적 성숙을 넘어설 수 없는 것으로 보았다. 게젤의 이론은 청소년의 발달에서 생물학적 요인을 강조했다는 점에서 홀의 견해와 일치하고 있지만, 홀과는 달리 청소년기를 반드시 여러 문제를 일으키는 질풍노도의 시기로만 생각하지는 않았다.

▸▸ 아동의 독특성

게젤은 정상적인 아동은 모두가 동일한 순서를 거치지만, 그 성장 속도는 서로 차이가 있을 수 있다고 하였다. 또한 성장 속도가 기질이나 성격상의 차이와 관계가 있을 것임을 시사하였다. 예를 들어, 3명의 가상적인 아동, 즉 느리게 자라는 A 아동, 빠르게 자라는 B 아동, 그리고 불규칙하게 자라는 C 아동을 제시하고, 이들의 개인적 성향에 따른 각 성장 유형이 어떻게 나타나는지를 시사하였다. 예를 들어, 느리게 성장하는 아동 A는 일반적으로 느리고 조심성이 있으며 기다릴 줄 알고 고른 기질을 갖고 있으며, 대개 생의 문제에 관해 현명할 것이라고 하였다. 빠르게 자라는 아동 B는 반응이 빠르고 쾌활하며 즐거워하고 어떤 일에 갑자기 나서서 접근하며, 대개는 총명하고 영리할 것이라고 하였다. 그리고 불규칙적으로 자라는 아동 C는 어떤 때는 너무 조심스럽고 어떤 때는 너무 느리며, 자주 기분에 좌우되고, 기다릴 때 조심스럽고, 순간적으로 번쩍이는 총명함도 보일 것이라고 하였다. 그러므로 개개인의 기질과 성장 유형은 그 문화에 대하여 서로 다른 요구를 할 것이기 때문에 문화는 각 아동의 독특성에 맞춰 나가야 한다고 제안하였다.

▸▸ 부모에게의 당부

게젤의 제자 중 한 명인 에임스(Louise Bates Ames, 1908~1996)는 부모들에게 다음과 같이 충고하였다. 첫째, 당신의 자녀가 어떻게 되는 것이 전적으로 당신에게 달려 있다는 생각을 버려라. 그러면 쓸데없이 낭비하는 시간이 없을 것이다. 둘째, 성장의 경이를 이해하도록 하라. 매주, 매달 새로운 발달이 일어난다는 사실을 관찰하고 기쁘게 생각하라. 셋째, 아동의 미성숙함을 고려하라. 아마도 아이들은 십중팔구 걷기 전에 서고, 문장으로 이야기하기 전에 단일 단어로 자신을 표현하고, '예' 라고 말하기 전에 '아니요' 라고 말할 필요가 있다는 사실을 예견하라. 넷째, 다음에 무엇이 나타날지에 관하여 항상 생각하는 것을 피하도록 하라. 즐거워하라, 그리고 당신의 아이로 하여금 다음 단계로 넘어가기 전에 그가 도달한 각 단계에서 즐기도록 하라.

▸▸ 비판점

게젤의 성숙이론은 아동발달이론에 심오한 영향을 주었다. 그의 저서는 1940년대와 1950년대에 수많은 부모들에 의해 읽혔고 아동양육에 지대한 영향을 주었다. 그리고 그의 책은 그 시절 많은 학생과 교사들을 위한 아동발달의 성서처럼 여겨지고 있었다. 그러나 현재 대부분의 심리학자들은 그의 성숙이론이 지나치게 극단적이라고 보고 있다. 즉, 성숙의 역할을 인정하면서도 훈육이나 학습의 효과를 게젤이 너무 과소평가했다는 것이다. 또한 게젤이 가장 크게 비판받는 이유는 그가 연령 규준을 제시한 방식 때문이다. 게젤이 만든 규준은 너무 획일적이어서 어떤 연령에서도 있을 수 있는 변이 정도에 대해서는 생각을 제시해 주지 못하고 있기 때문이다. 예를 들어, 신체적 요인 하나만을 고려해 보더라도 아이들의 성장 수준과 성장 시기가 아주 다르기 때문에 특정 연령의 준거를 마련하기란 매우 어렵다. 연구표집도 많은 비판을 받고 있다. 그의 연구결과는 코네티컷 주 뉴헤이번에 사는 비교적 부유한 가정의 소년과 소녀들에게서 얻어진 것이기에 이 동질적 집단에서 얻어진 결과를 일반화시킬 수 있는가의 문제가 남아 있다. 또한 게젤은 우리들이 아동들의 욕구와 흥미에 대해 완전 개방적일 것을 주문하였으나, 그 역시 아동들의 외현적 운동행동의 관찰점이 지적받고 있다. 그리고 게젤은 아동을 한두 가지 특성에 따라 몇 가지 유형으로 분류하여 같은 유형에 속하는 아동들은 개인적 특성이 본질적으로 비슷하다고 설명하였지만, 이처럼 몇 가지 유형으로 아동들의 특성을 분류하는 것은 행동의 다양성을 왜곡한 것이라는 지적이 있다.

참고인물

❖ 에임스(Louise Bates Ames, 1908~1996): 미국에서 가장 북동쪽에 있는 메인 주의 최대 도시 포틀랜드에서 출생한 여성으로 1930년 메인대학교(University of Maine)를 졸업하였고, 1933년 동 대학교에서 석사학위를, 그리고 1936년 예일대학교에서 철학박사학위를 취득하였다. 게젤 인간발달연구소의 부소장을 역임하였으며, 1930년대와 1940년대에 아동의 운동행동 등에 대한 많은 논문을 발표하였다. 1943년에는 게젤과 함께 연령에 따른 행동변화의 종단적 연구를 수행하였고, 게젤이 예일대학교를 은퇴하였을 때는 다른 동료들과 함께 게젤연구소를 설립하는 데 많은 노력을 기울였다. 1952년에는 영향력 있는 여러 일간지에 '아동행동' 이라는 칼럼을 기고하였고,

1953년부터 몇 년간은 매주 생방송으로 TV에 출연하여 놀이친구 및 학급친구들에 대하여 논의하였다. 에임스는 또한 심리검사도구인 로르샤흐(Hermann Rorschach, 1884～1922)의 기법 사용에 관여하였으며, 『로르샤흐 반응은 사회변화에 의해 영향을 받는가(*Are Rorschach Responses Influenced by Society's Change?*)』(1974), 『노화 측정(*Calibration of Aging*)』(1984) 등의 논문을 발표하였고, 『당신의 7살 아이(*Your Seven Year Old*)』(1987) 등 많은 수의 저서를 출간하였다.

3. 바커

"청소년들의 비동시적 성장, 즉 신체부위에 따른 성장 비율과 성장 시기에서의 차이가 청소년기의 혼란과 동요를 초래한다. 그러므로 청소년들의 신체발달의 개인차와 사회적 행동 간의 관계가 하나의 중요한 요인이 될 것이다."

바커(Roger Garlock Barker, 1903~1990)는 1903년 미국 아이오와 주 맥스버그에서 출생하였다. 1928년 스탠퍼드대학교를 졸업하고 대학원에 진학하여, 역시 스탠퍼드대학교에서 1930년 석사학위를, 그리고 1934년 박사학위를 취득하였다. 1937~1938년까지 하버드대학교의 시간강사를 거쳐 1942년까지 일리노이대학교의 조교수, 1946년까지 스탠퍼드대학교의 부교수를 역임하였다. 바커는 1930년대와 1940년대에는 레빈(Kurt Lewin, 1890~1947)의 영향 아래(2년 동안 레빈의 연구조교로 활동) 동물과 아동의 실험적 연구를 진행하면서 실험실과 병원 밖에서의 아동행동에 대한 과학적 정보가 매우 부족하다는 사실에 주목하였다. 그리고 이 기간 동안 생태(환경)심리학의 분야를 크게 개척하였다. 이는 자신의 스승이었던 레빈이 주창한 심리학적 생태학(psychological ecology)을 더욱 발전시킨 것이었다. 바커는 1947년부터 1971년까지는 캔자스대학교의 심리학과 교수 및 명예교수로 재직하였다. 1947년에는 다음 페이지 사진과 같이 캔자스 주의 조그만 마을인 오스칼루사에 중서부 심리학 현장연구소를 설립하였다.

그리고 바커는 도시 아동들의 매일의 삶을 조사하였다. 그들에게 무슨 일이 일어나는지, 그들은 어떻게 반응하는지 등을 체계적으로 연구하였다. 즉, 일상생활에서 일어나는 일들이 기

중서부 심리학 현장연구소.
이 건물 2층에 1947년부터 20년 넘게 현장연구소의 사무실과 개인 공간이 있었다.
배경에 보이는 것은 오스칼루사의 물탑이다.

능적으로 어떻게 조직화되는지, 그리고 아동과 청소년들의 발달이 어떻게 특별하게 작용하는지를 밝히는 모델 개념을 구상하였다. 이를 위해 아동들의 복잡한 전체 행동 내에서 분자적인 행동을 신중하게 관찰하여 잡아내고, 그것을 꼼꼼하게 대화식으로 일상생활을 묘사하는 것을 수행하였다. 개별 아동들의 행동 흐름을 하루 종일 추적하여 자료를 얻은 다음, 이를 수많은 '일화'로 잘게 나누고 일상의 언어로 기술하는 것이었다. 이 연구소는 25년 동안 운영되었고, 연구물들은 7권의 책으로 출간되었으며, 약 60회 정도의 저널과 논문으로 보고되었다. 레빈은 이러한 중서부 심리학 현장연구소의 프로젝트를 매우 감명 깊게 격려하였다. 이 모든 자료들은 현재 캔자스대학교의 스펜서 연구도서관(Kenneth Spencer Research Library)에 보관되어 있다.

바커는 주로 두 가지의 연구방법, 즉 표본기록 자료와 행동구조 자료를 사용하였다. 표본기록 자료는 인간환경의 하루 종일 또는 순간순간의 이야기식 설명과 관찰을 통한 개별 아동의 행동과 전문적 관찰 팀에 의한 보고를 통해 기록되었다. 행동구조 자료는 한 개인이 처한 장소와 시간, 사회조직, 그리고 행동과 목적을 감안하여 다양한 형태의 행동모형을 기록하였는데, 이는 변화하는 환경(생태)-행동 개념의 이론적 틀을 제공하였다. 바커는 연구 및 학회활동에 몰두하다가 캔자스 주의 오스칼루사에서 1990년 9월 10일 87세의 일기로 사망하였다. 주요 저서로는 『큰 학교, 작은 학교(*Big School, Small School*)』(1964), 『생태(환경)심리학(*Ecological Psychology*)』(1968), 『습관, 환경, 그리고 인간행동(*Habitats, Environments, and Human Behavior*)』(1978) 등이 있다.

▸▸ 생태환경

바커는 1951년 자신의 동료와 함께 『소년의 하루(*One Boy's Day*)』라는 저서를 출간하였다. 여기서 바커는 같은 장소에 있는 두 명의 아이들이 각각 다른 두 장소에 혼자씩 있었던 아이들보다 행동이 더 비슷했다는 결론을 내리면서 환경 또는 세팅이 행동을 많이 지배하고 있음을 주장하였다. 그러므로 아이들이 처한 환경 또는 세팅을 더욱 철저하게 연구해야 한다고 하였다. 그리고 개인보다는 그가 처한 지역사회 조직이나 학교에 대해 더 많은 주의를 기울여야 함을 강조하였다. 예를 들어, 아이들이 처한 학교의 크기와 그 효과, 큰 학교와 작은 학교에 다니는 학생들의 경험 유형의 차이 등이 어떠한지를 연구할 필요가 있다고 보았다. 이를 바탕으로 바커는 1969년 현실적인 생활습관에 초점을 둔 새로운 환경적 또는 생태학적 행동(ecobehavioral)과학을 시도하였다.

레빈에 의하면 심리학은 생활체인 인간이 심리적 · 행동적 환경, 즉 생활공간 속에서 어떻게 행동하는가를 연구하는 학문인데, 그 생활공간은 실제로 물리적 · 지리적 · 사회적 사실들로 구성되는 환경과의 관계로 이루어진다. 따라서 비록 그 환경이 인간의 행동 유발에 직접적으로 관여하는 것은 아니라고 해도 인간의 심리적 · 행동적 환경과 물리적 · 지리적 환경과의 관계를 고찰할 필요가 있다고 하면서 이를 생태심리학이라고 하였다. 또한 바커는 이 연구를 더욱 발전시켜 지역사회의 행동을 철저하게 관찰 · 기록하여 유형별 통계표를 제시함은 물론, 관찰하고 기술해야 할 행동의 측면에 대해 (1) 행동의 유형 또는 종류(종교, 교육, 정치, 경제, 오락 등), (2) 침투도(행동이 자아와 관련되어 있는가, 아니면 말초적인가), (3) 지역적 자율성(그 지역의 행동의 자율성), (4) 결정권이 미치는 범위, (5) 경제적 변동에 따르는 가변성 등을 지표로 제시하며, 궁극적으로 지역사회의 생활의 질을 연구하였다. 바커가 사용한 방법이 동식물 생태학자의 연구방법, 즉 단위 면적당 밀도 및 단위 시간당 빈도를 있는 그대로 관찰하는 방법과 공통점이 있기 때문에 이러한 연구분야를 생태학적 심리학이라고 한다.

청소년과 관련된 이론 및 주장

▶▶ 신체발달

바커는 자신의 저서 『청소년기 동안의 신체성장이 갖는 신체심리적 중요성(*Somatopsychological Significance of Physical Growth in Adolescence*)』(1956)에서 아동기에 관심을 가지고 있는 그 시대 심리학자들과는 달리 청소년기 발달에 초점을 맞추었다. 특히, 홀이 유전적 메커니즘을 강조한 것과는 대조적으로 청소년기의 발달, 즉 신체발달의 심리사회적 의미를 중시하였다(장휘숙, 2000). 아동기에서 성인기로 이동하게 하는 결정적 요인은 개인의 신체발달이며, 특히 개인의 체격이 사회적 경험을 결정한다는 것이다. 그러므로 급속한 신체발달이 이루어지는 청소년기는 아동기와 성인기 사이의 과도기에 해당된다. 신체발달이 조숙한 청소년들은 보다 일찍 성인사회로 동화되는 반면, 신체발달이 만숙한 청소년들은 더 오랫동안 아동기에 머물게 된다. 따라서 청소년들의 체격은 각기 서로 다른 사회적 경험을 초래하기 때문에 발달의 중요한 요인으로 작용한다.

▸▸ 비동시적 성장

바커는 비동시적 성장(asynchronous growth)에 기인된 청소년의 주변적 상황이 혼란과 동요를 일으키는 직접적 요인임을 강조하였다. 비동시적 성장이란 신체부위에 따라 성장 비율과 성장 시기에서 차이를 나타내는 현상으로 청소년기의 성장급등에 의해 더욱 현저해진다. 그에 따라 청소년 신체의 어떤 부분은 이미 성인의 모습을 지니는 반면, 어떤 부분은 아직도 아동의 모습을 나타내는 모호한 상태가 초래된다. 이와 같은 비동시적 성장이 가져오는 모호성은 청소년을 아동도 아니고 그렇다고 성인도 아닌 주변적 상황(marginal situation)에 처하게 한다. 그러므로 신체발달과 사회적 행동 간의 관계가 중요하고, 성장 속도의 개인차에 따른 청소년들의 상이한 체격이 사회적 경험을 결정하는 중요한 요인이 됨을 강조하였다. 또 성장의 비동시적인 현상 때문에 청소년기의 혼란과 동요는 불가피한 것이라고 주장하였다.

▸▸ 비판점

바커는 사람의 신체가 정신에 미치는 영향에 대하여 잘 지적하였지만, 그렇다고 해서 신체적 발달 상황이 정신에 유일하고 절대적인 영향을 미치는 것은 아니다. 예를 들면, 청소년기에 신체발육의 개인차가 있지만, 큰 범주에서 볼 때 비록 약간의 차이는 있을지라도 그들은 비슷한 수준의 정신적 성숙을 보여 주고 있다. 바커가 주장한 것처럼 신체발육에 의해 사회적 경험이 달라지는 것이 아니라 연령에 따른 사회문화적인 진급과 환경이 정신의 성숙과 사회적 경험을 결정하는 것이다. 예를 들어, 조로증의 경우 신체적 이상으로 인해 몸은 늙었어도 정신은 그의 원래 연령의 수준에 머무르고 있는 것이다.

참고인물

❖ 레빈(Kurt Lewin, 1890～1947): 11장의 레빈을 참조할 것.

4. 맥켄들리스

"추동은 청소년들의 행동을 수행하게 하는 중요한 요소이며, 추동수준은 청소년기에 접어들면서 크게 증가하게 된다."

"청소년비행은 하류계층 특유의 현상이다."

사회인지이론가인 맥켄들리스(Boyd Rowden McCandless, 1915～1975)는 1915년 8월 15일에 출생하여 1975년 12월 5일에 생애를 마쳤다. 맥켄들리스는 자신의 연구 및 강의, 저술활동 등을 통하여 발달 및 학교심리학에 많은 기여를 한 실용주의적 학자이다. 그는 캔자스의 세인트존에서 생애를 시작하였고, 그 대부분의 시간을 중서부에 머물면서 미국 '중서부의 흙모래 폭풍이 심한 건조지대의 경험주의(dust bowl empiricism)'의 명성에 기여하였다. 1936년 포트헤이스주립대학(Fort Hays State College)에서 켈리(George Kelley, 1905～1967)의 지도하에 대학을 졸업하고 1938년에는 석사학위를 취득하였으며, 아이오와대학교(Iowa University)에서 철학박사학위를 취득하였다. 8개의 서로 다른 박사후 과정에 적을 두고 있었으며, 1951～1960년까지는 아이오와 아동복지연구소(Iowa Child Welfare Research Station)의 소장으로 있는 동안 가장 많은 생산적 연구를 수행하였다. 여기에서 실험아동심리학의 방향이 태동되었고, 아동 및 청소년의 주된 연구들이 집필되었다. 후에 인디애나대학교(Indiana University)의 학교진료복합관의 소장으로 있으면서 심리사회적으로 불우한 아동들을 위하여 진단에 기초한 교과과정을 개발하였다. 이 시기에 맥켄들리스는 더욱 활동적으로 학교심리학과 특수교육에 관여하게 되었다. 1963～1966년까지 미국심리학회 분과 학교심리학회 회원으로 활동하였고, 1967～1968년까지는 분과회장을 역임하기도 하였다. 1966년에는 에모리대학교(Emory University)로 자리를 옮겼으며, 여기서 정신성욕발달에 대한 일련의 논문을 발간하고 중요한 10권의 발달심리학의 주 편집자로 활동하기도 하였다. 또한 미국청소년학회 회원으로 청소년과 관련된 이론 및 주장 중 행동과 발달, 동기이론, 사진

을 이용한 사회성 측정, 청소년발달 등의 주요한 이론들을 여러 차례 발표한 바 있다. 미국심리학회에서는 맥켄들리스의 이름을 딴 Bord Rowden McCandless의 젊은 과학자상을 제정하여 매년 우수한 심리학자들에게 포상해 오고 있다. 대표적인 저서로는 『청소년들: 행동과 발달(*Adolescents: Behavior and Development*)』(1970, 1979), 공저인 『아동과 청년: 심리사회적 발달(*Children and Youth: Psychosocial Development*)』(1973, 1978), 그리고 『아동과 청소년(*Children and Adolescents*)』(1994) 등이 있다.

▸▸ 청소년심리

맥켄들리스는 청소년심리에 대하여 다음과 같이 밝히고 있다. 청소년은 더 이상 아동도 아니고 그렇다고 성인도 아니다. 청소년심리는 부분적으로는 동기심리학이며 부분적으로는 변화의 심리학이다. 생식 또는 성, 욕구와 같은 새로운 추동이 성숙 형태로 계속 나타나기 때문에, 그리고 평균적인 사람들은 자신의 학령기 이전부터 사회화 과정을 계속 밟아야만 하는 추동이 있기 때문에 청소년심리는 동기심리학이다. 청소년심리는 변화의 심리학이다. 왜냐하면 사회에 존재하는 개인은 아동기에서 성인기까지 계속 이동해 나가야만 하기 때문이다. 청소년은 고여 있는 것이 아니라 오직 변화 속에 있으며, 자신의 신체, 사회적 역할, 자신에 대한 사회적 태도, 주위의 기대 등의 많은 변화에 적응해야만 하기 때문에 청소년심리는 변화의 심리학이다.

▸▸ 행동과 발달

맥켄들리스는 1970년에 출간한 자신의 저서 『청소년들: 행동과 발달』(1970)에서 청소년들의 추동이론(drive theory)을 제기하였다. 참고로 이 저서의 내용 구성은 〈표 5-3〉과 같다. 맥켄들리스는 외적 자극과 외현적 행동만을 크게 강조한 행동주의심리학자들과는 달리 개인의 추동 상태에 해당하는 내적 자극을 중시하였다. 즉, 학습이란 외현적 행동이 내적 자극인 개인의 동기나 욕구를 감소시킬 수 있을 때 가능하다는 것이다. 그리고 개인의 동기를 감소시킬 수 있는 반응은 그것을 감소시킬 수 없는 반응보다 더 쉽게 학습된다는 것이다.

〈표 5-3〉 맥켄들리스의 『청소년들: 행동과 발달』(1970)의 내용 구성

제1장 청소년에 대한 개념적 틀
- 서론
- 사춘기와 청소년의 정의
- 청소년에 대한 추동이론의 적용
- 추동의 주요 기능들
- 생물학적 추동
- 좌절, 공격성, 불안, 호기심, 그리고 의존성
- 욕구체계와 사회학습 연속
- 청소년: 변화의 이론 28
- 성특정적인 사회목표와 이중 규약(double code)
- 청소년 적응의 주요 영역
- 요약

제2장 청소년연구의 문제와 방법
제3장 신체성장
제4장 기능 변화와 성적 사회화
제5장 신체요인과 성격
제6장 지역사회, 청소년, 그리고 일탈행동
제7장 지능과 지능성장
제8장 인지기능: 결정요인들, 발달, 적용
제9장 청년과 학교
제10장 학교와 교회가 청년에 미치는 영향
제11장 청소년과 일
제12장 사회 및 정서발달
제13장 성과 도덕적 정체감: 권력 모델과 역할
제14장 성과 도덕적 정체감: 발달과 문제들
제15장 자아개념

청소년과 관련된 이론 및 주장

▸▸ 동기론

맥켄들리스는 청소년기를 추동이론으로 설명하고 있다. 즉, 추동(동기)은 유기체로 하여금 행동을 수행하게 하는 중요한 요소로서 개인의 추동수준은 청소년기에 증가하게 되는데, 이러한 추동수준의 차이는 아동기와 청소년기의 행동상의 차이를 만든다는 것이다. 한 개인의 추동수준은 청소년기에 접어들면서 크게 증가하게 되고, 특히 사춘기의 성

적 추동이 증가함에 따라 유기체의 일반적인 추동수준도 증가하게 된다. 그러므로 추동수준이 낮은 아동기보다 청소년기에 더욱 강한 강도로 반응하게 된다는 것이다. 예를 들어, 아동 역시 독립적으로 행동하려고 하지만 이러한 경향은 청소년에게서 더욱 강하게 나타나며, 또 청소년기의 이성교제는 아동기의 이성교제와는 그 수준에서 큰 차이가 난다(임영식, 한상철, 2000).

맥켄들리스는 청소년의 발달에서 생물학적인 요인을 강조하였지만, 사회문화적인 상황이나 타인의 기대도 무시하지 않았다. 왜냐하면 청소년기에 증가된 추동의 표현은 문화와 사회에 따라 차이가 나기 때문이다. 즉, 어떤 문화권에서는 청소년의 성적 욕구의 표현이 자유로울 수 있지만, 다른 문화권에서는 엄격하게 제한될 수도 있다. 이러한 사회문화적인 차이는 청소년의 발달에 서로 다른 영향을 미치게 된다. 또한 청소년들이 동년배에 대해 강한 애착을 나타내는 것은 동년배집단이 갖는 강화적 본질 때문임을 주장하였다. 한편, 맥켄들리스는 청소년들의 과거 학업성취가 다음 시험 상황에서의 불안에 영향을 미친다는 사실을 발표하기도 하였다.

▶▶ 청소년비행

하위문화이론(lower-calss-based theory)은 어떤 사회든 각계각층의 구성요인들이 보편적으로 향유하는 지배문화 또는 주류문화(main culture)가 있고, 특정한 일부 집단에 의해서만 지지되는 부차문화 또는 하위문화(sub culture)가 있다고 가정하고 있다. 그런데 하류계층의 청소년들은 지배적 계층인 주류계층의 문화 속에서는 불리한 입장에 놓여 있기 때문에 지위를 상승시키기 위한 시도가 자주 좌절되고, 여기서 전통적인 문화에 대한 적대감정을 품게 되어 그 반동으로 특유의 부차문화를 생성하면서 비행에 이른다고 보고 있다. 이러한 견해로부터 하류계층문화이론, 상대적 결핍이론, 통제이론 등이 등장하였다.

하류계층문화이론은 하류계층에서 남성보다는 여성 가장의 가구가 많고, 편모슬하의 청소년들이 많으며, 특히 남자청소년들은 아버지의 부재를 대신할 수 있는 동성 친구와의 교류를 통하여 남성성을 찾으려고 노력하는 과정에서 비행행동을 보다 많이 저지른다고 한다. 맥켄들리스는 이와 같은 맥락에서 개인이 가정이나 사회로부터 재정적, 교육적, 사회적 혜택을 얻는 것이 불가능할 때 비행행동이 유발된다는 점을 강조하였다. 즉, 그들이 처해 있는 사회적 여건 때문에 다른 사람들이 얻을 수 있는 동일한 경제적 또는 사회적 목표에 도달할 수 없을 때 개인은 그것을 얻기 위하여 비행을 저지를 수 있다는 것이다. 맥켄들리스는 이를 차단된 기회이론(blocked opportunity theory)이라고 불렀다. 이 이론은 특정한 형식의 하위문화는 특정한 사회구조와 관계가 있다고 보고 있으며, 맥켄들리스 역시 청소년비행은 하류계층 특유의 현상임을 제안하였다.

상대적 결핍이론에서는 자신을 타인과 비교함으로써 불만이나 선망이 생겨나게 되고 상대적 박탈감으로 불법적 수단을 선택하여 비행을 일으킨다고 보고 있다. 예를 들어, 물질적 풍요라는 문화적 목표는 고정 불변한 것이 아니고, 그것을 달성하고 나면 그에 만족하지 않고 오히려 더 많은 것을 추구하는 욕망 때문에 더욱 높아진 목표를 추구하게 된다. 그러므로 부자들은 다른 사람과의 비교에서 느끼는 상대적 박탈감 때문에 불법적 수단을 선택하게 된다. 그리고 이러한 상태는 중류 및 상류계층의 사람들뿐만 아니라 하류계층의 사람들에게도 잘 생긴다. 따라서 상대적 결핍 상태에 빠진 청소년들은 자신의 역경을 정상적 수단으로 극복할 수 없다고 생각하거나, 그러한 수단을 사용하는 것이 부적절하다고 판단했을 경우에 범죄를 이용하여 자신의 목표를 달성하고자 한다. 여기서 한 가지 분명한 것은 물질적으로 부족함이 없는 사회에서도 불만이나 선망이 생겨난다는 사실이다.

한편, 통제이론은 인간의 본성이 본질적으로 반사회적이고, 비행행동의 동기가 인간 본성의 한 부분이며, 모든 인간들은 무방비 상태에서 자연적으로 비행을 저지르게 될 것이라는 전제를 가지고 있다. 그러므로 인간이 비행을 저지르는 것은 비행행동을 하게 하는 특정한 요인 때문이 아니라 비행을 억제할 수 있는 통제력의 부족 때문이라고 보고 있다. 따라서 사람들의 비행을 줄이기 위해서는 사회적 유대를 통한 통제가 필수적이며, 이러한 유대가 약화될 때 청소년비행은 보다 쉽게 일어난다. 이것이 사회유대이론(social bond theory)이다. 예를 들면, 청소년이 부모와 학교 및 다른 사회기관(교회나 각종 단체)에 많이 소속되어 있을수록 비행을 저지를 가능성은 더 적어진다. 사회유대이론은 크게 애착, 헌신, 참여, 신념의 네 가지로 구분될 수 있다. 애착(attachment)은 개인이 맺고 있는 중요한 주위 사람이나 단체, 조직 등에 대한 애정적인 결속이다. 부모에 대한 애착, 교사에 대한 애착, 학교에 대한 애착 등으로 이러한 애착이 강할수록 비행을 덜 저지르게 된다. 헌신(commitment)은 개인이 사회 또는 단체 내에서 헌신하는 정도를 나타내는데, 이는 무엇인가를 하고자 하는 열망이 크다면 그 때문에 나쁜 결과가 생기지 않도록 하기 위해서 비행을 하지 않는 것을 말한다. 즉, 사람들이 사회성이 높은 목표에 집착하여 이를 달성하려고 노력할수록 비행은 줄어들게 된다. 참여(involvement)는 헌신의 결과로서 실제 참여하는 정도를 나타낸다. 즉, 참여가 높을수록 사람들은 바쁘게 되고, 그래서 실제 비행을 저지를 시간적 여유가 줄어들게 된다. 그리고 신념(belief)은 법이나 사회적 규범의 수용 정도를 말하고, 사회의 규범과 가치를 내면화하여 내면적 통제력을 가지는 것을 뜻한다. 요컨대, 사회에 대한 애착이 강하고, 헌신하고, 참여하고, 법이나 사회적 규범 등을 내면화하는 청소년들은 그렇지 않은 청소년들보다 비행을 덜 저지르게 된다.

▸▸ 비판점

맥켄들리스의 사회통제이론의 가장 큰 오류는 모든 청소년이 획득하고자 하는 가치가 경제적 또는 사회적 목표라는 단일성에 대한 전제에 있다. 또한 그는 청소년들이 동일한 경제적, 사회적 목표에 도달할 수 없을 때 이를 얻기 위하여 비행을 저지른다고 주장하였는데, 이에 따르면 단순한 쾌락을 얻기 위한 비행은 설명하기 어렵다. 맥켄들리스는 계층적 편견을 가지고 상류층의 비행을 간과하고 있는 측면이 있다. 즉, 하류계층 청소년들의 비행에만 초점을 두었기 때문에 그의 이론을 일반화시키는 데는 무리가 있다. 차단된 기회이론은 특정한 형식의 하위문화는 특정한 사회구조와 관계가 있다고 보고 있으나, 높은 청소년비행률을 나타내고 있는 지역사회에는 어느 한 하위문화가 아닌 복수의 하위문화들이 존재하고 있음을 보여 주고 있다.

결론적으로 맥켄들리스의 청소년비행이론은 다음과 같은 측면에서 비판을 받고 있다. 첫째, 이 이론은 하류계층의 일탈행위 및 사회문제만을 다루고 있기 때문에 상류층 또는 중산층 비행을 설명하지 못한다. 둘째, 이 이론은 하류계급에 속하는데도 대부분의 청소년이 비행을 하지 않는 이유를 설명하지 못하고 있다. 셋째, 이 이론은 가치문제에 대한 관심 결여, 즉 사회라는 것은 인위적으로 구성되어 있을 뿐만 아니라 일반적인 가치를 바탕으로 구성된다는 점을 등한시하고 있다. 넷째, 어떻게 개인 청소년이 비행을 하게 되는가 하는 점이 불분명하고, 원인의 상호작용에 대해서도 관심을 보이지 못하고 있다. 즉, 왜 어떤 청소년은 비행행위자 또는 비행문화에 접촉하게 되고, 또 어떤 청소년은 접촉하지 않는가에 대한 원인을 제시하지 못하고 있다. 다섯째, 사회적 연대를 나타내는 변인에 대한 전반적인 영향 분석과 개별 요소들의 상대적 효과에 대한 분석이 미흡하다. 즉, 지위비행으로부터 범죄행위에 이르는 모든 일탈행위와 사회적 연대변인 간의 상호관계를 분석하는

데 일정한 한계가 있다. 여섯째, 이 이론은 일탈행위나 사회문제를 일으키는 행위는 과학적으로 설명하고 있으나 충동적 행위나 우연한 일탈행위의 발생은 충분히 설명하지 못하고 있다. 이 외에도 높은 성취욕이 반드시 비행을 하게 하는 것도 아니며, 많은 비행이 높은 성취 동기와 합법적 방법의 결핍으로 되는 것도 아니라는 점에서 비판을 받고 있다.

참고인물

❖ 켈리(George Alexander Kelley, 1905~1967): 1905년 4월 28일 캔자스 주 퍼스에서 출생하였다. 1926년 캔자스 파크대학(Park College)을 졸업하고, 1928년 캔자스대학교에서 석사학위를 취득하였다. 그리고 아이오와의 셸던에 세운 초급대학의 교수가 되었고, 스코틀랜드의 에딘버그대학교(Edinburgh University)의 교환교수를 하면서 1930년에 교육학 학사학위를 얻었다. 1931년에는 아이오와대학교에서 철학박사학위를 취득하였다. 1943년에는 포트헤이스 캔자스주립대학(Fort Hays Kansas State College)의 심리학 조교수가 되었고, 제2차세계대전 동안에는 해군의 항공심리학자로서 지역 민간 비행사를 위한 훈련계획을 주도하였다. 1946~1965년까지 20년간 오하이오주립대학교에서 임상심리학 교수로 재직하면서 심리학에 중요한 이론적 공헌을 하게 되었다. 켈리의 가장 잘 알려진 문헌은 12권으로 1955년 출간된 『개인구성심리학(*The Psychology of Personal Constructs*)』이다. 임상심리학자로 실제 치료를 해 왔던 켈리는 처음으로 성격의 가장 두드러진 특성으로 인간 존재의 인지적이고 지적인 측면을 강조한 성격학자다. 켈리의 이론적 체계는 개인적 구성개념심리학, 즉 개인구성심리학이다. 각 개인은 세계가 어떻게 구성되고 작동되는가에 대한 견해를 구성해서 예측하려는 욕구에 반응하고, 이를 위해 일련의 개인적 구성개념을 생성하고, 그다음에 그 구성개념을 현실에 적용한다는 것이다. 이러한 켈리의 생각은 그 시대 미국에 유행했던 심리학적 조류와는 매우 다르고 독창적인 것으로서 인지적 성격이론에 커다란 혁신을 초래하였다.

제 6 장

청소년기의 정신분석학적 관점

▫ **프로이트**(Sigmund Freud, 1856~1939)

- 의식은 무의식에 비하면 빙산의 일각이다. 따라서 무의식을 분석함으로써 그 사람의 행동특징을 이해할 수 있다.

▫ **안나 프로이트**(Anna Freud, 1895~1982)

- 청소년기의 혼란과 갈등은 청소년들이 오이디푸스 콤플렉스의 재출현을 다시 경험하기 때문이다. 그러나 대부분의 정상적인 청소년들은 이를 성공적으로 잘 극복하고, 결국 성격의 조화를 찾게 된다.

▫ **블로스**(Peter Blos, 1904~1997)

- 청소년기란 생물학적 성숙에 대한 심리적 적응기간이며, 심리적 청소년기는 생물학적 기간보다 더 긴 것이 특징이다.

1. 프로이트

"의식은 무의식에 비하면 빙산의 일각이다. 따라서 무의식을 분석함으로써 그 사람의 행동 특징을 이해할 수 있다."

프로이트(Sigmund Freud, 1856~1939)는 1856년 지금은 체코슬로바키아의 영토가 된 오스트리아의 프라이베르크 모라비아라는 작은 마을에서 출생하였다. 프로이트는 유태인 아버지와 어머니 사이에서 태어난 전형적인 유태인으로 이복형제를 제외하고는 일곱 남매 중 맏이로 태어났다. 프로이트의 아버지는 중년에 아내를 잃고 40세에 20세의 젊은 여자와 결혼하였다. 그의 아버지에게는 전처소생의 두 아들이 있었으나, 프로이트는 그들과 거의 함께 살지 않았다. 첫 아이 프로이트를 낳은 젊은 어머니는 그에 대한 애정이 매우 깊었으며, 1930년 95세의 나이로 죽을 때까지 언제나 프로이트 곁에서 격려하고 지지해 주었다. 훗날 프로이트는 어머니에게서 받은 깊은 사랑과 믿음이 자신의 학문과 생활에 큰 힘이 되었다는 사실을 인정하였다.

프로이트가 성장할 당시의 시대적 상황은 유럽에 만연했던 반유태주의 때문에 오스트리아에서 지식이 있는 유태인들은 법학과 의학을 제외한 다른 전문직업을 갖는 것이 여의치 않았다. 그래서 프로이트는 신경학을 전공하게 되었고, 1881년 의사자격을 얻고 난 다음 비엔나대학교에서 신경질병을 강의하는 강사가 되었다. 이때 프로이트는 강의를 통해서 계속적으로 두통을 호소하는 신경증 환자를 소개하였는데, 이 환자는 뇌막염으로 잘못 진단되었다. 그리고 유태인에 대한 사회적 제약 및 돈 때문에 궁핍한 생활을 하던 중 1885년 생리학 스승의 추천으로 여비와 장학금을 받아 그해 가을 비엔나대학교를 떠나 프랑스 파리로 유학을 가게 되었다. 그곳에서 최면암시법을 통해 히스테리 증상을 연구하던 신경학자 샤르코(Jean Martin Charcot, 1825~1893)를 만나게 되었다. 프로이트는 샤르코의 강의와 임상실습에 깊은 감화를 받고 신경학자에서 정신병리학자로 전환하면서 정신분석을 창시하는 계기를 맞이할 수 있었다. 프로이트가 태어난 1856년부터 1939년 사망할 때까지의 무렵에는 헬름홀츠(Hermann Ludwig Ferdinand von Helmholtz, 1821~1894)의 에너지 보존의 법칙, 다윈의 진화론, 페히너(Gustav Theodor Fechner, 1801~1887)의 정신물리학, 그리고 브리케(Pierre Briquet, 1796~1881)의 영향을 받은 역동심리학 등이 등장하였다.

프로이트는 1886년 봄 비엔나로 돌아와서 결혼을 하였다. 그리고 1887년 장녀, 1889년 장남, 1891년 차남, 1892년 막내아들, 1893년 차녀, 그리고 1895년 막내딸까지 3남3녀를 두었다. 이 중 막내딸인 안나 프로이트(Anna Freud, 1895~1982)는 나중에 유명한 아동분석학자가 되었다. 또한 프로이트는 개인병원을 열었으며, 정신과의사이자 손위 연배였던 브로이어(Josef Breuer, 1842~1925)와 함께 여자 신경증 환자들 대상으로 히스테리를 연구하면서 카타르시스, 즉 정화법(catharsis)을 발견하였다. 그리고 최면만으로는 만족할 만한 치료를 할 수 없다는 것을 알고 자유연상법(free association)을 도입하였다. 1893년에는 브로이어와 공동으로 『히스테리 현상의 심리적 기제(*On the Psychic Mechanisms of Hysterical Phenomena*)』라는 저서를 출간하였다. 이것은 후에 정신분석 연구의 주춧돌 역할을 하였다. 그러나 프로이트는 히스테리의 원인이 성욕이라고 주장하면서 브로이어와 결별하였고, 1896년에는 다른 의사들의 비판으로 비엔나 의사회에서 물러나게 되었다. 1902년에는 비엔나 정신분석학회를 창립하여 아들러, 융, 프롬, 에릭슨과 같은 정신분석학자들을 배출하였다. 1909년에는 미국 매사추세츠 주 클라크대학교의 총장이었던 홀의 초청으로 융과 함께 미국에 가서 '정신분석에 관한 다섯 가지 강좌'를 강연하기도 하였다. 이때부터 프로이트의 저서는 여러 나라 언어로 번역되기 시작하였고, 정신분석을 실행하는 그룹들이 세계 각지에서 생겨나기 시작하였다. 한편으로 그것은 많은 논쟁의 씨앗이 되기도 하였다.

제1차세계대전(1914~1918)이 발발하면서 프로이트는 1919년 모든 재산을 잃었으며, 딸 하나는 26세에 사망하였고, 세 아들이 전쟁에 참전하였다. 그러나 전쟁터에서 아무런 소식도 들려오지 않는 큰 아들의 운명과 함께 아들들에 대한 불안감이 프로이트의 머릿속을 떠나지 않았으나, 다행스럽게도 전장에 나간 아들들은 모두 무사히 귀환하였다. 그리고 그는고 1923년부터 후두암이 발병하여 자신의 생애와 학설에 많은 영향을 받게 되었다. 이 무렵 프로이트는 이드, 자아, 초자아의 개념을 발전시켰고, 생의 본능인 에로스와 죽음의 본능인 타나토스의 가설을 세우게 되었다. 프로이트는 죽을 때까지 33회의 암수술을 받았다. 독일에서는 유태인을 증오하는 히틀러(Adolf Hitler, 1889~1945)의 나치당이 집권하면서 비밀경찰의 표적이 되어 1932년에 독일에 있는 자신의 모든 저서가 불태워지고 탄압을 받게 되었다. 1938년에는 오스트리아가 독일에 합병되자 나치스에 쫓겨 그해 6월 런던으로 망명하였으나, 암으로 1939년 런던에서 83세의 일기로 사망하였다. 망명을 같이 오지 못한 네 명의 누이들도 모두 70세가 넘었으나 나치당의 가스실에서 사망하였다.

프로이트는 죽을 때까지 『히스테리 병인학(*The Aetiology of Hysteria*)』(1896), 『꿈의 해석(*The Interpretation of Dreams*)』(1900), 『일상생활의 정신치료(*The Psychotherapy of Everyday Life*)』(1901), 『토템과 터부(*Totem and Taboo*)』(1913), 『정신분석

입문 강좌(*Introductory Lectures on Psychoanalysis*)』(1917), 『자아와 이드(*The Ego and the Id*)』(1923) 등 많은 저서를 남겼다. 그는 독일의 철학자이며 정치경제학자인 마르크스(Karl Heinrich Marx, 1818~1883)와 함께 20세기에 가장 많은 영향을 준 사람 중의 한 명으로 기록되고 있다.

▸▸ 정신분석모델의 발달

프로이트는 메스머(Anton Mesmer, 1734~1815)의 최면술 또는 동물자기술(animal magnetism)에서 큰 영향을 받았는데, 메스머는 파라셀서스(Philippus Aureolus Bombastus Paracelsus von Hohenheim, 1493~1541)의 영향을 받았다. 파라셀서스의 주장에 따르면 유성은 인체에 커다란 영향을 미친다. 이 영향이란 곧 다름 아닌 자기유동체에 의해서 사람이 건강할 수도 있고 질병에 걸릴 수도 있다는 것이다. 메스머의 주장에 따르면 사람은 다른 사람에게 영향을 줄 수 있는 자력을 가지고 있는데, 이것이 곧 정신적 질병을 치료하는 데 활용될 수 있는 것이다. 메스머는 이와 같은 주장을 비엔나에서 실천해 보려고 시도하였고, 1778년에는 파리에서 크게 성공하였다. 그는 동물자기로써 마비 환자를 치료하는 데 성공하였다. 이로 인해서 메스머는 돌파리협잡꾼 의사로 낙인이 찍혀 유배당했지만, 그의 주장은 많은 과학자들의 논쟁 대상이 되어 20세기 초반에 들어와서는 정신분석자들의 논쟁 대상이 되기에 이르렀다.

최면술은 메스머에 의해서만 사용된 것이 아니다. 프랑스의 의사 리에볼(Ambroise-Auguste Liébeault, 1823~1904)은 치료수단으로 최면술을 일상장면에 직접 활용하였다. 또 같은 시대의 의사인 번하임(Hippolyte Bernheim, 1840~1919)은 자신이 4~5년간이나 치료하지 못한 히스테리 환자를 리에볼이 최면술로 쉽게 치료하는 것을 보고 히스테리와 최면술의 관계에 깊은 관심을 가지게 되었다. 이를 계기로 번하임과 리에볼은 최면술과 히스테리는 서로 관계가 있으며, 양자는 암시의 영향을 크게 받는다는 사실에 의견을 같이하였다. 팔에 마비가 오는 것 혹은 잘 들을 수 없는 것과 같은 장애는 히스테리 환자에게서 흔히 보는 증상인데, 이와 같은 장애는 정상인에게 최면을 걸면 쉽게 나타난다. 또 히스테리에서 나타나는 증상들이 최면에 의해서 쉽게 제거되어 정상기능으로 회복될 수 있는 것은 그들의 주장을 밑받침할 수 있는 객관적 증거가 된다. 그러고 보면 히스테리는 일종의 자기최면 현상이라고 생각할 수 있다. 이와 같은 주장에 동조하는 의사들을 낸시학파

(Nancy School)라고 부르고 있다.

번하임과 리에볼의 주장은 물론 메스머의 자기이론(magnetism theory)은 샤르코에 의해 실험적으로 재검토하였다. 샤르코는 번하임이나 리에볼의 주장과는 달리 히스테리 환자에 있어서 뇌의 쇠퇴 현상을 주장하여 물의를 일으켰으나, 결과적으로는 낸시학파의 승리로 논쟁이 끝이 났다. 샤르코는 자신의 주장이 잘못되었다는 점을 시인하고, 정신적 장애에 있어서 심리적 요인이 큰 비중을 차지한다는 점을 받아들이고 그에 대한 연구에 몰두하였다. 드디어 19세기 말에 가서는 정신적 장애는 심리적 요인에서 오는 것도 있고 기질적 장애에서 오는 것도 있다는 점을 모두가 시인하였으나, 그 기제에 대해서는 어느 누구도 명확하게 설명하지 못한 채 남아 있게 되었다(이현수, 1990).

▶▶ 정신분석

정신분석이 프로이트에게서 시작되었다는 사실은 너무도 분명한 사실이다. 그리고 프로이트의 정신분석이론은 20세기의 인류문명에 광범위한 영향을 주었다. 그의 이론은 심리학과 정신의학뿐만 아니라 문학과 예술, 사회, 종교에 이르기까지 모든 분야의 관심 대상이 되었다. 미국에서 행동주의가 태동할 무렵인 1900년 프로이트에 의해 정신분석이 발달하였으며, 히스테리, 꿈의 분석, 정신결정론, 무의식 가설, 심층심리, 성격의 이해 등과 같이 인간조건에 대하여 잘 이해될 수 없었던 인간의 정신생활을 이해하는 데 많은 도움을 주었다. 프로이트의 정신분석은 정신치료와 성격이론 구성의 기반이 되고 있다. 이드, 자아, 초자아를 중심으로 한 역동적인 성격구조이론을 전개한 점, 서로 다른 동기와 신체의 부위가 서로 다른 발달단계에 있어서 두드러지게 관여되고 있다는 점, 그리고 이러한 영향은 평생을 두고 지속적으로 영향을 주고 있다는 심리성욕 발달이론을 주장하였다.

▶▶ 성격의 형성

프로이트는 '어린이는 어른의 아버지' 라는 말을 믿고 있었다. 어린 아동에 대한 직접적인 연구는 별로 하지 않았지만, 성인의 행동을 발생론적인 측면에서 설명하고자 하였다. 특히, 성격의 발달적 측면을 강조하고 인간의 기본적 성격구조 형성에 있어서의 유아기 및 아동기 초기의 결정적 역할을 강조하였다. 프로이트는 성격이 다섯 살까지는 거의 완전히 형성되고, 그 후의 성장은 대부분이 기본적 구조가 마무리되는 과정이라고 생각하였다.

청소년과 관련된 이론 및 주장

▶ 성격구조이론

프로이트는 이드, 자아, 초자아의 세 가지 체계의 성격구조이론을 제시하였다. 이드(id)는 성격의 가장 원시적인 체계로 생물학적 동기를 저장하는 곳이다. 이 동기는 본능적으로 충족을 성취하려고 하는데, 이러한 에너지를 리비도(libido)라고 한다. 이드는 기본적 욕망을 충족시키기 위해 현실이나 도덕의 세계에 대해서는 관심이 없다. 늘 긴장을 감소시키기 위해 쾌락의 원리(pleasure principle)를 따른다. 이드는 자아와 초자아 발달의 모체를 이룬다.

자아(ego)는 이드를 조절하는 기능을 가지고 있으며 인간의 사고와 행동을 평가한다. 또 이드의 충족을 지연시켜 사회적으로 용납될 수 있는 방향으로 행동을 조절한다. 즉, 개인으로 하여금 사회생활에 보다 잘 적응하고 자신의 생활을 영위하도록 도와주며 현실의 원리(reality principle)에 따라 행동하게 한다. 자아의 구조와 기능은 이드에서 파생되며 생후 6~8개월부터 발생하기 시작하여 2~3세에 형성된다. 자아는 성격의 조정자이며 집행자의 역할을 수행한다. 자아가 이드의 충동을 적절하게 통제할 수 없을 때 신경증적 불안(neurotic anxiety)이 나타나고, 자아가 초자아로부터 처벌을 예견할 때는 도덕적 불안(moral anxiety)이 나타난다. 자아는 외부 세계에 있는 위험에 대해 항상 불안을 느끼는데, 이것이 현실불안(reality anxiety)이다. 그리고 출생할 때 받게 되는 출생외상(birth trauma)은 모든 불안의 근원이 된다.

초자아(superego)는 흔히 양심이라는 것과 일맥상통한다. 이는 부모나 다른 권위자로부터 배운 행동양식에 따라 통제하는 기능을 가지고 있다. 초자아는 자아가 충족시킨 것까지도 비난하며 개인으로 하여금 자아이상(ego ideal)을 쟁취하도록 만든다. 초자아는 인간의 마음속에 있는 윤리적, 도덕적, 이상적인 면을 말하며 성격구조 중 마지막으로 발달되는 체계이다. 초자아는 주로 보상과 처벌에 대한 반응으로 발달하게 되는데, 일반적으로 아동기에 완성된다. 즉, 아동이 옳고 그름을, 선과 악을, 그리고 도덕과 비도덕을 분별할 수 있게 될 때 비로소 나타나기 시작된다. 초자아는 양심과 자아이상의 두 하위체계로 구분된다. 양심은 처벌을 통해 생기고, 자아이상은 긍정적인 보상이나 칭찬으로부터 생긴다. 초자아는 오이디푸스 콤플렉스가 해결되는 기간에 아버지와 동일시함으로써 형성된다. 그러므로 아버지는 도덕적 상징자로서 중요한 역할자가 된다.

▸▸ 의식의 구성

프로이트는 이드, 자아, 초자아의 성격은 동적으로 내부에서 작용하면서 정신적 에너지를 조절하여 환경의 요구에 부응하고 자신의 양심에 따라 본능적 충동을 충족시킬 수 있는 기능을 가지고 있다고 보았다. 이는 항상 원만하게만 해결되는 것이 아니기 때문에 적극적으로 통제하고 타협하는 성질을 가지고 있다. 또한 인간의 불합리한 행동은 무의식적 동기를 분석함으로써 이해할 수 있다고 주장하면서 의식 상태의 수준을 의식, 전의식 및 무의식의 세 가지로 체계화였다.

의식(consciousness)은 우리가 생각하는 것, 또 우리가 주위에 있는 사실들을 다 알 수 있는 것이다. 그러나 정신생활의 극히 일부분만이 의식의 범위 안에 포함되고 나머지는 전의식이나 무의식 속으로 들어가서 잠재하기 때문에 의식은 성격의 제한된 부분만 나타낼 뿐이다.

전의식(preconsciousness)은 잠시 동안 생각함으로써 쉽게 의식세계가 떠오르는 것이다. 즉, 어느 순간에는 의식되지 않으나 조금만 노력하면 곧 의식될 수 있는 경험이나 기억을 말한다. 전의식은 의식과 무의식의 영역을 연결해 주는 기능을 가지고 있어서 무의식적 내용이 전의식으로 나타나기도 하고, 무의식적 내용을 의식으로 끌어올릴 수도 있다.

무의식(unconsciousness)의 세계는 쉽게 생각이 떠오를 수 없는 기억과 사고의 세계다. 이들은 유치한 생각들이며 기억이기 때문에 이성적 상태에서는 그것을 쉽게 받아들일 수 없다. 그러나 무의식은 인간 정신의 가장 크고 깊은 부분으로 심층에 잠재해 있으면서 의식적 사고와 행동을 통제하는 힘을 가지고 있다. 의식 밖에서 억압되는 어떤 경험이나 생각은 소멸되는 것이 아니라 무의식 속으로 들어가 잠재하게 된다. 그리고 잠재된 내용들이 생물학적 충동이나 어떤 일과 연상되어 출현하려고 하면, 현실에서 불안을 일으키고 다시 무의식 쪽으로 밀려나면서 끊임없는 무의식적 갈등이 일어나게 된다. 따라서 프로이트는 의식은 무의식에 비하면 빙산의 일각이라고 주장하면서 무의식적 갈등을 분석하여 이를 정신치료에 활용해야 한다고 보았다. [그림 6-1]은 프로이트의 성격구조이론을 도식적으로 표현한 것이다.

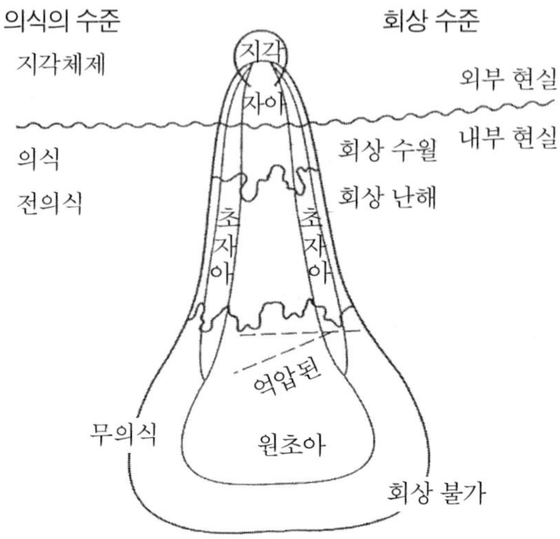

[그림 6-1] 프로이트의 정신의 모형
구조적 모형과 지형학적 모형이 결합된 프로이트의 정신이론에 대한 도식적 표현이다.
출처: Muuss, R. E. (1996). *Theories of Adolescence*. New York: McGraw-Hill.

▸▸ 꿈의 해석

프로이트는 물론 프로이트학파에 속하는 사람들은 꿈을 풀이하는 데 있어서 무의식적 충동의 기능을 강조하였다. 꿈은 이드의 동기가 위장되어 나타난 것으로 보고 있다. 이드 충동은 실언이나 선택적 망각에서도 그대로 나타난다고 한다.

▸▸ 정신성욕발달론

프로이트는 정신성욕의 발달을 크게 강조하였다. 특히, 아동기 초기의 경험 사실이 성격발달에 중요하다는 사실을 제기하였다. 즉, 특정 발달 시기에 아이들의 욕구가 너무 지나치게 충족되거나 또는 너무 많은 것이 충족되지 못하면 고착된다는 것이다. 그리고 고착이 되면 그들의 행동특성은 성인이 되어서까지도 그대로 지속된다. 정신성욕발달은 유아기부터 청소년기까지 다섯 단계로 진행되는데, 각 시기마다 리비도가 신체의 특정 부위에 자리 잡게 되고 이 신체부위에서 만족을 추구하게 된다. 그러나 리비도가 충족을 추구하는 신체의 특정 부위는 연령에 따라 변화한다. 정신성욕의 발달단계는 〈표 6-1〉과 같다.

〈표 6-1〉 프로이트의 정신성욕 발달단계

발달단계	연령	특징
구순기 (oral stage)	0~1세	빠는 것을 통해서 성적 쾌감을 경험하다가 나중에는 물어뜯음으로써 쾌감을 느낀다. 빠는 기회가 주어지지 않으면 그 기능이 고착되어 성인기까지 지속되고, 이로 인해 탐식, 의존성 및 피동성과 같은 심리적 특징이 형성된다. 물어뜯는 시기에 고착되면 성인이 되었을 때 냉담하고 감정을 잘 상하는 성격이 형성된다.
항문기 (anal stage)	2~3세	용변훈련의 시기인데, 아이들은 이 시기의 초반부에 배변을 함으로써, 후반기에는 그것을 보유함으로써 모두 쾌감을 경험하게 된다. 초반기에 고착되면 몸 차림이 더럽고 무질서하며, 후반기에 고착되면 지나치게 자기를 통제하며 강박적이고 지나치게 동조하는 성격이 된다.
남근기 (phallic stage)	3~6세	아이들이 성기에 관심을 갖는 시기이다. 아이들은 이성의 부모에 대해서 낭만적 감정을 갖게 되는데, 이것이 남자의 경우는 오이디푸스 콤플렉스(oedipus complex), 여자의 경우는 엘렉트라 콤플렉스(electra complex)이다. 이때 여자 아이는 남근선망(penis envy)을 보인다. 어머니가 자신의 성기를 절제해 버린 것이라고 화가 나서 어머니에 대한 애정을 아버지에게 쏟기 시작한다. 그러나 아버지에게 매력을 느끼면서도 어머니와 동일시하게 된다. 왜냐하면 어머니와 같이 되어야 아버지의 낭만적인 사랑을 받을 수 있을 것이라고 생각하기 때문이다. 남자 아이는 질투를 느끼고 아버지로부터의 거세불안(castration anxiety)을 느끼고 불안해하며 이를 방어하기 위해 방어기제를 형성한다. 그러나 아버지가 해치지 않을 것이라는 것을 알게 되면서 불안이 줄어들고 아버지와 동일시하면서 아버지의 행동 유형을 본받게 되고 아버지와 같은 도덕판단의 기준이 서게 된다. 이렇게 동일시함으로써 초자아가 형성되기 시작한다. 남근기에 고착된 남자는 경솔하고 과장이 심하며 야심이 강하고, 여자는 경박하고 유혹적인 성격이 형성된다.
잠복기 (latent stage)	6/7~12/13세	이 시기의 아이들은 자아의 발달과 함께 외부 세계를 인지하지만 성욕은 억압한다. 이 시기에 고착되면 성인이 되어서도 이성에 대한 정상적인 친밀감을 갖지 못하고 이성과의 관계를 회피하거나 정서적 감정 없이 단지 공격적인 방식으로 성적 행동을 한다.
성기기 (genital stage)	사춘기 이후	호르몬과 생리적 요인들로 인해 그동안 억압되었던 성적 감정들이 크게 강화되고 잠복기 동안 억제되었던 성적 충동이 자아와 자아의 방어를 압도할 정도로 강해지기 때문에 이전의 방어양식들은 적절치 않게 되고 광범위한 재적응이 요구되는 시기이다. 성인식 쾌락 추구의 양식이 출현하고 자기 성애(auto-eroticism)가 재출현한다. 자기도취의 신선한 파동이 있다. 남근기의 오이디푸스 상황이 재현된다. 이성에 대한 관심이 커지며 자신보다는 남에게 관심을 더 많이 쏟는 경향을 보인다.

▸▸ 청소년기 또는 성기기

청소년기는 만족을 추구하는 성적 긴장이 급격하게 증대되는 것이 특징이다. 성적 욕구나 환상은 긴장의 방출과 관련하여 분명해지고, 이후에는 남녀의 성적 결합과 관련하여 더욱 명백해진다. 그러나 이러한 성향은 사회의 도덕적 가치와 규범에 대한 적응이라는 사회의 요구에 의해 억제된다. 그리고 이들은 사춘기에 최고조로 달한 생물학적 충동을 아직 발달 중인 자신의 성격구조로 통합시켜야 한다. 잠복기에 확립되었던 원초아, 자아, 초자아 간의 새로운 균형이 갈등, 혼란, 심리적 불평형을 낳으면서 갑자기 균형을 잃게 되고, 이러한 갈등은 방어기제를 발동하게 만든다. 오이디푸스의 상황이 재현되는데, 청소년들은 리비도의 근친상간적 요구를 보다 수용할 만한 애정 상대로 전환하기 위하여 전이라는 방어기제를 사용하게 된다. 즉, 청소년들의 첫 이성애 대상은 상징적으로 말해서 오이디푸스 소망을 수용할 수 있는 비근친상간적 대상으로 전이되게 된다. 그래서 청소년들이 사랑에 빠질 때 무의식적인 동기가 오이디푸스적 소망을 이루게 하고 특정 인물에 대한 매력을 결정하게 된다. 사춘기의 소녀가 선생님이나 영화배우, 연예계 스타에게 반하고 열중하는 모습을 보이기도 하며 나이 많은 남자와 사랑에 빠지기도 한다. 사춘기의 남자는 문학이나 영화에 등장하는 인물과 닮은 성숙한 여인, 마치 자기 어머니와 흡사한 대상이기 쉽다. 한편으로는 오이디푸스적 상황과 관련되어 부모에게 정서적으로 의존해 온 자아를 해방시키는 것 또한 청소년들의 과업이다. 이 정서분리의 과정에서 적어도 한동안 부모나 다른 권위적 인물을 거부하거나 적대시하고 분노를 퍼붓게 되는데, 이와 같은 근친상간적 애정으로부터 분리되는 과정은 세대 간의 문제를 전면에 떠오르게 만들기도 한다(Muuss, 1996). 이를 간단히 나타내면 [그림 6-2]와 같다.

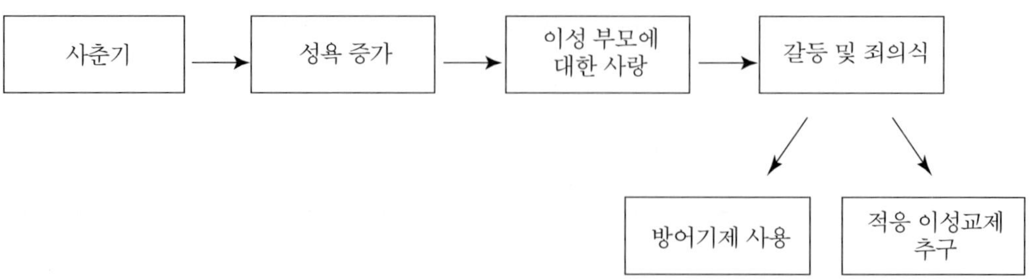

[그림 6-2] 프로이트의 생물학적 변화와 적응

출처: Jaffe, M. L. (1998). *Adolescence*. New York: John Wiley & Sons, Inc.

▸▸ 인간의 본능

프로이트는 인간의 동기가 신체조직에 의해서 야기되는 에너지를 기초로 한다고 주장하였다. 또 신체조직의 요구로부터 나온 정신 에너지의 총량은 그 요구에 의해서 생긴 흥분을 감소시키기 위한 정신활동에 쓰인다고 하였다. 이 신체적 흥분이 소망(wish) 형태로 나타나면 그것이 바로 본능이 되고, 모든 인간의 행동은 이러한 본능에 의해서 결정된다는 것이다. 본능은 그 수가 굉장히 많지만, 프로이트는 삶의 본능과 죽음의 본능을 주류로 보았다. 삶의 본능인 에로스(eros)는 생동적인 삶을 가능하게 해 주고 종족 번식을 책임지는 각종의 힘을 포함하고 있는데, 이 중 성본능은 개인의 정신구조에서 성격발달에 가장 큰 영향을 미치는 삶의 본능으로 간주되었다. 죽음의 본능인 타나토스(thanatos)는 유기체가 원래의 상태로 환원해 가려는 생물학적 근원으로, 이는 엔트로피 법칙(entropy law)에 의해 설명될 수 있다고 하였다. 즉, 모든 에너지는 조화의 상태를 유지하려고 하는 열역학적 법칙을 갖는다고 하면서 "모든 삶의 목표는 죽음이다."라고 주장하였다.

▸▸ 방어기제

프로이트는 방어기제(defense mechanism)의 개념을 도입하였다. 방어기제는 사람들이 좌절, 갈등, 특히 과도한 불안에 눌리게 되고 자아가 이를 합리적인 방법으로 처리하지 못할 때 자아가 비현실적인 것에 의존하게 되는 방식들이다. 이러한 것들에는 동일시, 전이, 승화, 억압, 투사, 반동형성, 고착, 그리고 퇴행이 있다. 이와 같은 프로이트의 방어기제는 후에 그의 딸 안나 프로이트에 의해 확대 적용되었다.

▸▸ 비판점

프로이트의 이론은 경험적 관찰이나 실험적 검증이 불가능하다는 것이 특징이다. 즉, 엄격한 실험검증을 거친 과학적 사실이 아니라는 점 때문에 많은 비판을 받고 있다. 특히, 1950년대 초반에 프로이트 이론에 대한 비판이 활발하게 전개되었는데, 주동이 되었던 아이젱크(Hans Jurgen Eysenck, 1916~1997)는 프로이트 이론의 심리치료 효과를 분석하면서 심리치료를 받은 사람은 받지 않은 사람과 비교해 볼 때 그 효과가 아무것도 없다고 주장하였다. 오히려 아무 치료도 받지 않은 사람들의 자발적 회복률이 심리치료를 받았던 사람들보다 더 높다고 하면서 심리치료의 폐해를 지적하였다. 또 신경증과 정신병의 예를 볼 때 프로이트는 신경증과 정신병이 동일한 연속선상에 위치하는 것으로, 다만 정신병은 장애와 퇴행의 정도가 신경증에 비해 더 심각하다고 하였는데, 이에 대한 경험적, 실험적 증거는 제시하지 못하였다. 그러나 아이젱크는 신경증과 정신병은 아무런 관계가 없으며 서로 다른 차원이라고 주장하면서 신경증적 경향성 차원과 정신병적 경향성 차원의 개념을 도입하여 이를 실험적으로 입증하였다. 프로이트 이론은 과학적 기반이 없다는 사실이 아이젱크에 의해 더욱 가속화되기 시작하였다. 요약하면, 프로이트의 이론은 (1) 그의 이론에 대한 검증 가능성의 부족, (2) 주로 사례연구에 의존하여 도출된 부적합한 증거들, (3) 여성에 대한 편견 등이 주로 비판을 받고 있다.

참고사항

❖ 제1차세계대전(1914～1918)

제1차세계대전은 20세기 초엽 인류가 경험한 최초의 대규모 세계전쟁이었다. 그 발발의 배경에는 1871년부터 본격화된 세계제국주의의 성립이 있었다. 그리고 식민지 개척으로 산업혁명의 원동력인 값싼 원료를 얻기 위하여 해외 식민지를 개척하지만 영국, 프랑스보다 뒤늦게 공업국이 된 독일 및 오스트리아는 식민지를 많이 얻지 못하여 크게 성장하지 못하자, 이를 만회하기 위해 식민지 쟁탈전이 벌어지게 되었다. 이에 독일 수상 비스마르크(Otto Eduard Leopold von Bismarck, 1855～1898)는 오스트리아 및 이탈리아와 함께 '3국동맹'을 체결하였다. 이를 견제하기 위해 영국과 프랑스 및 러시아는 '3국협상'을 체결하게 되었다. 따라서 1910년까지 유럽의 주요 국가들은 독일, 오스트리아, 이탈리아를 중심으로 하는 3국동맹과 영국, 프랑스, 러시아를 중심으로 하는 3국협상이라는 양 세력으로 갈라져 있었다. 이러한 상황에서 1914년 6월 세르비아(Serbia)의 한 민족주의자 청년이 보스니아의 수도 사라예보(Sarajevo)를 순방 중인 오스트리아 황태자부부를 암살한 사라예보 사건이 발생하였다. 이에 대한 보복으로 오스트리아는 세르비아에 최후 통첩을 보내 굴욕적인 조건을 제시하였고, 이를 수락하지 않을 경우 전쟁을 선포하겠다고 위협하였다. 그러자 세르비아의 후견국인 러시아가 군대 총동원령을 발령하였다. 마침내 1914년 7월 오스트리아와 헝가리 군대가 세르비아에 대한 포격을 개시하였다. 오스트리아의 동맹국인 독일이 참전하여 중립국인 벨기에를 거쳐 프랑스를 침략하였다. 오스만제국 역시 동맹국으로 참전하였다. 이에 프랑스가 참전하게 되었고, 영국도 독일에 대해 전쟁을 선포하였다. 그리고 영국과 영일동맹을 맺은 일본과 인도도 참전하게 되었다. 이에 동맹국(독일, 오스트리아, 오스만, 헝가리) 대 연합국(영국, 프랑스, 러시아, 인도, 일본 등)의 전쟁이 시작되었다. 이탈리아는 프랑스의 밀약으로 중립을 선언하고 연합국 일원으로 참전하게 되었다. 그러던 중 동맹국은 실수로 미국의 상선을 격침시켜 중립을 지켰던 미국이 동맹국에게 선전포고를 하고 참전하게 되면서 전세는 급격히 기울어지게 되었다. 그리고 마침내 동맹국의 항복, 특히 1918년 11월 11일 독일의 항복을 받아내면서 전쟁은 끝나게 되었다.

❖ 청소년형제 관계

청소년기의 형제관계는 서로 경쟁하고, 갈등하고, 협력하고, 또 가장 가깝게 상호작용을 하면서도 정서적 지지자, 학교에 관련된 지지자 및 경쟁자, 그리고 의사소통 대상자로서의 역할을 하고 있다. 형제들은 부모보다 청소년에게 더 강한 사회화의 영향력을 가질 수 있다. 청소년의 연령에 가까운 사람인 형제는 부모보다 청소년문제를 보다 잘 이해하고 효과적으로 의사소통한다. 또래와 사귀고 어려운 선생님에게 대처하며 성과 같이 금기시된 주제를 논의하면서 형제들은 부모보다 더 강력하게 청소년들을 사회화시킨다. 형제들 모두 손위 형제를 사회적·학문적 활동의 사회적 지지의 근원으로 보고 있다. 더욱이 아동은 형제들과 상호작용할 때 보다 일관되게 행동하고 부모와 상호작용할 때 다양한 행동들을 나타내며, 부모보다 형제들과 상호작용할 때 훨씬 더 공격적인 방식으로 상호작용을 한다. 청소년형제 관계가 부모, 또래, 교사, 이성 친구 등의 다른 사람들에 비해 갈등수준이 더 높게 나타나지만, 형제갈등은 아동기에 비해 청소년기에는 실제로 더 낮아진다. 그 이유는 아동기에 비해 청소년기에는 함께 놀고 서로에게 이야기하는 시간의 양이 급격히 떨어지기 때문이고, 또 형제관계의 힘의 구조에서 기본적인 전환이 일어나기 때문이다. 아동기에는 손위 형제가 종종 우두머리나 양육자의 역할을 담당하는 힘의 불균형이 있고, 이러한 불균형으로 한 형제가 다른 형제에게 자기의 요구에 순응하기를 강조할 때 갈등을 낳게 된다. 그러나 어린 형제가 나이가 들어 그 성숙 정도가 손위 형제를 따라잡게 되면 힘의 불균형이 감소한다. 형제관계가 청소년기를 거치면서 변화될 때 대부분은 서로에게 보다 평등한 방식으로 관계를 맺는 방식을 학습하고,

그렇게 하면서 아동기보다는 그들 차이의 많은 부분을 해결하게 된다. 그럼에도 불구하고 청소년기의 형제갈등은 여전히 높은 편이다.

❖ 출생순위 연구

가족에서 특정한 위치로 태어나는 출생순위와 성격 특성 간의 관계 또한 흥미를 끌고 있다. 첫째 아이는 다른 형제보다 성인 지향적이고, 다른 사람에게 도움이 되고, 동조적이고, 불안하고, 자기통제적이고, 덜 공격적인 것으로 기술되어 왔다. 첫째 아이에 대한 부모의 높은 요구와 기준은 그들이 보다 높은 학문적 · 전문적 성취를 실현하는 결과를 낳게 할 수 있다. 예를 들어, 첫째 아이는 유명인사 인명록(『*Who's Who*』『*Rhodes Scholars*』)에 많이 나타난다. 그러나 높은 성취를 위해 첫째 아이에게 부과된 압력의 일부는 첫째 아이가 보다 많은 죄책감과 근심을 느끼게 하고, 스트레스 상황에 대처하는 데 어려움을 가지며, 심리상담소를 보다 빈번하게 찾게 되는 이유가 될 수 있다. 첫째 이후에 태어난 아이들의 특성을 밝히는 것은 쉽지 않다. 왜냐하면 그들은 형제관계에서 매우 다른 지위를 점할 수 있기 때문이다. 예를 들어, 어떤 아동은 형제 둘인 가정의 둘째로 태어난 남아일 수 있고, 어떤 아동은 네 명의 형제 중 셋째 딸일 수도 있다. 두 아이 가정에서 둘째 아이의 성격은 형제의 성과 관련된다. 예를 들면, 누나를 가진 남동생은 형을 가진 남동생보다 여성적인 관심을 보다 발달시킨다. 전반적으로 볼 때 첫째가 아닌 아동들은 첫째 아이들보다 일반적으로 보다 좋은 또래관계를 즐긴다. 유아기를 훨씬 지나고도 가족 내에서 종종 아기로 불리는 막내들은 지나치게 의존적이 될 수 있는 위험이 있다. 형제관계에서 중간인 아이들은 보다 정치적이고, 논쟁할 때 종종 협상가의 역할을 수행하는 경향이 있다. 외동아이는 일반적으로 의존적이고 자아통제가 부족하고 자기중심적인 행동을 보이는 것과 같이 바람직하지 않은 특성을 가진 버릇없는 아이라고 생각된다. 그러나 연구들에 따르면 외동아이는 보다 긍정적인 모습을 가진 것으로 밝혀지고 있는데, 그들은 특히 대가족 출신의 아동이나 첫째 이후에 태어난 아동에 비해 성취 지향적이고 바람직한 성격 특성을 가지고 있는 것으로 나타나고 있다.

❖ 출생순위에 따른 청소년행동 효과

출생순위의 효과는 출생순위가 청소년행동의 강력한 예언요인이 될 수 있음을 시사하고 있다. 그러나 점차 많은 가족연구자들은 출생순위가 지나치게 강조되어 왔다고 지적하고 있다. 청소년행동에 영향을 주는 요인들을 고려한다면, 출생순위 자체는 청소년행동을 예측하는 데 제한적일 수밖에 없다. 형제관계만을 고려해 보아도 출생순위에서뿐 아니라 형제의 수, 형제들의 연령, 형제들의 연령 범위, 형제들의 성 등 고려해야 할 요소가 너무 다양하다. 예를 들어, 남자 형제 쌍은 남/여 또는 여/여 형제 쌍보다 덜 양육적이고 덜 친밀하고 갈등의 해결수준이 낮은 것과 같이 덜 긍정적인 관계를 가지고 있는 것으로 밝혀지고 있다. 또한 형제의 기질을 고려해 볼 때, 부모가 형제를 차별적으로 대우하는 것뿐만 아니라 '쉬운' 혹은 '까다로운'과 같은 다른 기질 특성이 형제가 얼마나 잘 지내는지에 영향을 주고 있음을 밝히고 있다. 다루기 쉬운 기질의 형제는 부모가 비교적 동등한 방식으로 대우하여 서로 잘 지내는 정도가 높은 반면, 어렵고 까다로운 기질의 형제 또는 부모가 한 아이를 편애하는 형제들은 서로 잘 못 지내는 것으로 나타나고 있다. 출생순위를 넘어서 청소년의 삶에서 그들의 행동에 영향을 주는 다른 중요한 요인들에는 유전, 또래 영향, 학교 영향, 부모가 일상생활에서 제공하는 유능감 혹은 무능감의 모델, 사회경제적 요소, 사회역사적 요소, 문화적 변인 등이 포함된다. 그러므로 첫째 아이는 어떻고 막내는 어떻다는 식으로 지나치게 단순화시켜서 이야기하는 것은 청소년 행동에 미치는 영향력들의 복합성을 적절하게 설명하지 못하는 것이다. 그러나 출생순위 자체가 청소년행동을 설명하는 데 좋은 지표는 못 된다 하더라도 청소년기의 가족과정에 중요한 한 차원임은 인정받고 있다(Santrock, 2005).

참고인물

❖ 샤르코(Jean Martin Charcot, 1825~1893): 파리에서 출생하였으며, 1853년 파리대학교(Université de Paris)를 졸업한 후 1858년 파리병원의 의사가 되었다. 1862년 살페트리에르(Salpêtrière) 정신병원으로 옮겨가서 만성질환, 노인병, 신경계통질병에 관한 강의를 하였다. 그때 당시 파리의 살페트리에르 정신병원은 크게 번창하여 유럽 최면술 연구의 중심지가 되어 있었다. 그 병원을 이끈 책임자였던 샤르코는 간질에 대한 선구적인 연구를 하여 유럽 전역에 이름이 알려져 있었다. 특히, 간질 대발작의 특성을 최초로 규명하였으며, 그것을 소발작과 구분하기도 하였다. 또한 샤르코는 히스테리(hysteria)연구의 전문가였는데, 히스테리증상 중 많은 것들이 최면상태

에 있을 때 나타나는 현상들과 같다는 것을 발견하였고, 그래서 히스테리와 최면에 대한 민감성은 동일한 병리를 바탕으로 하고 있다고 생각하였다. 즉, 최면에 대한 민감성이 그 사람의 기저에 히스테리 경향이 있다는 것을 보여 주는 것이라고 주장하였으며, 그와 같은 경향은 유전적으로 신경계 장애가 있기 때문이라고 생각하였다. 따라서 최면술은 히스테리환자들의 증상을 연구하고, 그 증상에 영향을 줄 수 있는 수단으로서 사용할 수 있다고 주장하였다. 따라서 샤르코는 히스테리문제를 정면으로 다루고자 하는 의지가 있었고, 그로 인해 '신경증의 나폴레옹' 이라는 호칭을 얻게 되었다(Goodwin, 1999). 샤르코는 1872년 파리대학교의 병리해부학 교수가 되었고, 1882년에는 샤르코를 위하여 신설한 살페트리에르 정신병원의 신경과 교수로 임명되었다. 샤르코는 최면술, 히스테리연구, 그리고 신경계통과 관련된 많은 연구논문을 발표하였고, 특히 척수매독의 병인론을 밝혀 동통과 관절통을 기술하였다.

❖ 헬름홀츠(Hermann Ludwig Ferdinand von Helmholtz, 1821~1894): 독일의 물리학자이며 생리학자로 활동하였다. 독일 포츠담의 평범한 가정에서 출생하였고, 1837년 로열프리드리히 빌헬름 의학연구소(Royal Friedrich-Wilhelm Institute of Medicine)를 졸업한 후 1842년에 의학박사학위를 취득하고 1848년까지 육군 외과군의관으로 복무하기 시작하였다. 1847년에는 베를린의 물리학회에서 수학적 기초를 바탕으로 『에너지 보존에 대하여(*on the conversation of energy*)』라는 논문을 발표하였고, 1848년에는 군의관으로서의 의무를 끝내고, 베를린의 쾨니히스베르크대학교(University of Königsberg)의 생리학 교수가 되었다. 그리고 1855년 본대학교(Universität Bonn)로 옮겨 해부학과 생리학 교수로서 활동하였다. 1869년부터 물리학으로 연구주제를 옮겼고, 1871년에는 베를린대학교의 물리학 교수가 되어 전기역학 및 열역학이론을 정립하였다. 그는 빛의 분산이론, 지각에 관한 삼원색설 등의 많은 연구업적을 이룩하였다. 헤름홀츠는 시각과 청각의 감각계 분야에서 19세기의 권위자로 기록되고 있으며, 1893년 미국 시카고에서 열린 세계박람회에 독일을 대표하여 참가하고 돌아오는 길에 계단에서 굴러 떨어져서 심한 뇌진탕을 일으켰고, 오랫동안 이중시각에 시달리다가 결국 1894년 뇌출혈로 사망하였다. 베를린 독일연방우체국은 1971년 헬름홀츠 탄생 150주년 기념우표를 발행하였다.

❖ 다윈(Charles Darwin, 1809～1882): 5장의 홀의 '참고인물' 을 참고할 것.

❖ 페히너(Gustav Theodor Fechner, 1801～1887): 독일의 물리학자 및 철학자로 활동하였다.

독일 남부 드레스덴 근교에서 목사의 아들로 출생하였으나, 아버지는 페히너가 다섯 살이었을 때 사망하였다. 1817년 의학공부를 위해 라이프치히대학교에 입학하였고, 1822년에는 의학박사 학위를 받았지만 의사로 개업한 적은 한 번도 없었다. 1920년대 페히너의 관심은 수학과 물리학에 쏠려 있었으며, 무보수로 이 분야의 강의를 하면서 물리학과 화학 교과서를 불어에서 독일어로 번역하여 생계를 꾸려 나갔다. 또한 페히너는 이 시절에 전기물리학이라는 새로운 분야에서 독창적인 연구 업적을 남겼고, 이러한 그의 연구는 1834년 라이프치히대학교에서 물리학 교수 자리를 얻기에 충분하였다. 1930년대에는 시각잔상에 대한 연구를 위해 불빛의 밝기와 잔상의 강도 효과를 측정하기 위해 태양빛을 반복적으로 쳐다보다가 시력이 심각하게 손상되었다. 그 결과 1839년에는 급기야 교수직을 사임하고 대학에서 장애연금을 받을 수밖에 없었다. 또 시력을 읽게 되자 신경증이 유발되어 여러 해 동안 지속되었다. 그러다가 1842～1845년 사이에 신경증이 점점 회복되었고 시력도 다시 정상으로 되돌아오기 시작하였다. 그래서 회복된 후에는 철학적인 문제에 관심을 쏟게 되었고, 1851년에는 다시 라이프치히대학교의 교수직에 재임용되었다. 페히너는 물리학자로서 그리고 철학자로서 자극과 감각의 강도에 대한 관계를 양적으로 연구하였고 '페히너의 법칙(베버-페히너의 법칙)' 으로 알려진 공식을 정리하여 정신물리학 및 이후의 실험심리학의 개척자가 되었다. 페히너는 영원한 숙제인 심신관계 문제를 정신물리학적 방법을 사용하여 해결하겠다는 생각에 몰두해 있었고, 그 결과 1860년 『정신물리학원론(*Elemente der Psychophysik*)』이라는 책을 출간하였는데, 이 책은 흔히 최초의 실험심리학책으로 간주되고 있다. 페히너는 의사로 교육을 받았고, 물리학자로 명성을 쌓았으며, 그리고 정신물리학에서 선구적인 연구를 하고 있던 중에도 스스로를 철학자라고 생각했음에도 불구하고 최초의 순수한 실험심리학자로 간주되고 있다.

❖ 브리케(Pierre Briquet, 1796～1881): 1859년 프랑스의 의사 브리케가 처음으로 신체화장애(somatization disorder)를 기술하였기 때문에 신체화장애를 브리케증후군(Briquet syndrome)이라고도 부른다. 신체화장애는 임상적으로 유의하게 여러 가지 신체적 증

상을 반복적으로 호소하지만, 그러한 증상들을 객관적으로 설명할 수 있는 원인이나 소인을 찾을 수 없는 경우이다. 즉, 의학적으로는 신체적 질병이 발견되지 않는데도 본인은 신체적 증상을 호소하는 경우를 신체화장애라고 한다. 미국정신의학회에서는 그의 증후기술을 기초로 신체화장애를 DSM-III(*Diagnostic and Statistical Manual of Mental Disorder*-III)의 새로운 진단 유목으로 확정하였고, 그 후 약간의 수정은 있었으나 DSM-IV에서도 여전히 비중이 큰 진단 유목으로 채택하여 사용되고 있다.

❖ 안나 프로이트(Anna Freud, 1895~1982): 이 장의 안나 프로이트를 참조할 것.

❖ 브로이어(Josef Breuer, 1842~1925): 오스트리아 비엔나에서 출생하였다. 의사이자 생리학자 및 신경학자로 정신분석에 대한 토대를 구축하였다. 1880~1882년까지 일명 "Anna O" 양의 사례라는 히스테리연구에 몰두하였다. Anna O양은 20대 초반의 총명하고 매력적인 여성으로 일련의 놀라운 히스테리증상을 나타내고 있었고, 브로이어는 원래의 그녀 이름이 Bertha Pappenheim이었는데, 그 대신에 Anna O양이라는 가명을 붙여 준 것이었다. 브로이어는 손아래 동료였던 프로이트에게 이 사례에 대해 이야기를 해 주었고, 결국 이 사례를 가지고 1893년에 프로이트와 함께 『히스테리현상의 심리적 기제(*On the Psychic Mechanisms of Hysterical Phenomena*)』 및 『히스테리연구(*Studien ber Hysterie*)』(1895/1955)를 출간하였다. 이 책의 출간은 흔히 정신분석이 창시된 사건으로 간주되고 있다. 브로이어는 정신분석의 선도적 역할을 수행하였으며, 나중에 히스테리증상에 대해 프로이트가 성동기의 중요성을 주장하였고 브로이어는 이를 거부하면서 서로는 결별하게 되었다.

❖ 아들러(Alfred Adler, 1870~1937): 아들러는 오스트리아 비엔나의 교외 펜지히에서 헝가리계 유태인의 6남매 중 둘째 아들로 출생하였다. 아들러는 어린시절 죽음과 병고에 끊임없이 시달렸다. 세 살 때 어린 동생이 바로 옆 침대에서 죽는 것을 경험하였고, 거리에서 우연한 사고로 죽을 고비를 두 번이나 넘겼으며, 다섯 살 때는 폐렴 때문에 죽음과

의 투쟁에서 심한 공포심을 갖기도 하였다. 또 구루병 때문에 병들고 허약한 아이로 보냈으며, 학창시절에도 늘 평범한 학생에 불과하였다. 그러나 아들러는 이에 굴하지 않고, 비엔나대학교 의과대학에서 안과와 일반의학을 전공하였고 마침내 1895년 26세의 나이로 비엔나대학교에서 의학박사학위를 취득하였으며 많은 연구업적을 발표하였다. 1902년부터는 프로이트의 연구활동에 참여하였으나, 프로이트가 성동기에 집착하는 것에 대하여 견해를 달리하기 시작하였다. 그리고 자신의 어린 시절의 질병 및 형과 비교되던 때의 열등감에 대한 것을 토대로 『기관 열등감과 그로 인한 심리적 보상에 대한 연구(*Study of Organ Inferiority and Its Psychological Compensation: A Contribution to Clinical Medicine*)』(1907)라는 저서를 발간하였다. 그리고 이 저서를 통해 인간의 성격은 성적인 것이 아니라 열등감과 그 보상 또는 그것을 극복하려는 우월에의 욕구에 의해 결정된다고 주장하면서 1911년부터 프로이트와 결별의 길을 걷게 되었다. 따라서 프로이트의 정신분석은 융의 분석심리학과 아들러의 개인주의 심리학으로 나누어지게 되었다.

아들러는 인간은 열등감 때문에 마이너스에서 플러스로, 아래에서 위로, 미완성에서 완성으로 나아가려는 우월에 대한 추구(striving for superiority)의 동기를 갖게 되는데, 이는 학습된 것이 아니라 선천적인 것이라고 보았다. 그리고 보상은 신체적, 정신적 기술 훈련을 통하여 열등감을 우월감으로 대치하려는 시도로, 모든 인간은 자신이 스스로를 만든다는 창조적 자아(creative-self)를 부여받았음을 주장하였다. 그러므로 개인의 실존은 사회적 맥락과 생활 속에서 우월감을 성취하려는 개인의 노력과 조화의 추구 속에서 나타난다고 하였다.

아들러는 열등감과 우월에의 추구, 신체결함과 정신신체의 반응, 스트레스와 적응, 출생순위와 성격, 자아심리학 등의 많은 연구 분야에 기여하면서 독자적인 개인심리학(individual psychology)을 수립하였다. 1920년 중반 이후부터는 유럽이나 미국을 다니면서 강연을 하는 데 많은 시간을 보내게 되었다. 미국을 처음 방문한 해는 1926년이었다. 그러나 아들러 역시 히틀러의 등장과 함께 1934년 미국으로 망명·귀화하여 뉴욕에 왔고, 그 후 롱아일랜드 의과대학(Long Island College of Medicine)에서 교수로 있으면서 정신과의사로서 치료를 계속하였다. 그리고 1937년 스코틀랜드의 애버딘에서 강연여행 도중 67세를 일기로 돌연 사망하였다.

한편, 아들러는 가족 내에서의 출생순위가 성격 형성에 많은 영향을 준다고 하였다.

비록 아들러는 가족 내의 출생순위에 따른 성격 형성을 지지하는 과학적 근거를 만들어 내지는 않았지만, 독자, 맏이, 두 형제 중 둘째, 중간, 그리고 막내의 출생순위에 따른 성격 형성의 영향에 대하여 논의하였다. 그리고 각 가족과 상황마다 역학이 다를 수 있으므로 가족 내의 서열적 위치 때문에 부딪히게 되는 특별한 문제들이 있음을 보여 주고자 하였다. 그러나 이에 대한 논란은 아직까지 지속되고 있다. 〈표 6-2〉는 출생순위에 대한

〈표 6-2〉 출생순위에 따른 가족 상황 및 아동의 성격발달

위치	가족 상황 및 아동의 성격
독자 (only)	출생이 하나의 기적이다. 부모는 사전 경험이 없다. 부모로부터 200%의 관심을 계속 받게 된다. 한쪽 부모의 경쟁자가 될지도 모른다. 과잉보호가 될 수 있고 아이를 버릇없게 만들 수 있다. 어른들 관심의 중심에 서 있다. 흔히 다른 형제자매들 및 동년배들과 함께 나누는 것에 대한 어려움이 있다. 성인집단을 선호하고 성인다운 언어를 사용한다. 너무 의존적이거나 지나치게 독립적인 극단적 형태를 보이기도 한다. 의존심과 자기중심성이 현저하게 나타난다.
첫째 (oldest)	첫째 아이는 어떤 의미에서 폐위된(dethroned) 왕이다. 즉, 둘째 아이의 탄생과 함께 폐위된 왕이 된다. 동생과 함께 나누는 것을 배워야만 한다. 부모의 기대 수준은 일반적으로 높다. 종종 책임감을 부여받으며 본보기가 되도록 강요받는다. 한때는 외동이로서 익애와 과잉보호를 받다가 이제 동생에게 양보해야 한다. 이 상황은 대단히 위협적일 수 있다. 그 결과 아이는 스스로 고립해서 적응해 가며, 다른 사람의 애정이나 인정을 얻고자 하는 욕구에 초연하여 혼자 생존해 나가는 성격이 된다. 또 상실한 것을 다시 쟁취하기 위하여 아동은 유치한 단계로 퇴행하거나 요구적 또는 파괴적이 되거나 관심을 끌기 위해 무엇이든 하려 할 수 있다. 그러나 나이가 들어 가면서 양친의 명령에 동조하는 사람이 된다. 따라서 첫째 아이는 가족의 법과 규준의 지지자가 된다. 양친에게 성숙과 책임감의 자리를 받음으로써 권위적 인물들에 대한 동조의 생활양식을 발달시킨다. 양친의 가치와 표준들을 기꺼이 받아 간직하는 사람이 되는 경향이 있다.
둘째 (second)	둘째는 조정자이다. 누군가가 항상 앞에 있다. 부모에게 사랑받기 위하여 보다 경쟁하며 형을 따라잡기를 원한다. 양친은 그 모든 것을 겪었으므로 이때쯤이면 좋은 부모가 되는 것에 대하여 신경을 덜 쓴다. 둘째 아이는 한 번도 관심의 큰 중심에 놓인 적이 없었으므로 동생들의 침략에 대하여 덜 예민하다. 그러나 어떤 경우에는 위의 우월한 형제자매의 권리 및 특권들에 신경을 쓰게 된다. 이것은 열등감을 낳아 노력하고 경쟁하는 행동들로 표현된다. 둘째는 형과는 다르게 행동함으로써 사랑받으려고 한다. 형이 못한 것을 잘해서 칭찬받으려고도 하지만, 형이 아주 잘하는 경우에는 크게 스트레스를 받고 다른 능력을 개발하려고 애쓰기도 한다. 둘째 아이는 형이나 누나와 같은 속도 조절자를 가지고 있기 때문에 그들을 능가하려는 경주를 하고, 첫째보다 훨씬 빨리 말하고 걷기 시작한다. 그 결과 경쟁심이 강하고 대단한 야망을 가진 성격이 된다.
중간 (middle)	샌드위치이다. 특권적 지위와 중요성에서 꽉 죄임을 당하고 있다고 느낄 수 있다. 특히, 가운데에 끼는 중간인 아이는 첫째는 첫째라서 관심을 받고 막내는 막내라서 관심을 받는 상황 속에서 자신은 인정받기 어렵다는 생각 때문에 자기 자신을 '형편없는 나' 라고 생각하기 쉽다. 그래서 둘째나 중간에 낀 아이는 반항아 기질이 있거나 첫째와는 성격이 반대인 경우가 많다. 그러나 가정 내에서 상황을 결합시키는 갈등의 조정자 역할을 잘할 수 있다.

막내 (youngest)	다수의 엄마와 다수의 아빠를 갖는다. 위의 남매들이 막내를 교육시키려고 하기 때문이다. 결코 폐위되지 않는다. 막내 아이는 외동이처럼 보살핌 받고 과잉보호되고 망쳐질 수 있다. 그러나 경쟁할 남매들이 여럿이고 이에 따라 경쟁심, 자기도 다른 남매들만큼 훌륭하다는 것을 보여 주겠다는 욕망이 강해질 수 있다. 이 아이는 정말 싸움꾼이 되기도 한다. 이러한 아이에게는 동기가 부족함이 없다. 다른 형제자매들보다 더 크기를 원한다. 막내 아이는 응석받이가 되거나 귀찮은 존재, 독립심이 부족하거나 열등감을 경험할 수도 있지만 손위 형제들을 능가하려 하고 가족 중에 가장 야망 있는 아이가 되고, 때로는 혁명가가 되기도 한다.
쌍둥이 (twin)	한 아이가 보통 힘이 세고 더 적극적이며, 부모는 그를 맏이로 볼 수 있다. 자아정체감 문제를 가질 수 있고, 힘이 센 아이는 리더가 된다.
대작 아이 (ghost child)	첫째 아이의 사망 후에 출생한 아이는 그 앞에서 하나의 대작이 될 수 있다. 어머니는 과잉보호를 한다. 아동은 자신의 안녕(well-being)을 위하여 어머니의 과잉 관심을 이기적으로 이용할 수 있다. 또는 반항적일 수 있고, 이상화된 기억(idealized memory)과 비교된다는 느낌을 가질 때 항변적이다.
양자(양녀) (adopted child)	부모는 아이를 갖게 된 것에 대하여 고맙게 생각하고 결과적으로 아이를 버릇없게 만든다. 부모는 생물학적 부모의 상실에 대한 보상을 시도하고자 한다. 아이는 매우 버릇이 없으며 요구적일 수 있다. 결국 아이는 생물학적 부모에 대해 분개하거나 또는 이상화를 시킨다.
딸들 중에서 유일한 아들 (only boy among girls)	아버지가 없을 경우 아이는 보통 여자들과 항상 같이 있다. 아이는 가족 중에서 남자임을 입증하려고 노력할 수도 있고, 사내답지 못하고 여자같이 지낼 수도 있다.
아들들중에서 유일한 딸 (only girls among boys)	보다 나이 많은 형이 그녀의 보호자로서 행동할 수 있다. 매우 여성적일 수도 있고 말괄량이와 오빠들을 이겨먹을 수도 있다. 아버지를 기쁘게 하려고 노력한다.
아들만 전부 (all boys)	어머니가 딸을 원했다면 한 여자로서 우울해질 수 있다. 아동은 부가된 역할에 편승하거나 그것을 강력하게 항변할 수 있다.
딸만 전부 (all girls)	남자 아이가 없음으로써 우울해질 수 있다. 아동은 부가된 역할에 편승하거나 그것을 강력하게 항변할 수 있다.

아들러의 이론 및 추가적 출생위치에 따른 내용을 간단하게 정리한 것이다.

출생순위에 따른 성격 특징을 언급하면서 아들러는 일반적인 주의사항을 다음과 같이 밝히고 있다. 첫째, 가족 내에서 각 아동의 심리적 상황은 서로 다르다. 자신과 자신의 상황에 대한 아동의 견해는 자신의 태도 선택을 결정한다. 둘째, 만약 3년 이상 아이들이 차이 난다면 출생순위의 하위그룹이 형성될 수 있다. 셋째, 한 아동의 출생순위

위치는 여건이 허락하는 한 다른 아이에 의해 붙잡힐 수 있다. 넷째, 경쟁은 관심의 선택이나 성격발달에서 표현된다. 다섯째, 출생순위는 때로 성격발달에 중요한 영향을 미치지 않는다. 다른 잠재적인 중요한 영향들, 즉 기관 열등감, 부모의 태도, 사회경제적 지위, 그리고 성역할이 더 큰 영향을 미친다. 여섯째, 가족이 덜 경쟁적이고 덜 독재적이며 보다 협동적이고 민주적일 때 출생순위의 차이는 사라질 수 있다. 출생순위에 대한 보다 포괄적인 정보는 아들러의 저서 『인생은 당신에게 무엇을 의미하는가(*What Life Could Mean to You*)』(1931)에 담겨 있다.

❖ 융(Carl Gustav Jung, 1875～1961): 스위스의 심리학자이자 정신의학자인 융은 스위스의 보덴호 연안의 조그만 읍에서 출생하였다. 1900년 바젤대학교(Basel University) 의학부를 졸업하여 의사면허를 따고 1902년 바젤대학교에서 의학박사학위를 취득하였다. 1905년에는 취리히대학교의 교수가 되었고, 그 대학 부속 정신병진료소의 선임의사로 활동하였다. 1907년에는 프로이트를 만나 제자이자 동료가 되었으며, 1909년 미국심리학자 홀의 초정으로 프로이트와 함께 미국 클라크대학교에서 정신분석을 강연하여 정신분석이 국제적인 명성을 얻는 데 기여하였다. 1911년 프로이트는 융이 당시 새로 조직된 국제정신분석학회의 제1대 회장이 되도록 정해 놓았는데, 그 부분적인 이유는 비엔나 출신도 아니고 유태인도 아닌 융을 지명하면 학회가 실제보다 더 국제적으로 보이고 그 기반이 넓어질 것이라고 생각했기 때문이었다. 프로이트는 융에 대해 아버지와 아들의 관계같이 생각하기 시작하였고 심지어 그에게 쓴 글에서 융을 자신의 "후계자이자 황태자"라고 부르기도 하였다. 그러나 이들의 관계는 문제의 조짐이 보이고 있었으며, 1931년 즈음에 융은 프로이트와는 다른 입장을 전개하였고 프로이트학파로부터 분리되었으며, 그 이후 융은 분석심리학(analytical psychology)이라는 것을 발전시켰는데, 이는 프로이트의 정신분석과 구분되는 것이었다. 첫째, 프로이트가 선천적으로 가지고 태어나는 심리성욕 에너지를 리비도라고 하였으나, 융은 의지의 생명력을 리비도로 정의하였다. 둘째, 프로이트는 개인무의식을 강조하였으나, 융은 집단무의식의 원형을 주장하였다. 셋째, 프로이트는 꿈의 해석을 어릴 적의 경험과 관련시키면서 성과 관련지었으나, 융은 꿈이 현재와 미래를 암시하는 것으로 보았다. 넷째, 프로이트는 인간발달에서 결정론적 입장을 취했지만, 융은 인간의 주체성을 더욱

강조하였다. 다섯째, 프로이트는 성적인 에너지를 강조하였지만, 융은 사회문화적 측면을 강조하였다. 융은 많은 업적 중 성격을 외향형과 내향형으로 구분하여 성격이론에 크게 기여하였고, 이것은 그의 큰 공적 중의 하나로 꼽히고 있다.

❖ 프롬(Erich Pinchas Fromm, 1900~1980): 프롬은 독일의 유태인 가정에서 출생하였으며,

1918년 프랑크푸르트대학교에 입학하였고, 하이델베르크대학교와 뮌헨대학교에서 사회심리학을 전공하였다. 1922년에는 하이델베르크대학교에서 철학박사학위를 취득한 후 정신분석연구소에서 정신분석을 연구하였다. 1929~1932년까지는 프랑크푸르트 사회조사연구소의 강사로 있었다. 나치스가 대두하자 1934년 미국으로 망명·귀화한 후 컬럼비아대학교과 베니튼대학교를 거쳐 예일대학교, 미시간주립대학교, 뉴욕대학교 등에서 교수를 역임하였고, 신프로이트학파의 정신분석학자 및 사회심리학자로 활동하였다. 아내의 건강 때문에 멕시코로 주거를 옮겨 1952년 멕시코국립대학교 교수로 임용되었고, 1980년 사망할 때까지 멕시코국립대학교의 명예교수로 활동하였다. 주요 저서로는 『자유로부터의 도피(*Escape from Freedom*)』(1941), 『건전한 사회(*The Sane Society*)』(1955), 『사랑의 기술(*The Art of Loving*)』(1956), 『소유냐 존재냐(*To Have or to Be*)』(1976) 등이 있다.

❖ 에릭슨(Erik Homburger Erikson, 1902~1994): 7장의 에릭슨을 참조할 것.

❖ 홀(Granville Stanley Hall, 1844~1924): 5장의 홀을 참조할 것.

❖ 메스머(Franz Anton Mesmer, 1734~1815): 독일 스와비아에서 출생하였다. 1759년 비엔나

대학교 의학부에서 공부하였으며, 1766년 『행성이 인간 신체에 미치는 영향(*On the Influence of the Planets on the Human Body*)』으로 박사학위를 취득하였는데, 이는 달과 행성이 인간 신체와 질병에 미치는 영향에 대하여 기술하고 있었다. 메스머는 인간신체가 태양과 달의 움직임에 의해서 설명될지도 모른다는 생각을 상세하게 기술하였으며, 인간의 정신적 질병을 치료하는 데 동물자기(magn tisme animal) 또는 최면술(mesmerism)을 활용하고자 하였다.

의사이며 과학자였던 메스머는 당시의 과학기술 발전에 대해 알고 있었는데, 특히

당시 막 발견된 전기와 자기 같은 힘에 매료되었다. 그리고 자력이 인간에게 직접적인 영향을 미친다고 확신하게 되었고, 건강이 좋은 것은 내적인 자력들이 제대로 배열된 결과이며 이 힘들이 잘못 배열되면 건강이 나빠지는 결과가 초래되는 것으로 생각하였다. 그러므로 질병이란 서로 상반되는 힘들의 부조화에서 비롯되는 것이기 때문에 신체 내의 이러한 힘들을 똑바로 정리해 주는 것이 치료라고 생각하였다. 특히, 심리적 원인으로 인한 장애를 겪고 있는 사람들에게 철분함량이 높은 약을 투여한 다음 이들의 몸 위로 자석을 통과시키면 나아진다는 사실을 발견하였다. 메스머는 질병과 치료에 대한 자신의 이론을 동물자기라고 불렀고, 나중에는 자석이 없이도 치유효과를 가져올 수 있음을 발견하였다. 즉, 환자들의 몸 위로 자기 손을 지나가게 함으로써 환자들을 치료하기 시작하였다. 환자의 몸에서 고통이 있는 부위를 신경경로를 따라서 마사지하면 몸이 나아질 것이라는 암시를 사용하였다. 그러나 이와 같은 치료는 대체로 보수적이었던 비엔나의학계의 분노를 불러일으켰으며, 1777년 5월 의학계는 메스머를 비엔나대학교의 의료진에서 사퇴시켰고 비엔나에서 의료행위를 하는 것을 금지시켰다.

이에 메스머는 1778년 프랑스 파리로 가서 메즈머리즘(mesmerism), 즉 일종의 최면술을 도입하여 소규모 집단치료를 실시하게 되었는데, 프랑스정부는 프랑스왕립학술원에서 특별위원회를 구성하여 메스머의 치료타당성을 조사하라는 명령을 내리게 되었다. 그 결과 메스머의 치료방식은 과학적인 근거가 전혀 없으며 메스머의 '자기적 힘' 보다는 환자들의 믿음 때문에 치료효과가 생겼다는 결론을 내리게 되었다. 이러한 결론 이후 메스머는 의료무대에서 서서히 사라지게 되었지만, 메스머는 여전히 프랑스왕립학술원 특별위원회의 결론을 무시하고 얼마간 치료를 계속하다가 1792년 파리를 떠나서 런던과 독일에 잠깐 머물다가 1815년 사망할 때까지 메즈머리즘 치료를 계속하였다. 메즈머리즘은 1840년 후반에 들면서 인정을 받기 시작했고, 후에는 최면학(neurypnology) 또는 신경최면학(neuro-hypnology)이라는 용어가 사용되다가 최면학 또는 최면술(hypnotism)로 불리게 되면서 최면술에 대한 논쟁이 일어나기 시작하였다.

❖ 파라셀서스(Philippus Aureolus Bombastus Paracelsus von Hohenheim, 1493~1541): 스위스에서 출생하였다. 16세의 나이에 바젤대학교(Basel University)에서 의학공부를 시작하였고, 후에 비엔나로 옮겼다. 이탈리아의 페라라대학교(Ferrara University)에서 박사학위를 취득하였다. 의학에 화학물(chemicals)과 광물(mineral)을 사용하는 데 선구자적

역할을 하였으며, 당시의 연금술사들이 단지 금이나 은을 만드는 데 노력을 기울이는 것을 비판하면서 연금술을 의학에 사용하려고 노력하였다. 그는 "모든 물질은 독이며, 독이 아닌 것은 없다. 독과 약을 구별짓는 것은 정확한 양이다." 라고 하였는데, 이는 물질의 양에 따라 약으로 사용될 수도 있고 과량 복용되었을 때에는 독성작용을 할 수도 있음을 의미하는 것이었다. 또한 인간은 외부 물질에 의한 공격으로부터 질병이 발생한다는 이론을 발표하였으며, 이러한 신체질병은 화학적 치료약(chemical remedy)을 복용하여 신체 내의 광물 균형(mineral balance)을 맞춤으로써 치유될 수 있다고 주장하였다. 파라셀서스는 때때로 '독성학의 아버지(father of toxicology)' 로 불린다.

❖ 리에볼(Ambroise-Auguste Liébeault, 1823~1904): 프랑스의 의사로 많은 사람들에게 현대 최면치료의 아버지로 여겨지고 있다. 1850년 26세의 나이로 스트라스부르대학교(University of Strasbourge)에서 의학박사학위를 취득하고, 파리에서 동쪽으로 약 300km 떨어져 있는 시골 소도시 낸시타운(Nancy town) 근처의 퐁 생 뱅상(Pont-Saint-Vincent) 마을에 병원진료실을 개원하였다. 리에볼은 낸시 바로 외곽에서 진료를 하던 소탈한 시골의사로서 동물자기에 대한 고서를 읽어 보고 궁금증이 생겨 최면술을 시도해 보기도 하였다. 리에볼은 진료비를 면제해 주는 조건으로 최면술치료를 받을 환자들을 모집하였고, 그 결과 성공을 거두어서 지역적으로 커다란 명성을 얻게 되었다. 그리고 낸시에 살고 있으면서 적극적으로 유명했던 의사 번하임의 주의를 끌었는데, 번하임은 최면술을 속임수로 생각했고 자신이 그것을 폭로할 목적으로 리에볼 병원으로 왔으나, 결국 번하임 또한 최면술을 믿는 개종자가 되었고 리에볼과 함께 낸시학파(Nancy School)의 선창자가 되었다. 그리고 치료수단으로 최면술을 일상 장면에 직접 활용하고자 하였다. 리에볼은 1904년 2월 18일 80세의 일기로 사망하였다.

❖ 번하임(Hippolyte Bernheim, 1840~1919): 번하임은 프랑스의 의사이자 신경학자로서 프랑스의 북동부 알자스에서 출생하였다. 스트라스부르대학교에서 1867년 의학박사학위를 취득하였다. 1871년 번하임은 낸시로 이주하였으며, 이곳에서 후에 리에볼을 만나 공동연구를 수행하였다. 그는 히스테리 환자를 리에볼이 최면술로 쉽게 치료하는 것을 보고

히스테리와 최면술의 관계에 깊은 관심을 갖고 연구하게 되었다. 특히, 리에볼과 함께 최면술을 적용하였는데, 그 핵심은 암시였다. 그리고 최면에 빠지기 쉬운 최면민감성을 하나의 성격특질로 간주하여 환자의 최면경험 강도를 경험적으로 확인하고자 하였다. 한편, 파리의 살페트리에르 정신병원은 크게 번창하여 최면술연구의 중심지가 되었고, 여기서 샤르코는 히스테리연구에 최면술을 시도하게 되었다.

❖ 아이젱크(Hans Jurgen Eysenck, 1916~1997): 독일 베를린 출생의 영국 심리학자로 1934년 나치스를 피하여 영국으로 건너간 후 1938년 런던대학교에서 실험미학을 전공하여 철학박사학위를 취득하였고, 제2차세계대전 때는 밀힐 정신병원에서 심리학자로 복무하였다. 1955년에는 런던대학교의 정신의학연구소 교수가 되었고, 모슬리 왕립병원(Maudsley Hospital) 심리학 부문의 책임자가 되었다. 아이젱크는 분트-융의 성격차원이론을 계승하여 요인분석법을 통해 분트의 가변성-불가변성 차원은 외향성-내향성 차원(extraversion-introversion dimension), 정서적 불안정성 차원 혹은 정서적 차원은 신경증적 경향성 차원(neuroticism dimension), 그리고 또 하나의 독립적 차원인 정신병적 경향성(psychoticism)의 개념을 도입하였고, 성격연구에 실험적 방법을 적용하였다. 또한 1950년대 초기에 전통적인 정신분석적 치료의 유효성을 의심하였고, 정신분석치료를 받은 사람이 나아질 가능성은 50:50보다 조금 더 높을 뿐이라는 결론을 과학적으로 입증하였다. 더욱이 정신분석치료를 받지 않은 사람들이 자발적으로 나아지는 비율이 오히려 더 높다는 사실을 발견하였고, 그러므로 전통적인 프로이트의 정신분석치료는 효과가 없다는 사실을 주장하였다. 이후 프로이트식 정신분석치료의 명성에는 금이 가기 시작하였고, 1950년대와 1960년대에 걸쳐서 심리학자들은 아이젱크의 연구를 증거로 들면서 전통적인 정신분석을 대처할 대안, 즉 새로운 생각이 필요하다는 주장을 제기하기 시작하였다. 이이젱크의 주요 저서로는 『성격차원론(*Dimensions of Personality*)』(1947), 『행동치료와 신경증(*Behavior Therapy and the Neuroses*)』(1960), 『성격의 생물학적 기초(*The Biological Basis of Personality*)』(1967) 등이 있다.

2. 안나 프로이트

"청소년기의 혼란과 갈등은 청소년들이 오이디푸스 콤플렉스의 재출현을 다시 경험하기 때문이다. 그러나 대부분의 정상적인 청소년들은 이를 성공적으로 잘 극복하고 결국 성격의 조화를 찾게 된다."

안나 프로이트(Anna Freud, 1895~1982)는 오스트리아의 비엔나에서 프로이트의 막내딸로 출생하였다. 공식적인 교육을 받은 적은 없으나 비엔나의 코티지 라이시엄(Cottage Lyceum)에서 공부하였고, 후에 정신분석가로서 확고한 위치를 확립하였다. 전통적인 정신분석 방법을 아동 및 청소년에게 적용함으로써 정신분석이론에서 발달의 역할을 강조하였고, 1923년부터는 아동분석학자의 선구자라는 명성을 얻게 되었다. 특히, 아동 및 청소년에 대한 방어기제의 이론을 확대 적용하였고, 청소년들의 동기를 이해하는 데 큰 공헌을 하였다. 제1차세계대전이 끝난 직후부터 안나 프로이트는 아버지 프로이트가 암으로 죽을 때까지 그의 개인적인 비서, 간호인, 그리고 연구 조력자로서 헌신적인 봉사를 수행하였다. 1930년대 후반 나치의 억압을 피해 런던의 북서구인 햄스테드로 망명한 후에도 계속해서 정신분석이론을 아동 및 청소년에게 적용하는 일을 게을리하지 않았다. 이러한 안나 프로이트의 공헌은 정신의학 및 아동심리학에 커다란 영향을 주게 되었다. 아버지 프로이트가 죽은 이후에는 햄스테드 전쟁보육원(The Hampstead War Nursery)을 설립하고, 그곳에서 심한 부모 박탈을 경험한 많은 아이들을 돌보면서 연구를 수행하였다. 또한 1947년과 1952년에는 햄스테드 아동치료 연구소(The Hampstead Child Therapy Course)와 진료소를 각각 설립하여 87세의 일기로 죽을 때까지 감독자로, 아동 및 청소년 연구자로 활동하였다. 이들 기관은 안나 프로이트가 사망한 후에 안나 프로이트 센터(The Anna Freud Center)로 이름이 바뀌

프로이트와 안나 프로이트. 1928년 안나 프로이트의 『아동정신분석기법에 관한 소개』라는 저서가 출간되었던 해에 찍은 사진이다.

었으며, 그녀의 집도 1986년에 프로이트 박물관(The Freud Museum)으로 바뀌게 되었다. 주요 저서로는 『아동정신분석기법에 대한 소개(*Introduction to the Technique of Child Analysis*)』(1928) 및 『자아와 방어기제(*The Ego and the Mechanisms of Defence*)』(1937) 등이 있고, 연구논문은 『정신분석과 교육(*Psychoanalysis and Education*)』(1954), 『청소년(*Adolescence*)』(1958), 『교사의 역할(*The role of the teacher*)』(1959) 등이 있다.

▶▶ 정신분석의 확대

청소년기에 대한 정신분석적 연구에 최초로 많은 공헌을 한 사람은 프로이트의 딸 안나 프로이트이다. 안나 프로이트는 아버지 프로이트에 비해 정신분석을 아동 양육과 교육 영역으로 확대시켰음은 물론 청소년기의 발달과정과 사춘기에 일어나는 정신적 구조의 변화에 대해서도 깊은 관심을 가지고 있었다. 청소년기의 혼란과 방황을 생물학적 요인과 발달의 반복적 현상으로 설명하면서 정신분석을 청소년기와 관련된 중요한 이론으로 발전시키는 데 큰 공헌을 하였다.

청소년과 관련된 이론 및 주장

▶▶ 성적 충동의 출현

안나 프로이트는 청소년기를 혼란과 갈등의 시기로 묘사하였다. 왜냐하면 청소년기에는 잠복기 동안 억압되어 있던 이드의 충동이 다시 출현하는 오이디푸스 콤플렉스의 재출현을 경험하기 때문이다. 청소년들은 호르몬의 변화와 생리적 변화들 때문에 성적 충동이 발생하고, 이를 해소하려는 이드의 충동과 이를 방어하려는 초자아, 그리고 이드와 초자아 간의 관계를 매개하는 자아의 갈등 때문에 어려움을 겪게 된다는 것이다. 그 결과 청소년들은 자신들의 성격구조 속에 성적 충동을 통합시켜야 하는 시련을 겪게 되고, 시련의 강도는 이드와 자아 및 초자아 간의 역동적인 관계에 달려 있다고 보았다.

▶▶ 성격기제

이드는 본능적으로 기본적인 욕망을 충족시키기 위해 끊임없이 노력한다. 자아는 인간의 사고와 행동을 평가하고 개인의 정신적 기능을 보호하는 기능을 가지고 있다. 초자아는 동성 부모의 사회적 가치를 받아들임으로써 발달하며, 양심과 자아이상의 두 하위체계를 가지고 있다. 그런데 청소년기에는 성적 에너지를 중심으로 한 이드의 충동이 다시 부활하게 되고 자아와 초자아를 위협하게 된다. 그 결과 이들 구조 간에 갈등이 생기면서 잠복기 동안 이루어졌던 정신능력 간의 균형은 깨어지게 된다. 만약 자아가 이드와 완전히 동맹하게 되면 개인의 이전 성격은 없어지고 성인기로의 입문은 무억제적인 본능의 충족에 빠지게 된다. 그리고 자아가 전적으로 초자아의 입장에 서게 되면 잠복기 동안 형성되었던 개인의 성격은 한 번 더 분명하게 드러나면서 더욱 견고해진다.

▸▸ 방어기제

안나 프로이트는 자신의 저서 『자아와 방어기제』(1937)를 통하여 성적 에너지를 중심으로 한 이드, 자아, 초자아 간의 갈등은 청소년기를 혼란과 갈등으로 내몰 수 있는데, 청소년들은 이러한 혼란과 갈등을 해소하기 위하여 자아가 무차별적으로 모든 방어 수단, 즉 방어기제를 발동한다고 주장하였다. 그리고 아버지 프로이트가 제기한 동일시, 전이, 승화, 억압, 투사, 반동형성, 고착, 퇴행의 방어기제를 더욱 확대 적용하였다. 특히, 청소년기의 금욕주의와 지성화의 방어기제를 도입하여 청소년들의 모든 본능적 충동을 불신하는 대표적인 증후를 설명하고자 하였다. 또한 보상, 합리화, 대치, 상징화, 분리, 부정, 해리, 저항, 내면화, 원상복귀, 전환, 신체화, 역전, 그리고 자기로의 전향 등의 방어기제를 도입하였다.

▸▸ 방어기제의 특징

모든 방어기제에는 두 가지 공통적인 특징이 있다. 첫째는 현실을 부정, 위조, 왜곡하는 것이다. 둘째는 이러한 방어기제는 무의식적으로 작용하여 자신은 무엇이 일어나고 있는지 알지 못하는 것이다. 그러나 방어기제의 활용은 불안을 감소시키는 데에 큰 도움이 되지만, 이를 자주 활용하게 되면 청소년들의 학습이나 개인적 성장을 방해하고 인간관계가 원만하지 못한 경우를 초래하기 쉽다. 왜냐하면 방어기제를 통해 표현되는 태도나 행동은 가끔 방어적이고 미성숙하고 비현실적이며 신경증적인 것으로 평가되고 있기 때문이다. 금욕주의와 지성화의 방어기제 이외에 다른 것들을 살펴보면 다음과 같다.

- 동일시(identification): 용납할 수 없는 충동 그 자체는 부정하고 그 충동을 갖고 있는 다른 사람의 태도, 신념, 가치 등을 자신의 것으로 채택함으로써 자기만족을 찾는 방어기제이다. 예를 들면, 아들의 출세를 보면서 아버지가 자신의 성취하지 못한 직업적 야망을 간접적으로 달성한 것처럼 느끼는 경우이다. 또 강한 공격적 충동을 억압하고 있는 청소년이 강력하고 공격적인 히틀러와 같은 사람을 동일시하는 경우나 아버지를 무서워하는 아들이 그 아버지를 닮아 가는 경우이다. 일반적으로 청소년기 동안 부모에 대한 동일시는 크게 감소하는 반면, 영화배우나 운동선수와 같은 유명인에 대한 동일시는 크게 증가한다.
- 전이(displacement): 만족되지 않은 성적 충동 에너지를 다른 대상에게 돌림으로써 긴장을 완화시키는 방법이다. 예를 들면, 자식을 갖고 싶으나 갖지 못하는 어른이 이웃집 아이를 끔찍하게 사랑하거나 고양이 또는 강아지 같은 애완동물에 집착하는 경우이다. 또 청소년기 동안에 자위행위에 대한 강한 욕망이 강박적으로 손을 자주 씻는 행위로 전이될 수 있다. 더 나아가서 뱀에 대해 지나친 공포를 느끼는 여자청소년의 경우 남성 생식기관에 대한 공포를 전이한 것일지도 모른다.
- 승화(sublimation): 원초적이고 용납되지 않는 충동을 적절히 억압할 수 없을 때 사회적으로 용납되는 다른 형태로 전환하여 표출하는 경우이다. 예를 들어, 창조적 예술작품은 성적 또는 공격적 본능의 승화이고 경쟁적인 운동은 공격적 본능의 승화이다. 프로이트는 르네상스 시대의 누드화는 성적 충동이 승화의 형태로 나타난 것이라고 주장하였다.
- 억압(repression): 고통스럽거나 위협적인 충동, 가정, 소원, 환상, 기억들을 무의식 속으로 추방시켜 의식화되는 것을 막아 주는 것이다. 예를 들어, 기억을 일시적 또는 장기적으로 상실하는 것인데, 하기 싫고 귀찮은 과제를 하지 않고 깜박 잊었다고 말하는 경우이다.
- 투사(projection): 현실에서 받아들일 수 없는 자신의 무의식적인 충동을 다른 사람의 탓으로 돌리는 것으로서 어떤 면에서는 합리화와 비슷하다. 예를 들면, 부도덕한 성적 충동을 강하게 억압하고 있는 여자청소년이 남자는 모두 도둑이라고 말하는 경우, 또는 어떤 청소년은 친구들이 아무도 자기를 좋아하지 않는다고 불평하지만 사실은 그 자신이 자신을 포함한 어느 누구도 좋아하지 않는 경우이다.
- 반동형성(reaction forming): 용납하기 어려운 충동이 의식적으로 억압되어 정반대되는 감정이나 행동으로 대체되는 경우이다. 예를 들어, 미운 놈에게 떡 하나를 더 주는 경우, 자기를 학대하는 남편 앞에서 그를 매우 사랑하는 것처럼 행동하는 경우, 또는 십대 미혼모가 아기에 대한 적개심을 지나친 애정과 과잉보호로 표현하는 경우이다.

- 고착(fixation): 고착 또한 불안에 대한 하나의 방어기제이다. 발단단계는 어느 한 단계에서 다음 단계를 순서적으로 밟아 가는 것인데, 이때 신체적인 성장이 멈춘다면 발육 중지가 되지만 심리적인 성장이 멈춘다면 고착이 된다. 예를 들면, 아이들이 부모의 치마끈에 매달리는 것은 사랑 때문이 아니라 두려움 때문이다. 또 다 큰 사람이 돈벌이를 위해 사회에 진출하는 것이 두려워서 줄곧 부모 주위를 맴돌며 의지하는 경우이다.
- 퇴행(regression): 이는 생의 초기에 성공적으로 작용했던 생각이나 만족스러웠던 행동양식에 다시 의지함으로써 현 상황에서의 위협이나 불안을 해소시키려는 방어기제이다. 아동에게서 발견되는 전형적인 퇴행은 대소변을 잘 가리던 연령단계에서 동생이 태어난 후 부모의 주의를 끌기 위해 동생처럼 방바닥에 소변을 보거나 또는 기어다니는 행동을 하는 경우이다. 또는 청소년이 자신의 주장이 받아들여지지 않는다고 부모에게 아이처럼 떼를 쓰는 경우이다.
- 합리화(rationalization): 자기 보호와 체면 유지를 위해서 가장 많이 사용하는 방어기제이다. 즉, 용납될 수 없는 충동이나 행동에 대해 지적으로 그럴듯한 설명이나 이유를 대는 경우이다. 이 방어기제는 가끔 신포도 반응이라고도 하는데, 이것은 여우가 맛있는 포도가 달린 포도나무에 손이 닿지 않자 결국은 포도가 시기 때문에 먹고 싶지 않다고 생각했다는 이솝우화의 여우와 신포도의 이야기에서 나온 것이다. 어머니를 미워하는 여자청소년이 꽃병을 깨뜨리고 나서 야단맞을까 봐 꽃병이 미끄러워서 손에서 떨어졌다고 변명하는 경우, 어떤 목표를 달성하려 했으나 실패한 사람이 자신은 처음부터 그것을 원하지 않았다고 변명하는 경우, 또 원하는 일이 마음대로 되지 않을 때 자신의 능력에 대해 허구적 신념을 가짐으로써 실패한 원인을 합리화시키는 경우가 모두 이에 속한다.
- 부정(denial): 가장 원초적인 방어기제이다. 대부분의 방어기제는 현실을 왜곡하는 것이지만, 부정은 현실을 왜곡할 뿐만 아니라 그 자체를 부정한다. 의식화되면 도저히 감당할 수 없는 어떤 생각이나 욕구를 무의식적으로 부정하는 것, 엄연히 존재하는 위험이나 불쾌한 현실을 부정함으로써 그로 인한 불안을 회피하고 편안한 상태를 유지하기 위한 무의식적인 노력이 모두 포함된다. 예를 들어, 시험에 떨어진 청소년이 그럴 리가 없다고 부정하는 경우, 또는 자기의 자녀가 도둑질했다는 사실을 부정하는 경우이다. 부정의 과정은 무의식적이기 때문에 거짓말과는 다르며, 자신의 기억에서 그 현실을 완전히 차단해 버리려고 노력하는 것이다.
- 보상(compensation): 심리적으로 어떤 약점이나 제한점이 있는 사람이 이를 보상받기 위하여 다른 어떤 것에 몰두하는 경우이다. 예를 들어, 외모에 심한 열등감을 가지고 있는 여자

청소년이 그에 대한 보상심리로 학업에 몰두하는 것이나, 학교성적이 나쁜 청소년이 물질적으로 과시하는 것 등이 이에 속한다.

- 대치(substation): 정서적으로 아주 중요하지만 심리적으로 수용할 수 없는 대상을 심리적으로 수용 가능한 비슷한 다른 대상으로 대치하는 것이다. 예를 들어, 꿩 대신 닭이라든가, 또는 어머니에게 야단맞은 청소년이 집에서 기르는 개를 발로 차면서 화풀이를 하는 경우이다.
- 상징화(symbolization): 어떤 사람이나 사물에 부착된 감정적 가치를 어떤 상징적 표현으로 전치시키는 것이다. 이러한 상징화에 사용되는 대상이나 주제는 사회적으로 금기로 규정되어 있는 경우가 많다. 예를 들어, 자기 형님은 태양이요 자기는 달이라고 말하는 정신분열증 환자의 경우, 또 형에게 마치 달이 태양에게 의존하고 있는 것 같다고 말하는 경우이다.
- 분리(isolation): 과거의 고통스러운 사실은 기억하지만, 그 사실과 관련되었던 감정은 의식에서 격리되어 무의식 속으로 억압되어 있기 때문에 의식적으로는 느끼지 못하는 방어기제이다. 예를 들어, 화나는 일을 말하면서도 그 분노의 감정을 못 느끼게 되는 것이나, 또는 아버지와 해결되지 않은 감정을 가진 한 청소년이 자기 아버지의 갑작스러운 죽음에 대해 말할 때는 슬픈 감정을 전혀 보이지 않으면서 아버지를 연상시키는 권위적인 남자가 죽는 영화를 볼 때는 비통하게 우는 경우이다.
- 해리(dissociation): 마음을 편치 않게 하는 근원인 성격의 일부가 그 사람의 의식적 지배를 벗어나 마치 하나의 다른 독립된 성격인 것처럼 행동하는 경우이다. 성격의 부분들 간에 의사소통이 잘 이뤄지지 않을 때 괴롭고 갈등을 느끼는 성격의 일부분을 다른 부분과 분리시키는 기제이다. 예를 들어, 이중인격자, 몽유병, 잠꼬대, 건망증 등이 이에 속한다.
- 저항(resistance): 억압된 감정이 의식화되면 너무 고통스러울 경우 의식화되는 것을 방해하는 것이다. 예를 들어, 정신분석 도중 환자가 침묵을 하거나 연상 불능, 꿈을 기억하지 못하는 경우이다.
- 내면화(introjection): 외부의 대상을 자기 내면의 자아체계로 받아들이는 방어기제이다. 외부대상에 대한 적대적이고 부정적인 감정을 자신에게로 지향시키기 때문에 우울증에서 흔히 발견된다. 예를 들어, 여자청소년이 어머니를 미워하는 감정을 수용할 수 없기 때문에 자기 자신을 미워하는 것으로 대치하는 경우이다.
- 원상복귀(undoing): 무의식에서 어떤 대상을 향해 품고 있는 자기의 성적 또는 적대적인 욕구로 인해 상대방이 당할 것이라고 생각되는 피해를 원래 상태로 되돌려 놓으려는 것이다. 예를 들어, 여비서에게 성적으로 끌리는 것을 느낀 남자가 부인에게 줄 비싼 선물을 사는 것, 또는

부인을 때린 남편이 꽃을 사다 주는 것 등의 경우이다.

- 전환(conversion): 의학적 상태를 시사하고 또 설명하기 어려운 수의적 운동기능이나 감각기능에 영향을 주는 장애가 존재하지만, 그것이 어떤 실제적인 신체적 원인 없이 심리적 갈등 때문에 일어나는 경우이다. 그러나 이는 무의식적으로 일어나기 때문에 자신은 그것이 심리적 원인에서 오는 것인지를 전혀 알지 못한다. 예를 들어, 기말시험을 앞둔 청소년이 열심히 공부하던 중 갑자기 팔이 마비되어 학교를 등교할 수 없는 경우, 또는 군에 입대하기 싫어하는 남자청소년이 영장을 받고 시각장애를 가져오는 경우이다.
- 신체화(somatization): 의학적으로는 신체적 질병이 발견되지 않는데, 자신의 심리적 갈등 때문에 신체적 증상을 호소하는 방어기제이다. 신체적 증상은 다양한 부위의 통증, 위장계통의 증상, 성적 증상 등이 혼합되어 있는 것이 특징인데, 이를 설명해 낼 수 있는 객관적인 원인은 없다. 예를 들어, 하고 싶지 않은 일을 강요받은 여자청소년이 갑자기 복통을 호소하면서 입원하려는 경우, 남자청소년이 실연을 당한 후 자신의 발기부전 때문에 고민하는 경우이다.
- 역전(reversion): 감정, 태도, 특징, 관계, 그리고 방향을 반대로 변경하는 방어기제이다. 반동형성은 감정의 역전에 해당되는 개념으로 더 구체적인 데 비해, 역전은 더욱 일반적이고 광범위한 것이 특징이다. 예를 들어, 수동적이며 무력한 어머니에게 무의식적으로 반항하면서 성장하여 자신만만하고 유능하게 된 여성이 자신의 성공에 대해 죄책감과 불안을 경험하는 경우이다.
- 자기로의 전향(turning against self): 공격성 같은 본능적인 충동이 자기에게 향하는 것이다. 예를 들어, 친구와 말다툼을 한 청소년이 자신의 주먹으로 나무를 내리치는 경우, 또는 부부싸움을 한 남편이 화가 나서 자기 머리를 벽에 부딪치는 경우이다.

▸▸ 조화의 추구

자아는 이와 같은 방어기제를 통해 자신의 본능을 억압하고, 대치시키고, 부인하고, 도치시키고, 자신에게 대항하기도 한다. 그 결과 공포증과 신경증적 증후가 생기고 불안 때문에 강박적 사고와 강박적 행동이 나타나기도 한다. 청소년기의 지나친 신경증적 증후와 억압은 자신을 희생한 자아와 초자아의 부분적인 승리이다. 그러나 이드와 자아 및 초자아 간의 조화가 가능하고 결국에는 대부분의 정상적인 청소년에게서 이러한 조화가 생기게 된다. 안나 프로이트 역시 청소년들의 혼란이나 결사적인 방어 및 책략들은 실제로 정상적이며 예기되는 것이라고 보았다. 따라서 안나 프로이트는 대체로 심리치료를 권하지 않았다. 청소년들에게 자기 나름의 해결책을 찾는 시간과 기회가 주어져야 한다고 생각했기 때문이다. 반면, 부모들은 조언을 받을 필요가 있다. '스스로 자유로워지려고 시도하는 청소년기의 자녀를 다루는 것보다 더 어려운 상황은 인생에서 찾아보기 힘들기' 때문이다.

▸▸ 금욕주의와 지성화

청소년들이 사용하고 있는 가장 대표적인 방어기제는 금욕주의와 지성화이다. 금욕주의(asceticism)는 성욕에 대한 두려움에서 나오는 것으로 철저한 자기부정을 의미한다. 청소년들의 금욕은 본능적 욕구에 대한 불신에서 기인되는 것이며, 이 불신은 성욕뿐만 아니라 모든 욕망을 억제하고 원초아를 완전히 무시하는 경향을 띠게 된다. 그 결과 성적 욕구와 같이 개인의 본능적 욕구와 무의식적으로 연합된 활동에 참여하는 것을 거절하게 된다. 성행위, 음주, 춤추기 등은 물론 음식이나 물 혹은 수면조차도 거부한다. 이 기제를 사용하는 청소년들은 성행위와 관련된 행동들에 대한 최소한의 탐닉조차도 성적 충동의 노예가 되게 할 것이라고 생각하고 두려워하는 것이 특징이다.

지성화(intellectualization)는 청소년들이 종교나 철학, 문학 등의 지적 활동에 몰입함으로써 성적 욕망에서 벗어나고자 하는 방어기제이다. 그 결과 청소년들은 많은 시간을 소비해 가며 문제의 원인을 분석하고 토론하고 생각함으로써 감정적인 혼란 상태로부터 자신을 분리시키려는 노력을 취하게 된다. 예를 들어, 결혼이냐 동거냐, 동성애냐 이성애냐와 같은 주제를 가지고 토론하기도 하고, 철학적, 도덕적 및 정치적 문제 등에 대해서도 지적 토론을 통해 자신의 개인적 갈등에서 벗어나려고 노력하기도 한다. 청소년들은 이 기제를 통해 자신의 본능적 욕구와 연합된 감정으로부터 어느 정도 벗어날 수 있기 때문에 지성화의 방어기제를 빈번하게 사용한다.

▸▸ 도주

청소년들은 성적 충동을 중심으로 하는 오이디푸스 콤플렉스의 부활을 다시 경험하기 때문에 동성의 부모에 대해서는 분노가 증가하게 되고, 이성의 부모에 대해서는 근친상간적 감정이 보다 무의식적인 상태로 남아 있게 된다. 그리고 나타나는 첫 충동이 도주이다. 그들은 부모 앞에서 긴장하고 불안해하고 부모들과 떨어져 있을 때는 안전감을 느낀다. 이 때 어떤 청소년들은 실제로 집을 뛰쳐나가기도 하지만, 다른 많은 청소년들은 집에서 하숙생과 같은 태도로 남아 있게 된다. 그들은 자신의 방문을 굳게 닫고 있으며, 친구들과 함께 있을 때에만 편안함을 느낀다. 때로는 부모를 무조건 경멸함으로써 부모들로부터 벗어나려고 노력하기도 한다. 그들은 의존과 사랑을 인정하지 않고, 그와 정반대되는 태도를 보이기도 한다. 이것은 마치 부모에 대해 전혀 아무 생각도 하지 않음으로써 부모의 관여로부터 자유로워질 수 있다고 여기는 것과 같다. 여기에서 청소년들은 자신들이 갑자기 독립한 것 같은 환상에 빠지기도 하지만, 부모들은 여전히 그들의 생활을 지배하고 있다. 왜냐하면 청소년들은 그들 부모를 공격하고 조소하는 데 온 정력을 기울이기 때문이다 (서봉연 역, 1996).

▸▸ 비판점

프로이트와 마찬가지로 안나 프로이트 역시 인간의 욕망, 특히 성적 충동을 지나치게 강조하였다. 성적 에너지를 중심으로 인간의 보편적 발달단계를 제시한 것은 지나친 무리라는 주장이 끊임없이 제기되고 있다. 특히, 청소년기의 자아 방어기제를 설명하는 데 많은 역점을 두었으나, 청소년기의 대처행동을 다루지 않았다는 점도 지적되고 있다. 한 예로 블로스는 청소년들의 방어뿐만 아니라 대처행동의 중요성을 보여 줌으로써 또 다른 시사점을 던져 주었다. 즉, 청소년들은 자신의 내적 갈등과 환경적 압력이라는 두 가지 문제를 해결하려는 적극적인 대처행동을 하기 때문에 이를 고려해야 할 필요가 있다는 것이다.

참고인물

❖ 블로스(Peter Blos, 1904~1997): 이 장의 블로스를 참조할 것.

3. 블로스

"청소년기란 생물학적 성숙에 대한 심리적 적응기간이며, 심리적 청소년기는 생물학적 기간보다 더 긴 것이 특징이다."

블로스(Peter Blos, 1904~1997)는 1934년 비엔나대학교에서 생물학전공으로 박사학위를 취득하였고, 청소년 분야의 정신분석학자로서 활동하였다. 독일 하이델베르크대학교에서 교수자격증을 취득하였다. 안나 프로이트와 공동으로 연구를 수행한 바 있고, 에릭슨(Erik Homburger Erikson, 1902~1994)과는 아동기 친구이기도 하였다. 1934년에는 미국으로 이민하였다. 미시간 주의 메디컬센터에 있는 정신분석학과의 강사를 역임하였고, 아동정신분석협회의 회장직을 역임하였다. 신프로이트학파에 속하는 블로스는 십대의 문제, 부모로부터의 회피 및 의존의 갈등을 구별하기 위한 노력 때문에 'Mr. Adolescence'로도 알려져 있다. 1943년에는 청소년개발에 관한 논거를 제안하였고, 또 자신의 저서 『청소년기의 경로: 발달적 이슈들(*The Adolescent Passage: Developmental Issues*)』(1979)을 통하여 아동과 청소년의 환경적 영향에 대한 효과를 강조하였다. 여기서 블로스는 환경적 영향에는 물리적인 것은 물론 공유된 상징화, 가치체계와 사회적 규범 등과 같은 추상적인 것들도 포함된다고 하였다. 정신적인 자유와 감정적인 성숙은 아동과 청소년이 자신들의 실제적인 환경과 본질적으로 주어진 것들의 선택적인 사용을 통해서 성취될 수 있다고 주장하였다. 블로스는 1997년 6월 2일 뉴햄프셔 주 자신의 집에서 94세의 일기로 사망하였다. 주요 저서로는 『청소년의 성격(*The Adolescent Personality*)』(1941), 『젊은 청소년들 – 임상적 연구(*The Young Adolescent. Clinical Studies*)』(1985) 등이 있다. 특히, 1962년 출간된 『청소년기: 정신분석적 해석(*On Adolescence: A Psychoanalytic Interpretation*)』에서는 청소년기 자아발달 과정의 형성 및 그에 영향을 미치는 사회문화적 요인들은 물론 발달의 하위 단계의 분류를 제안하였다. 이 책의 출간으로 블로스는 청소년발달 및 정신병리를 현대적으로 이해하는 데 크게 공헌한 발견적 아버지로 여겨지게 되었다.

▸▸ 정서적 자율성

블로스는 청소년기가 부모-자녀의 갈등의 시기가 아니며, 이 시기에 청소년들은 자신과 부모를 보는 새로운 시각을 형성해야 한다고 하였다. 이러한 과정이 개별화(individuation)이다. 정서적 자율성은 청소년들이 자신들이 가지고 있는 자원에 더욱 의존하게 만들고 자신의 행동에 책임을 지게 만드는 것이다. 정서적 자율성의 느낌은 적응적인 것으로 이러한 느낌을 가지고 있는 청소년들은 그렇지 못한 청소년들보다 동료들에 비해 더욱 유능하고 적응을 잘한다. 그러므로 정서적 자율성과 적응, 그리고 청소년들의 개인차 간의 관계를 종단적 측면에서 더욱 연구할 필요가 있다.

청소년과 관련된 이론 및 주장

▸▸ 심리적 적응

블로스는 『청소년기: 정신분석적 해석』(1962)이라는 자신의 저서를 통하여 청소년기란 생물학적 성숙에 대한 심리적 적응기간이라고 보고, 이러한 심리적 청소년기는 생물학적 기간보다 흔히 더 길게 나타난다고 주장하였다. 프로이트와 안나 프로이트가 모두 청소년기의 자아 방어기제에 초점을 맞추었다면, 블로스는 자아 방어기제뿐만 아니라 대처행동에도 많은 관심이 있었다. 대처행동은 특히 청소년기의 내적 갈등과 환경적 압력이라는 두 가지를 해결하려는 적극적인 노력이다. 대처행동의 세 가지 기본 요소는 (1) 새로운 정보를 획득하는 능력, (2) 감정을 조절하는 능력, (3) 환경 속에서 자유로이 움직이는 능력이다. 대처행동은 청소년기의 정신역동적 방어체계가 좀 더 진화된 것으로 볼 수 있다. 일반적으로 생물학적 진화에서도 적응체계(adjustment system)가 작용하는데, 심리사회적 진화체계 속에 적응체계가 반드시 있게 된다.

▸▸ 적응체계

블로스의 적응체계는 다음과 같은 세 가지 단계로 구분된다. 첫째는 초기 청소년이다. 이 시기는 생물학적 변화가 시작되었으나 심리적으로 아직 준비가 되지 않았을 때 청소년 자신들이 스스로의 사고와 충동을 보고 깜짝 놀라게 되는 경우이다. 이를 발달에 따른 혼란이라고 부르는데, 이러한 부적응은 생물학적 성숙과 심리적 기대가 적절하게 통합될 때 해소될 수 있다.

둘째는 청소년기이다. 이 시기는 청소년기 본래의 시기로서 아동기에 부모를 비롯한 다른 성인들에게 부착되었던 리비도의 에너지를 걷어내고 친구와 같은 다른 대상 인물들에게 투자하는 것이다. 청소년들은 가끔 어린 시절에 대한 향수와 우울증 경향 등을 나타내는데, 이는 부모 등으로부터의 이별과정을 표현하는 것이다.

셋째는 청소년후기이다. 이 시기는 신체적, 생리적 성숙과 심리적 발달 및 적응이 함께 공고히 통합되는 시기이다. 따라서 청소년들은 자신들의 독특한 판단, 흥미, 지적 능력을 갖추고 새로운 인물들과 경험을 나눌 수 있게 되며, 자기중심성도 현저하게 줄어들고, 또 자기 자신과 타인에 대한 균형 있는 관점을 가질 수 있게 된다(한국청소년개발원, 2002).

▶▶ 청소년발달

블로스는 『청소년의 성격』(1941)이라는 저서를 통하여 청소년발달의 방향은 세 가지 목표의 용어로 간결하게 묘사될 수 있다고 제안하였다. 이 세 가지 목표는 청소년들이 성숙의 단계에 들어서기 위하여 반드시 성취해야만 되는 것들이다. 첫째는 가족으로부터의 자유이다. 청소년들의 성적 발달에 따라서 그들은 부모나 다른 친숙한 사람들에게 의존했던 어린 시절로부터 스스로 자유롭게 되어야 한다. 또한 청소년은 폭넓은 사회적 구성 안에서 관계를 형성해야 한다. 이전에는 자신의 부모들에게 지향되었던 애정의 많은 부분들이 이제는 가족 이외의 다른 사람들에게 향하게 될 것이다.

둘째는 성적 성숙의 도달이다. 청소년들은 자신의 성과 마찬가지로 상대편의 성과의 관계에서 적절한 역할을 발견하고 또 익힐 것이 요구된다. 성역할의 습득과 성 윤리의식의 확립은 행동연구에서 다룰 수 있는 중요한 두 번째 과제이다.

셋째는 적어도 남자청소년의 경우 경제적 자립의 성취가 정서적인 성숙의 필수적인 요건이 된다. 경제적 자립은 청소년들이 성취하려고 하였던 자유와 사생활을 가능하게 한다. 만약 청소년들이 직업사회에서 한 구성원으로 인식되기를 원한다면, 그들의 사회적 정체성이 형성되어야만 하고, 자신의 방향이 경제적인 목표를 위하여 진보적으로 개발되어야만 한다. 이러한 세 가지 과제는 외부의 요구나 개별적인 실재로서 존재하지 않는다. 그것들은 긍정적으로는 직접적인 요소들을 반영하기도 하고 부정적으로는 청소년들의 행동에서 식별할 수 없는 것을 반영하기도 한다.

만약 청소년 개인이 성숙 쪽으로 진행되어 간다면 긍정적인 것이 될 것이나, 새로운 목표에의 지향 쪽으로 나가지 못한다면 부정적인 것이 될 것이다. 이런 목표들을 위하여 청소년들은 자신의 적응적인 반응과 관련되어 있고 자신의 인생을 도전해 가라는 많은 압력들에 의해 촉진되고 있다. 청소년들은 본질적으로 신체적 성숙의 도달과 함께 자립하려는 것 사이의 밀접한 관계에 놓여 있다.

▸▸ 청소년의 분리 현상

블로스는 가족으로부터 벗어나려는 청소년들의 분리 현상은 중요한 발달의 단계라는 사실을 크게 강조하였다. 청소년 시기의 환경조건들 또한 중요하게 작용한다. 왜냐하면 환경조건들이 청소년기부터 어른까지의 성숙을 성공적으로 가능케 하는 측면을 가지고 있기 때문이다. 발달단계, 즉 청소년들이 가족으로부터 분리하려는 현상의 단계에서는 청소년들의 삶에 관여하는 부모와 가족, 그리고 심리학자들과 교육자들의 더욱 세심한 이해와 관심이 필요하다. 따라서 블로스는 청소년들이 독립하려는 잠재된 자유와 내면화된 유아적 대상 의존성에서 벗어나려는 갈등이 성공적으로 해결되느냐 해결되지 못하느냐에 따라 성공적인 발달이 달려 있다고 보았다.

▸▸ 비판점

블로스는 청소년기를 여섯 단계로 세분화하여 청소년기를 좀 더 심층적으로 연구할 수 있는 길을 열어 주기는 했지만, 그 구분이 모두 부모와의 관계적인 측면에서만 고려되었다는 단점을 가지고 있다. 물론 청소년기에 있어서 부모와의 관계가 중요한 요소이기는 하지만 결코 모든 것을 설명할 수 있는 절대적인 요소는 아니다. 더욱이 대부분의 경우 오이디푸스 콤플렉스적 집착은 청소년기보다 좀 더 이른 시기에 벗어난다고 생각되고 있다.

참고사항

❖ 프로이트(Sigmund Freud, 1856~1939): 이 장의 프로이트를 참조할 것.

❖ 안나 프로이트(Anna Freud, 1895~1982): 이 장의 안나 프로이트를 참조할 것.

제 7 장

청소년기의 심리사회적 관점

▫ **설리번**(Harry Stack Sullivan, 1892～1949)

- 편안한, 즉 성공적인 대인관계가 인생에서 가장 중요하다. 특히, 청소년기의 효율적이고 의미 있는 대인관계는 건강한 심리사회적 발달을 위한 필수 전제조건이다.
- 인간은 자신 속에 있는 것만을 타인에게서 발견할 수 있다.

▫ **헤비거스트**(Robert James Havighurst, 1900～1991)

- 인간은 발달단계마다 성취해야 할 발달과업이 있고, 이를 숙달하지 못하면 성숙한 사람으로서 기능할 수 없다.

▫ **에릭슨**(Erik Homburger Erikson, 1902～1994)

- 청소년기는 심리사회적 유예기이다. 청소년들은 진정한 자기를 찾기 위해 정신적인 방황을 하게 되고 새로운 자기 탐색이 시작되는데, 이 기간 동안에는 그들에게 성인의 책임과 역할을 강요해서는 안 된다.

▫ **마르샤**(James E. Marcia, 1937～)

- 정체감은 한 번 형성되면 개인들에게 그들이 누구였는지에 대한 역사적인 인식, 현재 누구인지에 대한 의미 깊은 인식, 그리고 미래에 누가 될 것인지에 대한 인식을 제공한다.

1. 설리번

"편안한, 즉 성공적인 대인관계가 인생에서 가장 중요하다. 특히, 청소년기의 효율적이고 의미 있는 대인관계는 건강한 심리사회적 발달을 위한 필수 전제조건이다."

"인간은 자신 속에 있는 것만을 타인에게서 발견할 수 있다."

정신의학의 대인관계이론을 창시한 인물로 기록되고 있는 설리번(Harry Stack Sullivan, 1892~1949)은 미국 뉴욕에서 출생하였다. 1917년에 시카고대학교 의대에서 의학박사학위를 취득한 정신의학자였으며, 제1차세계대전 때는 군의관으로 복무하였다. 1922년에는 워싱턴에 있는 성 엘리자베스 병원(Saint Elizabeth's Hospital)에서 근무하였다. 1923년부터 1930년 초반까지는 메릴랜드대학교 의대 및 볼티모어의 셰퍼드와 에녹 프랫 병원(Sheppard and Enoch Pratt Hospital)에서 일하게 되면서 정신분열증에 대한 연구를 본격적으로 수행하였다. 그리고 이를 바탕으로 정신질환이 사회적 요인에 기인한다는 이론을 주장하게 되었다. 1931년부터 1943년까지 윌리엄 앨런슨 화이트(William Alanson White) 재단의 회장직을 수행하였다. 특히, 1936년에는 이 재단의 훈련원인 워싱턴정신의학학교의 창립을 도와 그곳의 원장이 되면서 자신의 대인관계이론을 발전시키기 위하여 『정신의학(*Psychiatry*)』이라는 잡지를 1938년부터 발행하기 시작하였다. 설리번은 1929년에 자신의 인간관계이론을 조직화하기 시작했으며, 1930년대 중반까지 자신의 사고를 더욱 굳건히 하는 데 열중하였다. 그리고 사망할 때까지 그 잡지의 공동편집자 및 편집자로 일하였다. 1948년에는 국제 간의 이해에 영향을 주는 긴장에 대한 연구를 수행하기 위해 UN에서 창설한 '유네스코 긴장 프로젝트(UNESCO Tension Project)'에 참여하였고, 정신건강국제회의의 준비위원으로 지명되기도 하였다. 설리번은 1949년 1월 14일 암스테르담에서 개최되었던 정신건강국제회의에 참석하고 돌아오던 중 프랑스 파리에서 사망하였다. 설리번이 죽은 후 『정신의학: 대인관계의 연구 소개(*Psychiatry: Introduction to the Study of Interpersonal Relations*)』(1949), 『정신의학의 대인관계이론(*The*

Interpersonal Theory of Psychiatry』(1953) 등의 저서는 그의 후학자들에 의해 출간되었다. 그 중심 내용은 설리번이 그동안 강의하였던 연속물로 구성되었던 것들이다. 이들 저서에는 설리번의 대인관계이론이 잘 설명되어 있다.

▸▸ 긴장의 힘

설리번은 홀이나 프로이트처럼 청소년기를 혼란과 갈등의 시기로 가정하였다. 그러나 이들의 견해는 서로 다르다. 질풍노도의 원인으로 홀은 사춘기의 생리적 요인에 따른 신체적 변화를, 그리고 프로이트는 오이디푸스 갈등의 재각성이 청소년기 혼란의 주요 원인이라고 주장하였다. 그러나 설리번은 성행동에 대한 사회적 제약과 이성에 대한 친밀감 욕구 사이의 긴장이 그 원인이라고 가정하였다. 또한 발달의 한 단계에서 다른 단계로 나아가도록 하는 추진력은 성적인 것(프로이트), 성숙(게젤), 인지적인 것(피아제)도 아니고, 또 그것이 사회적 위기(에릭슨)의 구성요소가 되는 것도 아니라고 하면서 대인관계이론을 주창하였다.

▸▸ 대인관계론

개인은 타인과의 관계를 떠나서는 존재할 수 없고, 설령 사회를 떠난 은둔자라 하더라도 과거의 인간관계에 대한 끊임없는 추억 속에서 살고, 그것들은 계속해서 그 사람의 사고와 행동에 영향을 미친다고 하였다. 따라서 한 인간의 성격이란 인간생활을 특징짓는 대인관계 상황의 비교적 지속적인 유형이다. 성격의 내적 구성요소는 직접적으로 관찰될 수 없기 때문에 현실적으로 또는 환상 속에서 일어날지도 모르는 대인 간의 상호작용을 통해서만 관찰될 수 있다. 즉, 성격은 사람 안에 있는 것이 아니라 대인 간의 상호작용과 다른 사람과의 대인관계에서 계속적으로 펼쳐지는 어떤 것이라고 보았다. 그러므로 성격은 대인관계 상황으로부터 분리할 수 없고, 한 개인만을 연구 대상으로 한다는 것은 의미가 없다. 설리번은 대인관계 영향력을 강조하면서 "모든 인간은 그가 가지는 대인관계 수만큼의 다양한 성격을 가지고 있다."라고 주장하였다.

▸▸ 자아체계와 역동

성격의 중요한 부분을 구성하는 것이 자아체계이다. 자아체계의 모든 것은 대인관계 경험을 통하여 발달한다. 발달이 진행되면서 대인관계의 상호작용 특성이 복잡해지고, 여기서 긍정적인 경험 또는 불안을 유발시키는 부정적 경험을 할 수 있다. 자아체계는 불안을 피하거나 감소시키는 데 있어 중요한 역할을 한다. 그러므로 자아체계를 통해 대인관계의 역동성을 이해할 수 있다. 건강한 발달이란 미숙한 자아체계가 성숙한 성인의 자아체계로 변형되어 가는 과정이고, 이 과정에서 다양한 정신역동이 성공적으로 통합되는 것이다. 상호 만족하는 대인관계는 이러한 전환을 촉진하는 데 필수적인 경험의 기초가 된다.

자아체계의 작은 구성요소가 역동(dynamism)이다. 이것은 특이하게 인간관계를 구성하고 대인관계를 반복적으로 특징짓는 비교적 지속적인 에너지의 변환 유형이다. 역동은 자아체계에 영속성과 예측 가능성 및 안정성을 가져다주면서도 하나의 에너지 유형이기 때문에 개인을 혼란시키는 긴장을 초래하기도 한다. 긴장은 의식주와 같은 인간의 기본적인 욕구에서 생기기도 하지만, 특히 불안을 야기하는 대인관계 상황에서 일어난다. 역동은 시간이 지나면서 변화하고, 대인관계의 욕구를 변화시키는 힘이 된다. 그러므로 청소년기 동안에는 부모나 가족과 같은 특정 관계로부터 에너지를 회수하여 친구와 같은 새로운 사회적 관계에 재투자할 수 있게 된다.

▸▸ 경험양식

설리번은 대인관계의 경험(인지)양식을 세 가지로 구분하였다. 초보(prototaxic)양식, 사적(parataxic)양식, 그리고 통합(syntaxic)양식이 그것이다. 초보양식은 가장 원시적이고 미숙한 수준이다. 주로 불연속적이고 순간적이며 다른 사건과는 관련이 없는 신체의 감각적 경험들이다. 사적 양식은 초보양식보다 좀 더 분화된 것이다. 자신에게는 의미가 있지만 다른 사람들에게는 의미가 없는 것들이다. 주로 배가 고프면 식사시간을 기다리는 것처럼 사건들은 시간적 배열에 의해 연결되어 있다. 또 아침에 장례식 차를 보면 재수가 없다와 같은 믿음도 이에 속한다. 통합양식은 자신의 생각을 다른 사람에게 명확하게 전달하고, 대인 간 의사소통을 향상시키는 언어와 관련되어 있다. 물리적 · 공간적 인과성을 이해할 수 있고, 통합적 상징과 통합적 언어를 사용한다. 이러한 것들은 논리적이고 합리적이기 때문에 다른 사람들도 이런 식으로 표현된 생각을 따르는 데 아무 무리가 없는 경우이다. 한편, 설리번은 한 개인이 자신 및 다른 사람에 대해서 가지고 있는 하나의 정신적 표상을 의인화(personification)라고 하였다. 예를 들어, 좋은 나, 나쁜 나, 좋은 사람, 나쁜 엄마와 같은 정신적 표상이 의인화의 한 예이다(Muuss, 1996).

청소년과 관련된 이론 및 주장

▸▸ 대인관계의 특징

대인관계의 질과 특성이 설리번 이론의 핵심이다. 정상적 발달이든 병리적 발달이든 모두 다른 사람과의 상호작용에서 생긴다. 대인관계의 영향력은 건설적일 수도 있고 파괴적일 수도 있다. 누구와 상호작용하고 있는가에 따라 자신을 바라보는 방식과 행동하는 방식에 있어 차이가 있다. 청소년들 또한 부모, 교사, 친척, 또래, 소중한 친구, 그리고 이성과의 상호작용 형태에서 극적으로 다르게 행동할 수 있기 때문에 그들의 행동을 이해하는 데 있어 대인관계는 가장 중요한 실마리가 된다.

설리번은 인간은 바람직하지 못한 대인관계에서 유발되는 고민이나 근심을 회피하기 위하여 동기가 유발된다고 주장하였다. 대인관계의 문제 때문에 생기는 불안은 인간행동의 가장 중요한 동기적 힘이다. 청소년들 또한 다른 사람들과의 긍정적인 관계를 갖기 원하며, 다른 사람들에 의해 수용되기 위해 노력한다. 다른 사람들과의 관계는 우리가 무엇이고 어떻게 발달하는가에 영향을 준다. 성공적이고 긍정적인 대인관계는 행복하고 만족스러운 생활을 위한 필수 요건이다. 의미 있는 다른 사람과의 부정적, 위협적, 불안 유발적 경험들은 불안정을 생성하지만 긍정적, 지원적, 긴장 감소적 경험은 안정감을 생성한다. 청소년발달은 대인관계의 문제에서 오는 불안감을 극복해 나가는 끊임없는 과정이다.

설리번은 "편안한, 즉 성공적인 대인관계가 인생에서 제일 중요하다."라고 하면서, 그렇지 못하면 대인갈등과 불안 및 긴장이 초래되고 정신의학적인 문제가 초래될 수 있다고 하였다. 특히, 청소년기 동안에는 효율적이고 의미 있는 대인관계가 건강한 심리사회적 발달을 위한 필수적 전제조건이라고 주장하였다. 좋지 못한 또래관계는 부적응과 우울증을 초래한다. 그리고 그것은 비행행동, 낮은 학업 성취, 학교 중퇴, 가출, 약물 사용, 조기 성행위, 정신질환 및 행동장애 등으로 발전될 수 있다고 하였다.

▸▸ 발달단계

설리번은 인간발달이 유아기부터 성인기까지의 단계적 순서를 통해 진행된다고 하면서 인간발달의 6단계를 제시하였다. 각 발달단계들은 대인관계의 독특한 특성을 가지고 있고, 자기평가에 영향을 주는 특정한 개인이나 사회적 집단들이 포함되어 있다. 한 단계에서 다른 단계로의 이동은 의미 있는 다른 사람에 대한 지향에서의 질적 이동을 의미하는데, 이는 〈표 7-1〉과 같다.

〈표 7-1〉 설리번의 성격발달단계

발달단계	특징적인 욕구
유아기 (출생～2세)	안정감의 욕구: 양육자에게서 겪게 되는 불안 유발 초기 경험들이 이후의 긴장과 불안을 일으키고 대인관계 과정에 전개될 수 있다.
아동기 (3～6세)	부모의 관심을 얻으려는 욕구: 부모의 반복되는 불승인은 불안을 유발한다. 이 단계의 중요한 성취는 대인관계에서 협동을 배우고 지시를 수행하며 사회적 기술에 숙달되는 것이다.
소년기 (7～10세)	동년배 관계를 형성하려는 욕구: 배척의 위협과 따돌림, 놀림에 대한 두려움과 불안이 생기고, 이후의 대인관계 과정에 전개될 수 있다.
전청소년기 (11～12세)	많은 수의 놀이친구에 대한 욕구에서 벗어나 단짝 친구관계로서 표현되는 친밀감과 애정의 욕구: 결핍되면 사회적 고립이 초래되고 고독감이 생기며 친구를 사귀는 데 있어 불안이 초래된다.
청소년초기 (13～16세)	대인 간의 친밀감을 유지하려는 욕구, 동성끼리의 친밀감에서 이성끼리의 친밀감으로 이행, 성적 만족을 추구하려는 욕구 및 안정된 이성관계를 형성하려는 욕구: 친밀감 욕구, 욕정, 안전의 욕구들이 충돌하면서 불안과 갈등 및 위기감이 생길 수 있다.
청소년후기 (17～20세)	두 사람만의 특별한 이성관계를 추구하려는 욕구, 이성 간의 성적 관계가 중요한 문제로 등장하고 사회 내에서 개인적 위치를 확립하려는 욕구: 성인이 되기 위해 개인은 불안과 긴장에 대처하는 데 도움이 되는 효과적인 안전 수단 또는 방어기제를 확립해야 한다.

▸▸ 대인 간의 상호력과 치료모델

〈표 7-1〉에서 보는 바와 같이, 설리번은 유기체의 형성과 발달에 있어 유전과 성숙의 중요성도 존재하지만 인간을 인간답게 하는 것은 각 발달단계를 거쳐 나가는 대인 간의 상호작용임을 크게 강조하였다. 심지어 개인의 대인관계 경험은 그 사람의 순수한 생리적 기능까지도 변화시킬 수 있으며, 결과적으로 개인은 생리적 실재로서의 자신의 위치에서 벗어나 사회화된 방법으로 호흡하고, 소화하고, 배설하고, 순환함으로써 사회적 유기체가 된다고 주장하였다. 즉, 대인관계 욕구가 생물학적 욕구보다 더 중요함을 강조하였다.

설리번의 정신치료모델은 정신분열증 환자들을 다루면서 시작되었고 사회적 정신치료로도 알려져 있다. 대인관계, 특히 유아기와 아동기 때의 대인관계가 불안을 초래할 때 자신이 발달시킨 안전 수단(방어기제)이 타인과의 관계를 손상시킬 수 있다. 그러므로 정신치료는 불안과 불안이 발생하게 된 대인관계가 치료의 주된 초점이다. 정신치료는 정신과적 면담의 연장이고, 정신과의사는 문제를 파고 들어가는 과정에서 같이 참여하는 참여관찰자이다. 치료과정에는 억압되고 해리된 일들을 파고 들어가는 과정뿐만 아니라 새로운 대인관계 유형을 치료자와의 관계를 통해서 재현하도록 도와주는 학습과정이 포함되어 있다.

▸▸ 비판점

설리번의 이론은 임상심리학, 사회심리학, 인지심리학 등을 통합하고 있는데, 바로 이와 같은 점에서 그의 이론이 복잡하고 현존하는 모델에 쉽게 들어맞지 않는다는 비판을 받고 있다. 또 설리번의 성격발달이론은 남성 중심으로 기술되어 있다는 점에서도 비판을 받고 있다. 정신치료를 받기 위해 설리번을 찾아온 대부분의 환자들이 남성들이었기 때문에 그는 남성의 관점에서 자신의 이론을 전개하였다. 그러므로 설리번은 남녀 간의 성격발달에는 차이가 있다는 것을 인정하면서도 여성의 성격발달에 관한 설명을 제시하지 못하였고, 많은 연구자들은 이 점을 지적하고 있다.

참고인물

❖ 홀(Granville Stanley Hall, 1844~1924): 5장의 홀을 참조할 것.

❖ 프로이트(Sigmund Freud, 1856~1939): 6장의 프로이트를 참조할 것.

❖ 게젤(Arnold Lucius Gesell, 1880~1961): 5장의 게젤을 참조할 것.

❖ 피아제(Jean Piaget, 1896~1980): 8장의 피아제를 참조할 것.

❖ 에릭슨(Erik Homburger Erikson, 1902~1994): 이 장의 에릭슨을 참조할 것.

2. 헤비거스트

"인간은 발달단계마다 성취해야 할 발달과업이 있고, 이를 숙달하지 못하면 성숙한 사람으로서 기능할 수 없다."

헤비거스트(Robert James Havighurst, 1900~1991)는 1900년 미국 위스콘신 주의 작은 마을에서 출생하였다. 헤비거스트의 가족은 원래 독일계였으며, 할아버지는 1847년 미국으로 이민을 오게 되었다. 다섯 아이들 중 첫째였던 헤비거스트는 공립학교를 마치고 오하이오 웨슬리언대학교(Ohio Wesleyan University)를 졸업하였으며, 오하이오주립대학교에서 화학전공으로 철학박사학위를 취득하였다. 그리고 하버드대학교에서 물리학으로 박사후 연구과정을 이수하였다. 1924년부터 1927년까지 원자의 구조를 연구하였고 물리 및 화학 저널에 일련의 논문들을 발표하였다. 그러다 1928년부터는 청소년들의 문제와 실험적 교육분야에 대한 관심 때문에 마침내 이 분야를 본격적으로 연구하기 시작하였다. 위스콘신대학교에서 물리학 조교수의 지위를 가지고 실험대학(Experimental College)의 지도교수를 맡게 되었다. 이러한 경험을 바탕으로 1934년에는 록펠러재단(Rockefeller Foundation)의 일반교육위원회의 부위원장으로 활동하면서 아동연구 교육프로그램에 참여하게 되었다. 1937년에는 위원장으로 승진하여 미국 전역에 있는 주요 대학들 내의 아동개발 연구프로그램에 대한 지원을 아끼지 않았다. 또한 미국으로 건너온 유럽의 망명 학자들에게도 많은 연구자금을 지원하였는데, 그 가운데 블로스, 에릭슨 등이 이 지원을 받았다. 1940년에는 시카고대학교의 교육학과 교수로 초빙되었으며, 대학 부설 인간발달연구소의 사무총장을 역임하기도 하였다. 이때 아동과 청소년들의 성격 및 도덕발달에 대한 일련의 종횡단적 연구를 수행하였고, 1948년에는 『인간발달과 교육(*Human Development and Education*)』, 『발달과업과 교육(*Developmental Tasks and Educations*)』, 1949년에는 『청소년의 특성과 성격(*Adolescent Character and Personality*)』이라는 유명한 저서를 출간하게 되었다. 주 저자 또는 공동 저자로 45권 이상의 책을 출간하였고 특정 주제에 관한 전공 연구논문 및 학회논문 등도 수백 편에 이르고 있다. 특히, 『발달과업과 교육』은 1960, 1972년에 개정판이 나오기도 하였는데, 주요 핵심 내용은 연령과 관련된 일련의 발달과업들의 개념을 제시하고 있다. 영아기부터 성인 후기까지 일련의 발달단계, 즉 인생주기를 6단계로 나누고 그에 따른 발달과업을 제시함으로써 전생애적 관점을 취하고자 하였다. 또한 각 발달단계에서의 발달과업을 성공적으로

습득했는가의 여부로 개인의 적응 여부를 평가할 수 있는 계기를 만들어 주었다. 이와 같은 발달단계에 따른 발달과업의 연구는 나중에 에릭슨이 심리사회적 위기이론을 발전시키는 초석으로 작용하게 되었다. 헤비거스트는 인생의 많은 시간을 인간발달과 교육연구에 보냈으며 시민권리운동가로서 활동하였다. 1964년에는 시카고의 공립학교에 관한 조사연구를 통하여 학교 및 지역사회의 인종차별 문제를 제기하면서 많은 사람들의 주목을 받기도 하였다. 1965~1991년까지는 명예교수를 역임하였고, 1991년 90세의 일기로 사망하였다.

▸▸ 발달과업

헤비거스트는 개인과 그가 살고 있는 사회 간에 어떤 형태의 상호작용이 일어나고 있는가에 큰 관심을 가지고 있었다. 우리 사회는 그 안에 살고 있는 모든 사람에 대하여 연령에 맞는 역할과 활동을 기대하고 있는데, 이것이 바로 연령에 따른 계층체계(age-graded system)이다. 헤비거스트는 개인이 발달해 가면서 직면하게 되는 과제를 확인하려고 하였고, 이에 대해 발달과업(developmental tasks)이라는 개념을 최초로 도입하여 설명하고자 하였다. 발달과업이란 한 개인이 환경에 적응하기 위해서 발달단계마다 습득해야만 하는 과제를 뜻한다.

발달과업은 그 사람의 일생의 일정 기간 동안에 독특하게 나타나게 되는데, 이는 신체적 성숙과 문화적 압력이라는 두 가지 측면이 복합적으로 영향을 미치기 때문이다. 한 단계의 주어진 발달과업을 일단 그 시기에 완수하고 나면 개인은 적응이 잘되고 행복해지는 것은 물론 그다음 단계의 발달과업도 잘 수행해 낼 수 있게 된다. 그러나 자신에게 주어진 발달과업을 달성하지 못하게 되면 스스로 성숙한 사람으로서의 기능을 할 수 없게 되고, 불행해할 뿐만 아니라 사회에서도 용납되지 않으며, 나중에 연속되는 발달단계에서의 과업을 수행하기가 어려워진다. 이러한 발달과업에는 누구나 똑같이 경험해야 하는 보편적인 것(예: 여성은 초경이나 폐경에 대한 적응)과 문화에 따라 각각 다른 것(예: 청소년들의 군입대, 결혼 적령기에 대한 사회문화적 분위기, 정년퇴직의 시기와 제도)이 있다. 뿐만 아니라 일단 달성하고 나면 다시 이전 단계로 돌아갈 수 없는 과업(예: 일어서기, 걷기, 뛰기에 있어서 자기의 신체를 적절히 조절하는 것)도 있고, 각 단계마다 반복해서 나타나는 과업(예: 시민으로서의 권리 주장과 의무 수행)도 있다. 그리고 여성 또는 남성으로서의 적절한 성역할도 하나의 발달과업으로 보아야 한다.

▸▸ 인생주기

헤비거스트는 『발달과업과 교육』(1948)이라는 저서를 통하여 인생의 주기를 6단계로 구분하였는데, 여기에는 청소년들의 발달과업도 제시되어 있다. 그리고 각 주기에 따라 어떤 과제를 가르칠 수 있는 적절한 순간이 존재하고, 과제 중의 일부는 생물학적 변화, 특정 연령에 부가되는 사회적 기대, 그리고 특정 일을 수행해야만 한다는 개인의 동기 때문에 생긴다. 개인이 수행해야 할 발달과업은 문화에 따라 다른데, 각 문화는 발달과업을 결정하는 데 있어 상대적으로 생물학적 요소가 강한지, 심리적 요소가 강한지, 혹은 문화적 요소가 강한지 등에 따라 차이가 있다. 또한 요구와 기회가 문화마다 서로 다르기 때문에 성공 여부가 문화적으로 규정되고 그에 따라 요구되는 능력도 다를 수 있다. 그리고 같은 문화 내에서도 사회계층, 예를 들면 상류, 중류, 하류 계층에 따라 발달과업에 차이가 있다. 다음은 헤비거스트가 제안한 인생주기 6단계를 정리한 것이다.

- 영아기 및 아동 초기(0~5세): 이 시기에는 일어서기, 걷기, 음식 먹기, 언어소통, 배설 작용, 개념 형성 등의 능력을 획득하고 사회화 과정과 관련된 과업으로서 사회적, 물리적 현실을 묘사하는 언어능력을 발달시키며 옳고 그른 것의 판단을 배운다.
- 아동 중기(6~12세): 이 시기에는 아동의 사회적 활동이 가정에서 또래집단으로 이행되어 간다. 또 신경근육체계의 기능이 일반적인 놀이 게임이나 운동을 통해서 점차 발달한다. 과제 내용은 성장한 개체로서의 자기 자신의 인정, 동년배들과 어울리기, 남성 및 여성의 역할학습, 읽기 · 쓰기 · 계산하기 등의 기본적 지식의 학습, 일상생활에 대한 개념 형성, 양심과 가치관의 형성, 자율적인 인간이 되는 것 등이다.

청소년과 관련된 이론 및 주장

▸▸ 청소년기(13~18세)

개인의 신체적, 정서적 성숙이 이루어지는 시기로서 가장 중요한 심리사회적 과제는

〈표 7-2〉 청소년기에 갖추어야 할 발달과업

청소년기 (13～18세)	• 자신의 신체를 수용하고 신체를 효율적으로 사용하는 것 • 동성과 이성의 동년배와 새롭고 보다 성숙한 관계를 형성하는 것 • 남성과 여성의 성역할을 형성하는 것 • 부모와 다른 성인으로부터 정서적으로 독립하는 것 • 경제적 직업을 준비하는 것 • 결혼과 가정생활을 준비하는 것 • 사회적으로 바람직한 행동을 바라고 행하는 것 • 행동의 길잡이로서의 일련의 가치와 윤리체계를 형성하는 것

에릭슨이 주창한 것처럼 자아정체감의 달성이다. 청소년기에 해야 할 그 밖의 여덟 가지 주요 발달과업으로는 비슷한 연령에 속하는 이성과의 정상적인 인간관계, 성인 남녀로서의 적절한 성역할, 신체적 특성을 있는 그대로 받아들이고 신체를 효율적으로 사용하는 것, 부모나 기타 성인들로부터 정서적으로 독립하는 것, 결혼과 가정생활에 대한 준비, 경제활동을 위한 준비, 행동기준으로서 일련의 가치 및 윤리체계를 획득하는 것, 사회적으로 책임 있는 행동을 하는 것 등이 있는데, 이를 정리하면 〈표 7-2〉와 같다.

청소년기에는 이러한 심리사회적 과제를 이루어 나가야 한다. 예를 들어, 청소년기에는 부모로부터 정서적 독립을 완수할 필요가 있다. 부모로부터의 정서적 독립의 실패는 성인이 된 후 배우자와의 생활에서 부적응을 일으킬 가능성이 높다.

- 성인 초기(약 19～29세): 이 시기는 자신의 독립된 가족단위를 꾸미고 사회적 역할을 수행하는 중요한 때이다. 배우자의 선택, 배우자와의 동거, 배우자와 함께 생활하는 방법을 학습하는 것, 자녀양육, 가정관리, 취업, 시민으로서의 책임 수행, 성격에 맞는 사람과의 사교관계 형성 등이 이 시기의 중요한 과업이다.
- 중년기(약 30～60세): 이 시기에 개인은 사회에 대한 영향력이 절정에 달하며 동시에 노화에 따른 생물학적 변화도 느끼게 된다. 이 시기의 발달과업은 개인적 요구나 필요성뿐만 아니라 유기체 내부의 변화나 환경적 압력에 의해 생겨난 것들도 많이 있다. 10대에 돌입한 자녀들을 책임감 있고 성실한 성인으로 성장하도록 도와주는 것, 성인으로서 사회적 책임감을 성취하는 것, 개인의 직업적 경력에 있어서 만족할 만한 성과를 거두고 유지하는 것, 여가시

간을 활용하는 것, 배우자와의 관계에서 겪는 중년기의 생리적 변화를 수용하고 적응하는 것, 노화해 가는 부모들에 대하여 적응하는 것 등이다.

- 성숙 후기(60세 이후): 인생의 마지막 단계에서는 활발한 사회적 참여로부터의 사회적 유리(disengagement) 또는 새로운 생활 속의 역할에 대한 재개입 등이 주요한 문제가 된다. 이때는 개인의 활동이 위축되는 면도 많이 있으나 생물학적 · 사회적으로 불가피한 상실에 대한 적응과 보상 등이 커다란 과제이다. 그 밖에도 신체적 능력과 건강의 쇠퇴에 대한 적응, 정년퇴직과 경제적 수입 감소에 대한 적응, 배우자의 죽음에 대한 적응, 동년배들과의 유대관계 강화, 가족, 지역사회 단체활동 또는 취미활동에서 더욱 그 폭을 넓히기도 하고 여러 가지 활동을 둔화시키기도 하면서 사회적 역할에 융통성 있게 적응하는 것, 생활에 적합한 물리적 환경의 조성 등이 있다.

▸▸ 비판점

헤비거스트의 발달과업이론은 한 개인이 사회에서 건강하고 만족스러운 성장을 하고 있는가의 여부를 판단할 수 있는 이정표를 제시해 주고 있다. 또 각 연령단계에 들어맞는 프로그램을 개발하거나 인생주기에 대한 통찰력을 제공한다는 점에서 매우 유용하기도 하다. 그러나 그의 이론은 몇 가지 제한점을 가지고 있다. 첫째, 헤비거스트가 제안한 발달과업의 개념은 지극히 보편적인 성인기를 대상으로 구분했다는 점이다. 따라서 결혼하지 않은 사람, 자녀가 없는 사람, 그리고 문화적 배경이 다른 사람에게는 그대로 적용하기가 어렵다. 또한 헤비거스트의 발달과업론은 서구사회의 중간계층 집단을 모델로 한 것으로서 특수집단에 대한 발달과업이라는 한계점을 가지고 있으며, 그가 제시하고 있는 연령에 따른 발달과업처럼 현대사회 내에서의 인간생활이 그렇게 질서정연하게 순서지어지는 것은 아니다.

둘째, 발달과업 개념 자체를 부정하고자 하는 일단의 주장들이 존재하고 있다. 그 이유는 인생이란 반드시 어떤 순서에 의해서 이루어지거나 적절한 시기가 있다고 보기 어렵기 때문이다. 인생의 보편적인 단계에서 벗어나는 것이 반드시 해롭거나 바람직하지 못하다고는 할 수 없고 독신생활, 결혼의 지연, 출산의 지연, 이혼 등이 오히려 개인에게 더 도움이 되기도 하기 때문이다.

셋째, 헤비거스트는 "인간이 왜 이들의 목표를 추구하고 있는가?" 에 대해서는 대답하지 못하고 있다. 헤비거스트는 가족 · 학교 · 친구집단의 영향 내지 아동이나 청소년에 부과되고 있는 발달과제의 해결에 관련되는 환경에 대해서는 기술하고 있으나, 그가 주목한 것은 일반적인 환경조건의 기술에 그치고 있다. 그러한 환경적 특징이 발달과제를 해결하기 위해서 어떻게 개인을 동기유발시킬 것인가에 대해서는 밝히지 못하고 있다.

참고인물

❖ 블로스(Peter Blos, 1904～1997): 6장의 블로스를 참조할 것.

❖ 에릭슨(Erik Homburger Erikson, 1902～1994): 이 장의 에릭슨을 참조할 것.

3. 에릭슨

"청소년기는 심리사회적 유예기이다. 청소년들은 진정한 자기를 찾기 위해 정신적인 방황을 하게 되고 새로운 자기 탐색이 시작되는데, 이 기간 동안에는 그들에게 성인의 책임과 역할을 강요해서는 안 된다."

에릭슨(Erik Homburger Erikson, 1902~1994)은 독일의 프랑크푸르트 근교에서 출생하였다. 유태인이었던 에릭슨의 어머니는 그가 태어나기 전 남편과 이혼을 하였으며, 에릭슨이 3세 때 유태인계 소아과의사와 재혼을 하였다. 에릭슨은 소아과의사였던 유태인 양부 밑에서 유태인의 율법에 따라 유태인으로서 양육받게 되었다. 그러나 에릭슨은 덴마크 사람이었던 친아버지를 닮아 키가 크고 금발에 푸른 눈을 지니고 있었기 때문에 유태인 사회에서 이방인 취급을 받게 되었다. 그리고 어느 정도 자란 후에야 자신의 아버지가 양부라는 사실을 알게 되었고 큰 충격을 받게 되었다. 그래서 1939년 미국시민으로 귀화했을 때 원래 자신의 이름을 사용하기 시작하였다. 이것이 나중에 에릭슨이 아이덴티티 이론(identity theory)에 열정을 바치게 되는 하나의 계기가 되었다. 이 외에도 에릭슨은 아동문제에 대해서 각별한 관심을 가지고 있었는데, 그 배경에는 슬픈 사연이 숨겨져 있었다. 에릭슨의 넷째 아이 닐이 다운증후군에 걸린 채 출생하였던 것이다. 에릭슨은 1994년 죽기 얼마 전까지 이 사실을 오랫동안 비밀에 부쳤으며, 닐의 장례식에 참석하기 전까지 그를 거의 만나 본 적이 없었다. 결국 에릭슨의 넷째 아들 닐은 가족과 오랜 세월을 떨어져서 지내다가 21세에 사망하였다. 그러나 에릭슨은 이방인으로서, 또 닐의 출생과 사망 등의 아픔을 속으로 삭이면서 자신에게 펼쳐진 삶의 위기를 창조적으로 해결하기 위해 노력하였다. 그 결과물이 바로 아이덴티티 이론이다.

에릭슨은 고등학교 이상의 정식교육을 받지 못하였다. 졸업 후 의사가 되라는 양부의 독려를 일축하고 집을 떠나 유럽을 여행하고, 여행에서 돌아온 후 잠시 예술학교에 적을 두었다가 다시 이탈리아 전국을 방황하면서 시간을 보냈는데, 후에 에릭슨은 이 시기를 자신의 심리사회적 유예기라고 일컬었다. 그러다가 1927년 25세 때 비엔나에 있는 조그마한 미국 유치원의 교사인 고교 동창을 만나면서 교사직을 얻게 되었다. 1927년부터 1933년까지는 안나 프로이트의 지도 아래 정신분석에 대한 훈련을 받았고, 1929년에는 안나 프로이트가 운영하는 실험학교의 무용교사인 캐나다의 한 여성과 결혼하였다. 1933년 에릭슨은 부인 및 두 명의 아들과 함께 코펜하겐으로 가서 덴마크 시민권을 얻어 그 나라에 정신분석 교육기관을 설립하였으나 히틀러의 등장으로 파괴되었고, 결국 미국으로 이민 가서 보스턴에 정착하였다. 그 후 2년간 보스턴에서 아동분석가로서 개업을 하였고, 1년 동안 하버드대학교 의과대학 신경정신과의 심리학연구원으로 활동하면서 머레이(Henry Alexander Murry, 1893~1988), 레빈(Kurt Lewin, 1890~1947) 등과 함께 잠시 일하기도 하였다. 하버드대학교의 박사과정에도 등록하였으나 몇 달 뒤에 취소하였다. 1936~1939년 동안 예일대학교 의과대학 정신과에 재직한 적이 있었고, 1939년에는 샌프란시스코로 옮겨 자신의 아동분석연구를 다시 시작하였다. 그리고 마침내 1942년에는 버클리 캘리포니아대학교의 심리학 교수직을 얻게 되었다. 그러나 그 당시 미국 사회에 공산주의가 많다는 위기의식이 사회적으로 조장되었기 때문에 캘리포니아대학 당국은 모든 교직원에게 국가에 대한 충성선서를 요구하였다. 그러나 에릭슨은 이를 거절하여 교수직에서 사퇴하게 되었다.

에릭슨은 1950년 자신의 첫 저서 『아동기와 사회(*Childhood and Society*)』를 출간하여 생의 발달 8단계를 제시하였고, 1963년 다시 개정판을 냄으로써 미국의 자아심리학의 대변자로서 발돋움할 수 있는 전기를 마련하였다. 이 이론은 프로이트의 심리성적 발달이론을 확장 발전시킨 것으로서 정신분석학적 입장을 그대로 고수하였지만, 특별히 다른 점이 있다면 유아기부터의 발달이 성욕을 중심으로 한 것이 아니라 대인관계, 사회적 접촉 등 사회적 발달에 초점을 맞추었다는 사실이다. 에릭슨은 1951년부터는 피츠버그에 있는 서부정신병원, 피츠버그대학교, 그리고 매사추세츠 공과대학에서 시간강사직을 계속하였고, 1961년에는 하버드대학교의 인간발달학 교수로 취임하게 되었다. 에릭슨은 정식 학위를 받은 적은 없지만, 하버드대학교에서 은퇴할 때까지 교수로 재직하면서 연구에 몰두하다가 1994년 92세의 일기로 사망하였다. 주요 저서로는 『아동기와 사회』(1950), 『정체감: 청소년과 위기(*Identity, Youth and Crisis*)』(1968), 『완성된 인생주기(*The Life Cycle Completed*)』(1982) 등이 있으며, 12명의 여러 저자들의 원고를 모아 편집 · 출간한 『청소년: 변화와 도전(*Youth: Change and Challenge*)』(1963)이 있다.

▸▸ 자아발달론

에릭슨은 자아의 성장에 관한 이론을 전개하면서 생활에서 오는 정신사회적 위험을 이

〈표 7-3〉 에릭슨의 자아발달 8단계

단계(연령)	심리사회적 위기	주요 관계	심리사회적 양상(modalities)	심리사회적 가치(virtues)	부적응 및 적의
I: (약 0~1세) 영아기(infant)	신뢰 대 불신	어머니	to get, to give in return	희망, 신념	감각왜곡-철수
II: (약 2~3세) 유아기(toddler)	자율성 대 수치심 및 의심	부모	to hold on, to let go	의지, 결정	충동성-강박
III: (약 3~6세) 학령전기(preschooler)	솔선성 대 죄책감	가족	to go after, to play	목적, 용기	무자비-금지
IV: (약 7~12세) 학령기 아동 (school-age child)	근면성 대 열등감	이웃과 학교	to complete, to make things together	능력	협소한 감식력 (virtuosity)-무력증
V: (약 12~18세) 청소년기(adolescence)	자아정체감 대 역할혼미	또래집단, 역할모델	to be oneself, to share oneself	충실, 충성	광신-거부/거절
VI: (약 20~40세) 성인기(young adult)	친밀감 대 고립감	배우자, 친구들	to lose and find oneself in a another	사랑	문란-배타
VII: (약 40~65세) 중년기(middle adult)	생산성 대 침체성	가족, 세대, 직장(회사) 동료	to make be, to take care of	보호, 돌봄, 관심(care)	과잉확대-거절
VIII: (약 65세~) 노년기(old adult)	통정감 대 절망감	인류 또는 나의 종족(my kind)	to be, through having been, to face not being	지혜	억측-절망

출처: Erikson, E. H. (1959). Identity and the Life Cycle. *Psychological Issues*, Monograph, 1, 1(1). International Universities Press.

겨 낼 수 있는 인간 능력에 많은 관심을 가지고 있었다. 즉, 자신의 저서 『아동기와 사회』(1950, 1966)를 통해 인간은 각 발달과정이 있고, 다음 발달단계에 잘 적응하고 건전한 양상으로 진행하려면 각 위기를 적절하게 해결해 나가야 한다고 주장하였다. 그렇지 못하면 자아발달은 손상을 받고 불신, 수치, 의심 등과 같은 부정적 요소들이 자아 속에 통합된다고 하였다. 또한 발달은 성장체의 기본 계획과 발달의 이정표에 따라 진행되는데, 먼저 발달한 부분을 바탕으로 그다음의 발달이 이루어진다는 점성적 원리(epigenetic principle)를 제안하였다. 그러나 이 역시 이전의 발달은 이후 발달을 위한 필요조건이지 충분조건이 아니라고 하였다. 예를 들어, 아동기의 발달이 잘 이루어졌다고 해서 청소년기의 발달이 보장되는 것이 아니기 때문에 인간의 발달은 평생에 걸친 과정으로 보아야 한다고 주장하였다. 이에 그는 심리사회적 자아발달의 8단계를 제시하였는데, 이는 〈표 7-3〉 및 [그림 7-1]과 같다.

- 제1단계: 신뢰감 대 불신: 기본적 신뢰감 대 불신(basic trust vs. basic mistrust)은 출생 후부터 18개월에 이르는 시기로 삶의 첫 과제는 신뢰와 불신의 위기를 다루는 것이다. 주로 어머니와의 관계에서 어머니가 일관성 있게, 예측할 수 있도록, 그리고 수용적이고 따뜻하게 대해 주면 신뢰하는 것을 배우게 된다. 이 신뢰의 결과로 다른 사람에 대한 개방적 자세, 삶에 대한 긍정적 관점 및 자신에 대한 신뢰가 형성되고, 그렇지 못하면 불신감을 갖게 된다. 신뢰와 불신은 어머니와 유아가 접촉하는 시간보다는 관계의 질에 의존한다. 물론 어느 정도의 불신은 모두 있겠지만, 중요한 것은 이 두 요소 간의 균형 중 신뢰감이 차지하는 비중이 우세해야만 정상적인 발달이 된다는 것이다.
- 제2단계: 자율성 대 수치심 및 의심: 자율성 대 수치심 및 의심(autonomy vs. shame and doubt)은 18개월에서 3세까지의 시기이다. 유아는 두 발로 일어나 걷기 시작하면서 스스로 무엇인가를 하려는 자율성에 대한 신체적, 언어적 표현이 나타나기 시작한다. 자신을 돌보아 주는 사람과의 관계에서 협력하고자 하는 감정과 자기 마음대로 하고자 하는 감정, 유순함과 공격성, 그리고 복종과 고집이라는 서로 상충되는 감정 속에서 투쟁을 하게 된다. 이때 자기를 돌보아 주는 사람이 자신의 행동을 인정하지 않을 때 수치심이 발생하고, 그 결과 자신의 의지를 불신하게 되면서 자기의심이 생기고 무기력한 태도가 생기게 된다. 이 단계는 유아의 신체적 움직임의 능력에 집중되어 있기 때문에 유아의 신체적 발달을 고려하지 못한 무리한 배변훈련, 보행, 식사, 언어훈련 등은 수치 및 의심이라는 부정적 자아개념을 발달시

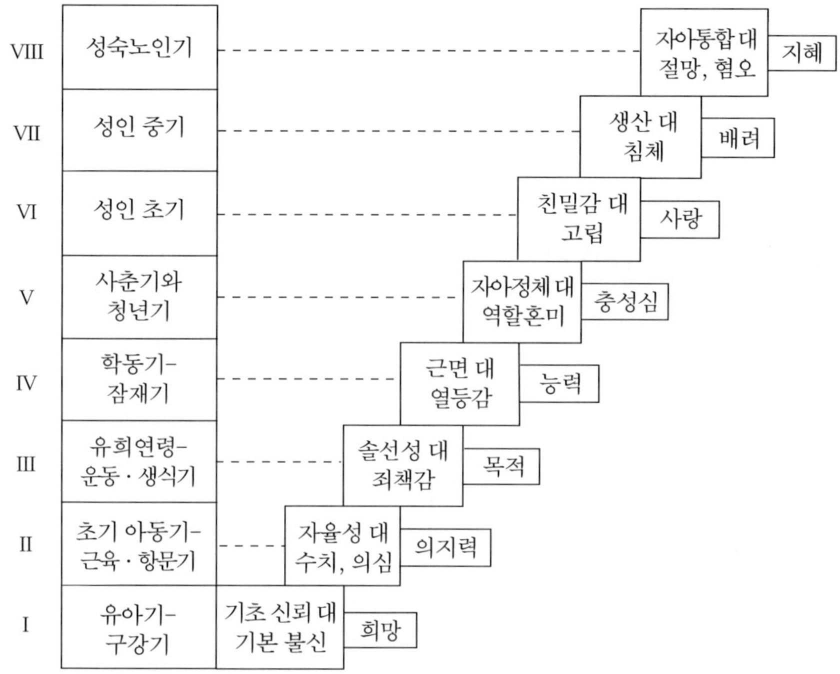

[그림 7-1] 에릭슨의 심리사회적 발달단계

키게 된다.

- **제3단계: 솔선성 대 죄책감**: 솔선성 대 죄책감(initiative vs. guilt)은 4~5세에 해당되는 시기이다. 이 시기의 유아는 환경에 대해 공격적이면서도 능동적으로 활기찬 탐색을 시작한다. 자기 주도적으로 어떤 일을 수행하려고 하며, 때로는 무엇이든지 자기 뜻대로 하려는 집착을 보인다. 그러면서 아동은 솔선성을 기르게 되는데, 부모가 아동 자신을 보호하거나 타인을 보호하기 위해 이를 처벌하게 되면 자신의 자연스러운 충동에 죄책감이 생기게 된다.
- **제4단계: 근면성 대 열등감**: 근면성 대 열등감(industry vs. inferiority)의 심리사회 단계는 6~11세에 해당되는 시기이다. 이때부터 아동은 처음으로 형식적 교육을 통하여 문화에 대한 기초기능을 배우기 시작한다. 인간관계도 가족에서 학교라는 사회로 넓어지게 된다. 이 시기의 주요 발달 주제는 근면인데, 이는 학업을 시작하면서 작업의 원칙을 익히고 기술을 습득하고, 또 그런 과정을 통해서 쾌락이나 보람을 느끼고 성취감을 얻게 되는 것이다. 그러나 그렇지 못하고 실수와 실패를 거듭하면 부적절함과 열등감이 생기게 된다. 특히, 친구들에 비해 뒤처지게 되면 열등감은 더욱 커지고, 형제들에 비해 자신의 능력이 뒤떨어졌다고

느끼는 경우에도 열등감은 강하게 나타난다. 그 결과 일의 세계에 참여하는 자신의 능력에 대해서 자신감을 잃게 된다.

청소년과 관련된 주장 및 이론

▸▸ 제5단계: 정체감 대 정체감 혼미

에릭슨의 인생주기에서 다섯 번째 단계인 정체감 대 정체감 혼미(identity vs. identity confusion)는 청소년기에 해당되는 시기이다. 이 단계는 12세 또는 13세에 시작되어 20세까지 이른다. 에릭슨은 이 시기를 가장 중요한 인생단계로 보았고 또 가장 비중 있게 다루었다. 이 시기는 지금까지 자신에 대해서 생각하고 있는 것들이 도전을 받게 되면서 질적으로 다른 자기 이해, 즉 정체감에 대한 질문이 나타나기 시작한다. '나는 누구인가 ?' '나는 어디서 와서 어디로 가는가?' 더 나아가 '인생이란 무엇인가?' 라는 심리사회적 문제들이 새롭게 생겨나기 시작한다. 그러면서 기본적인 사회적, 직업적, 개인적 정체감을 형성하게 되는데, 그렇지 못할 때는 역할혼미, 즉 정체감 혼란이 초래된다. 따라서 에릭슨이 이 시기를 정체감 위기 또는 심리사회적 유예기(moratorium)라고 하면서 이 시기에 긍정적 자아정체감을 확립하게 되면 이후 단계의 심리적 위기를 무난히 극복할 수 있으나, 그렇지 못하면 방황이 계속되고 부정적 정체감을 형성하게 된다고 하였다.

정체감 혼미는 청소년들이 스스로를 찾기 위한 시간을 벌기 위해 일종의 타임아웃(time out) 기간으로서의 심리적 유예기간을 갖는다. 그러나 이 기간 동안 관여의 대상이 너무 많고 실험적 시도의 변화가 너무 빈번할 때 청소년들은 역할혼미의 위기를 경험하게 된다. 만일 끝내 자신의 존재와 자기가 추구해 나갈 가치에 대한 확신이 서지 않는다면 심각한 정체감 혼미에 부딪히게 된다. 그리고 정체감 혼미가 지속되면 만성적 비행이나 병리적 성격을 가져올 수 있고, 가장 심각한 경우에는 자살이나 자살 기도를 초래하기도 한다.

- 제6단계: 친밀감 대 고립감: 친밀감 대 고립감(intimacy vs. isolation)은 20~40세에 해당되는 시기로, 자신이 지금까지 키워 온 자아정체감을 기초로 가정의 테두리에서 벗어나 본격적으로 다른 사람들과 함께 사회생활을 시작하는 때이다. 주로 타인과의 관계 속에서 자신을 발견하거나 상실하게 된다. 즉, 다른 사람과의 친밀한 우정, 동료애, 사랑 등의 감정을 형성하

는데, 그렇지 못할 때에는 고독감, 고립감을 느끼게 된다. 이 시기의 주요 인물은 애인, 배우자, 동료, 친한 친구 등이다.

- 제7단계: 생산성 대 침체성: 생산성 대 침체성(generativity vs. stagnation)는 40~65세에 해당되는 시기이다. 이 시기의 성인들은 자녀를 잘 가르쳐서 다음 세대가 건전하게 발전할 수 있도록 해야 한다. 또한 직업적 성취나 학문적 · 예술적 업적을 통해서 자신의 생산성을 발휘해야 한다. 그렇지 못하면 침체에 빠지게 된다.
- 제8단계: 통정감 대 절망감: 통정감 대 절망감(integrity vs. despair)는 65세 이상의 노년기에 해당된다. 이 시기의 노인들은 자아통합을 형성하게 된다. 지금까지 살아온 자신의 생애를 돌아보며 가치 있는 삶이었는지 음미해 보게 되고, 그렇지 못하면 절망감에 빠지게 된다. 이 시기에 가장 중요한 것은 일생 동안의 사회적 경험이다.

▸▸ 자아정체감의 형성

자아정체감의 성취는 자신의 장단점을 평가하고 이를 어떻게 다룰 것인지 결정하는 것을 의미한다. 자아정체감의 탐색은 자기의 통일된 전체를 이루기 위해서 과거와 현재 및 미래가 한데 어우러지는 자아개념의 확립을 뜻한다(Muuss, 1996). 따라서 자아정체감 속에는 개인을 과거-현재-미래로 연결해 주는 자기 동질성(self-sameness)과 자기 연속성(self-continuity)이 있고, 물론 개인을 타인과 구별해 주는 독특성이 내포되어 있다. 그러므로 확고한 자아정체감을 가지고 있는 사람은 개별성, 총제성, 계속성을 경험하게 된다. 개별성은 가치나 동기, 관심을 얼마만큼 타인과 공유했다 하더라도 자신은 타인과 다르다는 인식, 즉 자신은 독특하고 특별하다는 인식이다. 총체성은 자신의 욕구, 태도, 동기, 행동양식 등이 전체적으로 통합되어 있다는 느낌이다. 그리고 계속성은 내적 동일감 또는 일관성으로 시간이 경과해도 자신은 동일한 사람이라는 인식, 즉 어제의 나와 오늘의 나는 같은 사람이라는 인식이다(정옥분, 2008).

▸▸ 자아정체감의 성차

한편, 에릭슨은 남성과 여성의 정체감 형성의 차이를 설명하기 위하여 그의 저서 『아동기와 사회』(1950)에서 150명의 소년들과 150명의 소녀들을 대상으로 그들의 공간구성에 대해 2년 동안 반복관찰 연구한 것을 기술하고 있다. 아동들은 사람, 동물, 가구, 차량,

블록 등과 같은 장난감으로 재미있는 장면을 스스로 만들고 줄거리를 말해 보라는 지시를 받았다. 에릭슨은 이 연구에서 남자 아이와 여자 아이는 공간을 매우 다르게 구성한다는 사실을 발견하였다. 남자 아이들은 외부 공간을 강조한 반면, 여자 아이들은 내부 공간을 강조하였다. 남자 아이들은 탑과 같은 건축물을 만들었으며, 원 기둥과 긴 블록을 이용하여 높다란 구조물을 축조하고, 사람, 차량들은 외부에 위치하도록 하였다. 반면에 여자 아이들은 블록을 옆으로 죽 둘러쌓음으로써 주로 실내의 방과 같은 장면들을 만들고 방 내부에 사람이 위치하도록 하였다. 에릭슨은 이 연구를 통하여 여성은 직업이나 이념의 문제보다는 가정과 대인관계에 더 많은 관심을 가지고 있으며, 독립적 · 자율적이기보다는 타율적이라고 생각하였다. 더 나아가서 정체감 성취에 있어서도 성차가 있다는 점을 제기하였고, 남성의 경우에는 친밀감보다 정체감이 선행하지만 여성은 정체감이 친밀감 뒤에 오거나 두 가지가 동시에 나타난다고 주장하였다. 그리고 여성은 남성과 만나 결혼하여 자녀를 양육할 때까지는 정체감이 불완전하다고 생각하였다.

▸▸ 비판점

에릭슨의 성격발달이론은 이론적인 개념의 모호성과 이론을 실증적 연구를 통해 검증해 내기가 쉽지 않다는 문제점이 있다. 즉, 에릭슨의 성격발달이론의 개념을 구체화시켜 경험적으로 측정, 실험하기가 어렵다는 점이 비판의 주된 대상이 되고 있다. 그리고 이 학설은 각 단계에서 일어나는 위기와 그 해결을 논했을 뿐이며, 각 단계의 독특한 발달내용이 그 단계에 성립되어 그다음 단계로 옮겨 간다고 가정하기가 어렵다는 점이다. 예를 들면, 자아정체감이 청소년기에만 성립되는 것이 아니라 중년기의 자아정체감 위기뿐만 아니라 나이가 더 들어 가면서도 자아정체감의 생성 변화가 생길 수 있기 때문에 이 이론은 엄격한 의미에서 단계이론으로 보기는 어렵다. 또한 정체감 형성에 있어서 성의 차이, 즉 여성의 정체감 형성은 결혼하여 자녀를 양육할 때까지 불완전해질 수 있음을 제기한 것도 길리건(Carol Gilligan, 1936～)에 의해 비판을 받은 바 있다.

참고사항

❖ 부정적 정체감

'혈색이 안 좋은데 어디 아프니?' 와 같은 인사말을 몇 번 듣고 나서 거울을 보면 건강한 사람도 자신이 심상치 않은 것처럼 느껴진다. 전에는 보지 못했던 기미나 잔주름 등이 눈에 띈다. 이런 인사말은 비록 선의를 가지고 상대방의 건강 상태를 걱정해 준 것이라 할지라도 듣는 사람을 우울하게 만들고 지치게 만든다. 마찬가지로 문화적 기대나 요구는 가끔 청소년들에게 사회규범과는 전혀 다른 모순된 자기상을 갖도록 만든다. 실패자, 무능력자, 비행청소년, 불량아 등의 명칭은 어떤 측면에서 보면 성인사회가 그들에게 이름 붙인 딱지(labelling)에 불과하다. 예를 들어, 한 청소년이 정신병자, 간사한 놈 또는 못난 사람으로 부정적인 낙인이 찍히면 그 칭호에 걸맞은 행동을 보이는 것을 낙인 효과(stigma effect)라고 한다. 사회에 대한 공헌이나 성공의 가능성이 전혀 없다고 판단되는 청소년들은 자기 정의(self-definition)로서 이러한 부정적인 말을 받아들여 그것을 더욱 굳히는 순환적 행동을 계속하여 부정적 정체감을 강화시키기도 한다. 예를 들면, 비행청소년의 경우 '나는 이미 나쁜 놈이니까' 또는 '나 같은 것은 부모/선생님/동료들로부터 버림받은 존재가 아닌가?' 등과 같은 의식을 가지면서 비행을 향해 충동질을 받고 있는 것이다. 그들은 어쩌다 한 번 각인(imprinting)되어 버린 자신의 이미지에 부정적 정체감이 형성된 것이다.

부정적 정체감은 병적으로 야심적인 부모에 의해 유발되거나 또는 유능한 사람들이 실현한 높은 이상들에 비추어 자신의 초라함과 열등감을 발견하고 스스로를 방어할 필요가 있을 때 나타난다. 부정적 정체감 가운데는 대항적 정체감(counter identity)이란 개념이 있다(한상철 외, 1999). 이것은 자기가 미워하거나 싫어하거나 반발하고 있는 사람이 희망하는 자기상과 반대의 방향으로 행동하는 것을 말한다. 교사가 바라는 대답과는 정반대의 대답만을 하는 학생, 부모가 원하는 복장과 행동의 반대만을 고집하는 여학생 등에서 이러한 사례를 찾아볼 수 있다. 대항적 정체감은 청소년 행동의 구석구석에 침투되어 있다. 그들은 성인들을 골탕 먹이는 데서 기쁨과 희열을 맛보며 그것을 통하여 자신의 존재 가치를 자각한다는 데 심각한 문제가 있다.

참고인물

❖ 머레이(Henry Alexander Murry, 1893~1988): 뉴욕에서 출생하였고, 어릴 때부터 사시 때문

에 입체적인 시력을 잃었으며 말더듬이었다. 그러나 1915년 하버드대학교를 졸업하고, 1919년 컬럼비아대학교 의과대학에서 의학박사학위를 취득하였다. 1920년에는 컬럼비아대학교에서 생물학전공으로 또다시 석사학위를 취득하였고, 1927년 영국 케임브리지대학교에서 생화학전공으로 박사학위를 취득하였다. 머레이가 처음으로 전문적인 심리학에 관심을 갖게 된 것은 해외에서 연구하고 있는 동안 스위스의 취리히에서 융에게 자기 분석을 포함한 정신분석을 받게 되면서부터였다. 이후 머레이는 미국으로 돌아와 뉴욕의 정신병진료소에서 많은 연구에 몰두하게 되었다. 1928년에는 하버드대학교의 임상심리연구소 소장이 되었고, 임상심리학 조교수로 임명되었다. 1928년부터 1935년 동안에는 성격학연구에 공동 참여하였으며, 이를 바탕으로 『성격의 탐구(*Explorations in Personality*)』(1938)를 출간하였다. 이와 함께 1935년에는 그 유명한 주제통각검사(Thematic Apperception Test: TAT)를 개발하였다. 이 검사는 총 31매의 그림카드로 구성되어 있다. 주로 개인 성격과 환경 간의 상호관계를 파악함으로써 그 사람의 성격, 내적 욕구 및 동기, 환경과의 심리적 갈등 등에 대한 정보를 알아낼 수 있도록 되어 있다.

머레이는 성격의 욕구이론을 통하여 인간행위를 이끌고 지시하는 내적인 동기의 힘에 관하여 큰 공헌을 한 사람으로 손꼽히게 되었다. 이 이론의 핵심 용어는 욕구이다. 머레이는 욕구를 뇌 속 부위에 존재하는 힘의 가설적인 구성개념으로 정의하였고, 그 힘은 내외적으로 충동된 힘으로서 여러 심리과정을 조식한다고 하면서 신경생리학적 과정(neurophysiological process)을 중시하였다. 그리고 인간행동에 기본이 되는 12가지 장기 발생적(생리학적인) 욕구와 28가지의 심리 발생적(비생리학적인) 욕구 목록을 제시하였다. 여기서 모든 욕구의 표기는 항상 소문자 n으로 표시된다. 예를 들어, 심리 발생적 욕구의 예를 보면, 성취욕구(n Achievement), 친애욕구(n Affiliation), 지배욕구(n Dominance), 과시욕구(n Exhibition), 굴욕회피욕구(n Infavoidance), 질서욕구(n Order) 등으로 표기하였다. 머레이는 1962년 하버드대학교에서 은퇴하였고, 임상심리학 명예교수로 있다가 1988년 95세의 일기로 사망하였다.

❖ 레빈(Kurt Lewin, 1890～1947): 11장의 레빈을 참조할 것.

❖ 길리건(Carol Gilligan, 1936～): 8장의 길리건을 참조할 것.

4. 마르샤

"정체감은 한 번 형성되면 개인들에게 그들이 누구였는지에 대한 역사적인 인식, 현재 누구인지에 대한 의미 깊은 인식, 그리고 미래에 누가 될 것인지에 대한 인식을 제공한다."

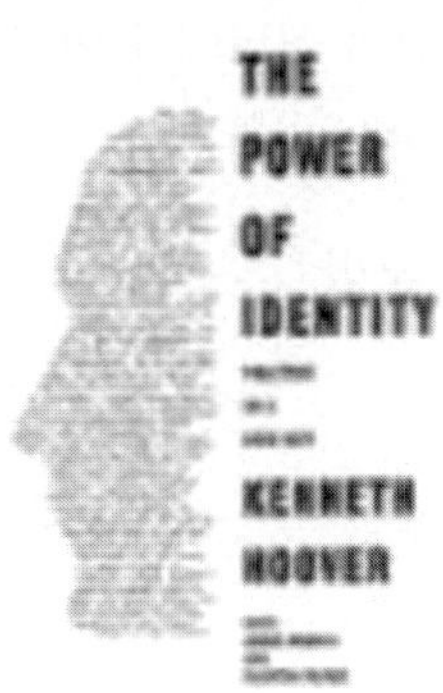

마르샤(James E. Marcia, 1937～)는 캐나다의 발달심리학자로서 브리티시컬럼비아(British Columbia)의 사이몬프레이저대학교(Simon Fraser University)의 명예교수로 있다. 마르샤는 사회심리학적 발달에 관한 연구로 가장 잘 알려져 있으며, 에릭슨의 사회심리적 이론, 특히 청소년기 '정체감 대 역할혼미'에 대한 이론의 확장 및 경험적 연구를 뒷받침하였다. 에릭슨의 이론이 청소년기 정체감 형성의 근간이 되는 과정을 이해하기 위한 토대를 제공하고 다른 학자들이 자신의 연구결과를 비교할 수 있는 기준을 설정해 주었다면, 마르샤는 에릭슨의 이론을 운용할 수 있게 하고 정체감 형성을 판단하기 위한 구체적인 '정체감 상태 면접법(identity status interview)'을 개발하여 에릭슨의 이론을 더욱 명료화하였다. 주요 논문 및 저서로는 『자아정체감 상태의 발달과 타당도(*Development and Validation of Ego-Identity Status*)』(1966), 『자아정체감 연구(*Studies in Ego Identity*)』(1976), 『청소년기의 정체감(*Identity in Adolescence*)』(1980), 『자아정체감의 경험적 연구(*The Empirical Study of Ego Identity*)』(1994), 그리고 공저인 『정체감의 힘: 새로운 해답의 정치학(*The Power of Identity: Politics in a New Key*』(1997) 등이 있다.

▶▶ 이론의 확장

자아정체감 연구에서 마르샤의 중요한 공헌은 자아정체감의 수준을 성취 지위로 분류해 보고자 한 시도이다. 마르샤는 에릭슨이 자아정체감의 형성기를 직업적 또는 이념적 관여가 발달하는 시기라고 본 데에 근거하여 18~22세의 청소년들을 대상으로 그들의 직업 선택, 종교와 정치적 신념, 정체감의 모든 중심적 측면인 가치들에 대하여 면접을 실시하였다. 특히, 남자청소년들에게 초점을 맞춘 그의 분류법은 젊은 사람들이 자신의 직업, 결혼 등의 수행에서 어떻게 중요한 선택을 해 나가는지를 알아보는 데 유용하게 적용되고 있다.

청소년과 관련된 주장 및 이론

▶▶ 정체감의 발달

마르샤는 정체감 위기(identity crisis)의 정도, 직업 선택과 가치 및 신념 구성에 현재 관여하고 있는 정도를 구분하였다. 또 정체감을 내적, 자아 구조적, 동기, 능력, 신념 및 개인의 과거사에 대한 하나의 역동적 조직체로 정의하였다. 더불어 성숙한 정체감의 달성기준으로 두 가지의 본질적인 변인, 즉 '위기(crisis)' 와 '관여(commitment)' 로 분류하였다. 위기는 직업 선택, 이념적 신념과 같은 개인적인 정체감의 측면들에 도달함에 있어 투쟁의 시기나 능동적인 의문의 시기를 의미한다. 관여는 직업 선택, 이념적 신념에 있어서 확고하고 동요되지 않는 결정을 하고 적절한 수단이 되는 활동에 능동적으로 참여하는 것을 의미한다. 〈표 7-4〉는 마르샤가 정체감을 네 가지 수준으로 구분한 것이다.

〈표 7-4〉 마르샤가 제안한 청소년기의 정체감발달의 네 가지 유형

		관여	
		있음	없음
위기	있음	정체감 성취	정체감 유예
	없음	정체감 유실	정체감 확산

출처: Marcia, J. E. (1980). Identity in adolescence. In J. Adelson (Ed.), *Handbook of Adolescent Psychology*. New York: Wiley.

▸▸ 정체감 확산

정체감 확산 또는 혼미(identity diffused or confused)는 가장 낮은 성취 지위이다. 이 위치의 청소년들은 정체감 위기를 아직 경험하지 않았고 특정 직업에 대한 사명이나 신념에 대한 관여도 없는 경우이다. 인생의 선택들에 대한 불확실성의 상태에 있다. 자존감(self-esteem)이 낮다. 일반적으로 책임감이 부족하고 부모와 선생들과의 관계가 부실하다. 타인과 고립되어 있다. 직업 선택, 종교, 정치이념 등에 대해 의문과 갈등을 느끼지 않을 뿐더러, 인생의 방향이나 목표에 대하여 진지하게 탐색해 보려는 동기 없이 여기저기 참여했다가 쉽게 중단해 버리는 경우가 많다.

▸▸ 정체감 유실

다음 성취 지위는 정체감 유실(identity foreclosure)이다. 이 위치는 청소년들이 위기를 경험하지는 않았으나 관여는 있는 경우이다. 그러나 이러한 관여들은 스스로의 탐구나 탐험에 의한 것이 아니다. 다른 사람들, 흔히 부모들에 의해 기존의 관여가 수용되는 것이다. 그러므로 그들은 자존감이 낮고 자기 방향성(self-directedness)이 부족하다. 가족의 가치에 대한 압력에 쉽게 굴하고, 이러한 압력에 대해 민감하다. 직업 선택이나 가치관, 이념 등에 대해 확실한 선택과 우선권을 설정하고 있으나, 이러한 결정은 부모나 타인의 권유를 그대로 따른 것이기 때문에 자신이 이런 문제들에 대해 심각한 고민과 갈등을 해 본 경험이 없다. 외견상으로는 정체감 성취의 상태와 유사하나, 이것은 부모나 기타 권위가 갖는 정체감의 반영에 지나지 않기 때문에 외적 상황이 바뀌거나 외적 충격이 오면 외견상 유지되던 정체감이 붕괴되는 위험을 내포하고 있다.

▸▸ 정체감 유예

그다음 성취 지위는 정체감 유예(identity moratorium)이다. 이 지위에서 청소년들은 급박한 위기 상황에 있다. 그들은 대안을 찾기 위해 적극적으로 탐구하고 탐험하며 자신들의 정체감을 발견하기 위하여 분투한다. 그러나 아직 어떤 관여가 없거나 단지 매우 일시적인 종류의 관여만 이루어진다. 자존감은 비교적 높은 편이며 자율성은 유지되고 있다. 직업, 결혼, 가치관, 삶의 방향 등 다양한 문제들에 대해 고민과 갈등을 느끼고 가능한 대안을 탐색하기 위해 방황하고 있으나, 아직 확실한 결정과 선택을 못하고 있기 때문에 적절한 활동에 개입하고 있지는 않다. 그들은 부모의 기대, 사회적 요구, 자기의 능력 등을 동원하여 자신에게 최선의 방법을 모색하는 일종의 역할실험 상태에 놓여 있다.

▸▸ 정체감 성취

정체감 성취(identity achievement)는 가장 높은 성취 지위이다. 청소년들은 위기를 경험하고 있으나 자기 자신의 범위에서 해결할 수 있다. 그리고 위기 해결의 결과로 직업, 종교적 신념, 개인의 가치체계에 대한 개인의 관여가 형성된다. 대부분의 청소년들은 정체감 성취의 상태 쪽으로 발전하게 된다. 정체감 성취는 초기 청소년기에서는 가장 드물게 나타나고, 상급 고등학생이나 대학생 및 후기 청소년들 사이에서는 보다 흔하게 이루어진다. 그들은 개인적 신념과 목표들에 대한 판단을 내릴 수 있다. 높은 자존감과 높은 수준의 자기 책임감이 있다. 장점과 약점을 탐지할 수 있는 능력을 가지고 균형 있는 방식으로 부모와 타인을 바라본다. 어린 시절부터 가지고 있던 이상, 가치, 동일시의 내용들과 새로 부딪힌 정보와 자극들 사이에서 고민과 갈등을 하는 위기의 순간들을 실제로 경험해 본다. 그리고 새로운 대안들을 신중히 탐색하여 자신을 재정립하고 직업, 이념, 인생 방향 등에 대한 선택과 결정을 한 후 그에 필요한 활동에 관여하고자 한다.

▸▸ 행동특징

마르샤는 이러한 네 범주에 속하는 청소년들이 상당히 다른 행동특징을 보이는 것으로 보고하였다. 예를 들면, 정체감 성취 지위에 있는 청소년들은 실제로 야망 수준이 높고 스트레스가 심한 상황에서도 지적 수행이 높았으며, 부정적 평가에서도 자존심이 덜 상하고 권위주의적 가치에 덜 복종적이었다. 정체감 유예 지위의 청소년들도 이와 유사한 행동특성을 보였다고 한다. 그러나 정체감 유실 지위에 있는 청소년들은 권위주의적 가치를 중요시 여겼고 자신에 대한 부정적 평가에 심적인 타격이 크게 나타났다. 그리고 스트레스 상황에서는 지적 과제의 수행이 저조하였고 실패에 대해 비현실적인 태도를 보였다. 또 정체감 확산 지위에 있는 청소년들 역시 이와 유사한 특성을 보이긴 하였지만, 정체감 확산의 한쪽 끝에는 분열형이, 그리고 다른 한쪽 끝에는 플레이보이형이 있는 것으로 보고하였다(김애순, 2005). 한편, 마르샤는 청소년전기를 정체감 형성의 탈구조화(destructuring)로 기술하였다(임영식, 한상철, 2000). 청소년들이 경험하는 급격한 신체적 · 인지적 · 사회적 변화로 인하여 어린 청소년들은 그들의 아동기적 가치와 동일시를 다시 생각하기 시작한다. 일부 청소년들은 이런 탈구조화 단계가 매우 의도적이고 혼란스럽고 고민스럽고 흥분되는 것이지만, 다른 청소년들은 절망을 비교적 적게 경험한다. 절망의 정도는 청소년들이 어떠한 시점에서 얼마나 많은 변화를 경험하였는가, 또는 부모나 친구로부터 얼마나 유용한 지지를 받아 왔는가에 달려 있다.

마르샤는 대학생을 대상으로 스트레스 조건하에서의 개념획득 과제의 수행, 요구 수준, 권위주의, 그리고 반대되는 정보를 받았을 때 자기존중감의 안정성 등을 관찰 · 측정하였다. 그 결과 우선 정체감 성취자들은 다른 성취 지위의 사람들보다 스트레스하에서는 개념획득 과제를 더 잘하며 덜 권위주의적이고 부정적 정보에 의해 자기존중감이 덜 흔들렸다. 두 번째로 정체감 유예자들은 개념획득의 변화가 심했고 다른 측정치들에서는 정체감 성취자와 비슷하였다. 세 번째로 정체감 유실자의 가장 뚜렷한 특징은 권위주위적 가치의 추종이었다. 아울러 부정적 정보에 의해 자기존중감이 흔들리고 정체감 성취자들보다 비현실적으로 목표를 세우는 경향이 있었다. 마지막으로 정체감 혼미자들은 원래의 정체감 성취와 대조를 이룰 것이라고 예상하였으나, 자아정체감 점수에서만 최하 점수를 보여 주었다. 또한 마르샤의 분류법을 사용하여 자아정체감과 전인습적, 인습적, 후인습적 도덕성발달 간의 관계를 연구한 것을 보면(Podd, 1980; 이춘재 외, 2000), 가장 미숙한 수준인 전인습적 수준은 정체감 혼미에서 제일 많았고, 두 번째 수준인 인습적 수준은 정체감 유실에서 제일 많았다. 그리고 가장 성숙한 후인습적 수준은 정체감 성숙자들에게 가장 많은 것으로 예측되었다. 이런 예측은 실험적으로 입증되었고 정체감 유예로 분류된 사람들은 도덕적 판단의 가능성이 정체감 성취자들보다 클 뿐, 판단의 성취도는 유사함을 보여 주었다.

▸▸ 청소년기 유예와 투쟁

중 · 고등학교 동안에는 정체감 확산과 정체감 유실이 일반적이다. 정체감 측정에서 남자와 여자의 차이는 거의 없는 것으로 나타난다. 청소년기 유예는 관여가 아직 이루어지지 않았거나 또는 일시적이거나 잠정적으로 드물게 있는 발달의 시기로 정의된다. 그러나 많은 위기와 해결되지 못한 많은 문제들이 존재한다. 답을 찾기 위해 적극적으로 투쟁하고, 탐험하고, 찾아보고, 실험해 보고, 다른 역할들을 수행해 보고, 현장에 참가해 본다. 이러한 의미에서 유예란 청소년기 문제가 괜찮은 것으로 생각되기도 한다. 마르샤는 오늘날의 대학생 중 약 30%는 이 단계에 있다고 한다. 어떤 사회과학자들에 의하면 유예의 욕구가 과거 히피 문화의 존재 이유 중의 하나로 나타나기도 했고, 평화봉사단의 자원봉사활동을 위한 하나의 동기로서 반영된 것이다.

흥미롭게도 어떤 사회과학자들은 학교가 독특한 개성과 개인적 정체감을 찾도록 청소년을 돕기보다는 권위에 복종하고 사고방식에 순응하도록 요구하기 때문에 정체감 유실을 조장할 수 있다고 생각하고 있다. 많은 사람들은 학교가 청소년들에게 순종할 것을 요구하고, 그들의 창조성과 개성을 억압하고, 성공을 위한 기술과 지식 중심의 교육과정만을 강요하고 있다고 보고 있다. 만약 서구사회에서 청소년을 심리적으로 무인지대(no-man' s land)에 서 있는 주변인으로 생각한다면 청소년들의 어려움을 보다 잘 이해할 수 있을 것이다. 왜냐하면 청소년들에게 무엇이 기대되고 어른의 지위를 얻기 위해 무엇이 투쟁되어야 하는지에 대한 분명한 이해가 없기 때문이다. 정체감을 획득하고 성인의 지위를 얻기 위한 청소년들의 투쟁은 좌절을 경험할 수 있고, 사회, 교육, 학교 기관, 그리고 교사들은 어떻게 하면 이러한 좌절된 경험들을 보다 의미 있게 만들 수 있는지를 숙고해야 한다.

▸▸ 비판점

아동의 성격발달에 대한 이해에 크게 기여하였으나, 마르샤의 이론이 처음 제시될 때와 지금은 많은 차이가 있으므로 과학적 검증이 필요할 것이다. 따라서 현재에 맞는지에 대한 검증이 더욱 필요하며 경험적 자료가 충분하지 못하다는 약점이 있다. 마르샤 자신도 에릭슨과 같이 결과에 대한 통합감이나 측정방법, 그리고 심리사회적 갈등을 극복하기 위한 구체적 경험 등과 같은 뚜렷한 지침이 부족하다. 또한 그의 이론이 청소년기에 제한된 이론이라는 점에서 전생애에 걸친 정체감 형성의 과정을 완전히 설명하지 못하고 있다.

제 8 장

청소년기의 사회인지적 관점

▫ **피아제**(Jean Piaget, 1896～1980)

- 진정한 학습이란 교사에 의해 주어지는 것이 아니라 아동 자신으로부터 나오는 것이다.
- 아동의 정신세계는 어른과 다르기 때문에 아동은 아동의 눈으로 보아야 한다.

▫ **콜버그**(Lawrence Kohlberg, 1927～1987)

- 아동의 인지능력이 발달함에 따라 도덕발달의 수준도 단계적 계열을 따라 순서대로 발달해 간다.
- 도덕성은 이미 확립된 문화적 가치의 내면화도 아니고 자발적인 충동과 정서의 표현도 아니다. 그것은 정의, 즉 사회적 환경에서 개인과 타인의 상호작용이다.

▫ **길리건**(Carol Gilligan, 1936～)

- 여성은 남성의 도덕성과 심리적인 면에 있어서 서로 다르다. 여성에게 주어지는 도덕적 명령은 동정이나 보살핌 같은 것이고, 남성에게 주어지는 도덕적 명령은 정의와 같은 추상적 원칙과 다른 사람의 권리를 존중해 주는 것 등이다. 전자가 정의의 도덕성이라면, 후자는 바로 배려의 도덕성이다.

▫ **셀먼**(Robert Selman, 1942～)

- 청소년들은 다른 사람의 감정이나 생각을 이해하고 받아들이는 능력을 키워야 한다. 이러한 능력이 발달한 청소년일수록 대인관계를 보다 성숙하게 이끌 수 있다.

1. 피아제

"진정한 학습이란 교사에 의해 주어지는 것이 아니라 아동 자신으로부터 나오는 것이다."
"아동의 정신세계는 어른과 다르기 때문에 아동은 아동의 눈으로 보아야 한다."

피아제(Jean Piaget, 1896~1980)는 스위스의 대학가인 뉴사텔 지방의 엄격한 가정에서 출생하였다. 1918년 22세의 나이로 뉴사텔대학교(University of Neuchâtel)에서 연체동물에 관한 논문으로 동물학박사학위를 취득하였다. 박사학위를 받은 다음 취리히대학교에서 수학하였고, 1919년부터 1921년 사이에는 지능검사를 개발한 프랑스의 비네(Alfred Binet, 1857~1911)의 실험실에서 심리학을 공부하였다. 이 실험실에서 아동용지능검사의 제작에 관여하면서 아동들의 오답과 실수는 일정한 유형을 지니고 있음을 발견하였다. 그리고 아동들의 사고체계는 전적으로 어른과 다르다는 사실도 발견하였다. 이러한 사실을 바탕으로 아동 정신세계의 독특성과 사고의 질적 변화를 전제로 하는 인지발달이론을 형성하기 시작하였다.

생물학과 인식론적 철학에의 관심으로부터 전문적인 심리학자로 탈바꿈한 피아제는 비네 지능연구소를 떠나 1921년부터 1925년까지 스위스 제네바의 장자크루소연구소(Institut Jean-Jacques Rousseau)의 부소장으로 직장을 옮기게 되었고, 여기서 계속 자신의 관심사를 추구해 가며, 아동들의 꿈이나 도덕성발달은 물론 지능에 대한 혁명적 견해를 발전시킬 수 있었다. 그리고 『아동의 언어와 사고(*The Language and Thoughts of the Child*)』(1926) 등 중요한 5개의 연구보고서를 출간함으로써 자신의 인지발달의 견해를 유럽과 미국에까지 알리게 되었고, 그로 인해 큰 명성을 얻게 되었다. 심리학 과목이라고는 한 과목도 들은 일이 없었지만, 곧 그는 아동심리학의 세계적인 권위자가 되었다. 피아제는 장자크루소연구소에서 일하던 자신의 제자 중 한 사람과 결혼하여 1925년 첫딸, 1927년 둘째 딸, 그리고 1931년 아들의 세 자녀를 두었고, 부인과 함께 아이들에 대하여 오랜 시간을 조심스럽게 관찰하는 작업을 지속하여 그 결과를 『아동의 놀이, 꿈과 모방(*Play, Dreams and Imitation in Childhood*)』(1951), 『수에 대한

아동의 개념(*Child's Conception of Number*)』(1952), 『아동지능의 근원(*Origins of Intelligence in Child*)』(1953) 등의 저서에 담기도 하였다. 1955년에는 제네바에 유전인식론 국제연구소를 세우고 1980년까지 임상연구 방법을 통해 아동 사고의 본질과 발달 및 인지과정 연구에 더욱 몰두하였다. 피아제는 1929년부터 죽을 때까지 줄곧 제네바대학교의 교수로 재직하면서 일생을 아동연구에 몰두하다가, 스위스의 제네바에서 84세의 일기로 사망하였다.

▸▸ 아동의 이해

피아제는 아동들에 대한 상식적인 생각에 이의를 제기함으로써 신선한 충격을 던져 주었다. 아동들은 성인의 가르침에 의해서가 아니라 그들 스스로 학습한다는 사실과 아동들은 성인과 다르게 사고한다는 사실, 즉 아동들은 성인보다 단지 덜 아는 것이 아니라 전혀 다른 방식으로 사고한다는 사실을 입증함으로써 아동들에 대한 새로운 태도를 갖게 만들어 주었다. 그리고 어떤 면에서 피아제의 근본적인 사상은 루소와 같이 오래된 것이지만, 만약 피아제의 연구가 없었더라면 그러한 사상은 쉽게 잊혀졌을 것이다.

▸▸ 최적 수준의 지향

피아제는 전문심리학자로 일생을 마쳤지만, 그의 사상에는 생물학과 인식론에 대한 깊은 관심이 깔려 있었다. 모든 유기체는 자기 자신과 환경 사이에 조화로운 관계를 만들려는 생득적인 경향성을 가지고 있고, 늘 최적 순응을 지향해 나가려는 동기를 가지고 있다고 보았다. 이러한 입장에서 피아제는 유기체가 환경과의 상호작용을 어떻게 해 나가는가의 문제를 해결하기 위하여 인지구조 발달이론을 도입하게 되었다.

▸▸ 검사방법

표준화 추리검사는 모든 아동에게 동일한 문항을 주고 그에 반응하도록 요구하는 검사인데, 피아제는 여기에서 중요한 사실을 발견하게 되었다. 즉, 아동의 오답은 연령에 따라 비슷하다는 것이다. 동일한 연령의 아동은 비슷하게 틀린 답을 하고, 또 아동의 대답 유형도 연령에 따라 서로 다르게 나타난다는 것이다. 따라서 피아제는 지능의 내용보다는 발달에 더 많은 관심을 가지고 있었고, 나이 든 아동이 어린 아동보다 단지 영리한 것이 아니라 그들 사고의 구조와 질이 서로 다르다는 결론을 내리게 되었다. 피아제는 아동의 지능

문제가 아동의 사고 구조와 질을 규명하는 방향으로 연구되어야 하며, 지능연구의 방법으로서 표준화 검사방법은 부적절하기 때문에 비구조화된 임상적 방법이 더 효과적이라는 주장을 전개하게 되었다.

▸▸ 이론적 개념들

- 지능: 지능(intelligence)은 유기체가 환경에 적응할 수 있도록 도와주는 일종의 생명기능이다. 왜냐하면 모든 살아 있는 유기체는 자신의 생존에 유익한 조건을 찾고 있기 때문이다. 따라서 지적 행위란 주어진 환경에서 항상 유기체의 생존에 최적의 조건을 만들어 주는 것이다. 그런데 환경과 유기체란 항상 변화하는 것이기에 이들 양자 사이의 지적인 상호작용도 항상 변화되지 않으면 안 되고, 따라서 지능은 가동적인 특성이 있다.
- 스키마: 스키마(schema)는 유기체의 인지구조를 이루는 것으로 도식이라고도 한다. 스키마는 유기체가 외계의 사물을 인지하고 대응하는 데 사용하는 지각의 틀 또는 반응의 틀이다. 유기체가 환경과 어떻게 상호작용하는가의 문제는 유기체에 있는 인지구조의 종류에 따라 결정된다. 따라서 환경에 대하여 얼마만큼 이해할 수 있고, 또 얼마만큼 반응할 수 있는가는 유기체에 있는 여러 가지 스키마에 의해 결정된다. 예를 들어, 파악 스키마 또는 붙잡기 스키마는 물건을 잡는 일반능력을 말한다. 스키마의 사용은 아동이 성장함에 따라 감각운동적 차원을 넘어 개념적 차원으로까지 확대되어 간다. 스키마는 행동 스키마, 상징 스키마, 그리고 조작(사고) 스키마로 구분된다.

  행동 스키마는 아동이 어떤 대상이나 경험을 표상하고 그에 반응하기 위해 사용하는 조직적인 행동양식이다. 행동 스키마는 태어난 후 최초로 나타나며, 적어도 18개월 미만의 유아는 주로 행동 스키마로 사회적 상호작용을 하기 때문에 순전히 정신적 수준에서 경험을 조직하거나 문제해결을 할 수 없다.

  상징 스키마는 대상 및 사상에 대한 상징적인 정신적 표상이다. 2세 이후 특정 시점에 이르게 되면 아동은 구체적인 행동 스키마 없이도 그것을 생각하고 문제를 해결하기 시작한다. 예를 들어, 다른 아이가 발을 구르는 모양을 보고 그런 상황을 마음속에 간직해 두었다가 나중에 그대로 해 볼 수 있게 된다.

  조작(사고) 스키마는 7세 이상의 아동에게서 나타난다. 조작이란 사고 자체에 대해 수행하는 정신적 활동이다. 아동은 인지 조작을 통하여 다소 복잡한 지적 스키마를 구성함으로써 논리적이고 체계적으로 발달되어 간다. 이러한 조작은 처음에는 실제적인 경험에서 시작되어 나중에는 추상적이거나 가설적인 사상에까지 적용할 수 있게 된다.

- 동화와 조절: 인지발달이란 유기체가 환경과의 상호작용에서 이루어 가는 순응과정인데, 이는 동화와 조절의 두 하위 과정을 포함하고 있다. 동화(assimilation)는 유기체가 자신의 이해의 틀에 맞추어 해석하고 이해하는 것을 의미한다. 따라서 어떤 대상이나 정보는 인지구조에 동화되어 간다. 예를 들어, 아동에게 빨고 보고 파악하는 스키마가 있다면 그가 경험하는 모든 것은 이러한 스키마로 동화되어 간다. 유아는 어떤 대상을 잡음으로써 그것을 동화시켜 자신의 파악 스키마 또는 붙잡기 스키마에 집어넣으려고 할 것이다. 그러나 새로 부딪힌 대상이나 정보가 기존의 이해의 틀로써 해석되지 않을 때, 즉 기존의 인지구조에 맞지 않을 때 이해의 틀이 변용 · 수정되어 가는데, 이를 조절(accommodation)이라고 한다. 따라서 조절이란 기존의 도식이나 구조가 새로운 대상을 동화하는 데 적합하지 않을 때 그 대상에 맞게 기존의 도식이나 구조를 수정해 나가는 인지과정이다. 예를 들어, 너무 큰 물건일 경우 유아는 기존의 잡는 방식을 적절히 바꾸어서 그 물체를 잡을 것이다. 이러한 조절을 통해 유아는 외부 세계에 대처하는 방법을 점차 효율적이고 정교하게 구성해 가기 시작한다.

  동화와 조절을 기능적 불변인(functional invariant)이라고 부른다. 그것들은 지적 발달의 모든 수준에서 일어나기 때문이다. 그러나 초기의 경험은 후기의 경험보다 더 많은 조절을 포함하는 경향이 있다. 왜냐하면 현재 경험하는 보다 많은 것들이 현존의 인지구조와 일치하게 되며, 개인이 성숙해 감에 따라 조절은 보다 불필요해질 것이기 때문이다.

- 평형화: 유기체의 모든 측면은 최적 순응으로 연결되어 있다. 평형화(equilibration)란 최적 순응을 확실히 하기 위하여 경험을 조직화하는 생득적 경향성을 말한다. 즉, 평형화란 평형상태, 즉 균형을 향한 계속적인 욕구라고 정의할 수 있다. 인간이 나타내는 모든 지적 활동의 목표는 인지적 불평형을 해소함으로써 사고과정과 환경 간에 조화로운 관계를 모색하는 것이다. 이러한 것을 인지적 평형이라고 하며, 그 과정을 평형화라고 한다. 불평형화는 기존의 사고양식으로는 납득할 수 없는 낯선 경험을 접할 때 발생한다. 아동은 무수한 인지적 불평형을 해소하며 새로운 평형을 추구하는 가운데 지적 발달을 이루게 된다. 이러한 평형화를 이루기 위한 생득적 경향성은 동화, 조절, 내면화라는 심리 현상으로 나타난다.

- 내면화: 물리적 환경에 덜 의존적이 되고 인지구조를 보다 많이 활용하게 되는 지적 과정을 내면화(interiorization)라고 한다. 즉, 인지구조가 보다 분명해짐에 따라 환경에 적응하는 데 있어서 점차로 정신적 조작(사고)에 의지하려는 경향성이 증가하는 것을 의미한다. 예를 들어, 보다 정교한 인지구조가 발달되어 감에 따라 아동은 자기 앞에 있지 않은 대상을 사고

할 수 있게 된다. 아동이 경험하는 그런 것은 물리적 환경과 이전의 경험을 반영하고 있는 인지구조 간의 함수가 되는데, 보다 많은 경험이 내면화되면 될수록 정신적으로 일어나는 환경에의 적응반응은 더욱 커지게 된다.

▸▸ 인지발달이론

피아제의 체계적인 발달단계에 대한 설명은 교육에 많은 시사점을 던져 주었다. 특히, 과학교육 과정을 개편하거나 아동의 사고능력을 함양하기 위한 여러 가지 과정을 개발하는 데 지대한 공헌을 하였다. 피아제는 인지발달이 〈표 8-1〉과 같이 네 단계를 거쳐서 진행된다고 하였다. 또 각 단계마다 인지기능의 수준이 다르며, 사람마다 늦거나 빠른 차이는 있더라도 모두 변함없는 순서로 진행된다고 하였다. 누구라도 한 단계를 건너뛸 수 없고 이전 단계로 역행할 수도 없다고 하였다. 인지발달단계의 특징을 살펴보면, 우선 나타나는 순서가 일정하다. 둘째, 통합적 성격을 가진다. 즉 일정한 단계에서 만들어진 정신구조는 다음 단계의 일부가 된다. 셋째, 전체 구조를 가진다. 넷째, 하나의 단계에는 반드시 준비기와 동시에 완성기가 있다. 마지막으로 각 단계에는 발전의 과정과 완성된 안정상태가 존재한다.

〈표 8-1〉 피아제의 인지발달단계

단계	구분	주요 특징
감각운동기	• (0～2세)	• 대상영속성의 개념 발달
전조작기	• (2～4세) 전개념적 사고기 • (4～7세) 통찰적 사고기	• 물활론적 사고 • 보존성의 개념 이해
구체적 조작기	• (7～11세 또는 12세)	• 자기중심적 사고에서 벗어나기 시작
형식적 조작기	• (11 또는 12세～14 또는 15세)	• 논리적 사고의 급성장

① 감각운동기

감각운동기(sensori motor period)는 주로 0～2세의 시기이다. 반사활동을 통하여 외부세계와 접촉하면서 감각운동적 지능을 발달시키는 단계이다. 새로운 정보를 얻기 위해 감각을 사용하고 새로운 경험을 찾기 위해 운동능력을 사용하고자 애를 쓴다. 이 단계의 아동은 자기중심적(egocentrism)이다. 모든 것을 자기를 참조기제로 보게 되며, 자신의 심리적 세계만이 존재하는 유일한 것이다. 즉, 다른 사람의 관점이나 조망을 받아들이지 못하고 자신의 관점이나 조망에만 얽매여 있는 사고양식의 지배를 받는다. 그러나 이 단계의 끝부분에 이르면 초보적인 개념적 사고가 시작되고, 대상영속성(object permanence), 즉 대상이 없어지더라도 계속 존재한다는 개념을 이해하기 시작한다. 이 단계의 주요 특징은 다음과 같다.

- 반사활동 및 감각운동적 지능의 발달
- 자기중심성
- 조작을 통한 물체의 속성 알기
- 대상영속성의 개념 획득하기

② 전조작기

전조작기(preoperational period)는 주로 2~7세의 시기이다. 이 시기에는 단어의 내면화, 즉 사고가 나타난다. 그러나 그 사고는 논리적이지 못하기 때문에 조작이라고 할 수 없다. 사물의 외관, 즉 지각적 속성에 의존할 뿐 규칙이나 조작을 이해하지 못한다. 아동의 판단은 언어화되지 않는 모호한 인상이나 지각적인 판단에만 의존한다. 상징적 매체, 즉 언어가 개입되지 않은 직관에 의존하기 때문에 이 시기 아동의 사물에 대한 판단은 흔히 잘못된 것이 많다. 예를 들면, 마주하고 있는 선생님이 "오른손을 드세요." 하면서 오른손을 들면 유아는 선생님의 말은 무시하고 선생님의 오른손이 자기의 왼손 방향에 있으므로 왼손을 들곤 한다. 따라서 이 시기를 직관적 사고기라고 말한다. 이 시기의 사고 특징은 크게 두 단계로 구분되는데, 다음과 같다.

- 전개념적 사고기(2~4세)
  - 자기중심적이다. 즉, 다른 사람의 관점에서 사물을 이해할 수 없다.
  - 눈에 똑똑히 보이는 한 가지 사실에만 기초하여 사물을 분류할 수 있다. 예를 들면, 여러 가지 단추들 중에서 동그랗게 생긴 것들만은 가려낼 수는 있지만, 동그랗고 빨간 단추는 가려낼 수 없는 것과 같다.
  - 사물을 단계별로 배열할 수 있다. 그러나 바로 접하지 않는 사물을 추리해서 배열할 수는

없다. 예를 들어, 연필을 길이가 긴 순서로 배열할 수는 있지만, 'A는 B보다 길고, B는 C보다 길다. 그러니까 A는 C보다 길다.' 와 같이 추리할 수는 없다.

- 물활론적(animism) 사고를 한다. 즉, 활동하는 모든 것은 살아 있고 스스로 움직인다고 생각한다. 예를 들어, 태양이 살아 있느냐고 물으면 빛을 발하기 때문에 그렇다고 대답하나, 산은 아무것도 하지 않기 때문에 죽어 있다고 말하는 경우이다. 따라서 탁자와 꽃은 움직이지 않으므로 죽어 있는 것이고, 자전거, 돌멩이, 구름은 때때로 움직이기 때문에 살아 있는 것이라고 생각한다.
- 논리적 판단을 하지 못하고 지각을 근거로 한 직관적 판단을 한다.
- 상징적 활동이 많아지고 꿈을 현실로 생각한다.

• 통찰적 사고기(4~7세)

- 사물을 분류할 수 있다. 그러나 반드시 그것을 이해하는 것은 아니다.
- 논리적 관계를 이해하기 시작한다.
- 수의 개념을 사용하기 시작한다.
- 보존성(conservation)의 원리를 어렴풋이 이해하기 시작한다. 보존성이란 물체가 모양에 따라 그 양이나 수가 변하지 않음을 의미한다.

③ 구체적 조작기

구체적 조작기(concrete operational period)는 주로 7~11세 또는 12세의 시기이다. 이 시기의 아동은 문제가 추상적이지 않고 구체적인 한 문제에 대해서는 상당히 복잡한 조작을 수행할 수 있다. 구체적인 문제에 대한 논리적 사고가 가능하기 때문에 특정 사실에 따라 사물을 분류할 수 있게 된다. 따라서 이 시기의 아동은 사물을 위계에 따라 분류하는 것이 가능하다. 예를 들면, 아동에게 한 움큼의 5원, 10원, 100원, 500원짜리 동전을 쥐어 주면 액수대로 분류하고 그것들의 포괄성을 충분히 이해할 수 있게 된다. 그러나 이러한 것은 실제로 돈을 손에 쥐어 주었을 때만 가능하다. 돈을 손에 쥐지 않고 머릿속으로만 조작하기에는 제한이 있다. 또 이 시기는 양, 무게, 부피의 보존성 개념을 확실하게 획득할 수 있다. 전조작기의 자기중심적 사고는 이 시기에 와서 탈중심적 사고로 바뀌게 된다. 이 단계의 주요 특징은 다음과 같다.

- 보존성의 개념을 이해하고 논리적 조작도 시작한다. 그러나 어디까지나 구체적 대상에 국한되고 추상적인 문제에 대해서는 체계적인 사고를 하지 못한다. 그래서 구체적 조작이라고 한다.
- 자기중심성 사고에서 벗어나기 시작한다.
- 서열화와 유목화 능력이 발달한다.

청소년과 관련된 이론 및 주장

▸▸ 형식적 조작기

형식적 조작기(formal operational period)는 약 11 또는 12세~14 또는 15세의 시기다. 이 시기는 논리적 사고의 시기로 추상적인 사고가 가능하다. 추상적 사고란 융통성 있는 사고, 효율적인 사고, 복잡한 추리, 가설을 세우고 체계적으로 검증하는 일, 직면한 문제 사태에서 해결 가능한 모든 방안을 종합적으로 고려해 보는 일 등과 같은 것을 말한다. 또 이 시기가 되면 청소년들은 처음으로 도덕적, 정치적, 철학적 생각과 가치 문제 등을 이해하기 시작한다. 타인의 사고과정을 이해하고, 다른 사람들은 문제를 어떻게 보고 어떻게 생각할까 등의 문제에도 관심을 갖게 된다. 이 단계의 주요 특징은 다음과 같다.

- 추상적인 사고, 즉 구체적인 대상의 지각과 경험이 없어도 논리적으로 사고할 수 있다.
- 상징적 용어로 추론할 수 있다.
- 연역적 사고를 할 수 있다.
- 명제 내 사고를 넘어서 명제 간 사고도 가능하게 된다.

▸▸ 청소년기의 변화

피아제는 개인이 성장함에 따라 질적으로 변화하는 인지발달의 단계를 제시하고, 청소년기 동안에는 형식적 조작능력이 출현하다고 제안하였다. 형식적 조작능력에 의해 청소년들의 인지적 활동 범위는 확대된다. 즉, 구체적인 사물에 한정되지 않고 추상적인 개념을 다룰 수 있다는 점, 현실보다는 가능성의 세계를 중요시한다는 점, 모든 가능한 개념의 조합을 체계적으로 고려할 수 있는 조합적 사고가 가능하다는 점, 관련된 변인들을 연결지어 비례관계를 이해할 수 있다는 점 등이 나타나게 된다.

이러한 형식적 조작능력의 획득은 청소년기 동안의 중요한 변화를 예고하게 된다(장휘숙, 2000). 긍정적 영향으로는 우선 추상개념의 사용과 함께 실제적이고 구체적인 것과 추상적이고 가능한 것을 구별할 수 있다. 둘째, 청소년기의 가설적 추리는 과학적 추론을 가능하게 한다. 즉, 가설을 설정하고 검증과정을 통하여 그것의 진위 여부를 확인한다. 만약 설정된 가설이 지지될 수 없는 것이라면 청소년들은 자신이 설정한 가설을 기각하고 새로운 가설을 모색하는 전형적인 과학적 추리를 수행할 수 있다. 셋째, 청소년들은 사고과정이 어떻게 구성되고 어떻게 가능한가를 이해하기 시작한다. 즉, 자신의 인지과정을 이해하고 어떤 요인들이 사고과정에 영향을 주며 어떤 상황에서 의식적 노력을 해야 하는지의 능력을 획득한다. 마지막으로 자기 성찰이나 내성은 나는 누구인가라는 질문에 대한 해답을 가능하게 하며 정체감 획득을 돕는다. 또한 형식적 조작능력이 세련됨에 따라 정치, 종교, 도덕, 이념 문제 등으로 청소년기의 사고가 확장되므로 정체감 획득이 용이해진다. 그러나 부정적 영향도 있다. 첫째, 청소년들은 계획을 세우고 인과관계에 대한 탐색을 통해 미래에 대해 생각하지만 시간 조망의 확대는 미래에 대한 기대와 함께 불안을 크게 가중시킨다. 청소년들은 자신의 미래에 대해 근심하고 공상하느라 많은 시간을 허비한다. 다양한 대안의 모색은 청소년들을 더욱더 혼란에 빠뜨리고 불안하게 만든다. 둘째, 이상주의를 추구하는 청소년들은 세상의 결점과 논리적 모순을 발견하고 부모나 사회에 반항하게 된다. 그들은 자주 현실적인 문제를 고려하지 못하고 사회변화에 대한 실제적 장벽을 간과하는 경향이 있다. 셋째, 형식적 조작능력은 자신과 타인의 사고와 감정을 구별짓지 못하는 청소년의 경우 자기중심성을 부추기는 경향이 있다. 아동들의 자기중심성은 타인들이 자신과 서로 다른 조망을 갖는다는 것을 알지 못하기 때문에 일어나는 반면, 청소년들의 경우 자기중심성은 사회인지능력의 결함으로 초래된다.

▸▸ 피아제의 도덕성발달 견해

피아제는 게임의 규칙과 도덕성발달에는 상관관계가 있다는 가정하에 주로 10세 이하의 어린 아동을 대상으로 구슬놀이, 규칙 따르기 등의 실험과 관찰을 통하여 아동이 게임의 규칙을 어떻게 이해하느냐에 관심을 가지고 연구하였다. 그리고 아동의 연령별 게임의 규칙 이해 정도를 〈표 8-2〉과 같이 제시하였다(허혜경, 김혜수, 2002). 이는 피아제의 『아동의

〈표 8-2〉 아동의 연령별 게임의 규칙 이해 정도

제1단계 (2~4세)	규칙이나 질서에 대해 이해하지 못하므로 규칙을 따라서는 놀이를 하지 못하며, 규칙 없이 놀이나 게임에 몰두한다.
제2단계 (5~7세)	놀이를 비롯하여 생활 속에서 자신이 지켜야 할 규칙에 대해 인식하며 이를 엄격히 준수한다. 규칙은 신이나 부모와 같은 권위적인 인물이 만들어 놓은 절대적인 것이기에 반드시 지켜야 하며 변경 불가능하다고 생각한다.
제3단계 (8~11세)	이 단계의 아동들은 규칙이 하나의 약속이라는 것을 이해하고, 사람들의 동의하에 변화될 수 있다고 인식한다.
제4단계 (11~12세 이후)	청소년초기에 이르면 규칙에 대한 완전한 이해가 이루어지고, 이와 함께 조작적 사고가 가능해져 새로운 도덕적 규칙을 생성할 수 있다. 도덕적 추론은 개인의 차원을 뛰어넘어 사회적 · 정치적 차원으로 확대된다.

출처: Piaget, J. (1932). *The Moral Judgement of the Child*. New York: Harcourt Brace Jovanovich.

도덕적 판단(*The Moral Judgement of the Child*)』(1932)이라는 저서에 기술되어 있다.

피아제는 또한 선과 악에 대해 아동들이 지니고 있는 개념을 연구하였다. 피아제는 아동들에게 이야기를 들려주고 이야기 속의 주인공이 착한 행동을 했는가 나쁜 행동을 했는가를 판단하게 하였다. 예를 들어, 실수로 열다섯 개의 컵을 깬 아동과 과자를 몰래 꺼내 먹으려다가 한 개의 컵을 깬 아동 중 누가 더 나쁜 행동을 하였는가를 아동들에게 질문하였다. 그 결과 게임의 규칙에 대한 이해의 발달과 일치되게 10세 이전의 아동들은 열다섯 개의 컵을 깬 아동이 더 나쁜 행동을 하였다고 판단한 반면, 11세 이후의 아동들은 과자를 몰래 꺼내 먹으려다가 한 개의 컵을 깬 아동이 더 나쁘다고 판단하였다. 피아제는 이러한 자신의 연구결과를 바탕으로 강제의 도덕성과 협동의 도덕성이라는 두 가지 도덕성발달단계를 제시하였다(장휘숙, 2002).

도덕성발달의 첫 번째 단계는 강제의 도덕성(morality of constraints), 즉 타율적 도덕성(heteronomous morality)이다. 어린 아동은 성인의 우월함에 압도되어 그것에 강제되고, 따라서 맹목적인 복종이 바로 어른들의 요구라고 생각하고 또 그렇게 행동하는 것이 올바른 행동이라고 생각한다. 아동들은 도덕성에 관한 절대적인 개념을 가지고 있는데, 옳고 그름이란 절대적인 것이며 어른들, 특히 부모가 그것을 알려 줄 것이라고 생각한다. 또 벌을 받는 것은 도덕적으로 나쁜 것이며, 칭찬을 받는 것은 도덕적으로 좋은 것이라고 생각한다. 행동에 대한 동기는 고려하지 않는다.

도덕성발달의 두 번째 단계는 협동의 도덕성(morality of cooperation), 즉 자율적 도덕성(autonomous morality)으로 11세 이후의 성숙된 도덕적 사고 형태이다. 아동들은 또래집단에서 우정을 나누고, 협상하는 방법을 습득하며, 논쟁을 해결하는 방식 등을 배우면서 사회규칙의 기능과 목적을 보다 정확하게 이해하게 된다. 동기를 고려할 수 있고 상황이 공평했는지를 생각하게 된다. 따라서 도덕성 지향은 일방적인 존경에 의해서가 아니라 가역적인 사회적 관계, 즉 상호 존경, 상호성, 평등, 협동 등과 같은 것들에 의해 특징지어지게 된다.

▸▸ 비판점

피아제의 이론은 인지발달에 대한 광범위한 시각을 제공하였고, 아동의 사고와 문제해결에 관한 연구에 지대한 영향을 주었다. 그리고 아동들의 사고를 아동들의 입장에서 이해해야 한다는 점을 알려 주었다. 그러나 피아제의 연구는 다음과 같은 점에서 비판을 받고 있다. 첫째, 아동은 어른들로부터의 직접적인 가르침 없이도 자연적으로 자신의 인지구조를 발달시킨다고 하지만, 많은 연구자들은 훈련의 효과를 들어 반론을 제기하고 있다. 둘째, 피아제의 이론적인 틀이 때로는 오히려 아동기에 대한 완전하고 포괄적인 이해에 방해가 된다는 주장이 있다. 즉, 아동보다는 지나치게 아동의 인지 및 논리의 복잡성에 초점을 두어서 그의 이론을 분석하다 보면 아동 자체는 흔히 사라져 버린다는 것이다. 셋째, 피아제는 전조작적 사고에 대한 특징을 기술하면서 이 시기의 사고가 논리적이지 못하고 가역적이지도 못하고 지각에 속박되어 있다는 등으로 이 시기를 지나치게 부정적인 측면에서 바라보았다는 점이다. 넷째, 특정 단계에 있는 아동은 외견상 다른 과제나 문제에 부딪혔을 때에도 그것에 접근하는 어떤 동일 구조의 접근방식이 있다고 보고 있지만, 일부 연구자들은 서로 다른 과제를 해결하는 방식 간의 상관도가 그리 높지 않음을 제기하고 있다. 다섯째, 피아제가 자신의 이론을 발달시킴에 있어서 지식의 정보원으로서 자기의 자식을 이용했다는 사실에 많은 사람들이 비난하고 있다. 여섯째, 피아제의 연구는 임상적 방법에 근거하고 있기 때문에 자신의 이론을 반복검증해 볼 수 있는 방법론을 제시하지 못하였다. 일곱째, 형식적 조작 구조를 알아보기 위하여 도입된 검사의 타당도 때문에 이를 일반화된 것으로 받아들이기 어렵다는 점, 특히 청소년기의 형식적 조작은 일반적인 대다수의 청소년들이 결코 달성하지 못할 수도 있다는 점이 지적되고 있다. 여덟째, 피아제가 설정한 것처럼 최종적인 인지발달은 15, 16세경의 청소년기에 완성되는 것이 아니라 그 이후의 성인기에도 가능하기 때문에 이에 대한 새로운 단계를 설정해야 한다는 주장이 대두되고 있다. 또한 구체적 조작기에 가서 대부분 획득된다고 본 여러 가지 보존개념이 피아제가 생각한 것보다 훨씬 이른 시기에 형성될 수 있다는 주장도 있다. 그리고 피아제의 발달단계가 불변적인 순서로 진행되는 것이 아니라 특정 단계의 앞뒤로 이동할 수 있다는 견해도 제기되고 있다. 즉, 인지발달이 다음 단계로 전진 발달만을 계속하는 것이 아니라 전 단계로 후퇴할 수도 있다는 것이다. 아홉째, 정보처리적 접근을 취하는 학자들은 피아제의 단계이론과는 달리 인지발달을 뚜렷한 단계를 거쳐 이루어지는 과정이 아니라 계속적으로 진행되는 비단계적인 과정으로 설명하고 있다. 그들은 인간의 인지능력을 컴퓨터에 비유하며 정보 또는 지식, 그리고 이러한 정보를 기억하는 데 이용되는 방략들은 아동이 발달해 감에 따라 점진적으로 증가하게 된다고 보며, 이러한 지식과 방략들의 점진적인 증가과정을 인지발달이라고 보고 있다.

한편, 구소련의 심리학자였던 비고츠키(Lev Semionovich Vygotsky, 1896~1934)는 아동의 인지발달에서 사회적 상호작용의 중요성을 강조한 학자로서 개념, 언어 등과 같은 인간의 인지적 요소들은 모두 사회적 상호작용 속에서 발달한다고 보았다. 아동들은 그들이 속한 사회적 세계와 계속적인 상호작용을 하는 과정에서 그 문화의 여러 가지 상징체계와 언어를 능동적으로 사용할 수 있게 되며, 그 과정에서 사회적 세계로부터 영향을 받기도 하고 반대로 영향을 주기도 한다고 보았다. 이러한 비고츠키의 견해는 아동의 인지능력은 사회적 맥락 속에서 보다 수월하게 발달하게 된다는 점, 동시에 개인이 특정 기술의 잠재력을 발달시키는 과정에서 부모, 교사 등의 협동이나 지지가 중요하게 작용할 수 있다는 점을 시사해 주고 있다. 이와 함께 피아제는 7세 이전의 아동은 근본적으로 자기중심적이기 때문에 조망수용이 불가능하다고 하였으나 셀먼(Robert Selman, 1942~) 등의 여러 연구자들은 아동의 조망수용이 7세 이전에 발달한다고 보고하고 있다.

참고사항

❖ 피아제의 열정

피아제는 발달심리학에서 하나의 새로운 차원을 발견한 인물로 기록되고 있다. 어렸을 때부터 동물학에 대해 깊은 관심을 가져서 10세에는 참새에 대한 글을 발표하기도 하였고, 고등학교 시절에는 연체동물에 관한 연구로 당시 자연을 연구하는 과학자들로부터 호평을 받기도 하였다. 피아제는 박사학위를 취득한 후 생명체의 신체구조의 발생에서 정신구조의 발생으로 관심을 돌리게 되었고, 인식론적 철학을 통해 지식의 근원에 대한 발생학적 의문에 대한 답을 찾고자 하였다. 그러나 인식론적 철학이 지나치게 사변적이라는 사실을 발견하게 되었고, 이 때문에 크게 실망하였다. 그리고 심리학으로 관심을 돌렸고, 25세부터 전문심리학자로서의 삶을 시작하여 죽을 때까지 약 30권의 책과 200편 이상의 논문을 발표하는 매우 생산적인 연구를 수행하였다. 피아제가 받은 명예박사학위만도 4개국에서 6개나 되었다. 제2차세계대전 후에는 유네스코 국제교육위원회 위원장직을 2년간 역임하면서 유네스코 활동에 참여하여 사회적으로 크게 기여하였다. 피아제는 훗날 자신의 아버지는 중세문학을 전공한 역사가였으나, 어머니는 상당히 신경질적인 특성이 있었고 감정폭발과 히스테리컬한 면을 가지고 있었다고 회상하였다. 또 어머니의 정신건강이 좋지 못했다는 사실 때문에 프로이트의 정신분석에 심취하게 되었고, 생물학을 연구하다가 심리학으로 관심을 돌리게 된 하나의 계기가 된 것 같다고 회상하였다.

참고인물

❖ 비네(Alfred Binet, 1857～1911): 프랑스 니스에서 출생하였고, 파리대학교에서 처음에는 법학을 공부하였으나 후에는 의학으로 전공을 바꾸었으며, 1880년부터는 심리학에 관심을 갖고 심리학연구에 전념하여 프랑스 최초의 과학적 심리학자가 되었다. 비네는 1894년 파리대학교에서 박사학위를 취득하였고, 소르본느대학교의 생리심리학 실험실을 죽을 때까지 담당하면서 지능의 실험적 연구, 인지과정 연구, 아동의 학습과 기억 등을 연구하였다. 1904년에는 프랑스 교육부로부터 정신지체

아동을 가려낼 수 있는 검사개발을 위촉받고 프랑스의 정신의학자인 시몽(Theodore Simon, 1873~)과 함께 1905년 최초의 아동용지능검사를 개발하였다. 이것이 바로 비네-시몽 검사(Binet-Simon Scale)다. 이 검사는 지능검사의 효시로 알려져 있다. 비네는 심리학자이며 정신의학자로 최초의 체계적 지능검사를 개발하였다. 그는 자신의 지능척도를 보완하고 개선하면서 보내다가 1911년 54세의 이른 나이에 뇌일혈로 사망하였다.

비네검사는 처음에 짤막한 30개의 검사로 구성되었다. 검사항목은 곤란도에 따라 배열되었다가, 1908년에는 연령 수준에 따라 구성되는 연령척도로 바뀌었다. 연령 수준에 따라 배열된 문항들은 그 연령에 속하는 평균 수준의 아이들에게는 다소 어렵다고 생각되기도 하지만, 그 생활연령층에 속하는 아이들이라면 평균 점수를 받을 수 있도록 구성되어 있다. 그래서 비네검사를 연령척도라고 부를 수 있다. 그리고 1911년 이 검사는 3세 아동부터 성인까지 검사할 수 있도록 대폭 개정되었다. 비네는 생활연령에 비례해서 지능이 발달한다는 전제하에 정신연령(mental ages: MA)이라는 개념을 도입하였다. 즉, 지능이 보통인 사람은 정신연령과 생활연령(chronological ages: CA)이 일치하는 것으로 보았고(평균지능), 지능이 높은 사람은 생활연령보다 정신연령이 높으며, 지능이 낮은 사람은 정신연령이 생활연령보다 낮다고 보았다. 그러나 비네검사는 연령집단들 간의 차이가 고려되지 않았다. 예를 들어, 3세 아동에게 1년간은 14세 아동의 1년보다 지적 능력의 변화가 훨씬 더 크다는 것을 반영하지 못하였다.

이와 같은 문제는 미국의 심리학자였던 터먼(Lewis Madison Terman, 1877~1956)에 의해 어느 정도 해결되었다. 즉, 터먼은 1916년 비네-시몽 검사의 미국판인 스탠퍼드-비네 지능검사(Stanford-Binet Test)를 제작하면서, 1912년 독일의 심리학자 스턴(William Stern, 1871~1938)이 제안한 IQ(intelligence quotient)라는 개념을 도입하여 새로운 체점체계를 만들게 되었다. 즉, MA/CA×100의 계산식을 도입하게 되었다. 그러나 이와 같은 IQ 개념으로도 15세 이상에서는 정신연령과 생활연령 사이의 직선적인 관계가 이루어지지 않으며 각 연령집단의 정상분포곡선의 변산도가 다르므로 연령집단에 따라 지능계수의 차이가 생길 수 있어 성인용지능검사로서는 적절하지가 않았다. 이에 미국 뉴욕 벨뷰병원(Bellevue Hospital)의 임상심리학자로 근무하던 웩슬러(David Wechsler, 1896~1981)가 편차 IQ의 개념으로 성인의 지능을 평가하였고, 이에 1939년 웩슬러 성인용지능검사(Wechsler Adult Intelligence Scale: WAIS)를 제작하게 되었다. 이후 1949년에는 웩슬러 아동용지능검사(Wechsler Intelligence Scale For Children: WISC)를 개발하였고, 1967년에는 취학전 아동용지능검사(Wechsler Preschool and Primary Scale of Intelligence: WPPSI)을 제작하였다. 한편, 아동용지능검사의 개정판(Wechsler Intelligence Scale For Children-Revised: WISC-R)이 1974년에, 그리고 성인용지능검사의 개정판(Wechsler Adult Intelligence Scale-Revised: WAIS-R)이 1981년에 각각 제작되어 현재 가장 많이 사용되고 있는 개인용지능검사가 되었다(김청송, 2002; Anastasi, 1982).

❖ 비고츠키(Lev Semionovich Vygotsky, 1896~1934): 1896년 러시아의 오르샤라는 작은 마을의 유태인 가정에서 출생했으며, 유태인이었기 때문에 공립학교에 가는 대신 몇 년 동안 가정교사 밑에서 교육을 받고 유태인 고등학교에서 중등교육을 최우수 성적으로 이수하였다. 당시 러시아의 유태인 차별정책 때문에 대학에 진학하기가 쉽지 않았지만 운명적으로 간신히 1913년 모스크바대학교(First State University of Moscow)에 입학하였고, 부모의 뜻에 따라 의학을 공부하다가 법학으로 전공을 바꾸어 1917년 법학사 학위를 받고 졸업하였다. 그리고 모스크바대학교를 다니면서도 비고츠키는 샤나브스키시민대학을 다녔고, 이곳에서 심리학, 철학, 문학을 공부하였다. 샤나브스키시민대학은 당시의 제정러시아에 반대한 모스크바대학교 교수들이 대거 참여해 1900년에 설립한 대학이었다. 대학졸업 후 21세 때 고향으로 돌아왔는데, 그해는 러시아의 공산혁명이 일어난 시기였다. 비고츠키는 고향에 있는 고멜(Gomel)사범대학에서 학생들을 가르쳤고, 24세 때는 결핵으로 건강이 나빠지기 시작하였으며, 28세 때 결혼하여 두 명의 딸을 낳았다. 그러나 1924년 28세 때 레닌그라드에서 개최된 제2차 러시아 신경심리학회에서 『조건반사적 조사방법과 심리학적 조사방법』을 포함한 세 편의 논문을 발표하여 많은 주목을 받게 되었다. 이것은 비고츠키의 인생에서 하나의 대전환점이 되었다. 특히, 모스크바대학교의 심리학연구소장도 크게 감명을 받아 비고츠키를 모스크바대학교 심리학연구소 위원으로 초청하게 되었다. 후에 20세기 최고의 신경심리학자 중의 한 사람인 루리아(Aleksandr Romanovich Luria, 1902~1977)는 비고츠키의 제자였다. 루리아는 자신의 연구 중 대부분이 비고츠키가 구성한 심리학이론을 완성한 것뿐이라고 회고하기도 하였다.

비고츠키는 기본적으로 사람이 생물학적 경향을 바탕으로 다른 사람과 상호작용하면서 배워 나간다는 입장을 취하고 있었다. 특히, 아동발달에서 아동이 사용하는 언어는 기본적으로 생물학적인 소질에서부터 발달하며, 환경은 단지 각 개인의 소질을 인간의 목표에 일치하도록 하는 역할을 한다고 하였다. 또 아동의 사고는 아동을 둘러싸고 있는 주변사람들의 사회적 및 역사적 가정에 의해 결정된다고 보았다. 아동은 성인과 또래들로부터 영향을 받을 뿐만 아니라 동시에 아동 자신도 주변의 어른과 또래들에게 의사소통함으로써 영향을 준다고 하면서 아동을 능동적인 존재로 보았다.

비고츠키는 아동발달에서 문화와 사회적 관계를 강조하였기 때문에 그의 이론은 사회문화적 인지이론으로 불린다. 즉, 아동이 성장하고 있는 문화적 배경을 고려하지 않고서는 아동발달을 제대로 이해할 수 없다는 것이 비고츠키의 주장이었다. 피아제는 모든 아동의 인지발달은 매우 유사한 단계를 거친다고 하였고 인지발달에 있어서 아동의 능동적이고 자발적인 노력을 강조하였기 때문에 성인의 직접적인 가르침을 중요하다고 보지는 않았다. 그러나 비고츠키는 모든 아동이 똑같은 인지발달단계를 거친다고 보지 않았으며, 아동의 인지발달을 사회가 중재하는 과정으로 보았기 때문에 아동발달의 결정요인으로서 문화를 강조하였다. 문화는 아동의 인지발달에 두 종류의 기여를 한다. 첫째, 아동은 지식의 대부분을 문화로부터 습득한다. 둘째, 아동은 문화로부터 사고 과정이나 사고 수단을 습득한다. 그러므로 문화는 아동으로 하여금 무엇을 사고하고 어떻게 사고할 것인가를 가르친다. 그리고 아동의 사고 발달에 필수적인 것이 언어이며, 언어는 사회적 상호작용의 매개 역할을 한다. 아동은 의사소통을 위해서뿐만 아니라 자신의 사고 과정과 행동을 이끌어 가기 위해서 언어를 사용한다고 비고츠키는 믿고 있었다. 이러한 자기 조절적 또는 자기 지시적 목적으로 사용되는 언어가 혼잣말이다. 피아제에게는 아동의 혼잣말이 자기중심적이고 미성숙한 것이지만, 비고츠키에게는 혼잣말이 아동의 사고발달에서 중요한 도구가 된다. 그는 혼잣말을 많이 하는 아동이 그렇지 않은 아동보다 사회적 능력이 더 뛰어난 것으로 믿었다. 또 아동은 쉬운 과제보다 어려운 과제에서 혼잣말을 더 많이 한다. 왜냐하면 어려운 과제에서 더 많은 도움이 필요하기 때문이다. 또한 문제를 제대로 풀었을 때보다 실수를 한 후에 혼잣말을 더 많이 하는 것으로 보인다. 비고츠키는 열정적으로 강의와 연구 및 저술에 몰두했지만, 평소의 지병인 결핵 때문에 1934년 6월 11일 38세의 젊은 나이로 숨을 거두게 되었다.

2. 콜버그

"아동의 인지능력이 발달함에 따라 도덕발달의 수준도 단계적 계열을 따라 순서대로 발달해 간다."

"도덕성은 이미 확립된 문화적 가치의 내면화도 아니고 자발적인 충동과 정서의 표현도 아니다. 그것은 정의, 즉 사회적 환경에서 개인과 타인의 상호작용이다."

콜버그(Lawrence Kohlberg, 1927~1987)는 1927년 10월 25일 미국 뉴욕의 브롱스빌의 부유한 가정에서 출생하였다. 고등학교는 미국의 명문 사립학교인 매사추세츠의 앤도버 아카데미 고등학교를 다녔다. 그리고 고등학교를 졸업하자마자 곧바로 대학에 다니지 않고, 선원이 되고자 하는 자신의 꿈을 좇아 17세의 어린 나이에 상선회사의 선원으로 취직하여 20세가 될 때까지 세계를 여행하였다. 그 후 1948년 21세 때 시카고대학교에 입학하였는데, 입학성적이 매우 좋았기 때문에 단지 몇 강좌만 이수하고도 1년 만에 학사학위를 받을 수 있었다. 학부시절 콜버그는 철학과 문학을 통하여 도덕적 전통을 배우게 되었다. 1949년 시카고대학교를 졸업하고 동 대학원에 입학하여 1958년 도덕적 발달에 관한 논문으로 철학 박사학위를 취득하였다. 박사과정을 다닐 때는 로저스(Carl Ransom Rogers, 1902~1987)로부터 임상적 이론과 실무를 익혔고, 또 헤비거스트로부터 발달심리학을 교육받았다. 1958년부터 1959년까지는 보스턴 근교의 아동의료센터에서 근무하다가 정신분석학적 관점에 회의를 품게 되었고, 피아제 이론을 접하면서부터 피아제의 발달이론에 심취하게 되었다. 그리고 이때부터 아동의 도덕적 추론이 어떻게 전개되고 발달되는지에 대한 새로운 생각을 갖게 되었다. 당시에는 정신분석학적 관점에 따라 초자아와 도덕적 행동 간의 관계를 규명하는 것이 당연시되던 시기였다.

콜버그는 1959년부터 1961년까지 예일대학교의 심리학과 조교수로 있었고, 1962년에 모교인 시카고대학교에 조교수로 재직하면서 아동심리 훈련프로그램을 만들어 자신의 박사학위논문에서 제시한 여러 주제들을 정리해 나갈 수 있었다. 그리고 1968년에는 하버드대학교의 교수로 부임하면서 하버드대학교에 도덕연구센터를 설립하였는데, 이 센터는 콜버그의 사망으로 문을 닫을 때까지 근 20년간 세계적 명성을 떨친 교육중재 활동과 그에 관한 연구의 온상이 되었다. 콜버그는 1987년 1월 17일 실종된 것으로 공식 발표되었고, 그해 5월 초순 보스턴 교외의 늪에서 사체로 발견되었다. 이때 그의 나이는 60세였다. 정확한 사인은 밝혀지지

않았으나, 우울증 때문에 자살했을 것이라는 추측이 우세하였다. 콜버그는 1973년 이후 이전에 중앙아메리카를 여행하던 중에 감염된 병(열대병)으로 고통을 받고 있었고, 또 도덕적 이상주의와 현실 간의 괴리 때문에 우울증에 시달려 왔던 것이다. 주요 연구업적으로는 『도덕규칙에 대한 아동의 지향 발달(*The Development of Children's Orientations Toward Moral Order*)』(1963), 『도덕단계와 도덕화: 인지 접근(*Moral Stages and Moralization: The Cognitive Approach*)』(1976), 그리고 『도덕발달의 의미와 측정(*The Meaning and Measurement of Moral Development*)』(1981) 등이 있다.

▸▸ 도덕교육의 목적

도덕교육의 목적은 청소년들로 하여금 도덕성을 형성하도록 돕는 데에 있다. 도덕발달의 이론은 한 개인의 내면화 현상을 크게 강조하는 측면으로 이루어져 있고, 이를 다루는 이론들은 크게 정신분석학적, 사회학습론적, 그리고 인지발달론적 입장으로 구분할 수 있다. 콜버그는 이러한 세 가지 입장 중에서 인지발달론적 입장을 취하고 있었으며, 20세기 현대 도덕교육에 있어서 뛰어난 업적을 남긴 학자 중 한 사람으로 기록되고 있다. 즉, 콜버그는 도덕발달을 인지의 발달로 보았으며, 도덕발달이 기본적으로 인지구조적 또는 도덕판단적 구성요소를 가지고 있는 것으로 이해하였다. 그리고 도덕성의 기본 동기는 생물학적인 욕구충족과 불안 또는 공포의 감소라기보다는 수용, 자존심, 그리고 자아실현에 대한 일반화된 동기라고 생각하고 있었다.

▸▸ 도덕발달의 특징

콜버그의 도덕발달단계의 특징을 살펴보면, 우선 도덕성의 핵심은 정의이다. 정의란 인간에 대한 존경과 공평심으로 요약된다. 도덕판단에 관한 여섯 개의 발달단계는 정의의 원리가 연령과 함께 더욱 분명하고도 일관되게 적용된다는 것을 의미한다. 둘째, 이러한 여섯 개의 발달단계는 세계의 모든 나라, 모든 문화에서 똑같이 지지된다. 셋째, 각 단계는 여러 가지 도덕적 딜레마를 통해서 도덕적 추리의 일관성을 제시하고 있다. 넷째, 각 발달단계는 각각의 문화에 의해 사회화를 통해서 직접 개인에게 이식되는 것이 아니고 개인의 사회적 체험 속에서 적극적으로 구성된다. 다섯째, 모든 문화는 규칙, 권위, 공정성, 벌, 정직성, 생활상의 가치와 같은 기본적인 도덕적 문제를 정면으로 다루고 있다. 그리고 모든 개인은 그 문화에 관계없이 똑같은 순서로 도덕적 문제에 대한 똑같은 추리단계를 지나가게 된다(백운학 역, 2002). 그러므로 도덕발달단계의 특징은 그것이 불변적이며, 순서에 따라 각 단계를 거쳐 나가고, 각 개인은 현재의 단계를 거치지 않고 더 높은 단계에 이를 수 없으며, 도덕발달은 일정한 순서를 거치게 되어 있다. 도덕발달에서 사람은 자기 단계보다 한 단계 이상 높은 단계의 추리는 이해할 수 없다. 도덕발달은 어떠한 단계에서도 중단될 수 있다. 그리고 아동은 나이가 들어 감에 따라 점차 더 높은 단계에 이르게 된다.

▸▸ 도덕성의 측정

콜버그는 10, 13, 16세 소년들을 대상으로 다음과 같은 도덕적 딜레마 상황을 제시하였고, 이를 근거로 도덕발달이론을 주창하게 되었다. 이 질문을 통하여 콜버그는 '예, 아니요' 의 대답이 아니라 왜 그렇게 생각하는지를 분석하는 데 관심을 두었다. 그리고 도덕단계는 불변의 연속적인 3수준 6단계로 구분하였다.

> 한 부인이 암으로 죽어가고 있었다. 어쩌면 그 부인을 살릴지도 모르는 한 가지 유일한 약이 있었는데, 그 약은 일종의 리튬으로서 같은 마을에 사는 약사가 개발한 것이었다. 그 약은 재료비도 비쌌지만 약사는 원가의 10배나 비싸게 그 약을 팔았고, 아주 적은 양의 약을 2,000달러나 받았다. 부인의 남편인 하인즈는 그 약을 사려고 이 사람 저 사람에게서 돈을 빌렸지만, 약값의 절반인 1,000달러밖에 구하지 못했다. 절반밖에 돈을 구하지 못한 하인즈는 약사에게 가서 약을 싸게 팔든지, 아니면 나머지는 외상으로 달라고 부탁하였으나 결국 거절당하였다. 하인즈는 절망한 나머지 그 약을 훔치기 위하여 약국 문을 부수고 들어갔다. 과연 하인즈는 그처럼 행동했어야 했는가?

청소년과 관련된 이론 및 주장

▸▸ 도덕발달론

콜버그의 도덕발달론은 인간의 도덕적 판단능력을 성장과정에 따라 몇 개의 단계로 구분하였다. 즉, 도덕발달 과정을 〈표 8-3〉과 같이 3수준 6단계로 구분하였다. 그리고 사람들은 누구나 각 단계를 순서대로 거쳐 나가게 되고 대부분의 사람들은 인습적 수준에 머문다고 주장하였다.

〈표 8-3〉 콜버그의 도덕발달단계

3수준	6단계
수준 1 전인습적 또는 인습 이전 수준	• 1단계: 처벌과 복종에 순응 • 2단계: 단순한 쾌락주의
수준 2 인습적 수준	• 3단계: 착한 소년, 착한 소녀 지향 • 4단계: 사회질서 유지의 도덕성
수준 3 후인습적 또는 인습 이후 수준	• 5단계: 계약적 도덕성, 개인적 정의 및 민주적으로 용인된 법 • 6단계: 보편적 원리의 지향

① 수준 1

전인습적 또는 인습 이전 수준(pre-conventional level)의 아동은 주로 처벌을 피하거나 개인적인 보상을 얻기 위하여 행위의 물리적 또는 도덕적 규칙을 강요하는 사람의 힘이나 권력과 관련지어 해석한다. 1단계는 주로 처벌과 복종에 순응하며, 자기중심적인 관점을 취하며, 다른 사람의 이해관계가 자기 자신과 다르다는 것을 잘 인식하지 못하는 것이 특징이다. 그러나 2단계는 아동들이 보상을 얻거나 개인적 목적에 만족하기 위하여 규칙을 따르게 된다.

• 1단계: -부모의 우월한 힘에 복종
-수반되는 결과에만 비추어서 반응한다.
-권위자가 허용한다든가 처벌하는 것에 관심을 기울인다.
-훔치는 것은 벌을 받을 것이기 때문에 나쁘다.

• 2단계: -어떤 보상이 돌아올 때만 복종에 동의한다.
-모든 것이 상대적이기 때문에 궁극적으로는 각자의 요구와 쾌락에 따라, 즉 쾌락주의적으로 결정한다.
-아내를 구하기 위해 훔치는 것이 정당하다고 생각할 수 있으나 약제사는 그르다고 생각할 수 있다.

② 수준 2

인습적 수준(conventional level)에서 아동은 이제 자기 자신에 대한 기대나 사회의 질서에 단순히 동화하는 것이 아니라 그것을 충실히 따르고자 하며, 그 질서를 적극적으로 유지하고 지시하고 정당화하며, 그 질서에 관련된 개인이나 집단과 자기를 동일시한다. 가정이나 집단이나 국가의 기대를 따르는 것이 즉각적인 결과와는 상관없이 그 자체로서 가치를 지니고 있다는 것을 알고 있다. 3단계는 착한 소년, 착한 소녀를 지향한다. 4단계는 사회질서 유지의 도덕성을 지향한다. 즉, 개인 상호 간의 협약이나 동기와 구분되는 사회적 관점을 갖는다. 4단계의 사람은 체제의 관점을 취하며 체제의 관점 위에서 역할과 규칙을 규정한다. 체제 내의 위치 속에서 개인적 관계를 숙고한다.

- 3단계: - 기쁘게 하고 칭찬을 얻기 위해 순응한다.
  - 착한 사람이 행해야 하는 것에 비추어 반응한다.
  - 동기가 순수하기만 하면 용인된다.
  - 아내를 사랑했으나 매우 곤궁한 상태에 있었기 때문에 약을 훔칠 수밖에 없었다고 생각한다.
- 4단계: - 지지되는 사회질서를 위하여 규칙을 신봉한다.
  - 올바른 행동이란 착하고 이해성 있는 모든 사람들이 인정하는 선의의 행동으로 이루어져 있다.
  - 사회질서가 이루어지도록 법에 복종한다.
  - 법은 존중되어야만 하기 때문에 약값을 치르고 감옥에 가야 한다.

③ 수준 3

후인습적 또는 인습 이후 수준(post-conventional level)은 도덕적 가치나 원리가 그 가치를 표방하는 개인이나 집단의 권위와는 관계없이, 또 자신의 그 집단과의 유대와는 관계없이 그 자체로서 타당성을 가진다고 생각한다. 도덕적 결정은 공정하고 유익한 실제를 가질 수 있는 그런 사회에서 살아갈 수 있는 모든 개인이 합의하는 권리, 가치, 원리로부터 생성된다. 5단계는 계약적 도덕성, 개인적 정의 및 민주적으로 용인된 법을 지향한다. 이러한 사회적 계약단계에서 아동은 법의 목적이 다수의 의지표현이자, 인간의 더 나은 가치에 대한 것이라는 의식이 있다. 도덕적 관점과 법률적 관점을 숙고하며, 각 관점들이 갈등하고 있음을 받아들이고, 그것들을 통합하는 것이 어렵다는 것을 안다. 그러나 6단계에 들어서게 되면 보편적인 도덕적 원리를 지향하게 된다. 개인은 그 자신이 선택하는 윤리원칙의 토대 위에서 옳고 그름을 정의 내린다. 이러한 원칙은 추상적인 도덕의 지침 또는 어떤 법이나 상충될 수도 있는 사회적 계약을 초월하는 보편적 판단원칙을 따른다.

- 5단계: - 법이란 사람들이 화목하게 살아가기 위해 공동체가 동의한 장치이므로 법이 사람들이 필요한 바를 충족시키지 못한다고 느껴지면 상호 동의와 민주적인 절차를 통해 언제든지 변경시킬 수 있다.
  - 법보다 우선하는 개인적 가치가 있음을 희미하게 느낀다.
  - 하인즈가 그렇게 할 정당한 이유가 있기는 하나 법의 입장에서 보면 그에게 잘못이 있을 것이다. 그러므로 그를 옳다거나 그르다고 더 이상 말할 수 없다.
- 6단계: - 윤리적 원칙에 기초한 능동적 순응을 보인다.
  - 법을 초월하는 어떤 추상적이고 보편적인 원리에 대한 명확한 개념화가 이루어진다.
  - 보편적 원리를 따른다.
  - 자기 선택적이다.
  - 6단계의 사고에 도달한 사람은 드물다.
  - 하인즈는 아내를 위해 도둑질할 법적인 권리는 없지만 상위의 도덕적 권리를 가지고 있다.

▸▸ 도덕적 상대주의

한편, 콜버그는 하인즈 갈등에 대한 반응을 분석하고 〈표 8-4〉와 같이 다섯 가지 유형의 도덕적 상대주의 사고를 식별해 내었다(임영식, 한상철, 2000).

〈표 8-4〉 도덕적 상대주의 사고의 유형

급진적 상대론	선악, 권리, 의무, 규범 등과 같은 인습적 도덕률과 관련되는 사고 자체를 배격하고 이를 준수하는 도덕적 행위에 대해서도 의미를 부여하지 않음. '어느 누구도 하인즈의 행위가 옳거나 그르다고 감히 판단할 수 없다.'

개인적 상대론	타인의 도덕적 행위에 대한 판단은 근본적으로 자신의 입장과 감정에 기초한 것이므로 타인의 도덕성을 평가할 수 없다고 생각함. '자신의 행위에 대해서는 옳고 그름을 판단할 수 있으나 다른 사람에 대해서는 하지 않을 것이다.'
이기주의적 상대론	인간은 근본적으로 이기주의적 도덕률에 지배되므로, 개인 자신에게 도덕적이면 그것이 곧 도덕이라고 생각함. '사회란 원래 이기주의적인 사람들이 모여 있는 것 아닌가? 하인즈의 행위나 약사의 행위 모두 자신의 입장에서는 불가피한 것이다.'
정치적 상대론	사회정의를 인정하지 않고 모든 사회에 보편적인 도덕적 원리의 존재를 부정함. '오늘날과 같은 사회구조 속에서 어떻게 하인즈의 행동을 평가할 수 있는가?'
결정주의적 상대론	스스로 절대적인 선과 보편적 도덕률을 수행할 자신이 없기 때문에 타인의 도덕적 행위의 당위성에 대해 판단하기를 주저함. '내가 하인즈의 입장에 선다면 그보다 더 낫게 행동할 자신이 없는데 무엇을 말할 수 있겠는가?'

▸▸ 도덕성의 정의

콜버그는 개인에 의해 내면화된 사회적, 문화적 행동규칙으로서의 일반적 개념으로 도덕성을 정의하였다. 도덕적 행위를 단순한 습관의 학습이나 초자아 또는 양심이라고 하는 비교적 심층적인 기능으로 생각하지 않았다. 이보다는 행동의 주체자로서의 적극적이고 능동적인 사태의 인지와 의도적 선택의 여지를 갖춘 개념으로 다루고 있다. 콜버그가 생각한 도덕성의 본질은, 첫째 인간적 가치나 이상이 모두 도덕적 가치는 아니라는 것이다. 둘째, 도덕성이란 사람들 사이의 상호 협력과 조정과 관련된 원리나 기준이므로 적어도 원칙상 이것은 여러 사람의 공유 가치를 다룬다. 셋째, 도덕성은 덕목이나 가치의 내용이 아니라 그것들을 다루는 형식이다. 그러므로 한 인간의 도덕적 수준은 그가 어떤 가치와 덕목을 신봉하고 있는가에 의해서가 아니라 여러 가치와 덕목을 다루는 논리 형식의 질에 달려 있다. 이 논리 형식은 궁극적으로는 정의에 대한 논리 형식이라고 볼 수 있는 것이다.

▸▸ 도덕교육

콜버그의 도덕성발달과 도덕교육은 청소년문제의 해결에 중요한 시사점을 주고 있다. 도덕과 교육에 대한 콜버그의 이론은 도덕교육자로서의 교사 역할과 인간적 가치에 근거한 개념화를 시도했다는 점에서 높이 평가되고 있다. 교사는 학생의 인지발달상의 도덕적 성장을 촉진하는 역할을 해야 한다. 또 학생들의 사고와 판단의 과정을 진전시키는 환경을 조성해야 하고, 학생들의 합리적인 판단과 선택을 강조하는 도덕교육의 인지적 접근을 이룰 수 있도록 노력해야 한다.

▸▸ 비판점

콜버그의 도덕발달론은 계속 연구·보완되고 있으나 문제점도 제기되고 있다. 발달단계의 순차성 문제, 발달단계의 측정문제, 도덕발달단계의 사회문화적 보편성에 대한 문제, 사고의 발달과 도덕적 추론을 근본적인 관계로 단정하였다는 점, 그리고 도덕적 추론이 도덕적 행동을 예측한다는 주장이 비판을 받고 있다. 특히, 연구방법과 관련해서는 콜버그의 이론이 백인 남성과 소년만을 대상으로 한 종단적 연구에 근거하고 있기 때문에 여성의 도덕적 발달단계에는 들어맞지 않고, 또 여기에는 여성 편견이 내재되어 있다는 사실에 대하여 길리건은 많은 비판을 가한 바 있다. 특히, 연구를 위한 면접방법과 내용의 타당성과 신뢰성의 문제, 도덕적 딜레마의 종류와 내용의 타당성이 충분하지 못하다는 지적이 꾸준히 제기되고 있다. 한편, 콜버그의 정의와 공정성 등 보편적인 도덕률에 대한 사고를 궁극적인 것으로 삼을 것이 아니라 각 문화권 특유의 인습 수준 내에서 도덕적 사고의 발달 영역을 고려해야 한다는 주장이 있다.

참고인물

❖ 로저스(Carl Ransom Rogers, 1902～1987): 10장의 로저스를 참조할 것.

❖ 헤비거스트(Robert Havighurst, 1900～1991): 7장의 헤비거스트를 참조할 것.

❖ 피아제(Jean Piaget, 1896～1980): 이 장의 피아제를 참조할 것.

❖ 길리건(Carol Gilligan, 1936～): 이 장의 길리건을 참조할 것.

3. 길리건

"여성은 남성의 도덕성과 심리적인 면에 있어서 서로 다르다. 여성에게 주어지는 도덕적 명령은 동정이나 보살핌 같은 것이고, 남성에게 주어지는 도덕적 명령은 정의와 같은 추상적 원칙과 다른 사람의 권리를 존중해 주는 것 등이다. 전자가 정의의 도덕성이라면, 후자는 바로 배려의 도덕성이다."

길리건(Carol Gilligan, 1936∼)은 1936년 11월 28일 뉴욕 시에서 출생하였다. 스워스모어대학(Swarthmore College)에 입학하여 문학을 전공하고 1958년 최우등으로 졸업하였다. 1960년 심리치료학으로 유명한 래드클리프대학(Radcliffe College)의 대학원에 진학하여 임상심리학전공으로 석사학위를 취득하였고, 1964년에는 하버드대학교에서 사회심리학전공으로 박사학위를 취득하였다. 1967년부터는 에릭슨, 콜버그 등과 함께 하버드대학교의 학생들을 가르쳤으며, 에릭슨의 연구조교로 있을 때부터 도덕성발달에 관심을 가지게 되었다. 특히, 그녀는 초기 동료인 콜버그와 함께 도덕적 판단에 대한 여러 연구들을 수행하였다. 길리건이 원래 계획했던 연구는 베트남전쟁 당시 군복무 지원자들의 도덕성에 관한 것이었다. 즉, 징병에 직면한 하버드대학생들의 의식이 도덕성에 대한 콜버그의 이론에 부합되고 있는지를 알아보려는 것이었으나, 미국 37대 닉슨 대통령(Richard Milhous Nixon, 1913∼1994)의 징병제도 취소 때문에 이 계획을 포기하였다. 그리고 낙태에 대한 여성들의 도덕적 갈등에 관한 연구로 전환하게 되었다.

이 연구를 진행하면서 길리건은 도덕성발달에 관한 지금까지의 설명이 여성들의 경험에는 적합하지 않다는 사실에 주목하였고, 남성과 여성들의 도덕성발달은 동일하지도 않고, 또 서로 다르다는 사실을 인식하기 시작하였다. 특히, 콜버그가 제시한 것, 즉 도덕성발달 단계에서 대부분의 남성은 4단계에 머물고 대부분의 여성은 3단계에 머문다는 주장은 설득력이 없다고 비판하였다. 그리고 콜버그의 이런 주장은 여성이 도덕적으로 더 열등함을 암시하는 것이라고 하면서 콜버그의 도덕발달이론을 비판하는 논문을 발표하게 되었다. 이 논문에서는 여성이 남성보다 도덕적으로 열등한 것이 아니라, 콜버그의 연구방법이 성적인 편견에서 비롯된 것임을 제안하였다. 그리고 이 논문을 확장하

여 1982년 『다른 목소리로: 심리적 이론과 여성발달(*In a Different Voice: Psychological Theory and Women's Development*)』을 출간하였는데, 이 저서는 1996년까지 9개국어로 번역되어 60만 부가 팔린 것으로 기록되고 있다. 길리건은 영국의 케임브리지대학교에서 1992~1994년까지 학생들을 가르치면서 시간을 보내기도 하였다. 2002년 5월에는 자신이 30년 이상 몸담았던 하버드대학교를 떠나 자신의 고향인 뉴욕에서 뉴욕대학교의 객원교수로 자리를 옮겼고, 뉴욕대학교는 길리건이 이곳에서 제2의 연구생활을 할 수 있기를 기대하고 있다.

▸▸ 도덕성의 성차

길리건은 도덕발달이론에 내재하고 있는 남성적 편견을 수정하기 위하여 새로운 도덕성발달이론을 발전시켰다. 즉, 여성은 남성의 도덕성과 심리적인 면에 있어서 서로 다름을 주장하면서 여성에게 주어지는 도덕적 명령은 동정이나 보살핌(care), 책임, 애착, 그리고 희생 같은 것이고, 남성에게 주어지는 도덕적 명령은 정의(justice)와 같은 추상적 원칙

〈표 8-5〉 길리건과 콜버그의 도덕성발달에 대한 차이점

	길리건: 배려와 책임감의 도덕성	콜버그: 정의의 도덕성
근본적인 도덕적 명령	비폭력/따뜻한 배려	정의
도덕성의 요소들	정의와 타인들에 대한 책임감, 관계, 배려, 동정심, 조화, 개인적 생존/자기 희생	자아와 타인들에 대한 권리들, 개별성에 대한 신성함, 공정성, 규칙/법칙성
도덕적 딜레마의 본질	조화와 관계성에 대한 위협	갈등을 일으키는 권리들
도덕적 의무의 결정요인	관계들	원리들
딜레마 해결의 인지과정	귀납적 사고	형식적/연역 논리적 사고
도덕적 행위자로서의 자아관	연관된, 부수적인 자아	분리된, 개별적인 자아
정서의 역할	배려와 동정심의 동기화	구성요소가 아님
철학적 지향	현상학적(상황적 상대주의)	합리적: 보편적인 정의의 원리
발달단계	1. 개인적 생존 1.5. 이기심에서 책임감으로 2. 자기 희생과 사회적 동조 2.5. 선함에서 진리로 3. 비폭력의 도덕성	1. 벌과 복종 2. 도구적 교환 3. 인간관계적 동조 (착한 소년, 소녀 지향) 4. 법과 질서 5. 사회계약과 일차적 권리 6. 보편적인 윤리적 권리

과 다른 사람의 권리를 존중해 주는 것 등이라는 것이다. 길리건은 이를 위해 두 가지 대조적인 개념을 도입하였는데, 그것이 바로 콜버그의 정의의 도덕성과 그녀 자신의 배려의 도덕성이다. 이렇게 서로 다른 도덕적 명령은 도덕적 명령을 다른 방향에서 보게 하지만 결코 남성적 방향이 여성적 방향보다 우수하다는 것을 의미하지 않으며, 오히려 보다 인간적인 도덕적 발달의 개념을 발전시키기 위해서는 남성적 방향과 여성적 방향이 서로 보완적으로 통합될 필요가 있다는 것이다. 〈표 8-5〉는 길리건과 콜버그의 도덕성발달에 대한 차이를 나타낸 것이다.

▸▸ 성차의 문제

길리건은 남성 중심적 가치체계에 대해서도 문제를 제기하였다. 서양철학에서 아리스토텔레스의 『정치학(*Politics*)』, 이탈리아의 신학자이며 철학자인 아퀴나스의 『신학대전(*Summa Theologiae*)』(1266~1273), 루소의 『에밀(*Emile*)』(1762), 칸트의 『아름다움과 숭고한 감정에 관한 관찰(*Observations on the Feeling of the Beautiful and Sublime*)』(1764), 독일 관념론의 철학자 헤겔의 『법철학(*Grundlinien der Philosophie des Rechts*)』(1821), 그리고 프랑스의 철학자 사르트르(Jean-Paul Sartre, 1905~1980)의 『존재와 무(*Being and Nothingness*)』(1943)와 같이 대가들의 저작에서도 명시적으로 여성들을 비하한 측면이 있다. 이들 철학자들에 따르면 여성의 이성적 능력은 남성에 비해 열등하고, 여성은 도덕적 자율성을 가질 능력이 없기 때문에 여성의 장점은 복종, 침묵, 정절과 같은 여성적 미덕을 실천하는 것에 있다. 그러므로 여성들은 공적 삶으로부터 배제당해야 하고 사적 삶에서는 예속당해야 한다는 것이다. 프로이트 또한 오스트리아의 중산층 여성들을 대상으로 임상연구를 실시했음에도 불구하고, 그의 심리성적 발달이론은 대표적인 남성 위주의 발달이론으로 손꼽힌다. 한 예로 프로이트는 여성의 남근선망이 남성에 대한 열등감을 만들어 내었다고 생각하였다. 또 여성이 남성에 비해 초자아가 약하게 발달되어 신경증에 걸리기 쉬운 경향이 있다고 생각하였다. 에릭슨 역시 정체감 성취에 있어서 성차가 있고, 여성은 독립적·자율적이기보다는 타율적이라고 생각하였다. 마찬가지로 콜버그도 도덕성발달 단계에서 보다 높은 도덕단계는 정의, 자율성, 평등, 공정성, 그리고 규칙과 같은 남성적 가치가 핵심적 위치에 있기 때문에 결국 남성 특유의 체험들을 반영한 것에 불과하다(Muuss, 1996).

청소년과 관련된 이론 및 주장

▸▸ 폭력 지각의 성차

길리건은 그녀의 동료와 함께 『주제통각검사 이야기에서 폭력의 이미지(*Images of Violence in Thematic Apperception Test Stories*)』(1982)라는 연구논문에서 폭력의 지각에 대한 성차를 연구하였다. 남녀 대학생들에게 2장의 친교관계를 주제로 한 그림과 2장의 성취 관련 주제 그림을 보여 주고 나서 그들이 만들어 낸 이야기를 분석하여 폭력 지각의 성차를 조사하였다. 그 결과 남성과 여성은 서로 다른 상황에서 위험을 지각하고 다른 방식으로 위험을 해석한다는 결론을 내리게 되었다. 남성은 대인관계의 연계성, 예를 들어 거절당하는 것, 창피당하는 것, 배신당하는 것 등에서 위험을 더 느끼는 반면, 여성은 경쟁적인 성공에 뒤따르는 타인과의 분리, 예를 들어 혼자 남게 되는 것, 고립되는 것 등에 대해 많은 위험과 불안을 지각하였다. 여성은 유기(abandonment)에 대해 매우 높은 민감성을 가지고 있으며 대인 간의 친교와 친밀감을 안전하고 버림받지 않는 상황으로 간주하는 경향이 있기 때문에 남성과 여성은 서로 다른 목소리로 이야기하고 있다는 것이다.

▸▸ 성적 갈등의 도덕적 추론

길리건과 그녀의 동료들은 1971년 『성적 갈등에 대한 도덕적 추론(*Moral Reasoning about Sexual Dilemmas*)』이라는 연구논문을 통하여 십대 청소년을 대상으로 다음과 같이 성에 대한 갈등을 제시하였다.

> 고등학교에 다니는 한 소녀의 부모가 주말여행을 떠나고 소녀는 혼자 집에 남아 있었다. 금요일 저녁, 뜻밖에 소녀의 남자친구가 집에 놀러왔다. 둘이서 이런저런 이야기를 하면서 놀다가 서로를 포옹하고 애무하기 시작했다.
>
> 1. 이것은 올바른 일인가, 잘못된 일인가?
> 2. 만약 이들이 성관계를 갖는다면 올바른 일인가, 아닌가?
> 3. 성에 대한 이러한 일이 도덕성과 관련이 있다고 생각하는가?

연구결과, 청소년들은 성적 문제에 대해 정서적으로 관여되어 있기 때문에 콜버그의 도덕적 갈등 상황에서 보여 주는 추론능력이 성적 갈등 상황에서는 저하됨이 시사되었다.

즉, 콜버그의 도덕적 갈등 상황에서는 남자청소년들이 3단계와 4단계의 중간 정도에 있었지만 성적 갈등 상황에서는 3단계로 대부분 하락했기 때문에 남자청소년들의 도덕적 성숙 점수가 성적 상황에까지 적용될 수 없다는 것이다.

▸▸ 도덕적 갈등의 낙태

길리건은 자신의 동료와 함께 수행한 또 다른 연구논문 『낙태 결정에 대한 자연적 연구(*A Naturalistic Study of Abortion Decision*)』(1980)를 통하여 낙태를 심각하게 고려 중인 15세에서 33세 사이의 젊은 여성들을 대상으로 그들의 도덕적 추론능력을 살펴보았다. 연구의 주요 초점은 그들이 낙태를 할 것인가 출산을 할 것인가의 여부보다는 그들이 궁극적인 선택을 하게 되는 도덕적 추론을 살펴보는 것에 있었다. 임신 3개월에 첫 면접을 실시하였고 1년 후에 재면접을 실시함으로써 그동안의 도덕적 추론이 어떻게 변화되었는지를 알아보았다. 연구결과, 세 집단으로 구분되었는데, 첫 번째 집단의 경우 일반화된 도덕적 추론능력의 수준과 낙태 결정에 대한 도덕적 추론 점수가 비슷하였다. 두 번째 집단의 경우 개인적 낙태 결정에 대한 도덕적 추론 점수가 일반화된 도덕적 추론 점수보다 더 높았다. 그리고 세 번째 집단에서는 일반화된 도덕적 갈등 상황에 대한 도덕적 추론 점수는 더 높았으나, 자신의 개인적인 낙태 결정에 대해서는 더 낮은 추론 점수를 보였다. 첫 면접 이후 1년간의 중재기간 동안 세 집단 중에서 두 번째 집단의 도덕적 추론능력이 가장 많이 성장하였으며, 나머지 두 집단은 중재기간 동안 별다른 진전이나 퇴보 없이 예전의 수준을 그대로 유지하였다. 그러나 세 번째 집단의 경우 전반적인 추론능력에서는 변화가 없었지만, 낙태 결정과 낙태 이후의 일상생활 모두에서 스트레스를 많이 받았으며 자신이 불행하다고 느끼고 있음을 보여 주었다. 그러므로 길리건은 콜버그의 남성 편향적인 전인습적, 인습적, 그리고 후인습적인 도덕적 추론수준을 남성과 여성의 경우에 서로 다른 심리적 구성개념으로 바꾸어야 한다고 제안하였다. 도덕적 추론에서 남성과 여성의 추론수준 간의 차이점은 사회화 과정의 영향을 받는다. 즉, 남아는 독립적이고 단호하며 성취 지향적으로 사회화되므로 도덕적 갈등 상황을 해결하는 데 있어 다른 사람의 권리나 법과 사회적 관습을 중시하는 반면, 여아는 양육적이고 동정적이고 다른 사람의 욕구에 대한 관심을 강조하는 식으로 사회화되기 때문이다(정옥분 외 공역, 1999).

▸▸ 도덕성발달 단계

길리건은 자신의 저서 『다른 목소리로: 심리학적 이론과 여성발달』(1982)에서 여성의 배려 지향적 도덕성발달 과정을 3단계로 제시하였다. 제1단계는 자기중심적 단계이다. 이는 도덕적 추론의 가장 초보적인 단계이다. 여성은 스스로의 생존을 위해 지극히 자기중심적이다. 다른 사람에 대한 관심이나 배려가 결여되어 있다. 주로 아동기의 미성숙한 대인간의 도덕적 사고가 이 수준에 속한다. 그리고 1.5단계에 들어서면 이기심에서 책임감으로의 변화가 있다. 여성에게는 처음으로 이기심(자신이 원하는 것)과 책임감(자신이 해야만 하는 것)이라는 대립되는 개념이 등장한다. 자신의 판단이나 행동을 이기적이라고 자책하기도 하는데, 이는 자아와 타인 사이의 연계성을 인식하기 시작했다는 증거이다. 그러나 다른 사람에 대한 관심이 증가했다고는 해도 여전히 자신의 행복이 삶의 목적이다.

제2단계는 책임감과 자기희생의 단계이다. 다른 사람들에 대한 책임을 강조하게 되고, 자기에게 의존적인 사람이나 자기보다 열등한 사람들을 보살피고자 하는 모성애적 도덕률을 채택하게 된다. 심지어 자신의 욕구를 희생해서라도 다른 사람이 원하는 것을 해주려는 욕구가 전면에 등장하게 된다. 그러나 배려의 대상이 오직 다른 사람에게만 국한되며, 자기 자신은 배려의 대상에서 제외되기 때문에 인간관계의 평형 상태가 파괴된다. 이 단계에서 여성은 자기희생을 도덕적 이상으로 간주하지만, 자기 자신과 다른 사람들 간의 불평등으로 인하여 여성은 혼돈에 빠지게 된다. 그리고 2.5단계에 접어들게 되면 선에 대한 관심에서 진실에 대한 관심으로의 변화가 생긴다. 이 시기의 여성들은 다른 사람들의 욕구뿐만 아니라 자기 자신의 가치와 욕구도 고려한다. 다른 사람에 대한 책임을 짐으로써 착하게 되기를 원하면서도 자기 자신에게 책임을 짐으로써 정직하게 되고자 한다. 즉, 책임감의 개념이 자기 자신의 욕구와 이해관계를 포괄할 수 있도록 확대되는 것이다. 선에 대한 관심보다는 진실에 대한 관심이 더 증가한다. 이러한 변화는 자기희생의 논리를 면밀히 고찰하는 과정에서 자아와 타인 간의 관계를 재고하면서부터 시작된다.

제3단계는 자신과 타인 간의 역동이다. 이 수준에 이르게 되면 여성은 인간관계가 상호적이라는 것을 인식하며, 자신과 타인의 관계에 대한 새로운 이해를 통해서 이기심과 책임감 간의 대립을 해소한다. 이 시기의 여성은 자신을 무력하거나 수동적인 존재로 생각하지 않고 의사결정 과정의 적극적 참여자로 인식한다. 강한 자기주장과 타인에 대한 배려가 공존한다. 또한 자기 자신도 배려의 대상이라는 것을 깨닫게 된다. 이 시기에 도덕성의 주

〈표 8-6〉 길리건의 배려 지향적인 도덕성발달 단계

단계	도덕성발달
제1단계 자기 지향	• 자기 관심과 개인적 생존 지향. 자기중심적인 시각으로 도덕적인 문제를 해결하고, 자신을 돌보고 자신에게 가장 좋은 것에 관심을 둔다.
제2단계 배려의 도덕성	• 선과 타인에 대한 책임감의 동일시. 관습적인 여성의 미덕인 타인의 원하는 바를 위해 희생하며 타인을 보호하고 돌보려 한다.
제3단계 비폭력의 도덕성	• 자아와 타인 사이의 역동성에 중점을 둠. 즉, 자신과 타인 간에 도덕적 평등을 설정하고 양자에게 상처를 주지 않고 최선이 되도록 선택하며, 그 선택의 책임을 중요하게 여긴다.

요 지표는 비폭력, 평화, 박애 등이다. 이를 나타내면 〈표 8-6〉과 같다.

▸▸ 소녀의 위기와 발달론

청소년기를 거치면서 소녀들에게 어떤 일이 일어나는가? 소녀의 경우 청소년기는 위기를 초래하는 시기이다. 왜냐하면 청소년기는 소녀가 타인과의 관계와 타인에 대한 반응에 대해 진실로 알고 있는 것과 그들 자신에게 부과되는 요구 간의 대립이 심화되고, 또 자신들의 독립심을 키우도록 강요받기 때문이다. 인간관계에서 경험하는 이러한 위기는 소녀에게 종종 파괴적이다. 길리건은 이것을 소녀에게서 점차 증대되는 우울증과 청소년기 동안 증가하는 여성의 자살 시도 및 자살의 관념화와 관련시킨 바 있다. 실제 많은 연구들에 의하면 신체적 외모를 평가할 때 소녀는 소년보다 더 자기비하적이고, 여성의 섭식장애는 청소년기에 나타나기 시작하는 것으로 알려지고 있다.

한편, 길리건은 여아를 대상으로 세 가지의 발달단계를 구분하였다. 1단계는 7～10세의 소녀이다. 자신감 있는 세계관이 특징이며 아동기에 발생한다. 소녀들은 똑바로 솔직하게 세계를 관찰하고 서슴지 않고 그들의 감정을 기꺼이 말하며 어떠한 억제도 없이 주변 세계를 묘사한다. 그들은 자신의 생각을 솔직하게 표현함으로써 자신의 우정관계를 유지한다.

2단계는 11～14세의 소녀이다. 이 단계의 소녀들은 비난하는 자라고 언급된다. 11세와 12세의 소녀들은 '여성이 언제 어디서 말하고 언제 침묵하는가'에 대한 예리한 관찰자이자 노골적인 비판자가 된다. 저항가로서 그들은 특히 남성의 권위에 대한 여성의 순응에 주목하고 의문을 제기하는 경향을 보일 수 있다. 소녀들은 남성과 여성 간의 상호작용을 관찰할 때 특히 성인 여성 쪽의 순응과 굴복에 주목한다. 그들은 그러한 순응과 굴복을 좋아하지 않으며, 묵인에 대해 비난하지 않을 수 없게 되고 자기주장을 찬미한다.

3단계는 14세 이후의 소녀이다. 3단계의 많은 소녀들은 인간의 사회적 세계를 이해하는 것을 배우지만, 자신이 관찰한 사실들에 대해 '나는 몰라요.' 라는 식으로 말문을 열어 그들 자신과 그들이 알고 있는 것 간에 거리를 두는 경향이 있다. 11세의 소녀들이 비매품, 즉 아직 아는 것이 없고 어떤 준비가 되어 있지 않은 상태라면, 14세 이후의 소녀들은 그들이 알고 있는 지식과 자신을 복잡하고 억압된 지하세계에 묻어 버리는 위험이 있는 시기다. 자신의 감정과 사고를 자유롭게 표현함으로써 진정한 인간관계를 갖고자 하는 바람과 투쟁하면서, 동시에 성인은 물론 또래와의 관계가 위협당하고 위험에 처할 수도 있다는 두려움에 맞서 싸우기도 한다. 이러한 함정 때문에 소녀들은 자신의 목소리를 잃어버리고, 이러한 갈등으로 청소년기의 소녀들은 진실되지 못한 가짜 목소리를 내게 된다.

▸▸ 비판점

대인 간의 배려와 책임을 중시하는 길리건의 도덕성발달이론은 콜버그 이론의 한계를 보완할 수 있다는 점에서 많은 관심의 대상이 되고 있다. 그러나 길리건 이론은 경험적 기반이 미약하다는 점이 지적되고 있다. 도덕적 판단, 폭력에서 나타나는 성차, 성적 딜레마, 그리고 낙태의 결정이라는 네 가지 영역의 연구에서 '진실된 목소리' 와 '가짜 목소리' 와 같은 개념들을 정의하기 위해 사용한 길리건의 가설을 검증하는 데 있어서 한계점을 지니고 있다는 것이다. 특히, 길리건은 콜버그의 이론이 남성 대상자만으로 수행된 연구에 근거한다고 비난하고 있지만, 그녀 역시 여성 대상자만을 상대로 연구했다는 점에서 큰 비판을 받고 있다.

한편, 도덕적 추론에 관한 콜버그와 길리건의 구성개념을 비교하기 위하여 종단적 연구가 수행되었다(Walker, 1989). 어머니, 아버지 및 한 명의 자녀로 구성된 80가족(전체 240명)을 대상으로 2년간에 걸쳐 연구가 수행되었다. 연구시작 시 자녀들의 학년은 1, 4, 7, 10학년이었다. 7명의 개인이 연구를 끝내지 못함으로써 최종분석 대상자는 233명이었다. 그 결과 콜버그의 주장대로 도덕적 추론의 발달은 불변적 순서로 이루어져 한 단계라도 건너뛴 연구대상자는 아무도 없었다. 또 연령에 따라 도덕적 추론능력이 발달하였으나 성차는 나타나지 않았다. 남성과 여성은 서로 다른 도덕적 지향을 지닌다는 길리건의 주장은 입증되지 않았고, 남녀 모두 연령이나 성별과 관계없이 중다 지향(multiple orientation)을 사용하고 있음을 보여 주었다. 즉, 길리건이 구분한 남성 특유의 정의 지향적 및 권리 지향적 추론과 여성 특유의 보살핌과 반응성 지향적 추론은 모든 연구대상자들에 의해 사용되고 있었기 때문에 성차가 없었다. 또한 남녀의 도덕적 추론방식, 즉 정의 지향적 추론과 돌보기 지향적 추론 사용에서 남녀 간에 차이가 없다는 또 다른 연구결과가 있다(장휘숙, 2002; Ford & Lowery, 1986).

4. 셀먼

"청소년들은 다른 사람의 감정이나 생각을 이해하고 받아들이는 능력을 키워야 한다. 이러한 능력이 발달한 청소년일수록 대인관계를 보다 성숙하게 이끌 수 있다."

셀먼(Robert Selman, 1942~)은 보스턴대학교에서 철학박사학위를 취득하였고, 하버드교육대학원에서 인간발달 및 교육를 담당하는 로이 에드워드 라슨(Roy Edward Larsen) 교수이며, 인간발달과 심리학협의회 회장직을 수행하고 있다. 1992년에는 위험방지프로그램(The Risk and Prevention Program) 전문의협회를 창설하였고, 1999년에는 이 협회의 첫 번째 이사를 역임하였다. 현재는 하버드대학교 의과대학의 정신의학부 심리학 교수이며, 재판관 베이커 아동센터(Judge Baker Children's Center)와 보스턴 소아과병원의 원로자문위원(senior associate)으로 일하고 있다. 주요 관심 분야는 청소년, 건강위험, 아동발달, 그리고 심리학이다. 특히, 아동에 대한 건강위험을 줄이고 그들의 사회적 관계를 증진시키는 방식으로 아동의 사회적 능력을 개발하는 것에 초점을 둔 연구와 실습에 전념하고 있다. 그리고 현재 취학 전부터 고등학교까지의 연령에 따른 개인 간 및 집단 간 발달과정을 연구하고 있는데, 이 연구는 읽고 쓰는 능력과 언어 기초과목 교육과정 및 공립학교의 중간 학년 학생들에게 적용할 수 있는 학교 기초교육 프로그램을 개발하는 것에 초점을 두고 있다. 주요 저서로는 『대인 간 이해의 성장: 발달과 임상적 분석(*The Growth of Interpersonal Understanding: Development and Clinical Analyses*)』(1980), 그리고 『사회인식의 증진: 발달이론과 학급실무의 협력에서 오는 강력한 교훈(*The Promotion of Social Awareness: Powerful Lessons from the Partnership of Developmental Theory and Classroom Practice*)』(2007) 등이 있다.

▸▸ 사회인지

사회인지(social cognition)에 대한 연구가 발달심리학자들의 관심을 끌게 된 것은 1970년대 후반으로, 그 출현 배경은 행동주의에 기저를 둔 사회학습이론과 피아제에 기저를 둔 구성주의에 대한 불만족, 그리고 사회성발달과 인지발달이 서로 분리되어 연구되어 온 것에 대한 문제점이 지적되면서부터이다. 사회인지의 견해에 따르면 개인의 인지능력과 사회능력은 서로 분리된 속성으로 사회인지란 사람에 대한 인지의 발달이라고 정의되고 있으며, 아동의 바람직한 사회적 상호작용을 유지하게 하고 사회생활을 성공적으로 이끌어 나가기 위해서는 조망수용능력의 역할이 중요하다고 지적되고 있다. 이러한 맥락에서 볼 때 아동기에 바람직한 인간관계 형성의 기본 조건이라 할 수 있는 자기 이해 및 수용, 타인에 대한 이해를 발달시키는 것이 아동기의 사회적 적응에서 매우 중요하다. 또한 아동이 사회적 상호작용을 통하여 바람직한 인간관계를 유지하기 위해서는 타인 이해가 중요하므로, 대인 간의 상황에 있어서 상대방의 의도, 사고, 감정 등을 추리해 내는 사회인지능력은 인간이 사회의 여러 사람들과 잘 어울려 살아가는 데 중요한 요소가 된다는 것이다.

▸▸ 사회적 역할수용

셀먼은 전형적인 사회인지이론가로서 청소년들의 행동에 영향을 주는 사회적 조망수용(social perspective taking), 즉 사회적 역할수용(social role taking)이론을 주창하였다. 역할수용이란 자신과 상대방을 주체로서 이해하고 자신에게 반응하는 것처럼 타인에게 반응하며 상대방의 관점에서 자신의 행동에 반응할 수 있는 능력을 뜻한다. 즉, 역할수용은 다른 사람의 입장이 되어 그 기분을 이해하는 능력이다. 이것은 인지가 발달함에 따라 증가하며, 주로 친사회적 행동이나 감정이입과 관련되어 연구가 이루어지고 있다. 그러나 감정이입과 역할수용은 구별되어야 한다. 감정이입은 다른 사람이 느끼고 있는 감정을 그대로 느끼는 것을 말한다. 상대방이 슬퍼하면 자기도 슬퍼지고, 상대방이 행복해하면 자기도 행복하게 느끼는 것이다. 이에 비해 역할수용은 다른 사람이 느끼고 생각하고 지각하는 것을 정확하게 이해는 하지만 반드시 자신도 그와 똑같이 느낄 필요는 없는 것이다. 예를 들면, 자신은 슬픔을 느끼지 않으면서도 상대방이 슬퍼하고 있다는 것을 인지할 수는 있다. 청소년들의 역할수용능력은 자신에 대한 이해를 높이기도 하지만 또래관계와 우정의 질에도 영향을 미친다. 또래들 간에 가장 인기 있는 청소년은 역할수용능력이 뛰어난 청소년이다. 역할수용능력이 뛰어난 청소년은 친구의 욕구에 민감해서 보다 효율적인 의사소통을 하게 된다(정옥분, 2008). 셀먼에 따르면 사회적 역할수용의 발달은 5단계, 네 가지 영역으로 구성되어 있다.

- 0단계: 자기중심적 미분화 단계(3～6세)
- 1단계: 분화된 주관적 조망수용 단계(5～9세)
- 2단계: 자기반성적 사고 혹은 상호 호혜적 조망수용 단계(7～12세)
- 3단계: 제3자 혹은 상호적 조망수용 단계(10～15세)
- 4단계: 완전한 사회적 조망수용 단계(12세～성인)

그리고 낮은 단계에서 다음의 높은 단계로 진보하는 과정에서 자신과 타인 간의 관계를 지각하는 데 있어서 질적으로 다른 수준들이 있는데, 이는 (1) 개인적 개념 영역, (2) 우정관계 개념 영역, (3) 또래집단 개념 영역, (4) 부모-자녀 관계 개념 영역의 네 가지 독특한 사회적 영역으로 묘사된다. 이를 정리하면 〈표 8-7〉과 같다.

▸▸ 0단계

이 단계는 [그림 8-1]과 같이 자기중심적 미분화 단계로 3～6세에 해당된다. 이 단계의 아동은 자신의 입장과 다른 사람의 입장을 구별하지 못한다. 특정 상황에서 상대방이 어떻게 느끼겠는가를 물어보면 그들은 자신의 느낌을 말한다. 아동은 타인의 신체적 특성과 심리적 특성을 명확히 구별하지 못한다. 그들은 다른 사람의 행동에 관해서만 생각할 수 있지, 행동과는 다른 의도를 가질 수 있음을 고려하지 못한다. 따라서 친근한 행동을 심리적 의도와 동일시하기보다는 물리적 특성과 동일시하는 경향이 있다.

〈표 8-7〉 셀먼의 대인관계 이해의 쟁점들

개인	우정관계	또래집단	부모-자녀 관계
1. 주관성 개인의 내면적 특성(사고, 감정, 동기), 개인 내의 여러 가지 사고나 감정 사이의 갈등	1. 형성 우정관계가 형성되는 이유(동기)와 방법(기제), 이상적 친구	1. 형성 또래집단이 형성되는 이유(동기)와 방법(기제), 이상적 구성원	1. 형성 자녀를 갖는 동기와 자녀들이 부모를 필요로 하는 이유
2. 자아인식 자신의 사고와 행동을 관찰할 수 있는 능력의 인식	2. 친밀성 우정관계의 유형들, 이상적 우정관계, 친밀감	2. 응집-충성 집단의 일체감	2. 사랑과 정서적 유대 부모와 자녀 사이
3. 성격 안정적 혹은 예측적 성격 특성(수줍은 사람 등)	3. 신뢰감 친구를 위한 일을 하기, 상호 호혜성	3. 순응 범위와 이론적 근거	3. 복종 자녀들이 부모가 말하는 대로 행동하는 이유
4. 성격변화 사람이 변하는 방법과 이유(성장 등)	4. 질투심 새로운 혹은 확립된 우정관계에의 침입에 대한 감정	4. 규칙-규준 규칙의 유형과 이유 등	4. 처벌 부모와 자녀의 관점에서 본 처벌의 기능
	5. 갈등해결 친구들이 문제를 해결하는 방법	5. 의사결정 목표설정, 문제해결, 함께 일하기	5. 갈등해결 부모와 자녀가 그들의 차이점들을 해결하는 최적의 방법들
	6. 종결 우정관계가 깨어지는 방법	6. 지도력 자질과 집단에 대한 기능	
		7. 종결 또래집단이 붕괴되거나 구성원들이 제외되는 이유	

출처: Selman, R. L. (1980). *The Growth of Interpersonal Understanding: Developmental and Clinical Analyses*. New York: Academic Press.

- 개인: 내적인 심리적 경험을 보다 구체적인 특성의 외적 경험과 구별할 수 없다.
- 우정관계: 비상호작용적 방식과 신체적 공격의 특징을 보인다.
- 또래집단: 지도자는 명령하는 사람이고 신체적 힘을 가진 사람으로 여긴다.
- 부모-자녀 관계: 원인으로서의 벌과 결과로서의 벌을 혼동한다. 즉, 자신이 무엇을 잘못했기 때문에 벌을 받았다고 생각하는 대신 벌을 받았기 때문에 자신이 무엇을 잘못했다고 생각한다.

[그림 8-1] 자기중심적 미분화 단계

▸▸ 1단계

분화된 주관적 조망수용 단계로 5~9세이다. 상대방에 대한 판단은 여전히 신체적 관찰에 근거하고, 다른 사람의 관점이 어떤지를 정확하게 판단할 수 없다. 심리적 · 물리적 특성이 서로 다를 수 있음을 이해하고 있지만, [그림 8-2]와 같이 아직 일방적인 조망수용을 한다.

- 개인: 외형적인 신체적 행동과 심리적 경험을 구별하지 못하기 때문에 사람이 자신 내부의 진정한 감정을 감출 수도 있다는 것을 이해하지 못한다.
- 우정관계: 갈등 상황에서 주관적 · 심리적 영향이 신체적 영향만큼 중요할 수도 있다는 것을 깨닫기 시작한다.
- 또래집단: 지도력은 여전히 일방적 권위에 기초한다. 충성을 지도자나 다른 구성원의 명령에 일방적으로 복종하는 것으로 정의한다.
- 부모-자녀 관계: 벌에 대한 부모의 동기를 고려한다.

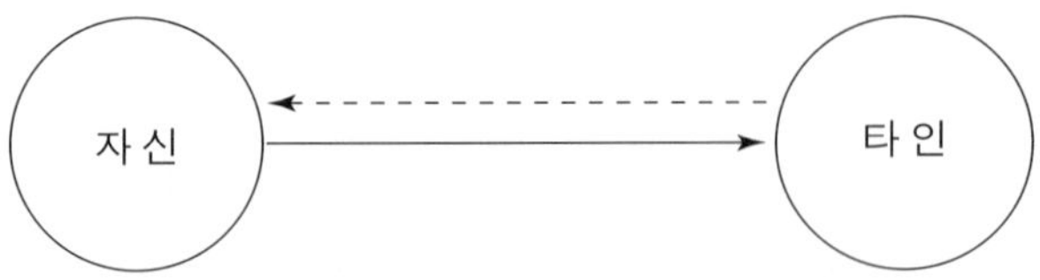

[그림 8-2] 분화된 주관적 조망수용 단계

▸▸ 2단계

자기반성적 사고 혹은 상호 호혜적 조망수용 단계로 7~12세이다. 상호적인 조망수용이 가능해진다. 친구관계에서의 신의, 질투, 거부 등에는 관련된 쌍방의 감정, 의도 등이 관계됨을 이해한다. 타인의 조망을 수용할 수 있는 능력이 있다. [그림 8-3]과 같이 다른 사람의 관점을 추론할 수 있고, 다른 사람의 관점에서 보이는 자신의 행동과 동기에 관해 숙고할 수 있다.

- 개인: 전청소년기 아동은 외적-신체적 실체와 내적-심리적 실체를 구별하며, 이 둘이 일치할 필요가 없다는 것을 인식하게 된다.
- 우정관계: 양쪽이 갈등을 야기한다는 것을 인식하게 되고, 양쪽이 효과적인 해결책을 찾도록 서로 협력해야만 한다는 것을 알게 된다.
- 또래집단: 지도력을 상호 호혜적인 관계로 여긴다.
- 부모-자녀 관계: 부모가 내린 벌을 자신의 복지에 대한 관심 표현으로 여길 수 있다.

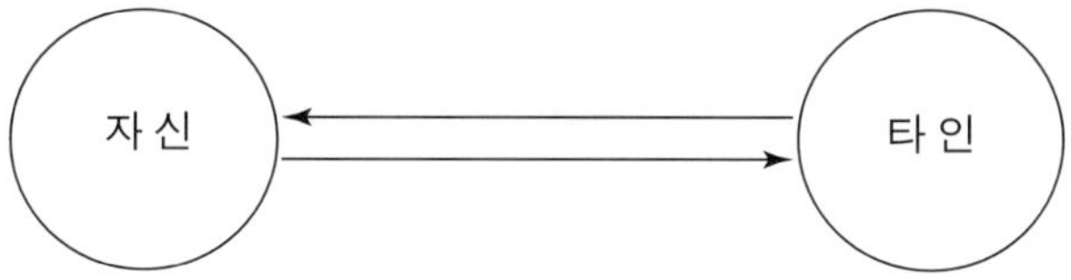

[그림 8-3] 자기반성적 사고 혹은 상호 호혜적 조망수용 단계

청소년과 관련된 이론 및 주장

▶▶ 3단계

제3자 혹은 상호적 조망수용 단계로 10～15세이다. 자신의 관점, 상대방의 관점, 그리고 제3자의 관점을 이해할 수 있다. 제3자의 입장에서 자신을 주체 및 객체로서 바라볼 수 있다. 즉, [그림 8-4]와 같이 제3자의 입장에서 두 사람의 관계를 바라볼 수 있다.

- 개인: 자기 인식이 증가하고 마음은 내적 세계를 통제하는 능동적인 심리적 조정자가 된다. 주체로서의 자아와 객체로서의 자아 사이의 관계에 대해 더 많은 근본적인 이해가 가능해진다.
- 우정관계: 우정관계를 더 이상 상호 호혜적인 과정으로만 보지 않으며, 연장된 시간 속에서 이루어지는 일련의 상호작용으로 여긴다. 청소년은 능동적인 대인관계, 대화 및 공유를 경

험하며, 갈등은 신체적 · 행동적으로 해결하는 것이 아니라 언어적 또는 정신적 해결에 의존해야 한다고 생각한다.

- 또래집단: 집단을 사회적 체계로 보며, 지도자의 역할은 집단이 유지되도록 하며 집단의 결속력을 격려하는 것으로 본다.
- 부모-자녀 관계: 벌은 부모에게 필요성을, 자녀에게는 목적을 제공하는 것으로 상호 인식된다. 또 벌은 부적절한 것이며 다른 방법들이 존재할 수도 있음을 깨닫는다.

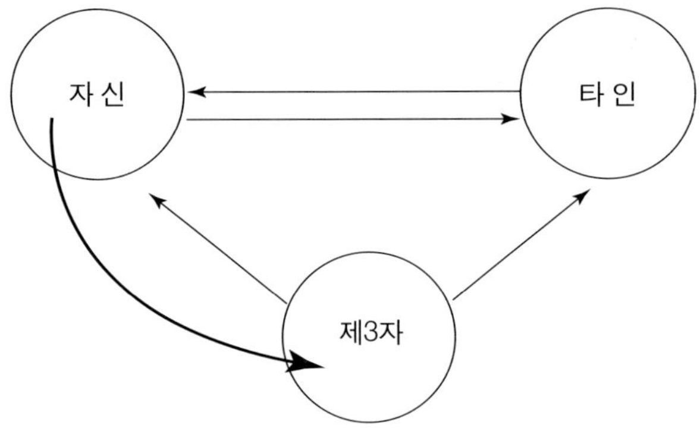

[그림 8-4] 제3자 혹은 상호적 조망수용 단계

4단계

완전한 사회적 조망수용 단계로 청소년기에서 성인기까지이다. 모든 사람들이 공유할 수 있는 사회적, 관습적, 법적, 도덕적 관점의 복합적 · 상호적 역할수용이 필요하다는 것을 깨닫게 된다. [그림 8-5]와 같이 상호 간의 이해를 돕기 위해 다른 사람 또는 사회제도의 관점을 고려하게 된다.

- 개인: 무의식적 사고와 감정 및 동기의 개념을 발견하고, 행동에 영향을 미치는 훨씬 더 깊은 실체가 존재할 수도 있다는 것을 인식하게 된다.
- 우정관계: 우정관계는 밀접한 상호성에 근거한다는 점을 인식하고, 상호적 관계에 초점을 두며 독립과 의존 사이의 균형을 이루려고 한다.
- 또래집단: 지도자의 지위는 집단에 의해 형성되며, 지도자의 역할은 집단의 전체 이익을 증진시키는 것이다.

• 부모-자녀 관계: 벌을 타인에 대한 심리적 통제를 유지시키기 위한 무의식적 노력으로 생각한다.

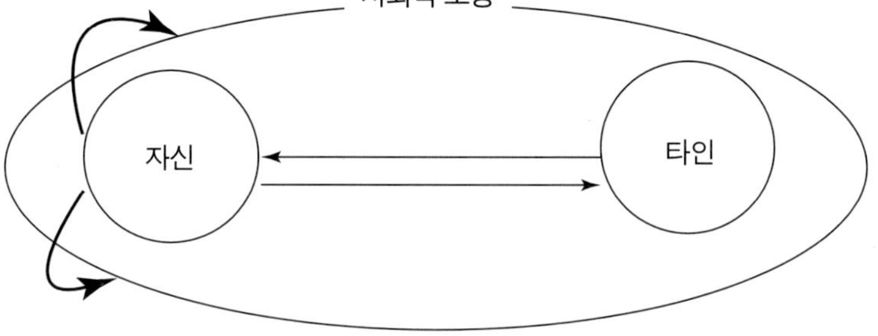

[그림 8-5] 완전한 사회적 조망수용 단계

▸▸ 우정관계의 발달

청소년들의 역할수용능력은 자신에 대한 이해를 높이기도 하지만 또래관계와 우정의 질에도 영향을 미친다. 또래들 간에 가장 인기 있는 청소년은 역할수용능력이 뛰어난 사람이다. 그들은 친구의 욕구에 민감하기에 보다 효율적인 의사소통을 하게 된다. 역할수용능력은 청소년들의 우정형성에도 중요한 역할을 한다. 성숙되고 안정된 대인관계를 형성한 사람들은 높은 수준의 사회적 조망수용능력이 있는 사람이다. 반면에 균형 잡히지 않고 미성숙한 대인관계 형태를 보이는 사람들은 낮은 수준의 사회적 조망수용능력이 있는 사람이다. 대인관계는 사회적 조망수용능력의 발달에 따라 보다 적응적이고 균형 잡힌 관계로 발전해 나갈 수 있다. 아동과 청소년들이 친구관계를 어떻게 이해하는가도 역시 그들의 역할수용능력을 반영한다. 그러므로 셀먼은 우정관계의 형성을 위하여 필요한 대인관계 기술, 즉 역할수용능력의 발달을 촉진시켜야 하며, 친구를 사귀거나 그 관계를 유지해 나가는 데 장애가 있는 경우 이를 극복할 수 있도록 짝치료(pair therapy)를 통하여 우정관계의 발달을 촉진시켜야 한다고 주장하였다.

▸▸ 비판점

셀먼의 대인관계 이해의 이론은 효율적 교육, 이타주의, 감정이입, 사회적 인내, 갈등해결, 사회적 문제 해결 및 향상된 사회적 인식을 강조하는 교육철학을 지지하고 있다. 이어 발달의 인지적 측면에 대해서만 일방적이고 제한된 관심을 갖는 것에서 벗어나야 한다는 것을 시사함으로써 사회인지이론은 학급환경 내에서 사회적 기술을 훈련하고 대인관계 협상전략을 촉진시키기 위한 노력이 이루어져야 한다는 점을 강조하고 있다(정옥분 외 공역, 1999). 그러나 많은 학자들은 사회적 기술이 지적 기술과는 독립적으로 기능하고 실제 다르기 때문에 사회적 문제해결 기술은 독립적인 방법으로 학습되어야 한다는 점을 주장하고 있다. 즉, 대인관계 기술의 향상은 아동이 지적 기능 수준과 상관관계가 높지 않기 때문에 독자적인 방법으로 학습되어야만 한다는 것이다. 또한 학교에서 대인관계 문제해결 전략을 교육하는 교육과정이 교육목표로 명시되는 경우는 거의 없으며, 교사들 또한 실질적으로 아동 및 청소년들의 사회적 적응을 증진시키기 위한 훈련이나 지도 및 지원을 거의 받지 못하기 때문에 셀먼의 사회인지단계이론의 실효성에 대한 문제점이 지적되고 있다.

참고인물

❖ 피아제(Jean Piaget, 1896～1980): 이 장의 피아제를 참조할 것.

제 9 장

청소년기의 문화인류학적 관점

▫ **베네딕트**(Ruth Fulton Benedict, 1887 ~ 1948)

- 연속성에 근거한 문화적 조건화는 평탄하고 건강하며 조화로운 성장을 촉진시키지만, 불연속성에 근거한 문화적 조건화는 청소년기 동안의 갈등과 위기 및 혼란과 질풍노도를 더욱 조장할 것이다.
- 인생의 문제점은 해답이 없다는 것이 아니라 너무 많다는 것이다. 그러나 결국에 가면 나는 나이고 그들 중 어떤 사람도 될 수 없기 때문에 그 누구도 나의 완벽한 해답이 되어 주지는 못한다.

▫ **미드**(Margaret Mead, 1901 ~ 1979)

- 청소년들은 무엇을 사고하느냐가 아니라 어떻게 사고하느냐를 배워야만 한다. 또 무엇을 배울 것인가가 아니라 어떻게 배울 것인가를 배워야만 한다.

1. 베네딕트

“연속성에 근거한 문화적 조건화는 평탄하고 건강하며 조화로운 성장을 촉진시키지만, 불연속성에 근거한 문화적 조건화는 청소년기 동안의 갈등과 위기 및 혼란과 질풍노도를 더욱 조장할 것이다.”

“인생의 문제점은 해답이 없다는 것이 아니라 너무 많다는 것이다. 그러나 결국에 가면 나는 나이고 그들 중 어떤 사람도 될 수 없기 때문에 그 누구도 나의 완벽한 해답이 되어 주지는 못한다.”

베네딕트(Ruth Fulton Benedict, 1887~1948)는 미국의 문화인류학자로 뉴욕에서 출생하였다. 베네딕트가 세 살이 못 되었을 때 아버지는 촉망받는 젊은 외과의사였는데 갑자기 사망하였다. 이 슬픈 사건 때문에 베네딕트는 심리적으로 불안한 유년시절을 보냈으며, 자신의 인생에 많은 영향을 받게 되었다. 베네딕트는 “아버지의 세계, 그것은 죽음의 세계이며 아름다웠고, 내가 아버지와 인연을 끊은 것은 혼란의 세계였고 폭발적인 눈물이었다.”라고 회고하였다. 그리고 어머니와 갓 태어난 여동생과 함께 외할아버지의 시골 농장에서 성장하게 되었다. 이후 어머니는 생활을 위해 교사와 도서관 사서 등을 하기 위해 뉴욕으로 이주하게 되면서 베네딕트의 뉴욕생활은 시작되었다. 베네딕트는 과부생활의 어려움을 지속적으로 호소하는 신경질적인 어머니 곁에서 어렸을 때 열병으로 한쪽 귀의 청력을 잃었고, 밝고 예쁜 여동생과 자신을 비교하면서 우울증을 앓으며 자랐다는 이야기가 전해지고 있다.

베네딕트는 고등학교 시절부터 시를 쓰기 시작하였다. 1905년에는 배서대학(Vassar College)에 입학하여 1909년 영문학전공으로 우등 졸업하였고, 어학교사 및 시인으로 지냈다. 그러다가 1914년 27세 때 배서대학의 선배 동창생이자 뉴욕 시에 위치한 코넬의과대학(Cornell Medical College)에서 생화학자로 근무하던 한 남성을 만나 결혼하였다. 그러나 결혼 후 남편과의 갈등이 야기되었고, 베네딕트는 부부갈등을 해결해 줄 촉매제로서 아이의 출생을 애타게 기다려 왔다. 1919년 베네딕트는 위험한 수술을 받지 않으면 아이를 가질 수 없다는 사실을 알게 되었는데, 남편이 그 수술에 반대하면서 부부관계는 더욱 악화되었다. 이제 아이를 낳을 수 없다는 사실을 안 베네딕트는 더욱 절망에 빠졌으며, 그 와중에 남편과 별거 및 이혼을 거치면서 자신의 성정체성을 찾고자 하였다. 남편은 1936년 사망하였다. 그 후 베네딕트는 결혼과 성에 대한 비판 내용들을 시와 책을 통하여 설명하고자 하였다. 인간의 사상 및 행동의 의미를 심리적으로 파악하려는 학문적 입장을 취하였고, 문화유형학과 게슈탈트심리학의 영향을 받은 문화양식론을 생각하게 되었다. 이때 베네딕트가 우연히 접한 인류학은 아주 흥미로운 학문으로 다가오게 되었으며, 결국 1921년 34세의 나이로 컬럼비아대학교 대학원에 입학하여 보아스(Franz Boas, 1858~1942) 밑에서 인류학을 공부하게 되었다. 그리고 3학기 만에 논문 『북아메리칸 후견인 정신의 개념(*The Concept of the Guardian Spirit in North America*)』을 제출하여 인류학전공으로 1923년 철학박사학위를 취득하였다.

대학원에서 박사학위과정을 끝마치고 베네딕트는 당시 학부생이던 15세 연하인 미드(Margaret Mead, 1901~1979)를 만나게 되었다. 훗날 미드는 베네딕트가 죽은 후 그녀가 자신에게 보냈던 많은 편지들과 함께 그녀에 대한 전기 및 연구논문 등을 담은 책을 출간하였다. 베네딕트는 1931년에는 컬럼비아대학교의 인류학 조교수가 되었고, 1937년에는 부교수가 되었다. 제2차세계대전이 절정에 이를 때 베네딕트는 전쟁공보청(Office War)에 들어가게 되었고, 전시에 미국과 관련 있는 나라들의 문화를 연구하는 임무를 맡게 되었다. 그리고 1946년에 『국화와 칼(*The Chrysanthemum and the Sword*)』을 출간하였다. 이 저서는 군국주의를 앞세운 일본과 그 문화에 대한 연구로, 평화를 상징하는 국화와 전쟁을 상징하는 칼을 통해 일본인의 이중성을 날카롭게 해부하여 베네딕트의 이름을 널리 알리게 된 가장 대표적인 작품으로 손꼽히게 되었다. 그러나 정작 베네딕트는 일본에 단 한 번도 가보지 않았으며 그녀의 연구방식 또한 문화인류학이라는 학문적 방법론에 근거한 원격문화 연구라는 생소한 접근방식이기도 했다. 하지만 주위의 우려와 여러 가지 난제를 딛고 마침내 미국 인류학계의 대표적인 학자로 명성을 떨치게 되었다.

전쟁이 끝나고 베네딕트는 미국인류학협회의 최초의 여성회장이 되었고, 컬럼비아대학교에서도 정교수로 임명되었다. 그리고 국제 간의 의사소통을 보다 자유롭게 하기 위해 추진된 대규모 프로젝트인 현대문화프로젝트(Contemporary Cultures Project, 1947~1951)의 책임자가 되었는데, 그것을 완성하지 못하고 1948년 9월 17일 심장병으로 69세의 나이에 사망하였다. 주요 저서로는 『문화의 유형(*Patterns of Culture*)』(1934), 『민족: 과학과 정치성(*Race: Science and Politics*)』(1940) 등이 있다. 『민족: 과학과 정치성』을 출간함으로써 미국인류학계의 대표적인 학자가 되었으며, 특히 『문화의 유형』이라는 저서는 인류학을 이해하는 데에 알맞고도 자극적인 입문서 구실을 하고 있다. 오늘날 '우리의 문화'라고 사람들이 자연스럽게 말할 수 있는 것은 이 책 때문이라고 할 수 있다.

▸▸ 문화적 조건화

『문화조건화에 있어서의 연속성과 불연속성(*Continuities and Discontinuities in Cultural Conditioning*)』(1938/1980) 및 『문화의 유형』(1934)에서 베네딕트는 '문화적 상대주의' 라고도 불리는 문화적 결정론의 관점, 즉 인류학적으로 아동기에서 성인기로의 전환을 예시하는 데 특히 적합한 관점에 근거한 발달이론을 진척시켰다. 베네딕트는 인간이라는 존재는 출생 시부터 계속해서 그들이 출생한 문화적 환경에 의해 조건화된다는 자신의 스승 보아스의 원리를 수용하였고, 이를 바탕으로 주어진 문화가 개인의 성격발달에 미치는 영향을 분석하는 수단으로서 '연속성(continuities)과 불연속성(discontinuities)' 이라는 이론적 구성개념을 제안하였다.

청소년과 관련된 이론 및 주장

▸▸ 연속성과 불연속성

베네딕트는 한 인간의 성장이 사회적-환경적 힘에 의하여 영향을 받지 않는다면 성장은 점진적이고 순조로우며 연속적인 과정일 것이라고 생각하였다. 연속성이 강한 문화일수록 발달과정상의 변화는 더욱 적다. 몇몇 미개문화 또는 원시문화일수록 연속성의 문화적 조건화가 잘 이루어져 있다. 이들 문화에서는 어떤 단계나 구분 또는 등급이 없으며, 한 인간의 성장과정이 자연스러운 물결처럼 흘러가게 된다. 반면 미국문화와 같은 여러 서구문화들은 아동과 성인의 차이, 심지어는 연령이 다른 청소년 간의 차이까지도 법적 규정, 서로 다른 학교, 연령에 따른 학년 등에 의해 빈틈없이 묘사되기 때문에 베네딕트는 이를 연령등급사회(age-graded society)라고 불렀다. 그녀는 이러한 문화일수록 불연속성이 더욱 심하고 청소년들의 혼란이 더욱 심하다고 보았다.

불연속성을 강조하는 사회가 바로 연령등급사회이다. 연령등급사회에서는 사회제도와 법에 의해 다른 연령 수준의 아이들에게 다른 행동이 기대되거나 요구되기 때문에 발달단계들이 가시적인 것이 된다. 또 같은 연령등급에 속한 아동은 학교나 스카우트 같은 공식적인 제도와 비공식적인 놀이집단 및 또래집단에서 그 나이에 적합하다고 여겨지는 행동을 따라 조직화된다. 연령등급에 맞추어 한 등급 또는 한 집단에서 다른 등급 또는 다른 집단으로 진보하는 것, 특히 한 유형의 학교에서 다른 유형의 학교로 진급하는 것은 불안과 불안전감을 유발하고 종종 새로운 대인관계의 형성을 요구한다. 이것이 사회적, 정서적, 개인적 과정에서의 불연속성을 낳게 된다. 그러므로 사회가 공식적 훈련을 더 많이 요구할수록 그 결과로서 불연속성의 정도가 더 심해진다. 개인은 흔히 한 집단이나 학교를 졸업해서 다른 집단이나 학교로 진급하며, 수료증명서와 사회적 인정을 받고, 일정 연령에 달하게 되면 운전을 하고 담배를 사거나 투표를 할 권리가 법적으로 주어지는데, 이런 모든 것들이 불연속성의 요소가 된다는 것이다(Muuss, 1996).

▸▸ 연속성과 불연속성의 세 가지 측면

- 지위역할의 문제: 원시사회에는 놀이와 일이 상호 배타적인 활동이 아니다. 예를 들면, 건초를 뒤집거나 감자를 수확하거나 또는 들판으로 소를 몰고 나가는 것은 약간은 일이면서도 동시에 즐거움과 재미를 포함하는 놀이가 된다. 아동들이 성장하고 성숙해짐에 따라 그 책임의 정도와 일의 양이 높아지지만, 일과 놀이가 반드시 분리된 것은 아니다. 일과 놀이는 흔히 동일한 활동을 포함한다. 따라서 어떤 원시사회에서는 아동기에서 청소년기에 이르기까지 놀이와 일에 있어서 비교적 연속적인 성장 유형을 따르기 때문에 연속적 순서의 경험들이 제공되고, 그래서 발달과정상의 연속성이 조장된다. 청소년기 동안에는 아무런 기본적 변화가 일어나지 않기 때문에 스트레스를 받지 않게 된다. 그러나 미국사회를 포함한 서구사회에서, 특히 도시지역에서는 일과 놀이가 분리되고 별개의 것으로 간주되며 상호 배타적인 활동으로 간주된다. 책임 없는 놀이에서 책임 있는 일로의 전환은 청소년기 동안 이루어지며 흔히 다소 갑작스러운 변화로서 경험된다. 이것이 청소년들에게 불안과 갈등을 유발하는데, 이는 그들이 여태까지 알지 못했던 세계로 들어가기 때문이다. 또한 청소년들은 취직을 하게 됨으로써 자신의 정체감과 함께 본질적인 역할들을 재정의하도록 요구받게 된다. 그러므로 아동이 배웠던 태도와 가치, 기술은 그들이 성인이 되었을 때 모두 버려야만 한다. 그러한 변화는 스트레스로 가득 차게 만들 것이다.
- 지배 대 복종: 서구문화에서 아동들은 성인이 되면 아동기의 의존성과 복종에서 벗어나 정반대의 것인 지배를 받아들여야 한다. 아동기에는 부모와 손윗사람에 대한 존경과 복종을 하도록 강요받았지만, 성인이 되면 이제 지배적인 부모가 되어야 한다. 청소년기 동안에도 복종에서 지배로의 다소 갑작스러운 변화가 일어난다. 때때로 집을 떠날 준비가 되어 있는 청소년들은 이러한 변화가 불연속적임을 의식적으로 경험한다. 그들은 전형적으로 독립심훈

련을 거의 받지 못했기 때문에 향수병에 걸리거나 실제 집으로 되돌아올지도 모른다. 그러나 대조적으로 어떤 원주민사회에서는 복종-지배의 측면에서 연속적 적응 유형을 가지고 있다. 예를 들면, 사모아 사회에서 일곱 살짜리 소녀는 아이 보는 여자로서 자기 동생들을 지배하지만 그녀 자신도 더 나이 많은 언니들의 지배하에 놓여 있다. 따라서 소녀의 연령이 증가함에 따라 어린 동생들을 지배하고 훈육하지만, 한편으로는 그녀 또한 더 나이 많은 아이들의 지배를 받게 된다. 아이가 부모와 갈등상황에 놓이게 되면 심하게 비난을 받거나 마음에 상처 받는 일 없이 삼촌 집으로 옮겨 갈 수 있다. 훈육이 손위 형제자매의 일이기 때문에 부모는 자기 자녀에 대해 제한된 영향력만을 갖는다. 결과적으로 서구사회에서는 그토록 흔한 지배와 복종 간의 강한 감정적 갈등이 잘 나타나지만, 사모아 사회에서는 비교적 잘 알려져 있지 않다.

- 대조적인 성적 역할: 연령등급사회에서는 성역할에서의 불연속성이 나타난다. 이는 성적인 역할을 배우려는 아동의 욕구와 관련되어 있다. 서구문화는 성적 역할의 불연속성을 강조한다. 아동기의 성 경험은 법적으로 금지되어 있고 사회적으로 비난받으며 죄받을 행동으로 낙인 찍힌다. 혼전순결과 금욕은 사회적 이상으로 지지되고 있다. 아동은 결코 출산이나 성교를 목격해서는 안 된다. 임신은 위장되었고, 배설은 얌전 빼는 행동으로 감추어졌으며, 모유 먹이는 행동은 가려졌고, 초경을 경험한 소녀들은 무슨 일이 일어나고 있는지를 알지 못하는 등 아동들은 그러한 실상들에 대해 배울 기회를 거의 갖지 못한다. TV와 영화가 많은 것들을 변화시켰다고 하지만 단지 대리적인 것에 불과하고 전후관계 없는 맥락에 불과한 것이다. 아동은 여전히 성의 주기를 불완전하게 이해하고 있으며, 사춘기 동안 나타나는 성적 느낌은 우세한 사회적 가치와 여전히 충돌함으로써 불연속성을 낳는다. 그러므로 서구사회에서는 성인들에게 허용되고 묵인되는 많은 경험들이 아동에게 금지되어 있거나 감추어진 채로 남아 있다. 대조적으로 어떤 원시사회에서 아동들은 비교적 연속적인 성장 유형을 따른다. 아이들은 주변에서 혹은 자기 집에서 출산을 지켜볼 기회가 있다. 그들은 자라다 만 태아를 본 적이 있을 것이고, 때로는 성인의 성행위를 흘낏 훔쳐보거나 짐승들의 교미를 확실히 관찰했을지도 모른다. 일부 사회에서 성은 자연스럽고 즐거운 것으로서 억압되지 않는다. 따라서 어떤 사회는 엄격한 단절이나 제재 없이 비교적 점진적이고 연속적인 순서의 경험들을 제공함으로써 발달과정상의 연속성을 조장하고 있다(정옥분 외 공역, 1999).

▸▸ 질투와 정열

질투와 정열은 동전의 양면과 같기 때문에 "한쪽이 힘을 잃으면 양쪽 모두 없어진다."라는 것이 베네딕트의 주장이다. 베네딕트에 따르면, 남녀의 만남은 반드시 불의로 이어진다고 한다. 남자는 전통적으로 자기 앞에서 도망치지 않는 여자를 제 것으로 만들려 하는데, 특히 혼자 있는 여자는 예외 없이 당하고 만다. 그래서 여자는 반드시 동반자를 데리고 남자를 만난다. 어른이 없을 때는 어린이라도 데리고 가야 한다. 이때 동반자는 그 여인을 불륜에서 지키는 역할을 할 것이다.

▸▸ 교육적 시사점

문화적 조건화에 있어서 연속성과 불연속성의 이론은 학교에서뿐만 아니라 가정에서 우리의 교육이 연속적인 것이 되어야 한다는 것이다. 즉, 아동이 자라서 성인이 되었을 때에도 역시 그에게서 똑같이 기대할 수 있는 동일한 종류의 가치와 행동을 아동기 동안 획득하도록 학습과정에서의 연속성을 강조해야 한다. 성숙한 성인이 되기 위해 나중에 다시 고쳐 배워야 할 것이라면 절대 아동에게 가르쳐서는 안 된다. 그리고 문화적으로 조건화된 행동이 인간행동의 대부분을 지배하기 때문에 이러한 문화가 인간행동의 가능한 모든 형식 중에서 어느 한정된 부분을 바람직한 방향으로 조장하고 다른 것은 억제하게 된다.

▸▸ 비판점

연령등급이 복잡한 현대사회에서 베네딕트의 연속성이론을 수행하기란 분명히 어렵다. 연령등급사회는 초등학교에서 고등학교로, 대학에서 직업시장으로, 혼전 성관계 억제에서 결혼 후 성적인 황홀감으로 옮겨 가는 것 등의 불연속성을 경험하도록 하면서 우리 각자의 행동 변화를 끊임없이 요구하고 있기 때문이다. 또한 연속성이 제공되는 같은 문화권 내에서 자란 사람이라고 하더라도 개인차가 존재한다는 것은 사실이며, 시대적 상황에 따라 다른 양상으로 나타나게 되는 경우도 있기 때문에 이러한 연속성이론이 절대적인 것이라고 볼 수 없다. 새로운 사회제도가 성립되는 것도 결코 처음부터 그럴듯한 모양을 갖춘 사상이나 종교적인 신념에 의한 것은 아니기 때문이다.

참고사항

❖ 베네딕트와 미드의 관계

20세기 미국을 대표하는 두 명의 여성 인류학자로 베네딕트와 미드가 손꼽힌다. 두 사람의 관계는 아주 특별했기 때문에 한 묶음으로 거론되는 경우가 많은데, 둘의 나이 차이는 14년이었지만 미드에게 베네딕트는 스승이자 교사였고 동료이자 친구였다. 베네딕트가 컬럼비아대학교 대학원에서 박사학위과정을 졸업하고 난 뒤 보아스 밑에서 1년간 조교로 일할 때, 미드는 당시 현재 컬럼비아대학교의 여성교양학부로 남아 있는 바너드대학(Barnard College)에서 20세의 학부 4학년생이었다. 그들은 이렇게 처음 만났고 베네딕트가 동성애 체험을 스스로 온전히 받아들이기까지는 10년의 세월이 더 필요하였다. 미드 또한 1948년 자기 곁을 먼저 떠난 베네딕트를 잊지 못해 두 번에 걸쳐서 전기를 집필하였다. 1959년 『연구 중인 인류학자(*An Anthropologist at Work: A Volume of Ruth Benedict' s Writings*)』를 출간하였고, 1974년에는 『루스 베네딕트–인류학의 휴머니스트(*Ruth Benedict: A Humanist in Anthropology*)』를 출간하였다.

이 두 번째 책은 초판 발행 30주년(Thirtieth Anniversary Edition)을 기념해 2005년 12월에 총 265쪽 분량으로 미국에서 재출간되었다. 그리고 이 새로운 판에는 후배 인류학자 두 사람의 긴 추천사가 달려 있고, 미드의 전기가 다 이야기하지 못한 비밀이 기술되어 있으며, 미드가 직접 선정한 베네딕트의 주요 논문 7편이 함께 실려 있다. 이 책에 실린 추천사의 비밀이란 베네딕트가 동성애의 성향이 있었고 그 성향은 미드도 함께 공유하고 있었다는 것이다. 이 책이 집필되던 1970년대에 동성애는 미국에서 여전히 사회적 금기에서 풀려나지 못한 상태였기 때문에 미드는 그 문제를 드러내 놓고 이야기할 수 없었다. 1990년대에 미국 의회도서관의 문서보관실에 있던 사적인 문서들이 공개되면서, 베네딕트와 미드의 동성애관계가 알려지게 되었다. 그리고 베네딕트의 내적 고통과 투쟁의 한 주요한 계기가 동성애 문제였음을 느낄 수 있도록 해 주는 단서로 거론되고 있다. 베네딕트는 『문화의 유형』(1934)을 집필하였는데, 여기서 문화가 개인에게 어떤 영향을 끼치는지 분석하였다. 그리고 그 분석을 통하여 베네딕트는 자신의 정체성 혼란이 자기 자신의 문제라기보다는 그 혼란을 야기하는 문화 자체의 문제임을 지적하였다.

참고인물

❖ 보아스(Franz Boas, 1858～1942): 독일 북서부에 있는 옛 프로이센 베스트팔렌에서 출생하였다. 상인의 아들로 태어난 보아스는 어릴 때 몸이 약해 대부분의 시간을 책 읽는 일로 보내야만 했다. 1881년 킬대학교(Universität Kiel)에서 물리학과 지리학으로 철학박사학위를 취득하였다. 그리고 1년 동안 병역을 마친 후에는 베를린에서 공부를 계속하였다. 1883～1884년의 1년간 캐나다의 북쪽 그린란드 서쪽 북극해의 배핀섬으로 원정에 참여하여 에스키모 조사를 한 후부터 인류학으로 방향을 바꾸었다. 그리고 베를린 민족학박물관과 베를린대학교 지리학과에서 일자리를 얻게 되었다. 1866년 밴쿠버섬 인디언에 대한 연구를 마치고 돌아오는 도중 뉴욕 시에 잠시 들렀다가 미국에 아주 정착하게 되었다. 학술잡지 『사이언스(*Science*)』의 편집인을 지냈으며, 오랜 학문생활을 시작하게 되었다. 1887년 새로 설립된 클라크대학교에서 처음으로 강의를 하게 되었다. 그 후 시카고에서 한동안 머물면서 1893년 미국박람회의 인류학 전시를 도왔으며, 필드 자연사박물관에서 일하였다. 1896년에는 컬럼비아대학교 형질인류학 강사가 되었고, 1899년에는 마침내 컬럼비아대학교의 인류학 교수가 되었다. 또한 1896년부터 1905년까지는 시베리아 원주민과 북아메리카 원주민의 관계를 조사연구하여 보고하였다.

20세기를 전후하여 미국인류학에 대한 보아스의 영향력은 절대적이었으며, 1911년에는 문화와 인종에 관한 일련의 강의를 모은 『원시인의 마음(*The Mind of Primitive Man*)』을 출간하였다. 1930년대 독일 나치 정권은 보아스의 책을 불태우고 그의 박사학위를 취소하였으나, 1931년 킬대학교에서 다시 박사학위를 수여하였다. 1937년의 개정증보판 『원시인의 마음』은 1950년대 미국에서 일어난 민권투쟁에 큰 영향을 주기도 하였다. 보아스는 모든 민족에게는 똑같이 여러 문화 형태를 발전시킬 수 있다는 인간적인 능력이 있다는 명제를 믿고 있었고, 문화결과의 차이는 유전적 요소보다 역사·문화적인 요소의 탓이라는 문화적 상대주의를 주창하였다. 보아스는 미국 인류학자의 시조, 즉 '미국 인류학의 아버지'로 일컬어지고 있으며, 『인종, 언어 및 문화(*Race, Language, and Culture*)』(1940) 등 다수의 저서가 있다.

2. 미드

"청소년들은 무엇을 사고하느냐가 아니라 어떻게 사고하느냐를 배워야만 한다. 또 무엇을 배울 것인가가 아니라 어떻게 배울 것인가를 배워야만 한다."

미드(Margaret Mead, 1901~1979)는 미국 필라델피아에서 출생하였고, 남태평양 미국령 사모아에서 이루어진 현장연구결과를 토대로 컬럼비아대학교에서 1929년 박사학위를 취득하였다. 보아스와 베네딕트의 영향을 많이 받았으며, 주로 육아양식을 통해 문화가 성격에 영향을 미치는 방식, 성역할의 문화적 변이, 국민성, 문화변동 등을 연구하였다. 미드는 청소년들이 혼란과 위기를 경험하지 않으며 질풍과 노도를 겪는 것도 아니라는 반대 사례를 찾기 위하여 남태평양에서 현장연구를 수행하였다. 특히, 성의 역할, 청소년들의 생활 등을 심도 깊게 연구하였다. 미국 자연사박물관 인종부문 관리자로 있으면서 1954년 이후 컬럼비아대학교의 인류학 교수를 겸임하였다. 1960년에는 미국인류학회장을 맡았고, 사회 및 교육 평론가로 활동하였다. 베네딕트와 함께 미국 문화인류학에 심리학적 방법을 도입·발전시키는 데 큰 공헌을 하였다. 특히, 성격발달의 문화적 영향을 매우 중시하였으며, 국가의 국민성에 관한 비교연구에서도 많은 업적을 보여 주었다.

미드는 대중매체의 힘을 잘 알고 있었으며, 그것을 이용하여 여권, 가족, 육아, 성도덕, 핵무기 확산, 인종관계, 마약남용, 인구통제, 환경오염, 기아 등 현대사회에 관련된 광범위한 문제에 대해 비판하고 논평함으로써 여론과 정책 결정에 많은 영향을 주었다. 미국정부의 여러 주요 위원회와 국제적인 위원회에서 일했으며, 미국과학진흥협회 등 주요 학회의 회장직을 역임하였다. 1969년 『타임(*Time*)』은 미드를 '올해의 어머니'로 선정하였고, 1979년에는 미국에서 민간인에게 주는 최고훈장인 대통령자유훈장을 수여하였다. 저서로는 『사모아의 성년(*Coming of Age in Samoa*)』(1928/1950), 『세 미개사회의 성과 기질(*Sex and Temperament in Three Primitives Societies*)』(1935/1950), 『남성과 여성(*Male and Female*)』(1949), 『문화와 관여(*Culture and Commitment*)』(1970) 등이 있다. 특히, 미드의 유명한 보고인 『사모아의 성년』이라는 책은 16개 국어로 번

역되어 수백만 부가 팔렸으며 지금까지 출판된 인류학 저서 중에서 가장 널리 읽히는 책으로 기록되고 있다. 또 이 책을 통하여 대중적인 성공과 학문적인 명성을 얻게 되었다. 그러나 미드는 1923, 1928, 그리고 1936년에 세 번 결혼하였으나 모두 실패로 끝난 것으로 알려지고 있다.

▸▸ 문화적 상대론

청소년기는 생물학적으로 결정된 질풍노도의 시기인가, 아니면 질풍과 노도는 단순히 사회문화적 조건에 대한 반응인가? 미드는 문화인류학적 관점에서 청소년기를 바라보았고, 청소년기를 질풍노도의 시기라고 주장한 홀의 생물학적 이론을 검증하기 위하여 남태평양 사모아에서 자신의 연구를 수행하였다. 연구결과 사모아의 청소년들이 긴장 없는 평화로운 생활을 하고 있는 것으로 확인되었다. 즉, 미국을 포함한 서구사회의 청소년들과는 달리 사모아의 청소년들은 홀이 말한 것처럼 질풍노도의 시기를 경험하지 않으며, 따라서 생물학적 결정론에 입각한 견해는 보편적 현상이 아니라는 사실을 주장하게 되었다. 그리고 문화적 요인이 성격발달을 위한 중심 요소이고, 청소년들의 갈등과 혼란의 경험은 특정한 문화의 소산일 뿐 보편적 발달 현상이 아니라고 주장하였다. 그러므로 문화에 따라 청소년들은 갈등을 경험할 수도 있지만, 사모아의 청소년들처럼 갈등을 경험하지 않을 수도 있다고 하면서 문화적 상대론(cultural relativism)을 제기하였다. 미드는 홀 이후로 보편화된 청소년에 대한 고정관념의 허구성을 지적하였고, 청소년발달에 영향을 미치는 문화적 요인의 중요성을 부각시키는 데 많은 노력을 하였다. 또한 자신의 지도교수 보아스와 마찬가지로 인간행동은 오로지 문화적 조건으로만 설명될 수 있다는 문화적 결정론(cultural determinism)을 주장하게 되었다(Muuss, 1996).

▸▸ 사모아에서의 성년

미드는 1925년부터 1926년까지 남태평양 사모아의 타우섬에서 청소년기 여성 50명에 대한 현장연구를 수행하였다. 목적은 미국에서처럼 청소년기가 스트레스, 갈등, 성적 혼란 등의 시기인가, 아니면 조화롭고 즐거우며 성적으로 억제되지 않는 시기인가를 알아보기 위한 것이었다. 그 결과 타우섬의 여자청소년들은 성인기로의 전이가 순조롭고 갈등과 혼란에 의해 방해를 받지 않는다는 사실을 관찰하게 되었다. 또 타우섬에서의 성은 자연스럽고 즐거운 것이며, 청소년들의 걱정 없는 행동은 문화적 학습, 아동양육, 사회화 등에 의해 영향을 받는다는 사실을 주목하게 되었다. 특히, 타우섬의 문화는 경쟁심이 없고, 폭력이 적으며, 만사 태평하고 걱정 없는 본성을 지녔으며, 전체 사회에서 전반적으로 격의 없는 특성이 배어 있었다. 그리고 청소년기 동안의 평온한 성장이라는 평화로운 문화의 분위기를 보여 주고 있었다. 이와 같은 문화적 특성에 따른 청소년기의 고요함을 미드는 『사모아의 성년』(1928)이라는 저서를 통하여 소개하였다. 그리고 청소년의 특성을 생애 발달적 관점에서가 아니라 문화적 소산 또는 사회학적인 현상으로 보아야 한다고 주장하였다. 또 문화는 상대적인 성질을 띠고 있으므로 청소년들의 이해 또한 이와 같은 방향에서 이루어져야 한다고 주장하였다.

▸▸ 성과 기질의 특징

미드는 1931년부터 1933년까지 태평양 남서부에 있는 뉴기니의 세 원주민 사회, 즉 아라페시족(Arapesh), 문두구모르족(Mundugumor), 그리고 참불리족(Tchambuli)에서의 성역할 차이를 직접 현장연구하였고, 이를 『세 미개사회의 성과 기질』(1935/1950)이라는 저서를 통하여 소개하였다. 아라페시족 사람들은 남녀 모두가 비슷한 성격을 가지고 있었다. 이 성격의 특징은 서구인들의 시각에서 볼 때 모성적 내지 여성적 특징과 유사하였다. 여자들은 물론 남자들도 협동심이 강하고, 비공격적이며, 타인의 욕구나 요구사항에 재빨리 반응하는 사람들이 존경을 받았고, 또 그렇게 길들여지고 있었다. 성관계의 방식에도 이런 특징이 그대로 나타나서 남녀 어느 쪽이든 성욕 자체가 하나의 강력하고 독립적인 욕구라는 생각은 없었기 때문에 청소년기 동안에 성차가 거의 나타나지 않았다. 문두구모르족 사람들은 아라페시족 사람들과는 달리 남녀 모두의 구성원들 간에 적의와 공격적인 성향이 있었고, 자애롭고 모성적인 것들을 나약한 것으로 간주하여 무시하는 반면, 강하고 독립적인 것을 강조하는 특성이 있었다. 그들은 성욕을 적극적이고 독립적인 욕망으로 인지하였으며, 아라페시인들과는 대조적으로 아주 거친 형태의 성관계를 즐기고 있었다. 세 번째 부족인 참불리족은 서구사회에서 발견되는 성역할의 차이를 반대로 보여 주고 있었다. 여자는 지배적이고 객관적이며 통솔권을 가지고 있는 반면, 남자는 책임감이 약하고 정서적으로 의존하는 성향이 있었다. 남자들이 예술적이며 아름다움을 추구하는 존재인 반면, 여자는 일을 추진하고 경영하는 것을 잘하는 존재로 간주되고 있었다.

이와 같은 세 부족들에 대한 성역할의 문화를 관찰한 미드는 남성적 특성과 여성적 특성이 생물학적 요인에 기초한다는 신념에 이의를 제기하게 되었다. 즉, 어떤 기질적 태도들은 본래 남성적이고, 또 어떤 기질적 태도들은 본래 여성적이라는 주장은 맞지 않는다는 것이다. 오히려 성역할의 특징은 문화적 특징에 따라 달라진다고 하였다. 그러므로 특정한 성역할의 행동들은 아동과 청소년들이 성장하고 있는 사회적 · 문화적 조건들이 어떻게 작용하고 있는가에 따라 달라질 것이며, 남성적 및 여성적 특성들은 본질적으로 타고난 생물학적 특성이라기보다 개별 사회의 역사적 과정에서 생성된 것과 관련이 있다고 주장하였다. 따라서 수동성, 온순함, 민감함, 아기를 귀여워하는 마음 등이 여성적인 기질이라고 단정할 수 없으며, 마찬가지로 공격적이고 추진력이 강한 것을 남성적이라고 단정할 수 없다고 주장하였다.

▸▸ 사회문화적 요인

미드는 우리가 타고난 것으로 간주해 온 성의 기질이 결코 타고난 것이 아니라 인간 기질의 단순한 변종임을 보여 주었다. 즉, 남녀 특성의 차이는 사회문화적 요인에 의해 좌우된다는 것이다. 그러므로 남성과 여성의 특성이라고 보는 것들은 생리적인 차이와는 달리 문화적으로 결정되는 것이며 성장환경에 따라 변할 수도 있다는 것을 보여 주었다. 또 개인의 타고난 성향과 기질이 충분히 발휘될 수 있는 사회가 행복한 사회임을 강조하였고, 다양한 기질을 타고난 사회 구성원들에게 한 유형의 기질 또는 남녀 두 유형의 기질만을 강요하는 사회는 억압적인 사회임을 보여 주고자 노력하였다. 특히, 현대사회가 남성성의 원리를 지나치게 강조함으로써 많은 문제가 야기되고 있음을 지적하면서, 여성성의 특질로 간주되는 보살핌의 능력, 타인의 욕구에 민감한 소통의 능력 등은 현대사회에서는 남녀 모두가 지녀야 할 원리이지 한 성에게만 요구될 수 있는 성질의 것이 아니라고 주장하였다.

청소년과 관련된 이론 및 주장

▸▸ 교육적 노력

미드는 서구사회에서는 일반적으로 받아들여지는 명확한 사회적 규범이 결여되어 있고 부모와 교사, 또래, 대중매체, 광고 · 방송이 제공하는 조언이 서로 상충되기 때문에 청소년들의 선택 상황은 상당히 복잡하다고 주장하였다. 이러한 복잡한 많은 선택 상황들 때문에 청소년들은 불안을 느낀다. 복잡한 사회에서는 서로 대립되는 기준들이 존재하고, 모든 사람은 자기 나름대로의 선택을 해야 한다는 신념이 지배적이며, 또 선택은 매우 중요하기 때문에 청소년들은 어려움을 겪게 된다. 결과적으로 청소년들이 선택 상황에 직면했을 때 비판적으로 사고하고 선택사항과 대안적 해결 및 결과들을 고려해 볼 수 있도록 훈련시키는 특별한 교육적 노력이 이루어져야 할 것이다. 아이들은 무엇을 사고하느냐가 아니라 어떻게 사고하느냐를 배워야 하고, 새로운 교육모형은 청소년들에게 무엇을 배울 것인가가 아니라 어떻게 배울 것인가를 가르쳐야 하고, 무엇에 헌신할 것인가가 아니라 헌신의 가치를 가르쳐야 한다고 제안하였다.

한편, 미드는 청소년들이 자기 나름의 선택을 하고 자기 나름의 삶을 살 수 있는 보다 많은 자유를 주기 위해서는 너무 강한 가족 연계가 어느 정도 약화되어야 한다고 주장하였다. 부모가 자녀에게 복종을 덜 요구하고, 덜 의존하게 만들고, 가족 내에서의 개인차를 수용함으로써 청소년과 부모 간의 갈등과 긴장이 최소화될 수 있도록 하여야 한다는 것이다. 왜냐하면 미국 가족이 조직 면에서 너무 친밀하여서 성장하는 청소년들의 정서생활에 큰 타격을 주고 있고 청소년들의 건전한 자기 선택을 방해하기 때문이라고 하였다. 또한 아버지와 어머니가 서로 의견이 맞지 않아도 그 결과로서 싸움이 생기지 않고, 청소년들이 부모에게 도전해도 애정과 자존감을 잃거나 정서적 긴장을 경험하지 않을 수 있는 관용적인 가족체계의 확립이 중요하다고 제안하였다(정옥분 외 공역, 1999).

▸▸ 영향력의 힘

청소년 개인에게 미치는 또래집단의 영향이 더 큰가, 아니면 부모의 영향이 더 큰가? 미드는 이를 과거표상(postfigurative), 현재표상(cofigurative), 미래표상(prefigurative)이라는 문화유형을 들어 설명하고자 하였다. 여기서 접두사 post는 과거, co는 현재, pre는 미래를 뜻하는 것으로 청소년들이 성장하였을 때 물려받게 될 세상의 유형을 말한다. 표상(figure)은 그런 세상의 모형이다. 문화는 현재표상문화의 몇몇 특성과 과거표상문화의 유물을 간직한 채 미래표상문화로 옮겨 가고 있기 때문에, 청소년들은 각 문화유형에 따라 또래집단과 부모의 영향을 다른 방식으로 경험하게 된다. 즉, 청소년들은 아동기와 성인기 사이의 경계에 서 있기 때문에 청소년기를 문화유형에 대입하여 설명한다면 그들은 전통

(과거)과 혁신(미래)을 잇는 연결고리에 서 있게 된다.

과거표상문화(전산업사회)는 대부분 정적인 문화들로 구성되어 있다. 과거표상문화에서는 변화가 너무나 느리고 경미하기 때문이다. 따라서 청소년들은 변화를 거의 경험하지 않는다. 아동과 청소년들은 부모 및 조부모들의 세계와 거의 동일한 세계에서 성장하고, 또 그들이 부모 및 조부모가 되었을 때에도 삶은 여전히 동일한 방식으로 흘러가게 된다. 흔히 자녀들은 직업 선택에 있어서 부모의 뒤를 따른다. 부모들은 식견이 있고 살아가는 법을 알고 있다는 점에서 청소년들에게 존경을 받는다. 청소년들은 자율적 성인이 되기 위해서 젊은이가 갖추어야 할 조건들을 쉽게 확인될 수 있기 때문에 매우 명확하다. 변화가 경미하기 때문에 청소년들의 선택 갈등이나 혼란은 찾아보기가 어렵다.

현재표상문화(산업사회)는 기술의 진보와 문화 간의 접촉 및 교역 증가에 따른 이주나 종교적 개종으로 인하여 과거표상체제의 단절이 일어나게 된다. 즉, 문화유형이 변형을 겪기 시작한다. 새로운 세대의 삶이 기성세대의 삶과 다를 것이라는 가정이 확립되기 시작한다. 가족구조는 확대가족에서 핵가족으로 변화하고, 비록 같은 집에 산다 할지라도 조부모의 영향력이 크게 감소한다. 연장자보다는 또래집단이나 같은 연령집단이 청소년들의 미래를 반영하기 시작한다. 과거표상문화에서 나타났던 친밀한 인간관계의 상호 존중과 지지는 감소하고 고립이 대신하게 된다. 부모들은 아이들을 가르치는 중요한 모델로서의 자격을 상실하게 된다. 문화적 지식과 기술을 전수하는 기능은 학교와 공식적 교육에 의해 보완되고 결국은 그것들에 의해 대체된다. 청소년들은 부모들로부터 벗어나서 또래들에게서 지도와 정보를 구하기 시작한다. 청소년들의 유해물, 이성관계, 성적 행동, 성병, 약물사용 등의 문제들이 부각되기 시작한다. 청소년들은 미래에 보다 큰 관심을 갖게 되기 때문에 과거와 전통을 소중히 여기는 부모들과 간격을 느끼기 시작한다. 현재표상문화의 특징은 특히 이민 1세대 가족에게서 가장 잘 나타나는데, 그런 가족에 속한 청소년들은 새로운 세계에 적응하기 위하여 독특한 불안을 경험하게 된다. 그들은 또래들을 부모보다 더 낫고 아는 것이 많은 모델로 인식하며 부모들의 통제에 화를 내게 된다.

미래표상문화(탈산업사회)는 원자의 분해, 컴퓨터의 발명, 경구피임약의 발명, 우주여행, 가족유형의 붕괴, 도시의 약화, 느리지만 지속적인 환경파괴 등이 도래하는 시기이다. 기술적 변화와 사회적 변화가 매우 빠르기 때문에 새로운 문화유형이 생겨나게 된다. 세계는 하나의 공동체, 즉 공유된 지식과 공유된 위험으로 통합된 공동체가 형성된다. 새로운 세계 공동체에서는 미래를 예측하기가 어렵다. 부모들의 기술과 지식, 가치는 이미 구식이 되어 버렸기 때문에 모델로서의 부모역할은 더욱 감퇴하기 시작하고, 지식사회의 정보가 큰 비중을 차지한다. 가족 붕괴가 지속되어 가족 지지와 응집성이 손상을 받게 되고 불안정성과 소외가 심화된다. 기성세대는 젊은 세대로부터 고립되어 가고, 젊은 세대에게 충고할 것이나 가치를 제공하는 몫도 점점 줄어들게 된다. 청소년들은 부모의 지도를 많이 받지 않고 스스로 자신의 진로를 계획할 수 있어야 하며 변화에 대처하는 능력을 함양시켜야 한다(정옥분 외 공역, 1999).

▸▸ 비판점

미드의 연구결과는 문화적 상대주의를 지지하는 주요한 논거로 부각되었으나, 이 역시 많은 비판을 받고 있다. 즉, 미드의 연구결과를 일반화시키기에는 한계가 있으며, 문화적 결정론을 지나치게 부각시킨다는 점이 비판받고 있다. 미드가 남태평양 사모아의 인구 600명의 타우섬에서 여자청소년들 50명을 대상으로 직접 현장연구를 하였다고 하나 그것을 일반화시킬 수 없다는 것이다. 타우라는 아주 작은 외딴 섬에서 얻은 사실을 남태평양 사모아 문화 전반에 일반화시킴으로써 개인이나 마을 또는 섬들 간의 차이를 간과했다는 것이다. 그러므로 미드가 자신의 책 제목을 『사모아의 성년』이라고 하지 않고 『타우에서의 성년』이라고 붙이고 타우섬의 소녀들에게만 일반화하였다면 비판을 덜 받았을 것이라고 지적하고 있다. 또 실제로 미드가 현장연구를 위해 머물렀던 1년여 기간이 인류학의 기준에서 볼 때 매우 짧기도 하고, 보아스 교수의 문화적 결정론을 입증하기 위한 자료를 찾기 위해 연구를 시작하였으므로 편견을 가진 상태에서 연구를 시작함으로써 보다 객관적인 자료를 찾는 데 실패하였을 수도 있다(정옥분, 2005). 또한 프리먼(John Derek Freeman, 1916~2001)이라는 학자는 자신의 저서 『마거릿 미드와 사모아: 신화 만들기와 말소하기(*Margaret Mead and Samoa: The Making and Unmaking of a Myth*)』(1983)에서 미드의 연구방법론과 연구결과들의 타당성에 의문을 제기하였고, 사모아 청소년들의 특성을 정반대로 묘사하였다. 프리먼은 1960년대에 타우섬보다 30배나 큰 인구 9만 명의 유폴른이라는 섬에서 청소년들의 자료를 수집 분석한 결과 서구문화에서 나타나는 폭력과 경쟁, 죄책감, 억압된 성이 사모아 문화에도 만연해 있음을 보여 주었다. 또 사모아에서는 순결이 대단히 중시되고 있기 때문에 미드의 설명처럼 별 생각없이 경솔하게 성관계가 이루어지지 않는다는 정반대의 의견을 제시하였다. 특히 유폴른 정부의 공문서를 인용하면서 사모아인들의 높은 살인율, 질투, 강간, 그리고 폭행률을 나타내며 지표를 제시하기도 하였다. 그러면서 미드가 사모아 전반에 관해서가 아니라 타우라는 섬에 있는 세 개의 작은 외딴 마을에 관하여 글을 썼다면 비판을 덜 받았을 것이라고 충고하였다.

참고인물

❖ 보아스(Franz Boas, 1858~1942): 이 장의 베네딕트의 '참고인물'을 참조할 것.

❖ 베네딕트(Ruth Fulton Benedict, 1887~1948): 이 장의 베네딕트를 참조할 것.

❖ 홀(Granville Stanley Hall, 1844~1924): 5장의 홀을 참조할 것.

❖ 프리먼(John Derek Freeman, 1916~2001): 호주 출신의 인류학자인 프리먼은 뉴질랜드의 웰링턴

에서 성장하였고, 빅토리아대학교(Victoria University College)에서 정신의학과 철학을 공부하였다. 프리먼은 사모아에서 학교교사로서 3년을 보내게 되었고, 이 기간 동안 사모아 언어를 유창하게 배울 수 있었다. 1953년 영국 케임브리지대학교에서 박사학위를 취득하고 뉴질랜드의 오타고대학교(University of Otago)와 사모아대학교(University of Samoa)에서 강의를 하였다. 특히, 자신의 저서 『마거릿 미드와 사모아: 신화 만들기와 말소하기』(1983)를 통하여 미드의 사모아 연구의 방법론과 연구결과의 타당성 및 일반화 문제에 대한 문제점을 제기하기도 하였다. 이러한 두 연구 간의 불일치는 인류학적 연구의 취약성과 지리적 중요성, 그리고 40년 동안의 사회적 변화가 인류학적 관찰에 미치는 영향력을 말해 주는 것이었다. 1964년에는 미드와 프리먼이 호주에서 직접 만나 자신들의 연구상의 견해차이에 대해 토론을 하기도 하였다. 이들의 논쟁은 대중출판계와 학계 양쪽 모두에 대단한 흥미를 불러일으켰는데, 이는 1925~1926년 사이에 타우에서 실제로 일어났던 일 때문이 아니라 생물학적 결정론과 문화적 결정론이라는 이론적 쟁점 때문이었다.

제 10 장

청소년기의 인본 및 실존주의적 관점

▫ **로저스**(Carl Ransom Rogers, 1902～1987)

- 부정적인 평가를 많이 받은 청소년일수록 자기지각을 왜곡하는 경향이 높다. 그러므로 청소년에 대한 선입견을 버리고 무조건적인 긍정적 피드백을 줌으로써 청소년을 격려하고 청소년으로 하여금 자신을 가치 있게 여기도록 하는 것이 중요하다. 왜냐하면 그들은 모두 성장 잠재력을 가지고 있기 때문이다.
- 훌륭한 삶이란 목적지가 아니라 바로 방향이다.

▫ **프랑클**(Victor Emil Frankl, 1905～1997)

- 살아 있다는 것은 고통이다. 그러나 고통 속에서 의미를 찾는 것이 곧 살아 있는 것이다.
- 미래를 보아야 살 수 있는 것이 인간의 특성이다.

▫ **매슬로**(Abraham Maslow, 1908～1970)

- 인간의 삶은 그것이 지닌 가장 고상한 포부를 생각하지 않고는 결코 이해할 수 없다.

1. 로저스

"부정적인 평가를 많이 받은 청소년일수록 자기지각을 왜곡하는 경향이 높다. 그러므로 청소년에 대한 선입견을 버리고 무조건적인 긍정적 피드백을 줌으로써 청소년을 격려하고 청소년으로 하여금 자신을 가치 있게 여기도록 하는 것이 중요하다. 왜냐하면 그들은 모두 성장 잠재력을 가지고 있기 때문이다."

"훌륭한 삶이란 목적지가 아니라 바로 방향이다."

로저스(Carl Ransom Rogers, 1902~1987)는 1902년 1월 8일 미국 일리노이 주 시카고 교외의 오크 파크에서 5남 1녀 중 넷째 아들로 출생하였다. 로저스의 집안은 열심히 일하는 것을 중요시하고 모든 쾌락을 죄악시했던 극단적으로 보수적인 청교도 가정이었다. 로저스가 12세 되던 해 그의 가족은 시카고 서쪽의 농장으로 이주하여 살았기 때문에, 로저스는 고등학교를 졸업하기 전까지 대부분의 시간을 학교와 농장에서 혼자 사색하거나 책을 읽으며 청소년기를 보내게 되었다. 고등학교를 다니는 여름방학 동안에는 농장에서 고된 일을 수행하였다. 로저스는 "나는 늘 잡풀로 가득한 농장 한 구석에 있는 옥수수밭을 책임져야만 했다. 하루 종일 경작기를 타고 일해야만 했다. 그 과정은 다른 사람에게 의존하지 않고 자기 혼자의 힘으로 살아 보려는 자립심을 키우는 훈련이었다. 그것은 오늘날의 젊은이들이 경험하지 못하는 일종의 책임감훈련이었던 것 같다."라고 회고하기도 하였다.

로저스는 1919년 자신의 부모와 세 형이 다녔던 위스콘신대학교 농과대학에 입학하였는데, 이러한 그의 대학생활은 처음으로 로저스의 고독한 생활에 변화를 가져오게 하는 하나의 계기가 되었다. 대학에서 과학적 경작법을 예비전공으로 선택하여 공부하였고, 가족의 엄격한 종교적 전통에 따라 대학 2학년 시절에는 '우리 세대에서 세상에 복음을 전하자.'라는 표어를 내건 학생종교집회에도 참석하였다. 이러한 경험은 로저스로 하여금 목사가 되겠다는 포부를 갖도록 만들기도 하였다. 그리고 중국 북경에서 열리는 세계기독학생연합회(World Student Christian Federation Conference)에 참가하는 12명의 미국대학생 중 한 명으로 선발되어 중국에서 6개월간 머물게 되었다. 바로 이것이 로저스의 인생을 크게 바꾸어 놓는 계기가 되었다. 로저스는 중국에서 머무는 동안 많은 외국인들이 자기와는 다른 종교적 · 문화적 태도를 가지고 있음을 확인하였고, 이러한 경험을 통하여 보다 자유로운 인생관을 갖게 되었고,

기독교에 대한 의문을 품기 시작하였다. 그리고 로저스와 그의 부모 사이의 종교적, 지성적 연결고리가 약화되는 하나의 결별로 나타나기 시작하였다. 로저스는 "나는 나 자신의 사고방식대로 행동할 수 있고, 나 자신의 결론에 도달할 수 있으며, 나 자신이 믿는 바에 따라 행동할 수 있다는 굳은 신념을 갖게 되었다. 그리고 결국 인간이 궁극적으로 의지할 수 있는 것은 그 자신의 경험, 즉 실제 경험밖에 없다는 사실을 인식하게 되었다."라고 지적한 바 있다.

중국에서의 생활을 마치고 위스콘신대학교로 돌아와서 1924년 사학과를 졸업하였는데, 이때 로저스는 단 한 과목의 심리학을 들었을 뿐이었다. 대학졸업 후에는 부모가 반대하였던 대학동창 여성과 결혼을 하였고, 뉴욕 시의 연합신학교로 가서 공부를 하게 되었다. 이 신학교를 다니면서 로저스는 고통스러운 사람들을 도와주는 일은 목사와 정신의학자가 나누어서 해야 한다고 생각하게 되었고 점점 종교학, 특히 종교학의 구체적 교리에 대하여 회의를 느끼기 시작하였다. 그리고 임상 및 교육심리학을 공부하기 위해 연합신학교 맞은 편에 있는 컬럼비아대학교 사범대학으로 옮기게 되었고, 그곳에서 1928년에 석사학위를, 그리고 1931년에 임상심리학전공으로 박사학위를 취득하게 되었다. 그 후 뉴욕 로체스터에 있는 아동학대방지협회, 아동연구부의 심리학연구원이 되었고, 1940년부터는 오하이오대학교의 심리학교수로 재직하면서 학계에 발을 들여놓았고, 그 결과 1942년 자신의 첫 저서 『상담과 심리치료(*Counseling and Psychotherapy*)』를 출간하게 되었다. 1945~1957년까지는 시카고대학교의 심리학교수와 상담소의 행정책임자를 지냈다. 1946년에는 미국심리학회장으로 선출되었다. 1957년에는 자신의 모교인 위스콘신대학교에서 심리학과 및 정신과에서 겸임으로 4년을 지냈다. 1964년에는 캘리포니아 주 라졸라 지역으로 자리를 옮겨서 그곳에서 인간 상호관계를 인본주의로 연구하는 서부 행동과학연구소(Western Behaviored Sciences Institute: WBSI)의 연구원으로 근무하였다. 이를 위해 로저스는 대학교수직을 사임하였다. 그리고 1987년 2월 4일 죽을 때까지 로저스는 이곳에서 심리치료 방식의 발전에 대하여 선도적인 연구를 주도하게 되었다. 따라서 로저스는 흔히 인본주의심리학(humanistic psychology)운동의 개척자로 간주되고 있다. 주요 저서로는 『내담자중심 치료(*Client-Centered Therapy*)』(1951), 『심리치료와 성격변화(*Psychotherapy and Personality Change*)』(1954), 『인간의 되어 가는 과정(*On Becoming a Person*)』(1961), 『존재의 방식(*A Way of Being*)』(1980) 등이 있다.

▸▸ 상담이론

매슬로(Abraham Maslow, 1908~1970)는 정상적인 인간을 대상으로 심리학을 연구하고자 하였지만, 로저스는 정상인이 아닌 문제 있는 내담자도 심리학 대상에 포함시킴으로써 보다 넓은 대상을 연구하고자 하였다. 그러나 매슬로나 로저스 모두 인본주의와 실존주의 철학에 근본을 두고 있다. 또한 로저스는 심리치료에 대한 정신분석적 접근과 행동적 접근 모두에 회의를 느끼고 이를 거부하였다. 로저스의 상담이론은 제1기(비시지적 상담, 1940~1950), 제2기(내담자중심 치료, 1951~1956), 제3기(경험주의 심리치료, 1957~1960), 그리고 제4기(실존주의 심리치료, 1961~1971)로 구분할 수 있다. 특히, 제4기의 실존주의 심리치료 단계에서는 상담가의 조건으로 자기 일치(self congruence), 무조건적인 긍정적 수용(unconditioned positive acceptance), 진실성(genuineness), 그리고 공감적(empathy) 이해를 크게 강조하였다. 로저스의 이론은 '자기'가 되고(to be me), '현재'에 존재(to be now)하라는 주장과 함께 인간의 경험, 그들의 감정과 가치, 그리고 내적 생활이라는 표현으로 함축될 수 있다.

▸▸ 과학의 연구 관점

과학의 연구에 대한 로저스의 기본 개념은 크게 일곱 가지 정도로 정리할 수 있다. 첫째, 연구나 이론은 인간의 중요한 경험을 정리하는 데 도움이 되어야 한다. 둘째, 과학이란 정밀한 관찰에 있고, 그 관찰에 대한 주의 깊고도 창의적인 사고에 의한 진술이어야 하며, 실험실에서 조작이나 하고 계산해서 얻어지는 것이 아니다. 셋째, 인간관찰에 관한 과학은 총체적 관찰과 조잡한 측정, 그리고 이론적 가설에서 시작하여 점차 정교한 가설과 측정으로 옮겨 가야 한다. 넷째, 연구의 초기단계에서는 연역적 방법보다는 귀납적 방법을 쓰는 것이 적절하다. 다섯째, 모든 이론은 크건 작건 모두 오류가 있고 이론이란 진리에 접근해 가는 것뿐이지 진리 자체는 아니며 언제나 수정·보완되어야 한다. 여섯째, 진리는 하나뿐이므로 아무리 정교한 실험에 의하여 도출된 이론이라고 해도 오류가 있게 마련이며 그것을 고집하게 되면 결국 완전히 잘못된 추리에 빠지게 된다. 일곱째, 객관적 진리가 존재한다고 해도 인간은 자기 자신의 개인적이고 주관적인 세계에 살고 있으므로 지각에 의하여 사실이라는 것이 좌우하게 된다는 것이다.

▸▸ 인간관

로저스의 인간관은 자유, 합리성, 그리고 자아실현의 경향이 서로 연결되어 있다. 인간의 삶은 자신이 통제할 수 없는 어떤 힘에 의해 조종당하는 피동적 삶이 아니라 각 개인의 자유로운 능동적 선택의 결과이다. 모든 인간은 자신의 과거와 현재 생활상태를 정확하게 인식할 수 있기 때문에 자신의 삶과 미래를 능동적으로 선택할 수 있다. 즉, 인간은 선천적으로 타고난 성장 가능성을 실현하는 과정에서 자신의 인생목표와 행동방향을 스스로 결정하고, 이러한 결정에 따르는 책임을 수용하는 자유로운 존재이다. 이와 같은 인간본성에 대한 자유론적 관점과 아울러, 로저스는 인간을 합리적인 존재로 규정하였다. 인간의 합리성은 자아실현의 경향이 강해지고 인간이 더욱 자유로워질 때 강하게 표출된다. 모든 인간은 자신의 내부에 자기 이해, 자아개념과 기본적 태도의 변화 및 자기 지향적 행동을 위한 거대한 자원을 갖고 있다고 하였다. 이러한 선천적 능력의 표현이 바로 자아실현 경향이다.

▸▸ 인간행동의 이해

로저스의 인간행동에 대한 기본 가정은 그의 주관적 경험론에 입각하여, 모든 인간에게 있어서 객관적 현실세계란 존재하지 않으며 주관적 현실세계만이 존재한다고 보고 있다. 모든 인간은 자신의 사적 경험체계 또는 내적 준거체계와 일치하는 방향으로 객관적 현실을 재구성하며, 이러한 주관적 현실에 근거하여 행동한다는 것이다. 즉, 모든 인간행동은 개인이 세계를 지각하고 해석한 결과이다. 그러므로 인간행동을 정확히 이해하기 위해서는 각 개인의 내적 준거체계를 정확히 이해하여야만 한다. 즉, 한 개인이 생각하고 느끼고 행동하는 고유한 방법을 이해하기 위해서는 그가 객관적 현실을 어떻게 지각하고 해석하는지를 알아야만 한다. 그러므로 사람이 어떻게 행동하는가는 그가 세계를 어떻게 지각하고 있느냐에 달려 있다.

▸▸ 자아개념

로저스는 자아개념(self-concept)을 가장 체계적으로 발전시켰으며, 이 개념을 심리치료 과정에까지 발전시켜 적용하려고 하였다. 그 이론체계의 핵심을 살펴보면, 첫째, 모든 개인은 자신의 특유한 경험을 바탕으로 존재한다. 둘째, 개인은 자아를 유지하고 성장시키고 실현하기 위하여 투쟁한다. 셋째, 개인은 자아의 개념과 세계를 보는 관점에 따라 주어진 사태에 반응한다. 넷째, 개인은 건강과 안정성을 추구하며 정상적인 상황하에서는 개인의 성장과 자아실현을 성취할 수 있도록 합리적이며 건설적인 방법을 추구한다는 것이다.

▸▸ 건강한 사람의 동기: 자아실현 경향

로저스는 자아실현 경향이라는 단 하나의 고유한 동기가 인간행동의 활력과 방향을 결정짓는다고 주장하였다. 자아실현이란 자기의 독특한 심리적 특성과 잠재력을 개발하여 자기 자신이 되는 과정이다. 자아실현 경향은 각 개인이 자신을 유지시키거나 향상시키고자 하는 유기체의 선천적인 경향성이다. 그러므로 인간의 삶에 있어서 최우선적 동기는 그 자신을 실현하고 보존하거나 개발하기 위한 것이고, 자신의 유전적인 특질이 허용하는 한도 내에서 최선의 자기가 되는 것이다. 자아실현 경향에는 다음의 세 가지 특징이 있다.

첫째, 자아실현 경향은 신체 전체의 생리적 과정에서 기인된다. 이것은 심리학적 경향이 아닌 생물학적 사실이다. 유기체적 수준에서 이러한 선천적 경향성은 유기체를 보존할 뿐만 아니라 신체 기관과 기능의 발달과 분화, 유기체의 성장과 계속적인 재생을 제공함으로써 유기체의 증진을 도모한다. 자아실현 경향은 한 개인의 자율성을 증대시키고, 자기 신뢰성을 제공하며, 그 사람의 경험의 장(field)을 확대시키고, 그를 창조적으로 만드는 동기적 추진력이 된다.

둘째, 자아실현 경향은 단순히 긴장 감소가 목적이 아니다. 그것은 긴장을 증가시키기도 한다. 로저스는 모든 행동은 긴장의 방출에 있는 것이 아니라 행동을 발달시키거나 향상시키려는 개인의 욕구에 의해 동기화되는 것이라고 보았다. 인간은 잠재성과 능력을 실현시켜 주는 성장과정의 지배를 받기 때문에 자아실현 경향은 모든 형태의 삶에 공통적인 것이다. 자아실현 경향은 인간의 삶을 보다 풍요롭고 만족스럽게 해 주는 그 어떤 것을 성취하거나 달성하고자 하는 것이다. 이러한 움직임에는 투쟁과 고통이 동반되지만, 자아실현 경향의 충동은 강렬하기 때문에 인간은 이를 인내하고 참아낼 수 있다. 인간이 행하는 모든 행동은 궁극적으로 그들 자신의 능력을 증대시키고 그들 자신을 실현하려는 목적을 갖게 된다.

셋째, 자아실현 경향의 가장 중요한 점은 자아실현을 지향하려는 개인의 충동이다. 로저스에 따르면 자아실현 경향은 복잡성, 자기 충족 및 성숙의 방향을 지향하는 인간의 모든 운동을 포함하여 인생의 진보적인 추진력을 나타내는 것이다. 자아실현은 좀 더 능력 있는 사람이 되어 가는 과정이다. 로저스는 인간이 왜 활발한가를 이해하는 데 있어 그것을 설명하는 특수한 동기개념을 내세울 필요가 없다고 본다. 즉, 모든 사람은 생존하기 때문에 간단히 선천적으로 동기화된다. 인간성은 근본적으로 활동적이고 자아실현적이다.

청소년과 관련된 이론 및 주장

▸▸ 성장 잠재력

로저스는 인간이 기본적으로 자유로우며, 자신의 행동에 책임을 지고, 유목적적이며, 합리적이고, 그리고 건설적인 방향으로 지속적으로 성장해 나가는 미래 지향적인 존재라고 보았다. 그러므로 이러한 선천적 잠재력을 발휘할 수 있는 조건들이 적절하게 갖추어진다면 인간은 무한한 성장과 발전이 가능하다고 주장하였다. 청소년들 또한 자기 이해에 대한 놀라울 정도의 잠재력을 가지고 있다고 생각하였다. 이러한 잠재력은 일상생활에서 잘 나타나지는 않지만 적절한 심리적 환경이 제공된다면 나타나게 된다.

▸▸ 충분히 기능을 하는 사람

로저스는 훌륭한 삶(good life)의 관점을 '충분히 기능을 하는 사람' 으로 보고 있었는데, 이는 매슬로가 제안하였던 '자아실현자' 의 구성개념과 비슷하다. 로저스는 훌륭한 삶을 구성하는 것이 무엇인가에 대하여 많은 관심을 가지고 있었고, 훌륭한 삶이란 목적지가 아니라 바로 방향이라고 생각하고 있었다. 그리고 충분히 기능을 하는 사람이란 자신의 잠재력을 인식하고 능력과 자질을 발휘하여 자신에 대한 완벽한 이해와 경험을 풍부히 하는 방향으로 이동해 나가는 개인임을 가정하면서, 충분히 기능을 하는 사람이 갖게 되는 중요한 공통적인 성격특징을 다음의 다섯 가지로 제시하였다.

첫째, 충분히 기능을 하는 사람의 가장 두드러진 특징은 경험에 대한 개방성(openness to experiences)이다. 경험을 개방한다는 것은 방어성의 반대이다. 경험을 완전하게 개방하는 사람은 그 자신을 들을 수 있으며, 자신 내부에서 무엇이 일어나고 있는가를 경험할 수 있다. 그들은 그들 자신의 감정을 민감하게 인식하고 이를 억압하지 않으며 흔히 그에 반응하며, 그에 반응하지 않을 경우에는 그것을 의식 속에 받아들인다. 충분히 기능을 발휘하는 사람은 충분하게 합리적으로 자신의 감정을 인식하며 언제나 사리판단을 하여 반응할 수 있다. 그러므로 충분히 기능을 하는 사람에게는 어떠한 내적 경험이나 감정도 마땅히 위협이 될 수 없다. 그들은 모든 것에 대해 진정으로 개방한다.

둘째, 실존적 삶(existential living)이다. 이것은 한 인간존재의 모든, 그리고 각각의 순간을 풍부하게(fully) 사는 전반적인 능력이다. 그렇게 함으로써 인생의 각 순간은 기존의 모든 것과 구별된 새로운 것으로 지각되고, 현재의 자기나 미래의 자기는 그 순간으로부터 나오는 것이다. 실존적 삶의 또 다른 특징은 개인의 자아와 성격은 경험으로부터 나온다는 것이다. 그러므로 훌륭한 삶을 사는 사람은 유동적이고 적응적이며 관용적이고 자발적이다. 그들은 실존적 삶을 살아가는 과정에서 그들의 경험구조를 발견할 수 있다.

셋째, 자신의 유기체적 신뢰(organismic trusting)이다. 충분히 기능을 하는 사람은 자신의 의사결정능력에 있어서 외부의 압력이나 외적 영향 또는 일부 집단이나 기관이 지켜 내려온 사회적 규범의 부호에 전적으로 의존하거나 강력하게 좌우되지 않는다. 그들은 오히려 자신들의 유기체적 경험을 바탕으로 자신들이 해야 할 것과 하지 말아야 할 것을 결정한다. 옳다고 느끼는 것을 행하는 것은 진실로 만족을 주는 행위의 지침이 되고, 그것은 자신이 자신 있고 신뢰성 있게 판단한다는 하나의 증거가 된다. 유기체적 신뢰는 개인의 내적 경험과 상담하거나 그에 따라 사는 능력을 결정에 도달하게 만드는 주요한 토대가 된다.

넷째, 경험적 자유(experiential freedom)이다. 여기에는 인간이 자기가 선택한 인생을 자유롭게 살아간다는 뜻이 포함되어 있다. 인간이 자기의 세계를 형성하는 데 중요한 역할을 담당할 수 있는 의지를 나타내는 감정이 곧 주관적 자유이다. 그러므로 충분히 기능을 하는 사람은 자유로운 선택자로서 활동하며, 자신들에게 일어나는 것은 어떤 것이든지 그들 자신에게 의존하기 때문에 '나 자신의 행동과 그 결과에 대해 책임을 지는 것은 나뿐이다.' 라는 내적 감정을 가지게 된다. 그리고 이러한 힘과 감정 때문에 충분히 기능을 하는 사람은 자신의 인생에서 많은 선택이 있음을 보고, 실제적으로 그가 원하는 것은 어떤 것이나 실제적으로 행할 수 있다고 느낀다.

다섯째, 창조성(creativity)이다. 훌륭한 삶을 사는 사람은 그에게서 창조적 산물과 창조적 삶이 나타나는 그러한 유형의 사람이다. 창조적인 사람은 그들의 문화 내에서 건설적으로 살아가는 경향이 있으며 아울러 그들 자신의 깊숙이 파묻힌 욕구를 만족시킬 수 있다.

▸▸ 일치와 불일치

유기체(organism)와 자아(self)는 로저스의 성격이론에서 매우 핵심적인 개념이다. 유기체란 모든 경험의 소재지이다. 경험은 특정한 순간에 유기체 내에서 진행되고, 이러한 경험의 총화가 현상학적 장, 즉 주관적 현실을 이룬다. 자아는 'I' 나 'me' 가 가지는 특징들에 대한 지각, 그리고 타인들과의 여러 가지 생활 측면에 대한 'I' 나 'me' 의 관계성의 지각으로 구성되어 있는 체계화되고 일관성 있는 개념적인 형태이다. 그런데 지각된 자아와 유기체의 실제 경험 사이의 일치와 불일치는 청소년들의 행동에 중요한 영향을 미친다. 자아를 이루는 상징화된 경험들이 충실하게 유기체의 경험들에 반영될 때, 청소년은 적응되어 가며 성숙해지고 충분히 기능을 발휘하는 방향으로 나아갈 수 있게 된다. 이러한 청소년들은 위협이나 불안 없이 전 범위의 유기체적인 경험을 받아들일 수 있다. 그러나 자아와 유기체 사이의 불일치(incongruence)는 청소년으로 하여금 위협과 불안을 느끼게 만든다. 이러한 청소년은 방어적으로 행동하고 그들의 사고는 위축되고 경직되어 있다.

자신이 지각하는 자아와 다른 사람이 자신을 보는 자아, 또는 자신이 지각하는 자아와 다른 사람이 자신에 대해 내리는 평가 간의 일치 또한 매우 중요하다. 이 두 가지가 일치하지 않으면 청소년은 부적응이 되어 결과적으로 불안, 방어 및 왜곡된 사고를 낳게 된다. 또한 다른 사람들에게 적개심도 갖게 된다. 실제적 자아(real self)와 이상적 자아(ideal self) 간의 관계도 중요하다. 실제 자아는 실제로 있는 그대로의 자아이며, 이상적 자아는 자신이 그렇게 되었으면 하고 바라는 자아이다. 실제 자아와 이상적 자아 간의 차이가 클수록 청소년은 어떤 적응문제에 더 쉽게 빠질 수 있다. 그리고 청소년들이 느끼는 현상적 장, 즉 주관적 현실과 외적 현실(있는 그대로의 세계) 사이에 존재하는 불일치가 큰 청소년일수록 만족감을 얻지 못하고 잘 적응하지 못하게 된다.

▸▸ 두 개의 욕구

로저스는 아동기 때에 의미 있는 다른 사람과의 경험이 청소년기 때의 개인의 자기지각에 영향을 미친다고 하였다. 만약 아동이 부모, 형제, 또래, 교사와의 관계에서 자주 부정적인 평가를 받았다면 청소년이 되었을 때 적응문제를 보이기 쉽다. 부정적인 피드백을 많이 받은 청소년일수록 다른 사람으로부터 받는 부정적인 평가에서 벗어나고자 자기지각을 왜곡하는 경향이 높다. 즉, 부정적인 평가를 받았던 행동과 감정들은 청소년 자신의 자아개념에서 가급적 배제하려는 경향을 보이게 되고, 이것이 바로 자기 자신의 고유한 유기체의 경험과 평가에 일치되지 않는 자아개념을 만들 수 있다. 그렇게 되면 청소년들은 실제의 자신이 되지 않고, 다른 사람이 그에게 요구하는 사람이 되려고 하기 때문에 심한 불안을 유발하게 된다. 그러므로 로저스에 의하면 청소년에 대한 선입견을 버리고 무조건적인 긍정적 피드백을 줌으로써 청소년을 격려하고 청소년으로 하여금 자신을 가치 있게 여기도록 하는 것이 중요하다. 왜냐하면 일반사람들은 물론 청소년들 또한 두 개의 욕구, 즉 긍정적인 관심에 대한 욕구와 자존에 대한 욕구가 있기 때문이다. 이 둘은 모두 학습된 욕구로서 전자는 아동이 사랑을 받고 돌봄을 받는 결과로서 유아기에 발달하는 것이고, 후자는 타인들로부터 아동이 긍정적인 관심을 받음으로써 확립되는 것이다. 아동이 건강한 성격으로 자라나게 되는 것은 이 두 가지 욕구가 얼마나 만족되느냐에 달려 있다.

▶▶ 비판점

로저스는 인간내면의 주관적 경험을 다룰 수 있는 새로운 과학적 연구모델을 고안함으로써 치료자 자신의 치료방식과 신념을 검토하도록 하였으며, 치료자들이 자신의 상담스타일을 개발해 나갈 수 있는 하나의 계기를 만들어 주었다. 또한 다양한 문화를 지닌 사람들의 상호 이해를 발전시키는 데 많은 공헌을 하였고, 인간관계와 중다문화적 치료에 지대한 공헌을 하였다. 무조건적인 긍정적 수용, 진실성 또는 진솔성, 일치성, 그리고 공감적 이해를 상담과 심리치료에 연결하면서 내담자문제를 상담자도 다룰 수 있다는 사실을 제시하였다. 그러나 이와 같은 공헌에도 불구하고 로저스의 이론 또한 많은 제한점을 가지고 있다. 우선 상담자의 인격과 소양 및 탈가치적 태도를 매우 중시하고 있으나 그렇게 되기가 쉽지 않고, 내담자의 내면세계를 지나치게 강조하므로 지적 및 인지적 요인들이 경시되는 경향이 있다. 심리검사 등의 객관적인 정보 사용이 부족하고, 현실 접촉, 의사소통능력, 지적 기능이 떨어지는 내담자에게는 효과적이지 못하다는 점이 일반적 견해이다. 특히, 상담자는 내담자와의 상담과정에서 가치 중립적이어야 한다고 말하고 있으나, 어떠한 사람도 대인관계에 있어서 전적으로 가치를 배제한다는 것이 과연 가능할 것인가에 대해서도 의문이 제기되고 있다. 로저스의 이론에 사용된 개념들 또한 어떤 것은 상당히 범위가 넓고 모호한 점이 있다. 예를 들어, 유기체적 경험은 상당히 많은 것을 포함하는 개념이기 때문에 위험스럽게도 의미가 없는 용어가 될 수 있다. 자아개념과 충분히 기능을 발휘하는 사람이라는 용어 역시 너무 포괄적이어서 쉽게 이해할 수 없다는 문제가 있다. 이와 함께 로저스의 이론은 각 개인을 완전한 이기주의와 자아 몰두 속에서 존재하도록 권유하는 것처럼 보인다는 지적도 있다.

참고인물

❖ 매슬로(Abraham Maslow, 1908～1970): 이 장의 매슬로를 참조할 것.

2. 프랑클

"살아 있다는 것은 고통이다. 그러나 고통 속에서 의미를 찾는 것이 곧 살아 있는 것이다."
"미래를 보아야 살 수 있는 것이 인간의 특성이다."

의학박사이며 철학박사인 프랑클(Victor Emil Frankl, 1905～1997)은 오스트리아의 비엔나에서 출생하였다. 1923년 고등학교를 졸업하고 비엔나의과대학에 입학하였으며 신경정신의학을 전공하였다. 1933～1937년까지는 비엔나 종합병원의 자살병동과장을 역임하였고, 1937～1940년까지는 개인정신의학을 실습하였다. 1940～1942년까지는 비엔나의 로스쉴드 병원(Rothschild Hospital)의 신경과 과장을 역임하였는데, 그 당시 유대인들은 대부분 투옥되었기 때문에 비엔나에서 유일하게 남아 있던 병원이었다. 1942년 틸리 그로서(Tilly Grosser)라는 여성과 결혼하였다. 같은 해에 프랑클 역시 단지 유태인이라는 이유 때문에 독일 군인캠프에 억류되어 있다가, 1944년 39세 때 비엔나 동북 쪽의 아우슈비츠와 다카우에 있는 독일강제수용소에 수용되었다. 오스트레일리아로 이민을 갔던 누이를 제외하고는 함께 억류되었던 부모, 형제, 아내, 아들은 모두 그곳에서 사망하였다. 그리고 1945년 4월 27일 미국군대에 의해 풀려나게 되었고, 프랑클은 여기서 살아남은 극소수의 사람들 중 한 사람이 되었다.

비엔나로 돌아온 프랑클은 1945년 수용소에서의 삶을 바탕으로 한 자신의 유명한 저서 『인간의 의미에 대한 탐구(*Man's Search for Meaning*)』의 원고를 작성하였다. 1946년에는 비엔나 신경폴리클리닉(Neuro Poliklinik)에 들어가서 1971년까지 근무하였다. 1947년에는 20대 초반의 일명 엘리(Elly)라는 여성과 재혼하여 딸을 낳게 되었다. 1948년에는 심리학과 종교의 관계에 대한 조사를 수행한 『무의식적인 신(*The Unconscious God*)』의 학위논문으로 철학박사학위를 취득하였다. 그리고 같은 해 비엔나대학교의 신경정신과 부교수가 되었으며, 1950년에는 오스트리아 정신분석의사협회의 회장을 역임하였다. 그 당시 오스트리아에서 활약하고 있던 프로이트 및 아들러의 영향을 크게 받기도 하였다. 프랑클은 30회 이상 미국을 방문하였고 하버드와 서던매소디스트(Southern Methodist)대학에서 강의를 하였다. 1970~1973년까지 미국국제대학교(U.S. International University)의 샌디에이고 캠퍼스에서 교수 및 동 대학에 설치된 로고테라피(logotherapy), 즉 의미치료 연구소 소장으로 활약하였다. 프랑클은 실천철학의 영향을 받아 독자적인 의미치료와 실존철학을 주창했으며, '정신의학의 제3의 빈 학파(Third Viennese School)'의 창시자로 불리고 있다. 프랑클은 1990년의 85세까지 비엔나대학교에서 계속 강의해 왔으며, 노벨평화상 후보로 추천되기도 하였다. 또한 29개의 명예박사학위를 수여받았으며, 전 세계의 많은 강연과 세미나에 참석하였다. 1992년에는 친구와 가족들이 그의 명예를 기리기 위하여 프랑클 재단을 설립하였다. 프랑클은 1995년에 자신의 자서전을 간행하였으며, 1997년에는 박사학위논문을 바탕으로 자신의 마지막 저서 『인간의 궁극적 의미에 대한 탐구(*Man's Search for Ultimate Meaning*)』를 출판하였다. 프랑클은 1997년 9월 2일 노환(심장마비)으로 별세하였고, 그의 저서 32권은 현재 27개 국어로 번역되어 있다. 그중 『인간의 의미에 대한 탐구』(1962)는 실존치료의 발전에 계속적으로 매우 중요한 영향력을 행사하고 있다.

아우슈비츠 수용소 정문에는 나치가 강제 노역을 미화한 '노동이 너희를 자유케 하리라.' 라는 구절이 적혀 있다. 이를 제작했던 유태인들은 'B' 글자를 왜곡된 형태로 만듦으로써 저항심을 몰래 담았다.

▸▸ 삶의 의미

프랑클의 이론과 치료는 나치의 죽음 캠프에서의 경험으로부터 성장하였다. 그는 수용소에서 수감되어 있는 동안 아우슈비츠의 119번, 다카우의 104번에 불과한 사람이었다. 그 시기 동안 프랑클은 매일같이 도랑과 굴을 파거나 철로를 놓으며 보냈는데, 얇은 옷 한 벌만으로 땅속까지 얼게 하는 추위에 떨기도 하였다. 후에 그는 어처구니없도록 헐벗은 생명 이외에는 잃을 것조차 없었던 가증스러운 경험과 교훈을 감동적으로 서술하였다. "왜 사는지 그 이유를 아는 사람은 거의 모두 어떻게 살아야 하는지를 알 수가 있다. 인간의 실존에 문제가 되는 것은 우리를 기다리고 있는 운명이 아니라 그 운명을 받아들이는 방법이다." 프랑클은 고통과 죽음을 포함하여 모든 상황에서 의미를 찾을 수 있다고 믿고 있었다. "살아 있다는 것은 고통이다. 그러나 고통 속에서 의미를 찾는 것이 곧 살아 있는 것이다." 라고 그는 기록하고 있다. 프랑클은 이 시대, 이 세계의 문제는 '왜 살아야 하는가?' 라는 삶의 이유를 잃은 사람들이 증가하고 있다는 점을 지적하고 있다. 그리고 삶의 이유를 잃었다는 것은 살기가 아무리 편리하고 풍요로워도 우리가 '어떻게 살아가야 하는가' 에 대한 해답을 얻을 수 없다는 점을 강조하고 있다.

▸▸ 의미에의 의지

인간의 본질은 의미와 목적의 추구에 있다. 어떤 상황에서든 자신의 태도를 선택하고, 자신의 방식을 선택할 수 있는 것은 인간의 마지막 자유이다. 이것이 바로 의미에의 의지(will to meaning)이다. 의미에의 의지는 인간의 다른 모든 동기를 지배할 수 있을 정도로 강력한 하나의 기본적인 동기이다. 삶에 의미가 없다면 계속 살아야 할 이유가 없다. 삶의 의미는 사람마다 특이하고 독특하다. 사람마다 다를 뿐만 아니라 시시각각으로 다르기도 하다. 모든 이에게 보편적으로 적용될 수 있는 만인 공통의 의미에의 의지란 있을 수 없다. 삶의 과제가 실재하듯이, 삶의 의미도 실재한다. 각자가 설정한 과제에 따라 운명이 형성되므로 다른 사람과 비교할 수 없는 것이다. 우리가 처한 상황은 반복되지 않는다. 그러므로 각자에게 적합한 삶의 의미를 찾아야 한다. 어떤 상황은 우리에게 스스로 운명을 만들어 가도록 요구하지만, 어떤 상황은 운명을 받아들여 고난을 겪어 낼 것을 요구한다. 삶에 의미를 주는 상황은 다양해도 각각의 상황에는 하나의 해답밖에 있을 수 없다. 문제는 모든 것에 의미가 있으므로 어떻게 그 의미를 발견할 것인가에 있다. 이와 같은 탐구를 포기하는 것은 실존적 진공 상태에 빠지게 만들고, 우리를 무료하고 지리하고 무감각하고 목적이 없는 듯한 느낌에 빠지도록 만든다. 그러면 삶에 의미가 없고 살아야 할 이유도 없게 된다.

▸▸ 노에제닉 신경증

의미를 찾는 데에는 개인적 책임(personal responsibility)이 따른다. 개인적 책임 외에 어느 누구도, 어떤 다른 것도 우리에게 삶의 의미와 목표의식을 채워 줄 수 없다. 자기의 길을 발견하고 일단 발견한 길을 지속하는 것은 우리 각자의 책임이다. 삶이란 끊임없는 도전인데, 그에 대해 취하는 반응이 생각 속에서가 아니라 행동에서 나타나고 삶에서 발견한 의미를 밖으로 표현할 수 있어야 한다. 삶의 의미가 결여되어 있는 상태는 일종의 신경증인데, 이는 노에제닉 신경증(noögenic neurosis)이다. 이 상태는 무의미, 무의도, 무목적, 공허감이 특징이다. 이런 사람은 삶의 설레는 충만감 대신 현대에 만연해 있는 실존적 진공(existential vacuum) 상태 속에서 살아가게 된다. 그러므로 노에제닉 신경증을 해결하기 위해서는 삶의 의미와 목표감의 회복이 요구된다. 그렇지 않으면 심리적으로 병적 상태에 있을 수밖에 없다.

▸▸ 의미치료와 가치

의미치료(logotherapy)는 의미에의 의지를 가정하고 있다. 그리고 저항할 수 없는 고통과 죽음의 문턱에서조차도 삶에 대한 의미와 목적을 찾는 것에 있다. 그리스 어원의 로고스(logos)는 의미(meaning)란 뜻을 가지고 있다. 의미치료는 삶의 의미를 찾기 위한 독특한 치료기법이며, 실존의 의미와 의미를 찾고자 하는 인간의 욕구를 다룬다. 의미치료는 삶에 의미를 주기 위해서 (1) 창조적 작업에 의해서, (2) 경험으로 세상살이에서 얻은 것을 통하여, (3) 고통에 대하여 취하는 태도에 의해서라는 세 가지 방법을 제시하고 있다.

삶에 의미를 줄 수 있는 이 세 가지 방법을 프랑클은 가치(value)라는 포괄적 제목으로 설명하였다. 가치에는 창조적 가치, 경험적 가치, 그리고 태도적 가치가 있다(이혜성 역, 1982). 창조적 가치(creative value)는 창조적이고 생산적인 활동 속에서 인식되는 것이며, 어떤 것을 세상에 내어놓는 것이다. 창조적 가치는 생활 영역 전반에서 표현될 수 있지만 대체로 특정 작업과 관계가 있다. 자기를 표현하는 실제적 작품이나 상상을 고안해 냄으로써 혹은 다른 이에게 봉사함으로써 삶에 의미를 주는 것이다.

경험적 가치(experiential value)는 세상으로부터 받아들이는 데서 생긴다. 경험적 가치는 자연이나 예술세계에 몰입함으로써 느껴진다. 삶의 어떤 양상을 강도 있게 경험함으로써 삶의 의미를 이룰 수 있다. 예를 들어, 음악을 듣고 있는 순간에 그 사람은 순수미의 격정 속에 몰입된다. 그 사람에게 직접 삶이 의미를 가졌는가 물어본다면, 그 사람은 황홀한 그 순간만을 위해서라면 삶은 살 가치가 있다고 대답할 것이다. 그런 짧은 순간만이라는 데 문제가 있지만, 삶이 위대하다는 것은 한순간의 위대함으로도 평가받을 수 있다. 의미는 특정할 때에만 존재한다. 다시 말해, 존재하고 있는 매 순간에 항상 의미를 발견하는 것은 아니다. 그러나 의미가 산발적으로 생겨난다는 사실이 인생의 전반적 의미성을 손상시키지는 않는다. 산은 정상의 고도에 의해 묘사되는 것이지 계곡의 깊이에 의해 묘사되는 것이 아니듯이, 삶의 의미성도 계곡이 아닌 정점에 의해 묘사된다. 경험적 가치를 지닌 단 한순간의 정점만으로도 생애 전체를 의미로 가득 채울 수 있다. 얼마나 여러 번 정점에 도달했는가 또는 그 수준에 얼마나 오래 머물렀느냐가 아니라 오히려 한 번 경험한 정점이 얼마나 강렬했느냐가 결정적 요소이다.

태도적 가치(attitudinal values)는 객관적 운명보다는 운명에 대한 우리의 태도를 중시하는 것이다. 음울하고 낙심천만이며 절망적인 상황을 통하여 우리는 의미를 발견할 수 있는 많은 기회를 갖게 된다. 그리고 그런 때야말로 가장 열심히 의미를 찾아야 할 상황이기도 하다. 태도적 가치를 필요로 하는 상황은 우리의 힘으로는 어떻게 할 수 없는, 변화시킬 수 없는 운명적 상태이다. 그런 상태에서 할 수 있는 반응은 오로지 수용뿐이다. 운명을 받아들이는 방법, 고통을 감내하는 용기, 비극 앞에서 보이는 의연함 등이 인간의 완숙도를 측정하는 궁극적 시험대이며 척도이다. 극한 상황에서조차도 인간의 실존은 의미와 목적을 가질 수 있다는 희망이다. 삶의 마지막 순간까지도 우리는 삶의 의미를 지속시킬 수 있다. 우리가 의식을 갖고 있는 한 그 가치들을 인식해야 한다. 그것은 심리적 건강을 가지기 위해 피해서는 안 될 인간의 책임이다.

▸▸ 인간의 본성

의미치료에서 추론한 인간의 본성이론은 (1) 의지의 자유(freedom of will), (2) 의미에의 의지(will to meaning), (3) 삶의 의미(meaning of life)의 세 기둥 위에 세워져 있다(Schultz, 1977). 프랑클은 외부조건에 의해 삶이 영향을 받지만, 그럼에도 그 조건에 대응할 반응은 우리가 자유롭게 취할 수 있다고 주장하고 있다. 우리는 외부세력에 무감각하지 않지만, 그리고 외부세력에 의해 환경이 변화될 수 있기도 하지만, 그 힘을 다룰 입장을 정하는 것은 우리의 자유이다. 환경과 운명 위에 우리를 서게 만드는 것은 이런 본원적 자유이다. 다른 두 개의 기둥인 의미에의 의지와 삶의 의미는 자아를 구하는 게 아니라 실존의 목적을 뒷받침해 줄 의미를 끊임없이 추구하는 우리의 욕구와 관계된 것이다. 자신을 초월해 갈수록 우리는 보다 완전히 인간다워진다. 자신을 초월하여 어떤 사람이나 일에 몰입하는 것은 건강한 성격발달의 최종적 기준이 된다.

청소년과 관련된 이론 및 주장

▸▸ 자아초월의 사람

삶의 의미를 발견한 사람은 건강한 사람이 도달하는 최상의 상태, 즉 자아초월(self-transcendence)의 상태에 도달하게 된다. 인간이 살아가는 주된 동기는 자아를 찾는 것이 아니라 의미를 찾는 것이다. 어떤 의미에서 이것은 자아를 '잊는 것(forgetting)' 이다. 심리적으로 건강한 사람은 자신에게 초점을 맞추는 것으로부터 초월한다. 완전한 인간이란 자신을 뛰어넘어 다른 사람 혹은 일과 관계를 맺는 것이다. 자아초월의 특징은 자기 속에 들어 있는 것은 볼 수 없지만, 직접 관련이 있는 바깥세계는 볼 수 있는 인간의 눈이다. 예를 들어, 눈이 자기를 들여다보고 있을 때 그 자체 외에는 아무것도 볼 수 없다. 눈이 제 기능을 하기 위해서는 자신의 밖에 있는 것을 보아야 한다. 그러므로 오로지 목표를 자아 내부에 두고 추구해 가는 것은 자아 파괴적(self-defeating)이다. 쾌락이란 추구할수록 발견하기가 점점 더 어려워진다. 삶이 행복을 추구하는 데로 집중되어 있다면 사람은 결코 행복을 발견할 수 없다. 행복이란 것을 목표로 삼을수록 행복을 알게 되는 이성은 점점 더 그 시야를 잃어버리기 때문이다. 성적 쾌락을 탐닉하는 사람들은 오히려 성적 무능과 불감증에 빠지기 쉽다. 남성들은 애써 자신의 성적 능력을 과시하려고 하고 여성은 오르가슴에 도달함을 보여 주려고 추구할수록 성적 쾌락의 발견은 점점 더 어려워지게 된다. 그러므로 심리적 건강을 위해서는 자아를 찾는 것이 아니라 자아를 초월하여 의미를 찾아야 한다.

쾌락이나 행복은 삶에 즐거움을 더해 주는 것이지 그 자체가 삶의 목표는 아니다. 행복은 추구해 감으로써 붙잡을 수 있는 것이 아니라 의미를 이행하며 자신의 외부에 있는 목표를 달성할 때 자연스럽게 자발적으로 따라오는 것이다. 자아실현을 추구하는 것도 원칙적으로는 마찬가지이다. 직접 자아실현을 하려고 애쓰면 애쓸수록 자아실현은 점점 어려워진다. 자아실현은 자아초월과 정반대의 것으로 삶의 의미를 발견하고 나서 생기는 이차적 효과이다. 그러므로 자아를 실현할 수 있는 유일한 방법은 자신을 초월하여 의미를 수행하는 것이다. 사람은 이 세상에서의 의미와 목적에 대한 시야를 잃었을 때 자기 속으로(자기에 초점을 맞추는 것) 되돌아가게 된다. 표적(과업과 의미)을 놓쳐 의미에의 의지가 좌절당했을 때에 자신에게 오로지 전념하게 된다. 심리적으로 건강하다는 것은 자신으로부터 초점을 옮겨 자신을 초월하고 의미와 목적을 찾는 데 몰두하는 것이다. 그러는 동안 자신은 자발적으로 자연스럽게 수반되어 실현된다. 건강한 성격, 즉 자아를 초월한 사람, 자아초월을 이룩한 사람이 갖는 일련의 특징은 다음과 같다.

- 자기 행동과정을 자유롭게 선택한다.
- 자기가 살아가며 행하는 행위와 운명을 보는 태도에 개인적 책임의식이 있다.
- 자기 외부의 힘에 의해 제한받지 않는다.
- 자기에게 적합한 삶의 의미를 갖고 있다.
- 자기 생활에 의식적 통제력이 있다.
- 창조적, 경험적, 태도적 가치를 표현할 수 있다.
- 자신으로 향하는 관심을 초월한다.
- 미래의 목표와 임무를 추구하는 미래 성향이 있다. 즉, 미래를 보아야 살 수 있는 것이 인간의 특성이다.
- 일에 열중한다. 의미는 일에서가 아니라 일을 통해서 찾는 것이다.
- 사랑을 주고받을 수 있다. 우리가 독특함을 가진다는 것은 일을 통해서도 알 수 있고 사랑을 주고받음으로써도 깨닫게 된다.

▸▸ 건강한 성격

인간실존의 필수조건은 영혼성, 자유, 그리고 책임이다. 영혼성(spirituality)은 물질세계의 영향을 받기는 하지만, 물질에 의해 유발되거나 그것이 낳는 산물도 아니다. 본능이라든가 타고난 독특한 유전인자라든가 하는 환경적 요인인 비영혼적 요소(nonspiritual factors)에 의해 지배당하여 살지 않는다. 심리적으로 건강하다면 어떻게 행동할 것인가를 스스로 결정할 수 있는 자유를 활용해야 한다. 이런 자유를 경험해 보지 않은 사람은 심한 편견을 갖고 결정론(determinism)에 치우치거나 신경증적이다. 이 신경증은 잠재력의 실행을 막고 인간의 충분한 발달을 방해한다. 결국 선택의 자유를 가졌다는 것은 가진 것으로 충분한 것이 아니고, 그 선택에 대해 따르는 책임을 받아들여야 한다. 책임의식은 '마치 두 번째의 인생을 사는 것처럼 살면서 지금 행하려는 행동이 첫 번째 살 때 잘못되었다는 것을 깨달은 것처럼 인도하는 것' 이다. 이런 상태로 우리 자신을 대하게 되면 시시각각 부과되는 책임을 즉시 깨닫을 수 있다. 건강한 사람은 이런 책임의식을 갖고 있으므로 삶의 본질이 덧없고 변하기 쉽다는 것을 알아도 주어진 삶을 충분히 성장할 수 있도록 시간을 현명하게 보낼 것이다. 영혼성, 자유, 책임, 그것을 갖추고 활용하는 것이 우리들 손에 달려 있다. 그것이 없으면 삶의 의미와 목적을 찾는 것이 불가능하다. 그 선택권은 문자 그대로 우리들만의 것이다.

▸▸ 비판점

프랑클이 설명하는 의미에의 의지는 심리적 건강을 위해 분명히 중요한 것이지만 다소 모호하게 전개되어 있다. 원래 의미에의 의지라는 개념은 개개인마다 독특한 것으로, 다시 말해 각자가 자기의 의미를 발견해야 한다는 것이므로 특수용어라기보다는 일반적으로서 논의되는 개념이라는 점이다. 프랑클의 이론은 뚜렷한 과학적 배경이 없고, 부적응 행동을 이해하고 치료하는 데에 있어서 개인의 경험에 전적으로 의지하고 있다는 이유로 많은 비판을 받고 있다. 특히, 행동주의심리학자들은 인간의 행동은 자연법칙에 의해서 결정되는 것이기 때문에 선택과 가치 같은 것은 전혀 고려할 수 없다고 한다. 그러나 프랑클이 과학적 증거를 제시하지 않았으나 그가 묘사한 경험과 서술방식 때문에 인간실존의 정수를 냉철하고 분명하게 전하고 있는 점은 높이 평가되고 있으며 심리치료 분야에 폭넓게 인용되고 있다. 프랑클의 연구가 유용한 것은 실험심리학자들이 고안할 수 있는 것보다 훨씬 극단적 조건인 나치 포로수용소에서 적용되었던 사실에 의해 뒷받침되고 있기 때문이다. 만약 프랑클이 그런 극한 상황에서 의미에의 의지를 가짐으로써 삶의 의미를 찾을 수 있었다면 현재 우리가 직면한 상태에서는 오히려 적용하기가 더 용이하다는 뜻이 된다. 다시 말해, 그의 연구가 그렇게 혹심한 상황에서 성공적으로 시험되었다면 그보다 덜한 상황에서는 보다 쉽게 이용할 수가 있을 것이다.

참고인물

❖ 프로이트(Sigmund Freud, 1856~1939): 6장의 프로이트를 참조할 것.

❖ 아들러(Alfred Adler, 1870~1937): 6장의 프로이트의 '참고인물'을 참조할 것.

3. 매슬로

"인간의 삶은 그것이 지닌 가장 고상한 포부를 생각하지 않고는 결코 이해할 수 없다."

매슬로(Abraham Maslow, 1908~1970)는 1908년 4월 1일 뉴욕의 브루클린에서 출생하였다. 그의 부모는 러시아에서 이주한 교육받지 못한 유태인이었는데, 매슬로는 이런 가정의 7남매 중 장남으로 태어났다. 부모님은 새로운 세상에서 그들의 자녀들이 최고가 되기를 희망하였고, 매슬로가 대학에서 성공할 수 있도록 강하게 독려하였다. 그러나 매슬로는 어린 시절과 청소년기 동안에 친구들 없이 정신적으로 매우 심한 고독과 외로움 속에서 성장하였으며, 주로 도서관 책 속에 파묻혀서 자신의 피난처를 발견하곤 하였다.

아버지의 압력으로 매슬로는 뉴욕시립대학에서 법학을 전공하였다. 그러나 공부해 본 결과 자신이 법률가가 될 수 없음을 깨달았다. 그래서 3학기가 지난 후에 코넬대학교로 편입을 하였고, 그다음 다시 뉴욕시립대학으로 돌아오게 되었다. 뉴욕시립대학과 코넬대학교에서 학부 과정을 보내는 동안 심리학에 깊은 관심을 갖게 되었다. 그리고 1928년 위스콘신대학교로 옮겨 심리학전공으로 학부를 졸업하고, 동 대학에서 1931년 석사학위를, 1934년 철학박사학위를 취득하였다. 대학을 다닐 때는 부모의 반대에도 불구하고 고등학교 친구와 결혼하여 두 딸을 낳게 되었는데, 매슬로는 결혼을 인생에서 매우 중요한 사건으로 여기고 있었다. 그는 "결혼해서 위스콘신으로 가서야 비로소 나의 인생이 시작되었다."라고 고백할 정도로 결혼을 인생의 중요한 전환기로 삼고 있었다.

매슬로는 심리학공부를 하는 동안 여러 학자들로부터 많은 영향을 받게 되었다. 특히, 심리학을 공부하기로 결심한 것은 왓슨(John Broadus Watson, 1876~1958)의 행동주의가 결정적인 역할을 하였다. 이 외에도 매슬로에게 많은 영향을 미친 교수들은 헐(Clark L. Hull,

1884~1952), 셸던(William Herbert Sheldon, 1899~), 그리고 할로우(Harry Frederick Harlow, 1905~1981)와 같은 행동주의학자들이었다. 그중 할로우는 매슬로의 박사학위청구논문이었던 『원숭이들의 지배성과 성욕(*Dominance and Sexuality in Monkeys*)』을 직접 지도하였다. 매슬로는 박사학위를 취득한 다음 1935~1937년까지 컬럼비아교육대학교 심리학과에서 손다이크(Edward Lee Thorndike, 1874~1949) 교수의 연구조교로 일한 후, 1937년부터 1951년까지 브루클린대학에서 시간강사에서부터 부교수를 역임하였다. 이 기간 동안 프롬, 코프카(Kurt Koffka, 1886~1941), 베르트하이머(Max Wertheimer, 1880~1943), 설리번, 베네딕트, 미드, 그리고 아들러 등과 교분을 쌓게 되었다. 1940년대 중반에는 성과학자인 킨제이(Alfred Charles Kinsey, 1894~1956)로부터 미국 뉴욕의 브루클린대학 여학생들의 성적 행동에 관한 연구를 공동 수행하자는 연락을 받았으나, 여학생들의 표본처리 문제의 갈등 때문에 성사되지는 못하였다.

매슬로는 1951~1969년까지 브랜다이스대학교(Brandeis University)의 심리학 교수로 재직하였다. 이 기간 중에 매슬로는 미국심리학계에서 인본주의심리학 운동의 가장 유명한 사람으로 부각되었다. 매슬로의 인본주의심리학은 행동주의심리학이 과학적 연구에 지나치게 의존하여 개인의 독특한 감정과 사고를 경시한 점과, 정신분석학이 인간의 초기 경험과 본능적 충동을 지나치게 강조한 점을 극복하는 동시에, 인간에 대한 심리학의 관점을 바꾸어 놓는 하나의 계기를 마련하였다. 이러한 공로를 인정받아 매슬로는 1967~1968년 미국심리학회장을 역임하였다. 인간을 존중했던 매슬로는 1970년 6월 8일 지병인 심장병 때문에 62세의 일기로 사망하였다. 주요 논문으로는 『인간의 동기이론(*A Theory of Human Motivation*)』(1943) 등이 있고, 저서로는 『동기와 성격(*Motivation and Personality*)』(1954), 『인간가치의 새로운 지식(*New Knowledge in Human Values*)』(1959), 『인간본성의 깊은 이해(*The Farther Reaches of Human Nature*)』(1971) 등이 있다.

▶▶ 인본주의심리학의 성장 배경

인본주의 철학이 가장 번창한 때는 18세기 계몽시대였다. 그 당시 로크의 저서는 이러한 시대적 상황에 대한 하나의 기폭제 역할을 하였다. 로크 이전의 정치 및 종교 권위자들은 인간이란 생래적으로 사악한 존재이기 때문에 억압할 필요가 있다고 주장하였다. 그러나 인간이 오로지 환경의 산물이라는 로크의 주장이 옳다면, 인간을 완성시키기 위해서는 단지 환경을 바꾸면 되며 억압은 불필요한 것이 된다. 나아가서 불평등이 생래적인 것이 아니라 환경의 산물이라면, 이 역시 사람들이 제거할 수 있다. 이와 같이 계몽주의 정신은 대단히 낙관적이었다. 인간의 무한한 진보가 가능한 것처럼 보였고, 최고의 진보를 달성하기 위해서는 과학으로 눈을 돌려야 하고 과학적 방법만이 모든 인간의 조건을 향상시킬 수 있는 것처럼 여겨지고 있었다.

많은 심리학자들도 심리학이 이러한 자연과학을 본받을 수 있다면 위대한 업적을 성취할 수 있으리라고 생각하였다. 그리고 19세기 후반 독일의 심리학자 분트와 그의 동료들은 독일 라이프치히대학에 심리학실험실을 개설하고 처음으로 과학적 심리학을 주동하게 되었다. 그들은 물리학자나 화학자들이 하는 것처럼 인간의 의식을 기본적인 요소로 환원하려고 노력하였다. 그러나 이러한 노력은 수포로 돌아가게 되었고, 1920년대 와서 이러한 과학적 기치는 행동주의심리학자들의 손으로 넘어가게 되었다. 그러나 일찍부터 일부 심리학자들은 과학에서의 행동주의적 견해에 의혹을 품어 왔으며, 행동주의의 장점이 어떻든 간에 인간의 본질에 대하여 극히 일방적인 모습만 제시하고 있다고 논박하였다. 즉, 행동주의자들은 자연과학을 흉내 낸 나머지, 인간의 독특한 존재를 무시하고 인간에게 존엄성을 부여하는 생의 많은 부분을 무시하고 있다고 하였다.

인본주의심리학(humanistic psychology)은 일차적으로 과학적 접근을 표방한 행동주의적 접근에 대한 반발로 시작되었다. 인본주의심리학자들은 내적 체험에 대한 새로운 관심을 불러일으킴으로써 실존적, 현상학적 움직임과 손을 잡게 되었다. 이들 철학자들의 사상을 바탕으로 인본주의심리학자들은 살아 있는 인간은 어떤 추상적, 과학적 체계보다도 우선되어야 한다고 주장하였다. 또 인간을 외부로부터 분류하던 종래의 방법에서 벗어나, 대신 세계를 인간이 내부로부터 어떻게 느끼는가를 이해하려고 노력해야 한다고 역설하였다. 그리고 정신분석학이 인간의 내면세계를 가장 깊은 수준까지 탐색하게끔 만들어 주었으나, 정신분석학자들은 인간의 성장과 자유 선택에 대한 인간의 역량을 비관적으로 보고 있고, 무의식 속에 있는 비이성적인 힘에 의해 인간이 지배된다고 보고 있으며, 정신분석이론은 정서적 장애를 가지고 있는 환자들에 대한 연구에 의해 지나치게 채색되었다는 점을 들면서 정신분석이론 또한 비판하였다.

인본주의심리학은 이들 두 지배세력인 과학적 행동주의와 정신분석학으로부터 갈라져 나온 것이다. 이런 까닭에 매슬로는 자신의 운동을 제3세력의 심리학(the third force psychology)이라고 부르기도 하였다.

▶▶ 새로운 지적 흐름의 추구

제2차세계대전은 매슬로의 인생을 크게 바꾸어 놓았다. 매슬로에게 전쟁은 인간의 편견, 미움, 추잡함 등으로 요약되었다. 매슬로가 진주만 사건에 참전했다 돌아오는 지친 병사들의 행진을 목격한 경험은 그의 생애에 큰 전환점을 만들어 주었다. 학술지 『*Psychology Today*』에 기고한 『에이브러햄 매슬로와의 대화(*Conversation with Abraham H. Maslow*)』(1968)에 나와 있는 그의 글을 살펴보면 다음과 같다. "그것을 지켜볼 때 눈물이 흐르기 시작하였다. 히틀러, 독일인들, 스탈린(Joseph Stalin, 1879~1953), 공산주의자들은 모두 우리가 이해하지 못할 사람들 같았다. 우리는 그들 중 아무도 이해하지 못했다. 만약 우리가 그들을 이해할 수 있었다면, 우리는 많은 진전을 했을 것이라고 생각한다. 나는 사람들이 테이블 주위에 둘러앉아 인간의 본성과 미움, 전쟁과 평화, 형제애 등에 관한 이야기를 나눌 수 있는 그런 평화의 테이블을 그려 보았다. 그 순간 나의 전생애는 변했고, 그 이후로 나의 할 일이 결정되었다. 1941년 이후로 나는 실험과 연구조사를 통하여 검증할 수 있는 인간본성에 대한 이론의 발전에 전념하였다."

매슬로는 한때 행동주의가 모든 인간의 수수께끼를 풀어 줄 것으로 믿었고 행동주의는 아름다운 것이라고 생각하였다. 그러나 행동주의에 대한 그의 열정은 첫딸이 태어났을 때 사라지게 되었다. 매슬로는 "나의 첫 아이는 행동주의에 관심을 가진 심리학자로서의 나를 변화시켰다. 그 애는 전에 그렇게 몰두하였던 행동주의를 매우 어리석은 것으로 보이게 했고, 나는 더 이상 행동주의에 머무를 수가 없었다. 나는 아이를 가져 본 사람이라면 누구라도 행동주의자가 될 수 없다고 말하고 싶다. 행동주의란 쥐나 다람쥐 같은 설치류를 이해하는 데나 적합한 것이지, 인간을 이해하는 데는 적합하지 않다."라고 결론 내리게 되었다.

결국 매슬로는 첫 아이의 출산과 행동주의의 포기, 전쟁과 개인적 경험 등을 통하여 심리학에 대한 태도가 바뀌었고 새로운 지적 흐름을 추구하기 시작하였다. 그 새로운 지적 흐름이 바로 인본주의심리학이었다. 인본주의심리학과 관련하여 매슬로에게 영향을 준 사람들은 유럽의 실존주의 철학자들이었는데, 특히 인간은 자신의 삶을 만들어 가는 것이라고 주장한 덴마크의 철학자 키르케고르(Sören Aabye Kierkegaard, 1813~1855), 프랑스의 철학자 사르트르(Jean-Paul Sartre, 1905~1980), 그리고 노벨문학상을 수상한 프랑스의 작가 카뮈(Albert Camus, 1913~1960) 등이 발전시킨 유럽의 실존철학이 가장 직접적인 영향을 주게 되었다. 매슬로는 이러한 사상을 바탕으로 인간본성의 이미지를 부각시키려고 노력하였다. 인간은 근본적으로 선하며 존경받을 만하고 그들은 환경조건이 적당하기만 하다면 잠재능력을 실현해 나가려 한다고 보았다. 그리고 건전하고 창조적인 인간의 연구를 기초로 자신의 자아실현이론을 적용함으로써 미국 심리학계에서 인본주의의 대부라는 호칭을 얻게 되었다.

▸▸ 형성

인본주의심리학이라는 용어는 1960년대 초기에 당시 심리학 중 가장 영향력 있고 지적인 두 개의 흐름, 즉 행동주의와 정신분석학의 견해에서 벗어나 어떤 이론적 대안을 세우고자 한 매슬로의 주동하에 결속된 심리학자들이 만들어 낸 것이었다. 인본주의심리학은 단일의 조직적 이론이나 시스템이 아니라 일종의 운동이었다. 이러한 운동의 지지자들은 인간본성에 대해서 하나의 공통된 근본적인 개념을 가지고 있었다. 즉, 그들은 "인생은 스스로 만들어 나가는 것이다. 우리 각자가 우리의 실존으로부터 무엇을 만들어 나가는가 하는 것은 우리 자신에게 달려 있다."라는 실존철학의 사상을 가지고 있었다. 실존주의 철학자였던 사르트르 역시 "나라는 존재는 나의 선택으로 이루어졌다."라고 말한 바 있다. 인본주의심리학은 이러한 실존철학으로부터 가장 중요한 개념을 추출하였는데, 그것이 바로 형성(becoming)이라는 용어이다. 형성이란 인간이 결코 정적으로 있지 않고 항상 무엇인가 다른 존재가 되려고 하는 과정 중에 있는 것을 말한다. 이는 곧 인간의 발전과 변화 가능성을 의미한다. 그러므로 사람이 무엇인가로의 변화를 추구하지 않는다면 성장하기를 거절하는 것이며, 스스로 인간실존의 완전한 가능성을 부정하는 것이다. 매슬로는 이러한 형성과정 또는 자아실현을 인간본성의 고유한 것으로 보고 있었다.

▸▸ 정상인을 연구한 심리학

매슬로는 로저스보다 인간존재가 가지는 긍정적이며 낙관적인 면을 더욱 강조하였다. 요소로 나누어진 인간이 아닌 통합된 전체로서의 인간을 강조하였고, 동물연구를 통하여 인간을 이해하는 것은 부적절하다고 주장하였다. 인간을 기본적으로 선하게 보았으며, 인간의 잠재적 창조성을 인정하였고, 비정상인의 심리학보다는 정상인을 대상으로 한 심리학을 강조하였다. 비정상인의 이상심리와 열등감에 사로잡힌 인간, 혼란된 사람들만을 대상으로 하는 심리학은 이미 불구의 심리학이며, 심리학은 정상인의 가치와 실존을 대상으로 이루어져야 한다고 하였다. 그러기 위해서는 자아실현이 된 가장 훌륭하고 건강하고 성숙한 사람들의 특징을 알아야 한다고 주장하였다. 빨리 달리는 방법을 알기 위해서는 가장 빨리 달리는 선수를 연구해야 하는 것처럼, 인간이 인간의 잠재력을 얼마나 잘 발휘할 수 있는가에 관심이 있다면 건강하고 자기의 잠재력을 잘 발휘할 수 있는 사람들을 연구해야 한다는 것이다. 그리고 미국의 대통령들이었던 제퍼슨(Thomas Jefferson, 1743~1826), 루스벨트(Theodoer Roosevelt, 1858~1919), 링컨(Abraham Lincoln, 1809~1865), 네덜란드의 철학자 스피노자(Baruch de Spinoza, 1632~1677), 미국의 물리학자 아인슈타인(Albert Einstein, 1879~1955) 등의 역사적 인물은 물론 생존해 있는 사람들 중 사회적·개인적으로 건강한 49명을 표집하여 이들을 심층적으로 연구하였다. 그 결과 인간은 성장과 잠재력을 실현하려는 본능적 욕구가 있고, 그 잠재력의 충족과 실현 여부는 개인과 사회적인 힘의 상호작용에 달려 있다는 결론을 내리게 되었다.

청소년과 관련된 이론 및 주장

▸▸ 인간욕구의 질서

사람들의 욕구는 어떻게 되어 있을까? 사람들은 무엇을 위해 움직이며, 무엇을 추구하려고 하는가? 이와 같은 물음에 답을 준 심리학자가 바로 매슬로이다. 매슬로는 심리적 건강의 모델이라고 여겨지는 49명을 대상으로 연구하고, 이를 자신의 저서 『인간의 동기이론』(1943)과 『동기와 성격』(1954)을 통하여 인간은 본능적 욕구들을 가지고 태어난다고 주장하였다. 본능적 욕구들은 어떤 위계적 질서가 있으며, 이러한 본능적 욕구들에 의해 동기가 유발된다고 하였다. 욕구위계(hierarchy of needs)는 하나를 만족시켰을 때 아직도 또 다른 욕구가 만족되기를 기대하는 하나의 사다리와 같다. 그래서 계속 그렇게 올라가다 보면 다섯 번째의 가장 높은 수준의 욕구인 자아실현 욕구에 도달할 수 있게 된다는 것이다. 욕구위계의 도식을 보면 [그림 10-1]과 같다.

- 생리적 욕구(physiological needs): 음식, 물, 공기, 수면, 성, 추위나 더위로부터의 보호, 감각적 자극에 대한 욕구 등과 같이 생물학적 유지와 직접적으로 관련되어 있는 욕구이다. 이러

한 욕구들의 만족은 생존을 위해서 필요불가결한 것이다. 그러므로 생리적 욕구는 모든 욕구 중에서 가장 강력한 것으로 이들 기본적 욕구를 충족시키지 못한 사람은 더 높은 단계의 욕구를 만족시키려는 시도를 할 수가 없다.

- 안전욕구(safety needs): 생리적인 욕구가 만족되면 사람은 새로운 것, 즉 안전에 대한 욕구에 관심을 갖게 된다. 그래서 안정, 보호, 불안 및 공포로부터의 해방과 안전을 추구하려는 욕구에 의한 동기가 유발된다. 이 동기가 생기는 중요한 이유는 개인이 환경 내에서의 확실성, 정돈, 조직, 그리고 예측성을 알맞은 정도로 보장받고자 하기 때문이다.
- 소속과 사랑의 욕구(belonging & love needs): 안전의 욕구가 충족되었을 때, 사람은 소속과 애정의 욕구를 만족시키려고 노력하게 된다. 단체나 클럽에 가입하여 소속감을 느끼기도 하고, 특정한 사람이나 모든 사람과의 친밀하고 아껴 주는 관계를 이룩함으로써 애정의 욕구를 만족시키려고 한다. 이러한 관계에서는 사랑을 받는 것도 중요하지만 사랑을 주는 것 역시 중요하다. 사회적인 고독, 소외, 배타성을 경험하게 되면 소속과 사랑의 욕구는 강하게 나타난다.
- 자기존중 욕구(self-esteem needs): 소속과 사랑의 욕구가 충족되면 자기존중의 욕구가 생겨난다. 자기존중은 두 가지로 분류된다. 하나는 스스로 자기를 존중하는 것이고, 다른 하나는 다른 사람이 자기를 존중하는 것이다. 다른 사람이 자기를 존중하는 것은 사라질 수 있지만, 내적으로 자신이 가치 있고 적절한 사람이라고 생각한다면 자신에 대해 안정감과 자신감을 가질 수 있다. 그러므로 참된 자기존중 의식을 갖기 위해서는 자기 자신을 잘 알아야 하며 자신의 장점과 단점들을 객관적으로 평가할 수 있어야 한다.
- 자아실현 욕구(self-actualization needs): 만약 지금까지의 모든 욕구가 잘 충족된다면 자아실

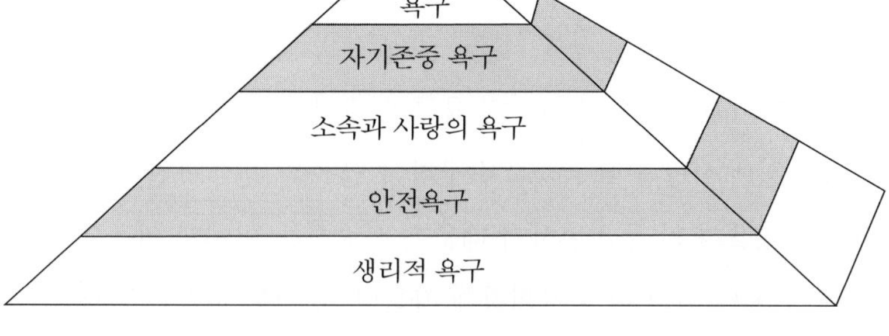

[그림 10-1] 매슬로의 욕구위계론

현의 욕구가 등장하게 된다. 자아실현이란 모든 능력을 최대한 개발하고 사용하는 것이며, 모든 소질과 재능을 발휘하는 것이다. 자아실현은 자아 증진을 위한 개인의 갈망이며 잠재적으로 지닌 것을 실현하려는 욕망이다. 그러므로 자아를 실현한다는 것은 자신의 잠재력을 최고로 발휘하여 자기가 원하는 종류의 사람이 되는 것이다.

위계의 맨 아래 생리적 욕구는 D-욕구라고 한다. 그것은 모든 생리적인 결핍(deficiency)에 기초하고 있기 때문이다. 생리적인 결핍은 항상 만족을 요구하기 마련이다. 그리고 위계의 두 번째 단계부터는 B-욕구라고 한다. 그것은 사람들이 되고자 하는 것(being), 속하고자 하는 것(belonging), 그리고 사랑(love)와 같은 욕구들을 말한다. 한편, 욕구충족에 실패하였을 때는 상대적으로 역기능적이거나 혼란 상태가 유발된다. 욕구를 충족시켜 회복됨으로써 역기능을 치유할 수 있다. 그리고 자유로운 상태에서 하나의 기본적인 욕구의 충족은 다른 욕구의 충족으로 옮아가게 된다.

▸▸ 사랑의 두 가지 유형

매슬로는 두 가지 유형의 사랑을 제기하였다. 즉, 우리에게는 존재적 사랑(B-love: being love)과 결핍된 사랑(deficiency love: D-love)이 있다는 것이다. 전자는 이기적이지 않고 건강하며 자기 자신보다는 다른 사람의 욕구와 성공에 관심을 두는 사랑이다. 존재적 사랑을 하는 사람은 사랑을 갈구한다기보다는 주는 데서 즐거움과 행복감을 느낀다. 그들은 상대방에 대해 무엇인가를 지나치게 요구하지 않으며, 소유욕에 얽매이지 않기 때문에 불안이나 적대감이 거의 없다. 사랑하는 것 자체가 끝없이 즐거운 경험이다. 그들은 상대방의 존재 자체를 그대로 사랑한다. 상대방의 결함을 있는 그대로 수용하고 남이 보지 못한 장점을 볼 수 있다. 이러한 사랑 경험을 통하여 개인은 가치감을 느끼고 스스로 성장의 경험을 맛본다.

결핍된 사랑은 이기적 사랑으로 자신의 욕구와 흥미를 만족시키는 데 있다. 애정결핍을 메우기 위해 끊임없이 사랑을 요구하고 갈구하나 만족을 얻지 못한다. 그들은 소유욕에 얽매여 항상 사랑을 잃을까 봐 두려워하기 때문에 사랑하는 이에게 의존하지만 불안과 적대감, 시기와 질투, 그리고 고통이 불가피하게 따른다. 결핍된 사랑은 결핍욕구에 의해 동기화되며, 특히 소속감과 사랑의 욕구가 충분히 만족되지 못할 때 나타난다. 그러므로 커

플의 한 사람 또는 둘 다 결핍된 사랑에 머물게 될 때 그 관계는 매우 고통스러울 수밖에 없다.

▶▶ 내재적 성장력

매슬로는 인간의 내재적 성장력에 대한 자신의 입장을 다음과 같이 밝히고 있다. 첫째, 인간은 본질적이고 생물학적이며 내적인 본성을 가지고 있는데, 이것은 자아실현과 성장을 향한 모든 기본적인 욕구와 충동을 포함한다.

둘째, 이러한 생물학적인 내핵(nucleus)의 일부는 종 보편적이며(species-wide) 일부는 개인 특징적(idiosyncratic)이다. 우리 모두는 특수한 성향이나 기질, 능력 등을 갖고 있기 때문이다.

셋째, 우리들의 내핵은 완전한 인간성의 실현을 향해 나아가도록 하는 긍정적인 힘이다. 여기에서 선도적인 역할을 하는 것은 환경이 아니라 우리의 내적 본성임을 인식해야 한다. 환경은 성장에 필요한 양분을 주기는 하지만 그렇다고 그것이 씨앗은 아니다. 우리가 아동 및 청소년들에게 시키는 사회적 · 교육적 훈련은 그것이 얼마나 효율적으로 그들을 통제하고 적응시키느냐보다는 얼마나 훌륭하게 그들의 내적인 성장 잠재력을 지지하고 육성시키느냐에 따라 평가되어야 한다.

넷째, 우리들의 내적 본성은 동물의 본능처럼 그렇게 강하지는 않다. 오히려 그것은 미묘하고 섬세하며 여러 가지 면에서 미약하다. 그것은 학습, 문화적 기대, 공포나 비난 등에 의해 쉽게 압도된다.

다섯째, 우리들의 내적 본성은 대개 아동기에 억제된다. 처음에 유아들은 섭식, 수면량, 배변훈련을 위한 준비성, 그리고 서고 걸으려는 충동 등을 포함하는 대부분의 문제들에 대해 내적 지혜를 가지고 있다. 그들은 또한 기쁨을 주는 특정 사물에 대해 초점을 맞추면서 환경을 열심히 탐색한다. 그들 자신의 감정과 내적 촉발이 그들을 건전한 성장으로 이끌어 준다. 그러나 성인들은 흔히 아동들의 선택을 존중해 주지 않는다. 그들은 아동들을 지도하고 가르치려 한다. 아동들을 비판하거나 그들의 잘못을 바로잡고 그들로 하여금 '올바른' 답을 생성하도록 만들려고 애쓴다. 결과적으로 아동들은 자기 자신이나 자신의 감각을 믿지 않게 되고 다른 사람들의 의견에 의존하기 시작한다.

여섯째, 자아실현을 향한 충동과 더불어 내핵은 비록 약하긴 해도 아주 사라지는 법은 거의 없으며 성인기에도 여전히 남아 있다. 그것은 저변의 무의식 속에 살아남아 내면의 소리를 통해 우리에게 말한다. 내적 신호들은 신경증적인 성인에게도 묻힌 역량과 아직 발휘되지 못한 잠재력을 발휘하도록 인도해 준다. 내핵은 소위 '건강에의 의지' 라 부르는 하나의 압력으로서, 모든 성공적인 심리치료는 이 충동에 근거를 두고 있다.

▸▸ 자아실현 욕구

자아를 실현한 사람들은 자신들이 속한 사회로부터 어떤 독립성을 유지해 온 사람들이다. 대부분의 사람들은 소속, 사랑, 존경 등의 욕구에 강하게 동기화된 나머지 다른 사람들로부터 용인받지 못하는 생각을 품게 되는 것을 두려워한다. 그들은 소속된 사회에 부합하려고 노력하며, 사회 내에서 위신을 세우는 일에 많은 신경을 쓴다. 그러나 자아를 실현한 사람들은 이보다는 덜 동조적이다. 그들은 사회적 환경의 영향을 덜 받는다. 그들은 사회적 환경의 영향에 의해 판에 박힌 듯 단조롭게 살아가는 경향이 적고, 보다 자발적이며 자유롭고 자연스럽게 살아간다. 그들은 인습을 무시하면서 행동하는 일이 거의 없지만, 그렇다고 인습에 얽매이지도 않는다. 대신 그들은 주로 자신의 내적 성장이나 잠재력의 개발, 생애에서의 개인적 사명 등에 의해 동기화된다.

아동들은 성인들의 지도나 감독 없이 그들 스스로 배워 나갈 수 있다고 주장하는 발달심리학자들이 많이 있다. 아동들은 세계에 대한 내재적 호기심을 가지고 있으며, 발달의 특정 지점에서 특정 역량을 완성시키려는 내적 욕구들이 충족될 수 있다. 이는 아동 자신의 역량을 자신의 힘으로 완성시키려는 일종의 성장 노력이다. 그런데 성인들은 아동들의 이러한 내적 성장을 무시하고 성인들의 세계에서 성인들의 눈으로만 바라보게 된다. 그러므로 매슬로는 자아실현을 한 사람들은 때로는 아동들의 특성인 개방적이고 창조적인 접근방식을 갖고 있다고 하였다. 아동들과 마찬가지로 그들의 태도는 종종 몰두해 있거나 홀려 있고 휘둥그레져 있거나 매혹되어 있곤 한다. 불행하게도 대부분의 아동들은 사회화되어 가면서 생에 대한 이러한 접근방식을 상실하게 된다. 아동들은 사회화됨에 따라 자신의 경험과 판단에 의지하지 않게 되고 인습과 다른 사람의 견해에 지나치게 의존하는 경향이 있다는 것이 매슬로의 주장이다.

자아실현 욕구란 인간이 자아 성취에 대한 소망, 즉 자신이 잠재적으로 되고자 하는 것을 실현하려는 경향성을 말한다. 이러한 경향성은 바로 자기가 소망하는 것을 이루고 완성하려는 자기 완성의 욕구이다. 자아실현이 하나의 본능적인 욕구이긴 하지만, 자아실현을 이룰 수 있느냐 없느냐는 어린 시절의 경험에 상당히 좌우되며, 어린 시절의 경험은 이후의 발달을 촉진하기도 하고 저해하기도 한다. 따라서 매슬로는 아동을 가혹하게 지배하고 통제하는 것이나 또는 지나치게 허용하는 것은 좋지 않다고 하였다. 매슬로는 통제와 자유의 적절한 혼합인 한계 내에서의 자유가 가장 효과적인 아동양육 방법이라고 주장하였다.

▸▸ 자아실현한 사람의 특징

- 효율적인 현실지각(an efficient perception of reality): 거짓, 부정직함, 가짜, 사기, 허위를 진실로부터 구별하는 능력이 있다.
- 본성, 타인 및 자신에 대한 일반적인 수용(a general acceptance of nature, others and oneself): 약점과 장점을 포함하여 자기의 본성을 왜곡시키거나 변조하지 않고 있는 그대로 받아들인다. 타인을 대하는 것도 이와 같다.
- 자발성, 솔직성 및 자연스러움(spontaneity, simplicity, and naturalness): 삶의 모든 측면에서 가식 없이 솔직하고 자연스럽게 행동하고 자신의 감정을 숨기지 않고 정직하게 나타낸다.
- 자기 밖의 문제에 대한 중점적인 태도(a focus on problems outside themselves): 자기 일에 책임감이 있으며, 스스로 열중하고, 자기의 일을 사랑하며, 그 일이 자기에게 자연스럽게 맞는다는 것을 느낀다. 돈이나 명성, 권력을 위해 일에 종사하지 않고 자기의 능력을 도전과 발달로 이끌기 때문에 일에 종사한다.
- 사적인 생활과 독립에의 욕구(a need for privacy and independence): 주위환경에 의해 쉽게 바뀌지 않는다. 자신의 경험과 판단에 더 의존한다. 행동과 감정은 매우 자기중심적이며 자기주도적(self-directed)이다.
- 자율적 기능(autonomous functioning): 사회 · 물리적 환경에 자율적으로 기능한다. 자기지시의 발달 여부는 자신의 잠재력과 내적 자원에 따라 좌우된다.
- 계속적인 신선한 감상력(a continued freshness of appreciation): 자신들이 소유하고 경험할 수 있는 것에 대하여 계속 감사할 줄 안다. 삶의 경험으로 싫증내거나 지루해하지 않는다.
- 신비로운 또는 절정 경험들(mystical, or peak experiences): 자기들의 세계에 대하여 통찰력을 발휘하고 절정을 경험한다. 최대한 많은 것을 알고 경험하려고 한다. 학문, 종교, 철학,

스포츠 등 경험의 정점에 다다르기를 좋아한다. 경험의 순간이 최고조에 달했을 때 무한한 기쁨과 자유를 느낀다. 그리고 이 경험이 머릿속에 남아 계속 그 경험을 쌓으려 노력한다.

- 사회적 관심(social interest): 모든 인간에 대하여 강하게 이입된 감정과 애정을 느끼며 동시에 인본주의를 지지하고자 애쓴다. 가족은 물론 인류의 구성원으로서 가족 성원 모두에게 형제애를 느낀다.
- 대인관계(interpersonal relations): 다른 사람들과 확고한 관계를 가질 수 있다. 보다 위대한 사랑과 보다 깊은 우정, 타인들과 보다 완전한 동일시를 한다. 남을 비웃거나 모욕하는 유머는 삼간다. 존재적 사랑을 실천한다.
- 민주적 성격구조(a democratic character structure): 사회계층이나 교육수준, 정치 파벌 또는 종파, 인종 혹은 피부색에 구애받지 않고 모든 사람들에게 관대하고 수용적이다. 무언가 자기에게 가르침을 줄 수 있는 사람들 모두에게서 듣고 배울 마음의 태도를 갖고 있다.
- 수단과 목적, 선과 악의 구별(discrimination between means and ends, between good and evil): 수단과 목적을 분명하게 구별할 수 있다. 또 어느 상황에서나 고수할 잘 정의된 윤리적 · 도덕적 기준을 가지고 있다. 인공적으로 꾸미는 것보다는 있는 그대로 자연스럽게 표현하는 것을 더 좋아한다.
- 적대감 없는 유머감각(an unhostile sense of humor): 남을 비웃거나 모욕하는 유머를 삼간다. 재치는 개인을 조소하려는 뜻이 없으며 이해하고 미소 짓고 수긍을 하게 만드는 깊은 생각이 담긴 종류의 것이다.
- 창의력(creativeness): 창의적이고 독창적이며 발명가적 기질이 있다.
- 문화적 동화에의 저항(resistance to enculturation): 주위환경에 의해 쉽게 바뀌지 않는다. 자신의 경험과 판단에 더 많이 의존한다. 어떻게 생각하고 행동하라는 사회적 강압에 저항을 잘 해낸다.

▸▸ 교육관

매슬로는 교육의 궁극적 목표를 자아실현에 있는 것으로 보았다. 인간은 인지욕구, 즉 알려고 하고 이해하려고 하는 욕망이 있다. 교육은 심리치료의 한 형태일 뿐만 아니라 심리적 건강에도 크게 공헌을 한다고 본다. 자아실현은 교육의 일차적인 궁극적 목표이므로 부수적인 목표를 수반한다. 그 부수적 목표들은 (1) 직업 또는 운명의 탐색, (2) 가치관에 대한 지식과 획득, (3) 삶의 존중성에 대한 인식, (4) 절정 경험의 획득, (5) 성취의식, (6) 심리적 욕구의 충족, (7) 생의 아름다움과 신비로움에 대한 의식의 재확인, (8) 행동의 통제, (9) 삶의 실제적인 문제 결정이다.

▸▸ 비판점

매슬로는 우리 모두가 무엇인가가 될 수 있는 능력이 있다는 낙관적인 인간본성을 제시했다는 점에서 큰 시사점을 던져 주었다. 그러나 그의 이론 또한 몇 가지 점에서 비판을 받고 있다. 우선은 자아실현이라는 것이 무엇인가 하는 정의의 문제이다. 매슬로는 우리 사회에서 1%도 안 되는 극소수의 사람만이 자아실현에 도달할 수 있다고 하였다. 이것은 역으로 대부분의 사람들은 자아실현을 만족시키거나 달성할 수 없다는 의미다. 또한 매슬로는 연구대상으로 삼았던 자아실현자들의 선택 범위와 기준을 명확히 밝히지 못했다. 그의 연구대상자들이 정말 자아실현을 한 사람들이었는지, 아니면 일반사람들이 단지 찬양하는 사람들로만 선택했는지, 연구대상자의 선택에 편견이 개입되었는지의 문제가 제기되고 있다. 그리고 연구대상들을 연구하면서 과학적 연구방법을 수용하지 못했다는 비판도 함께 받고 있다.

참고사항

❖ 제2차세계대전(1939～1945)

1929년 미국이 경제 대공황을 겪게 되면서 외국에 빌려 준 돈을 모두 회수하게 되었고, 독일과 이탈리아는 국가경제가 어려워졌다는 명분으로 국가가 국민의 생활을 모두 통제한다는 전체주의를 등장시키면서 촉발되기 시작하였다. 독일에서는 제1차세계대전 때 독일군 사병이었던 히틀러(Adolf Hitler, 1889～1945)가 나치당에 들어가 나치가 독일을 지배하게 되었다. 히틀러는 국제연맹을 탈퇴한 뒤 군대를 재정비 · 강화하여 일본과 방공협정을 맺었고, 소련의 중립을 확인한 뒤 1939년 9월 헝가리를 침공하였다. 이탈리아 역시 일본군 및 나치 독일군과 함께 전쟁에 참가하기 시작하였다. 이에 미국을 중심으로 영국, 프랑스, 중립체제를 무시한 소련의 연합군이 참전하게 되었다. 나치 독일은 폴란드 침공 종료 이후 연합군에게 화평을 제의했지만 연합군이 이를 거절하였다. 이에 나치 독일은 파리를 목표로 공격을 시도하여 1940년 6월 파리를 점령하였다. 이탈리아는 1940년 6월 남프랑스에 침입하여 점령에 성공하였고, 프랑스 영토의 2/3는 나치 독일의 영토로 들어가게 되었다. 나치 독일은 또한 소련이 연합군에 참가한 것에 분노하여 1941년 6월 소련 침공을 시도했지만, 추위로 인해 모스크바로의 진격은 실패하였다. 그해 일본은 진주만에서 미국군을 기습 공격하여 미군이 치명적인 손상을 입게 되었다. 한편, 나치 독일은 1942년 이탈리아군의 원조를 위해 기갑사단이 북아프리카에 가서 카이로까지 육박하게 되었다. 연합군은 영국이 중심이 되어 그해 10월 반격을 시도하여 1943년 5월에 북아프리카에서는 이탈리아군과 함께 독일군을 완전히 점령하였다. 이탈리아에서는 무솔리니(Benito Amilcare Andrea Mussolini, 1883~1945)가 감금되고 1943년 9월 무조건 항복을 선언하게 되었다. 이탈리아 항복 후의 1944년 6월 아이젠하워(Dwight David Eisenhower, 1890~1969) 장군의 미군과 영국군, 캐나다군 등을 주축으로 하는 연합군이 북프랑스에 상륙하였고, 이에 따라 나치 독일군은 1944년 12월 괴멸되었다. 1945년 3월 소련군과 함께 영국군 및 미군은 라인강 좌안의 쾰른을 점령하였고, 마침내 소련군은 베를린에 입성하게 되었다. 사태에 절망한 히틀러는 4월 30일 애인 에바 브라운과 결혼식을 올린 후 그날 함께 자살하였고, 독일은 5월 무조건 항복을 선언하게 되었다. 한편, 미군은 1945년 4월 오키나와 본섬에 상륙하였고, 7월 포츠담선언에서 일본에게 무조건 항복을 요구하게 되었다. 일본이 이를 묵살하자, 미국은 1945년 8월에 히로시마 및 나가사키에 원자폭탄을 투하하였고, 소련은 만주에 있는 일본군을 공격하였다. 이에 1945년 8월 15일 일본 천황은 무조건 항복을 선언하게 되었고, 대한민국과 중국은 독립을 맞이하게 되었다. 미군은 1945년 8월 30일 일본 본토를 모두 점령하였고, 1945년 9월 항복문서가 조인되면서 제2차세계대전은 막을 내리게 되었다.

❖ 제2차세계대전과 임상심리학

제2차세계대전은 심리학자들의 협동정신을 촉발시켜 현대적인 미국심리학회를 형성하게 된 계기가 되었다. 또 임상심리학을 변환시키는 하나의 커다란 역할을 초래하였다. 제2차세계대전은 임상가들에게 영구적인 자리를 마련해 주었는데, 왜냐하면 정신적인 부상을 입은 사람들에게 전문적인 서비스를 제공해 주어야만 했기 때문이었다. 전쟁 이전에는 정신병자를 치료하는 서비스를 제공하는 일을 조직화된 정신의학계가 통제를 해 왔는데, 이들은 치료에 대한 수요가 늘어나자 당황하게 되었다. 제2차세계대전 때와 마찬가지로 응용심리학자들은 다양한 검사 프로그램을 진행함으로써 서비스를 제공하였는데, 제2차세계대전을 거치면서 이들은 전쟁에서 심리적 상처를 받은 사람들을 치료하는 경험을 쌓게 되었다. 그리고 정신과의사들은 많은 환자들을 감당할 수가 없었으며, 자기들이 치료에 대해 행사하고 있던 독점을 어쩔 수 없이 포기하게 되었다. 뿐만 아니라 연방정부가 수요의 증가를 인식하고 임상심리학 분야의 대학원생 교육을 지원하기 위해 적극적인 프로그램을 출발시키게 되었다.

이와 같은 상황에서 현대임상심리학자들이 등장하게 되었다. 임상심리학자들은 더 이상 검사에 제한되어 있는 것이 아니라, 진단과 치료전문가로서 서서히 인정을 받았으며, 또 더 이상 학교장면의 아이들과 청소년들에 한정되어 있는 것이 아니라 자신을 필요로 하는 사람 누구에게나 봉사할 수 있었고, 더 이상 클리닉 장면에 제한되어 있는 것이 아니라 개인으로 개업을 할 수 있게 되었다. 특히, 더 이상 정신과의사들의 지휘감독을 받는 것이 아니라 점점 더 그들과 동등한 위치에 서게 될 수 있었다. 더 나아가서 심리학자들은 전쟁 이후 새로운 형태의 심리치료 발달로 인해 더욱 효과적인 심리학 서비스를 제공할 수 있는 능력을 갖추게 되었다(Goodwin, 1999).

참고인물

❖ 왓슨(John Broadus Watson, 1878~1958): 12장의 파블로프의 '참고인물'을 참조할 것.

❖ 헐(Clark Leonard Hull, 1884~1952): 헐은 뉴욕의 애크런 근처의 조그마한 통나무집에서 매우 가난한 집안의 아들로 출생하였다. 1913년 미시간대학교를 졸업하고, 1918년 위스콘신대학교에서 철학박사학위를 취득하였다. 특히, 헐의 박사학위논문(1920)에서 학습은 습관강도(habit strength)가 점진적으로 증가함에 따른 결과라는 생각은 나중에 헐을 매우 유명한 사람으로 만들었다. 그리고 위스콘신대학교에서 1929년까지 10년 동안 재직하였다. 1929년에는 예일대학교로 옮겨 가서 죽을 때까지 그곳에서 머무르게 되었다. 헐은 그의 일생 대부분을 불구자로 보냈다. 대학에 입학

하기 직전에는 장티푸스에 걸려 거의 죽을 지경에 이르렀으며, 24세 때는 소아마비에 걸려서 신체가 부분적으로 불구가 되는 일을 당하였다. 그리고 집에서 일 년을 쉬면서 보낸 뒤 어느 정도 건강을 회복한 뒤에는 심리학자의 길을 가기로 결심하였다. 그리고 1948년 64세 때는 동맥경화증에 걸려 고생하다가 4년 후에 세상을 떠났다.

헐의 생애는 크게 세 부분으로 나눌 수 있다. 그의 첫 번째 관심은 적성검사였다. 그리하여 1928년에는 『적성검사(*Aptitude Testing*)』란 저서를 내기도 하였다. 두 번째 주요 관심은 최면에 관한 것으로 오랫동안 최면과정에 대하여 연구한 결과를 『최면과 암시성(*Hypnosis and Suggestibility*)』(1933)이란 책으로 출간하였다. 그리고 세 번째 관심이며 헐을 가장 유명하게 만든 것이 학습과정에 관한 것이었다. 학습에 관한 헐의 첫 번째 주요 저서는 『행동의 원리(*Principles of Behavior*)』(1943)였고, 이 이론을 더욱 확대하여 1952년 『행동체계(*A Behavior System*)』를 출간하게 되었다. 그리고 다시 학습에 관한 세 번째 저서를 쓰려고 했지만 뜻을 이루지 못하였다.

헐은 다윈의 저술에 많은 영향을 받았다. 그래서 기능적 학습이론가들과 마찬가지로 학습이란 적응적인 것이기 때문에 생존과 관련되어 있다고 믿고 있었다. 헐의 관심은 신체적 욕구, 환경, 행동이 어떻게 상호작용하며, 그것이 유기체의 생존의 확률을 증가시켜 주는지를 설명해 주는 이론을 발달시키는 데 있었다. 학습이론의 구성은 주로 기하학과 비슷하게 공리(postulate)와 정리(theorem)의 수학적인 논리적 구성을 도입하였다. 헐의 이론은 욕구-자극 감소이론 또는 추동감소이론(drive-reduction theory)이다. 그는 "강화란 욕구 감소이다. 즉, 강화란 욕구 감소이며 강화인이란 욕구를 감소시켜 줄 수 있는 자극이다." "학습효과는 대수 함수적이다. 즉, 처음 학습할 때 학습효과의 폭은 시행이 거듭된 뒤의 학습효과보다 크다. 예를 들어, 어떤 것을 새롭게 공부할 때 처음에는 실력이 쑥쑥 느는 것 같지만, 나중에는 아무리 해도 실력이 느는 것 같지 않은 현상이 온다."라며 구체적 용어를 사용하였다. 그러므로 헐의 이론을 추종하는 교사는 학습을 간섭하는 피로를 학습자가 쌓아 가지 않도록 교과목을 배열해야 한다. 또 교과목들을 최대한 비슷하지 않게 차례로 배열해야 한다. 예를 들어, 합리적인 교과목 배열의 하나는 수학, 체육, 영어, 미술, 역사가 될 것이다. 이것은 피로를 감소시키고 주의 범위를 촉진시킨다는 것이다.

❖ 셸던(Williams Herbert Sheldon, 1899): 미국의 심리학자로 컬럼비아대학교의 체격연구소장

을 역임하였다. 독일의 철학자이며 의학자인 크레취머(Ernst Kretschmer, 1888~1964)의 영향을 크게 받았다. 크레취머는 유형(type)을 모든 생물학에 있어서 가장 중요하고도 기초적인 개념으로 생각하였다. 크레취머는 관찰 가능한 행동 경향의 결정체를 곧 유형이라고 보았으며, 그것은 체격 특질을 떠나서는 생각할 수 없다고 보았다. 또한 체격의 특징과 정신병적 장애는 깊은 관계가 있다는 사실을 추구하면서, 우울증은 비만형(pyknic type), 정신분열증은 세장형(leptosomatic type), 그리고 간질은 투사형(athletic type)과 각각 깊은 관계가 있다고 주장하였다. 이와 같은 유형론에 영향을 받은 셸던은 신체의 특징과 기질의 특징을 결합시킨 새로운 신체형(somato type)이론을 주장하였다.

셸던은 [그림 10-2]와 같이 신체적 유형을 내배엽형(endomorph), 중배엽형(mesomorph), 외배엽형(ectomorph)으로 분류하고, 그에 상응하는 세 가지 기질적 유형으로 각각 내장긴장형(viscerotonia), 신체긴장형(somatotonia), 그리고 두뇌긴장형(cerebrotonia)을 들었다. 그림에서 보는 바와 같이 내배엽형은 내장이 잘 발달된 반면 골, 근육 등과 같은 신체적 구조의 발달은 매우 빈약하다. 이 유형의 사람들은 내장긴장형 또는 비만형에 속하는데, 편안한 것을 좋아하며, 대식가이고, 사교적이며, 다정다감하다. 중배엽형은 그 구조가 단단하고 매우 강하기 때문에 외관상 보기에 투사형과 같다. 이 유형의 사람들은 신체긴장형 또는 투사형에 속하는데, 스포츠를 좋아하고, 자기주장이 강하며, 모험을 즐기고 기회를 잘 포착하고, 회한하는 일이 없다. 외배엽형은 팔다리가 가늘고 그 발육이 빈약하기 때문에 두뇌긴장형 또는 세장형에 속한다. 이 유형의 사람들은 지나치게 자제하며, 사회적 활동이 없고, 현실을 억압하는 경향이 있다. 셸던의 신체적 유형이론은 여러 분야에서 경험적 지지를 받고 있다. 첫째, 중배엽형은 비행청소년이 된다는 주장이 있다. 물론 셸던의 주장이 전적으로 지지된 것은 아니지만 어느 정도 상관관계가 있는 것으로 보고되고 있다. 영국 아동에게서 얻은 자료는 셸던의 주장을 지지하고 있는데, 외배엽형은 정서적 장애와 깊은 상관관계가 있고, 지배적인 아이들은 중배엽형 쪽에, 그리고 복종적인 아이들은 외배엽형 또는 내배엽형 쪽에 가깝다고 한다(이현수, 1989). 또 다른 연구에서는 청소년들에게 셸던의 세 가지 신체유형을 보여 주고 자신이 선호하는 신체유형이 어떤 것이냐고 물어본 결과, 특히 남자청소년들의 경우 중배엽형을 선호하는 것으로 나타났다(Lerner, Jovanovic, & Lerner, 1989).

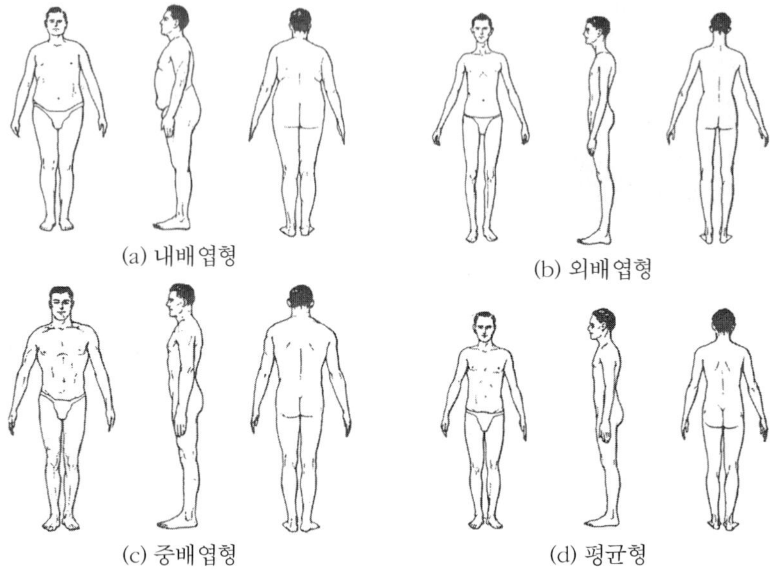

[그림 10-2] 셸던의 신체유형

❖ 할로우(Harry Frederick Harlow, 1905~1981): 미국 오하이오 주 페어필드에서 출생하였다.

1927년에 스탠퍼드대학교를 졸업하였고, 동 대학원에서 1927년 철학박사학위를 취득하였다. 1930년부터 1974년까지 위스콘신 대학교로 가서 교수직을 수행하였다. 1958년에는 미국심리학회장을 역임하였다. 할로우는 주로 원숭이를 사용해서 연구하였고, 이를 통해 학습의 점증적 견해와 실무율적 견해가 모두 수용될 수 있다는 사실을 보여 주고자 하였다. 동물들은 학습하는 방법의 학습(learning how to learn)을 하는데, 초기의 학습 시행에서는 점증적으로, 그리고 후기의 학습은 실무율적인 것과 흡사하기 때문에 학습에 대한 점증적, 그리고 실무율적 입장 모두를 수용할 수 있다는 것이다. 또한 1959년에는 『사이언스(*Science*)』지에 논문을 투고하여 유아 원숭이들의 애착행동 연구를 발표하였다. 철사로 만든 어미 원숭이와 부드러운 천으로 싸여 있는 어미 원숭이를 우리 속에 나란히 넣고 우유병을 각기 매달아 놓은 다음 출생한 지 얼마 안 되는 원숭이들의 행동을 관찰하였다. 그러자 원숭이들은 철사 어미에게서 젖을 먹든 부드러운 천으로 싸여 있는 어미에게서 젖을 먹든 하루 시간의 대부분을 천으로 싸여 있는 어미와 함께 보냈으며, 공포자극이 우리 속에 나타나면 모든 원숭이들이 부드

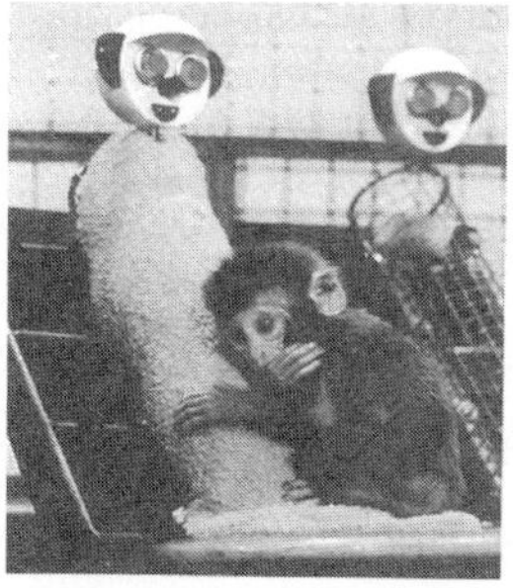

우유병이 철사 어미에게만 부착된 경우에도 원숭이 새끼는 헝겊 어미와 애착형성을 이룬다. 할로우는 어머니와의 부드러운 접촉이 정상적인 사회성발달의 핵심임을 보여 주었다.

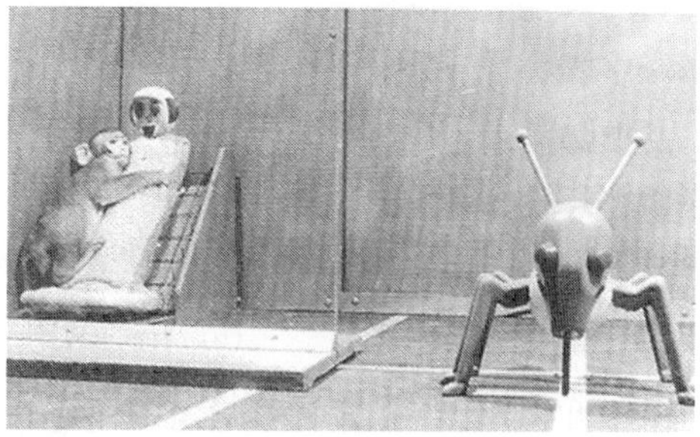

두려운 물체가 나타나자 새끼 원숭이는 헝겊 어미에게 매달려 있다.

러운 천으로 싸여 있는 어미 원숭이에게 매달리는 행동이 지속적으로 관찰되었다. 이에 할로우는 어머니에 대한 유아들의 애착행동은 어머니가 유아에게 젖을 먹여 주기 때문에 형성되는 것이 아니라 어머니와의 부드러운 접촉 때문이라고 주장하였다. 즉, 애착형성은 배고픔의 해소가 아니라 부드러운 접촉에 있다고 하면서, "인간은 젖만으로는 살 수 없다."라는 점을 시사해 준다고 하였다.

❖ 손다이크(Edward Lee Thorndike, 1874~1949): 12장의 파블로프의 '참고인물'을 참조할 것.

❖ 프롬(Erich Princhas Fromm, 1900~1980): 6장의 프로이트의 '참고인물'을 참조할 것.

❖ 코프카(Kurt Koffka, 1886~1941): 11장의 레빈의 '참고인물'을 참조할 것.

❖ 베르트하이머(Max Wertheimer, 1880~1943): 11장의 레빈의 '참고인물'을 참조할 것.

❖ 설리번 (Harry Stack Sullivan, 1892~1949): 7장의 설리번을 참조할 것.

❖ 베네딕트(Ruth Benedict, 1887~1948): 9장의 베네딕트를 참조할 것.

❖ 미드(Margaret Mead, 1901~1979): 9장의 미드를 참조할 것.

❖ 아들러(Alfred Adler, 1870 ~1937): 6장의 프로이트의 '참고인물'을 참조할 것.

❖ 킨제이(Alfred Kinsey, 1894~1956): 뉴저지 주 호보컨에서 출생하였고, 1919년 메인 주의 보도인대학(Bowdoin College)에서 학사학위를, 1919년 하버드대학교에서 이학박사학위

를 취득하였다. 1929년 동 대학의 동물학 및 식물학 교수로 재임하다가 같은 해에 인디애나대학교의 동물학 교수로 임용되었다. 1942년 동 대학 및 부설연구소장이 되었다. 록펠러재단과 국립연구평의회의 후원으로 인간의 성적 행위를 연구하였다. 1만 1,240명(남성 5,300명, 여성 5,940명)과의 개인적 면담법을 바탕으로 한 자료 『인간에 있어서 남성의 성행위(*Sexual Behavior in the Human Male*)』(1948/1998 재인쇄)와 『인간에 있어서 여성의 성행위(*Sexual Behavior in the Human Female*)』(1953/1998 재인쇄)에서 미국사회의 성행위에 대한 다양한 형태를 '킨제이 보고서(Kinsey Reports)' 로 제시하였다. 그러나 킨제이의 연구는 비교적 분명한 통계적 기준이 적용되었으나 불규칙적인 표본 추출과 보편적인 신뢰도 문제 때문에 비판을 받았다. 주요 저서로는 『생물학의 새로운 소개(*New Introduction to Biology*)』(1933/1938 재개정) 등이 있다.

❖ 로크(John Locke, 1632~1704) : 4장의 로크를 참조할 것.

❖ 분트(Wilhelm Wundt, 1832~1920) : 5장의 홀의 '참고 인물' 을 참조할 것.

제 11 장

청소년기의 맥락적 또는 생태학적 관점

ㅁ **레빈**(Kurt Lewin, 1890～1947)

- 청소년기란 아동도 아니고 성인도 아닌 중간적 위치에 처해 있는 주변인이다.

ㅁ **브론펜브레너**(Urie Bronfenbrenner, 1917～)

- 발달이란 진공 상태에서 일어나는 것이 아니며, 항상 개인과 환경 간의 상호작용 관계를 통해서 형성되는 것이다.

ㅁ **엘더**(Glen H. Elder, Jr., 1934～)

- 부모의 태도가 민주적이고 평등적일수록 청소년들은 자신의 부모를 더욱 공평한 사람으로 지각하고 원활한 의사소통을 통하여 부모에 대한 동일시과정이 보다 잘 이루어진다.

ㅁ **러너**(Richard M. Lerner, 1946～)

- 인간발달은 변화하는 맥락과 그 상호작용적 관계의 함수로만 이해될 수 있고, 유기체와 맥락은 언제나 서로에게 묻혀져 있다.

1. 레빈

"청소년기란 아동도 아니고 성인도 아닌 중간적 위치에 처해 있는 주변인이다."

레빈(Kurt Lewin, 1890~1947)은 독일 프로이센 지방 포센에서 중산층 유태인의 4형제 중 둘째로 출생하였다. 의학을 공부할 목적으로 프라이부르크대학교(University of Freiburg)에 들어갔으나 포기하고, 1910년 베를린대학교에서 심리학공부를 시작하였다. 1916년 베를린대학교에서 철학박사학위를 받은 후 독일군에서 보병으로 4년간 복무하였다. 군에 사병으로 입대하여 장교로 제대하였으며, 한 번 부상을 당했고 독일정부가 수여하는 철십자훈장을 받았다. 1917년 부상에서 회복하기 위한 휴가 도중 자신이 경험한 것을 돌아보면서 『전쟁의 풍경(*The War Landscape*)』라는 논문을 썼는데, 이 논문은 이후 그의 이론에서 등장하는 개념들의 씨앗을 포함하고 있었다. 군복무가 끝난 후 베를린으로 돌아와서 1926년부터 베를린대학교의 객원교수를 역임하였다. 그 당시 베르트하이머, 코프카, 그리고 쾰러와 같은 형태주의심리학파의 거장들이 함께 활동하고 있었다.

레빈이 국제적으로 심리학자라는 아주 강한 인상을 심어 주게 된 것은 1929년 예일대학교에서 열린 국제회의 때 자신의 B=f(P · E)의 공식을 미국 청중들에게 소개하면서부터였다. 히틀러가 집권하게 되었을 때 레빈은 미국의 스탠퍼드대학교에 교환교수로 있었고, 1933년에는 가족을 미국으로 데려와서 1935년까지 코넬대학교의 가정관리학부에서 일하였다. 레빈이 1933년 뉴욕 주에 도착하였을 때, 미국은 최악의 경제위기였던 경제 대공황에 빠져 있었다. 코넬대학교에서 레빈이 자리를 잡는 것이 가능했던 것은 강제로 출국당하여 갈 곳을 잃은 유럽의 학자들을 돕기 위한 한 위원회에서 나온 제한된 기금 덕분이었는데, 레빈은 심리학과에 있었던 것이 아니라 가정관리학부에 있었으며 교수로 임용된 것도 아니었다. 공황으로 인해 대학교육을 시킬 돈이 있는 가정의 수가 극히 줄어들었고 입학생이 줄자 새로운 교수를 임용할 여유가 있는 대학들이 별로 없었기 때문이었다. 그 결과 학계에서 자리를 잡기란 사실상 매우 어려운 일이었다. 레빈은 코넬대학교에서 2년을 매우 바쁘게 지냈다. 베를린대학교와 크게 다른 환경에 적응하고, 또 취약했던 영어실력을 연마하는 것과 함께 사회적 압력이 아이들의 식습관에 미치는 영향에 대한 연구 프로젝트를 헌신적으로 진행하였다. 그리고 『성격의 역동적 이론(*A Dynamic Theory of Personality*)』(1935) 및 『형태심리학의 원리(*Principle of Topological Psychology*)』(1936)를 출간하였다. 그 후 아이오와대학교의 아동복지연구국

(Child Welfare Research Station)으로 옮겨 가서 아동연구에 박차를 가하였고, 레빈의 가장 유명한 연구 중에 하나가 된 『좌절과 퇴행: 어린 아동들을 대상으로 한 실험(*Frustration and Regression: An Experiment with Young Children*)』(1941)을 발표하게 되었다. 그 외에도 편견, 집단 영향력, 리더십 같은 주제를 자신의 연구에 반영하기 위한 노력을 하였으며, 특히 레빈의 리더십연구는 아직까지도 학계에서 자주 인용되고 있다. 그리고 1944년 말에는 매사추세츠공과대학(MIT)에 집단역학연구소를 설립하였고, 1945년에는 MIT의 집단역학연구소장 및 교수로서 초빙되어 집단역학 연구에 몰두하였다.

레빈은 자신의 생애 마지막 2년 동안 두 개의 프로젝트를 진행하였다. 즉, MIT의 집단역학연구소 활동과 미국유태인의회(American Jewish Cingress)의 초청에 응하여 활동연구를 주도할 제2의 기관인 공동체 상호관계위원회(Commission on Community Interrelations: CCI)를 뉴욕 시내에 만들어 차별과 편견에 관한 연구를 후원하였다. 그러다 1947년 심장마비 때문에 56세의 일기로 사망하였다. 연구논문으로는 『청소년에 대한 장이론적 접근(*The Field Theory Approach to Adolescence*)』(1939) 등이 있고, 주요 저서로는 『사회적 갈등의 해결(*Resolving Social Conflicts*)』(1948) 및 『사회과학의 장이론(*Field Theory in Social Science*)』(1951) 등이 있다.

▸▸ 역학적 장이론

레빈은 인간행동의 동기에 관심이 있었으며, 장(field)의 개념을 도입하여 인간의 행동을 설명하고자 하였다. 인간이 환경 속에 존재한다는 것은 전체적인 상황이며, 행동은 그 생활 속에서 발생하기 때문에 그 상황 중에 있는 인간과 환경의 상호작용의 함수로 결정된다고 보았다. 이를 장이론(field theory)이라고 한다. 장이론은 원래 형태주의심리학자인 쾰러가 정신생리학적인 장, 즉 뇌와 척수의 장을 상정함으로써 심리학에 처음 도입하였는데, 레빈이 이를 확대 적용한 것이다. 역학적 장이론의 구성개념은 B＝f(P · E)로 나타낸다. B는 인간행동(behavior), P는 지능 및 성격과 같은 개인적 특성(person), E는 물리적 환경을 포함한 사회적 환경(social enviornment), 그리고 f는 함수(function)를 뜻한다.

▸▸ 생활공간

레빈은 개인의 행동을 어느 순간 규정하는 상황 전체를 생활공간(life space) 또는 심리적 공간(psychological space)이라고 보았다. 즉 환경적 요인에 해당하는 물리적-환경적-사회적 요인들과 개인의 생물학적 특성 및 욕구, 동기, 기대 등을 포함하는 심리적 요인들이 생활공간을 구성하며 이것이 행동을 결정하는 역할을 한다는 것이다. 그러므로 어느 순간에서의 인간행동은 그때 경험한 심리적 사실의 총수에 따라 결정되는데, 여기서 심리적 사실이란 행동에 영향을 미치는 모든 것, 예를 들어 배가 고픈 것, 과거에 대한 기억, 어떤 물리적 위치에 있는 것, 어떤 다른 사람이 나타나는 것, 일정량의 돈을 가지고 있는 것 등이 모두 포함되어 있다는 것이다. 바로 이러한 모든 심리적 사실이 인간의 생활공간을 이룬다고 보았다. 따라서 레빈은 인간의 행동은 과거나 미래보다는 지금 자신이 처한 심리적 사실들의 현재성이 중요하고, 사람이란 계속적으로 변화하는 역동적인 장 속에 있고 역동적 힘의 결과 때문에 심리적인 현실들은 항상 변화한다고 주장하였다.

청소년과 관련된 이론 및 주장

▸▸ 주변인

'주변인(marginal man)으로서의 청소년' 은 독일의 심리학자 레빈이 처음 사용한 표현이다. 이는 [그림 11-1]에서처럼 아동집단에서 완전히 벗어나지도 않고 성인집단에도 소속해 있지 않은 청소년기를 뜻한다. 즉, 아동과 성인 모두는 자신들이 어떻게 집단에 조화되는가에 대한 분명한 개념을 갖고 있는 반면, 청소년은 어느 한쪽 집단에 완전히 소속되지 않고 부분적으로는 아동집단에, 부분적으로는 성인집단에 소속되어 있기 때문에 경계인이 될 수밖에 없다는 것이다. 즉, 그들은 독립적인 책임자가 아닌 주변적 속성을 띠게 되는 중간적 위치에 처해 있는 것이다. 청소년들은 정서적 불안정, 강한 자기 의식, 그리고 열등감 등의 특성을 갖고 있으나 자유롭게 탐색하고 학습할 수 있는 특권도 함께 가지고 있다. 레빈은 이러한 청소년들이 나타내는 행동적 특징들을 다음과 같이 정리하였다.

- 청소년들은 생활양식, 행동기준, 가치관 등이 서로 다른 두 개 이상의 문화집단에 속해 있으면서도 그 어느 집단에도 결정적으로 소속해 있지 않은 집단이다.
- 청소년들은 때로는 아동처럼, 때로는 성인처럼 대우를 받게 되기 때문에 그들의 모호한 양가감정은 증가될 수밖에 없다.

- 역할의 불확실성으로 인해 갈등과 불만이 내재하여 방황하게 된다.
- 청소년들은 수줍음과 민감성을 나타내나 상황의 모호함과 시기적인 불평형성 때문에 때로는 공격적일 수 있다.
- 가치, 태도 및 이념에서의 갈등은 증가된 정서적 긴장을 초래한다.
- 행동을 변화시키려는 청소년들의 경향성은 때로 급진적이고 반항적인 태도와 행동을 취하게 된다.
- 주변인으로서 청소년들은 아동집단에서 성인집단으로 이동하고 있기 때문에 어느 집단에도 소속되지 못하며 두 집단의 태도, 가치, 이념, 그리고 생활양식들 사이에서 계속적인 갈등을 경험한다. 그들은 동년배집단을 제외하고 어디에도 소속될 수 없다.
- 주변인은 중심부에서 활동할 직접적인 책임이 없기 때문에 자유롭게 사색하고 학습할 수 있는 특권이 주어져 있다.
- 청소년들의 행동은 생활공간의 확장과 분화 정도에 의해, 아동집단과 성인집단과의 관계에 의해, 그리고 신체변화에 기인된 생활공간에서의 변화에 의해 관찰될 수 있다.

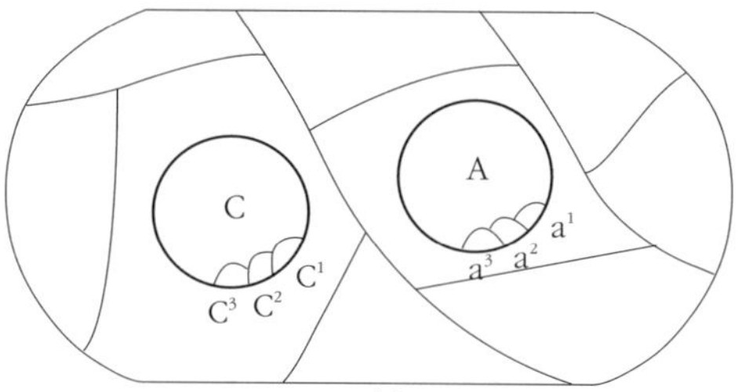

(a)

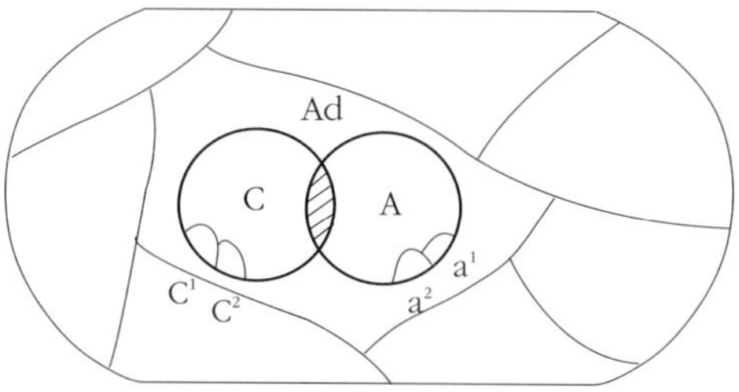

(b)

[그림 11-1] 주변인으로서의 청소년

(a) 아동기와 성인기 동안 '성인'(A)과 '아동'(C)은 상대적으로 분리된 집단으로 보인다. 각각의 집단에 자신들이 소속됨을 분명하게 알고 있는 아동 개개인(C^1, C^2)과 성인 개개인(a^1, a^2)

(b) 아동집단(C)과 성인집단(A)의 두 영역 모두에 속하는 겹쳐진 영역이지만, 두 집단 어느 한 곳에도 속하지 않고 두 집단 사이에 서 있는 것으로 보일 수 있는 집단(Ad)에 소속된 청소년

출처: Lewin, K. (1939). The Field Theory Approach to Adolescence. *American Journal of Sociology, 44*, 868-897.

▶▶ 갈등

사람을 둘러싸고 있는 생활공간 속에는 바람직하거나 바람직하지 않는 것들이 존재하는데, 이것들은 정적 또는 부적 유인가를 가지고 있다. 이때 사람들은 선택에 대한 갈등을 느끼게 된다. 레빈은 이를 세 가지 갈등으로 구분하였는데, 첫째는 접근-접근 갈등(approach-approach conflict)이다. 이는 두 가지의 바람직한 목표 중 어느 것을 선택할 것인가에 대한 갈등이다. 예컨대, 어떤 여성이 전공을 살려 취직도 하고 싶고 결혼도 하고 싶은 경우가 이에 속한다. 둘째는 회피-회피 갈등(avoidance-avoidance conflict)이다. 이는 이것도 저것도 피할 수 없는 경우의 갈등이다. 예를 들면, 공부도 하기 싫고 낙제점도 받기 싫은 경우이다. 셋째는 접근-회피 갈등(approach-avoidance conflict)으로 같은 목표에 대하여 이끌리기도 하고 혐오감을 가지기도 하는 경우이다. 예를 들면, 청소년이 이성에 매력을 느끼면서도 성을 죄악시하는 경우, 또는 결혼을 하자니 외모가 못생겼고 안 하자니 내조를 잘할 것 같아 아까운 경우가 이에 속한다. 그리고 다중 접근-회피 갈등(multiful-approach-avoidance conflict)도 있다. 이는 동시에 두 가지 목표가 있으며 각기 접근하고 싶은 유인가와 회피하고 싶은 유인가가 작용하는 경우이다. 예컨대, 피아노 연습을 하면 어머니는 좋아하나 아버지가 싫어하고, 야구 연습을 하면 아버지는 좋아하나 어머니가 싫어하는 경우를 들 수 있다.

▶▶ 자이가르닉 효과

완성된 과제보다 미완성된 과제에 대한 기억이 더 좋은 현상을 자이가르닉 효과(Zeigarnik effect)라고 한다. 레빈과 그의 제자들은 상당히 많은 연구를 수행하였는데, 이러한 예 중의 하나가 레빈의 처음 제자들 중의 한 명이었던 러시아의 여성심리학자 자이가르닉(Bluma Vulfowma Zeigarnik, 1900~1988)에 의해 수행된 것이다(Zeigarnik, 1967). 베를린대학교에 있을 때 레빈은 주변의 활동적인 대학원생들을 모아서 팀을 만들었고, 이 그룹은 연구소 맞은편에 있는 카페에서 한 번에 몇 시간씩 모이곤 하였다. 팀이 모이면 각 학생들은 커피와 케이크 등을 주문하였고, 웨이터는 각 학생들이 주문한 것을 적지 않고도 기억할 수 있는 것처럼 보였다. 그러나 계산이 다 끝나고 나서 얼마 지나지 않아 그 웨이터는 주문 내용에 대한 기억을 전혀 하지 못하였다. 계산을 다 끝냈다는 것은 볼일을 다 봤다는 것을 의미하는 것이고, 그렇기 때문에 이후의 일들을 기억할 필요가 없어진 것이다. 자이가르닉은 이런 현상을 실험실로 가져와서 교사, 학생, 아이들 164명을 대상으로 이를 검증하고자 하였다. 그 결과 문제를 다 풀었던 사람들은 중도에 풀지 못했던 사람들에 비해 문제에 대한 회상률이 현저하게 더 낮았고, 이러한 효과는 24시간이 지난 후에도 비슷하였다. 이처럼 완성된 과제에 비해 미완성된 과제에 대한 기억이 더 오랫동안 지속되는 현상을 입증하였다. 이를 연구자의 이름을 따서 자이가르닉 효과라고 한다. 자이가르닉 효과는 청소년들의 여러 가지 심리적 현상을 설명하는 데 도움이 된다. 예를 들면, 사랑에 실패한 청소년이 실연에 대한 아픔을 오랫동안 기억하는 것이나, 놓친 물고기가 더 커 보이는 것처럼 느껴지거나, 해피앤딩보다 비극적인 이야기가 더 감동적으로 느껴지거나, 풀었던 시험문제보다 못 풀었던 시험문제가 보다 오랫동안 머릿속에 기억되는 현상 등이다.

▸▸ 리더십

레빈은 제2차세계대전이 끝나 갈 무렵 망명지인 미국에서 민주적 리더십과 권위주의적 리더십의 차이를 연구하였다. 그 결과 권위주의적 유형에서는 모든 의사결정이 지도자 중심으로 이루어지고 매우 지시적이고 통제적이었다. 권위주의적 지도자는 어떤 상황에 대해 설명을 짧게 하고 집단으로부터 초연한 듯이 행동한다. 이에 비해 민주적 유형에서는 구성원들이 지도자와 함께 어떤 문제에 대해 토의하도록 함으로써 의사결정 과정에 참여하도록 한다. 두 집단 간의 차이를 살펴보면, 우선 두 집단의 정서적 분위기가 다르다. 민주적 유형의 집단은 친절하고 이완되어 있으며 더 자주 우리라는 단어를 사용한다. 이에 비해 권위적 유형의 집단은 긴장되어 있고 지도자와 구성원 간의 적대감과 공격성이 더 많이 표현된다. 또한 자율성에 차이가 있다. 권위주의적 유형의 집단은 지도자가 잠시 자리를 비우면 자기들에게 부여된 과제 수행을 중단하는 경향이 있으나, 민주적 유형의 집단은 과제 수행을 계속하는 경향이 있다. 마지막으로 집단활동의 만족도가 다르다. 민주적 유형의 집단 구성원들은 권위주위적 유형의 집단 구성원들보다 서로 더 잘 알고 지내며, 자기 집단의 지도자를 닮아 가려는 동일시 경향이 높고, 집단활동을 하면서 더 많은 만족을 느끼고 있다는 것이다.

▸▸ 비판점

레빈의 이론은 발달의 연속성과 변화 양상의 특성에 시간적 개념을 포함시키지 않았다는 비판을 받고 있다. 즉, 물리적 환경의 변화에 미치는 시간의 영향과 사회적 · 환경적 변화에 미치는 시간의 영향을 고려하지 않았다는 것이다. 또한 레빈은 모든 심리적 사건들, 심지어 단 한 번만 발생하는 사건들조차도 그것들의 합법성을 가정하였으나, 확률 생성과 관련된 일반화의 문제도 비판받고 있다. 한편, 레빈은 사회심리학, 집단역학, 산업심리학 등에 많은 영향을 미쳤고, 특히 행동주의심리학에서 볼 수 있는 학습자의 요구, 기대, 능력 등에 알맞은 개인차에 따른 교육을 실시하며 학습 주체를 존중하는 현대 학습지도에 커다란 공헌을 하였다. 그러나 위상심리학, 벡터심리학과 같은 수학적 심리학에서는 비판을 받고 있다. 즉, 레빈의 심리학의 수학적 애매성이 지적되고 있고, 또 그의 주장들이 이전 연구에 비해 별로 새로운 것이 없다는 것이다.

참고사항

❖ 형태주의심리학

형태주의심리학(게슈탈트심리학)은 구성주의심리학의 요소론적 심리학에 반대하면서 의미 있는 전체를 강조하는 심리학이다. 이 학파는 프랑크푸르트대학교의 베르트하이머의 논문을 계기로 시작되었고, 쾰러 및 코프카와 같은 학자들이 가세함으로써 독일을 중심으로 이루어지게 되었다. 형태주의심리학자들은 인간의 의식이란 요소의 가산적 종합이 아니라 통합된 전체로서 작용하는 것이기 때문에 요소로 분석하는 것을 무의미하다고 생각하였다. 즉, "전체는 부분의 합 이상의 것이다." "자르는 것은 왜곡하는 것이다."라고 하면서 부분보다는 전체를 강조하였다. 따라서 그들은 인간심리를 행동으로 분석하는 것에 대해 반대하였고, 인간의 심리 현상이나 행동은 주어진 장의 전체 역동에서 구성되는 것이기 때문에 요소들 간의 관계로 환원하면 안 된다고 주장하면서 인간의식의 역동적 과정을 밝히려고 노력하였다. 형태주의심리학은 1912년 이후 등장해서 1930년대에 미국으로 전파되었고, 미국 기능주의심리학과 융화되면서 학파로서의 존재 의의는 퇴색하기 시작하였다.

참고인물

❖ 베르트하이머(Max Wertheimer, 1880~1943): 프라하 출생으로 프라하대학교(University of Prague)에서 법률을 공부한 후에 심리학에 흥미를 느껴 베를린대학교에서 공부하고, 1904년 뷔르츠부르크대학교(University of Würzburg)에서 철학박사학위를 취득하였다. 1929년 프랑크푸르트대학교의 교수가 되었으나, 나치의 박해를 피해 1934년 미국으로 건너가 뉴욕의 신사회연구소(New School of Social Research)의 교수로 있다가 일생을 마감하였다. 베르트하이머는 1912년 『운동지각에 관한 실험적 연구(*Experimental Studies in the Perception of Movement*)』라는 학술세미나 논문에서 소위 가현운동(apparent movement)을 통해 운동지각이 종래의 요소적 입장으로는 설명될 수 없다고 주장하였는데, 이것이 형태주의심리학의 출발점으로 기록되고 있다. 또 베르트하이머를 게슈탈트심리학의 창시자로 호칭하고 있다.

가현운동이란 적절히 떨어진 두 지점에서 고정된 불빛이 적당한 시간 간격으로 한 번씩 번쩍일 때 운동이 지각되는 현상이다. 즉, 밤거리에서 화려하게 움직이는 네온사인의 율동처럼 물체가 연속적으로 이동하지 않더라도 공간적 이동과 시간적 경과만 충족되면 운동지각이 일어나는 현상을 가현운동이라고 한다. 베르트하이머는 이러한 가현운동을 파이현상(phi phenomena)이라고 하였다. 만년에 이르러 베르트하이머는 형태주의심리학의 원리를 교육에 적용하는 것에 큰 관심을 가지고 있었다. 『생산적 사고(*Productive Thinking*)』(1945)는 베르트하이머가 죽은 지 2년 후에 출판된 것인데, 여기서 그는 이해를 기초로 한 학습은 단순 암기를 포함하고 있는 학습보다 더 깊고 더 많은 일반화가 가능하다고 주장하였다. 따라서 진정으로 학습하기 위해서 학생은 문제의 성질 또는 구조를 알아야 하며 이를 스스로 해내야 한다고 하였다. 교사가 이러한 통찰에 이르도록 학생을 인도할 수 있음도 사실이지만, 궁극적으로 그러한 통찰은 학생들 자신 내에서 일어나야 한다고 보았다.

❖ 코프카(Kurt Koffka, 1886~1941): 독일 베를린에서 출생하였고, 1903년 베를린대학교에 입학하였다. 처음에는 철학과 과학에 흥미를 느껴 1904년 영국의 에든버러대학교로 옮겨가서 1년 동안 계속 철학을 공부하였으나 추상적인 철학에 만족하지 못하고 철학공부를

포기하였다. 1905년 베를린대학교로 다시 돌아와서 심리학을 공부하기 시작하였고, 1909년 베를린대학교에서 철학박사학위를 취득하였다. 1909년에는 프랑크푸르트대학교의 심리학연구실 조교를 하면서 1910년 그곳에서 베르트하이머와 쾰러를 만나 함께 형태주의심리학을 창시하는 인연을 맺게 되었다. 따라서 코프카와 쾰러를 게슈탈트심리학의 공동 창시자로 보고 있다. 1911~1927년까지 기센대학교(University of Giessen)의 교수로 있으면서, 1924~1925년까지는 코넬대학교의 객원교수를 하였다. 1927년 나치 정부하에서 연구를 계속 수행하기가 어려워지자 1927~1932년까지 매사추세츠 주 스미스대학교의 연구교수, 그리고 1941년 사망할 때까지 교수로 재직하였다.

코프카는 형태주의심리학을 처음으로 미국에 소개한 사람으로 기록되고 있다. 1922년 독일에서 형태주의심리학을 미국에 소개하는 논문을 썼으며, 베르트하이머와 쾰러보다 10년 빨리 나치의 박해를 피해 1924년 미국으로 망명 와서 1927년 스미스대학교의 연구교수가 되었다. 코프카는 자신의 최초 저서 『지각법칙에 관한 분석: 실험적 연구(*An Analysis of Perceptions and their Laws: An Experimental Investigations*)』(1912)와 『형태심리학의 원리(*Principles of Gestalt Psychology*)』(1935)를 통해 형태지각의 장에서 나타나는 형태의 법칙들을 제안하였다. 형태의 법칙은 유사한 것끼리 묶여 지각되는 유사성의 원리, 가까운 것끼리 묶여 지각되는 근접성의 원리, 미완의 것이 완결되어 지각되는 완결성의 원리, 좋게 연속된 것으로 묶여 지각되는 좋은 연속성의 원리 등을 포함하고 있다. 코프카는 형태의 법칙 외에도 지각의 전경(figure)과 배경(ground)의 원리를 제안하였다. 전경은 배경을 바탕으로 형태를 갖추고 지각의 전면에 나와 있는 것을 말하며, 윤곽으로 둘러싸여 있다. 전경이 주의의 초점을 받고 있는 것에 비해 배경은 주의의 초점을 받고 있지 않다. 그러나 전경과 배경은 순간적으로 바뀔 수 있는데, 그런 원리를 '전경과 배경의 가역성'이라고 한다. 또한 코프카는 기억흔적(memory trace)이라는 개념을 도입하여 과거와 현재의 경험을 연결시키려는 시도를 보여 주었다.

❖ 쾰러(Wolgang Köhler, 1887~1967): 독일에서 태어났으며 1909년 베를린대학교에서 철학박사학위를 취득하였다. 1910년 프랑크푸르트대학교의 강사가 되면서 베르트하이머,

코프카와 함께 공동연구를 수행하기도 하였다. 1913년에는 남대서양의 카나리아제도에 있는 유인원연구소장으로 근무하던 중 제1차세계대전이 일어나자 1920년까지 귀환하지 못하고 유인원 연구를 계속 수행하였다. 그리고 『유인원의 지능연구(*The Mentality Apes*)』(1917)를 통해 유인원이 장애에 봉착했을 경우 어떻게 해결하는지를 보여 주었다. 문제해결이란 목적물 또는 상황과 도구의 관계성을 발견하는 것이며, 관계를 잘 발견할 수 있는 정도를 지능으로 보았다. 실험에서 원숭이가 상황과 도구 관계를 발견해 내는 과정은 시행착오를 통해서가 아니라 급작스럽게 이루어지게 되었는데, 쾰러는 이를 통찰학습(insight learning)이라고 명명하였다. 따라서 사고는 단편적인 조각들이 모여서 이루어지는 것이 아니라 형태적 지각을 수반한 통찰에 의해 일어나는 것이라고 하였다. 쾰러는 1922~1935년까지 베를린대학교의 심리학과 교수 및 심리학연구소장으로 재직하였다. 그러나 1935년 히틀러에 대한 충성맹세의 강요를 거부한 뒤에 크게 애착을 가졌던 베를린대학교의 심리학연구소장 및 교수직을 사퇴하고 1936~1958년까지 미국 펜실베이니아 주의 동쪽에 있는 스와스모어대학(Swarthmore College)의 교수로 재직하였고, 1958년 은퇴할 때까지 여기서 머물게 되었다. 그리고 9년 뒤 사망하였다. 쾰러는 또한 전체는 각 부분에서, 각 부분은 다른 부분에 의해서 서로 영향을 주고받는 역학적 상관관계를 갖는다는 입장을 보여 주었다. 이러한 역학적 상호관계가 이루어지는 영역을 장이라고 하는데, 이러한 장의 개념은 레빈에 의해 사회적 장의 개념으로 확대되어 집단역학, 사회심리학에 중요한 영향을 미치게 되었다. 쾰러의 주요 저서로 『형태심리학(*Gestalt Psychology*)』(1929), 『형태심리학의 과제(*The Task of Gestalt Psychology*)』(1969) 등이 있다. 그는 형태의 관계성, 지각의 상대성, 역학적 장의 개념을 통해 형태주의심리학의 발전에 크게 공헌하였다.

❖ 자이가르닉(Bluma Vulfowna Zeigarnik, 1900~1988): 러시아의 여성심리학자였던 자이가르닉은 1900년 11월 9일 러시아의 프레나이라는 작은 마을에서 출생하여 1988년 2월 24일 러시아의 모스크바에서 사망하였다. 학문적 연구관심은 인간의 정신병리, 임상심리 및 성격심리에 있었다. 1927년 베를린대학교를 졸업하였는데, 이 당시 독일에서는 실험심리학이 절정을 이루고 있었다. 베르트하이머 및 쾰러로부터 강의를 들었으며, 레빈의 지도하에 미완성된 행위에 대한 기억의 실험적 연구를 수행하였다. 이것이 지금 잘 알

려진 자이가르닉 효과이다. 한편, 1931년에는 러시아의 실험의학전체연합연구소(All-Union Institute of Experimental Medicine: AUIEM)에서 환자들의 정신활동에 대한 병리 현상을 공부하면서 비고츠키의 영향을 크게 받았다. 제2차세계대전 동안에는 임상병원에서 대뇌손상을 치료하던 루리아(Aleksandr Romanovich Luria, 1902~1977)와 함께 근무하면서 정신분열증, 간질, 알코올중독 환자 등의 성격 및 사고의 정신병리를 밝히는 데 힘을 쏟았다. 1959년부터 1988년 죽을 때까지 모스크바주립대학교의 심리학과 교수로 재직하였다. 주요 저서로는 『사고의 병리(*The Pathology of Thought*)』(1965), 『성격과 행동병리(*Personality and Pathology of Activity*)』(1971), 『실험 이상심리학(*Experimental Abnormal Psychology*)』(1972), 『외국 심리학의 성격이론(*Theory of Personality in Foreign Psychology*)』(1982) 등이 있고, 120편이 넘는 연구논문들을 발표한 바 있다.

2. 브론펜브레너

"발달이란 진공 상태에서 일어나는 것이 아니며, 항상 개인과 환경 간의 상호작용 관계를 통해서 형성되는 것이다."

브론펜브레너(Urie Bronfenbrenner, 1917~)는 1917년 러시아 모스크바에서 출생하였고, 6세에 미국으로 이주하였다. 뉴욕 하버스트로우에서 고등학교를 졸업한 후 1938년 심리학과 음악을 복수전공하여 코넬대학교에서 학사학위를 취득하였다. 1942년 발달심리학으로 학사학위를 받았고, 하버드대학교를 거쳐 미시간대학교에서 박사학위를 취득하였다. 학위를 받은 날 군대에 징집되었다. 제2차세계대전 동안에는 공군과 전략적 지원 업무, 그리고 후에 장교훈련을 수행하였고, 미국 군대 의학부대에서 심리학자로서 복무하였다. 제대한 후 2년 동안 미시간대학교에서 조교로 근무하였고, 1948년에는 현재 재직하고 있는 코넬대학교로 자리를 옮기게 되었다. 현재 미국 코넬대학교에서 심리학 인간발달과 가족연구의 교수로 재직 중이다. 브론펜브레너는 6개의 명예박사학위를 취득하였으며, 그중 3개는 유럽 대학에서 받은 것이다. 브론펜브레너는 인간발달의 생태학이론이라는 새로운 관점을 전개하였다.

그는 『인간발달의 실험생태학의 시도(*Toward an Experimental Ecology of Human Developmental*)』(1977), 『인간발달의 생태학(*The Ecology of Human Development*)』(1979), 『생태학의 체계 이론(*Ecological Systems Theory*)』(1989), 『인지발달의 생태학: 연구모형과 한시적 결과(*The Ecology of Cognitive Development: Research Models and Fugitive Findings*)』(1993)라는 독창적인 연구업적을 통하여 발달심리학의 틀을 크게 변화시켰다. 특히, 청소년기 발달을 위한 구체적이고 중요한 시사점들을 제안하였고, 발달이론과 연구 간의 상호관계의 본질은 물론 연구설계의 본질에 대하여 흥미 있는 관점을 제시함으로써 발달연구 모형에 새로운 활력을 심어 주기도 하였다.

▸▸ 생태학적 이론

브론펜브레너의 이론은 레빈의 장이론에서 많은 영향을 받았다. 레빈은 인간과 환경 간의 상호작용을 전개하면서 행동은 인간과 환경의 함수관계라고 주장하였다. 즉, B=f(P · E)라는 것이다(B는 행동, P는 인간, E는 환경 f는 함수). 그런데 브론펜브레너는 행동변화를 성장과 발달의 함수기능으로 보았고, 행동(B) 대신 발달(D)을 대입시켜 D=f(P · E)를 제안하였다. 왜냐하면 행동은 정적인 개념으로 단지 현재 장의 힘만 상관될 뿐 시간 흐름을 나타내지 못하기 때문이라고 하였다. 그러나 발달(D)은 시간 흐름을 반영하고 있음은 물론 장시간에 걸쳐 일어나는 독특한 변화를 통합시킬 수 있다는 것이다. 따라서 브론펜브레너는 "발달이란 전생애에 걸쳐 일어나는 한 개인의 독특한 특성에 관한 일관성과 변화라는 현상"이라고 제안하면서 생태학적 이론(ecological theory)을 전개하였다(정옥분 외 공역, 1999).

▸▸ 시간적 개념

브론펜브레너는 레빈과는 달리 청소년발달의 시간적 개념을 중시하였다. 즉 사회적, 환경적 변화에 미치는 시간의 영향을 강조하였음은 물론 생태학적 모델을 통하여 성장하는 유기체와 변화하는 물리적 · 사회적 환경과의 특정한 시점에서의 상호작용을 규명하고자 하였다. 그리고 D=f(P · E)라는 공식을 수정하여 Dt=f(t-p)(P · E)(t-p)라는 공식을 제안하였다. 여기서 문자 t는 발달결과가 관찰된 시점을 의미하고, p는 인간과 환경이 결과에 영향을 미친 기간을 뜻한다. 이 공식을 문장으로 표현하면, '한 개인의 삶에서 특정 시점에서의 그 사람의 특성은 그 시점까지 나타난 그 사람의 특성과 환경특성 간의 함수관계다.' 라는 것이다. 이 모형에서 발달의 결과는 인간(P)과 환경(E) 양자의 기능이다. 그러므로 이 모형은 지적 능력, 학업성취 등의 P라는 개인특성과 부모의 감독, 가족구조, 사회경제적 계층 등의 환경맥락 변수를 파악함으로써 이루어질 수 있기 때문에 발달과정의 다양성은 인간과 환경특성의 상승적인 함수기능으로 개념화될 수 있다. 예를 들어, 출생 시의 저체중아라는 개인특성의 일반적 정보는 이 아동이 성장하면서 매우 심각한 발달위험에 노출될 수 있지만, 출생 시의 체중과 어머니 양육의 질 간의 상호작용, 가족의 건강 관행, 그리고 일반적인 가정관리 및 자녀양육 관리가 고려되어야 한다. 즉, 어머니 양육이 더 효과적일수록 어린 자녀, 특히 저체중아나 미숙아인 경우 발달이 좋아질 수 있기 때문에 개인특성(P)과 환경특성(E)의 함수기능이라는 것이다. 그리고 t라는 시간차원을 대입하면 인간의 생활사건과 시간경과의 결과로 초래되는 변화하는 환경적 상호작용의 본질을 파악할 수 있다. 예를 들어, 부모의 이혼이 청소년에게 미치는 부정적인 영향은 이혼 첫해에 가장 크게 나타나며, 이러한 효과는 딸보다는 아들에게 더욱 부정적이 될 것이다. 그러나 이러한 이혼의 부정적 효과는 일반적으로 이혼 후 2년 정도의 시간이 지나면 경감되어 어느 정도 안정을 찾게 된다. 또 다른 예로 오늘날의 소녀들은 과거 20~30년 전보다 더 많은 사회활동과 직업을 가지고 있기 때문에 청소년들은 직장생활을 하도록 장려되는 경향이 있다. 이와 같이 시간체계는 청소년들의 삶에 영향을 미치고 있다(임영식, 한상철, 2000).

청소년과 관련된 이론 및 주장

▸▸ 생태학적 모델

브론펜브레너는 맥락 속의 발달 혹은 인간발달의 생태학을 연구해야 한다고 주장하였기 때문에 그의 이론을 생태학적 모델 또는 생태학적 이론이라고 부른다. 생태학(ecology)은 생물학적 유기체와 그 유기체를 형성하는 사회물리적 환경 세팅 간에 존재하는 복잡하면서도 짜임새 있는 상호 의존적인 체계를 연구하는 것이다. 따라서 유기체와 외부 세계 간의 상호작용이라는 개념은 생태학이론의 기초를 이룬다. 유기체와 사회물리적 환경 사이의 사회적 상호작용은 일대일의 대응관계를 이루는 것은 아니며, 항상 그것이 발생하는 더 큰 생태학적 체계의 부분으로 존재하게 된다. 이렇게 보면 브론펜브레너의 인간 발달의 생태학은 '능동적으로 성장하는 개체와 그가 살고 있는 변화하는 속성을 지닌 인접 환경 간에 전생애에 걸쳐 일어나는 점진적인 상호 조절에 관한 과학적인 연구' 로 정의될 수 있다.

▸▸ 환경 수준

발달은 한 개인이 성숙하고 지각하고 인접 환경과 상호작용하는 방식으로 장시간에 걸쳐 지속되는 변화로부터 파생된다. 환경은 개인의 행동에 영향을 주고, 개인의 행동은 환경에 영향을 주는 개인-환경 상호작용 관계가 형성된다. 그러므로 발달이란 진공 상태에서 일어나는 것이 아니라 항상 개인과 환경 맥락 간의 상호작용 관계를 통해서 형성된다. 한 개인을 둘러싸고 있는 생태학적 환경 수준은 [그림 11-2]와 같이 미시체계(microsystem), 중간체계(mesosystem), 외체계(exosystem), 그리고 거시체계(macrosysterm)의 네 가지이다.

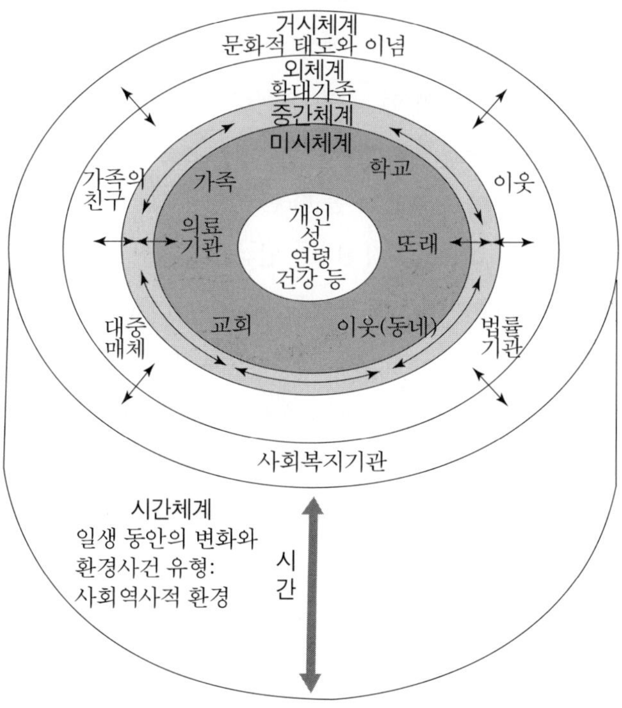

[그림 11-2] 브론펜브레너의 생태학적 체계

출처: Santrock, J. W. (1998). *Adolescence*. New York: McGraw-Hill.

- 미시체계: 미시체계는 개인이 생활하고 있는 장면이다. 그러므로 가장 인접한 수준의 환경이 된다. 미시체계의 환경은 생의 초기에는 집과 가족, 나중에는 놀이터, 학교, 또래친구, 여름캠프, 교회 등이 될 것이다. 발달이 진행되면서 미시체계는 다중적 성격을 갖게 되고 더욱 복잡하게 전개된다. 청소년들 또한 복잡해져만 가는 미시체계 속에서 이들 환경과의 상호작용을 통하여 발달에 영향을 받게 되고, 또 이들 주변환경을 구성하는 주도적인 역할을 하기도 한다. 청소년기 동안 부모의 중요성이 감소할 수 있고 또래와의 중요성은 증가할 수 있다. 또 애인이 생기면서 또래의 중요성이 감소할 수도 있을 것이다.
- 중간체계: 상호작용하고 있는 다수의 미시체계는 중간체계를 구성한다. 한 사람의 미시체계에서 어떤 일이 일어나는 것은 그 사람의 다른 미시체계들에서 무슨 일이 일어나는가와 상호연관되어 있고 또 상호작용하게 된다. 중간체계의 환경은 가족과 학교 경험 간의 관계, 가정생활과 친구 간의 관계, 학교경험과 직장경험 간의 관계 등과 같은 미시체계들 간의 관계 또는 맥락 간의 연결을 의미한다. 한 미시체계의 사건은 다른 미시체계의 사건과 서로 관련되어 있다. 예를 들어, 부모로부터 거부되는 청소년은 학교에서 교사와의 긍정적인 관계를 발전시키기 어려울 것이다. 그러므로 부모로부터 관심이나 사랑을 받지 못한 청소년들은 친구와의 관계가 원만하지 못할 수 있고, 학교에서의 낮은 수행이나 문제들을 일으킬 수 있다. 이에 청소년의 발달을 이해하기 위해서는 가족, 학교, 또래 친구 등과 같은 각 미시체계의 다양한 상황에서 청소년의 행동을 관찰하는 것이 중요하다.
- 외체계: 외체계는 청소년들이 살고 있는 좀 더 큰 지역사회의 맥락으로 청소년들에게 주로 간접적으로 영향을 미치는 많은 사회적 환경을 일컫는다. 또한 개인이 직접적으로 관여하지는 않지만 매스컴, 교육위원회, 교통체계, 시민집단, 지역정부, 지역사회의 공공기관 등이 모두 외체계에 포함된다. 이러한 기관들은 개인의 행동이나 복지 등에 많은 영향을 미치기 때문이다. 예를 들어, 지역정부에서 청소년들을 위한 건전한 여가시설이나 문화시설을 제대로 마련해 주지 못하게 되면 청소년들은 일탈적인 방식으로 여가시간을 보낼 수도 있다. 외체계는 미시체계 및 중간체계의 질을 박탈하거나 강화할 수 있다. 특히, 대부분의 청소년들에게 중요한 외체계 변인은 학교정책을 결정하는 교육체계가 될 것이다. 왜냐하면 재학 중인 청소년들이 어떤 활동에 참가할 것인지, 그리고 어떤 과정과 어떤 방과 후 활동들이 제공될지를 교육위원회가 결정하기 때문이다.
- 거시체계: 거시체계는 개인들의 삶에 직접적인 개입은 하지 않으나, 전체적으로 아치처럼 펼쳐 있는 일반 사회계획을 포괄함으로써 간접적이기는 하나 매우 강력한 영향력을 발휘하는

것들이다. 즉, 거시체계는 개인이 생활하는 문화이다. 따라서 한 개인이 현재 살고 있는 문화적 환경은 하나의 거시체계가 된다. 또 성적 가치관을 정치적으로 규정하고 사회문화적으로 받아들이는 양식 또한 하나의 거시체계가 된다. 그러므로 청소년기에 성행동을 금지하는 문화권의 청소년들이 갖는 성에 대한 태도나 시각은 그렇지 않은 문화권의 청소년들과 많은 차이를 보이게 될 것이다. 또한 여자청소년에게 날씬함을 강조하는 문화적 압력은 섭식장애에 영향을 미칠 것이다. 이처럼 거시체계는 일반적인 문화, 정치, 사회, 법, 종교, 경제, 교육에 대한 중심 가치관, 그리고 가장 중요한 것으로 공공정책을 포함하고 있다(Muuss, 1996).

▸▸ 비판점

브론펜브레너는 인간발달의 환경적 맥락을 강조하면서 시간적 요인을 포함하고 있지만, 그의 이론이 완전한 전생애발달의 관점에서 다루어지고 있다고 보기는 어렵다. 특히, 시간체계에서는 동일한 사건에 대해서도 시대에 따라 그 의미와 해석이 달라질 수 있다는 비판점이 있다.

참고인물

❖ 레빈(Kurt Lewin, 1890～1947): 이 장의 레빈을 참조할 것.

3. 엘더

"부모의 태도가 민주적이고 평등적일수록 청소년들은 자신의 부모를 더욱 공평한 사람으로 지각하고 원활한 의사소통을 통하여 부모에 대한 동일시과정이 보다 잘 이루어진다."

엘더(Glen H. Elder, Jr., 1934~)는 1934년 2월 28일 오하이오 주 클리블랜드에서 출생하였다. 엘더는 성장과정에서 겪은 제2차 세계대전의 경험, 시골에서의 성장 경험을 토대로 사회적 변화가 인간에게 미치는 영향에 대하여 깊은 관심을 가지게 되어 대학에서 사회학과 심리학을 전공하게 되었다. 1957년 펜실베이니아주립대학교를 졸업하고, 1958년 오하이오 주의 켄트주립대학교(Kant State University)에서 석사학위를 받고, 1961년 노스캐롤라이나대학교(University of North Carolina)에서 철학박사학위를 취득하였다. 1962~1967년까지 캘리포니아대학교 버클리캠퍼스에서 인간발달학회의 사회학자들의 연구를 도와주면서 사회학 조교수를 하였고, 1967~1971년까지는 노스캐롤라이나대학교의 부교수, 그리고 1971~1977년까지는 교수로 재직하였다. 1979~1984년까지는 코넬대학교의 교수로 재직하였고, 1984년부터는 노스캐롤라이나대학교의 심리학 연구교수이자 사회학교수로 있다. 엘더는 1989년 미국사회학회의 부회장, 1999년에는 미국사회연구학회의 회장을 역임하였고, 1995년부터 1997년까지는 다양한 아동문제를 다루는 아동발달연구회장도 역임한 바 있다. 2003년에는 펜실베이니아주립대학교에서, 그리고 2005년에는 오하이오주립대학교에서 사회과학 명예박사학위를 수여받기도 하였다. 주요 저서 및 논문으로는 『청소년 성취와 가동성 열망(*Adolescent Achievement and Mobility Aspirations*)』(1962), 『청소년 사회화와 성격발달(*Adolescent Socialization and Personality Development*)』(1971), 『인생주기의 청소년(*Adolescence in the Life Cycle*)』(1975), 『시공간의 아동: 발달과 역사적 통찰(*Children in Time and Place: Developmental and Historical Insights*)』(1993), 『대공황기의 아동: 인생경험의 사회적 변화(*Children of the Great Depression: Social Change in Life Experience*)』(1999), 『삶과 노화의 역사적 영향(*Historical Influences on Lives and Aging*)』(2005) 등이 있다.

▸▸ 종단연구

엘더는 1962년 캘리포니아대학교 버클리캠퍼스의 인간발달연구소에서 사회학 연구자로 일하면서 독특한 학문적 연구기회를 가질 수 있었다. 인생경로에 대한 사회학적 개념은 사회 및 문화적 요인에 의한 영향을 받으면서 아동기, 청소년기, 성인기, 중년기, 그리고 노년기와 같은 인생단계의 연속을 의미하고 있다. 엘더가 발전시킨 인생경로이론(life course theory)은 몇 가지의 이론적 지향을 포함하고 있으며, 사회구조의 역할과 개인의 작용(agency) 모두를 강조하고 있다. 즉, 인생경로이론은 개인의 사회적 환경을 설명하고 계속 변화하고 있는 사회 속에서 시간에 따른 사람들의 삶에 대한 이야기를 추적하고 있다. 이러한 통합적인 접근을 통하여 독특한 형태의 인생경로이론을 개발한 사람이 바로 엘더이다.

엘더는 인생경로이론의 경험적 자료를 두 가지의 표집 사례의 종단적 연구에서 찾고 있다. 하나는 1920년과 1921년에 태어난 사람들로 이들이 청소년집단으로 들어가는 과정과 중년까지의 인생경로를 연구한 오클랜드(Oakland) 표집의 종단연구이다. 또 하나는 1929년에 태어난 집단에 대한 종단적인 추적연구가 수행된 것으로 버클리(Berkeley) 표집의 종단연구이다. 이들 표집에 대한 종단연구의 결과가 1970년대에 발표되었고, 여기서 인생경로이론이 나오게 되었다. 그러므로 이 이론은 역사에 대한 사회적 경로와 발달 궤도(developmental trajectories)의 관련성 연구에 대한 틀을 제공하고 있다. 첫 번째 주요 원리는 '역사적 시간 대 장소(historical time and place)', 두 번째 원리는 '삶의 타이밍(timing in lives)', 세 번째 주요 원리는 '서로 관련되어 있는 삶(linked lives)', 그리고 네 번째 원리는 '개인의 작용(agency)'이다.

청소년과 관련된 이론 및 주장

▸▸ 인생경로이론

브론펜브레너의 생태학적 이론은 환경적 맥락을 강조하고, 역사적 시간을 의미하는 시간체계를 포함하고 있기는 하지만 전생애발달(life-span approach)을 지향하는 것은 아니다. 전생애발달을 크게 강조하는 생태학적 이론은 엘더의 인생경로이론(life course theory)이다. 이 이론은 오늘날과 같이 급변하는 사회에서는 각기 다른 연령대의 사람들이 서로 각기 다른 영향을 받으며 살고 있다는 것이다. 그러므로 인생경로이론은 사회적 시간대의 영향을 크게 받는다. 그 예로 출산연령을 보면, 오늘날 많은 여성들은 직장생활을 위해 결혼이나 출산을 미루기 때문에 출산연령이 높아지는 경향이 있다. 한편, 십대 임신의 비율 또한 그 어느 때보다 높다. 십대 임신은 대부분 사회적 시간대가 적합하지 않은 사건이며 산모나 아기 모두에게 위험하다. 엘더는 브론펜브레너가 제기한 생태학적 모형에서 거시체계의 변화뿐만 아니라 미시체계, 중간체계, 외체계의 상호작용과 개인 생애발달에 대한 영향력의 상호관계성(mutuality)을 자신의 종단연구를 통하여 입증하고자 하였다. 그리고 이러한 결과를 『대공황기의 아동』(1974)과 『생활유형 및 성격의 역사적 변화(*Historical Change in Life Patterns and Personality*)』(1979) 등 자신의 저서 및 연구논문을 통하여 발표하였다.

엘더의 인생경로이론을 간단히 요약하면, 첫째 전생애의 발달을 강조하는 생태학적 이론이다. 둘째, 경제적 풍요와 빈곤(미국의 경제 대공황), 전쟁 참여(한국전쟁, 베트남전쟁)와 같은 사회구조와 역사적인 변화는 인간의 삶의 패턴을 변화시킬 수 있고, 각 개인은 그러한 변화 속에서 자신의 발달 경로를 꾸려 나가게 된다. 셋째, 경로 간의 상호작용이 어떻게 일어나는지를 확인함으로써 인간발달을 설명할 수 있다. 넷째, 같은 역사적 사건에 노출되더라도 사건을 경험하는 시간과 장소의 영향, 그리고 특정한 사회적 상황과 구조 속에서 이루어지는 개인의 선택과 상황 개념화의 영향으로 개인의 인생발달 경로가 달라진다. 다섯째, 역사적 사건의 영향은 개인의 발달 수준에만 한정되지 않고 개인의 사회적 역할수행에 영향을 준다. 여섯째, 인간의 삶은 일생 동안 가족관계, 친구관계, 그 외 다른 사회적 관계로 이루어지고 사회적 지원이나 규제도 이러한 관계를 통해 발생한다(상호의존성). 참고로 [그림 11-3]은 인생경로연구의 진화를 보여 주는 것이다.

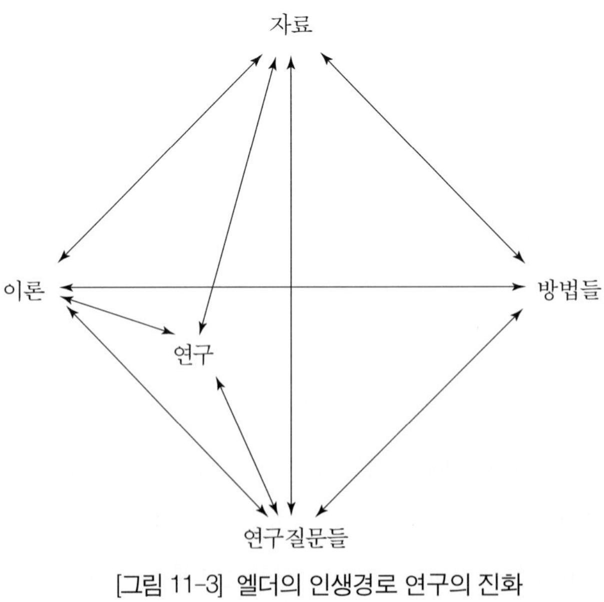

[그림 11-3] 엘더의 인생경로 연구의 진화

▸▸ 기능적 상호의존성

기능적 상호의존성(functional interdependence)은 인생경로이론의 주요 개념이다. 우리의 인생은 일생 동안 가족관계, 친구관계, 그 외에 다른 사회적 관계에 의해 이루어진다. 예를 들면, 결혼에 실패한 성인 자녀가 다시 집에 들어오는 것은 부모들의 생활에 중요한 영향을 미치기 때문에 자녀에게 발생한 개인적인 문제가 이제 세대 간의 문제가 된다. 부모의 인생에서 일어나는 변화 또한 자녀의 발달에 영향을 미친다. 따라서 부모나 자녀의 인생에서 발생하는 사건이나 중대한 결정으로 세대와 세대는 연결되는 기능적 상호의존성을 이루게 된다. 엘더의 『대공황기의 아동』을 보면, 개인과 인접한 사회적 및 물리적 환경 간, 그리고 좀 더 광역의 환경체계들 간에는 기능적인 상호의존성이 존재하고 있다. 이 책은 개인과 가족, 중간체계, 외체계, 거시체계 간의 기능적인 상호의존성의 사례를 잘 보여주고 있다. 이 연구는 1929~1933년 미국의 경제 대공황기(거시체계)의 아동 중 두 개의 집단을 대상으로 실시하였다. 즉, 1920년과 1921년에 출생한 사람들 중 각각 170명과 200명의 사례표본을 대상으로 종단연구를 수행하였고(Oakland Growth Study), 1928년과 1929년에 태어난 사람들 중에서도 사례표집을 하여 종단연구가 수행되었다(Berkeley Growth Study). 연구목적은 경제 대공황이 그들의 인생경로에 어떤 영향을 주었는지 그 집단 간 차이를 알아보는 것이었다.

▸▸ 대공황의 영향

1920년대 초에 태어난 청소년들은 대공황기에 학교를 떠나 노동시장에 참여하기에는 너무 어렸지만, 부모에게 지나치게 의존하지 않아도 좋을 정도로는 성장하였다. 그러나 1920년대 말에 태어난 아동들은 곤경에 처한 가족들에 의존하지 않으면 안 될 정도로 어렸고, 그래서 그들의 발달이 저해받을 정도로 위험에 처했다. 결론적으로 대공황은 1920년대 초반에 출생한 청소년집단보다 1920년대 후반에 출생한 청소년집단의 삶에 더 불리하게 작용하여 역경으로 이어지는 발달결과를 수반하였다.

대공황기 이전에는 극빈층이 아니었던 사회경제적 지위의 청소년들에 비해서 대공황으로 인하여 극빈층이 되어야 했던 청소년들은 가족에 대한 책임을 지거나 가사를 하거나 취업을 함으로써 가족부양에 기여하는 것 외에는 달리 선택권이 없었지만, 그들은 조기에 성인 책임감을 성취하는 혜택을 보는 경향이 있었다. 왜냐하면 이 경험은 자기 책임감, 독립심, 스스로 미래를 통제하고자 하는 욕망, 더 확고한 직업적 헌신과 야망을 발달시켰고, 그리하여 열심히 일하고 책임감 있는 성인이 되었기 때문이다. 그들은 완전고용 직장에 더 일찍 취업하였고 좀 더 부유한 또래들보다 더 일찍 결혼하였다. 대공황의 경험은 그들에게 더 일찍 성인 지위가 되고 싶은 소망과 더 일찍 성인 역할세계에 입문하도록 동기화한 것이다.

대공황을 취학 전기에 경험한 아동들에 대한 영향은 좀 더 부정적인 경향이 있었고, 좀 더 나이 든 청소년집단과는 거의 상반되는 형태를 보여 주었다. 대공황을 취학 전기에 경험한 아동들은 학교성적이 좋지 못했으며, 그들의 직업경력은 덜 성공적이었다. 일부는 인생 후반기에 정서적 · 사회적 어려움을 나타내었다. 특히, 소녀들보다 소년들에게 이러한 부정적인 영향력은 더 뚜렷하였다. 더욱이 나이 든 소녀들이 좀 더 큰 위험요인에 처하였다. 이러한 저해 효과는 특히 불안정하고 폭발적 성격인 아버지(미시체계)를 둔 가족들에게서 더 악화되어 나타났다. 불안하고 폭발적인 성격은 아버지가 실직(외체계)한 후 부부불화를 눈에 띄게 증가시켰다. 아버지의 짜증스럽고 통제불가능한 행동은 결과적으로 어린 자녀들에게 성인기까지 이어지는 부정적인 영향력을 발휘한다. 그들이 성인이 되었을 때 그들 역시 나쁜 성격을 가지게 되는 경향이 있었다. 그들 자신의 부부관계와 그 후 그들의 양육에서조차 이러한 경향을 보였다. 그러므로 경제 대공황기와 아버지의 나쁜 성격이 결합하면 자녀뿐 아니라 손자녀의 인생과정에까지 부정적인 영향을 미친다. 이와 대조적으로 좀 더 안정적이고 행복한 가정은 경제적 난관의 부정적 영향을 분산시키는 데 도움이 되었다.

한편, 버클리 종단연구에서 60명의 남녀 피험자들을 50년 가까이 심층 면접한 결과 청소년후기의 세 가지 특성, 즉 자신감, 신뢰할 수 있음, 지적 투자가 성인이 되었을 때 결혼과 직업에서의 성공과 연관이 있다는 것을 발견하였다. 엘더는 우리의 인생에는 안정과 변화가 함께하고 있는데, 어떤 인생은 비교적 변화가 적고 안정된 삶을 유지하는가 하면 어떤 인생은 일생을 통하여 변화가 계속되고 위기의 연속이라고 결론지었다(임영식, 한상철, 2000; Clausen, 1993).

▸▸ 부모의 역할

엘더는 청소년기의 부모역할에 관한 고전적 연구를 수행하였다. 엘더는 『청소년에 영향을 미치는 부모의 힘 정당성과 그 효과(Parental Power Legitimation and Its Effect on the Adolescent)』라는 연구논문에서 부모의 힘 통제 사용의 정도를 바탕으로 다음과 같은 일곱 가지 유형의 부모역할을 분류하였다(Elder, 1963).

- 독재적(autocratic): 청소년들은 그들의 생활에 영향을 주는 의사결정에 참여하거나 의견을 제시할 자유를 갖지 못한다.
- 권위적(authoritarian): 청소년들의 의견 표현은 허용되나 그들의 생활에 영향을 주는 의사결정은 여전히 부모에 의해 이루어진다.
- 민주적(democratic): 청소년과 부모는 의사결정을 할 수 있는 힘을 공유하나, 부모는 청소년자녀가 내린 결정을 거부할 수 있는 권리를 갖는다.
- 평등주의적(equalitarian): 청소년과 부모는 동등한 지위와 힘을 가지며 의사결정은 공동으로 이루어진다.
- 허용적(permissive): 대부분의 결정은 청소년들에 의해 이루어지고 부모는 의사결정 과정에 의견을 내어놓는 역할을 한다.
- 방임적(laissez-faire): 청소년 스스로 생활에 대한 결정을 내리고 그에 대해 책임을 진다. 부모는 단지 사소한 일에 대해서만 의견을 제시하나, 부모의 의견은 청소년자녀들에 의해 자유롭게 무시될 수 있다.
- 무시적(ignoring): 부모는 청소년자녀의 행동에 관심을 갖지 않는다.

부모의 태도가 민주주의적이거나 평등주의적일수록 청소년들은 자신의 부모들이 '공평한 사람'이라고 지각하며 원활한 의사소통을 통하여 동일시과정이 잘 이루어진다. 일반적으로 부모역할의 유형은 자녀 수가 많은 가족일수록, 수입이 적은 하류계층일수록, 그리고 자녀가 어릴수록 엄격해지는 경향이 있다. 또한 성역할 사회화과정의 일환으로 남녀는 상이한 부모역할 유형을 사용한다. 남성들은 독재적 또는 권위주의적 양식과 같은 엄격한 부모역할 유형을 사용하는 반면, 여성들은 칭찬이나 긍정적 강화와 같은 애정 지향적(love-oriented) 접근방법을 선호한다.

▶▶ 비판점

엘더는 아동발달이 일어나는 맥락과 발달에 영향을 미치는 맥락을 모두 고려하고 있으나, 실제로 이러한 모든 맥락을 고려한 연구를 진행하기는 쉽지 않다. 또한 생태학적 이론은 주로 맥락적 · 역사적 영향력을 중시한 반면, 아동의 능동적 발달과정이나 생물학적 영향력을 간과하고 있는 측면이 있다. 엘더의 이론은 인간본성의 유연성, 개체성, 그리고 다양성을 인정하면서도 환경맥락이 인간의 삶을 좌우한다는 것을 강조함으로써 인간의 능동성을 부정하는 입장을 취하고 있다는 비판을 받고 있다. 그리고 일반적인 발달규칙, 구체적인 발달단계, 발달과업 등을 가정하지 않음으로써 이론적 개념화가 부족하다는 지적이 있다. 그럼에도 불구하고 엘더는 개인이 환경을 선택한다는 것을 가정하고, 또 환경맥락은 수시로 변화하고 이러한 환경맥락이 개인에게 상당한 영향을 미치므로 환경맥락이 인간의 삶을 좌우하는 것임을 여전히 강조하고 있다.

참고사항

❖ 대공황(Great Depression)

1929~1939년 무렵까지 미국과 유럽을 중심으로 전 세계 산업지역에서 광범위하게 지속된 경기침체를 뜻한다. 제1차세계대전 이후 미국은 전례 없이 유럽 열강들과 동맹을 맺게 되었고 미국 상품에 대한 수요가 유럽에서 크게 증가하였다. 그 결과 미국은 농업뿐만 아니라 제조업과 금융업에 있어서도 세계의 주도국이 되었다. 기업과 개인들 모두 전례 없이 투자를 증대함에 따라 미국 주식시장에서 회사주식의 가치는 급격히 증가하였다. 실업은 거의 존재하지 않았다. 이렇게 1920년대의 미국경제는 호황을 이루었으나 1929년 10월 주식시장이 붕괴되면서 호경기는 막을 내리게 되었다. 이때부터 경기는 계속 후퇴를 거듭했고 1932년까지 미국 노동자의 1/4이 실직하였다. 불황의 영향은 즉시 유럽경제에 파급되었고 독일과 영국을 비롯한 여러 산업국가에서 수백만의 노동자들이 일자리를 잃게 되었다. 또 나라마다 외국상품 수입에 반대하는 정책을 세움에 따라 1932년 무렵 세계무역의 총 가치는 반 이상 줄어들게 되었다. 불황은 정치영역에까지 영향을 미쳐 극단주의 세력이 확산되고 자유민주주의의 위신이 떨어지는 중대한 상황이 전개되었다. 1930년대에 전체주의로 기울지 않은 나라들은 제2차세계대전이 발발한

1939년까지 대량실업과 불황에 시달리게 되었다. 1939년 9월 1일 시작된 제2차세계대전은 인력 및 군수품에 대한 수요를 늘리고 기술진보를 촉진시키는 효과를 가져와 경제의 새로운 시대가 열리는 하나의 계기가 되었다.

❖ 부모의 양육 유형

청소년기 자녀에게는 처벌적이거나 무관심해서는 안 되고 규칙을 발달시키고 자녀에게 애정을 가져야 한다. 다음의 네 가지 양육 유형은 청소년자녀의 사회적 행동의 여러 측면과 관련되어 있다(Baumrind, 1971/1991). 여기서 반응성(responsiveness) 또는 지지(support)란 부모가 수용적이고 지원적인 방식으로 아동의 요구에 반응할 수 있는 정도를 말하고, 요구(demandingness) 또는 통제(control)란 부모가 아동에게 성숙하고 책임있는 행동을 하도록 기대하고 요구하는 정도를 의미한다.

권위적 양육(authoritative parenting)은 청소년들이 독립적이 되도록 독려하지만, 동시에 그들의 행동에 한계와 통제를 둔다. 언어적인 상호 교환을 많이 허용하고 자녀에게 따뜻하고 양육적이다. 권위적인 양육은 청소년기 자녀의 사회적인 유능함과 관련된다. 예를 들면, 권위적인 아버지는 자녀에게 편안하게 팔을 두르고, "그렇게 하지 말았어야 한다는 것을 잘 알고 있지? 다음에는 그 상황을 어떻게 좀 더 잘 다룰 수 있을지 이야기해 보자."라고 말할 것이다. 권위적인 부모의 청소년자녀는 자기를 의지하고 사회적으로 책임감이 있다. 권위적인 부모는 또한 청소년자녀의 행동을 탐지한다. 최근의 연구에서는 부모의 모니터링이 증가하는 것이 청소년기 문제행동을 감소시키고 학교 수행을 증진시키는 데 효과적임을 밝히고 있다.

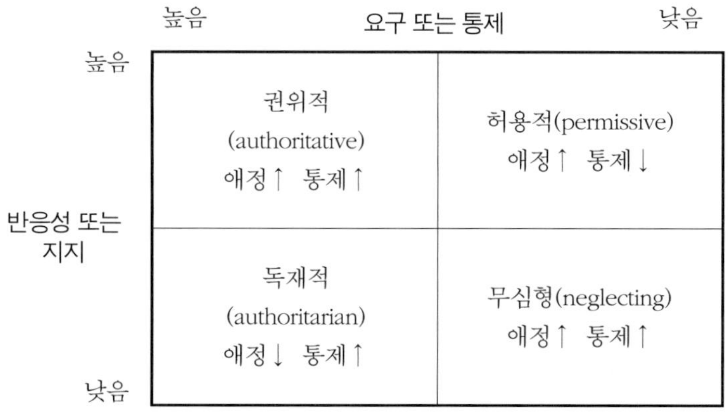

출처: Kaplan, P. S. (2004). *Adolescence*. New York: Houghton Mifflin Company.

독재적 양육(authoritarian parenting)은 부모가 청소년에게 부모의 지시를 따르고 일과 노력을 존중하도록 훈계하는 데 있어서 제한적이고 처벌적인 유형이다. 자녀에게 확고한 한계와 통제를 두고, 언어적인 교환을 거의 허용하지 않는다. 이는 청소년기 자녀의 사회적인 무능함과 관련된다. 예를 들면, 독재적인 부모는 "넌 내 방식대로 해야 돼, 두말할 필요가 없어!" 라고 말할 것이다. 독재적인 부모의 청소년자녀는 종종 사회적으로 비교되는 것에 대해 걱정하고, 활동을 주도하지 못하며, 의사소통 기술이 빈약하다.

허용적 양육 또는 방임형 양육(indulgent parenting)은 부모가 청소년기 자녀에게 많이 관여하지만 요구나 통제를 거의 하지 않는 방식이다. 이는 청소년의 사회적 무능감, 특히 아동통제의 부족과 관련된다. 방임형 부모는 청소년자녀가 원하는 것을 하도록 허용하는데, 그 결과 청소년은 자신의 행동을 통제하는 것을 학습하지 못하고 항상 자기 방식대로 되기를 기대한다. 어떤 부모들은 제한을 거의 하지 않고 따뜻하게 관여하는 것이 자녀를 창의적이고 자신감 있게 기를 수 있다고 믿고 의도적으로 자녀를 이런 방식으로 양육하기도 한다. 방임형 부모의 청소년자녀는 대부분 친구가 없고 자기 멋대로이며 규칙을 준수하는 것을 배우지 못한다.

무심형 양육(neglecting parenting)은 거부적(rejective) 양육이라고도 하며, 부모가 청소년기 자녀의 삶에 거의 관계하지 않는 유형으로 청소년자녀의 사회적인 무능함, 특히 자아통제의 부족과 관련된다. 무심형 부모는 '지금이 밤 10시인데 당신의 자녀가 어디에 있는지 아십니까?' 라는 질문에 답할 수 없다. 청소년기 자녀들은 부모가 자신에게 관심을 가져 주기를 강력하게 바라고 있지만, 부모가 자녀보다는 부모 자신의 삶의 다른 면들을 더 중요시한다고 생각한다. 무심형 부모의 자녀는 사회적으로 무능하고 약한 자아통제를 나타내며 독립을 잘 감당하지 못한다. 무심형 양육과 밀접하게 관련된 것으로 부모의 모니터링 부족이 있다. 즉, 청소년기 부모의 모니터링은 높은 학점과 관련되고, 성적 활동, 청소년기 우울은 낮추는 것으로 보고되고 있다.

청소년기의 사회적 유능성과 부모의 양육방식의 분석결과에서는 이해심과 지지 등과 같은 부모의 반응성이 다른 어떤 요소보다 청소년의 사회적 유능감과 관련되었음을 보여 주고 있다. 특히, 부모의 애정과 온정이 부모-자녀 동일시를 촉진시키는 가장 중요한 요인이 된다. 알코올 문제 및 결혼갈등과 같은 부모 자신의 행동문제가 있을 때 청소년은 보다 많은 문제를 가지며 사회적 유능감도 감소되는 경향이 있다. 연구결과에 의하면 권위적인 훈육방법이 건강한 청소년발달에 가장 유리한 것으로 알려지고 있다

(Steinberg et al., 1991; 김현정 외 공역, 2004).

❖ 부모의 자애로움과 엄격함

한국청소년상담원(1996)에서는 자애로움과 엄격함이라는 두 차원에 의해 부모 유형을 네 가지로 구분하였다. 여기서 자애로움은 자녀를 신뢰하고 따뜻하고 관대하게 대하는 것을 의미하고, 엄격함은 확고한 원칙을 가지고 정해진 바를 일관성 있게 밀고 나가는 것을 의미한다. 부모의 유형에 따른 부모의 특성 및 청소년자녀의 특성은 〈표 11-1〉과 같다(한국청소년상담원, 1996; 정옥분, 2008에서 재인용).

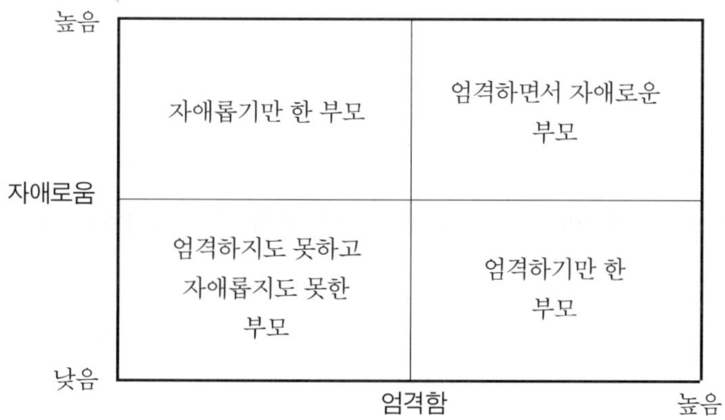

〈표 11-1〉 부모의 유형에 따른 부모의 특성 및 청소년자녀의 특성

부모의 유형	부모의 특성	청소년자녀의 특성
자애롭기만 한 부모	• 자녀의 모든 욕구를 다 들어준다. • 단호하게 자녀를 압도하기보다는 양보한다. • 말은 엄격하나 행동으로 보여주지 못한다. • 때로는 극단적으로 벌을 주거나 분노를 폭발시켜 스스로 죄책감을 느낀다. • 벌 주는 것 자체를 잘못이라고 생각한다.	• 책임회피 • 쉽게 좌절하고 그 좌절을 극복하지 못한다. • 버릇없고 의존적이며 유아적인 특성을 보인다. • 인정이 많고 따뜻하다.
엄격하기만 한 부모	• 칭찬을 하지 않는다. • 부모의 권위에 의문을 제기하는 것을 허락하지 않는다. • 자녀가 잘못한 점을 곧바로 지적한다. • 잘못한 일에는 반드시 체벌이 따라야 한다고 생각한다.	• 걱정이 많고 항상 긴장하고 불안해한다. • 우울하고 때로 자살을 생각하기도 한다. • 책임감이 강하고 예절이 바르다. • 지나치게 복종적 · 순종적이다. • 부정적 자아 이미지, 죄책감, 자기비하가 많다.

엄격하면서 자애로운 부모	• 자녀가 일으키는 문제를 정상적인 삶의 한 부분으로 생각한다. • 자녀에게 적절하게 좌절을 경험하게 하여 자기 훈련의 기회를 제공한다. • 자녀를 장점과 단점을 아울러 지닌 한 인간으로 간주한다. • 자녀의 잘못을 벌할 때도 자녀가 가진 잠재력을 인정한다. • 자녀의 장점을 발견하여 키워 준다.	• 자신감 있고 성취 동기가 높다. • 사리분별력이 있다. • 원만한 인간관계를 유지한다.
엄격하지도 자애롭지도 못한 부모	• 무관심하고 무기력하다. • 칭찬도 벌도 주지 않고 비난만 한다. • 자식을 믿지 못한다(자녀가 고의로 나쁜 행동을 한 것으로 생각한다.).	• 반사회적 성격으로 무질서하고 적대감이 많다. • 혼란스러워하고 좌절감을 많이 느낀다. • 세상 및 타인에 대한 불심감이 짙다.

❖ 신체적 처벌

대부분의 부모들은 자녀의 훈육에 대하여 신체적 처벌, 즉 손바닥으로 때리거나 볼기를 때리거나 매질과 같이 신체에 직접적으로 가해지는 물리적 처벌을 사용하는 것을 크게 문제삼지 않는다. 청소년들의 약 반수는 부모에 의해 맞은 경험이 있다고 한다(Straus & Donnelly, 1993). 일반적으로 청소년자녀들은 부모에게 맞은 경험이 있는 아이들이 자주 매를 맞는 경향이 있는데, 평균적으로 1년에 6～8회 정도 맞는다. 특히, 남자청소년들이 여자청소년들에 비해 더 자주 맞는 것으로 보고되고 있다. 그러나 신체적 처벌에 대한 심리학적·교육학적 연구결과들은 긍정적인 효과보다 부정적인 효과가 더 크다는 사실에 동의하고 있다. 그러나 이러한 결론을 내리는 것은 간단한 문제가 아니다. 많은 연구들은 신체적 처벌이 부모에 대한 자녀의 적개심을 유발하며, 긍정적인 행동대안을 제시하지 못하고, 또 청소년폭력이나 다른 범죄, 예를 들어 알코올 남용, 자살, 우울, 소외, 그리고 낮은 성취 가능성을 높인다고 한다. 그러나 이러한 연구결과를 해석할 때 그 인과관계의 방향에 대해 의문을 가져 볼 필요가 있다. 즉, 부모나 그들의 아이들이 잘못해서 때릴까, 아니면 그들의 부모가 때려서 아이들이 잘못되는 것일까를 생각해 보아야 한다. 부모가 자녀의 일에 대해 애정적으로 관여하고 일관성이 있는 가정에서는 신체적 처벌이 청소년비행과 연결되지 않는다(Simons, Johnson, & Conger, 1994). 즉 부모의 애정적인 관여가 있는 가정에서는 신체적 처벌이 청소년 공격성, 일탈, 심리적 안정감에 해로운 효과를 보이지 않는다. 이는 신체적 처벌 자체가 문제가 되는 것이 아니라, 자녀를 무시하고 비일관적으로 훈육하며 자녀의 일에 관여하지 않는 부모의 체벌적 행동이 자녀의 문제행동의 위험성을 증가시킨다는 것이다. 마찬가지로 교사와 학생 간의 신뢰가 형성되지 못한 교육환경이나 학교 현실에서는 체벌이 아무런 효과를 갖지 못하며 오히려 부정적인 결과만을 초래할 뿐이다. 그러므로 체벌의 존폐에 대한 논의보다는 교사와 학생 간의 신뢰를 회복할 수 있는 노력과 조건들이 먼저 갖추어져야만 할 것이다(임영식, 한상철, 2000).

4. 러너

"인간발달은 변화하는 맥락과 그 상호작용적 관계의 함수로만 이해될 수 있고, 유기체와 맥락은 언제나 서로에게 묻혀져 있다."

러너(Richard. M. Lerner, 1946~)는 1943년 2월 23일 뉴욕 브루클린에서 출생하였다. 1966년 뉴욕시립대학교의 헌터칼리지(Hunter College of the City University of New York)에서 심리학전공으로 학사학위를 받고, 1976년 동 대학원에서 석사학위를 받았다. 그리고 1971년에는 뉴욕시립대학교에서 철학박사학위를 취득하였다. 1991~1996년에는 미시간주립대학교의 아동청소년가족연구소의 소장으로 있었고, 1994~1995년에는 플로리다주립대학교 인문과학대학에 있었으며, 1996~1999년까지는 매사추세츠 주의 보스턴대학 교육대학의 교육학과 교수로 있었다. 그리고 1999년부터 현재까지 매사추세츠 주 터프츠대학교(Tufts University)의 아동발달학과 교수로 재직하고 있다. 연구분야로는 청소년성격 및 사회발달, 그리고 아동과 청년 및 부모의 프로그램과 정책에 깊은 관심이 있다. 주요 저서로는 『인간발달의 개념과 이론(*Concepts and Theories of Human Development*)』(1976/1986/2002), 『청소년심리학 편람(*Handbook of Adolescent Psychology*)』(2004), 『발달심리학: 역사적, 철학적 관점(*Developmental Psychology: Historical and Philosophical Perspectives*)』(1983), 『인간유연성의 본질에 대하여(*On the Natiure of Human Plasticity*)』(1984), 『초기 청소년기: 연구와 정책 및 개입에 대한 관점들(*Early Adolescence: Perspectives on Research, Policy, and Intervention*)』(1993), 『청소년기: 발달, 다양성, 맥락, 그리고 적용(*Adolescence: Development,*

Diversity, Context, and Application)』(2002), 『좋은 십대: 질풍노도 시기의 신화로부터 청소년 구하기(*The Good Teen: Rescuing Adolescents from the Myths of the Storm and Stress Years*)』(2007) 등이 있다.

▸▸ 페퍼의 견해

페퍼(Stephen C. Pepper, 1891~1972)는 『세계의 가설(*World Hypothesis*)』(1942)이라는 자신의 저서 중 '맥락주의(contextualism)' 라는 장에서 인간행동은 그 자신의 사회, 문화, 그리고 역사의 맥락과 관련될 때 비로소 의미가 있음을 주장하였다. "모든 사건들은 내재적으로 복잡하며 끊임없이 변화하는 유형을 가진 상호 연결된 활동으로 구성되어 있다. 그러므로 영구적인 환경맥락 항목은 변화와 새로움(novelty)이다. 이 세상의 끊임없는 변화는 상호 관련되어 있으며 능동적 유기체를 매개로 하여 역동적이며 지속적으로 상호작용하는 사건들을 만들어 내는 것이다. 이때 사건 전체와 그 구성 부분에 의미를 부여하는 것은 맥락 그 자체이다." 라고 주장하였다. 그리고 현존하는 심리학자들은 인간발달의 이론을 구성하면서 페퍼의 철학 일부에서 '발달의 맥락주의(developmental contextualism)' 라는 명칭을 도입하게 되었고, 페퍼가 정의한 '변화' 는 러너 이론의 초석이 되었다(Muuss, 1996; 정옥분 외 공역, 1999).

▸▸ 맥락주의

발달이론으로서 발달의 맥락적 관점과 가장 직접적으로 연결된 사람은 바로 러너이다(Jackson & Goossens, 2006). 러너는 성장하고 끊임없이 변화하는 개인과 그 개인이 살고 있는 맥락 사이의 상호작용에 초점을 두고 있다. 그러므로 발달적 맥락주의는 인간발달에 미치는 본성이나 유전의 영향 또는 환경 및 양육의 영향 중 어느 한쪽을 강조하지 않는다. 다만 유기체와 맥락 간의 역동적 상호작용과 상호 호혜적 관계가 언제나 존재하며 발달을 형성한다는 생각을 강조할 뿐이다. 이와 같은 러너의 생각은 다음과 같은 세 가지 흐름을 반영하고 있다. 첫째, 생물학적, 심리적, 사회적 과정 사이의 양방향적, 상호적 혹은 역동적 상호작용이 개인의 발달을 가능하게 한다. 둘째, 인간발달의 전생애적 견해를 수용한다. 발달적 맥락주의는 청소년기에 제한되지 않는 전생애 발달이론이다. 셋째, 발달하는 개인과 그들이 생활하는 다양한 맥락인 미시체계, 중간체계, 외체계 및 거시체계들 사이의 상호관계를 중요시하는 브론펜브레너의 생태학적 모델을 수용하고 확장하고 있다.

▸▸ 맥락의 의미

맥락주의가 제시하는 발달의 네 가지 요인들은 물리적 환경, 사회적 환경, 개인의 개별적 특성, 그리고 시간이다. 맥락은 환경이나 상황과 유사한 용어이나, 그보다는 더 포괄적인 개념이고 다음과 같은 네 가지 의미를 가지고 있다. 첫째, 맥락은 물리적 환경이나 상황을 포함한다. 둘째, 맥락은 개인 생활의 일부이면서 개인에게 영향을 주는 동시에 개인에 의해 영향을 받는 사회적 요소들을 포함한다. 가족, 또래 친구들, 데이트 중인 이성, 교사들, 그리고 다른 중요한 사람들이 해당된다. 셋째, 발달하는 개인들은 맥락의 일부분일 뿐만 아니라 그들의 행동과 외모 또는 언어적 표현과 행동을 통하여 그들이 살고 있는 맥락을 변화시킨다. 넷째, 맥락은 시간의 함수로서 변화된다. 예전 것은 새로운 것으로 대체되고, 예전의 기술은 새롭고 더 나은 기술로 대체된다. 경제적 조건들이 희망적인 것에서 비관적인 것으로 변화되는 등 환경맥락을 형성하는 모든 조건들은 변하게 된다. 부모의 말다툼이나 시험에 실패하는 것, 사랑에 빠지거나 실연당하는 것 등의 매일의 일상적인 사건들이 모두 맥락을 구성하는 변인들이다. 맥락은 시간의 함수로서 변화하기 때문에 발달하는 개인에게 매 시기에 서로 다른 의미를 부여하게 된다. 발달이 일어나는 맥락은 계속적으로 변하기 때문에 개인의 행동에 대한 진술은 확률적이어야 한다. 그러므로 청소년의 문제들은 보편적인 발달이론에 의해 설명될 수 없으며 맥락적 변인들에 의해서만 설명되고 해석될 수 있다.

▸▸ 연구계획

맥락주의의 연구계획은 모든 맥락요인들의 상호의존성을 조망하는 것이다. 예를 들어, 부모와 청소년자녀의 관계를 연구할 때 예전에는 모든 변인들을 독립적으로 연구하였으나, 맥락주의는 가족변인은 물론 이들의 사회적 맥락도 함께 연구한다. 청소년과 맥락 간의 연구에서 양방향적 상호작용의 본질을 이해하기 위해서는 (1) 청소년의 개인특성은 다른 것들에 어떻게 영향을 주는가(청소년→사회적 환경 맥락), (2) 반대로 환경특징은 청소년에게 어떻게 영향을 주는가(사회적 환경 맥락→청소년), (3) 청소년 개인특성과 환경특징 간의 양방향적인 상호작용의 효과는 무엇인가(청소년↔사회적 환경 맥락) 간의 관계를 검토해야 한다.

부모의 양육 형태가 자녀의 성격에 미치는 영향을 볼 때, 유전적 변인이나 사회경제적 수준 등의 여러 변인들은 자녀의 성격에 영향을 미칠 수 있다. 즉, 유전적 또는 사회경제적 변인의 영향으로 아동이 불안정하게 될 수 있으며, 아동의 타고난 불안정한 기질과 부모가 놓여 있는 좋지 못한 사회경제적 수준이 상호작용하여 자녀를 양육하는 일이 즐거운 일이 아닌 단순히 보상받지 못하는 의무로만 받아들여질 수 있다. 따라서 부모는 전제적이 되고 자녀의 사소한 잘못에도 처벌을 하게 되며, 그 결과 자녀는 더욱 불안정해지기 쉽다. 또 기질상 긍정적인 성격의 청소년은 접근행동과 대인 간의 온정성을 유발시키는 반면, 부정적 성격의 청소년은 부모의 회피와 냉담을 초래하게 된다. 그들 부모로부터 부정적 피드백을 유발하는 아이들은 장래에 심리문제를 발달시킬 가능성이 있기에 이는 역동적인 양방향적 영향력, 즉 상호작용의 본질에 대한 순환적 기능을 가지고 있다. 그러므로 러너의 연구계획은 발달의 법칙이나 규칙을 이해하기 위한 설계보다는 통합적인 학제적 연구계획으로 설계되어 다양성의 쟁점화가 이루어져야 한다고 주장하고 있다. 즉, 다양성을 창출하는 서로 다른 환경에 초점을 맞추어야 한다는 것이다.

▶▶ 역동적 상호작용주의

역동적 상호작용주의(dynamic interactionism)는 생물학적-유전적 경향을 갖는 유기체를 사회문화적 맥락 속에 삽입되어 있는 존재로 개념화한다. 따라서 생물학적 혹은 유기체적 변인들은 맥락적 변인들에 영향을 주고 또 맥락적 변인들에 의해 영향을 받게 된다. 그러므로 어떤 유기체도 타인으로부터 완전히 독립적일 수 없으며, 개인의 발달은 사회적 상호작용 현상에 해당된다(장휘숙, 2000). 한 예로 아동이 학교에서 공부를 잘하지 못하는 경우 그 아동이 가정에서 느끼는 기분, 태도 또는 행동에 영향을 주고 부모-자녀 상호작용의 질을 변화시킬 것이다. 그 결과 부모는 아동이 자유롭게 놀고 탐색하며 사회적 기술을 발달시킬 기회를 제한할 수 있다. 또 학대하는 가정환경에서 자란 자녀는 이러한 어려움 때문에 학교에서도 성공적으로 기능하지 못한다. 이 자녀의 나쁜 성적표는 부모의 가학적인 분노를 불러일으킨다. 이러한 사건은 악순환적 기능의 성격을 가지고 있으며 그 영향력은 양방향적이다. 학교와 가족 간의 영향력은 본질적으로 양방향적이며 상호 의존적 맥락

내에 존재한다. 마찬가지로 청소년기 동안의 동년배집단의 기대와 부모-청소년 관계, 대중매체 및 일반적인 사회문화적 규준 모두가 청소년기의 영향을 매개하고 개인의 행동과 발달을 수정하는 역할을 하게 된다.

청소년과 관련된 이론 및 주장

▶▶ 청소년발달 모형

[그림 11-4]는 청소년발달에 대한 러너의 역동적 상호작용의 예이다. 세 개의 외부 원은 보다 광역의 사회문화적 환경, 즉 사회와 문화 및 지역사회를 가리킨다. 이는 브론펜브레너가 거시체계로 표현한 것과 유사하다. 역사적 사건과 함께 기술문명의 발달은 문화와 지역사회에 느리지만 매우 극적인 변화를 가져왔을 뿐만 아니라 가족, 부모, 청소년, 그리고 그 안에서 그들이 상호작용하는 관계망에도 많은 영향을 미친다.

왼쪽에 있는 안쪽 원은 청소년을, 오른쪽은 부모를 상징한다. 원 안에 구분된 것은 광범위하게 정의된 다양한 성격을 표시한 것이다. 러너는 이러한 특성들을 분리하여 생각하는 것은 의미가 없으며, 그들 상호작용의 본질을 고려해야만 한다고 하였다. 청소년의 기질은 부모의 기질과 꼭 들어맞거나 수정되거나 혹은 충돌할 수 있다. 부모와 청소년 간의 적합도 여부는 청소년의 장기적인 발달결과의 차이를 설명해 줄 수 있다.

그림 중심에 있는 작은 내부 원은 부모와 청소년이 상호작용하는 가장 중요한 관계망이다. 이는 브론펜브레너가 중간체계로 표현한 것과 유사하다. 교사와 급우의 학교관계망, 청소년 또래와 부모의 동년배 친구를 나타내는 사회관계망, 형제, 다른 아동들, 친척, 다른 가족 구성원들을 나타내는 결혼관계망, 그리고 부모의 상관 및 직장 동료들을 나타내는 부모의 직업관계망이다. 부모의 봉급 및 근무시간과 휴가기간 등의 부모의 직장근무는 간접적이지만 청소년자녀에게는 중요한 영향을 미친다.

원 내부 및 원 사이에 그려져 있는 여러 개의 화살표는 활동적이며 시간에 걸쳐 변화하는 역동적 상호작용적 특성을 보여 주는 것이다. 모든 화살표를 가진 두 개의 화살촉은 영향력이 상호 호혜적이며 양방향임을 의미한다. 그러므로 두 개의 화살촉을 가진 화살표는 실질적으로 모든 수준의 상호작용에서 양방향으로 작용하는 영향력을 상징하고 있다.

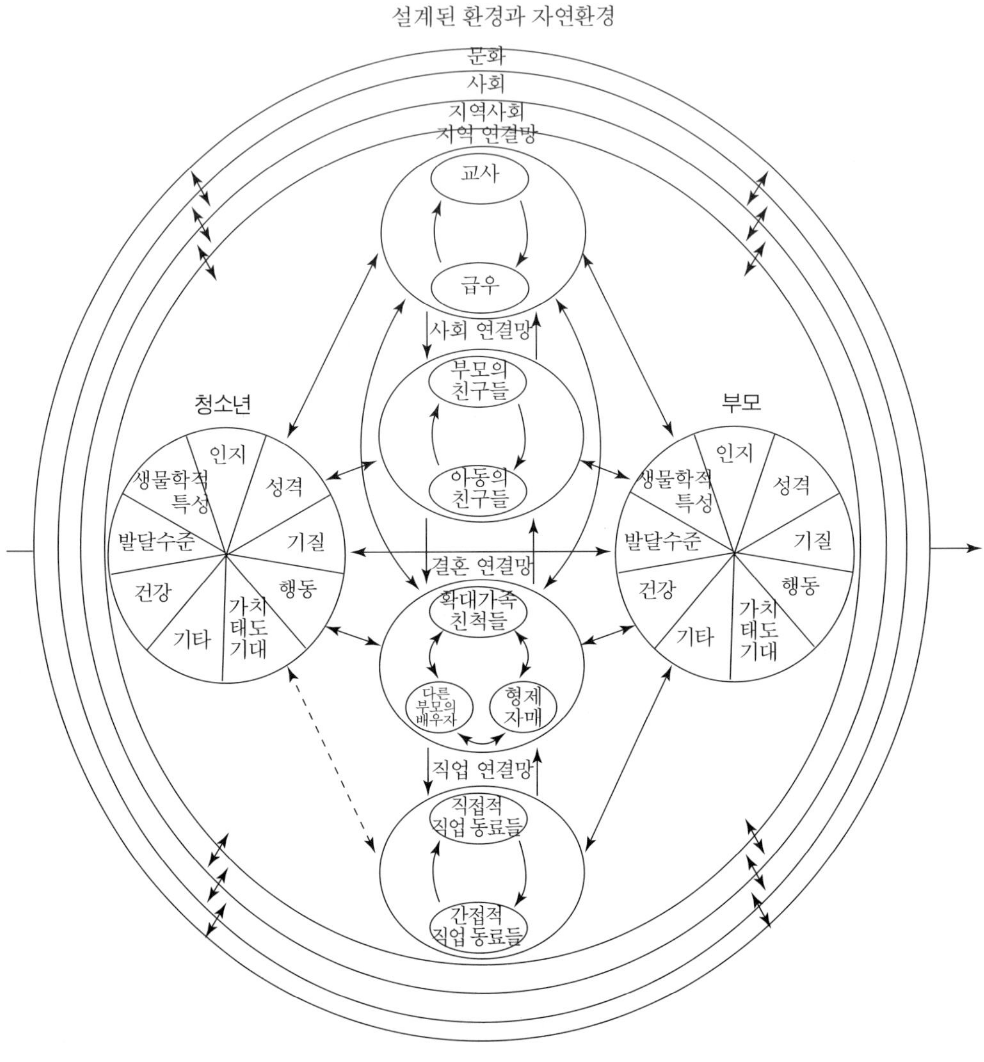

[그림11-4] 청소년발달의 역동적 상호작용모델

출처: Muuss, R. E. (1996). *Theories of Adolescence*. New York: McGraw-Hill.

▸▸ 가소성의 본질

발달의 맥락주의는 인간 유기체의 기본 속성이 가소성(plasticity)이라는 것, 즉 인간은 끊임없이 변화하고 발달하는 과정에 있다는 것과 환경사건들은 끊임없이 이 과정에 기여한다는 것을 가정하고 있다. 또 인간발달의 가소성은 유기체와 그의 주변환경에 따라 달라질 수 있고, 환경이 유기체를 형성하는 만큼 유기체도 환경을 형성할 수 있다. 그러므로 발달하는 유기체는 변화하는 체계이다. 이러한 과정은 아동기부터 청소년기까지, 또 전체 생애주기 동안 영향력을 발휘한다. 따라서 성장하는 인간은 적절한 의도적 중재 또는 개입을 통하여 비교적 쉽게 변화될 수 있고, 인간생활은 교육과 치료를 통해서 향상될 수 있다. 조기 개입 및 치료, 재훈련, 그리고 교육은 나중에 이루어진 개입보다 더 효과적이며, 나이가 어린 사람일수록 나이 많은 사람들보다 가소성이 더 많기 때문에 나이가 어릴수록 이러한 개입의 효과는 보다 클 것이다.

▸▸ 확률적 생성

발달은 미리 계획된 대로가 아니라 확률적 생성에 따라 이루어진다. 예를 들어, 한 청소년을 둘러싼 환경적 맥락은 물리적 환경과 그 청소년이 상호작용하는 개개인의 사람들로 구성된다. 각 개인이 독특한 것과 마찬가지로, 이러한 환경맥락 또한 유일한 것이 아니고 변화하는 것이다. 따라서 청소년기의 특정 시점에 존재하게 된 맥락의 구체적인 특징들을 사전에 완벽하게 예측하는 것은 불가능하다. 단지 우리는 어떤 청소년이 그의 환경적 맥락에서 주고받게 되는 영향력에 대하여 확률적으로만 언급할 수 있다. 마찬가지로 그 청소년이 주어진 맥락에서 받게 될 피드백이나 이에 수반되는 발달적인 결과에 대해서도 확률적으로만 언급할 수 있다. 여기서 강조되는 것은 개인과 환경은 서로 일방적이 아니라 양방향적으로 영향을 주고받으며, 구조와 기능을 상호 변화시키면서 동시에 변화하게 된다는 것이다. 그러므로 모든 것은 환경맥락에 의존한다는 맥락적 상대주의(contextual relativism)이기 때문에 발달의 결과는 본질적으로 확률적이다.

확률적 생성은 환경적 맥락의 특성 및 개인과 환경 간의 상호작용의 가변성과 특이성을 강조하는 개념이다. 동일한 환경적 맥락이라도 이를 받아들이는 개인에 따라 그 상호작용은 달라질 수 있다. 같은 불우한 환경에서도 그 불우함으로 인해 오히려 뛰어난 발달적 성취를 보이는 청소년과 불우한 환경으로 인해 비행청소년으로 추락하거나 다른 극단적인 발달 양상을 목격하게 되는 것은 확률적 생성의 실례가 된다. 그러므로 특정 청소년이 특정 환경적 맥락에서 갖게 될 상호 영향력에 대해 확률적으로 언급할 수 있을 따름이지, 이를 완벽하게 예측하는 것은 불가능하다. 청소년기 발달의 가소성이 인정되는 것은 바로 확률적 생성에 대한 기대 때문이다(송명자, 1995).

▸▸ 적합도 모델

적합도 모델(goodness-of-fit model)은 러너의 또 다른 중요한 개념이다. 적합도는 발달과 적응을 강화하는 상황과 그렇지 못한 상황을 정의하고 있다. 적합도 개념은 개인의 특성과 이에 상응하는 의미 있는 다른 사람들의 특성 간의 관계에 대한 일치(match) 및 불일치(mismatch)를 중시한다. 그러므로 긍정적이며 적응적인 발달결과는 청소년개인의 특성에 의한 것만은 아니며, 그렇다고 발달결과가 단순히 사회물리적 환경특성에 따라서만 이루어진 것도 아니다. 특정 시점에서 이 둘 간의 관계가 잘 일치되는가 불일치되는가, 즉 잘 짝지어져 있는가 잘못 짝지어져 있는가에 따라서 발달의 결과는 달라질 수 있다. 만약 개인의 기질과 성격이 사회환경과 일치되거나 좋은 적합도를 보이면 그 결과는 적응적이고 건설적이며 발달 강화적이다. 그러나 개인의 기질과 성격이 환경과 잘못 짝지어지거나 일치하지 못하게 되면 발달은 손상을 받을 수 있다. 따라서 아동 및 청소년의 적응적 발달을 이룰 수 있는 요인은 그들의 특성과 그들의 가정, 또래집단 및 학교환경 등과 같은 심리사회적 환경 간의 적합도가 얼마나 잘 이루어져 있는가에 달려 있다.

적합도의 개념은 사랑에 빠졌다 실연당한 두 청소년의 연애관계에 적용될 수 있다. 처음에는 상대에게 강한 끌림과 매력을 느낀다. 그들은 잘 맞고 완벽한 짝이다. 그러나 지루한 일상 경험이 쌓일수록, 한 사람이 잘못된 것을 말하거나 혹은 한 사람의 특이한 성격이 상대를 화나게 하기 시작할 경우, 그 관계는 최초의 좋은 적합에서 적합의 결여로 움직이고 마침내는 관계의 파국을 초래한다. 많은 청소년들이 관계의 파국을 거부나 어느 누구의 잘못으로 보기보다는 잘못된 적합으로 본다면 마음의 위안을 얻을 수 있을 것이다. 또 어떤 청소년은 구조화된 교육환경에서는 잘 맞지만 비구조화된 교육환경에서는 불편을 느낄 수 있다. 그 반대도 성립된다. 그러므로 학교에서의 성공과 만족도는 청소년의 요구와 환경 설정을 결심한 학교의 설립이념 간의 적합도에 달려 있다.

이를 뒷받침하는 또 다른 연구에서는, 남자 아이들이 인형옷을 입히거나 머리를 빗겨 주는 등 부적절한 놀이행동을 선호하면 나중에 더 부정적인 경향이 있는지의 여부를 검토하였다. 성 적절, 성 부적절로 분류한 결과, 성 적절 대 성 부적절 행동을 보인 아동들 간의 사회적 적응에는 차이가 없었다. 그러나 아동행동에 대한 어머니의 역할 선호성이 고려되었을 때는 실제로 의미 있는 적응의 차이가 일어난다. 즉, 어머니가 적절한 성역할 행동을 선호하고 자녀가 성 부적절 행동을 보여 주었을 때, 자녀는 추후 부적응 징후들을 보이는 경향이 있었다. 아동의 성 부적절 행동이 성 적절 행동을 선호하는 어머니와 좋은 적합을 이루지 못한 것이다.

한편, 잠자기-깨어 있기(sleep-wake cycle)와 같은 수면과 관련된 낮은 규칙성(비리듬성)이 가족과 6년 뒤의 학교 적응에 영향을 미치는가에 대한 장기 종단연구에서 두 집단의 아동을 장기간 비교하였다. 이 연구에서는 영아기 초기 비리듬적 속성을 가진 아동들을 두 가족집단에서 비교하였다. 첫 번째 집단은 기본적으로 중류층의 전문직 부모들이었고, 두 번째 집단은 하류층인 근로자계층의 부모들이었다. 근로자계층의 부모들은 그들 자녀의 수면 불규칙성에 대하여 매우 참을성이 강했고 자신들의 생활을 자녀들의 수면 패턴에 맞추고 있었다. 처음 5년 동안은 자녀들의 비리듬성이 적응문제에 아무 상관이 없어 보였다. 자녀 기질과 부모의 최소한의 요구 간에 적합도는 좋았음이 분명하였다. 대조적으로 전문직 부모는 규칙적인 수면 패턴을 요구하였다. 아이들의 불규칙적 수면 패턴은 처음 5년 동안 문제행동의 예측요인이 되었다. 그러나 전문직 부모들은 자녀들의 잠자기-깨어 있기 주기를 좀 더 규칙적 패턴으로 변화시키기 위한 조처를 취하였고 실제로 매우 성공적이었다. 즉, 자녀들이 학교 취학연령이 되었을 때는 적응문제가 없게 되었고 추후 학교에서도 문제가 없었다. 그러나 근로자계층의 아동들이 학교에 입학하였을 때는 결과가 달라졌다. 그들의 불규칙한 수면 패턴은 충분한 수면을 취하는 것, 정시에 학교에 등교하는 것, 정신 차리고 깨어 있는 것 등을 방해하였다. 그러므로 근로자계층 아동의 학교에서의 불규칙성은 잘못된 적합도였고 실제로 적응문제를 예측해 주었다(정옥분 외 공역, 1999).

▸▸ 비판점

브론펜브레너의 생태학적 이론 및 엘더의 인생경로이론 그리고 러너의 발달적 환경맥락주의는 많은 장점에도 불구하고 관념적 형식론(abstract formalism), 즉 일종의 철학적 상관주의(philosophical relationalism)에 그칠 수 있다는 현실적 위험성이 있다. 그러므로 이들 이론의 유용성과 타당성을 입증하는 이론의 구체적 적용을 위한 지속적 요구가 따르고 있다. 그리고 철학적 상관주의를 해결하기 위하여 대략 두 가지의 방향에서 연구 적용이 이루어지고 있다. 첫째는 맥락과 관련된 서로 다른 여러 가지 유형의 상호관계가 청소년기에 미치는 영향을 다루는 것으로서 사람과 맥락 간의 적합도 또는 일치도를 살펴보는 것이다. 둘째는 사람과 맥락 상호관계의 적극적 조절을 다루는 것이다. 전생애발달심리학을 도입하면서 러너는 청소년기의 정체감 탐색에 대한 발달 조절의 일반적 모형, 즉 선택-최적화-보상(selection-optimization-compensation: SOC) 모형을 적용하였다. 예를 들면, 청소년의 직업 정체감 형성과 관련하여 첫 번째 단계의 목표 추구에서는 가능한 선택들 중에서 어느 것에 자신의 주의를 기울일 것인가를 결심해야 하고, 목표 추구의 두 번째 단계에서는 자신이 선택한 대상을 성취하기 위한 필요 기술을 배워야만 할 것이다. 그리고 마지막에 가서는 여러 난관에도 불구하고 목표 유지를 위해 노력하거나 변경해야 한다. 변경은 자신의 실수로부터 배울 것은 배우고 자신의 목표를 재정의하는 것을 포함한다. 이러한 SOC 모형과 적합도 모형은 청소년연구에서 발달적 환경맥락주의의 유용함을 제공하고 있지만, 지나치게 포괄적인 철학론에 불과하다는 지적을 받고 있다.

참고인물

❖ 페퍼(Stephen C. Pepper, 1891~1972): 페퍼는 미국의 철학자로서 프래그머티즘, 즉 실용주의의 전통에서 활동하였다. 페퍼의 사상이 지식, 마음, 논리, 윤리, 그리고 가치의 사회적 원천이라는 현대적 사고의 중요한 문제들에 대하여 합류되는 동안 그의 주요 관심은 미학(aesthetics)에 있었고, 그중에서도 가장 잘 알려져 있는 것이 1942년에 출간된 『세계의 가설(*World Hypothesis*)』이다. 이 저서에서 페퍼는 근원은유법(root metaphor method)을 발달시켰고, 형태주의(formism), 기계주의(mechanism), 맥락주의(contextualism), 유기체(organism)의 네 가지 기본적인 세계의 가설을 생각하였다. 그리고 각 세계의 가설에 대한 강점과 약점을 확인하였음은 물론, 역설적이며 때로는 그것들을 종합하려는 신비적인 효과를 확인하고자 하였다. 또 다른 주요 저서로는 『가치의 원천(*The Sources of Value*)』(1958) 등이 있다.

❖ 브론펜브레너(Urie Bronfenbrenner, 1917~): 이 장의 브론펜브레너를 참조할 것.

❖ 엘더(Glen H. Elder, Jr., 1934~): 이 장의 엘더를 참조할 것.

제 12 장

청소년기의 학습이론적 관점

ㅁ **파블로프**(Ivan Petrovich Pavlov, 1849～1936)

- 내 조국의 젊은이들이여, 반드시 체계적으로 공부하라, 겸손하라, 그리고 자신의 일에서, 진리를 찾아가는 그대의 탐구에서 항시 열정을 가져라.

ㅁ **스키너**(Burrhus Frederic Skinner, 1904～1990)

- 처벌은 언제나 신중하게 해야 한다. 처벌은 잘못된 행동을 없애지 못하고 단지 억압만 하기 때문이다. 처벌은 공격적 행동과 적개심을 유발할 뿐만 아니라 반항적인 특성과 도피행동을 키울 수 있기 때문에 언제나 조심스럽게 사용되어야 한다.

ㅁ **반두라**(Albert Bandura, 1925～)

- 청소년들은 반드시 질풍노도의 시기를 겪는 것도 아니고 또 겪을 필요도 없다. 왜냐하면 어른들이 청소년들의 반항적으로 보이는 행동에 지나치게 관심을 가지고 과장하고 있기 때문이다. 또한 대중매체가 청소년들의 이런 성질을 지나치게 일반화하였고, 그 결과 청소년들이 성인들이 만들어 놓은 관념세계에 맞추게 된 것이기 때문이다.

1. 파블로프

"내 조국의 젊은이들이여, 반드시 체계적으로 공부하라, 겸손하라. 그리고 자신의 일에서, 진리를 찾아가는 그대의 탐구에서 항시 열정을 가져라."

파블로프(Ivan Petrovich Pavlov, 1849~1936)는 러시아의 모스크바에서 남쪽으로 200킬로미터쯤 떨어져 있는 라잔이라는 조그만 농촌마을의 가난한 집안에서 출생하였다. 파블로프는 11남매 중 맏이었으며, 그의 형제 6명은 어린시절에 사망하였다. 아버지는 목사였으며, 파블로프 자신도 목사직을 그대로 이어받으라는 아버지의 권유에 따라 목사가 되기 위해서 공부하였다. 1860년 11세의 나이로 지바의 신학교에 입학하여 신학공부를 계속하였다. 그러나 마음을 돌려서 1870년에 신학교를 그만두고 상트페테르부르크대학교(University of St. Petersburg)에 입학하여 생리학공부를 시작하였고, 1875년 대학졸업 후 다시 의학공부를 시작하였다. 어려운 생활여건 속에서도 1879년 상트페테르부르크대학교 의과대학에서 의학박사학위를 취득하였다. 그리고 1884년부터 1886년까지 독일의 라이프치히와 브레슬라우에 가서 췌장액분비를 연구하였다. 1886년 러시아로 돌아와서 상트페테르부르크대학교의 실험실조교가 되었고 1890년에는 약물학교수가 되었다. 그리고 1895년에는 생리학교수가 되었고 1924년까지 교수직을 수행하였다.

파블로프는 개의 소화과정에 대하여 열정적으로 연구하였다. 외과적 방법으로 개의 소화관으로부터 항구적 누관을 피부 표면에 노출시키는 데 성공하였는데, 이 누관은 소화과정에 대한 많은 정보를 제공하였다. 초기실험에서는 생리적 과정만이 부각되었으나, 후에는 심리적 요인이 크게 작용한다는 사실도 발견하였다. 먹이의 모습만 보고도, 실험자의 모습이나 발자국 소리만 들어도 개가 타액을 분비한다는 조건반사 현상이 관찰되었다. 파블로프는 이러한 반응을 심리적 반사(psychic reflex)라고 하였다. 그러나 극단적으로 객관적이고 과학자이며 생리학자였던 파블로프는 심리적 반사를 규명하는 것을 포기하였다. 오랜 기간의 고민 끝에 수많은 동료들의 반대와 충고를 무릅쓰고 마침내 심리적 반사의 문제를 파고들기로 결심하였다.

파블로프가 1898년 심리적 반사의 연구로 전환하였을 때, 그의 나이는 50세였다. 50세가 된 파블로프는 제2의 인생을 시작한 것처럼 조건반사에 대한 연구를 시작하였다. 그리고 1904년 56세의 나이에 소화생리학 및 조건화 과정을 연구한 공로로 노벨상을 수상하였다. 또한 1925년에는 뇌기능 연구의 중요성이 언급되면서 다시 한 번 노벨상후보로 선정되었다.

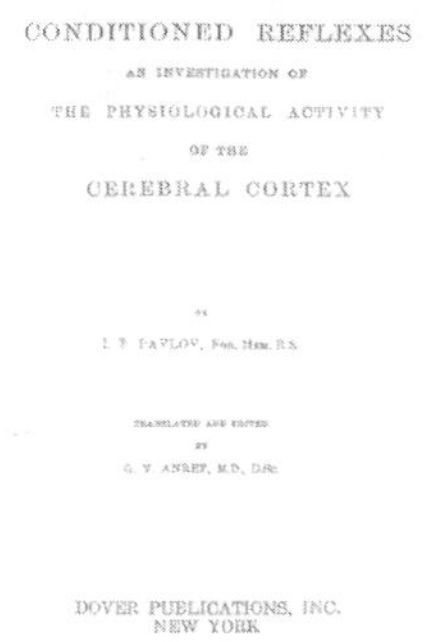

1927년에는 『조건반사: 대뇌피질의 생리적 활동에 관한 연구(*Conditioned Reflexes: An Investigation of the Physiological Activity of the Cerebral Cortes*)』를 출간하였고, 1928년에는 『동물의 고등신경활동(*Higher Nervous Activity in Animals*)』을 출간하여 조건반사의 원리가 수면연구에 활용될 수 있다고 주장하였다. 1927년에 또다시 노벨상후보로 올랐으나, 뜻을 이루지 못하였다. 1921년부터 죽을 때까지는 실험실에서 웬즈데이 세미나(Wednesday Seminar)를 개최하여 연구하는 사람들끼리 많은 주제를 가지고 의견을 서로 교환할 수 있도록 하였다. 파블로프는 평생을 공부하다가, 1936년 87세의 일기로 러시아의 레닌그라드에서 사망하였다.

▸▸ 학습이론

발달은 내적인 힘, 즉 생물학적 성숙이나 각 개인 스스로가 경험을 구조화하는 것에 의해 좌우된다는 이론들과는 달리, 파블로프는 외부자극으로부터, 즉 외부환경에 의해 행동이 형성되어 가는 과정을 강조한 학습이론가이다. 손다이크, 왓슨, 그리고 스키너와 같은 학자들도 이와 비슷한 입장을 취하고 있다.

▸▸ 조건반사

조건반사는 [그림 12-1]에서 보는 바와 같이 개에게 벨소리를 들려준 다음 곧 먹이를 주는 일을 여러 번 되풀이하면 나중에는 벨소리만 들려주고 먹이는 주지 않더라도 침을 흘리게 되는 현상이다. 먹이는 무조건자극(unconditioned stimulus: UCS)이고, 그것이 입 속에 들어감으로써 침이 분비되는 것은 무조건반응(unconditioned response: UCR)이다. 벨소리는 조건자극(conditioned stimulus: CS)이고, 그에 대해 침을 흘리는 것은 조건반응(conditioned response: CR)이다. 조건반사의 강도는 조건자극-무조건자극을 짝짓는 것 및 시간간격(0.5초)과 관련된다. 조건반사의 예는 다음과 같다.

- 먹이(무조건자극) → 타액 분비(무조건반응)
- 벨소리(조건자극) → 먹이(무조건자극) → 타액 분비(무조건반응)
- 조건화의 예시: 조건자극(종소리) → 조건반응(침)

[그림 12-1] 파블로프의 타액 조건반사 연구를 위한 기구장치 연구

출처: Gerow, J. R. (1986). *Psychology: An Introduction*. Illinois: Scott, Foresman and Company.

▸▸ 조건반응의 양

조건반응의 양은 항상 무조건반응의 양보다 적다. 조건반사가 형성된 뒤 그 조건자극과 비슷한 다른 종류의 자극을 제시해도 역시 조건반사를 일으키게 되는데, 이를 자극 일반화라고 한다. 그러나 이와는 달리 이들 자극들의 특징을 구별해 내고 어떤 한정된 범위의 자극 또는 조건반사 훈련 때 사용하였던 자극에만 반응하는 것을 변별이라고 한다. 조건반사는 일단 형성된 다음에는 상당 기간 소멸되지 않지만, 조건자극만을 되풀이하고 무조건자극을 주지 않으면 어느 정도의 시간이 경과한 후에는 소거된다. 그러나 소거된 후 시간이 경과해도 다시 조건자극을 제시하면 조건반응이 일시적으로 일어나는데, 이를 자발적 회복이라고 한다. 자발적 회복은 소거가 망각이 아니라는 증거가 된다. 재조건화(reconditioning)는 소거가 이루어진 다음 조건자극과 무조건자극을 짝짓는 경우 처음의 조건반사보다 신속하게 조건 형성이 이루어지는 현상이다. 고차적 조건화(higer-order conditioning)는 예를 들어, 벨소리(CS1)와 먹이(UCS)를 짝지어 조건화시키고, 그다음 불빛(CS2)을 벨소리(CS1)와 짝지어 반복 제시하면 나중에는 불빛이 조건반응을 일으킨다. 이를 이차적 조건화(secondary order conditioning)라고 한다. 또 부저 소리(CS3)를 불빛(CS2)과 짝지어 반복 제시하면 나중에는 부저 소리가 조건반응을 일으키는데, 이를 삼차적 조건화(third order conditioning)라고 한다. 이차적 조건화 및 삼차적 조건화는 고차적 조건화에 해당되며, 조건화가 높아질수록 타액반응의 양이 적어진다.

청소년과 관련된 이론 및 주장

▶▶ 성격심리

파블로프는 새로운 성격유형이론의 기틀, 특히 생물학적 성격심리학의 기틀을 구축하였다. 즉, 조건반사의 실험과정에서 발견된 개의 중추신경계통 활동 변화를 기반으로 개의 개별 특성이론을 (1) 강하고 균형이 잡힌 활동형, (2) 강하고 균형이 잡힌 비활동형, (3) 강하나 균형을 상실한 형, (4) 약한 형의 네 가지 유형으로 분류하였다. 그리고 그것은 그리스의 내과의사인 히포크라테스의 고전적 4대기질이론인 다혈질, 점액질, 담즙질, 그리고 흑담즙질과 직접 비교 가능하다고 보았다. 강하고 균형이 잡힌 활동형은 다혈질, 강하고 균형이 잡힌 비활동형은 점액질, 강하나 균형을 상실한 형은 담즙질, 그리고 약한 형은 흑담즙질로 비교하면서, 이를 사람의 신경계통의 강도 개념으로 적용하였다. 〈표 12-1〉은 신경계통의 강도를 기초로 한 파블로프의 기질모형이다. 파블로프의 주장에 따르면 개체의 환경 적응에는 신경계통의 영향이 크다. 강하고 균형이 잡힌 활동형과 강하고 균형이 잡힌 비활동형이 환경에 잘 적응하며, 이들은 외부 자극을 잘 수용할 수 있을 뿐만 아니라 신경계통의 질병을 효과적으로 잘 이겨 낼 수 있다. 파블로프의 신경계통의 강도 개념은 후에 성격차원의 개념으로 사용되었는데, 가장 대표적인 것이 아이젱크의 성격차원론, 그레이(Jeffrey Alan Gray, 1934~)의 성격유형모델(각성이론), 그리고 스트렐라우(Jan Strelau, 1931~)의 기질모델 등이다.

〈표 12-1〉 신경계통의 강도를 기초로 한 파블로프의 기질모델

출처: 이현수(1989). 성격 및 개인차의 심리학. 우성문화사.

▸▸ 실험신경증

1914년 파블로프의 조건화에 대한 연구가 한창일 때 파블로프의 제자들은 극적인 새로운 연구에 착수하였다. 그들은 개가 원과 타원을 구별하는 실험에서 타원형에 대해서만 타액분비가 되도록 훈련시켰다. 실험자는 타원형의 모양을 변화시켜 원에 가깝도록 조작하였다. 마지막에 가서 개는 원과 타원을 구별하지 못할 정도까지 타원을 변형시켜 갔다. 2~3주간 계속적으로 실험을 되풀이한 결과, 개의 변별하는 능력은 더욱 악화되어 두 가지 도형을 전혀 변별하지 못하게 되었다. 동시에 개의 행동에는 커다란 변화가 있었다. 이전에는 매우 온순하였던 개가 성질이 사나와져서 실험상자를 이로 물어뜯을 뿐만 아니라 사납게 짖어댔다. 개의 변별능력은 이전보다 훨씬 퇴화되어 원과 타원을 전혀 구별할 수 없었다. 파블로프는 이와 같은 개의 행동을 실험신경증(experimental neurosis)의 증후로 판단하였다.

이와 같은 결과를 바탕으로 파블로프는 인간의 정신병리 현상을 새로운 각도에서 다루기 시작하였는데, 그때 그는 80세가 훨씬 지났다. 파블로프는 개가 조건반사 과정에서 서로 다르게 반응하는 것과 같이 사람의 경우도 생활 스트레스에 대해서 서로 다르게 반응하는 것이 아닌가 하고 생각하였다. 파블로프는 개의 반응을 제지형, 흥분형, 그리고 중추형으로 크게 구분하고, 이 세 가지 서로 다른 반응 유형이 서로 다른 실험신경증으로 발전하게 된다는 사실을 발견하였다. 예를 들면, 흥분형의 동물로 하여금 그가 가지고 있는 능력 이상의 변별능력을 필요로 하는 일을 시키면 우울해지기도 하고 흥분하기도 하는데, 이는 인간의 조울증과 비교될 만한 것이었다. 이와 유사한 행동조건하에서 제지형의 동물은 정신분열증에서 보이는 것과 같은 반응을 보였고, 중추형은 혼합형 반응을 보였다. 파블로프는 이와 같은 실험결과를 바탕으로 하여 사람을 예술형(artistic type)과 사고형(thinking type)으로 구분하였다. 예술형은 격렬하고 외부 자극에 대하여 예민하며, 사고형은 조용하고 명상적이며 생각하기를 좋아하는 특징이 있다는 사실을 첨가하여 설명하고 있다. 또 이들 유형을 정신적 장애와 관련하여 생각해 볼 때 예술형은 히스테리적 혹은 조울적 반응으로 발전될 가능성이 있으나, 사고형은 강박적 혹은 정신분열증적 반응으로 발전될 가능성이 있다. 파블로프는 신경계통의 유형 차이에 대해 관심을 가지고 있었는데, 이는 곧 정신장애에 대한 반응의 기틀이 되었다.

▸▸ 학습된 무기력

욕구좌절 장면에 대하여 공격하는 청소년이 있는가 하면, 무관심 또는 냉담해지는 청소년이 있다. 그러나 그 이유에 대해서는 누구도 확실하게 알지 못한다. 일이 뜻대로 되지 않으면 화가 나서 물건을 내던지는 사람도 있고 부수는 사람들도 있다. 이러한 사람들은 다음에 자신의 동기가 좌절되면 또 그와 같은 행동을 할 것이다. 그렇게 함으로써 욕구를 충족시킨 경험이 있기 때문이다. 그러나 공격성을 외부로 노출시켰을 때 자신의 좌절된 동기가 충족되지 못한 경험을 가진 사람은 무관심해지거나 냉담해진다. 물론 좌절에 대한 공격성(좌절-공격성 이론)이 흔한 반응이기는 하지만, 그와 반대로 위축과 무관심 또는 무감정을 보이기도 한다. 그리고 이는 다시 우울로 심화된다.

동물이 스트레스 장면에 처하게 되면 이럴 수도 저럴 수도 없는 무기력 상태에 빠지게 된다. 이를 실험적으로 입증한 사람이 미국의 심리학자 셀리그먼(Martin E. P. Seligman, 1942~)이다. 칸막이로 나눈 두 칸짜리 셔틀상자에 갇힌 개들은 약한 전기쇼크가 오면 다른 칸으로 뛰어 넘어가서 충격을 피하는 것을 학습한다. 또 충격이 오기 몇 초 전에 불을 켜서 신호하면 개들은 충격을 피하기 위하여 다른 칸으로 뛰어 넘어간다. 그러나 개들이 이전에 충격을 피할 가능성이 없는 상자에 갇혀서 충격을 견뎌 내야만 했다면 새로운 상황에서 충격을 피하는 것을 학습하기가 대단히 어렵다. 이런 개들은 그저 가만히 앉아서 충격을 참는다. 그저 별로 높지 않은 칸막이를 뛰어넘어 반대편 칸막이로 가기만 하면 되는데도 그렇게 하지 않는다. 심지어 어떤 개들은 실험자가 다른 칸으로 옮겨 놓아 주면서 방법을 가르쳐 주어도 결코 학습하지 못한다. 이 동물들은 이전의 경험을 통하여 충격을 피할 수 없다는 것을 학습하였으며, 그 결과 새로운 환경에서도 충격을 피하려는 시도조차 포기하게 된다. 이들 실험동물들은 학습된 무기력(learned helplessness)을 극복할 수 없었다. 이렇게 혐오적 장면을 종결시키거나 회피 또는 도피하기 위하여 할 수 있는 것이 아무것도 없다는 신념이 다른 장면으로 일반화되는 것을 학습된 무기력이라고 부른다.

셀리그먼에 의하면 고전적 조건화의 장면에서는 동물들이 어쩔 수 없이 무기력하기 때문에 스스로 무기력하다는 것을 학습한다. 더욱이 이러한 무기력은 경험한 충격 자체와는 아무런 관계가 없고 오히려 충격을 통제할 수 없는 동물의 무능력과 관계가 있다. 이것이 바로 통제불가능성(uncontrollability)이다. 또한 전기쇼크가 언제 올지 제대로 예측할 수 없는 예측불가능성(unpredictability)이 내재되어 있다. 그러므로 사람 또한 스트레스 장면에 부딪히게 되면 일차적으로 불안해지고, 그 장면을 통제할 수 없게 되면 우울해진다는 것이 학습된 무기력 이론의 골자이다. 이와 같은 사실에서 볼 때 동물은 이전의 학습 경험, 즉 충격을 피할 수 없었기 때문에 그 충격을 피하는 것을 포기하게 된다. 이러한 특징은 다른 사태에 직면해도 그대로 나타난다. 이를 도식적으로 나타내면 다음과 같다.

좌절 → 학습된 무기력 → 우울 → 자살

좌절	학습된 무기력
• 자원의 결핍	• 통제불능 → 우울
• 행동과정의 지연	• 예측불능 → 불안
• 상실감	• 정서, 인지, 동기의 손상
• 실패	
• 인생에 대한 무의미감	

학습된 무기력은 외상적 경험 자체 때문에 생기는 것이 아니라, 그것에 대하여 아무것도 할 수 없다는 무능력, 즉 지각되는 무능력 때문에 생긴다. 혐오적 장면을 통제할 수 없다는 것을 학습한 동물은 일반적으로 수동적이게 된다. 학습된 무기력의 증상에는 강화를 획득하거나 처벌을 도피 또는 회피하기 위하여 행위를 시작하는 것을 싫어하는 것, 일반적인 수동성, 움츠러드는 것, 공포, 의기소침, 무엇이든지 일어나는 대로 수용하겠다는 일반적인 자발성(willingness) 등이 포함된다. 셀리그먼은 인간의 경우 학습된 무기력이 우울증으로 경험되며, 그들은 삶에서 너무 좌절되어 어쩔 수 없고 움츠러들고 마지막에는 포기해 버리는 것이 특징이라고 하였다.

욕구좌절의 상태가 장기간 지속될 때 일어날 수 있는 일은 무엇인가? 예를 들면, 장기간 포로수용소에 수용되었던 사람은 냉담해지고 우울한 상태에 빠지게 된다. 포로들은 그들이 처한 상황에 대해 어떤 노력을 해 보아도 소용 없다고 믿게 되고, 그 결과 탈출하려는 시도를 하지 않는다. 장기간 심한 고문을 받고 죽음에 직면하게 되면 냉담해지며 주위에서 일어나는 일에 대해서 무관심해진다. 마찬가지로 가정폭력에 시달리는 여성들 가운데는 남편에게서 도망치지 못하는 여성들이 있다. 그들은 어떤 행동을 하더라도 남편이 복수할까 두렵고, 자신과 자녀들을 부양할 경제적인 능력이 없기 때문에 극도의 무기력을 느끼고 냉담해지게 된다. 냉담한 상태가 심하게, 그리고 장기간 지속되면 죽음을 초래할 수밖에 없다. 왜냐하면 아무것도 먹으려고 하지 않을 뿐더러 무엇을 해 보려는 의욕이 없기 때문이다. 이러한 심각한 상태를 치료하기 위해서는 하찮은 일이라도 열심히 하게 하고, 또 자신이 현재 당면하고 있는 문제 혹은 장차 당면할 문제에 대하여 흥미를 가지도록 해 주어야 한다. 무기력, 무감정, 위축, 그리고 무활동은 우울증의 원인이 된다. 무기력 상태에 대한 연구는 인간의 우울증을 연구하는 데 크게 기여하였다.

사람을 대상으로 학습된 무기력 이론의 타당성을 입증하기 위한 실험연구가 많이 있지만 그것을 해석하기는 쉽지 않다. 통제불능의 사건이라고 해서 언제 어디서나 무기력 피동성을 유발하는 것은 물론 아니다. 때로는 활발하게 정력적으로 극복하려고 시도하려는 사람도 있다. 학습된 무기력 이론은 너무 단순해서 그대로 사람에게는 적용하기가 어렵다. 그러므로 사람에게 적용하기 위해 계속된 실험결과에서는 사람을 무기력하게 하는 것은 통제불능의 사건이나 사태가 아니라 그렇게 부정적으로 생각하는 것이라고 한다. 우리들 주변에서 야기되는 사건을 우리가 통제해 나갈 수 있다는 생각이 무엇보다 중요하다. 그러나 학습된 무기력 이론은 어려운 상황에 처했을 때 왜 어떤 사람들은 포기하는 듯한 행동을 보이는지를 이해할 수 있다는 점에서 여전히 유용한 이론으로 남아 있다.

▸▸ 당부의 편지

파블로프는 오직 인간성 그 자체에 대한 정확한 과학만이, 그리고 전능한 과학적 방법의 도움을 얻어 그것으로 가장 성실하게 접근하는 것만이 인간이 현재 가지고 있는 우수를 지울 수 있을 것이며 대인관계에서의 오늘날의 수치를 일소해 줄 수 있을 것이라는 과학적 개념에서 결코 벗어나지 않았다. 그리고 1936년 그의 나이 87세가 되었을 때 모국의 젊은 과학자들에게 다음과 같은 편지를 보낸 적이 있다(Babkin, 1949).

• 내 조국의 젊은이들에게 나는 이 편지를 전하고 싶다. 첫째로 체계적이어야 한다. 되풀이하지만 체계적이어야 한다. 지식을 습득함에 있어 엄격하게 체계적이 되도록 스스로를 훈련시켜라. 과학의 꼭대기에 도달하기 전에 먼저 과학의 근본을 공부하라. 하나의 단계를 철저하게 이수할 때까지 다음 단계로 옮겨 가지 말라. 어떤 대담한 추측이나 가설로도 자기 지식의 결점을 감추려고 하지 말라. 극기와 인내심을 훈련하라. 과학이 힘든 일을 하는 것을 배워라. 비록 새의 날개가 완전하다 하더라도 공기에 기대지 않고서는 솟아오를 수 없다. 과학자가 기대는 공기는 사실이란 것이다. 그것이 없으면 그대는 결코 위로 날 수

없으리라. 그것이 없으면 그대의 이론은 공허한 노력에 지나지 않을 것이다. 그러나 공부하고 실험하고 관찰할 때 사물의 껍데기에 머물러 있지 않도록 노력하라. 사실을 단순히 수집하는 사람이 되지 말고 그들의 기원의 신비를 꿰뚫어 보라. 그들을 지배하고 있는 법칙을 꾸준히 찾아라.

- 두 번째의 중요한 필수조건은 겸손이다. 어떤 때라도 그대가 모든 것을 다 안다고 생각하지 말라. 남들이 그대를 아무리 높게 평가하더라도 '나는 무식하다.' 라는 말을 그대 스스로 말할 수 있는 용기를 가져라. 자부심이 그대를 휩싸게 하지 말라.
- 세 번째로 필요한 것은 열정이다. 과학이란 어떤 사람의 일생을 요구한다는 것을 기억하라. 그리고 설령 그대가 두 개의 삶을 가진다고 하더라도 그것으로도 충분하지 않다. 그대의 일에서 그리고 진리를 찾아가는 그대의 탐구에서 항시 열정을 가져라.

▶▶ 비판점

파블로프의 이론은 순수한 사색의 영역으로부터 과학적인 학습이론을 이끌어 냈다는 점에서 하나의 획기적인 사건으로 기록되고 있다. 그러나 그가 남긴 이론은 완벽한 것이 아니고, 그가 인간의 행동을 너무 좁은 시각에서 보았다는 것이 현대 조건반사 연구자들에 의해서 밝혀지고 있다. 파블로프는 철저한 반사론자요, 기계론자요, 지나치게 뇌의 기능에만 얽매여서 인간의 행동을 바라보았다. 즉, 파블로프는 인간의 행동을 반사의 산물로, 그리고 기계적으로 형성되는 것으로 보았기 때문에 반사의 개념을 떠나서는 인간의 행동을 생각하지 못하였다. 게다가 뇌의 기능과 무관한 행동의 측면을 생각하지 못했고 또 그 범주를 벗어나지 못하였다. 그러나 인간의 행동은 반사의 산물만도 아니고 기계적으로 형성된 것만도 아니라는 사실이 밝혀지고 있다. 현대 심리학자들은 이와 같은 점을 들어 파블로프의 이론을 비판하고 있다.

참고사항

❖ 침묵의 탑

파블로프는 1881년 32세에 결혼하였으나, 경제적인 어려움 때문에 결혼 초기에 자신은 실험실에서 살고 아내는 친척집에서 살아야만 했다. 파블로프가 박사학위논문을 준비하고 있었을 때 아내가 첫 아이를 낳았는데 산모와 아이 모두 건강히 좋지 않았고,

의사는 따뜻한 외국으로 가서 요양할 것을 권유하였다. 그러나 돈이 없어 그렇게 하지 못해서 아이는 끝내 사망하고 말았다. 6년 후 아내가 둘째 아이를 갖게 되었고, 그들의 경제적 어려움을 알게 된 제자들이 돈을 모아서 파블로프에게 주었지만, 파블로프는 당장 실험용 동물들이 필요했기 때문에 그 돈을 실험용 동물을 사는 데 다 써버리고 말았다. 그들의 가난은 파블로프가 1890년 41세 때 약물학교수 자리를 얻을 때까지 계속되었다. 파블로프가 살고 있을 당시의 러시아는 공산주의의 혁명기였다. 파블로프는 1904년 12월 스웨덴의 스톡홀름에서 노벨상을 수상하게 됨으로써 1907년 러시아제국의 아카데미 회원으로 선출되었다. 그러나 그 효력은 별로 없었다. 공산주의 혁명 후 1919년 소비에트 연방정부가 출범하였고, 레닌(Vladimir Ilyich Lenin, 1870~1924)과 스탈린(Iosif Vissarionovich Stalin, 1879~1953)이 정권을 지배하게 되었다. 혁명과 소련정부에 대한 파블로프의 시각은 비판적이었으나, 레닌은 마침내 1921년 인민위원회의 이름으로 파블로프와 그의 연구를 국가가 원조하도록 하는 포고령을 선포하였다. 그리고 스탈린은 파블로프를 위해 아주 완벽한 방음시설을 갖춘 일명 침묵의 탑(tower of silence)이라는 실험실을 지어 주기도 하였다.

❖ S형과 R형 조건화

파블로프의 조건반사 개념은 미국 행동주의심리학 운동에 많은 영향을 주었다. 1916년 왓슨은 『심리학에 있어서 조건반사의 위치(*The Place of the Conditioned-Reflex in Psychology*)』라는 논문을 통하여 인간과 사회 현상의 연구에서 조건반사의 이론에 큰 비중을 두어야 한다고 주장하였다. 1930년대에는 파블로프의 저서가 미국에서 영어로 출판되기 시작하면서 스키너 및 톨먼(Edward Chace Tolman, 1886~1959) 등을 중심으로 신행동주의심리학 운동이 활발하게 전개되었다. 특히, 스키너는 자극에 의해서 인출(elicit)되는 대응적 행동과 유기체에 의해 방사(emit)되는 조작적 행동을 구분하고, 조건화의 과정도 반응적 행동을 유발하기 위해 자극의 중요성을 강조하는 반응적 조건화와 반응의 중요성을 강조하는 조작적 조건화로 구분하였다. 그리고 전자를 S형 조건화, 그리고 후자를 R형 조건화라고 불렀다. S형 조건화는 파블로프식 고전적 조건화, R형 조건화는 미국에서 발달한 손다이크의 도구적 조건화의 기제와 각각 유사하다. 대다수의 미국심리학자들은 R형 조건화 과정에 관심이 있었고 S형 조건화 과정에 관심을 가진 사람은 극소수에 불과하였다. 조건화 과정에 관심을 가진 소수의 사람들은 파블로프의 전통보다는 손다이크의 전통에 따라 동물실험을 하고 있었다. 그들은 개가 침을 흘리고 슬개반사를 하는 것을 관찰하는 것보다는 쥐가 미로를 달리고 비둘기가 부리로 쪼는 것을 조작하고 실험하는 데 관심이 있었다. 그들은 동물이 주어진 자극에 의해서 사건의 의미를 학습하게 되고(고전적 조건화), 그 학습경험을 유지하기 위해 어떤 조작을 가할 것인가를 학습하게 된다(조작적 조건화)고 주장하였다.

참고인물

❖ 히포크라테스(Hippocrates, B.C. 460～377): 의학의 아버지로 불리는 그리스의 의학자인 히포크라테스는 체질론에 입각하여 인간의 성격특징은 중요한 네 가지 체액, 즉 혈액, 흑담즙, 황담즙, 그리고 점액의 비율에 따라 결정된다는 4대체액이론을 주장하였다. 히포크라테스의 체액이론은 성격이론의 기원으로 기록되고 있다. 또한 뇌가 손상을 받게 되면 심신 증후가 뚜렷이 나타난다는 사실을 분명하게 밝힌 바 있다.

❖ 손다이크(Edward Lee Thorndike, 1874～1949): 미국 매사추세츠 주 윌리엄스버그에서 출생하였다. 1895년 감리교에서 운영하던 코네티컷 주의 웨슬리언대학교(Wesleyan University)를 졸업하였으나, 대학교 2학년이 될 때까지 심리학을 모르고 있다가 우연한 기회에 제임스의 『심리학의 원리(*Principle of Psychology*)』(1890)를 읽고 감명을 받아 하버드대학교로 가서 제임스의 강의를 듣게 되었고, 1896년 하버드대학교를 졸업하였다. 그리고 1897년 컬럼비아대학교에서 석사학위를 취득하였고, 1898년 『동물지능: 동물연합과정의 실험적 연구(*Animal Intelligence: An Experimental Study of the Associative Process in Animals*)』라는 논문을 제출하여 철학박사학위를 취득하였다. 손다이크는 자신의 박사학위논문에서 동물이 시행착오와 우연적 성공을 통해 올바른 행동을 학습한다는 사실을 밝혀내게 되었는데, 이는 심리학 분야에서 최초의 동물실험 연구로 기록되고 있다. 손다이크는 다윈의 영향을 받아 행동

의 기능적 측면을 강조한 기능주의적 학습이론가이자 동물심리학자이다. 파블로프 또한 손다이크가 자신보다 2, 3년 먼저 동물실험을 실시했다고 인정하면서 손다이크의 연구방법을 격찬하기도 하였다. 손다이크는 고양이 실험을 통해 시행착오학습(trial and error learning)을 주장하였다. 학습이란 점증적인 것이지 통찰적인 것이 아니고, 학습은 관념에 의해 매개되는 것도 아니고, 모든 포유동물은 동일한 방식으로 학습한다고 주장하였다.

❖ 왓슨(John Broadus Watson, 1878～1958): 미국 사우스캐롤라이나 주의 그린빌 외곽의 전원 지역에서 출생하였다. 아버지는 술주정뱅이였으며 주위사람들과 말다툼을 자주하고 바람을 피우는 등 성공하지 못한 가난한 농부였다. 그래서 왓슨은 집에 오랫동안 홀로 남겨지는 경우가 자주 있었고, 어머니는 왓슨이 목사가 되어야 한다고 강요할 만큼 종교에 열성적이었다. 이와 같은 환경에서 자란 왓슨은 청소년기 중반까지 문제아였고 경찰에 구속된 적도 두 번이나 있었다. 그럼에도 불구하고 1894년 16세 되던 해 그린빌에 있는 퍼먼대학(Furman College)에 입학하여 1900년 학부 및 석사과정을 졸업하고, 1903년 시카고대학교에서 『동물교육: 흰쥐의 정신적 발달에 관한 실험적 연구(*Animal Education: An Experimental Study on Psychical Developmental of the White Rat*)』라는 논문으로 철학박사학위를 취득하였다. 1904～1908년까지 시카고대학교의 강사를 역임하였고, 1908～1920년까지 존스홉킨스대학교의 실험 및 비교심리학교수로 재직하였다. 1903년에는 자신의 강의를 수강하였던 여학생과 결혼하여 두 명의 아이를 낳았지만 결혼생활은 원만하지 못하였다. 그러던 중 1918년 42세 때 자신의 실험실 연구조교였던 21세의 대학원생 레이너(Rosalie Rayner)와 사랑에 빠져 본부인과 이혼하고 재혼을 하였는데, 이 사건으로 인해 대학 당국으로부터 사임해 줄 것을 요청받게 되었고, 학계의 눈총 때문에 교수직을 그만두고 뉴욕의 광고회사에 취업하게 되었다. 그 후 학문적 지위를 갖지 못하고 주로 광고심리학을 통해 대중을 상대로 심리학을 소개하였고, 또 대중의 인기를 얻기 위해 자신의 견해를 지나치게 단순화시키기도 하였다. 그러나 두 번째 아내인 레이너는 병에 걸려 사망하였고, 왓슨은 코네티컷 주 우드베리의 조그마한 농장으로 이사를 갔으나 그 충격에서 벗어나지 못한 채 여생을 보내다가 1958년 80세의 나이로 사망하였다.

왓슨은 극단적인 환경론적 결정주의자이며, 행동주의학파의 창설자로 기록되고 있다. 부인 레이너와 함께 생후 9개월 된 앨버트라는 아이를 대상으로 생득적인 정서적 반사가 어떻게 중립적인 자극에 조건화되는지를 알아보기 위한 실험을 진행하였다. 처음에 앨버트는 다른 아이들처럼 쥐를 두려워하지는 않았으나, 나중에 쥐를 만질 때마다 뒤에서 망치로 철사막대기를 두들겨 커다란 굉음 소리가 나게 하였다. 일주일간의 실험을 중단한 후 앨버트에게 쥐를 제시하였더니, 앨버트는 쥐를 경계하기 시작하였다. 그 후 몇 차례 더 쥐를 만질 때마다 굉음을 들려주었더니 앨버트는 처음과 달리 쥐에게 강한 공포를 느끼게 되었다. 그리고 그 공포는 쥐와 비슷한 털을 가진 다람쥐, 개, 모피코트, 목화, 그리고 산타클로스의 수염에도 일반화되어 나타난다는 사실을 관찰하였다. 이와 같은 연구결과를 토대로 왓슨은 성격이란 조건반사의 집합이고, 인간의 정서는 유전과 경험의 산물이라고 생각하게 되었다. 인간은 공포, 분노, 사랑이라는 세 가지 정서를 유전적으로 물려받고, 이러한 세 가지 기본적 정서가 조건화 과정을 통하여 사람에 따라 상이한 대상에 부착된다고 주장하였다. 꼬마 앨버트에 대한 연구결과는 1920년『조건화된 정서반응(*Conditioned Emotional Reaction*)』이라는 제목으로『*Journal of Experimental Psychology*』에 실렸으며 레이너와 공동저자로 발표되었다.

왓슨은 우리가 출생 시에 갖추게 되는 모든 것이란 몇 가지의 반사와 몇 가지의 기본적인 정서뿐이며, 고전적 조건화를 통하여 이러한 반사들은 여러 가지의 자극과 짝지어지는 것이라는 입장을 피력하였다. 그리고 인간이 정신적 능력 또는 기질을 가지고 태어난다는 것을 부정하면서 다음과 같은 유명한 진술문을 전개하였다. "나에게 건강하고 잘 기른 아이를 달라. 그리고 그들을 기를 구체적인 세계를 이야기해 달라. 그러면 나는 그들 중의 어느 누구라도 무선적으로 뽑아 그의 재능, 취미, 경향, 능력, 직업, 부모의 인종 여하를 불문하고 의사, 법률가, 예술가, 상인, 경찰서장, 심지어 걸인이나 도둑 등 당신이 선택하는 어떠한 유형의 전문가라도 되도록 훈련시켜 낼 것을 보증코자 한다."

왓슨은 심리학은 순수하게 객관적이고 실험적인 자연과학의 일부분이고 심리학의 목적은 행동의 예언과 통제이기 때문에, 심리학은 의식을 파기하고 심적 상태, 마음, 내용, 심상과 같은 용어들을 사용해서는 안 되고 그것들을 관찰의 대상으로 삼아서도 안 된다고 주장하였다. 오로지 행동만을, 즉 자극과 반응을 연구해야 하고, 그러한 행동은 요소로써 분석할 수 있다고 주장하면서 극단적인 환경결정론을 취했다. 그는 본능 같은 유전적인 측면은 전적으로 부정하였다.

❖ 톨먼(Edward Chace Tolman, 1886~1959): 미국 매사추세츠 주의 보스턴 근교에 있는 뉴턴

에서 출생하였다. 톨먼은 사업가인 아버지의 가업을 이어받으라는 압박감이 어느 정도 있었지만, 매사추세츠공과대학(MIT)에 입학하여 전기화학을 전공하여 1911년 졸업하였고, 하버드대학교 대학원에서 1912년 심리학전공으로 석사학위를 취득하였고, 1915년에는 역시 심리학전공으로 철학박사학위를 취득하였다. 제1차세계대전(1914~1918) 기간 중이었던 1915년부터 3년 동안 노스웨스턴대학교에서 심리학 강의를 하였다. 캘리포니아대학교 버클리캠퍼스에서 1918~1920년까지 시간강사, 1920~1922년까지는 조교수, 1923년에서 1928년까지는 부교수, 1928년부터 1954년까지는 교수, 그리고 1954년 이후부터는 명예교수로 재직하였다. 톨먼은 하버드대학교의 대학원생이었을 당시 독일을 여행하여 코프카와 짧은 시간이었지만 같이 연구한 적이 있었고, 이에 큰 영향을 받게 되었다. 따라서 톨먼의 이론적 구성은 행동주의심리학과 형태주의심리학의 결합적 성격을 띠고 있다. 그것은 쥐의 미로학습을 놓고 볼 때 쥐는 각 분기점에서 기호를 인지함으로써 학습을 하게 되는데, 개개의 기호를 개별적으로 인식하지 않고 '다음에는 어떻게 될까?'를 예상할 수 있는 것과 같이 기호들을 한 덩어리의 형태로 인지하기 때문이다. 또 쥐는 학습에 의해 전체 지도와 같은 것을 형성하게 되는데, 이것이 바로 인지도(cognitive map)이며 톨먼의 이론을 기호-형태론(sign-gestalt theory)라고 부르는 이유이기도 하다.

톨먼은 심리학은 의미 있는 행위(act)를 연구하는 학문이지 무의미한 움직임(movemnet)을 연구하는 것이 아니라고 하면서 왓슨의 행동주의를 미시적인 것으로 평가하였고, 전체적이고 의미 있는 거시적 행동, 즉 대단위 행동(molar behavior)을 연구해야 객관적이 될 수 있다고 주장하였다. 그리고 왓슨의 행동주의와 더불어 의식이라는 것도 행동의 잠재성이기 때문에 연구대상에 포함시켜야 한다고 주장하면서 왓슨의 행동주의에서 제안하였던 자극(S)→반응(O) 모델 대신 최초로 자극(S)→유기체(O)→반응(R) 모델을 채택해야 한다고 보았다. 또한 쥐의 미로학습을 통하여 잠재학습(latent learning)과 인지도의 개념을 도입하여 인간행동의 학습원리를 설명하고자 하였다. 잠재학습이란 학습된 것이 행동으로 표현되기 이전에 상당히 많은 시간 동안 잠자고 있는 학습이고, 인지도는 환경 내에서 자기가 활동하는 데 이용할 수 있는 환경에 대한 그림, 즉 머릿속에 그려 놓은 지도와 같다고 하였다. 유기체는 또한 인지도의 발달로 언제나

최단 거리를 선택하거나 노력이 가장 적게 드는 최소 노력의 원리(principle of least effort)를 선택한다고 주장하였다.

❖ 스키너(Burrhus Frederic Skinner, 1904～1990): 12장의 스키너를 참조할 것.

❖ 아이젱크(Hans Jurgen Eysenck, 1916～1997): 6장의 프로이트의 '참고인물'을 참조할 것.

❖ 스트렐라우(Jan Strelau, 1931～): 폴란드 출생으로 1958년 바르샤바대학교(University of Warsaw)에서 석사학위를 취득하였고, 1963년 동 대학교에서 철학박사학위를 취득하였다. 또한 1967년에는 바르샤바의 하빌대학교(Habil University)에서도 박사학위를 취득하였다. 스트렐라우는 기질의 개인차를 주로 생물학적 측면에서 연구하였다. 기질은 개인행동의 에너지 수준과 시간적 속성에 의해 외부로 나타난다고 하면서 기질의 통정이론(regulative theory of temperament)을 주장하였다. 그리고 개인행동의 에너지 수준은 반응성과 활동성으로 구성되어 있고, 시간적 속성은 가동성(환경변화에 대한 반응능력), 지속성, 반응템포, 그리고 리듬을 포함한다고 하면서 기질의 개인차를 밝히고자 노력하였다. 주요 저서로는 『기질-성격-활동(*Temperament-Personality-Activity*)』(1983), 『성격 및 행동의 생물학적 기초(*The Biological Bases of Personality and Behavior*)』(1985), 『성격차원과 각성(*Personality Dimension and Arousal*)』(1987) 등이 있다.

❖ 그레이(Jeffrey Alan Gray, 1934～): 영국 런던에서 출생하였다. 1952～1954년까지 군복무를 마친 후 처음에는 법학을 공부했다가 1959년 옥스퍼드대학교에서 심리학전공으로 두 번째 학사학위를 받았다. 1959～1960년에 런던의 정신의학연구소에서 임상심리학자로서의 훈련을 받았다. 그리고 1964년에는 런던대학교에서 아이젱크의 지도하에 『환경, 유전 및 호르몬이 동물의 정서행동에 미치는 영향에 관한 연구(*A Study of Environmental, Genetic and Bormonal Influences on Emotional Behaviour in Animals*)』로 철학박사학위를 취득하였다. 1983년부터는 런던대학교의 정신의학 및 심리학교수로 재직하였고, 주로 개인차의 기초가 되는 생물학적 특징들을 밝히고자 노력하였다. 그리고 파블로프의 신경계통의 강도 개념을 기초

로 사람의 성격유형을 제시하였다. 특히, 인간의 행동특징은 뇌의 변연계계통 안에 있는 두 세트의 신경회로인 행동제지계통(behavioural inhibition system: BIS)과 행동부활성계통(behavioural activation system: BAS)에 따라 달라진다고 주장하였다. 내향성은 행동제지계통이 강하기 때문에 벌 신호에 매우 예민하게 반응하고 자신의 행동을 제지하는 경향이 있는 반면, 외향성은 행동부활성계통이 더 강하기 때문에 상 또는 보상신호에 매우 예민하게 반응하고 충동적으로 행동하는 경향이 있다는 것이다. 또한 일반적으로 반응성 수준이 높은 개체는 흥분처리계수(stimulation processing coefficient: SPC)가 높고, 반응성 수준이 낮은 개체는 자극을 감소시키는 경향이 있기 때문에 민감성은 낮으나 지속성은 높고 흥분처리계수도 낮다고 하였다. 주요 저서로는 『파블로프의 유형론(*Pavlov's Typology*)』(1964), 『개인행동의 생물학적 기초(*The Biological Bases of Individual Behaviour*)』(1972) 등이 있다.

❖ 셀리그먼(Martin E. P. Seligman, 1942~): 셀리그먼은 뉴욕 올버니에서 출생하였다. 1964년 프린스턴대학교를 졸업하고, 1967년 펜실베이니아대학교에서 철학박사학위를 취득하였다. 그는 학습된 무기력(learned helplessness) 이론으로 잘 알려져 있으며, 보다 최근에는 긍정적 심리학(positive psychology)에 큰 기여를 하고 있다. 주요 저서로는 『무기력: 우울증, 발달과 죽음(*Helplessness: On Depression, Development and Death*)』(1975), 『학습된 낙관주의(*Learned Optimism*)』(1991) 등이 있다.

2. 스키너

"처벌은 언제나 신중하게 해야 한다. 처벌은 잘못된 행동을 없애지 못하고 단지 억압만 하기 때문이다. 처벌은 공격적 행동과 적개심을 유발할 뿐만 아니라 반항적인 특성과 도피행동을 키울 수 있기 때문에 언제나 조심스럽게 사용되어야 한다."

스키너(Burrhus Frederic Skinner, 1904~1990)는 미국 펜실베이니아 주의 서스쾌안나에서 출생하였다. 아버지는 변호사였으며, 어머니는 아름답고 현명한 여자였다. 두 살 아래인 남동생이 열여섯 살 되던 해에 갑자기 죽자, 스키너는 적지 않은 충격을 받았으나 이를 잘 극복하였다. 중·고등학교 다닐 때는 과학보다는 문학에 심취하였고, 대학도 뉴욕의 해밀턴대학(Hamilton College)에서 영문학을 전공하였다. 대학시절 자신이 쓴 세 개의 단편에 그 당시 유명한 미국 시인인 프로스트(Robert Lee Frost, 1874~1963)가 좋은 반응을 보이자, 작가가 되기로 결심하고 문학가로서의 경력을 쌓기 시작하였다. 그러나 이 꿈은 좌절되었다. 왜냐하면 스키너는 문학이 인간행위를 세밀하게 묘사할 수는 있지만 인간 행위를 이해할 수는 없다는 깊은 회의감에 빠져들었기 때문이었다. 그리고 마음의 상처를 받은 스키너는 뉴욕의 그리니치에서 6개월간을 보헤미안처럼 시간을 보내게 되었다.

그러던 중 1928년에 인생의 전환점이 찾아왔다. 스키너는 파블로프의 『조건반사』라는 책을 읽고 큰 감동을 받아 과학자가 되기로 결심하고, 서둘러 1928년 하버드대학의 심리학과 대학원에 입학하였다. 그리고는 심리학공부에 몰두해 1930년 하버드대학교 대학원에서 석사학위를, 1931년에 역시 하버드대학교 대학원에서 철학박사학위를 취득하게 되었다. 비록 대학시절 단 한 번도 심리학과목을 수강하지 않았지만, 스키너는 전문심리학자로서의 삶을 새롭게 시작한 것이다. 그리고 자신이 새로운 학문분야에 뒤떨어져 있음을 깨닫고는 혹독한 연구계획을 세우고 심리학연구에 몰두하였다. 박사학위를 취득한 1931년부터 1936년까지 계속 하버드에 머물면서 하버드에서 제안했던 각 유기체 행동의 규칙적인 요소들을 밝히기 위하여 고안된 연구프로그램을 수행하였다. 이러한 노력의 결실은 1938년 『유기체의 행동(*Behavior of Organisms*)』으로 맺어졌다. 이 책이 출간되자마자 스키너의 지위는 급부상하기 시작하였고 많은 사람들로부터 관심을 받게 되었다.

하버드대학교의 연구프로그램이 끝날 무렵인 1936~1937년까지는 미네소타대학교의 심리학 강사로 있었고, 1937~1948년까지는 인디애나대학교의 심리학과 교수로 있었다. 그리고 1948년에는 하버드대학교의 교수로 돌아오게 되었다. 스키너는 많은 저서와 논문을 발표하였고, 일생을 인간행동에 대하여 연구하다가 86세의 일기로 삶을 마감하였다. 세계의 매스컴은 스키너의 죽음을 크게 애도하였고, 심리학과 교육에 기여한 그의 업적을 매우 높게 칭송하였다. 주요 저서로는 『월덴 투(*Walden Two*)』(1948), 『과학과 인간행동(*Science and Human Behavior*)』(1953), 『강화계획(*Schedules of Reinforcement*)』(1957), 『교수공학(*The Technology of Teaching*)』(1968), 『자유와 존엄을 넘어서(*Beyond Freedom and Dignity*)』(1971), 『행동주의에 대하여(*About Behaviorism*)』(1974) 등이 있다.

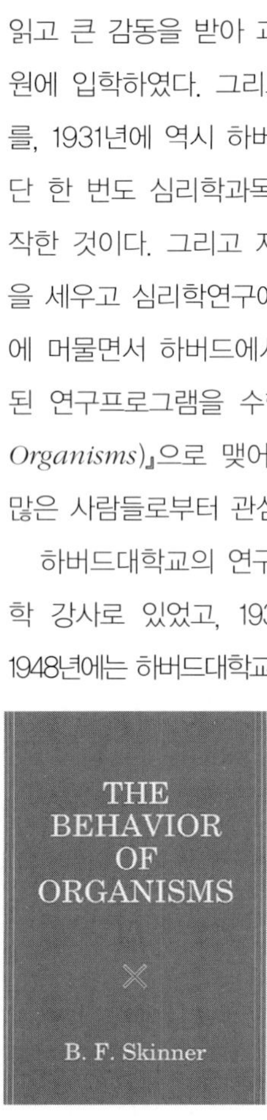

▶▶ 급진적 행동주의

스키너는 소위 급진적 행동주의라고 알려져 있는 과학철학을 채택하여 발전시킨 사람이다. 환경과 유기체의 행동 및 행동의 결말이 가지고 있는 관찰 가능하고 측정 가능한 측면만을 연구해야 한다고 주장하면서 인간의 자아, 동기 형성, 목적, 무의식 등의 사적이고 정신적인 경험을 지칭하는 용어들의 사용을 배격하였다. 스키너의 주요 관심은 행동의 경험적 분석이었다. 처음에는 보통 쥐나 비둘기 등의 하위동물을 연구한 후 그 원리를 성인의 정신분석 및 자폐성 아동 연구, 인간 언어의 분석, 학습기계의 고안 등 다른 상황에 적용시키고자 하였다. 또한 스키너 상자(Skinner box)로 널리 알려진 실험장치를 이용하여 유기체의 조작적 행동(operant behavior)을 연구하는 데 사용하였고, 온도가 조절되는 유아용 침대를 고안하였으며, 유치원에서 대학까지 쉽게 배울 수 있는 몇몇 교육용 기자재를 발전시키는 데 큰 공헌을 하였다.

▶▶ 조작적 조건화

스키너는 자신의 실험을 수행하기 위하여 [그림 12-2]와 같이 소위 스키너 상자라는 실험기구를 개발하였다. 그리고 스키너 상자를 통하여 동물의 행동을 연구하였는데, 그 원리를 보면 다음과 같다. 굶긴 비둘기를 스키너 상자에 집어넣는다. 상자의 한쪽 벽에는 원판이 장치되어 있는데, 이 원판은 반응을 자동적으로 기록하는 장치와 전동식으로 작동되는 먹이통에 연결되어 있다. 비둘기가 원판을 쪼면 먹이통에 있는 알맹이로 된 먹이가

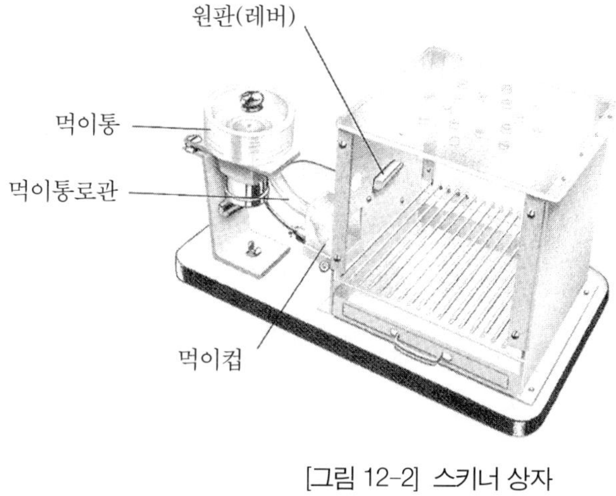

[그림 12-2] 스키너 상자

출처: Gerow, J. R. (1986). *Psychology: An Introduction*. Illinois: Scott, Foresman and Company.

원판 밑에 있는 먹이 접시에 자동적으로 떨어져 나오게 되어 있다. 이 스키너 상자에 비둘기를 넣으면 비둘기는 새로운 환경을 탐색하면서 여러 가지 반응을 나타낸다. 처음에 비둘기는 여러 가지 행동을 할 것이다. 그러다가 우연히 원판을 쪼게 된다. 비둘기가 원판을 쪼게 되면 먹이 접시에 자동적으로 먹이가 주어진다. 이러한 과정이 몇 차례 반복되면 비둘기는 드디어 여러 가지 반응을 생략하고 즉각적으로 원판을 쪼는 반응을 계속하게 된다. 또 비둘기가 몹시 배가 고플 때는 지극히 높은 빈도로 원판을 쪼게 되는 것을 볼 수 있다. 비둘기의 지렛대 누름반응은 먹이라는 강화를 받았기 때문에 반복될 것이며, 다시 하면 또다시 강화를 받기 때문에 지렛대 누름반응의 확률은 증가하게 된다. 이를 조작적 조건화(operant conditioning)라고 한다. 여기서 주목해야 할 점은 원판을 쪼는 반응을 먼저 해야만 먹이가 주어지며 반응을 하지 않으면 먹이가 주어지지 않는다는 사실이다.

▸▸ R형 조건화

스키너는 주어진 자극에 의해 인출(elicit)되는 대응적 행동(respondent behavior)과 유기체에 의하여 방사(emit)되는 조작적 행동(operant behavior)을 구분하였다. 조건화도 대응적 조건화와 조작적 조건화로 양분하였다. 대응적 조건화는 S형 조건화(Type S conditioning)라고 부르고, 조작적 조건화는 R형 조건화(Type R conditioning)라고 부른다. 스키너의 S형 조건화는 파블로프의 고전적 조건화와 같고, R형 조건화는 손다이크의 도구적 조건화와 같다. 그런데 스키너의 연구는 거의 전적으로 R형, 즉 조작적 조건화에 관하여 이루어진 것이다.

R형 조건화에는 두 가지의 일반적인 원리가 결합되어 있다. 즉, (1) 강화적 자극이 따라오는 반응은 어떤 것이든 반복되는 경향이 있고, (2) 조작적 반응이 일어나는 비율을 증가시켜 주는 것은 어느 것이나 강화적 자극이다. 그러므로 강화적 자극, 즉 강화인(reinforcer)은 반응의 재현 확률을 증가시켜 주는 모든 것이라고 말할 수 있다. 조작적 조건화의 원리는 행동과 그 결과에 있다. 조작적 조건화에서는 어떤 강화적 자극을 생성시키기 위해서 유기체가 일정한 방식으로 반응하지 않으면 안 된다. 왜냐하면 강화인을 얻는 것은 유기체가 어떤 반응을 방사해 내는 것과 관련 있기 때문이다. 예를 들어, 아버지가 어린 아들에게 이름 쓰는 것을 가르친다고 했을 때 어린 아들이 자기 이름과 비슷한 것을 만들어 내면 칭찬해 주고, 전혀 비슷하지 않고 알아볼 수 없는 글자를 만들어 내면 야단치는 경우를 생각해

보자. 여기서 이름을 쓰기 위한 어린 아들의 올바른 손놀림은 하나의 결과, 즉 칭찬이라는 결과를 만들어 냈고, 동시에 옳지 못한 손놀림은 또 다른 결과, 즉 야단이라는 결과를 만들어 냈다고 볼 수 있다. 따라서 어린 아들의 행동은 아버지의 칭찬이나 꾸중을 야기시켰다는 측면에서 환경상의 어떤 조작을 가한 것이라고 볼 수 있다. 그리고 행동이 야기시키는 상이한 결과에 따라서 어떤 행동은 강화되고 어떤 행동은 약화되어, 결국 적절한 형태의 행동이 형성되는 것이다. 이것이 바로 조작적 조건화의 한 예이다.

▸▸ 강화 역사

조작적 조건화의 원리는 여러 가지 장면에 적용될 수 있다. 예를 들어, 청소년의 행동을 수정하기 위해서는 행동을 수정시키고자 하는 청소년에게 강화적인 것이 무엇인지를 찾아내야 하고 바라는 행동이 나타날 때까지 기다려야 한다. 그리고 그 행동이 일어날 때 청소년에게 즉시 강화를 준다. 이렇게 하면 바라는 반응이 일어나는 비율이 올라간다. 그 행동이 다음에 일어날 때 다시 강화를 받으면 그 반응의 비율은 더욱더 올라간다. 청소년이 수행할 수 있는 모든 행동은 이러한 방법으로 조작할 수 있다. 심지어 인간의 성격발달에도 조작적 조건화의 원리를 적용할 수 있다. 스키너는 우리라고 하는 것은 우리의 존재에 대하여 어떠한 강화를 받느냐 하는 것이라고 주장하였다. 우리가 성격이라고 부르는 것은 우리의 강화 역사를 요약하고 있는 일관성 있는 행동 유형 이상의 아무것도 아니라고 주장하였다. 그러므로 만약 강화를 통제할 수 있다면 행동 또한 통제할 수 있다. 왜냐하면 행동이란 우리가 의식하든 의식하지 못하든 끊임없이 강화에 의하여 영향을 받고 있기 때문이다.

▸▸ 강화와 처벌

스키너는 인간행동이 내적 충동보다는 외적 자극에 의해 동기화된다고 주장하였다. 인간행동은 그 결과에 의해, 즉 강화와 처벌에 의해 유지되기 때문에 인간의 모든 행동은 법칙적이며 예측 가능하고 통제될 수 있다는 것이다. 조작적 조건반응은 어떤 행동의 결과가 보상적이면 그 행동은 쉽게 재현되지만, 결과가 고통스럽거나 도움이 되지 않는다면 그 행동이 재현되기 어렵다. 모든 다른 조건이 동일하다면 강화된 행동은 반복되지만 강화받지 못하거나 처벌받은 행동은 반복되지 않거나 소멸된다. 결국 조작적이란 용어는 유기체가 바라는 결과를 얻기 위하여 선택적으로 환경에 작용하는 것을 의미한다.

강화(reinforcement)란 반응의 재현 확률을 증가시켜 주는 자극이다. 강화에는 정적 강화(positive reinforcer)와 부적 강화(negative reinforcer)가 있다. 그러나 정적 강화건 부적 강화건 관계없이 미래에 있어 행동의 빈도를 증가시켜야 강화라고 할 수 있다. 예를 들면, 어떤 청소년이 바람직한 행동을 했을 때 부모가 그 행동을 증가시킬 목적으로 용돈을 주었다면 용돈을 주는 것이 강화라고 잘라 말할 수는 없다. 왜냐하면 용돈을 받은 청소년이 그 바람직한 행동을 증가시키는 쪽으로 가는 것을 관찰하고 난 다음이어야 하기 때문이다.

그렇다면 정적 강화와 부적 강화의 차이는 무엇인가? 행동의 빈도는 어떤 무엇을 제공해 주거나 또는 이미 존재하고 있는 어떤 무엇을 없애 줌으로써 증가될 수 있다. 여기서 전자를 정적 강화, 후자를 부적 강화라고 한다. 예를 들면, 어떤 아이가 용돈을 받음으로써 어머니의 심부름을 더욱 많이 하게 된다면 이는 정적 강화가 된다. 또 어린아이의 울음소리는 어머니에게는 매우 성가신 것이 되기 때문에 이러한 상황에서 어머니가 할 수 있는 가장 손쉬운 방법은 아이를 흔들어서 달래 주는 것이 될 것이다. 만약 어머니의 이러한 행동으로 인하여 아이의 울음소리가 멈추었다면 어머니는 앞으로도 이런 유사한 상황이 오게 되면 아이를 흔들어서 달래 주는 행동을 증가시키게 된다. 즉, 어머니의 행동은 어린아이의 울음소리와 같은 혐오적인 자극의 철회로 인하여 부적으로 강화를 받게 되는 것이다. 그러나 이 경우에 있어서 어머니의 행동에 초점을 맞추게 되면 어머니의 행동은 부적으로 강화를 받는다고 볼 수 있으나, 어린아이의 우는 행동에 초점을 맞추게 되면 정적 강화의 예도 될 수 있다. 어떤 상황하에서 어린아이의 우는 행동은 어머니의 달래 주는 행동을 유발하게 되고, 이것은 다시 아이의 우는 행동의 빈도를 증가시키기 때문이다.

행동의 증가를 가져오는 정적 강화 및 부적 강화와는 달리, 처벌이란 행동의 감소를 가져오는 자극이다(김문수, 박소연 역, 2004). 정적 처벌은 어떤 행동으로 인해 그 상황에 무언가가 더해지고, 이것이 그 행동의 강도나 빈도 및 지속성 등을 감소시키는 것이다. 예를 들어, 산에 빨리 오르기 위해 산책로가 아닌 다른 숲 속 길을 가다가 미끄러져서 코를 다쳤다면 미래에 그 길을 갈 가능성은 낮아질 수 있다. 그렇게 된다면 그 숲 속 길을 걸어간 행동이 처벌을 받은 것이다. 그러나 부적 처벌이란 무언가가 상황에서 감해지는 것이 행동의 결과가 된다. 예를 들어, 속도위반으로 벌금을 내거나 직장에서 물품을 훼손하여 월급에서 그 값만큼 삭감당할 때 사람들은 부적 종류의 처벌을 받게 되는 것이다. 두 경우 모두에서 행동은 무엇인가를 빼앗기는 결과를 초래한다. 부모나 교사들이 디저트 먹기나 TV 보기, 게임 하기, 컴퓨터 하기 등의 특전을 빼앗아 갈 때에도 부적 종류의 처벌이 사용된다고 할 수 있다. 이런 유형의 처벌은 때로는 부적 처벌 또는 벌금훈련(penality training)이라고 한다. 이를 간단히 나타내면 [그림 12-3]과 같다.

결과 \ 행동의 강도	증가	감소
자극의 제시	정적 강화	정적 처벌
자극의 제거	부적 강화	부적 처벌

[그림 12-3] 강화와 처벌의 표시
수반성 공간: 조직적 절차에서는 행동의 강도가 그 결과에 따라 증가하거나 감소한다.

▸▸ 강화의 종류

행동의 빈도를 증가시켜 주는 역할을 하는 강화인에는 여러 가지가 있다. 무조건강화인(unconditioned reinforcer)이라고도 불리는 일차적 강화인(primary reinforcer)은 유기체의 특별한 경험 없이도 행동을 증가시키는 역할을 하는 강화인이다. 이러한 일차적 강화인은 생물학적 중요성을 가지고 있는 강화인들이며, 공기, 음식, 물 등이 속한다. 일차적 강화인 중에서도 부적 강화인들은 유기체들이 일반적으로 회피하게 되는 자극들로 소음이나 강렬한 불빛 혹은 극단적으로 덥거나 추운 온도 등이 속한다. 일차적 강화인과는 대조적으로 조건화된 강화인(conditioned reinforcer)이라고도 불리는 이차적 강화인(secondary reinforcer)은 행동의 빈도를 증가시키는 효과가 유기체의 학습을 통하여 습득된다. 예를 들어, 사람들은 아이를 쓰다듬어 줄 때나 음식을 줄 때 주로 '착하다, 이쁘다' 와 같은 말을 자주 사용하게 되는데, 이러한 과정에서 착하다 또는 이쁘다라는 말은 음식과 같은 일차적 강화인과 수없이 연합되어 이차적 강화인으로서의 효과를 가지게 된다. 즉, 이차적 강화인은 일차적 강화인과 여러 번에 걸쳐 연합됨으로써 효과를 가지게 되는데, 칭찬, 돈, 명예, 타인으로부터의 관심 집중 등도 조건강화에 속한다. 그리고 조건화된 강화인 중에서도 가장 일반적으로 사용되고 있는 것들, 예를 들어 점수, 상장, 메달, 칭찬, 타인으로부터의 관심 집중, 돈 등은 일반화된 강화인(generalized reinforcer)이라고 부른다.

한편, 행동이 실질적으로 어떤 환경적 사건, 즉 결과를 초래하지는 않았으나 단지 그 행동이 그 사건에 앞서 나온다는 이유 때문에 행동이 강화되는 수도 있다. 예를 들어, 윷놀이를 할 때 흔히 사람들이 윷 또는 모 등과 같은 말을 하면서 윷을 던지는 경우가 많은데, 이때 정말 윷이나 모가 나올 경우 사람들이 앞으로 또 그런 말을 하고 윷을 던지는 빈도가 늘어나게 된다. 또 야구선수가 타석에 들어서서 자기의 모자를 한 번 만진 다음 안타를 치게 되면 그 선수는 앞으로 타석에 들어설 때마다 자신의 모자를 만지는 일이 증가할 것이다. 마찬가지로 중요한 승부를 앞둔 사람이 그날만큼은 꼭 수염을 깎지 않고 나간다든가, 중요한 승부 때마다 승리했을 때 입었던 옷을 입고 나가는 것 등의 행동들이 해당된다. 이러한 형태의 강화를 우발적 강화라고 하며, 우발적 강화에 의해 강화된 행동을 미신적 행동(superstitious behavior)이라고 한다. 그러나 실질적으로 여기서의 강화란 그 사람의 행동과는 무관하게 일어나는 것이기 때문에 비유관화라고도 한다.

▸▸ 강화 스케줄

강화인이 어떤 행동을 형성시키고 유지시키는 데 있어서 결정적인 역할을 하는 것은 사실이지만, 행동이 일어날 때마다 강화인이 주어져야 하는 것은 아니다. 즉, 간헐적으로 강화인이 주어지더라도 행동은 형성될 수 있고 또 유지될 수 있다. 사람들의 행동도 마찬가지로 모든 행동에 대한 강화인이 계속 주어지는 것은 아니다. 아마 어떤 행동을 한 번 할 때마다 그 행동에 대해 강화인이 한 번씩 주어지는 경우는 없을 것이다. 그럼에도 불구하고 새로운 행동이 형성되기도 하고 또 유지되기도 하는데, 스키너는 여러 가지 다양한 형태의 간헐적 강화를 표현하기 위해 강화 스케줄(schedules of reinforcement, 강화계획)이라는 용어를 사용하였다. 이 강화 스케줄이라는 것은 반응의 강도를 증가시켜 주는 데 있어서의 자극과 반응 및 시간적 변인 간의 관계성을 말해 주는 것이다. 즉, 강화 스케줄은 반응을 강화시켜 주는 자극이 제시되는 형태를 말하는 것이다.

연속적인 강화는 바라던 행동이 나타날 때마다 강화를 주는 것이고, 간헐적 강화는 반응 비율이나 시간 간격 등에 따라서 강화를 주는 것이다. 간헐적 강화 중 반응 비율에 따른 강화에는 고정비율 스케줄과 변동비율 스케줄이 있고, 시간 간격에 따른 강화에는 고정간격 스케줄과 변동간격 스케줄이 있다. 고정비율(fixed-ratio: FR) 스케줄과 변동비율(variable-ratio: VR) 스케줄은 유기체의 반응에 그 기초를 두고 있다. 고정간격(fixed-interval: FI) 스케줄과 변동간격(variable interval: VI) 스케줄은 유기체의 반응뿐만 아니라 시간에도 그 기초를 두고 있다. 가장 기본적인 강화 스케줄은 다음과 같다.

- 고정비율 스케줄: 고정비율 스케줄은 매 n번의 반응마다 강화인이 주어지는 스케줄이다. 예를 들면, FR 5라는 스케줄은 특정한 행동을 다섯 번 했을 때 강화인을 한 번씩 주는 것이다. 또 FR 20이라고 하면 특정한 행동을 20번 했을 때 강화인을 주는 것이다. 이때 강화의 비율은 20 대 1이다. 그러나 FR 1이라고 한다면 한 번 반응할 때마다 한 번의 강화인을 주는 것이 되기 때문에 소위 연속적 강화와 동일한 것이 된다.
- 변동비율 스케줄: 변동비율 스케줄에서는 평균적으로 n번의 반응마다 강화인이 주어지는 스케줄이다. 그러나 정확히 몇 번째 반응에 강화인이 주어지는지는 알 수 없다. 다만 정해진 시간 내에 반응 수와 강화인 수를 계산해 보면 n번의 반응마다 강화인이 주어지는 경우이다. 예를 들어, VR 5는 어떤 경우에는 3번째 반응에 강화인이 주어질 수 있고 어떤 경우에는 10번째 반응에 강화인이 주어질 수 있으나, 반응 수를 합하고 이를 강화인 수로 나누게 되면 다섯 번의 반응에 한 번꼴의 강화인이 주어지는 경우라 할 수 있다. 일반적으로 유기체가 고정비율 스케줄이나 변동비율 스케줄을 통하여 훈련을 받게 되면 반응 비율은 상당히 높아지게 된다. 그리고 고정비율 스케줄은 변동비율 스케줄과는 달리 강화인이 주어진 직후에는 거의 반응이 나오지 않는 현상을 보여 준다.
- 고정간격 스케줄: 고정간격 스케줄에서는 어떤 정해진 시간이 지난 후의 첫 번째 반응에 강화인이 주어지고, 강화인이 일단 한 번 주어지면 그 순간부터 다시 정해진 시간이 지난 후의 첫 번째 반응에 강화인이 주어지게 된다. 예를 들면, FI 10시간이라고 한다면 10시간 이전의 반응에는 아무런 강화인이 주어지지 않다가 10시간이 지난 후의 첫 번째 반응에 강화인이 주어지는 식이다. 매달 정해진 날짜에 월급을 주는 것도 고정간격 스케줄로 볼 수 있는데, 이는 매달 F 17일로 표기할 수 있다. 일반적으로 고정간격 스케줄에서는 반응 비율이 비교적 낮은 현상으로 나타난다. 그리고 모든 반응이 그렇지는 않지만, 대부분의 반응이 정해진

시간이 거의 다 흘러갔을 무렵에 집중적으로 나오는 현상이 생긴다.

- 변동간격 스케줄: 변동간격 스케줄에서는 평균적으로 어떤 정해진 시간이 지난 후의 첫 번째 반응에 강화인이 주어지고, 일단 한 번 강화인이 주어지게 되면 이 시점부터 다시 평균적으로 정해진 시간이 지난 후의 첫 번째 반응에 강화인이 주어지게 된다. 예를 들면, VI 10분이라는 스케줄이 있다면 평균적으로 10분 후의 첫 번째 반응에 강화인이 주어지게 된다. 물론 시간 간격이 평균적으로 10분이기 때문에 어떤 경우에는 2분 뒤의 첫 번째 반응에, 또 어떤 경우에는 20분 뒤의 첫 번째 반응에 강화인이 주어질 수 있다. 강화인이 바로 즉시 주어질 수도 있고, 또 오랜 시간이 지난 후에 주어질 수도 있다. 이러한 변동비율 스케줄에서는 반응 비율이 비교적 높고 꾸준하다고 볼 수 있다. 또한 변동비율 스케줄을 통하여 형성된 행동은 다른 스케줄을 통하여 형성된 행동보다 소거가 잘 되지 않는 것이 특징이다.

지금까지의 강화 스케줄을 간단하게 정리하면 〈표 12-2〉와 같다.

〈표 12-2〉 강화계획의 요약

계획	절차
비율계획	
• 고정비율(FR)	• 고정된 반응 횟수 후에 강화가 주어진다.
• 변동비율(VR)	• 특정한 반응 횟수 후에 강화가 주어지나, 그 숫자는 예측할 수 없게 변한다.
간격계획	
• 고정간격(FI)	• 마지막 강화 후에 일정한 시간이 경과해야만 강화가 주어진다.
• 변동간격(VI)	• 마지막 강화 후에 특정한 시간이 경과해야만 강화가 주어지나, 그 간격이 예측할 수 없게 변한다.

▸▸ 강화 스케줄과 학습

학습 속도에 관한 한 연속적인 강화가 가장 효과적이다. 그러나 연속적 강화는 초기의 학습을 촉진시키는 효과가 있지만, 오랫동안 파지시키지는 못한다. 연속적 강화에 의해 형성된 행동은 간헐적인 강화를 받아 형성된 행동보다 소거(extinction) 속도가 빠르다. 특히, 간헐적 강화 중에서도 변동비율 스케줄에 의한 강화가 소거에 가장 느리다. 대부분의 경우 학습 초기에는 연속적 강화를 주고, 나중에는 간헐적 강화를 주는 것이 가장 이상적인 강화 스케줄로 알려져 있다. 인간의 많은 행동문제는 인간의 행동이 먼 강화인보다는 즉시적 강화인의 영향을 더 많이 받기 때문에 발생한다. 예를 들어, 어떤 사람에게는 음식을 자제하면 더 오래 살 수 있다는 먼 희망보다는 현재의 음식 맛이 보다 강화적이다. 또 니코틴의 즉시적 효과가 금연하면 더 오래 산다는 희망보다 더 강화적이다. 마찬가지로 음주를 하면 다음날 숙취 때문에 고생한다는 것을 잘 알고 있으면서도 현재의 음주 효과가 더 강화적이기 때문에 이를 억제하기가 쉽지 않다.

▶▶ 조작적 조건화의 응용

조작적 조건화의 원리는 광범위하게 적용되고 있다. 첫째는 토큰경제(token economy)이다. 이는 바람직한 행동에 토큰(또는 현금)을 주어서 강화하는 방법으로 학교 교육이나 임상 실제에서 많이 사용되고 있다.

둘째는 프로그램 학습이다. 이는 학습할 자료를 여러 단위로 세분하여 학습자가 단계별로 학습하고, 그에 대한 피드백은 물론 강화를 받고 다음 단계로 진행해 나가는 것이다. 학습자료는 영화나 교수기계 등을 이용한다.

셋째는 행동조형(behavior shaping) 및 반응연쇄이다. 행동조형은 원하는 목표반응을 단계적으로 조작하는 과정이다. 여기에는 두 가지의 요소가 있다. 하나는 차별강화(differential reinforcement)로, 어떤 반응은 강화를 받고 어떤 반응은 강화를 받지 않는 것을 말한다. 다른 하나는 계속적 접근(successive approximation)으로, 실험자가 원하는 것에 점차적으로 비슷해지는 반응만이 강화를 받는 것이다. 반응연쇄는 복잡한 반응이나 기술은 여러 반응의 묶음으로써 이루어진 것이며, 이러한 하위 수준의 반응을 학습함으로써 복잡한 반응과 기술의 학습이 가능해지는 것이다.

넷째는 행동수정과 행동치료이다. 바람직하지 않은 행동에 대해서는 무관심하게 대하고, 바람직한 행동에 대해서는 강화와 보수를 주어 행동장애를 치료하는 것이다.

다섯째는 바이오피드백(biofeedback)이다. 이는 생체송환이라고 알려진 것인데, 예를 들어 자신의 혈압을 측정해 주는 기구의 점수를 보고 스스로 행동을 통제해 나가는 방식이다.

여섯째는 자기 행동수정이다. 이는 먼저 목표를 선정하고, 목표행동을 정의하며, 현재의 기저선 행동을 관찰한 다음, 목표행동에 정적 강화를 주는 방식으로 구성되어 있다. 자기 행동수정은 바람직하지 못한 행동 제거의 측면보다는 획득하고자 하는 행동을 강조하는 적극적인 접근으로 볼 수 있다.

청소년과 관련된 이론 및 주장

▸▸ 처벌

처벌(punishment)에는 유기체에게 정적으로 강화적인 것을 빼앗아 가거나 또는 부적 강화인을 적용하는 것이 포함된다. 이러한 처벌에는 어떤 사람에게서 그가 원하는 어떤 것을 빼앗아 가거나 원하지 않는 어떤 것을 제시해 주는 것을 말한다. 스키너는 손다이크와 같이 처벌은 반응의 확률을 감소시키지 않는다고 주장하였다. 처벌은 그것이 적용되고 있는 동안 반응을 억압시키지만 그래도 그런 습관을 약화시키지 않는다는 것이다. 처벌은 그것을 받은 사람이 또다시 같은 식으로 행동하는 경향성을 줄어들게 할 것이라고 가정되고 있으나, 불행히도 그것은 그렇게 단순하지 않다는 것이다. 예를 들어, 어떤 청소년이 성적 유희 때문에 심하게 처벌받았다고 해서 그러한 행동을 계속하려는 경향성이 줄어드는 것이 아니고, 또 난폭한 폭행을 해서 정학을 받은 청소년이라고 하여 반드시 폭력 경향성이 적어지는 것은 아니라는 것이다. 스키너는 처벌적 유관이 없어지면 처벌받던 행동은 다시 나타나기 쉽다고 주장하였다.

▸▸ 처벌의 비효과성

스키너는 처벌이 비효과적이라고 주장하였다. 처벌은 단순히 행동을 억압할 뿐이며, 처벌의 위험이 제거되면 행동이 일어나는 비율은 원수준으로 되돌아간다는 것이다. 스키너는 처벌이 아주 일시적인 효과만 있는데도 대단히 성공적인 것같이 보일 때가 가끔 있다고 하면서 처벌을 다음과 같은 이유로 반대하였다. 첫째, 처벌은 불행한 정서적 부산물을 낳는다. 처벌을 받은 유기체는 공포적이게 되고, 이러한 공포는 처벌이 일어날 때 있었던 것과 관련된 여러 가지 자극에 일반화된다.

둘째, 처벌은 유기체가 무엇을 하지 말아야 할지를 지시할 뿐 무엇을 해야 할지를 지시해 주지 않는다. 처벌은 유기체에게 실질적으로 아무런 정보도 주지 않는다. 처벌은 유기체에게 처벌받은 반응이 주어진 장면에서 강화를 얻는 데 효과가 없다는 것을 알려 줄 뿐이다. 따라서 효과가 있는 반응을 적중시키기 위해서는 추가 학습이 요구된다.

셋째, 처벌은 남에게 고통을 주는 것을 정당화시킨다. 이것은 물론 육아에서 처벌을 사용하는 것에도 적용된다. 예를 들어, 아동이 꿀밤을 맞으면 아동이 배우는 유일한 것은 어떤 상황에서는 남에게 고통을 가하는 것이 정당화될 수 있다는 것뿐이다.

넷째, 이전에는 처벌을 받던 행동이 이제는 처벌받지 않아도 되는 행동장면에 놓이게 되면 청소년은 그러한 행동을 계속하는 구실을 갖게 된다. 그리하여 처벌기관 또는 처벌자가 없으면 청소년은 욕을 하고, 창문을 깨뜨리고, 노인에게 불경하고, 아동들을 괴롭힐지도 모른다. 이런 청소년들은 처벌받을 것 같으면 그러한 행동을 억압하지만, 처벌기관이나 또는 처벌자가 없게 되면 그러한 활동에 관여하지 말아야 할 이유가 없다는 것을 배우게 된다.

다섯째, 처벌은 처벌기관이나 처벌자 또는 남들에 대한 공격성을 인출해 낸다. 처벌은 처벌받는 유기체로 하여금 공격적이게 하며, 이러한 공격성은 추가의 문제를 일으키게 한다. 예를 들면, 아이들의 행동에 대해서 처벌을 자주 사용하다 보면 아이들은 부모를 무서워하게 되고 부모에게 적개심을 가질 수 있다. 부모가 벌을 너무 많이 주면 아이들에게 반항적인 면이 뚜렷하게 나타나고 사회화되지 못하는 특징이 있다. 또 통제의 주요 수단으로서 처벌을 사용하는 형사기관은 대단히 공격적인 사람으로 가득 차 있다. 그들이 행동을 통제하기 위하여 처벌을 이용하는 한, 그들은 계속해서 공격적이 될 것이다.

여섯째, 처벌은 흔히 하나의 바람직하지 못한 반응을 다른 바람직하지 못한 반응으로 대체시킨다. 예를 들어, 일을 엉망으로 만들어서 꿀밤을 맞은 아이는 이제는 일을 엉망으로 하는 대신 울지도 모른다. 이는 절도를 해서 처벌받은 청소년이 이제는 더욱 공격적이 되어서 기회가 있으면 더 큰 범죄를 저지르는 것과 마찬가지이다.

일곱째, 처벌은 도피행동을 유발한다. 부모가 매를 들면 아이는 부모의 손에서 벗어나려고 안간힘을 쓴다. 성적이 나쁜 학생은 학교를 빼먹는다. 업무를 잘 수행하지 못한 직원은 보스의 화가 가라앉을 때까지 숨어 버린다. 또는 다른 사람을 속이거나 거짓말을 함으로써 처벌을 피하려고 노력하게 된다. 예를 들어, 숙제를 하지 않은 학생은 교사의 처벌이 무서워 이런저런 변명을 늘어놓게 된다. 어떤 경우에는 아양을 떨거나 울거나 혹은 후회하는 모습을 보이면서 처벌을 피하려고 한다. 이런 것들이 통하게 되면 또다시 강화를 받게 되고 다음번에도 그와 비슷한 반응을 하게 된다. 실제로 처벌을 자주 받게 될 때 흔히 야기되는 한 가지 결과는 사람들이 도피전술에 매우 능숙해진다는 것이다. 그러나 도피나 공격이 가능하지 않을 때는 행동의 전반적인 억압으로서 무관심이 나타날 수 있다. 예를 들면, 교실에서 한 교사가 어떤 아이에게 멍청한 질문을 한다고 조롱하게 되면 그 아이는 질문을 잘 하지 않게 될 뿐만 아니라 질문에 답하거나 다른 학습활동에 참여하기를 꺼리게 될 수 있다.

▸▸ 처벌이 광범위하게 쓰이고 있는 이유

처벌은 처벌하는 사람에게는 강화적이기 때문에 처벌이 널리 쓰이고 있다고 스키너는 주장하였다. 심한 처벌은 어떠한 방향으로 행위하려는 경향성을 감소시키는 데 즉각적인 효과를 얻을 수 있기 때문에 이러한 결과로 처벌이 광범위하게 쓰이고 있다. 인간은 본능적으로 자신을 불쾌하게 한 사람을 공격하게 되는데, 공격은 신체적인 것이 아닌 비난, 불승인, 비평 또는 조소의 형태일지도 모른다. 이와 같은 행동 경향성이 생득적이건 아니건, 처벌이 가지고 있는 즉각적인 효과는 왜 처벌이 그처럼 널리 쓰이는지를 설명하기에 충분할 만큼 강화적이다. 그러나 스키너는 결국 처벌은 행동 목록에서 그 행동을 제거시키지 못하며, 그러한 일시적 성과는 집단의 행복과 효율성을 감소시키는 막대한 대가를 지불할 것이라고 하였다.

▸▸ 처벌에 대한 대안

일반적으로 행동은 그것이 강화를 받기 때문에 지속된다. 이것은 바람직한 행동은 물론이고 바람직하지 못한 행동의 경우에도 마찬가지이다. 반대할 만한 행동을 제거하기 위해서는 강화의 원천을 찾아 그것을 제거하는 것이 가장 좋은 방법이다. 스키너는 처벌의 사용에 대한 여러 가지의 대안을 제시하였다. 이를 살펴보면 다음과 같다.

- 바람직하지 못한 행동의 원인이 되는 상황을 변화시킬 수 있으며, 그럼으로써 행동을 변화시킬 수 있다. 예를 들어, 거실에서 도자기를 치워 버리면 아동이 도자기를 깨뜨리는 문제를 제거할 수 있을 것이다. 또 아동이 계속하여 성냥을 켜면 그것이 재미없을 때까지 계속하여 성냥을 켜도록 하고, 먹지 말라고 한 과자를 먹는 아동의 경우 아동이 싫증낼 때까지 과자를 계속하여 먹도록 하면 그런 바람직하지 못한 반응은 마침내 포화 상태에 이르게 된다. 그러면 이러한 조건하에서는 성냥은 불을 켜는 것보다는 회피하는 것이, 그리고 특정 과자를 먹

는 것보다는 회피하는 것이 단서가 될 것이다.

- 만약 바람직하지 못한 행동이 아동의 발달단계의 함수로 일어나는 것이라면 그냥 그 단계를 넘어 성장하도록 기다리면 제거될 것이다. 물론 이와 같은 일은 평균적인 가정의 조건하에서는 그리 쉬운 일이 아닐 것이다. 그러나 훗날 처벌 때문에 생겨나는 여러 가지의 복잡한 일들을 당하지 않아도 된다는 것을 알게 되면 다소 위안이 될 것이다.
- 또 다른 방법은 그냥 시간이 흐르도록 내버려 두는 것이다. 그러나 이 방법은 너무 오랜 시간이 걸릴지도 모른다. 습관이란 곧장 잊혀지는 것이 아니기 때문이다.
- 처벌에 대한 또 다른 대안은 바람직하지 못한 반응과 양립 불가능한 행동을 강화시키는 방법이다.
- 그러나 최선의 방법은 그것을 무시해 버리는 것이다. 예를 들어, 아동이 반대되는 행동을 할 때 주의를 기울이지 않는 것이다. 만약 아동의 행동이 부모의 대꾸 때문에 강화되는 것이라면 부모가 아동의 그러한 행동에 대하여 반응하지 않을 때 그 행동은 사라지게 된다.

▶▶ 효과적인 처벌

처벌이 특정한 반응의 빈도를 감소시킨다면 그것은 처벌이라고 볼 수 있다. 그러나 반응의 빈도를 감소시키지 못하거나 또는 반응의 빈도를 증가시킨다면 처벌이라고 볼 수 없다. 처벌은 특정 행동의 반응을 감소시킬 때에만 효과가 있는 것이다. 예를 들면, 학생들이 옆사람과 이야기할 때 교사가 큰 소리로 "조용히 해."라고 한다면 이것이 처벌인지 아닌지를 결정할 수는 없다. 물론 처벌의 의도가 있다고는 볼 수 있으나, 이것이 처벌이라고 말할 수 있으려면 반드시 학생들의 이야기하는 빈도가 감소하는 것을 관찰하고 난 후에야 가능하다. 처벌은 무조건처벌인(unconditioned punisher)과 조건처벌인(conditioned punisher)으로 구분된다. 강한 불빛, 높은 온도, 낮은 온도, 강한 소음, 직접적인 체벌 등이 무조건처벌인으로 작용할 수 있다. 조건처벌인은 무조건처벌인과의 연합을 통해서 효과를 갖게 된다. 예를 들어, '안 돼'라는 말과 직접적인 체벌과의 연합에 대한 경험이 있는 아이들에게는 '안 돼'라는 말이 처벌의 효과를 가지게 된다. 그러나 조건처벌인은 무조건처벌인과의 연합이 오랫동안 이루어지지 않게 되면 그 효력을 상실하게 된다.

처벌은 또한 정적 처벌과 부적 처벌로 구분될 수 있다. 특정 행동이 어떤 자극이 제공됨에 따라 감소하게 되는 것을 정적 처벌이라고 하며, 특정 행동이 어떤 자극이 철회됨에 따라 감소하게 되는 것을 부적 처벌이라고 한다. 예를 들어, 아이가 음식으로 장난을 칠 때마다 부모들이 야단을 침으로써 그 행동이 감소하는 것은 정적 처벌이라고 볼 수 있고, 고장난 커피 자판기에 돈을 넣었으나 돈만 잃어버려서 자판기에 돈 넣는 것을 중단하는 것은 부적 처벌이라고 할 수 있다. 처벌에 의한 반응억제 효과는 다음의 경우에 가장 높다고 할 수 있다.

- 가능한 한 즉각적으로 처벌하라. 반응 뒤에 즉각적으로 처벌해야 한다. 처벌이 지연되면 될수록 효과는 감소하게 된다.
- 처벌에는 일관성이 있어야 한다. 일관성 있게 처벌을 하면 그것이 가볍다고 하더라도 더 큰 효과가 있다. 또 처벌을 받아야 할 때에 처벌을 하면 효과가 크다. 그러므로 바람직하지 않은 행동을 없애려면 그러한 행동이 나타났을 때마다 처벌하여야 한다. 간헐적인 처벌은 혼란을 초래한다.
- 효과가 있을 정도로 강해야 한다. 처벌은 강하면 강할수록 효과가 크다. 만약 처벌의 강도가 너무 약하면 처벌을 받는 사람은 점점 처벌에 대해 적응하는 현상이 발생하게 되고, 나중에는 강한 처벌을 주더라도 그 효과가 크게 떨어진다.
- 처벌의 이유를 설명해 주어야 한다. 특정 행동을 처벌할 때 가능하다면 자세히 그 이유를 설명해 주어야 효과적이다. 그러나 아이들의 모든 행동을 처벌로써만 다스리려고 할 때에는 효과가 없다. 아이들에게 왜 그렇게 해서는 안 되는지에 대한 지식을 넣어 줄 때 벌의 효과가 크다.
- 대안적인 반응을 제시하고 강화하라. 처벌은 어떤 행동을 못하게 하는 것일 뿐 대안적 반응을 제시해 주지 못하는 단점이 있다. 예를 들어, 청소년들의 문제행동은 부모의 관심을 끌기 위한 것이 많다. 이럴 경우 부모의 관심을 받을 수 있는 다른 바람직한 행동을 제시해 주고 정적으로 강화하면 문제행동을 감소시킬 수 있다.
- 신체적 처벌을 최소화하라. 예를 들어, 아동이 너무 어려서 언어적인 처벌이나 꾸중을 이해하지 못할 경우에는 신체적 처벌이 효과적이다. 체벌은 손이나 손등을 가볍게 때리는 것만으로도 충분하다. 그러나 체벌은 가능한 한 피해야 한다. 왜냐하면 체벌은 공격성과 적개심을 유발할 수 있기 때문이다. 또한 아동의 경우 아주 심한 체벌을 하더라도 한두 시간 지나면 잊어버리는 경향이 있다. 그러므로 오히려 아동들이 소중하게 여기는 어떤 물건이나 특권을 철회하게 되면 아동들은 그 물건이나 특권을 되찾기 위한 방법을 생각할 것이므로 더

효과적일 수 있다.

▸▸ 비판점

스키너의 이론은 여러 가지 비판을 받고 있다. 첫째, 스키너는 처벌이 비효과적이며 인간은 자유 의지를 가지고 있지 않기 때문에 자신의 행동에 대하여 책임을 질 수 없다고 주장하였다. 바로 이러한 신념 때문에 우리 사회에 잘못된 가정교육을 가져왔고, 사법 실제에 결점을 노출시켜 범죄율, 불법과 문맹이 증가하는 결과를 초래하였다. 둘째, 이와 관련하여 인간의 내적인 동기, 의지, 자율적 인간 등의 모습을 포기하는 대신 인간의 행동을 강화의 법칙에 집어넣음으로써 인간을 보상에 따라 움직이는 하나의 기계적 유기체로 몰아갔다는 점이다. 셋째, 스키너가 개발한 특징 기술적 방법(idiographic method)은 어떤 개인의 조작적 행동을 자세하게 음미해 볼 수 있게 해 주는 것이 사실이지만, 이 방법에서 얻은 결과를 규범적 방법(nomothetic method)을 사용하는 실험실에서 얻은 결과와 비교하기란 대단히 어렵다는 것이다. 또 스키너의 연구는 실제 상황에서가 아니라 주로 실험실 상황에서 이루어졌는데, 내담자가 직면하는 수많은 문제들은 실제 상황에서 발생하기 때문에 실험실이나 치료실 내에서 발생하는 행동 변화를 실제 상황에까지 일반화하기가 어렵다는 점이다. 넷째, 스키너의 이론체계는 많은 발전을 이루어 내었지만, 그것은 학습과 동기 형성을 더욱 깊게 이해한 발전이라기보다는 행동 현상을 축적시켜 가는 것이 특징인 발전이라는 점이다.

참고사항

❖ 도피학습과 회피학습

도피학습(escape learning)은 유기체가 어떤 고통이나 충격 또는 전기쇼크 등을 받게 되면 반응을 하여 그 고통으로부터 도피하게 되고, 그 도피행동은 강화가 되는 것이다. 즉, 도피학습은 '고통(전기쇼크) → 반응 → 고통으로부터의 도피(강화)' 와 같이 나타낼 수 있다. 회피학습(avoidance learning)은 고통이나 충격 또는 전기쇼크와 같은 혐오적 자극의 출현에 앞서 항상 불빛과 같은 어떤 신호가 일어나는 것이다. 즉, 회피학습

은 '신호(불빛) → 고통(전기쇼크) → 반응 → 고통으로부터의 도피(강화)' 와 같이 나타낼 수 있다. 특히, 마우러(Orval Hobart Mowrer, 1907~1982)는 회피조건화의 경우 신호학습(sign learning)과 해결학습(solution learning)의 두 가지 요인이 존재한다는 이요인 학습이론(two-factor theory)을 발표하였다. 그리고 모든 학습은 신호학습이라고 주장하면서 고통의 종결이나 먹이의 제시와 같은 정적인 무조건자극과 결합된 외적 자극은 각기 안심의 정서와 희망의 정서를 인출시키고, 고통의 출현이나 먹이의 제거와 같은 부적인 무조건자극과 결합된 외적 자극은 각기 공포의 정서와 실망의 정서를 인출시킨다고 제안하였다. 마우러는 미국 미주리 주 유니언빌에서 태어났으며, 1931년 미주리대학교(University of Missouri)를 졸업하고 1932년 존스홉킨스대학교에서 철학박사학위를 취득하였다. 1936~1940년까지 예일대학교에서 박사후 과정과 심리학강사로 머물다가 1940~1948년까지 하버드대학교에서 조교수와 부교수를 역임하였다. 그리고 1948년 일리노이대학교로 가서 죽을 때까지 그곳에 남아 있었다. 1954년에는 미국심리학회장을 역임하였다.

❖ 처벌에 대한 거스리의 견해

미국의 학습심리학자인 거스리(Edwin Ray Guthrie, 1886~1959)는 처벌의 효과는 그것이 처벌받는 유기체로 하여금 무엇을 하게 하느냐에 따라서 결정된다고 주장하였다. 처벌이 효과가 있는 것은 어떤 개인이 경험하는 고통 때문이 아니라 그 개인이 어떠한 자극에 대하여 반응하는 방식을 변화시키기 때문이다. 동일한 자극에 대하여 새로운 반응이 생겨나게 될 때만 처벌은 효과적이다. 처벌은 그것이 처벌받는 행동과 양립 불가능한 행동을 인출시켜 주면 바라지 않는 습관을 변화시키는 데 성공하게 된다. 반대로 처벌이 처벌받는 행동과 양립 불가능한 것이 아니라면 처벌은 실패한 것이다. 따라서 처벌의 어떤 형태는 양립 불가능한 행동을 일으키기 때문에 효과적이지만, 다른 것은 그렇지 못하기 때문에 비효과적이다. 그러므로 무엇을 학습할 것인지를 결정하는 것은 처벌에 의하여 일어난 감정이 아니라 처벌에 의하여 일어난 특수한 행위이다. 중요한 것은 처벌이 사람으로 하여금 무엇을 하도록 하는 것이지, 어떤 감정을 느끼게 하느냐가 아니다. 학습을 결정하는 것이 감정이라고 보는 것은 잘못된 생각이다. 처벌이란 아동 및 청소년으로 하여금 다른 어떤 것을 하도록 강요하며, 그리하여 바라지 않는 습관에 대하여 제지적 조건화를 형성시켜 주기 때문에 효과적이다. 처벌이란 나쁜 습관에 대한 단서가 있을 때에만 효과적이다. 처벌의 효과가 단순히 정서적 흥분에 지나지 않을 때에는 처벌은 오히려 바라지 않는 습관의 관성화를 촉진시킨다. 그러므로 처벌의 효과는 처벌을 받는 사람에게 미치는 효과에 따라서 정의될 것이 아니라 그것을 가하는 사람의 목적에 따라서 정의되어야 한다.

처벌에 대한 거스리의 이론은 인접의 법칙과 직접적으로 관련되어 있다. 예를 들어, 집에 돌아오면 언제나 마룻바닥에 모자와 외투를 던져 버리는 여자청소년이 있다. 이렇게 할 때면 언제나 그녀의 어머니는 꾸짖어서 모자와 외투를 걸게 하였다. 이러한 장면은 계속되었는데, 어머니는 잔소리를 하는 것이 아이가 옷을 걸게 하는 단서가 되는 것이라고 추측하였다. 그러고 나서 다음번에 아이가 다시 모자와 외투를 마룻바닥에 내던질 때 어머니는 그것을 집어서 밖으로 나가도록 하였다. 그리고 소녀가 대문으로 들어서면 어머니는 외투와 모자를 막바로 걸어 두라고 하였다. 이러한 과정을 몇 번 되풀이하니까 소녀는 집에 들어오자마자 모자와 외투를 걸어 두는 것을 배우게 되었다. 이제는 옷을 걸어 두는 반응이 어머니의 잔소리 때문이 아니라 대문에 들어오면 걸어 두어야 한다는 자극에 결합된 것이다. 즉, 옷과 외투를 걸어 두는 것이 어머니의 잔소리와 인접된 것이 아니라 대문에 들어서는 것과 인접된 것으로 결합되었다. 그러므로 소녀가 모자와 외투를 마룻바닥에 내던져 버린 다음에 그녀를 처벌하는 것은 아무런 효과를 가지지 못하며, 오히려 어떤 때에는 그러한 나쁜 습관을 더욱 강화시킬 수 있다는 것이다.

거스리는 사람들이 복종하지 않을 수도 있는 명령이라면 명령을 하지 않는 것이 더 좋다고 충고하였다. 예를 들어, 어떤 교사가 교실에서 학생들에게 조용히 할 것을 요구하였는데 그것이 무시된다면, 이러한 요구는 결국 소란을 피우게 하는 신호가 된다는 것이다.

처벌에 대한 거스리의 견해를 요약하면 다음과 같다. 첫째, 처벌에 대해 중요한 것은 그것이 미치는 고통이 아니라 그것이 유기체로 하여금 하게 하는 것이 무엇인가이다. 둘째, 처벌이 효과적이기 위해서는 그것이 처벌받는 행동과는 양립 불가능한 행동의 원인이 되어야 한다. 셋째, 처벌이 효과적이기 위해서는 처벌받는 행동을 인출한 자극이 있는 데서 주어져야 한다. 넷째, 위의 둘째와 셋째의 조건이 충족되지 않으면 처벌은 비효과적일 것이며, 오히려 바람직하지 못한 반응을 강화시키기까지 할 것이다. 그러므로 처벌이 효과적이려면 처벌은 처벌받은 행동을 인출시켰던 자극이 나타나 있을 때, 처벌받았던 행동이 아닌 다른 행동을 유기체가 하도록 해야 한다. 이것은 물론 새로운 결합을 형성시키며, 다음번에 그러한 자극이 나타날 때는 좋지 않은 것보다는 좋은 반응을 인출시키게 할 것이다.

❖ 습관의 파괴

어떻게 습관을 깨뜨릴 것인가? 습관이란 여러 가지의 많은 자극과 결합되어 있는 반응을 말한다. 그 반응을 인출시키는 자극이 많으면 많을수록 습관은 강해진다. 예를 들면, 흡연이라는 반응은 대단히 많은 단서가 있는 데서 일어난 것이기에 강한 습관이다. 사람이 흡연할 때 있었던 단서는 어느 것이나 다음에 다시 그것에 부딪힐 때 흡연반응을 인출시키게 된다. 거스리는 습관의 복잡성에 따르면 나쁜 습관을 회피하기 어려운 주된 이유는 우리가 그 습관의 단서가 되는 것을 찾아내기가 어렵기 때문이며, 여러 가지 나쁜 습관체계에서는 단서의 수가 너무나 많기 때문이다. 한 번 더 반복할 때마다 하나 이상의 새로운 단서가 보태져서 바람직하지 못한 행위를 지속하게 된다. 수년 동안 실천하여 온 음주나 흡연은 수천 가지의 단서에 의하여 시작될 수 있는 행위체계이며, 마시는 것이든 담배를 피우는 것이든 간에 습관의 대상, 즉 마시거나 피우는 것이 없으면 행동이 차단되고 초조하고 긴장되기 때문에 절박하다. 식사를 마친 다음에만 담배를 피우는 사람은 그의 욕망이 식사 후의 그러한 것들과 엄격하게 결합되어 있다. 담배에 불을 붙이는 습관이 식사의 종료와 너무나 밀착되어 있어서 흡연이 자동적으로 시작되는 것이다. 그러나 흡연과 결합되지 않은 행위를 분주하게 할 때에 대부분의 흡연가는 오랫동안 흡연의 욕망 없이 지낼 수 있다. 그러므로 습관을 깨뜨릴 수 있는 가장 좋은 방법은 나쁜 습관을 시작하게 하는 단서를 찾아내고, 그 단서가 있는 데서 다른 반응을 연습하는 것이다. 더불어 거스리는 습관을 파괴할 수 있는 방법으로 식역법, 피로법, 그리고 양립불가능 반응법을 제안하였다.

• 식역법: 식역법(threshold method)은 그 반응을 일으키지는 않을 정도의 약한 강도의 자극을 도입하고, 점차적으로 어떤 자극의 강도를 증대시키는 것이다. 그것은 항상 반응의 '식역' 이하이도록 조심해야 한다. 예를 들면, 딸이 돈이 매우 많이 드는 학교에 보내 달라고 요청하게 되면 아버지는 제법 실망할 것이다. 그러나 이 문제를 직접 요청하지 않고 그 학교의 이점을 틈틈이 말하면서 현재 다니고 있는 학교를 비판한다면, 처

음에는 너무나 가벼워서 아버지가 방어하지 않을 것이며, 결국에 가서는 그 문제를 바로 요청하여도 경비 때문에 분노하지 않도록 준비시킬 수 있을 것이다. 이때쯤 되면 아버지는 그 생각에 익숙해져 있을 것이며 난폭한 반응을 보이지 않을 것이다. 또 다른 예로, 말을 길들일 때 한 번도 안장을 얹어 본 적이 없는 말에게 걸어가서 등에다 안장을 놓으려고 한다면 그 말은 틀림없이 발로 차고 도망가려고 할 것이다. 그러나 안장 대신 등에 가벼운 담요를 얹으려고 한다면 아마도 말은 그처럼 심하게 반응하지는 않을 것이다. 담요에서 안장으로, 그리고 드디어는 정식 안장을 등에 얹는 식으로 해 나갈 수 있을 것이다. 또 어떤 사람으로 하여금 공포증을 극복하도록 도와주려고 한다면, 처음에는 전혀 공포를 느끼지 않는 대상으로부터 점점 공포를 유발하는 대상으로까지 계속 나아가게 하는 점근법(approximation method)을 쓰면 효과적이다.

- 피로법: 습관을 깨뜨리기 위해 거스리가 제안한 두 번째 방법은 피로법(fatigue method)이다. 피로법은 야생마를 길들이는 카우보이의 방법과 같다. 예를 들면, 말 등에 안장을 얹어 거기에 타고 말이 지쳐 떨어질 때까지 타는 것과 같은 것이다. 말이 피로 때문에 등에 안장이 있고 사람이 타고 있는데도 걷어차고 내뛰는 행동 이외의 다른 행동을 할 때까지 말을 타는 것이다. 일단 동물이 안장과 마부가 등에 있는데도 조용히 반응하게 되면, 이후로는 등에 안장만 있고 마부는 없어도 조용히 반응하게 될 것이다. 또 성냥을 켜기 때문에 부모를 화나게 만드는 아동이 있다면, 아동에게 성냥불을 켜는 것이 재미없을 때까지 계속하여 성냥을 켜도록 하라는 것이 거스리의 충고이다.
- 양립불가능 반응법: 양립불가능 반응법(incompatible response method)은 바람직하지 못한 반응에 대한 자극을 바람직하지 못한 반응과는 양립 불가능한 반응을 일으키는 다른 자극과 함께 제시하는 것이다. 즉, 두 개의 자극을 학습자에게 제시한다. 그중의 하나는 바람직하지 못한 반응을 일으키는 자극이고, 다른 하나는 바람직하지 못한 반응과는 양립 불가능한 반응을 일으키는 더 강한 자극이다. 예를 들면, 어린 아동에게 팬더곰을 선물로 줄 경우 아동의 첫 반응은 공포와 회피일 것이다. 반면, 어머니는 아동에게서 부드럽고 이완된 감정을 인출할 것이다. 그러므로 어머니-팬더곰을 짝지을 수 있다. 만약 어머니가 지배적 자극이라면 어머니-팬더곰 조합에 대한 아동의 반응은 일종의 이완일 것이다. 일단 아동이 팬더곰이 있는 데서 이완반응이 인출되었다고 한다면, 나중에는 곰만을 제시할 수 있을 것이다. 그렇다면 이때도 아동은 이완반응을 일으키게 될 것이다(김영채 역, 2001).

참고인물

❖ 손다이크(Edward Lee Thorndike, 1874~1949): 이 장의 파블로프의 '참고인물'을 참조할 것.

❖ 거스리(Edwin Ray Guthrie, 1886~1959): 미국 네브래스카 주에서 출생하였다. 1907년 네브래스카대학교를 졸업하고, 1910년 네브래스카대학교 대학원에서 석사학위를 받았다. 그리고 1912년 펜실베이니아대학교에서 철학박사학위를 취득하였다. 1914~1956년 은퇴할 때까지 워싱턴대학교의 심리학 교수로 재직하였다. 거스리의 대표적인 저서는 『학습심리학(*The Psychology of Learning*)』으로 1935년 출간되었고 1952년에 개정되었다. 거스리는 손다이크, 파블로프 및 왓슨과 같은 학자들의 이론이 지나치게 객관적이라고 생각하였고, 주어진 어떤 장면에서 유기체는 그들 모두와 결합을 형성할 수 없기 때문에 주목되는 부분만이 반응과 결합하게 된다는 인접의 법칙(law of contiguity)을 제안하였다. 학습원리에 대한 빈도의 법칙을 완전히 거부하였고, 학습이란 자극과 반응이 단 한 번 짝지어진 다음 완전한 것이 된다는 일회시행학습(one-trial learning)을 제안하였다. 또한 어떤 자극 집합이 있을 때 가장 나중에 있었던 것은 그 자극조합이 다음에 다시 일어날 때 다시 일어나는 경향성이 가장 높다는 최신의 원리(recency principle)를 주장하였다. 즉, 어떤 상황에서 우리가 가장 나중에 한 어떤 것은 그러한 상황을 다시 만나게 되면 그것을 다시 하는 경향성이 있다는 것이다. 보상, 즉 강화란 망각을 방지하고 간섭이 없으면 망각도 없다고 하였다.

3. 반두라

"청소년들은 반드시 질풍노도의 시기를 겪는 것도 아니고 또 겪을 필요도 없다. 왜냐하면 어른들이 청소년들의 반항적으로 보이는 행동에 지나치게 관심을 가지고 과장하고 있기 때문이다. 또한 대중매체가 청소년들의 이런 성질을 지나치게 일반화하였고, 그 결과 청소년들이 성인들이 만들어 놓은 관념세계에 맞추게 된 것이기 때문이다."

반두라(Albert Bandura, 1925~)는 1925년 12월 4일 캐나다 북부 앨버타 지방 먼데어의 작은 마을에서 출생하였다. 반두라의 아버지는 폴란드계 밀 농사꾼이었다. 반두라는 초등학교부터 고등학교까지는 이곳에서 학교를 다녔는데, 그가 다닌 고등학교에는 오직 2명의 교사와 20명의 학생뿐이었다. 반두라는 다른 친구들과 마찬가지로 주로 독학을 하였다. 고등학교를 졸업한 후 밴쿠버의 브리티시컬럼비아대학교에 진학하여 심리학전공으로 1949년에 졸업을 하였다. 반두라는 그 당시에 심리학과가 가장 장래성이 있다고 생각하였다. 그리고 미국 아이오와대학교 대학원에 들어가서 1951년에 석사학위를, 1952년에 박사학위를 취득하였다. 반두라는 여기서 행동주의적 전통과 학습이론의 영향을 크게 받았다. 아이오와에 있는 동안 간호학교의 교사 버지니아 반스를 만나 결혼하였고, 1954년에 첫째 딸을, 1958년에 둘째 딸을 낳았다. 졸업 후에는 캔자스에 있는 위치타 가이던스센터(Wichita Guidance Center)에서 1년간 박사후 인턴과정을 마치고 1953년 스탠퍼드대학교의 심리학과 교수로 부임하였다. 초기에는 반두라가 지도한 최초의 제자인 월터스(Richard Walters)와 함께 『청소년의 공격성(*Adolescent Aggression*)』(1959), 『사회학습과 성격발달(*Social Learning and Personality Development*)』(1963)을 발간하였다. 그 후 반두라는 행동을 지배하는 심리사회적 원칙들을 광범위하게 다룬 『행동수정의 원리(*Principles of Behavior Modification*)』(1969)를 출간하였다. 1969년에는 스탠퍼드대학교 행동과학연구소의 위원으로 임명되었고, 그해 『공격성: 사회학습분석(*Aggression: A Social Learning Analysis*)』(1973)이라는 책을 집필하였다. 또한 행동을 설명하는 데 도움을 주는 주요 개념들을 요약한 『사회학습이론(*Social Learning Theory*)』(1977)을 출간하였다. 이 외에도 『자기효율성: 조절 연습(*Self-Efficacy: The Exercise of Control*)』(1997), 비교적 최근에 집필된 『청소년들의 자기효율적 신념(*Self-Efficacy Beliefs of Adolescents*)』(2006) 등이 있다. 반두라는 1973년 미국심리학회장이 되었고, 1980년에는 미국심리학회에서 수여하는 우수과학자상을 받았다. 반두라는 지금까지 스탠퍼드대학교에서 재직하고 있다. 1996년에는 한국심리학회 국제 심포지엄에 참석하기 위해 한국에 와서 주제발표를 하기도 하였다. 반두라의 관찰학습 분야는 현재 대단히 인기가 있으며, 날로 그 인기를 더해 가고 있다. 그리고 이제는 반두라를 이 분야의 지도적인 연구자 및 이론가로 보는 데 거의 의심의 여지가 없다. 또한 심리학과 교육학, 청소년학 등에 많은 영향을 주었고, 그의 이론은 실제 교육현장에도 많이 적용되어 심리학의 응용 가치를 크게 높이고 있다.

▶▶ 관찰학습의 역사

인간은 다른 인간들을 관찰함으로써 학습한다는 생각은 적어도 플라톤과 아리스토텔레스까지 거슬러 올라간다. 그들에게 교육이란 학생들에게 제시할 최선의 모델을 선택하고, 그리하여 학생들로 하여금 모델의 뛰어난 특성을 관찰하고 본받도록 하는 것이었다. 수세기 동안 관찰학습(observational learning)이란 당연한 것이라 여겨졌고, 인간은 남이 행함을 본 것을 모방하려는 자연적 경향성을 갖고 있다고 전제함으로써 그것을 설명하는 것이 보통이었다. 이러한 생득론적 설명이 지배하고 있었기 때문에 관찰을 통하여 학습하려는 경향성이 생득적이라는 사실을 확인하려고 하거나 또는 관찰학습이란 것이 정말 일어나는 것인지를 확인해 보려는 노력은 아예 이루어질 수 없었다.

관찰학습을 제일 먼저 실험적으로 연구해 보려고 한 사람은 손다이크였다. 1898년 손다이크는 한 마리의 고양이를 문제상자에 넣고, 다른 한 마리의 고양이는 인접한 우리에 집어넣었다. 문제상자에 있는 고양이는 도피하는 방법을 이미 학습하였기에, 두 번째 고양이가 도피반응을 학습하기 위해서는 첫 번째 고양이를 관찰하기만 하면 되었다. 그러나 손다이크가 두 번째 고양이를 문제상자 속에 넣었을 때 고양이는 도피반응을 수행하지 않았다. 두 번째 고양이는 첫 번째 고양이가 거쳤던 것과 마찬가지로 시행착오학습을 거쳐서만 도피반응을 학습할 수 있었다. 손다이크는 병아리와 개를 가지고도 동일한 유형의 실험을 하였는데, 결과는 마찬가지였다. 1901년 손다이크는 원숭이를 가지고 비슷한 실험을 해 보았지만, '원숭이는 보고 행한다.' 라는 일반적인 통념과는 달리 역시 관찰학습은 일어나지 않았다. 1908년 왓슨 또한 원숭이를 이용하여 손다이크의 연구를 반복해 보았지만, 그 또한 관찰학습에 대한 증거를 찾지 못하였다. 따라서 손다이크와 왓슨은 학습이란 오직 직접적인 경험으로부터 일어날 뿐 간접적, 즉 대리 경험을 통하여 이루어지는 것은 아니라고 결론 내렸다. 그리고 학습이란 환경과 자신의 상호작용을 통해 나타나는 결과일 뿐이지 다른 사람의 상호작용을 관찰한 결과로 일어나는 것은 아니라고 생각하였다.

손다이크와 왓슨의 이러한 연구결과는 관찰학습에 대한 연구를 위축시켰지만, 관찰학습에 대한 관심이 다시 자극된 것은 밀러(Neal Elgar Miller, 1909～)와 달라드(John Dollard, 1900～1980)가 쓴 『사회학습과 모방(*Social Learning and Imitation*)』(1941)이 출간될 때였다. 손다이크나 왓슨과 마찬가지로 그들은 관찰학습에 대한 생득론적 설명에 도전하고자 하였다. 그러나 손다이크와 왓슨과는 달리 밀러와 달라드는 다른 유기체의 활동을 관찰함으로써 학습할 수 있다는 사실을 부정하지는 않았다. 그들은 만약 모방행동이 강화를 받는다면 그것은 다른 모든 종류의 행동과 마찬가지로 강화될 것이므로, 모방학습은 도구적 조건화의 특수한 경우에 지나지 않을 것이라고 생각하였다. 모델의 역할은 적절한 반응이 이루어질 때까지 관찰자의 반응을 지도하거나 또는 관찰자에게 어떤 장면에서는 어떤 반응이 강화를 받는다는 것을 예시하는 것이라고 보았다. 모방반응이 일어나지 않고, 그래서 강화를 받지 않는다면 학습은 일어나지 않는다. 모방학습은 관찰, 외현적 반응, 그리고 강화의 결과이다.

여러 세기 동안 압도하고 있던 모방학습에 대한 생득론적 설명과는 달리, 밀러와 달라드는 모방행동의 설명 기초로서 헐의 학습이론을 이용하면서 모방 현상에 대한 최초의 경험주의적 설명을 하였다. 손다이크와 왓슨의 연구는 30년 이상이나 모방학습에 대한 흥미를 침잠시키는 효과를 가져왔으며, 밀러와 달라드의 연구 또한 20년 이상이나 이와 비슷한 효과를 미치게 되었다. 즉, 밀러와 달라드의 모방행동에 관한 설명은 20년 이상 심리학을 지배하게 되었다.

▸▸ 상호결정론

'왜 사람은 현재 하듯이 행동하는가?' 에 대한 대답은 심리학 분야에서 가장 기본적인 질문이 될 것이다. 스키너와 같은 환경주의자라면, 행동은 환경 속에 있는 강화유관의 함수이며, 그러므로 강화유관을 변화시키면 행동은 변화된다고 말할 것이다. 극단적인 생득론자라면, 이 질문에 대한 해답으로서 유전적 기질과 특성, 심지어는 관념들을 강조할 것이다. 인본주의자라면, 인간의 자유 선택을 강조하고 사람은 다소간에 자기가 하려고 선택한 것을 할 수 있다고 말할 것이다. 그리고 다른 어떤 사람들은 다르게 말할 것인데, 그런 이들 중 반두라는 이 질문에 대하여 사람, 환경, 그리고 그 사람의 행동 자체가 모두 상호작용하며 그 사람의 후속 행동을 생성한다고 대답할 것이다. 반두라는 그 세 가지 요소 중 어떠한 것도 다른 것과 떨어져서는 인간행동의 결정인으로서 이해될 수 없다고 보면서 그것의 삼원 상호작용을 다음과 같이 정리하였다.

여기서 P는 사람, E는 환경, 그리고 B는 사람의 행동을 말한다. 이러한 입장을 상호결정론(reciprocal determinism)이라 부른다. 이 개념에서 우리는 환경과 사람이 행동에 영향을 미친다는 말이 타당한 것과 마찬가지로 행동이 사람과 환경에 영향을 미친다는 것도 타

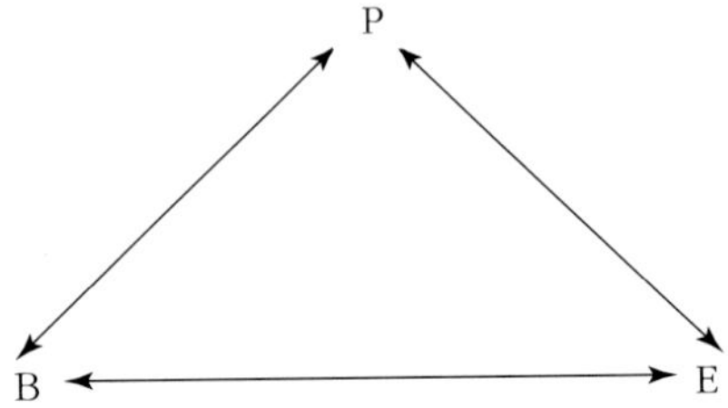

당하다고 유추해 볼 수 있다. 이 체제에서는 검토하려고 선택한 상호과정의 측면이 어느 것인가에 따라 유기체는 통제받는 대상으로도, 또 통제하는 기관으로도 보이게 된다. 환경의 어느 측면이 우리에게 영향을 미치느냐는 우리가 환경에 대하여 어떻게 행위하느냐에 따라서 결정된다. 그러므로 반두라는 사람이 어떤 식으로 행위하느냐에 따라서 환경에 영향을 미치며, 그리하여 변화된 환경은 다시 자기의 후속 행동에 영향을 미친다고 하였다. 인간, 환경 및 행동 간의 상호작용이 있기는 해도 어느 순간에서는 세 가지 요소 중 어느 하나가 다른 것들보다 더 영향을 끼칠 수 있다. 결론적으로 상호결정론이란 행동, 환경 및 인간(그리고 그들의 신념)은 상호작용하며, 이러한 삼원적인 상호작용을 이해하지 못하면 인간의 심리적 기능을 이해할 수 없다는 것이다.

▶▶ 도덕적 처신

사람의 도덕적 규약(moral code)도 모델과의 상호작용을 통하여 발달한다. 도덕의 경우 대개 부모가 도덕적 규칙과 조정의 모델이 되며, 아동은 궁극적으로 그것들을 내면화시킨다. 일단 내면화가 이루어지면, 도덕적 규약은 어떤 행동 또는 사고가 금지된 것이고 또 어떤 것이 금지되지 않은 것인지를 결정한다. 도덕적 규약에서 벗어나게 되면 유쾌한 경험이 아닌 자기경멸(self-contempt)을 가져오고, 이것은 심각한 처벌로서 작용하기 때문에 사람은 전형적으로 자기의 도덕적 규약에 따라 행동한다. 그러므로 도덕적 행동은 내면화된 도덕적 규약에 의해 지배받게 된다. 그러나 사람은 자기경멸을 경험하지 않으면서도 도덕적 규약에서 벗어날 수 있다. 이것이 바로 자기 면죄적 기제(self-exonerating mechanism)이다. 대부분의 부도덕한 행동은 이러한 자기 면죄적 과정 때문에 발생한다. 자기 면죄적 기제에는 도덕적 정당화, 완곡한 표현, 유리한 비교, 책임의 대치, 책임의 확산, 결과를 무시하거나 왜곡하는 것, 비인간화, 비난의 귀속 등이 속한다. 이를 살펴보면

〈표 12-3〉 자기 면죄적 기제

- 도덕적 정당화: 비난받을 행동이 보다 높은 목표의 수단이 되어서 정당화되는 경우이다.
  예) "내 식구의 양식을 얻기 위하여 나는 어쩔 수 없이 범죄를 저질렀다."
- 완곡한 표현: 비난받을 행동을 실제와는 다른 어떤 것으로 부름으로써 자기경멸을 경험하지 않고 피해 나갈 수 있다.
  예) 사람은 공격적인 행위를 일종의 '놀이'라고 이름 부를 때 남을 더 잘 공격할 수 있다.
- 유리한 비교: 자기 한탄적인 행동을 보다 극악한 행동과 비교해 봄으로써 자기비난적인 행동이 별것 아닌 것처럼 보이게 하는 경우이다.
  예) "그래, 나는 그렇게 했지만, 그 사람은 어떻게 했니?"
- 책임의 대치: 어떤 사람은 어느 인정받는 권위자가 자기의 행동을 시인하고 그에 대하여 책임을 진다고 느끼면 자기의 도덕적 원칙으로부터 쉽게 이탈한다.
- 책임의 확산: 비난받을 행동이라도 집단이 행동하도록 결정하는 것은 개인이 결정하는 것보다 훨씬 쉽다. 모든 사람에게 책임이 있는 곳에서는 어떠한 개인도 책임을 느끼지 않는다.
  예) "나 혼자 그것을 거부할 수 없었다."
- 결과를 무시하거나 왜곡하는 것: 자기 처신에 의하여 생긴 해독을 무시 또는 왜곡함으로써 자기경멸을 경험하지 않는 것이다. 자신의 부도덕한 행동에 따른 나쁜 효과로부터 스스로를 멀리 옮겨 놓을수록 자신의 행동 비난에 대한 압력은 줄어들기 때문이다.
- 비인간화: 어떤 개인이 하위 인간적으로 보이면 자기경멸을 경험하지 않고서도 그들을 비인간적으로 다룰 수 있다. 어떤 사람 또는 집단을 일단 비인간화하고 나면 그들은 이미 정서, 희망 및 이해관계를 갖고 있지 않게 되고, 그럼으로써 자기경멸을 경험하지 않고 그들을 학대할 수 있다.
- 비난의 귀속: 피해자가 말했거나 행동했던 어떤 것을 선택하고서는 그것이 자기로 하여금 비난받을 방법으로 행동하게 했다고 주장할 수 있다.
  예) "만약 당신이 그렇게 말하지 않았더라면 나도 그렇게 행동하지는 않았을 것이다."

〈표 12-3〉과 같다.

▸▸ 잘못된 인지과정

반두라는 인간행동의 결정에 있어서 인지과정의 중요성을 강조한다. 자기의 행동은 적어도 부분적으로는 자신의 인지과정에 의하여 결정되기 때문에 이러한 과정들이 현실을 정확하게 반영하지 못하면 부적응적인 행동이 생기게 된다. 반두라는 개인들이 잘못된 인지과정을 발달시키게 되는 몇 가지의 이유들을 기술하고 있다. 첫째, 사람은 겉모양을 기초로 하여 사물을 평가하는 경향이 있기 때문에 잘못된 신념을 발달시킬 수 있다. 둘째, 불충분한 증거에서 정보를 유도해 올 때 사고상의 착오가 생기게 된다. 일단 허위적인 신념이 형성되면 이러한 신념을 갖고 있는 사람은 같은 허위신념을 공유하고 있는 개인 또는 집단을 찾기 때문에 그들은 자기 영속적인 것이 된다. 가끔 출현하는 여러 가지 이교와 구세주적 집단들이 이러한 과정을 말해 주고 있다. 더욱이 허위의 신념이 일단 형성되면 그것은 자기 충족적 예언(self-fulfilling prophecy)이 될 수 있다. 예를 들면, 자신이 우둔하다고 믿는 사람은 그러한 신념을 지지하는 증거를 찾고 그러한 활동에 관여할 것이다. 셋째, 사고에서의 오류는 정보를 오류로 처리하는 데서 생길 수 있다. 예를 들면, 사람들이 모든 농부들은 지능이 부족하다고 믿으면 반드시 특정 농부도 지능이 모자란다고 결론을 내리게 된다. 이러한 연역은 전제(신념)가 오류이기 때문에 역시 오류다. 또한 정확한 정보로부터도 오류의 연역을 할 수 있다. 예를 들어, 실업은 백인에서보다는 흑인에서 더 많다는 관찰은 정확하지만, 이런 사실로 흑인은 백인보다 동기 형성이 덜 되어 있다고 결론 내리는 것은 오류이다.

청소년과 관련된 이론 및 주장

▸▸ 관찰학습

반두라는 아이오와대학에 있는 동안 유명한 학습이론가인 스펜스(Kenneth Wartenbee Spence, 1907~1967)의 영향을 받기도 했지만, 반두라의 주요 관심은 임상심리학에 있었다. 당시에 반두라는 효과적인 정신치료에 포함되어 있다고 믿었던 생각들을 명료화하고, 그것을 경험적으로 검증하고 상세하게 논술해 보는 데 관심을 가지고 있었다. 반두라가 밀러와 달라드의 『사회학습과 모방』(1941)을 읽고 크게 영향을 받은 것도 이때의 일이다. 그러나 1960년 초기에 이르자, 반두라는 일련의 논문과 서적을 출간·발표하여 모방학습에 대한 이전의 설명 개념에 대하여 도전하기 시작하였으며 관심의 논제를 보다 확대시켜 나가게 되었다. 이것이 바로 오늘날 우리가 관찰학습(observational learning)이라고 부르는 것이다.

관찰학습은 관찰자가 타인의 행동을 관찰하고, 그것을 인지적으로 처리하여 자신의 행동을 결정하는 과정을 포함한다. 관찰학습 과정은 관찰 대상이 되는 모델의 행동과 관찰자의 인지적 의사결정 과정의 두 가지 요인으로 구성된다. 관찰학습에는 모방이 포함될 수도 있고 포함되지 않을 수도 있다. 예를 들면, 차를 운전하다가 앞에 가던 차가 길에 패인 큰 구멍에 빠지는 것을 본다면 당신은 구멍을 피하고 차의 파손을 피하기 위하여 차를 옆으로 꺾어서 갈 것이다. 이 경우 당신은 관찰에서부터 학습은 했지만, 관찰한 것을 모방하지는 않았다. 즉, 관찰한 것을 인지적으로 처리하고 그에 따라 유리하게 행위하게 된 것이다. 그러므로 관찰학습은 흔히 다른 사람의 행위를 흉내 내는 단순한 모방보다는 훨씬 더 많은 정보나 지식이 들어 있다.

관찰학습에서는 다른 사람이 경험하는 바를 관찰하는 것이 자기 자신의 행동에 영향을 미친다. 이것이 바로 대리적 경험(vicarious experience)이다. 다른 사람이 경험하는 강화나 처벌을 관찰하게 되면 자신이 강화나 처벌을 직접적으로 경험하지 않았어도 그 사람의 행동이 직접적으로 경험한 것처럼 수용된다. 그러므로 대리 강화나 대리 처벌은 직접 강화나 직접 처벌 못지않게 정보적이라는 것이 반두라의 생각이다. 이것은 유기체의 외현적 행동에 따라 강화가 따라올 때만 관찰학습이 일어난다는 밀러와 달라드의 주장과는 반대된다. 즉, 밀러와 달라드의 주장과는 달리 반두라는 관찰학습이 외현적 반응이나 외적 강화 없이도 일어난다고 보았다. 반두라는 관찰학습은 언제나 일어나며, "관찰학습을 할 수 있는 능력이 완전하게 발달하고 나면 본 것을 학습하는 것을 막을 수 있는 길은 없다."라고 주장하였다.

반두라는 관찰학습에 작용하는 요인들로 주의집중 과정, 파지과정, 운동재생산 과정, 그리고 동기과정의 변인들을 제안하였다. 학습이란 계속적인 과정인데, 관찰한 것만을 학습한다는 것이 주의집중 과정이다. 그러므로 관찰자의 선택적 주의집중이 무엇을 주목하고 있는가에 따라 달라진다. 모델의 여러 가지 특징들도 주의집중을 받는 정도에 또한 영향을 미친다. 연구결과들을 보면 모델이 (1) 성과 연령 등에서 관찰자와 비슷할 때, (2) 존경을 받을 때, (3) 지위가 높을 때, (4) 유능할 때, (5) 막강할 때, (6) 매력적일 때 주의집중을 보다 많이 받게 된다. 관찰에서 얻은 정보가 유용하기 위해서는 정보가 파지되어야 하는데, 심상적인 방법과 어문적인 방법의 두 가지 상징적인 기호로 저장되는 것이 파지과정이다. 운동재생산 과정은 관찰자의 행동이 모델의 행동과 배합할 수 있기 위한 일정 기간의 인지적 시연(cognitive rehearsal)이다. 시연과정을 통하여 개인은 자기 자신의 행동을 관찰하고, 그것을 모델링한 경험에 대한 인지적 표상들과 비교해 보면서 교정적 행위가 일어나게 되는 것이다. 자기 자신의 행동 또는 다른 사람의 행동의 결과를 관찰함으로써 정보를 획득하게 되고, 이러한 관찰에 따라 획득된 정보는 그것을 사용할 필요성을 느낄 때 여러 가지 장면에서 활용된다는 것이 동기과정이다. 그러므로 관찰학습이 일어나지 않는다면 그것은 관찰자가 모델의 적절한 활동을 관찰하지 못하였거나, 그것을 파지하지 못했거나, 그들을 신체적으로 수행할 수 없었거나, 또는 그들을 수행하게 할 적절한 유인이나 동기를 갖고 있지 않았기 때문이다.

아동이 성장할수록 사회적 모델은 부모에서 형제자매, 친척, 동년배, 교사 및 TV나 영화 등 대중매체의 주인공으로 확대된다. 청소년기에 이르면 연예인이나 운동선수와 같은 대중매체의 주인공들이 자주 사회적 모델의 역할을 한다. TV의 공격행동과 아동의 폭력행동 사이의 관계를 연구한 결과들은 반두라의 관찰학습의 타당성을 입증하고 있다. 반두라에 의하면 모델의 관찰은 관찰자에게 여러 가지 영향을 미치는데, 우선 관찰자는 모델을 통해 새로운 반응을 배우게 된다. 이를 모델링 효과(modeling effect)라 한다. 예를 들면, 청소년은 폭력적인 매체물의 주인공을 관찰함으로써 새로운 공격적인 반응을 학습할 수 있다.

▸▸ 매스미디어의 영향

정보를 전달해 주는 것이면 어떠한 것이라도 모델이 된다. 그렇다면 신문이나 TV, 영화 등은 모델의 노릇을 하고, 그것을 통해 우리는 많은 것을 배우게 된다. 물론 뉴스나 오락 미디어에서 학습한 모든 것이 부정적인 것은 아니지만, 그래도 때로는 부정적인 것이 있을 수 있다. 사람들은 TV에 나타난 사회의 표상으로부터 자기가 전혀 또는 별로 접촉하고 있지 않는 사회적 실제에 대한 부분적인 인상을 형성한다. 대중매체가 전달하고 있는 불충분한 증거에서 정보를 얻게 될 때 우리는 또한 사고상의 착오가 생기게 된다. TV의 세계에는 비열하고 무법적인 인물들이 득실거리기 때문에 TV는 실제 세상에 대한 지식을 왜곡시킬 수 있다. 그러므로 우리들은 청소년들이 TV에서 비슷한 행동을 목격하고 난 다음 음식을 사먹을 돈을 얻기 위하여 부정수표를 쓰거나, 모조권총으로 이방인을 약탈하거나, 교사에게 협박 편지를 쓰거나, 또는 불법적인 칼싸움을 하지는 않을까 하고 염려하게 되는 것이다.

▸▸ 행동의 자기 조정

반두라는 인간의 행동은 주로 자기 조정(self-regulated)된다고 보고 있다. 인간이 직접적 또는 간접적 경험으로부터 배우는 것 중에는 수행기준이 있는데, 이러한 기준을 일단 학습하게 되면 자기평가의 기초가 된다. 주어진 장면에서 자기의 수행이 자기의 기준을 충족시키거나 초과하면 그것은 긍정적으로 평가를 받으며, 반대로 수행이 기준에 모자라면 부정적인 평가를 받는다.

사람의 수행기준은 직접적인 경험으로부터 생길 수도 있고, 사람들의 행동을 관찰해 봄으로써 간접적으로 발달할 수도 있다. 반두라는 자기평가로부터 오는 내적 강화가 남들이 분배해 주는 외적 강화보다 훨씬 더 영향력이 크다고 믿고 있다. 반두라는 외적으로 주어지는 외적 강화와 자신이 주는 내적 강화의 상대적 효율성에 관한 연구들을 종설해 본 다음, "자기 보상적 행동은 외적으로 보상받는 행동보다 더욱 효과적으로 유지되는 경향이 있다."라고 주장하였다. 그러므로 개인의 수행기준이 너무 높으면 그것은 개인적 고통의 원인이 될 수 있다. 좀 극단적인 형태이지만, 자기평가의 기준이 가혹하면 우울증적 반응, 만성적 실의, 무가치 감정, 목적의식의 결여 등의 증상이 생겨나게 된다. 또 너무 멀거나 어려운 목표를 위하여 일하는 것은 실망적일 수 있다. 따라서 적당히 어려운 하위 목표들이 대개는 가장 동기적이고 만족스러운 결과를 가져오게 된다.

내면화된 수행기준과 마찬가지로, 자기가 지각한 자기효율성 또는 자기효험의 신념(perceived self-efficacy)은 자기조정 행동에 중요한 역할을 한다. 지각된 자기효율성이란 자기가 무엇을 할 수 있느냐에 대한 자기의 인상이다. 즉, 자기 능력으로 감당할 수 있거나 자신이 할 수 있다는 일종의 자신감 내지 자기 인상이다. 그러므로 자기효율성을 높게 지각하는 사람은 낮게 지각하는 사람보다 더욱 노력하고, 보다 성취하고, 과제를 보다 오래 지속한다. 지각된 자기효율성이 높은 사람은 낮은 사람보다 공포를 덜 경험한다. 왜냐하면 지각된 자기효율성이 높은 사람은 환경에 있는 사상들을 보다 잘 통제하고, 그럼으로써 불확실성을 덜 경험하기 때문이다. 사람들은 자기가 통제하지 못하는 사상을 두려워하고, 그래서 불확실해하는 경향이 있기 때문에 지각된 자기효율성이 높은 사람은 공포를 덜 경험하는 경향이 있다. 자기효율성이 높은 청소년일수록 높은 수준의 성취 획득을 이룰 수 있다. 그러나 대통령이 되겠다고 한다면 이는 동기 수준이 높다고 볼 수 있지만 자기효율성은 없는 것이다.

지각된 자기효율성은 여러 가지 원천에서 생기는데, 개인적인 업적과 실패, 자기와 비슷하다고 생각한 남들이 여러 가지 과제와 어문적인 신념에서 성공하거나 실패하는 것

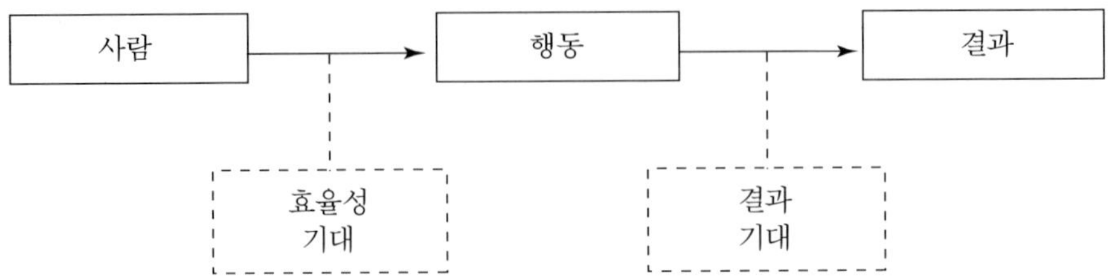

[그림 12-4] 자기효율성의 신념구조

출처: Bandura, A.(1977). *Sorial Learing Theory*. Englewood Cliffs: Prentice-Hall.

을 보는 것 등이 포함된다. 그러나 지각된 자기효율성에 가장 강하게 영향을 끼치는 것은 성공과 실패에 대한 자기의 직접적 또는 대리적 경험이다. [그림 12-4]는 자기효율성의 신념구조를 보여 주는데, 여기서 결과기대는 특정 행동이 특정 결과를 가져올 것이라는 스스로의 믿음이고, 효율성 기대(efficacy expectation)는 개인이 특정 과제를 잘 수행해 낼 수 있는 능력이 자기에게 있는가에 대한 믿음이다.

사람의 지각된 자기효율성과 실제의 자기효율성은 서로 상응(match)할 수도 있고 상응하지 않을 수도(mismatch) 있다. 사람은 실제로는 자기효율성이 높은데도 스스로 자기의 효율성은 낮은 것이라고 믿을 수도 있고, 또한 반대로 실제 자기효율성은 낮은데도 스스로 자신의 효율성은 높은 것이라도 믿을 수도 있다. 그러므로 자기의 열망이 자기의 능력과 병행하는 장면이 최선이 된다. 예를 들어, 사람이 자기 능력 이상의 것을 계속적으로 시도하면 그는 좌절과 실의를 경험할 것이고 마침내는 대부분의 모든 것들을 포기해 버릴 것이다. 반면에 높은 자기효율성을 가진 사람이 스스로 적절하게 도전하지 못하면 그들의 개인적 성장은 저지될지도 모른다.

자기효율성은 아동보다는 청소년기의 발달을 설명하기에 더 적합한 개념이다. 청소년들은 관찰결과를 바탕으로 성공적 수행이 가능할 것인가 아닌가를 평가하고 예측할 수 있다. 청소년들은 그들이 평가한 효율성 기대에 따라 동년배집단의 행동이나 언어 혹은 의복 스타일의 모방 정도를 결정하고 도덕성, 가치관, 사회적 행동 및 성격 등을 결정하게 된다.

▸▸ 사회학습이론

반두라의 이론을 사회학습이론(social learning theory)이라고 부르는데, 그것은 우리가 획득하는 대부분의 정보는 다른 사람과의 상호작용에서 온다는 사실을 강조하기 때문이다. 반두라는 그렇기에 인간이 미치는 인간의 충격을 강조하고 있다. 우리가 직접적 경험에서 학습하든 대리 경험에서 학습하든, 우리들의 대부분의 학습에는 사회장면에 있는 다른 사람들이 포함되어 있다. 수행의 기준과 도덕적 판단을 포함한 우리의 인지는 다른 사람에 대한 관찰과 그들의 상호작용을 기초로 하여 발달한다. 반두라의 이론은 인지적인 것이며, 그것은 학습에 있어서 대리 경험(관찰)의 역할을 강조하고 있다.

반두라의 사회학습이론은 단계론(stage theory)과 특성론(trait theory)을 반대한다. 이들 이론은 인간행동의 안정성을 예측하지만, 반두라는 그러한 안정성은 존재하지 않는다고 생각하기 때문이다. 그는 인간의 행동은 오히려 상황적이라고 주장한다. 즉, 인간행동은 자기의 발달단계, 특성 또는 인간 유형에 의해서보다는 자기가 처해 있는 장면과 그 장면에 대한 해석에 의하여 결정된다는 것이다. 그러므로 사회학습이론에서는 행동이 성숙원리보다는 사회적이고 상황적인 맥락에 의해 결정되므로 인간발달을 단계로 구분할 수 없으며, 유아, 아동, 청소년, 그리고 성인의 심리적 과정은 모두 동일하다고 가정하고 있다. 사회학습이론이 비단계적 견해를 가지고 있기 때문에 청소년발달의 이해에 큰 도움이 되지 않는다고 생각할 수 있지만, 사회학습이론의 기본 가정과 개념은 청소년의 발달에 중요한 점을 시사하고 있다.

첫째, 청소년기가 반드시 안정적이지 못한 혼란의 시기는 아니다. 왜냐하면 청소년기뿐만 아니라 모든 발달 시기의 심리적 과정은 동일하며, 인간발달의 많은 부분은 개인과 가족, 그리고 환경에 달려 있기 때문이다. 따라서 반두라는 소수의 청소년들만이 규범에서 벗어난 일탈적인 행동을 보이고 다수의 청소년들은 비교적 조화로운 발달을 한다고 주장하고 있다. 둘째, 청소년의 발달은 문화적 조건화와 사회적 기대에 의해 많은 영향을 받는다. 즉, 청소년들의 발달은 초기 아동기의 학습 경험과 부모의 양육방법에 의해 많은 영향을 받는다. 따라서 청소년의 발달은 부모나 교사 및 또래 친구와 같은 주변사람의 행동을 관찰하고 모방하며, 그들이 청소년에게 어떠한 행동을 기대하느냐에 따라 크게 달라지게 된다.

▸▸ 비판점

반두라의 상호결정론의 원리는 몇 가지 이유 때문에 비판을 받고 있다. 반두라가 제기한 체계적 상호작용은 새로운 것이 아니며 19세기의 과학적 · 철학적 저술에까지 그 기원을 거슬러 찾아볼 수 있음을 지적하고 있다. 또한 반두라는 결정주의자라고 주장하고 있으나 상호결정주의의 원리는 표준적인 인과분석을 허용하지 않는다는 점을 지적하고 있다. 즉, 환경이 행동을 변화시키는 동안, 사람이 행동을 변화시키는 동안 행동이 사람을 변화시키는 식이라면 무엇이 무엇의 원인이 되는지를 발견하기란 실제적으로 불가능하다는 것이다. 반두라의 이론에 대한 또 다른 비판은 '좋은 것이 너무 많다.' 는 범주에 속해 있다는 것이다. 지난 30년 동안 학습과 인지에 대한 대부분의 이론들은 범위가 더 좁아졌고 설명이 보다 엄밀해지고 있다. 그러나 반두라의 이론은 광범위하고 포괄적이다. 반두라의 인지적 사회학습이론은 학습, 기억, 언어, 동기 형성, 성격, 도덕적 처신, 심리적 장애 및 미디어가 행동에 미치는 영향과 같은 사회적 이슈 등의 문제들을 다루고 있다. 전문화를 지향하는 많은 경향 속에서 이러한 이론이 과연 생존할 수 있을지는 앞으로 두고 보아야 한다는 것이다.

참고인물

❖ 플라톤(Platon, B.C. 427~347): 4장의 플라톤을 참조할 것.

❖ 아리스토텔레스(Aristoteles, B.C. 384~322): 4장의 아리스토텔레스를 참조할 것.

❖ 손다이크(Edward Lee Thorndike, 1874~1949): 이 장의 파블로프의 '참고인물' 을 참조할 것.

❖ 왓슨(John Broadus Watson, 1878~1958): 이 장의 파블로프의 '참고인물' 을 참조할 것.

❖ 밀러(Neal Elgar Miller, 1909~)와 달라드(John Dollard, 1900~1980): 밀러는 미국 밀워키에서 출생하였으며 1931년 워싱턴대학교에서 학사학위, 1932년 스탠퍼드대학교에서 석사학위, 그리고 1935년 예일대학교에서 철학박사학위를 취득하였다. 밀러는 달라드와 함께 『사회학습과 모방(*Social Learning and Imitatin*)』(1941), 『성격과 정신병리

(*Personality and Psychotherapy*)』(1951)라는 저서를 통하여 미국의 심리학자 헐의 이론을 관찰학습의 제기 및 성격, 갈등, 사회적 행동 및 심리치료 영역으로까지 확대하기 위해 노력하였다. 달라드는 1900년 미국 위스콘신 주에서 출생하여 1980년 미국 코네티컷 주에서 사망하였고, 사회 및 행동과학의 다학제 간 통합적 연구를 개척한 공로를 인정받고 있다. 특히, 이들은 관찰자의 행동상의 변화는 모델의 행동이 아니라 관찰자 행동의 결과로 인한 것이라고 보았으며, 모방은 강화의 함수임을 발견하였다. 예를 들어, 한 소년이 아버지가 직장에서 돌아오는 소리를 듣고 인사하러 문간으로 달려갔다고 해 보자. 만약 아버지가 두 소년을 반갑게 맞으면서 과자를 하나씩 준다면, 아버지가 강화한 행동은 무엇인가? 형의 경우에는 아버지가 돌아오셨을 때 문간으로 뛰어가는 행동이 강화된 것이다. 그리고 동생의 경우에는 문간으로 달려가는 형의 행동을 모방한 행위가 강화된 것이다. 즉, 동생은 형이 문간으로 갈 때 따라가면 보상이 주어지는 것을 학습한 것이다. 그러므로 모방행동이 강화를 받는다면 그것은 다른 종류의 행동과 마찬가지로 강화될 것이고, 따라서 모방학습은 도구적 조건화, 즉 오퍼런트 조건화의 특수한 경우에 지나지 않는다는 사실을 발견하였다.

❖ 스키너(Burrhus Frederic Skinner, 1904~1990): 이 장의 스키너를 참조할 것.

❖ 스펜스(Kenneth Wartenbee Spence, 1907~1967): 스펜스는 헐의 대표적인 문하생이었으며,

시카코에서 태어나서 텍사스 오스틴에서 사망하였다. 네 살 때 캐나다의 몬트리올로 이사하여 거기서 머물면서 맥길대학교(McGill University)에서 1929년 학사학위, 1930년에 석사학위를 받았다. 그리고 미국 예일대학교로 옮겨 가서 1933년에 철학박사학위를 취득하였다. 박사학위를 받은 다음 연구조교 및 강사로 1937년까지 예일대학교에 있었는데, 이때 헐의 영향을 크게 받았다. 1937년~1942년에는 버지니아 대학교에서 교수로 봉직하였다. 그리고 1942년 아이오와대학교(University of Iowa)로 옮겨 가서 1964년까지 22년간을 머물다가 텍사스대학교로 옮겨 갔는데, 이곳에서 60세의 나이로 때 이르게 세상을 떠나게 되었다. 특히, 스펜스는 아이오와대학교에 있으면서

73명 이상의 박사를 양성함으로써 헐의 학문적 유산이 영속적으로 유지되는 데 크게 기여하였다. 스펜스는 헐의 학습이론에 대하여 몇 가지의 급진적인 변화를 일으켰기 때문에 이들 공동의 노력을 함께 묶어 헐-스펜스 학습이론이라고도 부른다. 스펜스는 주로 변별학습, 도구적 조건화에서의 강화 기각, 유인 동기, 헐의 기본 등식의 수정, 소거에 대한 좌절-경쟁 이론 등의 학습이론을 수정·추가하였다. 그러나 소거에 대한 견해는 헐의 설명과는 다르다. 헐은 소거를 강화가 없는 데서 반응함에 따라 생기는 피로라는 말로 설명하였지만, 스펜스는 소거를 좌절 때문에 생긴 반응이 학습된 행동을 적극적으로 간섭하기 때문에 생기는 것으로 설명하였다. 스펜스에 따르면 비강화는 좌절을 일으키며 좌절은 학습된 반응과는 양립 불가능한 반응을 인출하여 학습된 반응과 경쟁한다. 그리고 결국에 가서 좌절, 그리고 좌절에 대한 기대에 따라 학습된 반응이 소거 또는 소멸된다는 것이다.

제 13 장

청소년기에 대한 그 외의 관점들

▫ **로빙거**(Jane Loevinger, 1918～)

- 자아발달은 성숙이며, 그것을 강요할 방법은 없다. 우리는 다만 문을 열기 위해 노력할 수 있을 뿐이다.

▫ **엘킨드**(David Elkind, 1931～)

- 청소년들의 자기중심성은 상상적 청중과 개인적 우화로 나타나고, 또 그들은 권위적인 인물에게서 결점을 찾으려는 경향이 있다.

▫ **파울러**(James W. Fowler, 1940～)

- 모든 인간이 공통적으로 가지고 있는 한 가지 특성은 인생이 어느 정도 의미 있다는 느낌 없이는 살아갈 수 없다는 것이다. 그러므로 인간은 의미 창조적 창조물이며, 청소년기의 신념발달은 특별한 의미를 갖게 된다.

▫ **데이비스**(Kingsley Davis, 1908～1997)

- 현대사회의 빠른 변화가 부모와 청소년 간의 갈등을 불러오게 하는 주된 원인이다.

1. 로빙거

"자아발달은 성숙이며, 그것을 강요할 방법은 없다. 우리는 다만 문을 열기 위해 노력할 수 있을 뿐이다."

로빙거(Jane Loevinger, 1918~)는 미네소타 세인트폴에서 변호사로 일했던 아버지와 매우 가정적인 어머니 사이에서 5형제 중 셋째로 출생하였다. 늘 열심히 공부하였고 고등학교를 조기 졸업하였으며 다른 학생들에 비해 뛰어났는데, 그런 이유로 로빙거 자신은 스스로를 아웃사이더로 느낀 적이 있었다고 술회하였다. 1937년 미네소타대학교를 졸업하였고, 1938년 역시 미네소타대학교에서 정신측정심리학전공으로 석사학위를 취득하였다. 그리고 1944년 캘리포니아대학교 버클리캠퍼스에서 철학박사학위를 취득하였다. 졸업 후 캘리포니아대학교에서 교육조교와 시간강의를 하였고, 이때 톨먼 등의 심리학자들에 의해 많은 영향을 받게 되었다. 1955년부터 1956년까지는 워싱턴대학교의 심리학 및 인간가치와 도덕발달 교수를 역임하였다. 주요 연구업적으로는 『자아발달의 측정 1: 문장완성검사의 구성과 사용(*Measuring Ego Development 1. Construction and Use of a Sentence Completion Test*)』(1970), 『자아발달의 측정 2: 여성과 소녀들을 위한 점수 편람표(*Measuring Ego Development 2. Scoring Manual for Woman and Girls*)』(1970), 『자아발달: 개념과 이론(*Ego Development: Conceptions and Theories*)』(1976), 『자아와 행동예측(*On the Self and Predicting Behavior*)』(1984), 『성격의 패러다임(*Paradigms of Personality*)』(1987), 그리고 『청소년의 자아발달(*Ego Development in Adolescent*)』(1990) 등이 있다.

▸▸ 문장완성검사

로빙거는 워싱턴대학교의 자아발달 문장완성검사(Washington University Sentence Completion Test of Ego Development: WUSCTED)라고도 불리는 문장완성검사(Sentence

〈표 13-1〉 로빙거의 문장완성검사

1. 아동이 집단활동에 참여하지 않을 때 ___________
2. 가족을 부양하는 것은 ___________
3. 내가 비판받을 때 ___________
4. 남자의 직업은 ___________
5. 다른 사람들과 함께 있는 것은 ___________
6. 나 자신에 대해 내가 좋아하는 것은 ___________
7. 나의 어머니와 나는 ___________
8. 나를 문제에 처하게 하는 것은 ___________
9. 교육은 ___________
10. 사람들이 무력할 때 ___________
11. 여성은 운이 좋다. 왜냐하면 ___________
12. 좋은 아버지는 ___________
13. 소녀는 ___________할 권리를 가진다.
14. 사람들이 성에 대해 이야기할 때, 나는 ___________
15. 아내는 ___________해야 한다.
16. 나는 ______에 대해서 유감이다.
17. 남성은 ___________할 때 기분이 좋다.
18. 규칙은 ___________이다.
19. 만약 ______한다면, 범죄와 비행은 정지될 수 있다.
20. 남성은 운은 좋다. 왜냐하면 ___________
21. 나는 ___________한 사람들에 대해 참을 수가 없다.
22. 때때로 그녀(그)는 ___________에 대하여 걱정한다.
23. 나는 ___________
24. 여성은 ___________할 때 기분이 좋다.
25. 나의 주된 문제는 ___________이다.
26. 남편은 ___________할 권리를 가진다.
27. 여성(남성)이어서 가장 나쁜 것은
28. 좋은 어머니는 ___________
29. 내가 남성(여성)과 함께 있을 때
30. 때때로 그녀(그)는 ___________를 원하였다.
31. 나의 아버지는 ___________
32. 만약 내가 원하는 것을 얻지 못한다면 ___________
33. 대개 그녀(그)는 성(sex)이 ___________라고 느꼈다.
34. 여성에게 있어서 직업은 ___________
35. 만약 ___________한다면, 내 양심은 나를 괴롭힌다.
36. 여성(남성)은 언제나 ___________해야 한다.

주: 남성과 여성에게 있어서 괄호 안의 단어를 제외하고 어간은 동일하다. 괄호 안의 단어는 남성용에서 변화되는 부분을 가르킨다.

출처: Loevinger, J. (1985). Revision of the sentence completion test for ego development. *Journal of Personality and Social Psychology, 48*, 426.

Completion Test: SCT)를 창안하였다. SCT는 36개의 미완성된 문장 어간으로 구성되어 있고, 각각의 문장 어간은 응답자에 의해 단일 문장으로 완성되도록 되어 있다. 처음에는 성인 여성과 여자청소년용으로 개발되었으나, 후에는 성인 남성과 남자청소년들에게도 사용될 수 있도록 고안되었다. SCT는 응답자의 대답을 점수화하여 채점하고, 구두로 실시할 수도 있으나 보통 서면으로 실시한다. 검사시행 자체는 그리 어렵지 않으나, 투사적 검사이기 때문에 점수계산이 복잡하고 전문화된 훈련을 요구한다. 로빙거는 개인의 특정한 자아발달 단계를 SCT 검사를 통하여 평가하고자 하였고, 또 이를 뒷받침하는 경험적 자료로 활용하고자 하였다. 〈표 13-1〉은 자아발달을 위한 문장완성검사(1985)인데, 괄호 안의 단어는 남성용에서 변화되는 부분을 나타낸다.

▸▸ 자아성숙도

로빙거가 SCT를 통하여 개인의 자아발달 수준, 즉 자아성숙도 수준을 연구하게 된 배경에는 여러 가지가 있으나, 무엇보다도 전생애 동안의 인간발달이나 인성 성장을 특징짓는 단일하고 전체적인 주제를 파악하려고 하였기 때문이다. 또 사람들의 자아발달이 어떻게 전개되어 가는지를 알아보고 싶어서였다. 연구결과, 로빙거는 자아가 발달적으로 변화한다는 사실을 관찰하였으며, 자아발달 수준은 아홉 가지의 단계들을 가지고 있고, 청소년들은 양극단을 제외하고는 대부분의 발달단계를 보일 수 있다고 제안하였다. 그러나 환경적 조건 또한 자아발달 수준의 변화를 억제하거나 촉진시킬 수 있기 때문에 아동이나 청소년들이 처한 환경에 따라서 자아발달 수준의 개인차가 올 수 있다고 보았다. 다음은 자아발달 수준의 이정표이다(Muuss, 1996; 장휘숙, 1999).

- 전사회적 또는 공생적 단계
- 충동적 단계
- 자기보호적 단계 ┐
- 동조자 단계 │
- 자아인식 단계 │ 청소년기
- 양심적 단계 │
- 개인주의적 단계 ┘

• 자율적 단계
• 통합적 단계

• 전사회적 또는 공생적 단계(presocial or symbiotic stage): 가장 낮은 자아발달단계로서 주변의 욕구와 기대를 인식하지 못하고 자신의 욕구충족에만 관심을 갖는다. 어머니와 공생적 관계에 있는 이 단계의 개인들은 자신을 어머니와 분리된 실체로서 인식하지 못한다.
• 충동적 단계(impulsive stage): 충동적 자아라고 불리는 이 수준의 자아발달은 아동초기에 전형적으로 나타나고, 때로는 중학교 시기에도 나타난다. 그러나 청소년후기나 성인기에서는 거의 나타나지 않는다. 이 단계는 개인적 욕구, 신체적 욕구, 그리고 자기 마음대로 하는 것 등의 욕구만족에 초점을 둔다. 아동은 처벌받은 행동은 나쁜 행동이고 보상받은 행동은 좋은 행동이라고 생각한다. 비행청소년은 일반적으로 충동적 단계에 속한다.

청소년과 관련된 이론 및 주장

〈표 13-2〉 청소년의 연령 증가에 따른 자아발달단계

연령집단	주요 단계
청소년초기(12~15세)	• 자기보호적 단계 • 동조자 단계 • 자아인식 단계
청소년중기(15~18세)	• 동조자 단계 • 자아인식 단계 • 양심적 단계
청소년후기(18~21세)	• 자아인식 단계 • 양심적 단계 • 개인주의적 단계

▸▸ 자기보호적 단계(self-protective stage)

이 수준에서의 주요 관심사는 여전히 자아 및 즉각적인 충족과 관련되어 있다. 그러나 자아 통제가 출현하기 시작한다. 쾌락-고통의 원칙이 여전히 행동을 지배하는 것처럼 보이지만, 개인은 이제 규칙이 있음을 이해하고 개인적 이익을 위하여 규칙에 복종하기 시

작한다. 이러한 방어적인 자기보호 유형은 고등학교 시기가 끝나기 전에 감소하는 경향이 있다.

▸▸ 동조자 단계(conformist stage)

이 수준의 자아발달은 청소년초기인 중학생들에게서 일반적으로 나타난다. 자신의 복지를 타인의 복지와 동일시하는데, 이는 그들 자신이 사회적 인정과 수용에 대해 관심을 갖기 때문이다. 그들은 타인이 자신들에 대해 어떻게 생각하는지에 몰두한다. 따라서 자아의식은 거의 전적으로 타인으로부터 받는 평가적인 피드백에 근거한다. 신체적 외모, 물질적 소유, 그리고 명성은 타인을 평가하는 기준이 된다. 적당한 집단에 속하는 것이 중요하며, 한 집단의 구성원이 되기 위하여 극단적인 방법을 취하기도 한다. 또 자신의 집단에 속하지 않는 사람들을 거부하기도 한다. 그들은 대인관계를 감정이나 동기가 아닌 행동과 구체적인 사건의 측면에서 인식하는 경향이 있다.

▸▸ 자아인식 단계(self-awareness stage)

이 수준의 자아발달은 자신들의 개성과 개인차를 인식하기 때문에 대인 간의 상호작용에 보다 민감해지기 시작한다. 개인과 규범 사이를 신중하게 구별한다. 이전에는 집단 가치와 승인을 강조하였으나, 점차 개인적 가치에 관심을 두기 시작한다. 규칙의 예외를 인식하고, 개인은 자기를 반성하기도 하고 자기를 비판하기도 한다. 또 대인 간의 차이 및 상호작용에 대한 인식을 다룬다. 남성성과 여성성에 관심을 나타낸다. 사회적 규칙이나 가족의 기대 등에 따라 생활하지 못할 때 죄책감과 괴로움을 느끼기도 한다.

▸▸ 양심적 단계(conscientions stage)

일반적으로 청소년후기에 나타난다. 다른 사람들이 각기 다른 욕구, 다양한 행동유형, 그리고 독특한 특성을 가지고 있다는 것을 지각한다. 대인관계에서 행동보다는 감정과 동기를 더욱 중시하고 다른 사람들에 대한 관용에 몰두한다. 자기비판 능력은 확대되고 어떤 일에 대하여 장기적 목표를 가지고 몰두하게 된다. 책임감은 가족과 친구에서 보다 큰 사회로 확장된다. 행동 유형은 보다 확고히 확립되고, 행동 특성은 보다 안정적이 된다. 책임감 있는, 감정이입적, 심리적 사고, 정신을 가진, 자기존중적, 개념적으로 복잡한 등의 특징을 보인다.

▸▸ 개인주의적 단계(individualistic stage)

대표적인 성격특징으로 관용적인, 역설과 풍자에 대한 인식, 과정에 대한 관심, 그리고 갈등적인 정서에 대한 인식을 시작한다. 각기 다른 사람들이 서로 다른 역할을 충족시킨다는 실제적 인식을 하게 된다. 이러한 수준의 자아발달은 보다 성숙한 청소년후기의 청소년들에게서만 나타난다.

- 자율적 단계(autonomous stage): 이 단계의 개인들은 내적 갈등과 욕구 및 이상 사이의 균형을 유지하려고 노력한다. 그들은 인생이 얼마나 복잡한가를 이해하며 자신과 아주 다른 의견에 대해서도 지극히 관대하다. 또한 개별성과 자율성을 중요시하고 자기실현에 몰두한다. 자율적인 개인의 경우 충동조절은 더 이상 쟁점이 되지 못한다. 갈등을 인간사회에서 발생할 수밖에 없는 불가피한 측면으로 인식하기 시작한다. 자율적인 개인은 갈등을 무시하고 타인에게 투사하기보다는 그것을 받아들이고 다루려는 용기를 가진다.
- 통합적 단계(integrated stage): 이 단계의 개인들은 자신의 내적 갈등을 자유롭게 조절할 수 있다. 대부분 사회집단에서 1% 이하의 사람들이 통합적 수준에 속한다. 그들은 자아를 실현한 사람들이다. 강력한 자아정체성을 가지고 있으며, 자신의 개인적 욕구를 사회적 현실과 통합한다. 불가피한 한계와 오류를 인식하고 자신과 사회를 개선하려는 의도와 노력을 갖고 있다. 개인은 자신의 동기와 행동 모두에 책임을 진다.

▸▸ 청소년들의 발달특징

로빙거의 자아발달은 전생애 동안 개인의 성격발달을 특징짓는 의미의 틀(framework of meaning)에서의 변화로 설명될 수 있다. 그러므로 자아나 자아기능의 핵심은 일관성 있는 의미의 탐색이다. 연령증가와 함께 점점 더 세련된 수준의 의미 탐색이 가능해진다. 보다 성숙된 자아발달 수준은 내면화, 객관성, 추상개념, 그리고 모호성에 대한 인내를 증가시키고 다른 사람에 대한 의존으로부터 자유로울 수 있도록 해 준다. 한편, 로빙거의 청소년들의 자아발달 특징을 살펴보면, 첫째 자아 수준은 청소년기 동안 연령에 따라 증가하는 경향이 있다. 둘째, 각 단계는 이전 단계보다 복잡하고 성숙을 이루기 위한 발달적 진행과

〈표 13-3〉 자아발달 수준의 이정표

단계	충동조절, 성격발달	대인관계 유형	의식적으로 중시하는 문제	인지유형
전사회적 또는 공생적 단계		자폐증 공생적	자아 대 비자아	
충동적 단계	충동적, 보복에 대한 두려움	요구적, 의존적, 착취적	신체적 느낌 (특히, 성적, 공격적)	고정관념적, 개념적 혼란
자기보호적 단계	붙잡히는 것에 대한 두려움, 비난 표현, 기회주의적	주의 깊은, 교묘한, 착취적	자기 보호, 문젯거리, 소원, 사물들, 이익, 통제	
동조자 단계	외적 규칙에의 순응, 수치심, 규칙위반에 대한 죄책감	소속감, 피상적 고상함	외모, 사회적 수용성, 진부한 감정, 행동	개념적 단순성, 고정관념, 진부한 생각
자아인식 단계	규범의 분화, 목표	집단과 관련된 자아인식, 도움	적응, 문제, 이유, 기회	다양성
양심적 단계	자기평가적 기준, 자기비판, 결과에 대한 죄책감, 장기적인 목표 및 이상	집중적, 책임 있는, 상호적, 의사소통에 대한 관심	분화된 감정, 행동에 대한 동기, 자기존중, 성취, 특성, 표현	개념적 복합성, 모범에 대한 생각
개인주의적 단계	개별성에 대한 존중	정서적 문제로서의 의존	발달, 사회적 문제, 내부 생활과 외부 생활의 분화	과정과 결과의 구분
자율적 단계	갈등하는 내적 욕구에 대한 대처, 관용	자율성에 대한 존중, 상호의존성	생생하게 전달된 감정, 생리적·심리적 통합, 행동의 심리적 인지관계, 역할개념, 자아충족, 사회적 맥락에서의 자아	개념적 복합성의 증가, 복잡한 유형, 모호성에 대한 관용, 넓은 범위, 객관성
통합적 단계	내적 갈등의 조정, 달성할 수 없는 것에 대한 재통일	개별성에 대한 신봉	정책성	

출처: Muuss, R. E. (1996). *Theories of Adolescence*. New York: McGraw-Hill.

정에서 그 어느 단계도 건너뛸 수 없다. 셋째, 발달적 진보의 속도와 시기는 수많은 개인차 때문에 연령과 자아단계 간의 관계는 안정적이지 않다. 즉, 자아 수준과 연령은 동일한 속도로 진행되지 않으며 자아발달 수준의 진행 속도는 하나의 개인적 문제라는 것이다. 그러므로 각 단계는 특정 연령과 일치되는 것은 아니다. 넷째, 자아발달은 남자보다 여자에게서 보다 빨리 향상되는데, 특히 중 · 고등학교 시기에 이러한 경향이 강하게 나타난다.

▶▶ 비판점

로빙거의 자아발달이론은 콜버그의 도덕적 판단이론과 개념적으로 매우 유사하다. 즉, 동조자의 단계는 전인습적 수준과 일치하며, 동조자 자아 수준과 양심적 자아 수준은 인습적 수준과 일치한다. 로빙거의 가장 성숙한 단계인 자율적 단계와 통합적 단계는 콜버그의 후인습적 수준과 유사하다. 내용보다 형식을 보다 강조한 콜버그는 로빙거의 이론이 내적 논리구조를 가지고 있지 못하며, 형식과 구조 및 내용을 충분히 구분하지 못한다고 비판하였다. 또한 연구방법에서 수많은 난점들이 비판받고 있다. 특히, 문장완성과제에서 예시된 정해진 소수의 행위와 그러한 반응의 기저를 이루고 있는 태도 간의 상관관계가 존재하지 않을 수 있다는 점이다. 또한 자아발달과 함께 진행되는 무수히 많은 발달 유형이 있을 수 있는데, 이러한 것들이 고려되지 않았다는 점이다. 따라서 로빙거는 인지적, 심리성적, 도덕적 발달과 같은 분야들 간의 구별에 있어서 매우 소극적이었다는 비판을 받고 있다.

참고인물

❖ 톨먼(Edward Chace Tolman, 1886~1959): 12장의 파블로프의 '참고인물'을 참조할 것.

2. 엘킨드

"청소년들의 자기중심성은 상상적 청중과 개인적 우화로 나타나고, 또 그들은 권위적인 인물에게서 결점을 찾으려는 경향이 있다."

엘킨드(David Elkind, 1931~)는 미국 미시간 주의 자동차공업 도시로 유명한 디트로이트에서 출생하였다. 아버지는 자동차 산업에 부품을 공급하는 한 작은 공장에서 일하던 수리공이었다. 엘킨드는 아버지가 일을 마치고 집으로 돌아와서 일하는 기술자들에 대한 불평을 털어놓았던 일들을 뚜렷하게 기억하고 있었다. 기술자들은 아버지보다 더 많이 배웠지만, 그들은 선반 운전을 잘 알지 못하고 있었다. 그래서 금속 부분을 깎는 계획을 두고 서로 싸우기도 했는데, 이러한 아버지의 불평은 엘킨드에게 깊은 인상을 남기게 되었고, 나중에 자신의 이론과 실제의 세계에 관심을 유지하도록 한 하나의 배경이 되었다. 앨킨드는 후에 캘리포니아로 이사를 가서 청소년기를 보내게 되었다. 1952년 로스앤젤레스의 캘리포니아대학교를 졸업하고, 1955년 철학박사학위를 취득하였다. 1964~1965년에는 제네바에 있는 피아제발달연구소 국제과학재단의 박사후 과정에서 수석연구원을 지낸 바 있다. 1987년 로드아일랜드대학(Rhode Island College)에서 과학명예직의 박사학위를 수여받았다. 그리고 현재는 캘리포니아대학교의 아동학과 명예교수로 재직하고 있다. 관심분야는 아동과 청소년의 사회적 발달과 교육 및 임상, 아동과 청소년 및 가족의 스트레스의 원인과 영향 등이다. 여러 학회활동의 핵심 구성원으로서의 역할은 물론 청소년 저널, 교육 다이제스트, 과학과 교육 등의 편집위원회 위원으로 활동하고 있다. 주요 연구업적으로는 『청소년기의 자기중심성(*Egocentrism in Adolescence*)』(1967), 『아동과 사회(*The Child and Society*)』(1979), 『아동과 청소년(*Children and Adolescence*)』(1981), 『쫓기는 아동(*The Hurried Child*)』(1981), 『다 컸지만 갈 곳 없는 청소년(*All Grown Up and No Place to Go*)』(1984/1998 재개정), 『잘못된 교육: 위험한 유치원(*Miseducation: Preschoolers at Risk*)』(1987), 『놀이의 힘: 자연적으로 다가오는 학습(*The Power of Play: Learning What Comes Naturally*)』(2007) 등이 있다.

▸▸ 청소년심리

엘킨드는 유명한 저작을 많이 발표하였는데, 이는 아동발달이론 및 연구의 교육적 관계와 아동 및 청소년교육의 중요한 내용을 일반 대중에게 알리기 위한 하나의 노력이었다. 또한 그의 청소년심리, 특히 청소년기의 자기중심성은 매우 잘 알려져 있는 이론이다. 엘킨드는 청소년들이 세 가지 종류의 자기중심적 실수를 범하기 쉽다고 제안하였다. 첫째는 일시적인 사고와 지속되는 사고를 구별해 내지 못하는 무능과 관련되어 있다. 예를 들어, 창피를 당한 청소년들이 결코 다시 대중 앞에서 그런 모습을 보여 줄 수 없다고 선언하는 경우이다. 둘째는 주관과 객관을 구별하지 못하는 무능과 관련된다. 청소년기 자기 의식은 이러한 실수의 결과물이자 상상적 청중을 의식하는 데서 비롯된 것이다. 셋째 자기중심적 실수는 일반으로부터 특이인 것을 구별하지 못하는 무능을 일으킨다. 예를 들어, 청소년들은 처음으로 하는 생각이나 느낌을 세상에 대한 그들의 경험으로 간주하곤 하는데, 이는 결코 전에 다른 것들에 의해 경험된 것이 아니다. 엘킨드는 이를 개인적 우화라고 설명하였다.

청소년과 관련된 이론 및 주장

▸▸ 쫓기는 아동

엘킨드는 자신의 저서 『쫓기는 아동』(1981)에서 부모, 교사, 그 밖의 대중매체와 같은 주변 환경들은 아동이 자연스럽게 커 가기를 기다리지 못하고 한계 이상의 것을 요구하여 아동의 의사가 생기기 전에 강압적인 행동 요구와 성장 압력, 권위적인 군림, 결과 위주의 교육, 추상적이거나 복잡한 정보들을 가해서 아동기의 지적 발달을 재촉한다고 하였다. 그러므로 아동들은 만성적인 스트레스를 받고 부적응행동이나 안정감 없는 경쟁적인 성취, 잘 다투고 인내심이 없는 공격적인 유형, 학교를 가지 않거나 의욕이 없거나 또는 유아기에 머무르고 싶어 하는 욕구와 같은 미숙한 형태로 굳어져 버린다고 주장하였다. 특히, 부모의 불화나 이혼, 가정의 문제, 폭력부모, 가족의 죽음, 잦은 이사 등이 있을 때 문제가 더욱 악화된다고 하였다.

▸▸ 자기중심성

청소년기의 뚜렷한 특징은 자기중심적으로 사고하고 행동하는 특성이다. 이를 자기중심성(egocentrism)이라고 한다. 자기중심성은 중심화라는 용어로 피아제에 의해 제기된 바 있다. 피아제는 한 단계에서 다음 단계로 인지구조가 전환되는 과정에서 새로운 단계의 인지기능이 아직 성숙하지 못하여 기능의 한쪽 측면만이 작용하기 때문에 중심화가 나타난다고 하면서 인지구조가 성숙해짐에 따라 중심화에서 벗어나게 된다고 주장하였다. 엘킨드는 피아제의 주장을 확장하여 청소년기에만 나타날 수 있는 인지, 행동 양상인 청소년기의 자기중심성 개념을 처음으로 제기하였다. 이 개념은 청소년기에 관한 인지발달 가설의 가장 좋은 예로 인정받고 있다.

청소년기 자기중심성은 형식적 조작사고가 발달하는 11～12세경에 시작되며, 15～16세경에 정점을 이루다가, 청소년들이 다양한 대인관계의 경험을 통하여 자신과 타인에 대한 객관적인 이해를 증가시켜 나가는 것과 동시에 점차 사라지게 된다. 청소년의 자기중심성은 그들 특유의 특징적 행동으로 표출된다. 엘킨드는 자신의 저서 『아동과 청소년』(1981)에서 상상적 청중과 개인적 우화라는 현상으로 청소년의 자기중심성을 설명하였다. 상상적 청중은 청소년들이 타인의 사고에 대한 완전한 개념화를 이루면서 점차 사라지게 되고, 개인적 우화는 인지적 성숙이 이루어지더라도 에릭슨이 제안한 발달과업 중 친밀감을 획득한 후에야 사라진다고 본 것이다.

청소년들은 형식적 조작사고의 특징으로 다양한 가능성의 사고가 발달하는데, 이는 청소년들을 자신의 생각과 관념 속에 사로잡히게 만든다. 즉, 불가능이란 없으며 무한한 가능성만이 존재할 뿐이라고 믿고 있는 청소년들은 자신의 관념을 최고의 가치로 생각하며, 자신의 관념세계와 타인의 관념세계를 구분하지 못하게 된다. 따라서 청소년들은 자신이 특별한 존재라는 독특성에 대한 착각에 빠져들게 되며, 자신이 우주의 중심이 된다고 믿을 만큼 강한 자의식을 보이게 된다. 이러한 청소년기 특유의 사회인지적 특성을 청소년기의 자기중심성이라고 한다. 청소년기의 자기중심성이 나타내는 특징은 다음 세 가지, 즉 상상적 청중, 개인적 우화, 그리고 이상주의적 사고로 나누어 살펴볼 수 있다.

▶▶ 상상적 청중

신체적 성숙과 함께 청소년기에는 자신에게 더욱 관심을 가지게 되는데, 이때 다른 사람이 생각하는 것과 자신의 정신적 관심사를 구별하지 못하기 때문에 자신의 관심이 자신에게 쏠려 있듯이 타인도 자신에게 똑같은 관심을 가진다고 생각한다. 이것이 바로 청소년들이 갖게 되는 강한 자의식, 즉 자신은 언제나 다른 사람의 관심의 초점이 되고 주의의 대상이 되고 있다고 생각하게 만든다. 여기서 늘 자신을 지켜본다고 생각하는 타인이 바로 상상적 청중(imaginary audience)이다. 여기서 실제적이 아니라는 의미에서 상상이며, 자신이 관심의 초점이 된다는 의미에서 타인은 늘 청중이 된다. 그러므로 청소년들은 자신이 마치 상상적 청중 앞에 서 있는 존재라고 생각하고 행동하는 경향이 있다. 청소년자신은 무대 위에서 스포트라이트를 받고 서 있는 배우이며, 타인들은 자신에게 주의를 집중하고 있는 청중들이다. 타인은 전혀 의식하지 않는데도 청소년들은 자신의 작은 실수로 번민하게 된다. 상상적 청중에 대한 자신의 위신을 손상시킨다고 생각되면 작은 비난에도 심한 분노를 보인다. 그들은 청중들에 대한 자신의 위신과 자존심을 위해 자기만의 비밀을 간직하고, 다른 사람에게 자신을 드러내기를 꺼려한다.

청소년은 종종 자기비판적이기도 하고, 또 스스로에게 찬사를 보내기도 하는데, 이때 청중 또한 자신에게 찬사를 보내며 쳐다보고 있다는 상상 속에서 그 정도가 지나칠 수 있다. 따라서 청소년들이 보이는 유치함이나 변덕스럽고 요란한 옷차림 등은 이와 같은 상상 속의 청중을 의식하기 때문이다. 즉, 두 시간 동안이나 거울 앞에서 머리를 빗질하는 소년은 아마도 소녀들로부터 열광적인 반응을 상상하고 있을 것이다. 마찬가지로 오랜 시간 거울 앞에서 화장을 해 보는 소녀는 자신에게 던져지는 찬사의 시선을 상상하고 있을 것이다. 상상의 청중 현상은 청소년들의 죽음에 대한 상상에서도 나타난다. 청소년들은 때때로 자신이 죽는다면 다른 사람들이 어떤 반응을 보일 것인가를 상상한다. 그러고는 그가 유능하고 훌륭한 사람이라는 것을 뒤늦게 알게 된 사람들이 그의 죽음을 애석해하는 장면을 떠올리며 흐뭇해하곤 한다.

청소년기의 상상적 청중 의식을 진단하기 위해 상상적 청중 척도(Imaginary Audience Scale: IAS)가 개발되어 사용되고 있다. 이 척도를 이용한 연구결과에 의하면, 중학교 2학년에서 가장 높은 상상적 청중 의식이 나타나며 이후부터는 점차 감소하는 경향이 있다. 그러나 상상적 청중 현상의 원인이 되는 과도한 자의식은 많은 사람들에게서 성인기까지도 지속되고 있다(허혜경, 김혜수, 2002). 상상적 청중 의식이 높은 청소년들은 부정적 자아개념을 갖는 경향이 높고, 자기존중감의 발달단계가 낮으며, 자아정체감 확립 수준이 낮은 것으로 평가되고 있다.

▸▸ 개인적 우화

상상적 청중에 대응되고 또 그것을 보완해 주는 또 다른 정신구조가 개인적 우화(personal fable)이다. 이것은 청소년들이 자신의 관심사와 타인의 관심사를 구별하지 못하면서 자신의 감정을 지나치게 분화하기 때문에 나타난다. 자신이 너무 많은 사람들, 즉 상상적 청중에게 중요한 사람이기 때문에 자신을, 특히 자신의 감정을 특별하고 독특하다고 생각하게 된다. 그리고 자신을 대단히 중요한 존재로 지각하는 경향이 있다. 오로지 자신만이 그러한 고통을 겪으며 또한 더할 나위 없는 환희를 경험할 수 있다고 생각한다. 자신의 감정과 자신의 존재가 불멸하고 독특하다는 이러한 믿음은 청소년들이 자기 자신에게 하는 이야기이고, 이 이야기는 허구라는 점에서 개인적 우화라고 부른다. 예를 들어, "엄마는 내가 어떤 기분인지 조금이라도 아나요? 이 기분은 아무도 모를 거예요."와 같은 전형적인 청소년들의 상투어는 바로 개인적 우화에서 비롯된다. 또 연애에 실패하고 주위의 많은 사람들이 해 주는 충고의 말에 귀 기울이지 않는데, 이는 남들이 이해하지 못하는 자신만의 순수하고 아름다운 감정이라고 생각하기 때문이다.

개인적 우화 현상에 의해 청소년들 자신의 사고는 성인들의 사고와는 비교될 수 없으며 성인들이 청소년자신을 이해하는 것은 불가능한 일이라고 생각한다. 개인적 우화는 청소년들이 이야기하는 사실이 아닌 이야기이다. 청소년들이 갖는 개인적 우화는 청소년자신을 예외적인 존재로 지각하게 만든다. 다른 사람들이 모두 죽더라도 자신은 죽지 않을 것이라고 생각하는 청소년들은 무모한 행동을 서슴없이 감행하기도 한다. 남자청소년들 사이에서 빈번하게 발생하는 사고에 의한 사망이나 상해 혹은 약물중독 등은 개인적 우화의 전형적인 예들이다. 여자청소년에게서 나타나는 개인적 우화의 예로는 10대의 임신이 있다. 다른 소녀들이 모두 임신한다고 할지라도 자신은 아닐 것이라고 생각하는 여자청소년들은 피임약을 사용할 필요가 없다고 생각한다. 물론 개인적 우화에 기인된 각종 사고는 여자 청소년들보다 남자청소년들에게서 훨씬 더 빈번하게 나타난다(장휘숙, 2000).

청소년들은 자신의 감정이나 경험 세계는 다른 사람의 그것과 근본적으로 다르다고 믿고 있다. 그들은 자신의 우정, 사랑 등은 다른 사람이 결코 경험하지 못하는 것이라고 믿고 있을 뿐만 아니라 다른 사람이 경험하는 죽음, 위험, 위기가 자신에게는 일어나지 않으며, 혹시 일어나더라도 피해를 입지 않을 것으로 확신하고 있다. 개인적 우화는 이처럼 청소년 자신의 독특성에 대한 비합리적이고 허구적인 관념을 지칭한다.

청소년기의 개인적 우화는 그들에게 자신감과 위안을 부여하는 측면도 있지만, 심하면 자기 존재의 영속성과 불멸성을 믿게 함으로써 과격한 행동에 빠져들게 할 수 있다. 개인적 우화의 긍정적인 측면은 청소년들이 기성세대가 하지 못한 많은 일들에 대해 자신은 가능성을 가지고 있다고 믿고 있으며 이를 행동으로 옮기게 하는 것이다. 청소년들이 빈곤

퇴치, 환경운동, 시민운동 등에 적극적으로 참여하는 것은 이러한 이유에서이다. 그러나 개인적 우화는 부정적인 측면이 더 심각하고 광범위하다. 청소년들이 흔히 음주운전이나 폭주, 마약, 성 문란 등의 파괴적인 행동을 범하는 것은 개인적 우화의 대표적인 예인데, 그러한 행동이 가져다줄 부정적 결과는 타인에게 해당되는 것일 뿐 자신의 몫이 아니라는 허구적 관념이 내포되어 있다.

개인적 우화는 청소년들의 자기 과신에서 비롯된다. 개인적 우화 정도가 높은 청소년들은 자의식과 자신에 대한 관심이 지나치게 높다. 그리고 개인적 우화는 감각추구 경향 및 위험행동에의 몰입 정도와 정적 상관이 있다. 이러한 경향은 남자청소년에게 더욱 높다. 심한 개인적 우화는 자살사고나 우울증과 관련되어 있다. 개인적 우화 현상은 청소년에게 현실 검증능력이 생기면서 자신과 타인의 실체를 객관적으로 인식하고 타인과의 친밀한 관계를 정립하게 되면서 사라지게 된다.

▶▶ 이상주의적 사고

청소년들은 이상적인 세계를 상상할 수 있는 능력이 발달함과 동시에 자기가 일찍이 숭배하고 존경해 오던 사람이 자신의 이상과는 거리가 있다는 사실을 인식하게 되고, 또 자신이 알게 된 모든 결점을 지적함으로써 현실과 환상의 격차를 좁히고자 노력하게 된다. 즉, 자신이 지금까지 존경해 왔던 권위적인 인물이 자신의 이상형이 아님을 인식하게 되고, 동시에 자신의 이상주의적 사고가 허구적이 아님을 증명하고자 한다. 이 과정에서 권위적인 인물의 모든 결점을 들추어내고 지적함으로써 이상과 현실의 간격을 줄이고 현실에 대한 비판의식을 합리화하려고 노력하게 된다. 청소년들의 기성세대 또는 부모에 대한 비판은 대부분 이러한 이상주의적 사고에서 비롯된다. 성인의 입장에서는 이를 자신에 대한 비판으로 받아들이기보다는 청소년들의 인지발달의 한 단계로 나타나는 정상적인 것으로 이해해 줄 필요가 있다. 또한 어느 것도 완전하지 않다는 사실을 지적해 주고, 현실감각의 폭을 넓혀 주고, 폭넓은 인간관계의 기회를 제공해 준다면 청소년들의 이상주의적 · 비현실적 사고는 극복될 수 있다.

▶▶ 형식적 조작사고의 부적 영향

청소년들은 계획을 세우고 인과관계에 대한 탐색을 통하여 미래에 대하여 생각할 수 있다. 그러나 현재, 과거, 미래에 대한 시간조망의 확대는 미래에 대한 기대와 함께 불안을 가중시켜 자신의 미래에 대하여 근심하고 공상하느라 많은 시간을 허비하게 한다. 그리고 다양한 대안의 모색은 청소년들을 더욱 혼란에 빠뜨리고 불안하게 만든다. 이상주의를 추구하는 청소년들은 세상의 결점과 논리적 모순을 발견하고 부모나 사회에 대하여 반항한다. 그들은 현실적 문제를 고려하지 못하고 사회변화에 대한 실제적 장벽을 간과하는 경향이 있다. 그리고 형식적 조작능력은 자신과 타인의 사고와 감정을 구별하지 못하는 청소년들의 자기중심성을 부추기고 있다. 아동들의 자기중심성은 타인들이 자신과 상이한 조망을 갖는다는 사실을 알지 못하기 때문에 일어나는 반면, 청소년들의 자아중심성은 자신의 사고나 상위 인지에 대해 사고할 수 있는 발달된 능력 때문에 일어나게 된다.

▸▸ 비판점

엘킨드의 청소년 자기중심성 이론은 청소년의 행동특성을 이해하는 가장 대표적인 모델로 지금도 소개되고 있다. 이 이론은 궁극적으로 청소년들의 생각이 성인에 비해 과장되어 있으며 현실을 왜곡하여 받아들인다는 점을 가정하고 있다. 그러나 최근의 연구들은 이러한 가정에 반박하는 결론을 발표하고 있다. 우선 청소년과 성인의 자기중심성을 비교한 논문에서 성인초기는 자기중심성 측면에서 청소년기와 차이가 없다는 연구결과가 있다. 예를 들면, 담배를 피우는 성인들도 담뱃갑에 있는 경고 문구를 보면서 자신은 폐암에 걸리지 않을 것이라는 개인 우화적 생각을 한다는 것이다. 또 다른 학자들은 청소년의 위험행동은 자기중심성만으로 설명될 수 없으며 다차원적 원인에 의해 일어난다는 결론을 내리고 있다. 엘킨드의 자기중심성 이론은 청소년들의 생각 및 행동특징의 일면을 이해하는 좋은 이론적 틀을 제공해 주고 있지만, 실제의 수많은 청소년들은 이 틀을 뛰어넘는 경우가 많다. 청소년기의 자기중심성은 인지적 능력의 미숙 때문이 아니라 부모로부터의 심리적 독립에 따른 갈등이 방어적으로 표현된 것이라는 주장이 있다. 또 청소년의 상상적 청중과 개인적 우화는 청소년초기에만 해당되는 이론이라는 점도 제기되고 있다.

한편, 자기중심성은 청소년기에 증가하는 사회적, 심리적 압력과 갈등에 대한 반응이라고 한다(김인경, 1993). 중 · 고등학생과 대학생을 대상으로 하여 청소년기 자기중심성과 그 관련 변인을 연구한 것을 보면, 가족 구성원 간의 정서적 애착이 클수록, 그리고 가족 구성원 간의 역할관계에서 자율성이 높을수록 상상적 청중과 개인적 우화의 경향이 높게 나타나기 때문에 청소년기의 자기중심성이 부정적 경험에 의한 발달의 부산물이라기보다는 청소년기의 보편적 현상임을 시사해 주고 있다. 또한 청소년기 자기중심성과 적응성 및 정신건강 간의 관계를 연구한 결과 상상적 청중은 부정적 정서 상태, 정신병리 및 사회적 부적응과 관련이 있는 반면, 개인적 우화는 대처능력, 지도력, 사회적 유능성 및 일반적 적응력과 관계가 있는 것으로 나타났다. 이러한 결과는 개인적 우화가 청소년기의 부적응 행동이나 스트레스 상황에서 완충요인으로 작용한다는 것을 시사한다. 반면 상상적 청중은 고독감, 우울, 정서불안과 관련이 있어 청소년기의 부적응 요인과 관련되어 있음을 보여 주고 있다. 그러나 기능적 가족관계가 상상적 청중뿐만 아니라 개인적 우화를 증가시킨다는 연구결과와 상상적 청중은 청소년기의 사회적 부적응과 관련이 있다는 연구결과는 상충된 것으로 보이기에 후속 연구에서 이러한 점을 보다 분명하게 밝혀야 할 것으로 보인다.

참고인물

❖ 피아제(Jean Piaget, 1896~1980): 8장의 피아제를 참조할 것.

3. 파울러

"인간이 공통적으로 가지고 있는 한 가지 특성은 인생이 어느 정도 의미 있다는 느낌 없이는 살아갈 수 없다는 것이다. 그러므로 모든 인간은 의미 창조적 창조물이며, 청소년기의 신념발달은 특별한 의미를 갖게 된다."

파울러(James W. Fowler, 1940~)는 목사이자 애틀랜타 주 에모리대학교(Emory University) 캔들러신학대학(Candler School of Theology)의 신학 및 인간발달학 교수이다. 신학자로 훈련받은 파울러는 신학과 발달심리학이라는 두 개의 분리된 학문을 자신의 신념발달이론 안에서 하나로 접목하는 시도를 하였다. 발달심리학 측면에서 볼드윈(James Mark Baldwin,

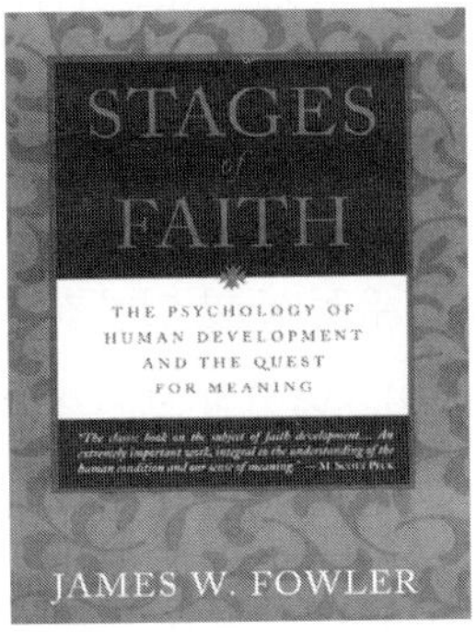

1861~1934)과 듀이의 영향이 반영되었으며, 특히 에릭슨, 피아제, 콜버그, 셀먼의 발달이론의 영향을 많이 받았다. 파울러는 자신의 이론에서 피아제의 인지발달 및 에릭슨의 심리사회적 자아발달이론을 통합하는 복잡한 과제를 수행하였다. 1972년 파울러는 하버드대학교에서 한 학기 동안 발달심리학 공부를 하면서 콜버그와 친분을 맺고 절친한 우정을 경험하게 되었다. 따라서 그의 신념이론의 발달적 구성요소에 가장 큰 영향을 준 사람이 콜버그이다. 그러나 파울러는 발달이론가가 아닌 신학자였기 때문에 그의 신학적 학문 뿌리는 복음주의 신학자이자 철학자인 틸리히(Paul Johannes Tillich, 1886~1965)의 업적으로 거슬러 올라간다. 특히, 신학자이자 윤리학자이며 정치철학자인 니버(H. Richard Niebuhr, 1894~1962)와 19세기 독일신학자 슐라이어마허(Friedrich Schleiermacher, 1768~1834)의 영향을 받았다. 파울러의 철학적 사고는 초기 독일철학자 칸트와 헤겔의 사상을 반영하고 있다. 그러나 파울러가 종교적, 신학적 개념 및 언어와 발달심리의 구조적 접근을 접목한 작업은 두 학제 간 전통적으로 존재하였던 뚜렷한 경계를 희미하게 만든 경향이 있다(정옥분 외 공역, 1999). 주요 저서로는 『신념의 단계: 인간발달심리와 의미에의 추구(*Stages of Faith: The Psychology of Human Development and the Quest for Meaning*)』(1981), 『신념발달과 충고(*Faith Development and Pastoral Care*)』(1987) 등이 있다.

▸▸ 청소년기의 종교발달

수세기 동안 종교교육은 연구자, 철학자, 교육자들의 주요 쟁점이 되어 왔지만 발달변화 및 발달이론 내에서 이 쟁점을 조망하는 데 관심을 보인 사람은 그리 많지 않았다. 홀은 개인적으로 종교에 눈뜨는 시기와 성적 성숙으로 사랑에 눈뜨는 시기가 일치하는 것을 우연으로 보지 않았고, 청소년이 이성과의 사랑에 눈뜨는 것과 하나님의 사랑에 눈뜨는 것이 유사하다고 보았다. 청소년의 종교 경험에 관한 연구에서 홀은 이 시기를 정서적 · 종교적 위기가 초래되어 새로운 헌신으로 이어지는 신앙심 강화의 시기로 보았다. 그리고 종교적 각성(religious awakening)과 종교적 회심(religious conversion)이라는 용어가 널리 보급되었다. 그러나 대부분의 종파에서 이러한 종교적 각성이 극적이지는 않았고, 오늘날도 이것이 어떤 기준이 되고 있지는 못하다. 그러나 종교발달이론을 개발하려는 하나의 시도로서 파울러는 신학과 심리학을 통합한 신념발달이론을 제시하게 되었다. 청소년들은 실존적 또는 종교적 위기를 경험할 수도 있고, 종교적 가르침, 종교적 사고, 종교의 역할과 기능에 대한 개인적 · 사회적 의미를 평가하기 시작할 수 있다.

▸▸ 신념발달론

파울러는 에릭슨, 피아제, 콜버그, 그리고 셀먼의 발달이론을 중심으로 종교적 신념 발달(stages of faith)의 7단계를 제시하였다. 이 연구를 위하여 1972~1981년까지 350명의 반구조화된 면접자료, 반임상적 신념 면접 등을 통하여 그의 이론을 제시하였으나, 각 단계는 아직 종교적 가치관으로 확립되지 못한 상태이기 때문에 파울러는 신념(faith)이라는 용어를 사용하였다. 한 개인이 갖고 있는 종교적 가치관은 그 사람의 정체감을 형성하는 데 있어서 중요한 요인으로 작용하기 때문에 종교적 신념발달의 형성은 의미하는 바가 매우 크다. 신념은 끊임없이 성장하고 변화한다. 인지발달과 성숙, 종교 및 생활 경험의 기능으로서 신념의 성숙과 변화 차원은 파울러 이론의 초점이다.

- 0단계: 원시적 신념(출생~3세): 원시적(primal) 단계의 아동은 보호자에 대한 신뢰와 애착을 통하여 이후 전체 신념의 근본이 될 타인에 대한 신념을 만들어 낸다. 신뢰는 의미 있는 사람과의 상호작용, 특히 부모와의 관계에서 중요하게 영향을 받는다.
- 1단계: 직관적-투사적 신념(아동 초기): 직관적-투사적(intuitive-projective) 단계의 아동들은 환상에 의해 사물이나 사건을 이해하기 때문에 세상을 신비한 것으로 경험한다. 그들은 부모의 힘보다 더 강한 힘에 의해 죽음이나 질병 또는 액운이 발생한다고 생각한다. 신에 대한 정신적 이미지가 형성되고, 아동기 후기에 접어들면서 논리적 사고기술이 출현하여 기존의 신념구조와 불일치가 생긴다. 그리고 이러한 부조화를 해결함으로써 더 높은 단계로 진입하게 된다.
- 2단계: 신화적-사실주의적 신념 및 존엄한 자아(아동기 및 그 이후): 신화적-사실주의적 신념 및 존엄한 자아(mythic-literal and imperial self)의 단계에서 아동은 타인의 시각을 고려하기 시작한다. 그리고 부모나 교사, 종교지도자 또는 동년배의 가르침에 의존한다. 그들은 규칙을 절대시하고, 규칙을 어기면 신의 처벌을 받고 규칙을 지키면 신으로부터 보상을 받는다고 생각한다. 이 단계의 종교적 신념은 대단히 구체적이다.

청소년과 관련된 이론 및 주장

▸▸ 3단계: 통합적-인습적 신념(청소년기 및 그 이후)

통합적-인습적(synthetic-conventional) 단계의 청소년들은 사회적, 법적, 종교적 관습에 뿌리를 둔 신념을 형성한다. 이 단계의 청소년들은 특정 집단의 신념을 무비판적으로 수용하고 그것과 일치하지 않는 정보는 무조건 무시한다. 이제 개인의 신념은 그들의 생활에 일관성과 의미를 부여하는 역할을 한다. 형식적 조작기의 사고가 열리면서 새로운 사회적 시각을 자신의 정체감에 통합하기 시작한다. 그러나 설교와 실천 간의 모순, 신념의 권위와 개인적 갈등 간의 모순, 또래와 가족 및 교회의 모순에 대한 갈등은 더 높은 수준의 신념단계로 이동하는 데 많은 영향을 미친다. 2단계에서 3단계로의 전이는 청소년초기에, 3단계에서 4단계로의 전이는 청소년후기에 이루어진다. 대부분의 아동들은 2단계에서 3단계로 진입하고 성인 중 일부가 4단계에서 5단계로 진입한다. 자율적이고 개인적이며 실존적인 신념체계로의 전환은 청소년기에 일어난다. 따라서 신념발달은 특별히 청소년기의 문제이다. 그리고 10대에 일어나는 신념 전환에 대한 성과가 성인기의 패턴을 대부분 결정하게 된다. 대부분의 사람들은 신념단계 중 3 내지 4단계에서 다소 지속되는 균형 상태에 있다. 비교적 적은 수의 사람들이 생애 후반에 5단계에 이르고, 6단계에 도달하는 사람은 매우 드물다.

한편, 3단계에 있는 청소년과 성인들은 부모나 가까운 다른 사람의 종교적 신념을 무비판적으로 수용하기 때문에 극단적인 사이비 종교의 맹신자가 될 수 있다. 종말론 맹신자가 되어 학업을 포기하고 신도들과 집단기도 생활을 하는 청소년, 입영 날짜를 받고도 전도에 매달린 20대 후반의 남성 및 세상의 종말에 대비해 낙태수술까지 받은 30대 여성의 사례들이 이에 해당한다. 종교적 정체감 발달을 위해 가장 의미 있는 시기는 청소년후기이다. 한국청소년들의 경우 67.75%가 종교를 중요하다고 인식함으로써 이 시기가 종교적 정체감 발달을 위해 중요한 시기임을 보여 주고 있다. 형식적 조작능력의 발달과 함께 청소년들은 그들이 신봉하는 종교적 신념을 비판적으로 평가하고 자신의 종교적 신념에 대해 개인적 책임을 진다. 특히, 대학환경은 청소년들의 종교에 대한 전통적 신념을 감소시키고 보다 추상적이고 고차적 사고를 할 수 있도록 돕는다. 그 결과 학년이 높아질수록 종교가 없다고 응답하는 대학생들의 수는 증가한다(장휘숙, 2002).

종교적 신념과 실천에 영향을 주는 종교적 변인에는 신학적 신념의 내용, 부모의 종교적 신념의 일관성, 교회 출석 및 가정 내에서의 종교에 관한 토론 빈도 등이 포함된다. 이러한 항목들을 토대로 종교적 특출성 또는 종교적 사고와 종교적 행동의 현저성이 나타난다. 종교적 신념과 실천의 전수는 부모의 합의에 의해 촉진된다. 일관성은 어떤 가치의 특출성을 증가시킨다. 부모가 서로 다른 경우에 일반적으로 아버지가 어머니보다 아동의 신념에 더 영향을 준다. 부모가 합의하면, 일반적으로 아동은 동일한 종교를 선택하게 된다. 교회 출석 빈도와 종교에 관한 가족의 토론은 청소년의 종교적 신념과 실천을 조장하는 데 큰 영향력을 미치는데, 특히 아들에게 큰 영향력을 미친다. 아버지가 열심히 교회에 출석하고 종교에 관해 토론하고 자신의 종교에 몰입하면, 아들도 그렇게 될 가능성이 매우 높다. 반면 아버지가 종교활동을 거의 하지 않으면 아들 역시 교회에 출석하지 않게 된다(정영숙, 신민섭, 설인자, 2001).

- 4단계: 개별적-반성적 신념(성인 초기 및 그 이후): 개별적-반성적(individuative-reflective) 단계의 청소년이나 성인들은 관습이나 인습에서 벗어나 종교적 신념을 형성한다. 이제 각 개인은 그들 자신의 경험과 가치관을 바탕으로 종교의 교리나 주의를 평가하고 비판할 수 있다.
- 5단계: 역설적-통합적 신념(중년기 및 그 이후): 역설적-통합적(paradoxical-consolidative) 단계의 성인들은 사람은 누구나 인간 사회의 보편적 구성원이라는 것을 인식하며 영혼의 문제나 내세에 대한 접근방법들이 모두 타당할 수 있다고 인정한다. 동시에 그들이 신봉하는 종교가 다른 종교에 의해 비판을 받을 수 있다는 것도 안다. 사람들은 진리의 다원성에 대한 개방적 이해를 특징으로 한다. 많은 중요한 문제에 대한 다중적 시각을 수용, 인식, 조합하여 다차원적·변증법적·역동적 방식으로 진리를 찾는다. 반대, 극단, 모순을 이해하고 이를 해결할 수 있는 가능성이 나타난다. 이 단계는 키르케고르가 신념의 도약으로, 또 틸리히가 존재에 대한 용기로 규정한 것과 비슷하다. 이 단계는 성취하기도 어렵지만 신의 역설을 이해하고 불확실성을 다룰 능력이 필요하기 때문에 유지하는 것이 더 어렵다.
- 6단계: 보편화된 신념: 보편화된(universalizing) 신념 단계에 도달한 사람은 전체인구 중 1% 미만으로 매우 드물다. 역설과 극단을 넘어 이 단계에 도달한 사람들은 우주와 일체를 이루는 경지를 경험한다. 우주와 일체를 이루는 경험을 하기 위해서는 모든 존재가 서로 연결되

어 있다는 점을 인식해야 한다. 즉, 한 개인의 행동은 모든 사람과 모든 사물에 영향을 미치고, 그 결과는 다시 행위자인 자신에게로 돌아온다는 것이다. 파울러가 예로 든 보편화된 신념발달 단계에 도달한 사람은 독일 개혁주의자 루터(Martin Luther, 1483~1546), 자신의 생의 마지막까지 시민운동 지도자로 산 킹(Martin Luther King Jr., 1929~1968) 목사, 간디(Mohandās Karamchand Gāndhī, 1869~1948), 그리고 테레사 수녀(Agnes Gonxha Bojaxhiu, 1910~1997) 등이 포함된다.

▸▸ 비판점

파울러의 반구조적 인터뷰, 축소판 인터뷰는 청소년개인이나 청소년집단의 신념발달 단계를 알아볼 수 있는 진단적 교육평가도구로 사용될 수 있다. 또한 특정 학생집단(또는 종파)의 신념발달단계의 혼합 비율을 아는 것이 집단을 역동적으로 이해하고 집단 토의를 이끄는 데 유용할 수 있다. 그리고 서로 다른 단계에 있는 개인들을 위한 개별 종교교육과정을 고안하는 데에도 도움이 된다. 신념발달이론은 특정 신념단계의 아동 및 청소년들을 다루는 교사에게 통찰력을 제공한다는 점에서 이 이론의 유용성이 과소평가되어서는 안 될 것이다.

이와 같은 장점에도 불구하고 파울러의 신념발달이론의 기초가 된 방법론이 문제로 제기되고 있다. 우선 결정적으로 피험자 표집구성이 구체적으로 서술되지 않았기 때문에 연구결과가 전체인구에 일반화될 수 있는지의 의문이 있다. 신념발달의 초기단계를 자세히 보면, 이 단계들은 이전에 에릭슨, 피아제, 콜버그, 셀먼에 의해 발달된 사상들이 파울러의 신념발달이론과 상호작용하여 흡수된 것처럼 보인다. 따라서 이러한 초창기 이론에서 파울러의 독창적 기여점을 찾아내는 것은 어렵다. 파울러의 이론은 인지발달이론의 구조적 모델과 정서적 · 사회적 면에 토대를 둔 생물학적 성숙이론 모델을 자유로이 결합한 것에 대하여 인정과 비판을 동시에 받을 수 있다.

신념발달이론은 신념구조에 초점을 두면서 종교 내용과는 무관하게 고안되었지만, 전통 기독교에서 많은 개념과 사례를 도입하였다. 이에 대해 비판적 독자들은 다음과 같은 질문을 던질 수 있다. 이러한 신념발달의 관점이 유대교인, 이슬람교인, 도교 신자, 유교 신자, 불교 신자, 불가론자나 무신론자에게는 어떻게 보이겠는가? 파울러는 신념의 내용은 다를 수 있지만, 자신이 인터뷰로 조사한 근본적 신념구조는 내용 때문에 영향을 받지 않는다고 주장하고 있다. 또한 신념발달이론의 비교 문화적 · 비종교적 적용 가능성에 대한 증거는 그 범위와 일반화 때문에 제한받고 있다. 실제로 신념발달의 구조적 단계가 동양 종교에 적용될 수 있느냐에 대해서도 의문의 여지가 남아 있다.

참고인물

❖ 볼드윈(James Mark Baldwin, 1861～1934): 미국 사우스캐롤라이나 주의 컬럼비아에서 출생하였고, 프린스턴대학교에서 학사(1884), 석사(1887), 박사(1889)학위를 취득하였다. 그리고 프린스턴대학교 및 존스홉킨스대학교에서 교수직을 수행하였다. 볼드윈은 주로 진화론적 관점에서 아동심리의 연구로부터 출발하여 성격의 형성을 밝히고자 하였고, 듀이 등에 영향을 주어 미국사회심리학의 기초를 세웠다. 볼드윈의 발달적 견해는 아동의 동작 및 인지발달, 사회적 상호작용주의 및 성격발달, 기능과 행동의 개체 발생 및 계통 발생의 세 가지 핵심적인 생각들로 구분될 수 있는데, 이 연구문제들은 현재의 이론가들에게 중요하게 남아 있는 세 가지 영역이 되었다. 저서로는 『아동과 민족의 정신적 발전(*Mental Development in Child and the Race*)』(1895), 『발달과 진화(*Development and Evoultion*)』(1902) 등이 있다. 볼드윈은 1909년에 미국 학계를 떠나 멕시코와 프랑스에서 살았다. 멕시코에 살면서는 멕시코대학교가 재설립되는 데 많은 도움을 주었다는 보고가 있으며, 프랑스에 사는 동안에는 미국이 제1차세계대전에 참가하도록 로비하였다는 보고가 있다. 볼드윈은 72세였던 1934년 파리에서 사망하였고, 그때 미국심리학계는 그를 거의 잊어버리고 있었다는 것이 그의 사망보고서에 나타나 있다.

❖ 듀이(John Dewey, 1859～1952): 4장의 아리스토텔레스의 '참고인물'을 참조할 것.

❖ 에릭슨(Erik Homburger Erikson, 1902～1994): 7장의 에릭슨을 참조할 것.

❖ 피아제(Jean Piaget, 1896～1980): 8장의 피아제를 참조할 것.

❖ 콜버그(Lawrence Kohlberg, 1927～1987): 8장의 콜버그를 참조할 것.

❖ 셀먼(Robert Selman, 1942～): 8장의 셀먼을 참조할 것.

❖ 틸리히(Paul Johannes Tillich, 1886～1965): 독일에서 출생하였다. 베를린대학교, 튀빙겐대학교(University of Tübingen), 할레대학교(University of Halle) 등에서 신학, 철학을 공부하였고, 제1차세계대전 당시 종군목사로 복무하였다. 전쟁 후 베를린대학교 강사로 출발하여 독일 여러 대학에서 교수로 일하였다. 나치를 피하여 1933년 미국으로 망명하여 오랫동안 뉴욕의 유니언신학대학 및 시카고대학교에서 가르쳤고, 퇴임 후에는 하버드대학교에서 초빙교수로 강의를 하였다. 낭만주의와 현상학 및 실존주의의 영향을 받은 틸리히의 신학은 한마디로 '답변의 신학' 이었다. 즉, 신학이 단지 추상적이거나 사변적으로 끝나는 것이 아니라 주어진 상황에 대하여 답변해야 한다는 것이다. 그러나 그의 신학적 방법론은 크게 비판을 받고 있다. 하나님의 말씀을 떠나 어떤 철학적 물음에서 시작하여 인간 중심적 신학으로 답변하려는 틸리히의 신학은 사실 답변이 아닌 몸부림에 지나지 않는다는 것이다.

❖ 니버(Richard Helmut Niebuhr, 1894～1962): 미국의 프로테스탄트 신학자이며 교육자이고 신학적 윤리학과 미국 교회사 분야의 권위자로 알려져 있다. 신학적 실존주의를 주창하였다. 1924년에는 예일대학교 최초로 종교 분야에서 철학박사학위를 취득하였다. 1931년 이후부터는 예일신학교에서 신학과 기독교 윤리학을 가르치기 시작하여 죽을 때까지 이 신학교에서 일하였다. 니버는 교회의 가르침을 오늘날의 문화 속에서 의미를 갖는 방식으로 해석해야 한다고 주장하면서 신앙에 대한 역사 비평을 고취하였다. 또 종교의 믿음과 세속문화 사이에는 상관관계가 있으며, 교회는 그들이 존재하는 사회 상황을 설명해야 할 책임이 있다고 주장하였다.

❖ 슐라이어마허(Friedrich Ernst Daniel Schleiermacher, 1768～1834): 독일의 프로테스탄트 신학자이자 철학자이다. 근대신학의 아버지로 불린다. 베를린대학교의 설립에 진력을 다하였고, 루터파와 개혁파의 통합운동에 힘을 기울였다. 대표적인 저서로는 일명 신앙론, 즉 『그리스도교적 신앙(*Der Christliche Glaube Nach den Grunds Tzen der*

Evangelischen Kirc)』(1821∼1822)이 있는데, 이 책에서는 종교의 본질을 절대적 의존 감정으로 규정한 바탕 위에서 그리스도교 교의학을 전개하였다. 그의 또 다른 주요 저서로는 『독백론(*Soliloquies*)』(1800/1810)이 있다.

❖ 칸트(Immanuel Kant, 1724∼1804): 4장의 아리스토텔레스의 '참고인물'을 참조할 것.

❖ 헤겔(Georg Wilhelm Friedrich Hegel, 1770∼1831): 4장의 아리스토텔레스의 '참고인물'을 참조할 것.

❖ 홀(Granville Stanley Hall, 1844∼1924): 5장의 홀을 참조할 것.

❖ 로빙거(Jane Loevinger, 1918∼): 이 장의 로빙거를 참조할 것.

❖ 키르케고르(SGren Aabye Kierkegaard, 1813∼1855): 덴마크 출생으로 철학자, 신학자, 시인, 심리학자이며, '실존주의의 아버지(father of existentialism)'로 알려져 있다. 아버지는 비천한 신분에서 입신한 모직물 상인으로 경건한 그리스도교인이었고, 어머니는 그의 하녀에서 후처가 된 여인이었다. 7형제의 막내로 태어날 때부터 허약한 체질이었으나, 풍부한 상상력과 날카로운 변증의 재능을 발전시켜 나갔다. 청소년시절부터 아버지에게 그리스도교의 엄격한 수련을 받았고, 청년시절에는 코펜하겐대학교(University of Copenhagen)에서 신학과 철학을 연구하였다. 1837년 24세에 당시 14세의 소녀 레기네 올센을 알게 되어 약혼까지 하였으나, 1841년 가을에 약혼을 파기하였다. 키르케고르의 생애는 보통 약 28세까지의 초년기(1813∼1841), 약 4년간의 레기네 시기(1837∼1841), 약 5년간의 첫 번째 저술 시기(1841∼1846), 그리고 약 7년간의 두 번째 저술 시기(1846∼1853)로 구분하여 기술되고 있다. 실존주의 철학의 기본 사상은 실존(existence)과 본질(essence), 그리고 의미의 추구(will-to-meaning)이다. 자신이 태어나고 싶지 않았다고 할 때 그 자체는 틀림없는 진리이지만, 실존적 용어로 쓰자면 그것은 잘못된 것이다. 태어나고 싶었건 태어나고 싶지 않았건 자신은 이 세상에 존재, 곧 실존하는 것이며, 더 나아가서 하나의 인간으로 엄연하게 존재하는 것이다. 그러므로 자신의 본질은 자신이 형성해 나가야 한다. 진정한 의미에서 자신의 본질을 구축할 자유란 우리 자신의 번민이며 동시에 영광이라는 기본 배경을 가지고 있다. 키

르케고르는 1855년 10월 42세의 젊은 나이에 갑자기 노상에서 졸도한 후 다음 달 병원에서 사망하였다.

❖ 루터(Martin Luther, 1483~1546): 독일의 종교개혁자이자 신학자이다. 신약성서를 독일어로

번역하여 독일어 통일에 공헌하였으며 새로운 교회 형성에 힘을 기울여 루터파 교회를 성립하였다. 1501년 18세의 나이로 에르푸르트대학교(University Erfurt)에 입학하여 1505년 석사학위를 취득하였다. 그리고 아버지의 바람에 따라 같은 대학교의 법과대학에 진학하였으나 법률의 불확실성 때문에 회의를 느껴 얼마 지나지 않아 그만두게 되었다. 그 무렵 도보여행 중 낙뢰를 만나 함께 가던 친구의 죽음을 계기로 1505년 7월 아버지의 만류를 뿌리치고 학업을 중단하고 독일 중부 튀링겐 주의 에르푸르트의 아우구스티누스 수도회(Augustinian)에 들어가게 되었다. 계율에 따라 수도생활을 하며 1507년 사제가 되었고, 1508부터 비텐베르크대학교(University of Wittenberg)에서 신학을 강의하기 시작하였다. 1512년에 비텐베르크대학교에서 신학 박사학위를 취득하였다. 루터는 이때 하나님은 인간에게 행위를 요구하는 것이 아니라 예수 그리스도를 통하여 인간에게 접근하고 은혜를 베풀어 구원하는 것임을 재발견하였다. 이것이 큰 파문을 일으켜 마침내 종교개혁의 발단이 되었다. 1521년에는 자신의 주장을 취소할 것을 강요당했으나 이를 거부하여 제국에서 추방되는 처분을 받게 되었고, 그로부터 9개월 동안 바르트부르크성(Wartburg Castle)에 숨어 지내면서 신약성서의 독일어 번역을 완성하였다. 비텐베르크로 돌아와서는 새로운 교회 형성에 힘썼는데, 처음에는 멸시의 뜻으로 불리던 호칭이 마침내 통칭이 되어 루터파 교회가 성립되었다. 그의 업적은 대부분 문서 형태로 남아 있어 원문의 큰 책이 거의 100권에 이른다. 루터는 1546년 63세의 일기로 사망하였다.

❖ 킹(Martin Luther King, Jr, 1929~1968): 제2차세계대전 후의 미국의 대표적인 흑인 해방운

동지도자이다. 미국 조지아 주 애틀랜타에서 침례교회(Dexter Avenue Baptist Church) 목사의 장남으로 출생하였다. 1948년 모어하우스대학(Morehouse College)에서 사회학전공으로 대학을 졸업하고, 펜실베이니아 주 체스터의 크로저신학교(Crozer Theological Seminary)에 입학하여 신학학사를 받고, 보스턴대

학교 대학원에서 체계적 신학을 연구하여 철학박사학위를 취득하였다. 그리고 1954년 앨라배마 주 몽고메리에 있는 침례교회의 목사로 취임하였다. 재직 2년째인 1955년 12월에는 시내버스의 흑인 차별대우에 반대하여 약 5만 명의 흑인 시민운동을 벌였으며, 남부 그리스도교의 지도회의(Southern Christian Leadership Conference: SCLC)를 결성하고, 1968년 4월 테네시 주의 멤피스 시에서 흑인 청소부의 파업을 지원하다가 암살당하였다. 주로 비폭력주의에 입각하여 흑인도 백인과 같이 동등한 시민권을 얻어야 한다고 주장하면서 공민권 운동 등의 사회지도자로 활약하였다. 20개의 명예박사학위를 수여받았으며, 1964년에는 노벨평화상을 수상하였다. 주요 저서로는 『자유를 향한 행진: 몽고메리 이야기(*Stride toward freedom: The Montgomery Story*)』(1958), 『우리 흑인은 왜 기다릴 수 없는가(*Why We Can't Wait*)』(1964), 『의식의 트럼펫(*The Trumpet of Conscience*)』(1968) 등이 있다.

❖ 간디(Mohandās Karamchand Gāndhí, 1869~1948): 인도 민족해방운동의 지도자로서 마하트마, 즉 위대한 영혼이라는 이름으로 불리는 인도 건국의 아버지이다. 1888년 18세 때 런던에 유학하여 법률을 배우고, 1891년 귀국하여 변호사로 개업하였다. 1893년 소송사건을 의뢰받고 1년간의 계약으로 부인과 함께 남아프리카 연방의 더반으로 건너갔다. 이 남아프리카 여행은 간디의 생애에 커다란 전기를 가져오게 하였다. 당시 남아프리카에는 약 7만 명의 인도인이 이주해 있었는데, 백인들의 박해를 받고 있었다. 이에 간디는 거기에 사는 인도인의 지위와 인간적인 권리를 보호해야 한다고 결심하였고, 남아프리카 연방 당국에 대한 인종차별 반대투쟁 단체를 조직하였고 1914년까지 그 조직의 지도자로 활동하였다. 남아프리카에서 사명을 다한 간디는 1915년에 귀국하였고, 제1차세계대전이 일어나자 인도의 독립을 촉진하기 위하여 많은 노력을 하였다. 또 제2차세계대전이 일어나자 이 기회를 이용하여 인도의 완전 독립 약속을 얻어내기 위하여 많은 노력을 기울였다. 그러나 국가 간의 상반된 이해관계로 타결을 보지 못하였고, 1942년 영국 세력의 즉시 철수를 요구하다가 73세의 노령으로 다시 체포되어 1년 9개월간 옥고를 치르게 되었다. 1947년 7월 인도가 분할 독립하였을 때 간디의 나이는 78세였으나, 고령에도 불구하고 힌두와 이슬람의 융화를 위한 활동을 계속하였다. 그리고 1948년 1월 30일 반이슬람 극우파인 한 청년의 흉탄으로 사망하였다.

간디는 다섯 차례나 노벨평화상 후보자 명단에 올랐으나 상을 받지 못하다가, 노벨위원회는 마침내 1948년 간디에게 노벨평화상을 수여할 계획이었으나 그 해 간디는 암살을 당하였다.

❖ 테레사 수녀(Agnes Gonxha Bojaxhiu, 1910~1997): 현재 마케도니아의 수도인 스코페의 알바니아인 계통의 집에서 출생하였다. 12세에 신의 부름을 강하게 느꼈으며 수녀원이 자애의 사랑을 전파시켜야 한다고 생각하였다. 1928년에는 18세의 나이로 집을 떠나 로레토수녀원(Sister of Loreto)에 들어간 뒤 수녀로서의 훈련을 받았고, 1931년 5월 24일에는 수녀로서의 최초 맹세를 서약하였다. 1931~1948년까지는 인도 캘커타의 빈민가에 살면서 세인트메리고등학교(St. Mary's High School)에서 학생들을 가르치게 되었다. 1950년 10월에는 사랑의 선교회(The Missionaries of Charity)를 설립하여 빈민, 고아, 나병 환자, 그리고 죽음만을 기다리는 사람들을 구원하는 데 큰 도움을 주었다. 이 무렵부터 머더 테레사(Mother Theresa)로 불렸다. 이 사랑의 선교회는 1965년 교황청으로부터 정식 승인을 받아 교황 직속의 조직이 되었다. 1971년 요한23세의 평화상과 1979년 노벨평화상을 수상하였다. 1981년에는 한국을 방문하였다. 1995년 10월 미국 워싱턴에 아동을 위한 테레사의 집(입양센터)을 세워 사생아와 미혼모 문제 등을 입양운동을 통하여 해결하고자 노력하다가 1997년 9월 5일 사망하였다. 평생 캘커타에서 가난하고 병든 사람을 위한 구호활동을 벌였고, 일생 동안 봉사와 희생의 삶을 살아와 빈자의 성녀로 추앙받아 왔다.

4. 데이비스

"현대사회의 빠른 변화가 부모와 청소년 간의 갈등을 불러오게 하는 주된 원인이다."

데이비스(Kingsley Davis, 1908~1997)는 미국의 사회학자이자 인구통계학자였다. 미국 및 전 세계적인 사회학연구에 기여하였고, '인구폭발(population explosion)'과 '인구의 제로 성장(zero population growth)'이라는 용어를 만들어 내었다. 특히, 미국사회를 지속적으로 연구한 결과 각 사회에 대한 경험적인 분석에 기초하여 세계 사회에 관한 일반 과학을 도출하고자 하였다. 1930년 텍사스대학교에서 학사학위를 받았고, 1932년에 동 대학교의 대학원에서 철학석사학위를 받았다. 1933년에는 하버드대학교 대학원에서 사회학전공으로 석사학위를, 그리고 1936년에는 하버드대학교 대학원에서 『친족의 구조적 분석(*A Structure Analysis of Kinship*)』으로 박사학위를 취득하였다. 1934~1936년까지 스미스대학교의 사회학강사로 출발하여 클라크대학교의 조교수로 임용되었다. 1937~1942년까지는 펜실베이니아주립대학교의 부교수와 학과장을 역임하였다. 프린스턴대학교의 인류학 및 사회학 교수가 된 후에 첫 저서이자 가장 중요한 저서로 인정받은 『인간사회(*Human Society*)』(1948)를 출간하였다. 이 책의 출간을 계기로 데이비스는 1949년부터 컬럼비아대학교의 응용사회연구소에 초빙되어 교수와 소장직을 수행하였다. 이 저서를 출간하기 전에는 『청소년과 사회구조(*Adolescence and Social Structure*)』(1944)라는 자신의 연구논문을 출간한 바 있다. 1966년에는 국립과학학술원(National Academy of Science)에 선출된 미국 최초의 사회학자였다. 또한 1977년에는 로스앤젤레스에 있는 서던캘리포니아대학교에서 뛰어난 사회학교수(distinguished professor of sociology)로 지명받았으며, 1981년에는 스탠퍼드대학교 후버연구소(Hoover Institution)의 비상근직 원로 연구교수로 참여하였다. 데이비스는 전체로서의 사회체계를 이론적으로 설명하기를 원하였다. 그리고 인간사회 전체에 보편적인 특징을 찾아내고자 하면서, 또 동시에 여러 가지 사회 간의 차이를 파악하려고 시도하였다. 분석적인 사회학파의 성격을 가지고 있으면서 기능적 접근방법의 영향을 많이 받았는데, 이러한 그의 특징이 『인간사회』에 잘 나타나 있다. 또 다른 주요 저서로는 『인구의 제로 성장: 목표와 수단(*Zero population growth: The goal and the means*)』, 『자원, 환경, 인구: 현재의 지식, 미래의 선택(*Resources, Environment, Population: Present Knowledge, Future Options*)』(1991) 등이 있다.

청소년과 관련된 이론 및 주장

▸▸ 부모-청소년 갈등

데이비스는 사회학자의 조망에서 도출된 이론을 바탕으로 부모-청소년 갈등을 설명하였다. 부모세대와 자녀세대는 각기 다른 사회문화적 환경에서 양육되고 성장하였기 때문에 부모는 자녀에게 그 자신의 시대에 통용되었던 진부한 내용의 사회화를 실시하는 경향이 있다. 그 결과 부모와 청소년은 충돌할 수밖에 없다. 따라서 데이비스는 자신의 논문 『부모-청년 갈등의 사회학(*The Sociology of Parents-Youth Conflict*)』(1960)을 통하여 현대사회의 빠른 변화가 부모와 청소년 간의 갈등의 주된 원인이라고 하면서, 다음과 같은 부수적 요인들이 그들의 갈등을 악화시키는 역할을 한다고 제안하였다.

첫째, 연령적으로 생리적 절정기에 도달해 있는 청소년들은 신체에너지가 남아도는 반면 중년기에 접어드는 부모들은 신체에너지의 감소로 인해 활동이 제한될 수밖에 없다. 그에 따라 부모들은 자신의 신체특성에 맞추어 청소년들의 활동을 제한함으로써 부모와 청소년 사이의 갈등을 심화시킨다. 둘째, 청소년들은 유토피아적 이상을 꿈꾸는 반면 부모들은 현실주의적이고 보수주의적 사고방식을 가지고 있기 때문에 의사소통의 어려움이 초래된다. 인생에 대한 서로 다른 조망으로 야기된 부모세대와 청소년세대의 대화 부족은 그들 사이의 갈등을 악화시키는 요인이 된다. 셋째, 부모들이 가족을 떠나 독립하려는 청소년들을 점진적으로 해방시켜 주지 못할 때 부모와 청소년들 사이의 갈등은 악화된다. 청소년기의 자녀를 가진 부모들은 자녀에게 부과되던 금지나 제한을 감소시켜 줌으로써 자녀들이 독립할 수 있도록 도울 수 있다(장휘숙, 2000).

▸▸ 사회계층이론

고대로부터 현재에 이르기까지 사회계층화 현상은 주로 사회철학자들이나 사회윤리학자들 및 정치철학자들의 깊은 관심의 대상이 되어 왔다. 특히, 사회계층화 현상의 보편성과 필연성 여부에 관한 논의는 기능론적 관점에서 전개된 데이비스와 무어(Wilbert Ellis Moore, 1914~1987)의 이론으로부터 시작되어 지금도 논쟁이 계속되고 있다. 다시 말해, 사회계층화 현상에 대한 기능론적 입장을 가장 강력하게 주장하였던 사람은 데이비스와 무어였다. 따라서 데이비스-무어의 기능주의 계층이론이라고 하는데, 이들의 주장은 사회의 유지와 존속을 위해 요구되는 과업을 달성하기 위해서는 반드시 노동의 광범위한 분화가 있어야만 한다는 것이었다. 그리고 계층이란 역할의 중요성과 역할수행능력의 차이에 따라 불평등한 보수가 분배되기 때문에 발생하는 현상으로, 이는 복잡한 분업사회에서는 기능적으로 반드시 필요하다는 것이다. 즉, 차별적인 분배체계는 사람들로 하여금 보다 많은 분배를 얻도록 동기화시키며, 이에 따라 사람들의 자질과 능력이 향상되면 사회도 그만큼 발전하기 때문에 사회계층화는 개인과 사회가 최선의 기능을 하도록 하는 사회적인 장치라는 것이다.

기능론적 관점에서 사회계층화 현상을 설명한 데이비스는 또한 다음과 같은 주장을 피력하였다. 첫째, 계층은 보편적이고 필연적이며 불가피하고, 사회조직이 계층체계를 형성해 주며, 통합, 조정, 역할 등의 사회체계의 필요성에서 연유한다. 둘째, 계층은 사회와 개인 모두에게 최적의 기능에 기여한다. 셋째, 계층은 공유하는 사회적 가치관의 표현이다. 넷째, 권력배분은 대체로 사회적으로 정당화되며, 일과 보상은 평등하게 할당되어 있다. 경제적 차원은 사회의 다른 차원에서 종속적이다. 다섯째, 계층체계는 일반적으로 진화과정을 거쳐 변화하게 된다. 그러므로 모든 사회는 유지 존속을 위해 여러 가지 사회적 역할에 인력을 적절히 배치하여야 한다. 즉, 사회가 정상적으로 유지되려면 사회의 존속에 필요한 모든 분야에 골고루 인력이 배치되어야 한다. 또 사회에 대한 기능적 중요성이나 역할수행을 위해 받아야 할 교육과 훈련의 정도는 역할마다 다르며, 가장 중요한 역할을 수행할 수 있는 능력을 갖춘 유능한 인재는 극히 많지 않다. 따라서 보다 유능한 인재가 더욱 중요한 역할을 맡고, 맡은 역할을 잘 수행하도록 동기를 유발해야 하기 때문에 응분의 보상이 뒤따라야 한다. 보상의 상대적 크기는 역할의 중요성과 역할수행에 필요한 능력을 갖춘 인력의 희소성에 비례한다.

▸▸ 비판점

갈등론적 관점의 학자들은 기능론적 계층론에 내재된 여러 가지 문제점을 비판하고 있다. 첫 번째 주요 비판은 지배계층이 특권적 지위를 영속화하게 된다는 것이다. 기능주의 계층론은 지배층에 주어진 보상을 당연한 것으로 인식하기 때문에 과거에 존속했던 계층이 미래에도 존재해야 한다는 시각이다. 또 여러 가지 지위를 기능면에서, 그리고 사회에서 차지하는 의미에 따라 차별을 두어야 한다는 생각 또한 비판을 받고 있다. 왜냐하면

하급 청소부의 일이 국회의원이 하는 일보다 덜 중요하다고 볼 수도 없고, 더 중요한 일을 수행하더라도 더 큰 보상이 필연적으로 주어지는 것이 아니기 때문이다. 그러므로 기능적 중요성의 기준은 다분히 자의적이라는 비판을 받고 있다. 오히려 사회적 하위계층에 속하는 사람들이 자신들의 역할을 제대로 수행하지 않는다면 사회체제의 유지가 불가능하다는 것이다. 병사 없는 장군은 아무 일도 할 수 없으며, 사원 없는 사장은 그 회사를 제대로 유지시킬 수 없다는 것이다.

둘째, 능력 있는 인재가 희소하다는 주장에 대해서도 많은 비판을 받고 있다. 아무리 개인적인 자질과 능력이 뛰어나다고 해도 생계유지가 어려울 만큼 가난하다면 의과대학에 진학하기조차 어려우며, 설사 들어간다 해도 비용이 많이 드는 학업을 끝까지 마쳐 의사가 되는 것은 더욱 어렵다는 것이다. 그러므로 치열한 경쟁사회에서 사회경제적 지위가 낮은 소외계층의 청소년들은 이미 출발 지점부터 자신의 능력을 발휘할 기회를 구조적으로 박탈당하고 있다. 이러한 기회의 불평등은 다름 아닌 사회적 계층구조로부터 비롯되고 있기 때문에 모든 사람에게 비슷한 상황이나 환경이 주어진다면 유능한 인재의 희소성 문제는 상당한 정도로 줄어들 수 있다는 것이다.

셋째, 청소년기에 대한 사회문화적 조망은 청소년의 신체발달이나 호르몬의 변화보다는 사회적 행동에 영향을 주는 문화적 요인들을 연구함으로써 부모와 청소년 사이의 갈등을 설명하고 있다. 이들은 사회적 규범과 관습, 문화적 기대와 의식적 행사, 집단압력, 그리고 과학기술 등이 주는 영향을 연구하는 것이 청소년행동을 이해하는 열쇠라고 가정하고 있다. 데이비스의 연구 또한 문화결정론적 입장을 고수함으로써 청소년기의 심리적 특성이 문화적 요인과 생물학적 요인의 상호작용에 의해 결정되는 것이라는 통합적 입장을 받아들이지 못하고 있다는 비판을 받고 있다. 또한 데이비스의 연구는 방법론적인 면에서 정형화되어 있다는 비판을 받고 있기 때문에 그의 이론을 일반화시킬 수 있는지의 여부도 제기되고 있다.

참고사항

❖ 부모-청소년 애착

부모와 자녀들은 청소년기 동안 그 이전보다 같이 보내는 시간이 줄어들게 된다. 일반적으로 청소년들은 아버지보다는 어머니와 시간을 더 많이 보내고 함께하는 활동들이 더 다양하다. 청소년들이 부모와 함께하는 활동에도 차이가 있다. 많은 청소년들은 그들이 아버지와 여가활동을 같이한다고 이야기하고 정보를 얻기도 하고 특별한 목적을 성취하거나 객관적인 문제를 해결하는 데 아버지의 도움을 얻는다고 하는 반면, 어머니와는 서로 배려해 주고 집안일을 하고 어머니의 개인적인 이야기를 들으면서 시간을 보낸다고 한다. 딸들은 아들들보다 어머니와 아버지의 이러한 차이를 더 날카롭게 지각한다. 흔히 청소년기의 부모와 자녀의 상호작용은 독단과 반대를 포함한다. 이것은 아동기에서 청소년기로 넘어가는 시기에 특별히 더 많이 나타난다. 이 시기에는 부모와 자녀 모두가 서로에게 더 독단적인 된다. 더욱이 청소년들은 가족 안에서 그들의 영향이 부모의 힘과 비교해 볼 때, 특히 어머니의 힘과 비교해 볼 때 증가한 것으로 느낀다. 부모에 대해 긍정과 부정의 감정을 모두 가지고 있지만, 청소년들은 아버지보다는 어머니와 이러한 감정을 서로 더 많이 표현한다. 청소년들은 아버지보다는 어머니에게 보다 감정적으로 가까운 느낌을 가진다. 그들은 또한 어머니는 아버지보다 자신들에게 더 수용적인 태도를 가지고 있다고 지각한다. 그러나 이러한 결과는 모순을 보인다. 왜냐하면 많은 청소년들에게 어머니와의 관계는 아버지와의 관계보다 갈등뿐만 아니라 기쁨과 애정도 함께 제공한다는 것을 의미하기 때문이다. 만일 아버지가 청소년들과 보내는 시간이 많다면 그들은 자녀와 시간을 덜 보내는 아버지보다 더 수용적인 경향이 있고, 청소년들과의 관계는 어머니-청소년 관계와 비슷하게 나타날 수 있다. 청소년들의 발달적 변화 또한 부모의 감정에도 영향을 준다. 부모가 자녀가 그들로부터 멀어졌다고 지각했을 때, 그들의 삶에 대한 행복과 만족에 대한 지각은 낮은 것으로 나타나고 있다.

부모와의 안정 애착은 또래 친구와의 관계를 자신있게 하고 가정 밖에서 긍정적이고 가까운 관계를 형성하도록 한다. 부모와 안정적으로 애착되어 있는 청소년들은 또래 친구들과도 안정적으로 애착되어 있다. 그러나 부모와 불안정하게 애착된 청소년들은 또래 친구와도 불안정하게 애착되어 있다. 또 어렸을 때 부모와 안정하게 애착된 대학생들은 부모와 불안정하게 애착된 대학생들보다 그들의 친구, 데이트 상대, 배우자와도 안정하게 애착되어 있다. 그리고 부모와 이중적인 애착 역사를 가지고 있는 청소년들은 친한 친구와의 관계에서 더 많은 질투심, 갈등, 의존성, 낮은 만족감을 나타내는 것으로 보고된 바 있다(Fisher, 1990). 그러나 청소년기 동안 부모에 대한 애착이 아동기와 동일한 정도로 유지될 수 있는가의 여부, 청소년기의 시작과 함께 부모에 대한 애착은 약화되고 동년배에 대한 애착이 커질 수 있다는 사실 등을 고려해 보아야 한다. 한국의 청소년들 또한 남자들의 경우 중학교 연령에서 부모에 대한 애착 점수가 가장 높고, 고등학교 연령에서 낮아지며, 대학 연령에서 다시 회복되는 양상을 보인다. 반면 여자들의 경우 부모들에 대한 애착 점수는 중학교에서 고등학교를 거쳐 대학 연령까지 점진적으로 감소하는 양상을 보여 주고 있다(장휘숙, 1999).

❖ 부모-청소년 갈등

청소년기에 부모와 자녀 간에 나타나는 가벼운 갈등은 그들의 심리적 발달에 긍정적인 영향을 미친다(한상철 외, 1999). 갈등의 주 내용은 귀가시간, 옷차림, 방청소 등 사소한 문제를 둘러싸고 나타나는 것이 대부분이다. 이러한 갈등을 해결하기 위해 노력하는 것은 부모로부터 독립하여 성인으로 이행하는 과정을 촉진시켜 주는 힘이 된다. 실제로 부모와 다소간 갈등이 있다고 보고하는 청소년들이 갈등이 없다고 보고하는 청소년들에 비해 보다 적극적으로 자아정체감을 탐색하고 있음을 밝히고 있다(Cooper, Grotevant, Moore, & Conden, 1982). 그러나 청소년기 부모-자녀 갈등이 심각하고 지속적일 경우 부정적인 영향을 미칠 수 있으며, 이는 가출, 비행, 퇴학, 혼전 임신, 마약 등의 청소년 문제를 유발할 확률을 높여 준다(Brook, Brook, Gordon, Whiteman, & Cohen, 1990).

일반적으로 사춘기를 넘어서면서 청소년초기의 자녀들은 부모와 예전보다는 갈등의 증가를 경험하게 되지만, 많은 연구결과에 의하면 갈등이 첨예화되거나 그 강도가 심각하여 가족 구성원에게 영향을 줄 정도는 아니라고 한다. 부모-자녀 갈등은 청소년초기에는 증가하는 추세이나, 연령의 증가와 함께 청소년후기에는 갈등이 다시 줄어드는 양상을 보인다. 그리고 부모-자녀 갈등은 청소년자녀가 누리는 독립과 의존의 정도와 깊은 관계가 있다. 대부분의 청소년들은 자신이 어느 정도 부모에게 의존해 있는지 알면서도 독립하고 싶어 하는 의지를 동시에 느낀다. 그러나 부모는 자녀의 독립을 궁극적으로 원하지만, 그들이 계속 부모에게 의존해 주기를 바라는 양면적인 마음을 지니고 있다. 그러므로 부모 의존과 자녀의 독립 간에는 부모와 청소년자녀 모두 이중적인 면을 지니고 있고(정옥분, 2008; 허혜경, 김혜수, 2002), 이로 인해 가정 내에 갈등 상황이 빚어지게 된다. 〈표 13-4〉는 부모에 대한 의존과 자녀의 독립 수준 및 갈등의 변화를 나타낸 것이다.

〈표 13-4〉 부모 의존과 자녀 독립 수준 및 갈등

발달단계	부모 의존/자녀 독립 수준	갈등
아동초기	높은 부모 의존	낮음
아동후기	감소된 부모 의존	증가
청소년초기	증가된 자녀 독립	증가
청소년후기	높은 자녀 독립	감소

출처: Lefrancois, G. R. (1990). *The lifespan*. Wadsworth Publishing Co.

일반적으로 부모와 청소년자녀 간의 갈등 정도와 양이 심각한 수준은 아니며, 실제로 부모와 자녀 간의 화목이 더 보편적인 현상이다. 사실보다는 과장되게 청소년과 부모 간의 갈등이 부각되는 것은 청소년기를 질풍노도 시기라고 보는 고정관념과 TV 드라마 또는 특집기사와 같은 대중매체의 과장 보도의 영향도 크게 차지하고 있다. 그러나 동아시아의 중국, 일본, 한국 세 나라의 청소년들을 대상으로 부모와의 갈등 정도를 연구한 결과를 보면, 대상자 중 중국청소년 27.5%, 일본청소년 50.2%, 그리고 한국청소년 64.4%가 부모의 간섭을 받고 있는 것으로 보고된 바 있다(청소년백서, 1997). 한국청소년들이 부모의 과잉통제 및 더 많은 간섭 때문에 부모와의 갈등을 더 많이 경험하고 있는 것으로 보인다. 또한 요즘 청소년세대는 부모가 지나친 권위를 행사하거나 통제하는 것 또는 간섭하는 것보다는 대화를 통하여 이해받고 싶어 하기 때문에 갈등이 야기되는 것으로도 볼 수 있다.

한편, 높은 자기존중감을 가지고 있는 부모들은 자신을 보잘것없게 생각하는 부모들보다 청소년자녀들과 더 바람직한 관계를 가질 수 있다. 특히, 높은 자기존중감을 가진 어머니들은 그들의 청소년자녀에게 더 많은 자율성을 부여하고 더 효과적인 의사소통을 하여 자녀에게 더 큰 만족을 줄 수 있다. 청소년들이 부모가 허용하는 자율성의 정도에 만족할 때 부모에 대한 도전이나 반항은 현저하게 감소되므로, 부모는 가정에서 더 적은 스트레스를 경험한다. 또한 만족스러운 직업을 가진 부모들이 청소년기 자녀에게 보다 성공적으로 대처할 수 있다는 연구결과도 있다(Silverberg & Steinberg, 1990).

❖ 부모-청소년 갈등 원인

부모-청소년 갈등을 초래하는 구체적 원인들을 살펴보면 매우 많지만, 일반적으로 애착에서의 변화, 힘의 균형 변화, 가치관의 충돌, 진로 선택, 신체 조건의 변화, 그리고 세대차이를 들 수 있다(장휘숙, 2002). 첫째, 청소년기의 시작과 함께 청소년들은 부모에 대한 애착을 약화시키고 동년배집단에게 의존하기 시작한다. 가족으로부터 멀어져 가는 자녀를 바라보면서 부모들은 자녀의 성장을 기뻐하는 한편 자녀로부터 거부당한다는 느낌을 떨쳐 버릴 수가 없다. 아버지보다는 어머니들이, 그리고 직업을 가진 어머니보다는 직업을 갖지 않은 어머니들이 멀어져 가는 자녀의 행동을 수용하기가 더 힘들다. 그 결과 어떤 부모들은 청소년자녀들이 부모에게 의존하도록 강요하거나 그들을 거부함으로써 부정적인 결과를 초래하기도 한다. 그러나 청소년기 동안 오히려 부모에게 더 의존적으로 변화되는 청소년들은 적절한 사회적 기술을 습득하지 못하고 스스로 책임질 수 있는 개인으로 성장하지 못한다. 그리고 부모로부터 거부당하는 청소년들은 정서적 지원을 얻기 위해 동년배집단에 과도하게 의존하게 된다.

둘째, 청소년들의 신체성장은 부모의 물리적 처벌이나 통제를 불가능하게 만들고 가정 내에서의 청소년 발언권을 증가시키며 힘의 균형 변화를 가져온다. 그에 따라 부모의 권위는 도전을 받게 되고 부모가 행사해 온 지도방식이나 통제방식을 수정해야 하는 상황이 초래된다. 부모는 여러 해 동안 사용해 온 자녀양육 방식을 포기하고 청소년자녀와의 새로운 상호작용 방식을 확립해야 하기 때문에 어려움을 겪는다. 청소년들은 부모가 그들의 생활에 관심을 보이면 지나친 간섭이라고 매도하고, 관심이 없다고 생각되면 무관심하다고 비난한다.

셋째, 가치관의 충돌이 부모와 청소년자녀들의 갈등을 초래한다. 형식적 조작사고가 가능한 청소년들은 부모의 가치관에 대해 논리적 모순을 발견하고 그에 대해 의문을 제기하기 시작한다. 청소년자녀의 비판이나 의문 제기에 대해 어떤 부모들은 방어적으로 대처하거나 화를 내기도 한다.

넷째, 청소년들의 진로선택은 종종 부모들과의 갈등을 초래한다. 청소년자녀를 둔 부모들은 연령적으로 자신의 인생을 뒤돌아보고 젊은 날에 설정한 목표를 성취할 수 있을까를 생각하며 주어진 시간이 길지 않음을 절감한다. 부모들은 진실로 행복하기 위하여 어떻게 생활을 변화시켜야 할까 고심하게 된다. 그러나 자신의 진로를 선택해야 하는 청소년들은 부모들과는 다르게 그들이 인생에서 무엇을 할 수 있을까 심사숙고한다. 그들은 뒤돌아보고 망설이는 부모들의 생활 스타일을 비판한다. 어떤 부모들은 자신이 이룰 수 없다고 생각하는 것을 자녀에게 강요함으로써 부모-자녀 갈등을 초래하기도 한다. 부모를 행복하게 해 주기 위하여 부모의 소망을 따르는 청소년들이 있는가 하면, 가정이나 학교를 떠남으로써 부모의 압력에 대항하는 청소년들도 있다.

다섯째, 신체조건의 변화이다. 청소년기의 신체적 및 성적 성숙은 청소년의 신체적 매력과 체력을 증가시킨다. 그러나 청소년들과 대조적으로 노후의 증후들이 나타나기 시작하는 부모들은 자신이 늙어 가고 있다는 사실을 지각한다. 정신분석학자들은 청소년과 부모의 갈등은 청소년자녀의 젊음과 아름다움에 대해 부모들이 무의식적 수준에서 질투를 느끼거나 화를 내기 때문이라고 한다. 특히, 가정생활에 만족하지 못하는 부모들은 자녀를 지나치게 처벌하거나 활동을 제한시키려고 해서 자녀의 노여움을 불러일으킨다.

여섯째, 부모와 청소년 갈등의 원인으로 세대차이를 들 수 있다. 일반적으로 세대차이는 연령차이보다는 세대 간의 문화적 차이에 기인한다. 지금의 빠른 사회적 변화는 청소년에 대한 부모의 영향력을 감소시키는 결과를 초래한다. 부모들은 자신이 성장했던 시기와는 극적으로 다른 환경조건에서 생활하는 청소년자녀들에게 적절한 충고를 하는 것이 어렵다는 것을 발견한다. 그 결과 청소년들은 해결하기 어려운 문제가 있을 때 부모나 주위의 성인들보다는 동년배집단에게 더 많이 의존하는 경향이 있다. 그러나 청소년자녀와 부모의 세대차이가 대중매체에서 주장하는 것처럼 심각하게 큰 것은 아니다. 또한 일반적으로 청소년과 부모들은 빠른 사회적 변화에 의해 영향을 받는 성문제, 약물 사용, 정치적 태도 및 종교적 가치에서 견해차이를 나타낸다. 청소년들은 이러한 문제에 대해 진보적이고 개방적인 반면, 부모들은 보수적 경향을 갖는 것이 보통이다. 청소년들은 부모와의 세대차이를 과대평가하는 반면, 부모들은 청소년들과의 세대차이를 과소평가한다. 그러나 현실적으로 세대차이는 청소년들이 지각하는 것만큼 크지도 않고, 부모들이 생각하는 것만큼 작지도 않다. 부모를 구식이라고 생각하는 청소년들은 부모와의 대화를 기피하거나 거부함으로써 세대차이에 대한 왜곡된 견해를 지속시키기도 한다. 이러한 문제에도 불구하고 대부분의 청소년들은 부모와 대단히 유사한 가치관과 태도를 가지고 있기 때문에 가끔씩의 갈등 상황을 제외하고는 조용하게 청소년기를 보내게 된다.

❖ 부모-청소년 갈등의 해소

부모-청소년자녀의 갈등을 해소하기 위해서는 협동적 문제 해결을 해야 한다(임영식, 한상철, 2000). 즉, 부모-청소년 모두 만족하는 해결책을 찾아야 하며 이는 6단계로 구성되어 있다(Steinberg & Levine, 1990). 1단계는 갈등해결을 위한 기본적인 법칙을 설정한다. 예를 들어, 부모와 자녀는 서로를 존중하며, 어떠한 경우에도 욕을 하지 않는다는 것을 합의한다. 2단계는 서로의 입장을 이해하려고 노력한다. 지금 현재 당면하고 있는 문제가 무엇인지, 그리고 그 문제에 대해 어떻게 느끼는지 솔직하게 말한다. 여기서 중요한 것은 상대의 성격이 아니라 당면한 문제라는 것을 기억해야 한다. 3단계는 당면한 문제를 해결하기 위해 일정한 시간을 정해 놓고 각자의 견해를 말한다. 이 단계에서 주의할 것은 상대방의 의견이 현실적이지 못하거나 좋지 않다고 하더라도 절대로 비판을 해서는 안 된다는 것이다. 4단계는 하나 또는 그 이상의 해결방법에 대해 합의를 도출한다. 이 단계에서는 여러 해결방법 중에서 부모와 청소년들이 자기가 가장 선호하는 해결책을 선택한 후 토론한다. 이 과정에서 서로 합치되는 점을 발견할 수 있고 협상이 필요하다. 5단계는 합의사항을 문서로 기록하여 보관한다. 기억의 왜곡 등으로 인해 문제가 발생할 수 있기 때문에 기록하는 것이 좋다. 그리고 6단계는 합의된 사항이 제대로 잘 지켜지는지에 대해 이야기할 수 있는 시간을 정해 둔다.

이러한 전략은 부모와 청소년의 갈등을 감소시키기 위해서는 의사결정에 청소년자녀를 참여시키고, 그들의 의견을 반영해야 할 것을 의미한다. 즉, 의사소통이나 의사결정이 일방적이지 않아야 가족 간의 갈등을 감소시킬 수 있으며, 청소년들은 그들의 부모와 함께 의사결정을 내릴 때 더욱 긍정적인 적응을 보인다. 따라서 모든 가족 구성원들이 자신의 견해를 설명하고 협상 및 협의를 함으로써 스스로를 표현할 수 있는 기회를 갖는 것은 매우 가치로운 일이다. 자기견해의 표현은 청소년과 부모가 어떤 현상과 사건을 서로 다르게 평가할 수 있다는 것을 인식시켜 주는데, 대개는 이러한 차이를 인식하지 못하기 때문에 특히 중요하다. 부모 또한 자녀에 대해 항상 영향력을 미칠 수 없고 언제나 적절한 방향으로 조언하지 못한다는 사실을 깨달아야 한다. 서로의 사고나 감정을 자기 관점에서 지나치게 해석하는 것을 피해야 한다. 의견의 차이는 반드시 존중되어야 하고, 표현할 수 있는 분노와 역공격을 일으킬 수 있는 적대감을 구별해야 한다. 부모가 청소년자녀에게 융통성을 가지고 그들의 자유를 보장하는 것도 중요하지만, 어떤 문제에 대해서는 한계를 정하고 강요하는 것 또한 양육에서 중요한 부분이다. 자녀의 요구를 거절할 때 부모는 타당한 이유를 알려 주어야 하지만, 그들의 입장을 거듭해서 알려 주어야 한다는 의무감을 가질 필요는 없다. 부모가 청소년자녀에게 이야기해야 하는 중요한 것은 자유는 적절한 판단과 책임 있는 행동을 할 수 있을 때 비로소 얻어진다는 점이다 (Jaffe, 1997).

참고인물

❖ 무어(Wilbert Ellis Moore, 1914~1987): 무어는 미국사회학회(American Sociological Association)의 56대 회장으로 봉직하였다. 1966년 8월 31일 플로리다 주의 마이애미에서 열린 연차학회모임에서 무어는 회장 취임연설 '유토피아의 유용성(The Utility of Untopias)'을 전하였다. 무어가 죽고 나서 1988년 4월 그의 연설문이 출간되었는데, 주 내용은 개발지역에서의 경제향상과 산업노동자들의 범행에 대한 의도된, 그리고 예기치 못한 결과를 다루고 있다. 주요 저서로는 『사회변화(*Social Change*)』(1974) 및 『과학기술과 사회변화(*Technology and Social Change*)』(1972) 등이 있다.

참고문헌

국가청소년위원회(2006). 2005년 청소년유해환경 종합실태조사.

국가청소년위원회(2007). 2007 청소년백서.

김기석 역(1989). 뇌－신경과학입문－. 양서원.

김문수, 박소연 역(2004). 학습과 행동. 서울: 시그마프레스.

김민(2007). 한국 청소년학의 학문공동체 형성과 지적 구조에 관한 연구. 연세대학교 대학원 박사학위청구논문.

김병선, 이윤옥, 김청송(1998). 아동연구방법. 서울: 양서원.

김애순(2005). 청년기 갈등과 자기이해. 서울: 시그마프레스.

김영채 역(2002). 학습심리학. 서울: 박영사.

김인경(1993). 청소년기 자아중심성과 관련된 변인연구: 가족관계, 분리개별화 및 자아개념을 중심으로. 연세대학교 대학원 박사학위청구논문.

김청송(2002). 심리측정 및 평가. 경기대학교 교수학습개발센터.

김현정 외 공역(2004). 청년심리학. 서울: 박학사.

문화체육부(1996). 1996 청소년백서.

백운학 역(2002). 발달심리학사. 서울: 시그마프레스.

보건복지부(1997). 보건복지통계연보.

서봉연 역(1996). 발달의 이론. 서울: 중앙적성출판사.

송명자(1995). 발달심리학. 서울: 학지사.

이춘재 외(2000). 청년심리학. 서울: 중앙적성출판사.

이현수(1989). 성격 및 개인차의 심리학. 서울: 우성문화사.

이현수(1990). 이상행동의 심리학. 서울: 대왕사.

이현수(1995). 심리학의 원리. 서울: 양서원.

이현수(1996). 생활습관이 건강을 좌우한다. 서울: 학지사.

이혜성 역(1982). 성장심리학. 서울: 이화여자대학교 출판부.

이훈구 역(1992). 성격심리학. 서울: 법문사.

임영식, 한상철(2000). 청소년심리의 이해. 서울: 학문사.

장휘숙(2000). 청년심리학. 학지사.

정영숙, 신민섭, 설인자(2001). 청소년심리학. 서울: 시그마프레스.

정옥분(2004). 전생애발달의 이론. 서울: 학지사.

정옥분(2008). 청년발달의 이해. 서울: 학지사.

정옥분, 윤종희, 도현심 공역(1999). 청년발달의 이론. 서울: 양서원.

청소년상담원(1996). 자녀의 힘을 북돋우는 부모. 서울: 청소년대화의 광장.

체육청소년부(1990). 한국청소년기본계획 참고자료.

통계청(2006). 장래인구 특별추계 결과.

한국청소년개발원(2002). 청소년심리학. 서울: 서원.

한상철(2004). 청소년학—청소년 이해와 지도—. 서울: 학지사.

한상철, 조아미, 박성희(1999). 청소년심리학. 서울: 양서원.

허혜경, 김혜수(2002). 청년발달심리학. 서울: 학지사.

Alsaker, F. D. (1992). Pubertal timing, overweight, and psychological adjustment. *Journal of Early Adolescent, 12*, 396-419.

Anastasi, A. (1982). *Psychological testing.* NY: Macmillian.

Babkin, B. P. (1949). *Pavlov: A Biography.* Chicago: University of Chicago Press.

Bandura, A. (1977). *Sorial Learing Theory.* Englewood Cliffs: Prentice-Hall.

Baumrind, D. (1971). Current patterns of parental authority. *Developmental Psychology Monographs, 4* (1, pt. 2).

Baumrind, D. (1991). Effective parenting during the early adolescent transition. In P. A. Cowan & E. M. Hetherington (Eds.), *Advances in family research* (Vol. 2). Hillsdale, NJ: Erlbaum.

Bootzin, R. R., Bower, G. H., Crocker, J., & Hall, E. (1991). *Psychological Today.* NY: McGraw-Hill.

Brook, J. S., Brook, D. W., Gordon, A. S., Whiteman, M., & Cohen, P. (1990). The psychological etiology of adolescent drug use: A family interactional approach.

Genetic, Social, and General Psychology Monographs, 116, 110-267.

Caspi, A., & Moffitt, T. A. (1991). Individual differences are accentuated during periods of social change: The sample case of girls at puberty. *Journal Personality and Social Psychology, 61*, 157-168. Hove and New York: Psychology Press.

Clausen, J. A. (1993). *American Lives*. New York: Free Press.

Cooper, C. R., Grotevant, H. D., Moore, M. S., & Conden, S. M. (1982). *Family support and conflict: Both foster adolescent identity and role taking.* Paper presented at the meeting of the American Psychological Association, Washington, D. C.

Dumas, J. E., & Nilsen, W. J. (2003). *Abnormal Child and Adolescent Psychology.*

Elder, G. H., Jr. (1963). Parent Power Legitimation and Its Iffect on the Adolescent. *Sociometry, 26*(1), 50-65.

Erikson, E. H. (1959). Identity and the Life Cycle. *Psychological Issues.* Monograph, 1, 1(1). International Universities Press.

Fisher, D. (1990). Effects of attachment on adolescents' friendship. Paper presented at the meeting of the Society for Research in Adolescenc, Atlanta.

Ford, M. R., & Lowery, C. R. (1986). Gender differences in moral reasoning: A comparison of the use of justice and care orientations. *Journal of Personality and Social Psychology, 50*, 777-783.

Gerow, J. R. (1986). *Psychology: An Introduction.* Illinois: Scott, Foresman and Company.

Goodwin, C. J. (1999). *A History of Modern Psychology.* New York: John Wiley & Sons, Inc.

Hall, G. S. (1904). *Adolescence* (2 Volumes). New York: Appleton.

Holmes, T. H., & Rahe, R. H. (1967). The social readjustment rating scale. *Journal of Psychomotic Research, 11*, 213-218.

Jackson, S., Goossens, L. (2006). *Handbook of Adolescent Development.* New York: Psychology Press.

Jaffe, M. L. (1997). *Understanding parenting* (2nd ed.). Needham Heights, MA: Allyn & Bacon.

Jaffe, M. L. (1998). *Adolescence.* New York: John Wiley & Sons, Inc.

Kail, R. V., & Wicks-Nelson, R. (1993). *Developmental Psychology* (5th ed.). Englewood Cliffs, NJ: Prentice-Hall.

Kaplan, P. S. (2004). *Adolescence.* New York: Houghton Mifflin Company.

Kimmel D. C., & Weiner, I. B. (1995). *Adolescence: A developmental Transition.* New York: Wiley & Son. Inc.

Lefrancois, G. R. (1990). *The lifespan.* Wadsworth Publishing Co.

Lerner, R. M., Jovanovic, J., & Lerner, J. (1989). Objective and subjective attractiveness and early adolescent adjustment. *Journal of Adolescence, 12,* 225–229.

Lewin, K. (1939). The Feild Theory. Approach to Adolescence. *American Journal of Sociology, 44,* 868–897.

Muuss, R. E. (1996). *Theories of Adolescence.* New York: McGraw-Hill.

Loeringer, J. (1985). Revision of the Sentence Completion test for ego tevelopment. *Journal of personality and Social Psychology, 48,* 426.

Piaget, J. (1932). *The Moral Judgement of the Child.* New York: Harcourt Brace Jovanovich.

Podd, M. H. (1980). Ego identity status, formal operations, and moral development. *Journal of Youth and Adolescence, 9,* 87–99.

Rice, F. P. (1999). *The Adolescent: Development, Relationship, and Culture.* Allyn & Bacon.

Santrock, J. W. (1998). *Adolescence.* New York: McGraw-Hill.

Santrock, J. W. (2005). *Adolescence* (10th Edition). New York: McGraw-Hill.

Schultz, D. (1977). *Growth Psychology: Models of the Healthy Personality.* New York: D. Van Nostrand Company.

Selman, R. L. (1980). *The Growth of Interpersonal Understanding: Developmental and Clinical analyses.* New York: Academic Press.

Sheehy, N., Chapman, A. J., & Conroy, W. A. (1997). *Biographical Dictionary of Psychology.* New York: Routledge.

Silverberg, S., & Steinberg, L. (1990). Psychological well-being of parents at midlife: The impact of early adolescent children. *Developmental Psychology, 26,* 658–666.

Simons, R. L., Johnson, C., & Conger, R. D. (1994). Harsh corporal punishment versus quality of parental involvement as an explanation of adolescent maladjustment. *Journal of Marriage and the Family, 56,* 591–607.

Steinberg, L., & Levine, A. (1990). *You and your adolescent: A parent's guide for ages 10 to 20.* New York: Harper & Row.

Steinberg, L., Mounts, N., Lamborn, S., & Dornbusch, S. (1991). Authoritative parenting and adolescent adjustment across various ecological niches. *Journal of Research on Adolescence, 1,* 19–36.

Straus, M. A., & Donnelly, D. A. (1993). Corporal punishment of adolescents by American parents. *Youth & Society, 24,* 419–442.

Thomason, R. F. (1975). *Introduction to Physiological Psychology.* New YOrk: Harper & Row.

Travis, L., & Violate, C. (2001). *Advances in Adolescent Psychology.* New York: Detselig Enterprises, Limited

Walker, L. J. (1989). A longitudinal study of moral reasoning. *Child Development, 60,* 157–166.

Zeigarnik, B. (1967). On finished and unfinished tasks. In W. D. Ellis (Ed.), *A Source book of Gestalt Psychology* (pp. 300–314). London: Routledge and Kegan Paul. (Original work puplished 1927)

www. naver. com

www. yahoo.com

찾아보기

인 명

김문수 422
김민 18
김병선 70
김영채 434
김애순 262
김인경 468
김청송 70, 280
김현정 389
김혜수 98, 274, 465, 487

민태원 56

박성희 105
박소연 422

서봉연 181
설인자 473
송명자 397
신민섭 473

이윤옥 70
이춘재 263
이현수 113, 114, 141, 169, 405
이혜성 338
임영식 262, 287, 376, 384, 391, 490

장휘숙 20, 188, 274, 275, 298, 394, 456, 466, 472, 486, 488
정영숙 473
정옥분 107, 127, 145, 163, 173, 255, 294, 900, 312, 320, 389, 392, 399, 487
조아미 105

한상철 105, 257, 262, 287, 376, 384, 391, 486, 490
허혜경 98, 274, 465, 487

Adler, A. 214
Alexander the Great 166
Alsaker 103
Ames, L. B. 184, 185
Anastasi, A. 280
Aquinas, S. T. 146, 292
Aristoteles 133
Arouet, F.-M. 160, 169

Bacon, R. 153
Baldwin, J. M. 475
Bandura, A. 439
Barker, R. G. 186
Benedict, R. F. 107, 308
Bentham, J. 141
Berkeley, G. 138
Bernheim, H. 221
Binet, A. 278
Blos, P. 231
Boas, F. 315
Boccaccio, G. 151
Bojaxhiu, A. G. 480
Breuer, J. 199, 214
Briquet, P. 213
Bronfenbrenner, U. 374
Byron, L. 167

Caesar, J. 166
Calvin, J. 145, 146
Cambyses 166
Camus, A. 346
Charcot, J. M. 198, 211
Charles I 154
Charles II 154
Chopin, F. F. 167
Clausen 384
Comenius, J. A. 147
Conger 390
Copernicus, N. 91
Cromwell, O. 150, 154

da Vinci, L. 152
Darwin, C. 91, 173, 179, 213

Davis, K. 481
de Cervantes, M. 152
Descartes, R. 125, 132
Dewey, J. 87, 142
Dollard, J. 440, 450
Donnelly 390
Dornbusch 389

Einstein, A. 85
Eisenhower, D. D. 356
Elder, G. H. 380
Elkind, D. 462
Empedoklēs 123
Erasmus, D. 148, 152
Erikson, E. H. 249, 251
Euripides 166
Eysenck, H. J. 179, 222

Fechner, G. T. 198, 213
Ford 298
Fornas, J. 17
Fowler, J. W. 469
Frankl, V. E. 335
Freeman, J. D. 322, 323
Freud, A. 223
Freud, S. 172, 198
Fromm, E. P. 219

Gandhi, M. K. 479
Gerow, J. R. 404
Gesell, A. L. 180, 185
Gide, A. P. G. 167
Gilligan, C. 290
Gogh, V. V. 167
Goossens, L. 392
Gray, J. A. 416
Guthrie, E. R. 434, 438

Hall, G. S. 145, 172, 174
Harlow, H. F. 360
Havighurst, R. J. 244, 282
Hegel, G. W. F. 142, 292
Helve 17
Hippocrates 412
Hitler, A. 199, 355
Hobbes, T. 110, 138, 155
Holmes 110
Hull, C. L. 357
Hume, D. 139

Jackson, S. 392
Jaffe, M. L. 98, 143, 206, 491
James, W. 172, 177
Johnson 390
Jung, C. G. 172, 218

Kant, I. 139, 292
Keats, J. 167
Kelley, G. A. 196
Kierkegaard, S. A. 346, 473, 477
Kimmel 19
King, M. L. 478
Kinsey, A. 361
Koffka, K. 371
Kohlberg, L. 282
Köhler, W. 372
Kretschmer, E. 358

Lamborn 389
Lange, K. 177
Lefrancois, G. R. 487
Lenin, V. I. 411
Lerner, R. M. 391
Lewin, K. 186, 188, 364
Liebeault, A.-A. 221
Locke, J. 154
Loevinger, J. 454
Lowery 298
Luther, M. 478

Marcia, J. E. 259
Marx, K. H. 200
Maslow, A. 343
McCandless, B. R. 190
Mead, M. 316
Mesmer, F. A. 219
Michelangelo, B. 152, 167
Mill, J. S. 142
Miller, N. E. 440, 450
Moore, W. E. 491
More, T. 152
Mounts 389
Mowrer, O. H. 434
Mozart, W. A. 167
Murry, H. A. 258
Mussolini, B. A. A. 356
Muuss, R. E. 126, 136, 145, 148, 149, 155, 161, 204, 206, 241, 292, 311, 317, 379, 392, 396, 456, 460

Newton, S. I. 85
Niebuhr, R. H. 476
Nixon, R. M. 290

Paracelsus, P. A. B. 220
Pavlov, I. P. 402
Pepper, S. C. 392, 400
Pestalozzi, J. H. 141
Petrarca, F. 151
Piaget, J. 87, 266, 275
Platon 123
Podd 263
Poe, E. A. 167
Pythagoras 123, 124, 131

Raffaello, S. 152
Rahe 110
Rice 19
Rogers, C. R. 326
Rorschach 186
Rousseau, J. J. 145, 159, 167
Rubelais, F. 167

Santrock, J. W. 106, 211, 377
Sartre, J.-P. 292, 346, 347
Schaie, K. W. 95
Schleiermacher, F. E. D. 476
Schopenhauer, A. 167
Schultz, D, 339

Seligman, M. E. P. 417
Selman, R. 277, 298, 301
Shakespeare, W. 152
Sheldon, W. H. 358
Silverberg 488
Simons 390
Skinner, B. F. 418
Socrates 123, 166
Spence, K. W. 444, 451
Spinoza, B. 126, 133
Stalin, I. V. 411
Steinberg 389
Straus 390
Strelau, J. 416
Sullivan, H. S. 238
Swinburn, A. C. 167

Tamerlane 166
Thales 123
Thompson, R. F. 102
Thorndike, E. L. 412, 440
Tillich, P. J. 476
Tolman, E. C. 411, 415

Vives, J. L. 148, 153
von Helmholtz, H. L. F. 198, 212, 218
von Leibniz, G. W. 125, 132
Vygotsky, L. S. 277, 280

Walker 297
Watson, J. B. 413
Wechsler, D. 279
Weiner 19
Wertheimer, M. 371
Wundt, W. 177, 345

Zeigarnik, B. V. 368, 373
Zimring, F. E. 22, 56

내 용

R형 조건화 411, 420
S형 조건화 411

가소성의 본질 396
가현운동 371
갈등 368
강화 스케줄 424
강화 역사 421
강화와 처벌 421
강화의 종류 423
개인적 우화 465
거세불안 205
거시체계 378
건강한 성격 341
검사 81
결핍된 사랑 350
경험론 134, 155
경험양식 240
계열설계법 73
고차적 조건화 404
과학 82
관찰 79
관찰학습의 역사 440
교육의 헌법정신 131
국제식량농업기구 26
국제연합 26
귀납법 137
극복책략 115
금욕주의 230
급진적 행동주의 419
기능적 상호의존성 383
기질의 통정이론 416
기호-형태론 415

남근기 205
남근선망 205
남녀칠세부동석 129
남녀합반 129
내면화 269
내분비선 102
내재적 성장력 351
노에제닉 신경증 338

답변의 신학 476
당부의 편지 409
대공황 386
대공황의 영향 383
대단위 행동 415
대리적 경험 445
대상영속성 271
대인관계론 239
대인관계의 특징 241
도덕발달론 284
도덕성의 성차 291
도덕적 상대주의 287
도덕적 처신 442
도주 230
도피학습 433
동질정체기제 112
동화 269
두 개의 욕구 333

라틴학교 150
르네상스 151
리더십 369
리스본선언 55

마음가짐 117
만숙 104

매개변인 98
매스미디어의 영향 446
맥락의 의미 393
맥락주의 392
모델링 효과 446
몸무게 99
무릎학교 150
무조건처벌인 431
문장완성검사 454
문화적 결정론 317
문화적 상대론 317
문화적 조건화 310
물활론적(animism) 사고 272
미국심리학회 63
미시체계 378
미신적 행동 424

반복이론 174
발달과업 245
발생학적 모델 181
방어기제(defense mechanism) 207
방어기제의 특징 225
벌금훈련 423
베네딕트와 미드의 관계 314
보존성(conservation)의 원리 272
부모에게의 당부 184
부모의 양육 유형 387
부모의 역할 384
부모의 자애로움과 엄격함 389
부모-청소년 갈등 482, 486
부모-청소년 갈등 원인 488
부모-청소년 갈등의 해소 490
부모-청소년 애착 485
부적응행동 113
부정적 정체감 257
분리 현상 235
불연속성 310
불일치 332
비동시적 성장 189
비유관화 424

사고형 406
4대기질 모델 178
사랑의 선교회 480
사례연구 78
사회계층이론 482
사회과학 86
사회문화적 고려 107
사회유대이론 194
사회인지 299
사회재적응 평가척도 110
사회적 역할수용 299
사회학습이론 449
삶의 의미 336
30년전쟁 151
삼차적 조건화 404
상관연구 77
상담심리사 63
상담이론 327
상대적 결핍이론 194
상상적 청중 464
상식 83
상호결정론 441
생득론 125
생태학적 모델 376
생태학적 이론 375
생태환경 187
생활공간 365
성격론 136
성격심리 405
성선설 160
성숙이론 181
성장 잠재력 331
성장급등 현상 97
성적 성숙 101
성차의 문제 292
세계의 가설 400
세계인권선언 27
세계청소년연구개발협의회 50
순서적 발달 181
스콜라철학 146
스키마 268
스트레스와 질병 114
스트레스의 정의 111
습관의 파괴 436
시간적 개념 375
시행착오학습 413
식역법 436
신 엘로이즈 166
신념발달론 471
신장 99
신체상 104
신체유형 360
신체적 처벌 390
신학대전 146
실험신경증 406
실험연구 76
심리사회적 발달단계 253
심신이원론 125

양립불가능 반응법 437
어린이헌장 32
업리프트 112
에로스 199, 207
엔트로피 법칙 207
엘렉트라 콤플렉스 205
역동적 상호작용주의 394
연구가설 90
연구계획 393
연구문제 89
연구보고서 94
연령등급사회 310
연속성 310
연역법 137
영향력의 힘 320
예술형 406
오이디푸스 콤플렉스 205
외체계 378
욕구위계 348
우정관계의 발달 305
운동능력 100
윤리지침 63
의미에의 의지 337
의미치료 338
이론 87
이상주의적 사고 467
이상행동의 문헌 166
이요인 학습이론 434
이원론 135

이차적 강화인 423
이차적 조건화 404
인간관 328
인구폭발 481
인본주의심리학 344
인생경로이론 381
인접의 법칙 438
인지도 415
인지발달이론 270
인지적 시연 445
일반화된 강화인 424
일방경 180
일원론 134
일차적 강화인 423
일치 332
임상심리학 356

자극-반응으로서의 스트레스 112
자기 면죄적 기제 442
자기 충족적 예언 444
자기중심성 463
자기효율성 447
자발적 회복 404
자아개념 329
자아성숙도 456
자아실현 경향 330
자아체계와 역동 239
자아초월의 사람 340
자연주의 161
자율적 도덕성 276
자이가르닉 효과 368
잘못된 인지과정 443
잠재학습 415
장이론 365
적응체계 233
적합도 모델 398
전문학술지 58
전성설 144
점성적 원리 252
정신의 모형 204
정체감 유실 261
정체감 유예 261
정체감 확산 261
제1차세계대전 208
제2차세계대전 355
제3세력의 심리학 345
제임스-랑게 이론 177
조건반사 403
조건반응의 양 404
조건처벌인 431
조사 80
조숙 104
조작적 조건화 419
조절 269
존재적 사랑 350
종단연구 72, 380
주변인 366
준비도 182
중간체계 378
중재변인 98
지능 268
지성화 230
질병경로 114
질풍노도 175
좇기는 아동 463

차단된 기회이론 194
처벌에 대한 대안 430
처벌의 비효과성 428
청소년 관련 학과 35
청소년기본법 55
청소년기의 연구 15
청소년단체 45
청소년발달 모형 395
청소년비행 109, 190, 193
청소년상담사 43
청소년인구 13
청소년정책의 변천 51
청소년지도자 39
청소년학의 정의 17
청소년헌장 32
청소년형제 209
축소인간 144
출생순위 연구 210
출생외상 202
침묵의 탑 410

쾌락의 원리 202

타나토스 199, 207
타불라 라사 155
타율적 도덕성 275
통제이론 194
통찰학습 373

평형화 269
프래그머티즘 177
피로법 437
피아제의 열정 278

하위문화이론 193
학습된 무기력 407
학업 스트레스 111
한국상담심리학회 67
한국심리학회 63
한국청소년단체협의회 47
한국청소년상담원 49, 389
한국청소년정책연구원 47
한국청소년진흥센터 49
행동부활성계통 417
행동의 자기 조정 446
행동제지계통 417
행동통제 126
향토학교 150
헤슬 112
현실의 원리 202
형성 347
형태의 법칙 372
형태주의심리학 370
호르몬 103
확률적 생성 397
회피학습 433
횡단적 연구 71
효과적인 처벌 431

■ 저자 소개 ■

김 청 송

약력

- 중앙대학교 대학원 심리학과 졸업(임상심리학 전공, 심리학박사)
- 경희대학교 의과대학 부속병원 신경정신과 수련과정 이수
- 한국 정신보건전문요원(보건복지부장관, 자격번호 제152호)
- 방송대학교, 중앙대학교, 경기대학교 강사 역임
- 한국청소년정책연구원 객원연구원 역임
- 행정고등고시 심리학 출제위원 및 문제선정위원
- 한국 건강심리전문가(자격번호 건44호)
- 청소년지도사 자격검정 면접위원
- 한국청소년학회 『청소년학연구』 편집위원장
- 미국 플로리다 주립대학교(FAU) 객원교수 역임
- 현 경기대학교 사회과학대학 청소년학과 교수

저서

- 정신생리학(공저, 학지사, 1997)
- 통증심리학(중앙적성출판사, 1997)
- 아동연구방법(공저, 양서원, 1998)
- 정신장애 사례연구(학지사, 2002)
- 이상심리학(영진닷컴, 2003)
- 인간행동과 심리학(공저, 학지사, 2005/2008/2009)
- 심리측정 및 평가(경기대학교 교수학습개발센터, 2006)
- 통계의 논리와 SPSS/Win(공저, 교육과학사, 2009)
- 아동 · 청소년 발달문제론(공저, 시그마프레스, 2010)
- 정신건강론(도서출판 공동체, 2012)

역서

- 건강심리학(공역, 시그마프레스, 2002/2008)

논문

- 청소년의 행복 결정요인에 관한 연구(2009) 외 다수

청소년심리학의 이론과 쟁점

2009년 2월 28일 1판 1쇄 발행
2013년 5월 10일 1판 2쇄 발행

지은이 • 김청송
펴낸이 • 김진환
펴낸곳 • (주) 학지사
121-837 서울특별시 마포구 서교동 352-29 마인드월드빌딩 5층
대표전화 • 02)330-5114 팩스 • 02)324-2345
등록번호 • 제313-2006-000265호

홈페이지 • http://www.hakjisa.co.kr
커뮤니티 • http://cafe.naver.com/hakjisa

ISBN 978-89-6330-059-7 93180

정가 20,000원

저자와의 협약으로 인지는 생략합니다.
파본은 구입처에서 교환해 드립니다.